EUROPAVERLAG**BERLIN**

Sean McMeekin

JULI 1914

Der Countdown
in den Krieg

Aus dem Amerikanischen
von Franz Leipold

EUROPAVERLAGBERLIN

Die Originalausgabe ist 2013 unter dem Titel
July 1914. Countdown to War bei Basic Books,
Mitglied der Perseus Books Group, erschienen.

Die englische Erstausgabe ist 2013 in Großbritannien
bei Icon Books Ltd., Omnibus Business Centre,
39–41 North Road, London N7 9DP erschienen.
E-Mail: info@iconbooks.net, www.iconbooks.net

© 2013 by Sean McMeekin
© der deutschsprachigen Ausgabe: 2014 Europa Verlag
GmbH & Co. KG, Berlin · München
Umschlaggestaltung: Hauptmann & Kompanie Werbeagentur, Zürich
unter Verwendung des Originaldesigns
von © Simmons Pugh und eines Motivs von © Getty Images

Bildnachweis: S. 53: Bundesarchiv, Bild 183-2004-1110-500/Fotograf unbekannt/
Lizenz CC-BY-SA 3.0; S. 22 [LC-DIG-ggbain-15555], S. 64 [LC-DIG-gg-
bain-14073], S. 116 [LC-DIG-ggbain-18344], S. 142 [LC-DIG-ggbain-03792]:
George Grantham Bain Collection, Library of Congress, Prints & Photographs
Division; S. 80 [51240033/Getty Images], S. 109 [453301155/STRINGER], S. 215
[3287210/Hulton Archive], S. 400 [3286614/Hulton Archive], S. 420 [56214223/
Branger], S. 427 [3278750/Three Lions]: Getty Images; S. 42/43: Heeresgeschicht-
liches Museum, Wien
Karten im Innenteil: © Philip Schwartzberg, Meridian Mapping, Minneapolis

Satz: BuchHaus Robert Gigler, München
Druck und Bindung: cpi Clausen & Bosse, Leck
ISBN 978-3-944305-48-6
www.europa-verlag.com

Für die Gefallenen

Inhalt

Vorwort 8
Personen 11
Chronologie 18
PROLOG: Sarajevo, Sonntag, 28. Juni 1914 20

I. Reaktionen 47

  1. Wien: Wut statt Trauer 48
  2. St. Petersburg: Kein Pardon 76
  3. Paris und London: Unliebsame Störung 93
  4. Berlin: Verständnis und Ungeduld 112

II. Countdown 125

  5. Mission Hoyos in Berlin
    Sonntag–Montag, 5.–6. Juli 126
  6. Kriegsrat in Wien (I) · *Dienstag, 7. Juli* 146
  7. Funkstille · *8.–17. Juli* 156
  8. Auftritt Sasonows · *Samstag, 18. Juli* 170
  9. Kriegsrat in Wien (II) · *Sonntag, 19. Juli* 182
  10. Poincarés Treffen mit dem Zaren
    Montag, 20. Juli 192
  11. Sasonows Drohung · *Dienstag, 21. Juli* 200
  12. Champagnerlaune während des Gipfels
    Mittwoch–Donnerstag, 22.–23. Juli 208
  13. Gegen-Ultimatum und Ultimatum
    Donnerstag, 23. Juli 218
  14. Sasonow schlägt zurück · *Freitag, 24. Juli* 228

15. Russland, Frankreich und Serbien
    geben nicht nach · *Samstag, 25. Juli* 246
16. Russland bereitet sich auf den Krieg vor
    Sonntag, 26. Juli 265
17. Der Kaiser kehrt zurück · *Montag, 27. Juli* 284
18. »Sie haben mich ins Chaos gezogen«
    Dienstag, 28. Juli 306
19. »Ich möchte nicht für ein gewaltiges Blutbad
    verantwortlich sein« · *Mittwoch, 29. Juli* 329
20. Es ist ein Blutbad · *Donnerstag, 30. Juli* 357
21. Die allerletzte Chance · *Freitag, 31. Juli* 384
22. »Nun können Sie machen, was Sie wollen«
    Samstag, 1. August 409
23. Großbritannien wird sich der Gefahr bewusst
    Sonntag, 2. August 436
24. Sir Edward Greys großer Moment
    Montag, 3. August 451
25. Weltkrieg: Es gibt kein Zurück
    Dienstag, 4. August 463

EPILOG: Die Frage nach der Verantwortung 473
Anmerkungen 501
Bibliografie 532
Häufig zitierte Quellen 538
Weitere zitierte Werke 542
Register 548

Vorwort

ICH MÖCHTE MEINEM Agenten Andrew Lownie dafür danken, dass er sich dieses Projekts angenommen und es mit seinen Vorschlägen aufgewertet hat. In gleicher Weise bin ich Lara Heimert von Basic Books verpflichtet, die immer an das Buch geglaubt hat, sowie Roger Labrie und Beth Wright, die meiner Prosa den letzten Schliff verliehen haben. Es ist schön, Verleger zu finden, die für ein Thema dieselbe Begeisterung aufbringen wie man selbst. Außerdem stehe ich tief in der Schuld der Archivarinnen und Archivare, ohne die ich meine Geschichte nicht hätte erzählen können. Ich habe viele glückliche Monate in den Archiven der Außenministerien von Deutschland, Österreich, Russland, Frankreich und England verbracht. Da ich an dieser Stelle nicht jedem Einzelnen danken kann, möchte ich stellvertretend Joachim Tepperberg vom Haus-, Hof- und Staatsarchiv in Wien sowie Mareike Fossenberg vom Politischen Archiv des Auswärtigen Amtes in Berlin nennen, die in meinem Auftrag wahre Wunder vollbracht haben.

Darüber hinaus habe ich jede Menge Inspiration aus Sekundärliteratur gewonnen. Wie viele andere Historiker auch (besonders US-Amerikaner, für die der Erste Weltkrieg keine solch zentrale Rolle in ihrer Nationalgeschichte einnimmt wie für die Europäer) habe ich mich zum ersten Mal für das Thema begeistert, als ich *The Guns of August* (1962) von Barbara Tuchman verschlungen habe. Ich besitze immer noch meine alte zerfledderte Taschenbuchausgabe, auf deren Umschlag der Preis von 75 Cent prangt und mich daran erinnert, dass der Titel aus einer anderen Ära stammt. Auch wenn nicht alle ihre Schlussfolgerungen die Zeit überdauert haben, so stellen doch Tuchmans perfekt herausgearbeitete Charakterzeichnungen und ihre unvergleichliche Gestaltung einzelner Szenen sicher, dass ihr Buch immer seine Anhänger unter den Geschichtsbegeisterten finden wird. Das Beste daran aber ist, zumindest für meinen Zweck, dass sie die Julikrise nicht aufgreift und ihr Buch erst mit dem 1. August 1914 beginnen lässt.

Die Geschichtsliteratur über die Julikrise 1914 ist umfangreich, wenn auch nicht so ausführlich wie über den Ersten Weltkrieg, der daraus hervorging. Wer sich mit der Julikrise beschäftigt, wird rasch feststellen, dass sich zu jeder Frage, über welche die Gelehrten streiten, bereits Sidney Fay, Bernadotte Schmitt oder Luigi Albertini geäußert haben. Es ist unmöglich, über den Juli 1914 zu schreiben, ohne eine intensive Beziehung zu Albertinis dreibändigem Werk über die Ursprünge des Kriegs zu entwickeln.

Das gilt ebenso für die umfassenden Dokumentationen, die nach dem Krieg von den Großmächten zusammengestellt wurden. Obwohl gelegentlich ein Schriftstück durch das Netz schlüpfte und aus den 1991 geöffneten Archiven der ehemaligen Sowjetunion bzw. des Ostblocks ständig neue Enthüllungen auftauchten (von denen ich einige für mich in Anspruch nehmen kann), blieb die grundlegende Dokumentation der Julikrise seit den 1930er-Jahren größtenteils unverändert. Wie Albertinis Werk und wie die Werke fast aller Historiker bezieht sich auch meine Schilderung auf diese großen Dokumentensammlungen. Ich danke an dieser Stelle allen Herausgebern, besonders denen, die hinter der berühmten Reihe *Die deutschen Dokumente zum Kriegs-ausbruch 1914* von Kautsky, Montgelas und Schückert stehen, in denen nicht nur der vollständige Text fast aller verschlüsselter Telegramme aufgeführt ist, sondern auch darauf gekritzelte Rand-notizen mit auf die Minute genauen Zeitangaben über Versand, Dechiffrierung und sogar, wann sie vom Kaiser oder Kanzler ge-lesen wurden.

Ich hatte schon immer die besondere Vorliebe, die unmittelba-ren Quellen heranzuziehen, anstatt meine Darlegungen von den Werken anderer Autoren filtern zu müssen. Aus diesem Grund und in Anerkennung meiner Verpflichtung gegenüber den in der Bibliografie genannten Historikern habe ich meine Schilderung im Haupttext so frei von wissenschaftlichen Disputationen wie möglich gehalten. Wer weiter gehende Informationen wünscht, kann sich an die aufgeführte Literatur halten; wer sich für die Quellen und tiefer gehende Details interessiert, wird in den An-merkungen fündig.

Außerdem möchte ich dem Leser einen Hinweis auf die diplomatische Terminologie geben, die in der Zeit um 1914 gebräuchlich war:

»Sängerbrücke« ist eine Kurzform für das zaristische russi-sche Außenministerium. »Whitehall« steht für das britische Außenministerium (und/oder die britische Regierung), »Wil-helmstraße« für das deutsche Außenministerium (und/oder für das Kanzleramt), »Ballhausplatz« für die österreich-ungarische Regierung und »Quai d'Orsay« für das französische Außen-ministerium.

Personen

Belgien

ALBERT I. | *König von Belgien (1909–1934)*

Deutsches Reich

BELOW-SELASKE, CLAUS VON | *deutscher Botschafter in Brüssel (1912–1914)*

BETHMANN HOLLWEG, THEOBALD VON | *Reichskanzler des Deutschen Kaiserreichs (1909–1917)*

BÜLOW, FÜRST BERNHARD VON | *Reichskanzler des Deutschen Kaiserreichs (1900–1909)*

CHELIUS, OSKAR VON | *General, deutscher Militärattaché in St. Petersburg (1914) und Flügeladjutant von Kaiser Wilhelm II.*

FALKENHAYN, ERICH VON | *General der Infanterie, preußischer Kriegsminister (1913–1915) und Chef des Großen Generalstabs*

GRIESINGER, FREIHERR JULIUS ADOLPH VON | *deutscher Gesandter in Belgrad (1911–1914)*

JAGOW, GOTTLIEB VON | *Staatssekretär im Auswärtigen Amt des Deutschen Kaiserreichs (1913–1916)*

LICHNOWSKY, KARL MAX FÜRST VON | *deutscher Botschafter in London (1912–1914)*

MOLTKE, HELMUTH VON (genannt Moltke, der Jüngere) | *Generaloberst der preußischen Armee, Chef des Großen Generalstabs (1906–1914)*

MÜLLER, GEORG ALEXANDER VON | *Admiral, Chef des Marinekabinetts (1906–1918)*

PLESSEN, HANS G. H. VON | *General, Adjutant Kaiser Wilhelms II.*

POURTALÈS, FRIEDRICH | *deutscher Botschafter in Russland (1907–1914)*

RIEZLER, KURT | *Vortragender Rat in der Reichskanzlei, enger Berater von Reichskanzler Bethmann Hollweg (1909–1914)*

SCHLIEFFEN, ALFRED GRAF VON | *Generalfeldmarschall, Chef des Großen Generalstabs (1891–1906)*

SCHOEN, WILHELM FREIHERR VON | *deutscher Botschafter in Frankreich (1910–1914)*

STUMM, WILHELM VON | *Geheimer Legationsrat und Leiter der Abteilung IA (Politik) im Auswärtigen Amt*

TIRPITZ, ALFRED VON | *Großadmiral; Staatssekretär des Reichsmarineamts (1897–1916)*

TSCHIRSCHKY, HEINRICH VON | *deutscher Botschafter in Österreich-Ungarn (1907–1914)*

WILHELM II. | *Deutscher Kaiser und König von Preußen (1888–1918)*

ZIMMERMANN, ARTHUR | *Unterstaatssekretär im Auswärtigen Amt (1911–1916)*

Frankreich

BARRÈRE, CAMILLE | *französischer Botschafter in Italien (1897–1924)*

BIENVENU-MARTIN, JEAN-BAPTISTE | *französischer*

Justizminister und geschäftsführender Direktor für Auswärtige Angelegenheiten am Quai d'Orsay im Juli 1914

BOPPE, JULES AUGUST | *französischer Gesandter in Belgrad (1914)*

CAILLAUX, JOSEPH | *französischer Premierminister (1911–1912) und Finanzminister (1899–1902, 1906–1909, 1913–1914)*

CAMBON, JULES | *französischer Botschafter in Deutschland (1907–1924)*

CAMBON, PAUL | *französischer Botschafter in Großbritannien (1898–1920)*

DUMAINE, ALFRED | *französischer Botschafter in Österreich-Ungarn (1912–1914)*

JOFFRE, JOSEPH | *Generalstabschef der französischen Armee (1911–1916)*

LAGUICHE, PIERRE DE | *General, französischer Militärattaché in St. Petersburg*

MESSIMY, ADOLPHE | *französischer Kriegsminister (1911–1912 und Juni–August 1914)*

PALÉOLOGUE, MAURICE | *französischer Botschafter in Russland (1914–1917)*

POINCARÉ, RAYMOND | *französischer Staatspräsident (1913–1920)*

ROBIEN, LOUIS DE | *französischer Botschaftsattaché in St. Petersburg*

VIVIANI, RENÉ | *französischer Premierminister und zu verschiedenen Zeiten zwischen 1914 und 1915 Außenminister, hatte beide Ämter im Juni-Juli 1914 inne*

Großbritannien

ASQUITH, HERBERT HENRY | *liberaler britischer Premierminister (1908–1916)*

BERTIE, SIR FRANCIS | *britischer Botschafter in Frankreich (1905–1918)*

BUCHANAN, SIR GEORGE | *britischer Botschafter in Russland (1910–1918)*

CHURCHILL, WINSTON | *britischer Marineminister (Erster Lord der Admiralität, 1911–1915)*

CRACKANTHORPE, DAYRELL | *britischer Gesandter in Belgrad (1912–1915)*

CROWE, SIR EYRE | *Unterstaatssekretär im britischen Außenministerium*

DE BUNSEN, SIR MAURICE | *britischer Botschafter in Österreich-Ungarn (1913–1914)*

GEORG V. | *König von England (1910–1936)*

GOSCHEN, SIR W. EDWARD | *britischer Botschafter in Deutschland (1908–1914)*

GREY, SIR EDWARD | *britischer Außenminister (1905–1916)*

MORLEY, LORD JOHN | *britischer Politiker, Lord President of the Council (1910–1914)*

NICOLSON, SIR ARTHUR | *Unterstaatssekretär im britischen Außenministerium (1910–1916)*

WILSON, SIR HENRY | *General, Direktor Militärische Operationen im Kriegsministerium (1910–1914)*

Österreich-Ungarn

BERCHTOLD, LEOPOLD GRAF | *k.u.k. Gemeinsamer Minister des Äußeren Österreich-Ungarns (1912–1915)*

BIENERTH, KARL FREIHERR VON | *Oberstleutnant, österreichischer Militärattaché in Berlin (1910–1914)*

BILIŃSKI, LEON VON | *k.u.k. Gemeinsamer Finanzminister Österreich-Ungarns und Gouverneur von Bosnien-Herzegowina*

CONRAD VON HÖTZENDORF, FRANZ | *Feldmarschall,*
Chef des Generalstabs für die Bewaffnete Macht (gesamte
Land- und Seestreitkräfte) Österreich-Ungarns (1912–1916)
CZERNIN, OTTO | *österreichischer Legationsrat in St.*
Petersburg, interimistischer Geschäftsträger in Abwesenheit
von Botschafter Graf Friedrich von Szápáry
FRANZ FERDINAND VON ÖSTERREICH-ESTE,
ERZHERZOG | *österreichisch-ungarischer Thronfolger*
FRANZ JOSEPH I. | *Kaiser von Österreich und König von*
Ungarn (1846–1916)
FRIEDRICH VON ÖSTERREICH-TESCHEN, ERZHER-
ZOG | *Feldmarschall, Armeeoberkommandant der gesamten*
Land- und Seestreitkräfte Österreich-Ungarns im Juli 1914
GIESL VON GIESLINGEN, WLADIMIR FREIHERR |
k.u.k. Gesandter in Serbien (1913–1914)
HOYOS, ALEXANDER GRAF | *Legationsrat im k.u.k.*
Ministerium des Äußeren, Kabinettchef von Außenminister
Berchtold und Sondergesandter nach Berlin (Juli 1914)
KROBATIN, ALEXANDER FREIHERR | *Feldmarschall,*
k.u.k. Gemeinsamer Kriegsminister von Österreich-Ungarn
MENSDORFF-POUILLY-DIETRICHSTEIN, ALBERT
GRAF | *österreichisch-ungarischer Botschafter in Groß-*
britannien (1904–1914)
POTIOREK, OSKAR | *österreichischer Militärgouverneur und*
Landeschef von Bosnien-Herzegowina
RITTER VON STORCK, WILHELM | *österreichischer*
Legationsrat in Belgrad
STÜRGKH, KARL GRAF | *österreichischer Ministerpräsident*
SZÁPÁRY, FRIEDRICH GRAF | *österreichisch-ungarischer*
Botschafter in Russland (1913–1914)
SZÖGYÉNY-MARICH, LADISLAUS GRAF | *österreichisch-*
ungarischer Botschafter in Berlin (1892–1914)
TISZA, STEPHAN GRAF | *Ministerpräsident Ungarns*
(1903–1905, 1913–1917)

Russland

ARTAMONOW, WIKTOR | *General, russischer Militärattaché in Belgrad (1912–1914)*

BARK, PETER | *russischer Finanzminister (1914–1917)*

BENCKENDORFF, GRAF ALEXANDER K. | *russischer Botschafter in Großbritannien (1903–1917)*

DOBROROLSKY, SERGEI | *General, Chef der russischen Abteilung für Mobilmachung*

GOREMYKIN, IWAN L. | *Vorsitzender des russischen Ministerrats (1914–1916)*

GRIGOROWITSCH, IWAN KONSTANTINOWITSCH | *russischer Admiral und Marineminister 1911–1917*

HARTWIG, NIKOLAI | *russischer Gesandter in Serbien (1909–1914)*

ISWOLSKI, ALEXANDER | *russischer Botschafter in Frankreich (1910–1917)*

JANUSCHKEWITSCH, NIKOLAI | *General der Infanterie; Chef des russischen Generalstabs*

KRIWOSCHEIN, A. W. | *russischer Landwirtschaftsminister (1906–1915)*

NIKOLAI NIKOLAJEWITSCH (ROMANOW), GROSSFÜRST | *Oberkommandierender der kaiserlichen russischen Armee (1914–1915)*

NIKOLAUS II. (ROMANOW) | *Zar von Russland (1894–1917)*

SASONOW, SERGEI | *russischer Außenminister (1910–1916)*

SCHILLING, BARON MORITZ F. | *Leiter der Kanzlei (das heißt Stabschef) im russischen Außenministerium (1912–1914)*

SCHEBEKO, NIKOLAI | *russischer Botschafter in Österreich-Ungarn (1913–1914)*

STOLYPIN, PETER | *Vorsitzender des russischen Ministerrats (1906–1911)*

SUCHOMLINOW, WLADIMIR | *General der Kavallerie, Chef des Generalstabs der russischen Armee (1908–1909), russischer Kriegsminister (1909–1915)*

Serbien

ČABRINOVIĆ, NEDJELKO | *bosnisch-serbischer Attentäter und Mitverschwörer Gavrilo Princips, in Belgrad ausgebildet*
CIGANOVIĆ, MILAN | *in Bosnien geborener Serbe, Verbindungsmann zwischen den Führern der Schwarzen Hand und Gavrilo Princip in Belgrad, lieferte Waffen für die terroristische Verschwörung zur Ermordung Franz Ferdinands*
DIMITRIJEVIĆ, DRAGUTIN (GENANNT APIS) | *Oberst, Chef des serbischen Militärgeheimdiensts und Führer der Schwarzen Hand*
GRABEŽ, TRIFKO | *bosnisch-serbischer Attentäter und Mitverschwörer Gavrilo Princips, in Belgrad ausgebildet*
ILIĆ, DANILO | *Anwerber örtlicher Terroristen in Sarajevo, um die serbische Beteiligung am in Belgrad geplanten Attentat zu verschleiern*
PAČU, DR. LAZAR | *serbischer Finanzminister (1912–1915)*
PAŠIĆ, NIKOLA | *serbischer Premierminister (1912–1918)*
PRINCIP, GAVRILO | *bosnisch-serbischer Attentäter, in Belgrad ausgebildet*
SPALAJKOVIĆ, M. | *serbischer Botschafter in Russland (1914)*
TANKOSIĆ, VOJISLAV | *Major, Mitbegründer der Schwarzen Hand*

Chronologie

28. Juni 1914	Ermordung Erzherzog Franz Ferdinands in Sarajevo.
5.–6. Juli	Graf Hoyos' Mission in Berlin führt zum »Blankoscheck«.
10. Juli 1914	Berlin erfährt erstmals von Österreichs Plänen eines Ultimatums an Serbien.
14. Juli 1914	Tisza schließt sich der österreichischen »Kriegspartei« an.
18. Juli 1914	Sasonow kehrt aus dem Urlaub zurück und erfährt von Österreichs Plänen, ein Ultimatum zu stellen.
19. Juli 1914	Der Ministerrat in Wien genehmigt den Text für das Ultimatum an Serbien.
20.–23. Juli 1914	Gipfeltreffen mit dem französischen Staatspräsidenten in St. Petersburg.
21. Juli 1914	Sasonow droht Berchtold: »Es darf keine Rede von einem Ultimatum sein.«
23. Juli 1914	Frankreich und Russland versuchen, Wien zu warnen, Serbien kein Ultimatum zu stellen; Wien stellt das Ultimatum trotzdem.

24.–25. Juli 1914	Russlands Ministerrat stimmt der »Teilmobilmachung« zu; Zar Nikolaus II. ratifiziert diesen Beschluss; Frankreichs Botschafter gibt seine Zustimmung.
26. Juli 1914	Russland beginnt seine »Kriegsvorbereitungsperiode«.
28. Juli 1914	Österreich-Ungarn erklärt Serbien den Krieg.
29. Juli 1914	Zar Nikolaus II. befiehlt die Generalmobilmachung, dann ändert er seine Meinung.
30. Juli 1914	Die russische Generalmobilmachung ist angeordnet.
31. Juli 1914	Deutschland stellt Russland ein Ultimatum, die Generalmobilmachung zu stoppen.
1. August 1914	Zuerst ordnet Frankreich, daraufhin Deutschland die Generalmobilmachung an; Deutschland erklärt Russland den Krieg.
3. August 1914	Grey erklärt auf einer Rede im Unterhaus, dass der Kriegsfall gegeben sei, wenn Deutschland die Neutralität Belgiens verletzen sollte; Deutschland erklärt Frankreich den Krieg.
4. August 1914	Deutsche Truppen dringen in Belgien ein; Großbritannien stellt Deutschland ein Ultimatum, das um 23 Uhr Londoner Zeit endet; Großbritannien und Deutschland befinden sich im Krieg.

Prolog: Sarajevo,
Sonntag, 28. Juni 1914

AM MORGEN DES 28. Juni 1914, einem Sonntag, erwachte
Erzherzog Franz Ferdinand im Hotel Bosna mit einem Gefühl
der Erleichterung, da seine Abreise endlich bevorstand. Seine Suite im Thermalbad Ilidža, zehn Kilometer westlich von Sarajevo
gelegen, zeichnete sich durch einen aufdringlichen, grellbunten
Charme aus. Sie war prächtig geschmückt mit persischen Teppi-
chen, arabischen Lampenfigürchen und türkischen Säbeln an den
Wänden. Doch nach drei Tagen war der bodenständige katholische Erzherzog dieses orientalisch-muslimischen Kitsches über-
drüssig. Nach seiner Ankunft am Donnerstagnachmittag hatte
der Thronfolger des Hauses Habsburg zwei volle Tage lang österreichischen Militärmanövern beiwohnen müssen. Am Freitagabend begleitete er seine Gemahlin Sophie auf einem zwanglosen
Einkaufsbummel durch die Basare Sarajevos. Der muslimische
Bürgermeister Fehim Effendi Čurčić hatte seine Anhänger, die
verschiedenen Glaubensrichtungen angehörten, vorher unterwiesen, seinen berühmten Gästen die »slawische Gastfreundschaft«
von ihrer besten Seite zu präsentieren. Und sie enttäuschten ihn
nicht, indem sie Ferdinand und Sophie umlagerten, wo immer die
beiden hinkamen. Der Erzherzog hatte sich daraufhin für diese

eher lästige Gastfreundschaft revanchiert, indem er den Bürgermeister zusammen mit anderen bosnischen Amtspersonen und religiösen Führern (Katholiken, Orthodoxe, Muslime) in sein Hotel nach Ilidža zu einem »prächtigen Bankett« am Samstagabend einlud. Das Festmahl setzte sich überwiegend aus französischen Speisen zusammen, lediglich unter den Aperitifs fand sich als Verneigung vor den Einheimischen ein bosnischer Žilavka, ein Weißwein aus der Gegend von Mostar in der Herzegowina. »Gott sei Dank«, hörte man Ferdinand sagen, als seine Gäste endlich aufbrachen, um nach Sarajevo zurückzukehren, »ist diese Reise nach Bosnien endlich vorbei.«

Franz Conrad von Hötzendorf, der als Chef des Generalstabes den militärischen Manövern vorstand, verschwand unauffällig gegen 21 Uhr, nachdem die letzten Trinksprüche ausgebracht waren. Ferdinand hätte es vorgezogen, zusammen mit Conrad abzureisen, und es beinahe auch getan – er wurde jedoch von seinen Beratern davor gewarnt, dass eine Absage des für Sonntag geplanten Programms dem österreichischen Ansehen in Bosnien schaden könnte. Schließlich würde ja in wenigen Stunden alles überstanden sein. Alles, was vom Sonntagsprogramm übrig blieb, waren ein Fototermin im Rathaus, ein kurzer Museumsbesuch sowie ein Mittagessen im Konak* des Gouverneurs. Nachdem er sich angekleidet und an einer Frühmesse teilgenommen hatte, die in einem speziellen, »zu einer Kapelle umgestalteten« Hotelzimmer abgehalten wurde, schrieb Ferdinand noch schnell ein Telegramm an seine Kinder, in dem er ihnen mitteilte, dass »Papi« und »Mami« es gar nicht erwarten könnten, sie am Dienstag endlich zu sehen.[1]

---

* Das Wort Konak ist türkischen Ursprungs und bedeutet Residenz, Herberge, aber auch Amtssitz eines Verwalters. Der Konak in Sarajevo wurde 1869 von Topal Serif Osman Pascha errichtet und diente den Osmanen als Palast des Gouverneurs der osmanischen Provinzen Bosnien und Herzegowina. Nach der Annexion Bosniens und der Herzegowina residierte hier der österreichisch-ungarische Landeschef Oskar Potiorek.

Erzherzog Franz Ferdinand, österreichisch-ungarischer Thronfolger, mit seiner Gattin Sophie und ihren drei Kindern.

Der letzte Tag des Besuchs, der 28. Juni, war ein Jahrestag von schmerzlicher Tragweite für das erzherzogliche Paar. An diesem Datum im Jahr 1900 war der österreichische Thronfolger von seinem Onkel Kaiser Franz Joseph I. gezwungen worden, eine eidesstattliche Verzichtserklärung zu unterzeichnen, in der vertraglich festgelegt wurde, dass alle Kinder aus der »morganatischen« Ehe mit Sophie von der österreichischen Thronfolge ausgeschlossen waren. Obwohl sie weit davon entfernt war, zum einfachen Volk zu zählen, entstammte Sophie Gräfin Chotek lediglich einer verarmten böhmischen Adelsfamilie, die für die mächtigen Habsburger viel zu unbedeutend war. Zu dieser skandalösen Unschicklichkeit der Verbindung kam noch hinzu, dass Sophie Hofdame der Erzherzogin Isabella von Österreich-Teschen war, deren Tochter Maria Christine man als Ferdinands künftige Gattin ausersehen hatte. Eines Tages soll Franz Ferdinand, als er sich für ein Tennismatch umzog, seine Taschenuhr im Umkleideraum vergessen haben. Die Mutter der mutmaßlichen Thronfolgerin öffnete den Deckel in der Annahme, ein Bild ihrer Tochter zu finden – und erblickte stattdessen das Konterfei ihrer Hofdame.

Anstatt seiner Leidenschaft aus Gründen der Familienehre und Staatsraison zu entsagen, hatte Ferdinand seine heimliche Liebe geheiratet. Die meisten Habsburger vergaben ihm dies nie, und auch Sophie wurde immer wieder daran erinnert. Obwohl sie zur Herzogin von Hohenberg ernannt worden war, musste Ferdinands Gattin bei kaiserlichen Banketten immer wieder Erniedrigungen erleiden: Sie durfte jeden Raum erst als Letzte betreten, nach den zumeist viel jüngeren, unverheirateten Erzherzoginnen, »allein und ohne Begleitung«, und durfte nicht in der Nähe ihres Gatten bleiben, sondern musste am unteren Ende der Tafel Platz nehmen. Sogar auf dem samstäglichen Bankett im bosnischen Ilidža, weit entfernt vom Wiener Hof, war Sophie gezwungen, zwischen zwei Erzbischöfen zu sitzen – und die schmerzliche Tischrede ihres Gemahls zu ertragen, in der sie nicht vorkam (Franz Ferdinand war es nicht erlaubt, sie bei offiziellen Anlässen in der Öffentlichkeit zu erwähnen).[2]

Es wird erzählt, dass Ferdinands gesamte Bosnienreise als Besänftigungsmittel für Sophie konzipiert wurde, die nur selten das raffinierte Zeremoniell genießen konnte, das für die meisten Habsburger Herzoginnen eine Selbstverständlichkeit war. In Wahrheit stellte der Besuch einen wichtigen politischen Akt dar, weshalb Ferdinand ihn unbedingt hinter sich bringen wollte. Er hatte sich leidenschaftlich gegen die 1908 vorgenommene Annexion Bosniens und der Herzegowina durch die Doppelmonarchie gewandt, weil er darin eine nutzlose Provokation der Südslawen sah, besonders der orthodoxen Serben, die 1914 über 40 Prozent der 1,9 Millionen Einwohner Bosnien-Herzegowinas ausmachten (ihnen gegenüber standen 30 Prozent Muslime, 20 Prozent römisch-katholische Kroaten und ein kleiner Rest aus Juden,

Protestanten, Sinti und Roma). Dabei war es keineswegs so, dass sich der Erzherzog besonders um die Serben scherte, die er als ein »Pack von Dieben, Mördern und Spitzbuben« ansah.[3] Allerdings lag ihm daran, Österreichs heikle Beziehung zum serbophilen Russland zu verbessern, deshalb betrachtete er die gesamte bosnische Angelegenheit mit Widerwillen.

Ferdinand war sich der Tatsache bewusst, dass die Annexion Russlands Stolz zutiefst verletzt hatte, nicht zuletzt deshalb, weil der damalige österreichische Außenminister Freiherr Alois Lexa von Aehrenthal seinen russischen Amtskollegen Alexander Iswolski ausgetrickst und Russlands Zustimmung in einem zynischen Quidproquo* erschlichen hatte, indem er ihm Österreichs Unterstützung in der Frage der Öffnung der Dardanellen für die russische Flotte zusicherte, dieses lose Versprechen jedoch nicht einhielt. Als Iswolski daraufhin seinerseits von der Abmachung zurücktreten wollte, sah er sich im März 1909 einer unverhüllten Kriegsdrohung Deutschlands gegenüber.

Iswolskis Erniedrigung durch Aehrenthal in der Bosnischen Annexionskrise war so schwerwiegend, dass er schließlich zum Rücktritt gezwungen wurde (um anschließend in Paris als russischer Botschafter für Frankreich wieder aufzutauchen und von dort aus seine Rachepläne zu schmieden). Österreichs Annexion von Bosnien-Herzegowina schürte den Hass Serbiens und zog den Ärger Russlands nach sich; sie stellte eine tickende diplomatische Zeitbombe dar, die jeden Augenblick hochgehen konnte. Der Erzherzog konnte nur hoffen, dass sie nicht während seines Besuchs explodieren würde.

Im Jahr 1910 hatte Kaiser Franz Joseph I. Bosnien-Herzegowina einen Besuch abgestattet, um die Loyalität seiner unwilligen neuen Untertanen zu gewinnen – dabei hatte seine Vorausabtei-

---

* Quidproquo (lat.: dieses für das) ist ein Rechtsgrundsatz und ein ökonomisches Prinzip, nach dem jemand, der etwas gibt, dafür eine angemessene Gegenleistung erhalten soll.

lung in einem nicht gerade dezenten Wink an die serbische Opposition dafür gesorgt, dass Sarajevo mit einem dichten Netz aus Polizisten überzogen war. Nachdem er auf einem Staatsbesuch in Rumänien eine ähnlich starre Organisation erlebt hatte, forderte Franz Ferdinand eine weniger einengende Absperrung für seinen eigenen Besuch 1914. Außerdem verlangte er, dass man ihm erlaube, seine geliebte Gattin als Begleitung mit nach Bosnien zu nehmen, die ihn während der vielen langweiligen offiziellen Anlässe bei Laune halten sollte (falls sie dabei mit ihm sprechen durfte). Dennoch nahm man die Sicherheit ernst, und die Vorkehrungen wurden vom eigenen militärischen Stab des Erzherzogs geplant, unterstützt von Conrad von Hötzendorf, Leon von Biliński, dem Gouverneur von Bosnien und Herzegowina, und Oskar Potiorek, dem Militärgouverneur der Provinz. Im Gegensatz zu den Behauptungen serbischer Kritiker wurden die Manöver des XV. und XVI. Armeekorps, die den Anlass für Ferdinands Besuch lieferten, nicht entlang der bosnisch-serbischen Grenze abgehalten, sondern im Südwesten der Herzegowina nahe der Adria – und damit so weit wie möglich von Serbien entfernt.

Abgesehen davon, dass es vernünftig war, eine Provokation an der serbischen Grenze zu vermeiden, haben sich diese Männer bei der Planung der Reise leider nicht besonders hervorgetan. Das begann schon mit einer Reihe böser Vorzeichen. Der luxuriöse Eisenbahnwaggon, in dem Ferdinand für gewöhnlich zu reisen pflegte und der in seinem Auftrag von der Firma Ringhoffer in Prag gebaut worden war, hatte auf dem Weg vom tschechischen Ferienort Chlumetz bei Wittengau (wo Ferdinand und Sophie ihre Kinder bis zu ihrer geplanten Rückkehr am Dienstag zurückgelassen hatten) einen Schaden an der Achsfeder. Der Erzherzog wurde daraufhin in einem normalen Erste-Klasse-Waggon bis nach Wien befördert, wo er in einen königlichen Ersatz-Eisenbahnwaggon für die lange Reise nach Triest umsteigen sollte – und dessen elektrische Beleuchtung noch im Bahnhof ausgefallen war. Da nicht genug Zeit war, um die elektrischen Leitungen zu reparieren, ohne den Reiseplan zu gefährden, setzten der Erzherzog und seine Gefolgsleute den ganzen Weg bis zur Adriaküste in einem Waggon fort, der nur mit Kerzen beleuchtet wurde. Es war, wie Ferdinand anmerkte, wie die Reise »in einem Grab«.[4]

Das schlimmste Vorzeichen von allen war jedoch die Wahl des Zeitpunkts für den letzten Besuchstag des erzherzoglichen Paares in Sarajevo. Für Ferdinand und Sophie bedeutete der 28. Juni eine schmerzliche Erinnerung daran, dass ihre Kinder von der Erbfolge des Hauses Habsburg ausgeschlossen waren. Für die Serben dagegen war dieses Datum mit der noch weitaus schmerzhafteren Erinnerung an ihre schreckliche Niederlage gegen die Türken in der Schlacht auf dem Amselfeld (Kosovo Polje) im Jahr 1389 verbunden, mit der die Unabhängigkeit der serbischen Fürstentümer verloren ging. Allerdings war der 28. Juni für die Serben nicht nur ein Tag der Trauer. Da der serbische Ritter Miloš Obilić den osmanischen Sultan Murad I. auf dem Schlachtfeld erschlagen hatte, gedachte man am Jahrestag der Schlacht des nationalen Widerstands, und der St.-Veits-Tag (Vidov Dan) wurde zu einem Festtag zu Ehren der slawischen Gottheit des Kriegs und der Fruchtbarkeit. Selbst wenn der Thronfolger Erzherzog Ferdinand (widerwillig) die Herrschaft Habsburgs über die Serben mit einem offiziellen Besuch in Sarajevo bekräftigen würde, würden die Serben im Kosovo an diesem Tag ihre Feiern abhalten, um den Patrioten zu ehren, der ihren türkischen Eroberer vor genau 525 Jahren erschlagen hatte. Was die jüngste Geschichte des serbischen, auf Königsmord ausgerichteten Terrorismus betrifft – im Jahr 1903 hatte eine Gruppe ultranationaler Offiziere unter Führung des späteren Chefs des serbischen Militärgeheimdienstes, Dragutin Dimitrijević (genannt Apis), ihr eigenes serbisches Königspaar* ermordet, weil sie sich ihrer Meinung nach nicht genügend für die serbische Sache eingesetzt hatten –, so war ein königs-

---

* Dabei wurden auch die Brüder der Königin und mehrere Regierungsmitglieder ermordet.

licher Besuch in Sarajevo am Vidov Dan eine Provokation, wenn nicht gar eine Tollkühnheit.

Die für Sonntag geplante Route stellte sogar ein noch höheres Risiko dar, denn Einzelheiten des Besuchs waren schon Monate zuvor veröffentlicht worden, sodass jeder Serbe, der einen Groll gegen die Doppelmonarchie hegte, ausreichend Zeit besaß, um einen Anschlag zu planen. Die Zagreber Zeitung *Srbobran* hatte die wichtigsten Einzelheiten der für März 1914 angekündigten Reise des Erzherzogs nach Bosnien-Herzegowina enthüllt. Obwohl das genaue Datum des Besuchs damals noch gar nicht feststand, kündigte *Srbobran* es als endgültig an, dass Erzherzog Franz Ferdinand im Frühsommer nach Bosnien kommen würde, um verschiedenen militärischen Manövern beizuwohnen.

Durch diese Meldung, die ihn in Sarajevo erreichte, neugierig geworden, trennte ein bosnischer Serbe und Aktivist der irreden-tistischen* Gruppe Junges Bosnien (Mlada Bosna) die Ankündi-gung heraus und schickte sie an seinen Freund Nedjelko Čabrinović in Belgrad unter der Adresse – ganz im Stil der Bohème, der dem serbischen Untergrund zu Eigen war – des Kaf-feehauses Eichelkranz.

Čabrinović wiederum zeigte den Ausschnitt seinem Freund Gavrilo Princip, einem radikal-nationalistischen Serben aus Bos-nien, beim Mittagessen. Nachdem er den Nachmittag damit ver-bracht hatte, über dem Artikel zu brüten, suchte Princip am

---

* Der Irredentismus (ital. irredentismo) ist ursprünglich eine auf Matteo R. Imbriani zurückgehende Bezeichnung für eine politisch-kulturelle Bewegung im Italien des 19./20. Jahrhunderts. Die Irredentisten setzten sich dafür ein, alle unter Fremdherrschaft stehenden italienischsprachigen Gebiete in den italienischen Nationalstaat einzugliedern. Dementsprechend erhoben sie For-derungen gegenüber Österreich-Ungarn, das bis zum Ersten Weltkrieg die »unerlösten Gebiete« (ital. terre irredente) des Trentino und Julisch-Venetiens besetzt hielt, sowie gegenüber Frankreich (Nizza, Savoyen, Korsika) und Großbritannien (Malta). Daraus entwickelte sich die allgemeine Bezeichnung Irredentismus für eine Ideologie, die es sich zum Ziel gesetzt hat, möglichst alle Vertreter einer bestimmten Ethnie in einem souveränen Staat mit festen Territorialgrenzen zusammenzuführen.

Abend Čabrinović in einem anderen Belgrader Café auf, dem Grünen Kranz, und schlug ihm vor, dass sie beide nach Sarajevo reisen sollten, um den Thronfolger der Habsburger Monarchie zu ermorden. Der 19-jährige Čabrinović, vom Naturell her viel eher ein Anarchist als Princip, hätte sich lieber Landeschef Oskar Potiorek als Opfer ausgesucht, der genau die Klasse Regierungsbeamter symbolisierte, die er als »Mameluken« bezeichnete und die von Wien entsandt worden waren, um die bosnischen Serben zu unterdrücken. Doch Princip gelang es dank seiner Überzeugungskraft, sich gegen Čabrinović durchzusetzen.[5]

Princips Vorschlag war nicht nur so dahingesagt. Obwohl weder er noch Čabrinović eigene Waffen besaßen, standen beide in Kontakt mit Serbiens Netz aus halb offiziellen paramilitärischen Gruppen. Princip war ein ehemaliger Rekrut der Narodna Odbrana (Nationale Verteidigung), einer Organisation, die 1908 als Antwort auf Österreichs Annexion von Bosnien-Herzegowina gegründet worden war. Sie trainierte Freischärler (»Comitaji« oder Komitatschis) in den verschiedensten Fertigkeiten des Guerillakriegs, wie beispielsweise Bomben zu werfen sowie Eisenbahnen und Brücken in die Luft zu jagen. Princip war 1912 durch die Narodna Odbrana unter Major Vojislav Tankosić (der 1903 eigenhändig die Brüder der serbischen Königin erschossen hatte) ausgebildet worden in der Absicht, ihn vor dem Ersten Balkankrieg hinter die türkische Grenze zu schmuggeln, der im Oktober dieses Jahres vom Balkanbund, bestehend aus Serbien, Bulgarien, Griechenland und Montenegro, gegen das Osmanische Reich geführt wurde. Gerade mal 18 Jahre alt, von schmaler Gestalt und in schlechter gesundheitlicher Verfassung, musste Princip das Training bald wieder aufgeben, aber er hielt weiterhin Kontakt sowohl zur Narodna Odbrana als auch zu ihrem radikaleren Flügel Ujedinjenje ili Smrt (Vereinigung oder Tod), auch bekannt als Schwarze Hand.

Die Geheimorganisation Schwarze Hand, zu der viele Leute zählten, die bereits die Narodna Odbrana gegründet hatten – darunter auch Apis und Major Tankosić –, legte größten Wert auf Verschwiegenheit und Geheimhaltung. Neue Mitglieder wurden in »einen dunklen, nur von Wachskerzen erhellten Raum« geführt, wo sie einen Eid leisten mussten »beim Blut meiner Vorfahren ... dass ich von diesem Moment an bis zu meinem Tod ... zu jedem Opfer [für Serbien] bereit sein werde«. Das Siegel der Organisation verdeutlichte, was mit »Opfer« gemeint war: Es zeigte eine entrollte Fahne, einen Totenkopf und gekreuzte Knochen, einen Dolch, eine Bombe – und schließlich ein Fläschchen Gift, bestimmt für das Mitglied selbst, nachdem es seine mörderische Tat ausgeführt hatte.[6]

Weder Princip noch Čabrinović waren aktive Mitglieder der Schwarzen Hand, aber sie kannten Männer, die dazugehörten. Beispielsweise Milan Ciganović, ein befreundeter bosnischer Serbe, der zusammen mit Princip 1912 von Major Tankosić ausgebildet worden war – allerdings mit mehr Erfolg. Ciganović hatte sich während der Balkankriege ein persönliches Arsenal aus sechs kleinen Bomben zusammengestohlen. Sobald er von Princips Plan erfuhr, bot ihm Ciganović dafür seine Sprengstoffvorräte an; gleichzeitig schlug er den beiden potenziellen Attentätern vor, auch Pistolen mitzunehmen, falls die Bomben nicht zündeten. Major Tankosić stattete sie, zweifellos im Auftrag von Apis, ordnungsgemäß mit vier Browning-Revolvern sowie zugehöriger Munition aus, für 150 Dinar bar auf die Hand; zusätzlich gab er ihnen etwas Kaliumcyanid, mit dem der Attentäter Selbstmord begehen sollte, unmittelbar nachdem er den Erzherzog getötet hatte. Zuletzt erteilte Tankosić dem Veteran Ciganović den Auftrag, Princip und Čabrinović Schießunterricht zu geben, damit sie ihr Ziel auch nicht verfehlen würden.[7]

Die Schwarze Hand stellte den beiden Attentätern aber nicht nur Waffen und Trainingsmöglichkeiten zu Verfügung. Im Lauf der Jahre hatte die Organisation eine Art »Untergrundbahn« des Terrorismus, das heißt ein Tunnelsystem entwickelt. Es war nicht besonders schwierig, Personen mit gefälschten Papieren auf österreichisches Staatsgebiet zu schleusen, aber es erforderte schon mehr Geschick und Erfahrung, Waffen zu schmuggeln. Als am 26. Mai 1914 Princip, Čabrinović und ein dritter Verschwörer, Trifko Grabež, in Šabac, einem kleinen Städtchen an der Grenze, angekommen waren, wartete bereits Major Popović, ein Offizier der serbischen Armee, mit Befehlen von Major Tankosić auf sie. Čabrinović, ausgestattet mit Papieren von Popović, sollte über die Grenze nach Zvornik auf der bosnischen Seite gehen; von dort sollte ihn ein weiterer Vertrauensmann nach Tuzla fahren, einer Stadt, die über die Eisenbahn mit Sarajevo verbunden war. Princip und Grabež, die bei sich die Waffen trugen, überquerten die Drina und kamen nahe Lješnica auf bosnisches Gebiet, wobei sie von einem serbischen Zollbeamten von einer Insel zur nächsten übergesetzt wurden. Anschließend gelangten sie mithilfe freundlicher serbischer Bauern bis in die Nähe von Priboj. Dort trafen sie auf ihren nächsten Helfershelfer, Veljko Čubrilović, Lehrer an der örtlichen Schule und heimliches Mitglied der Narodna Odbrana.

Um wieder mit Čabrinović in Tuzla zusammenzutreffen, mussten sie einen Kontrollposten der österreichischen Gendarmerie in Lopare passieren. In einer Mischung aus Klugheit und Wagemut ließen Princip und Grabež Bomben, Pistolen und Giftampullen im Fuhrwerk eines Bauern zurück, unter dessen Deckung sie gereist waren, umgingen das Dorf zu Fuß und trafen auf der anderen Seite wieder mit ihm zusammen. Nachdem die drei Terroristen schließlich in Tuzla wieder vereint waren, übergaben sie ihre tödliche Fracht an einen weiteren Vertrauensmann, Miško Jovanović, der genau wie Čubrilović sowohl angesehener Bürger (ihm gehörten eine Bank und ein Filmtheater) als auch Mitglied der Narodna Odbrana war. Jovanović versteckte die Waffen auf seinem Speicher, während die Terroristen nach Sarajevo aufbrachen. Sie krönten ihre Untergrundarbeit damit, dass die vier Männer übereinkamen, ein fünfter Mann sollte von Sarajevo zurückkehren und die Waffen in Empfang nehmen, wobei er sich

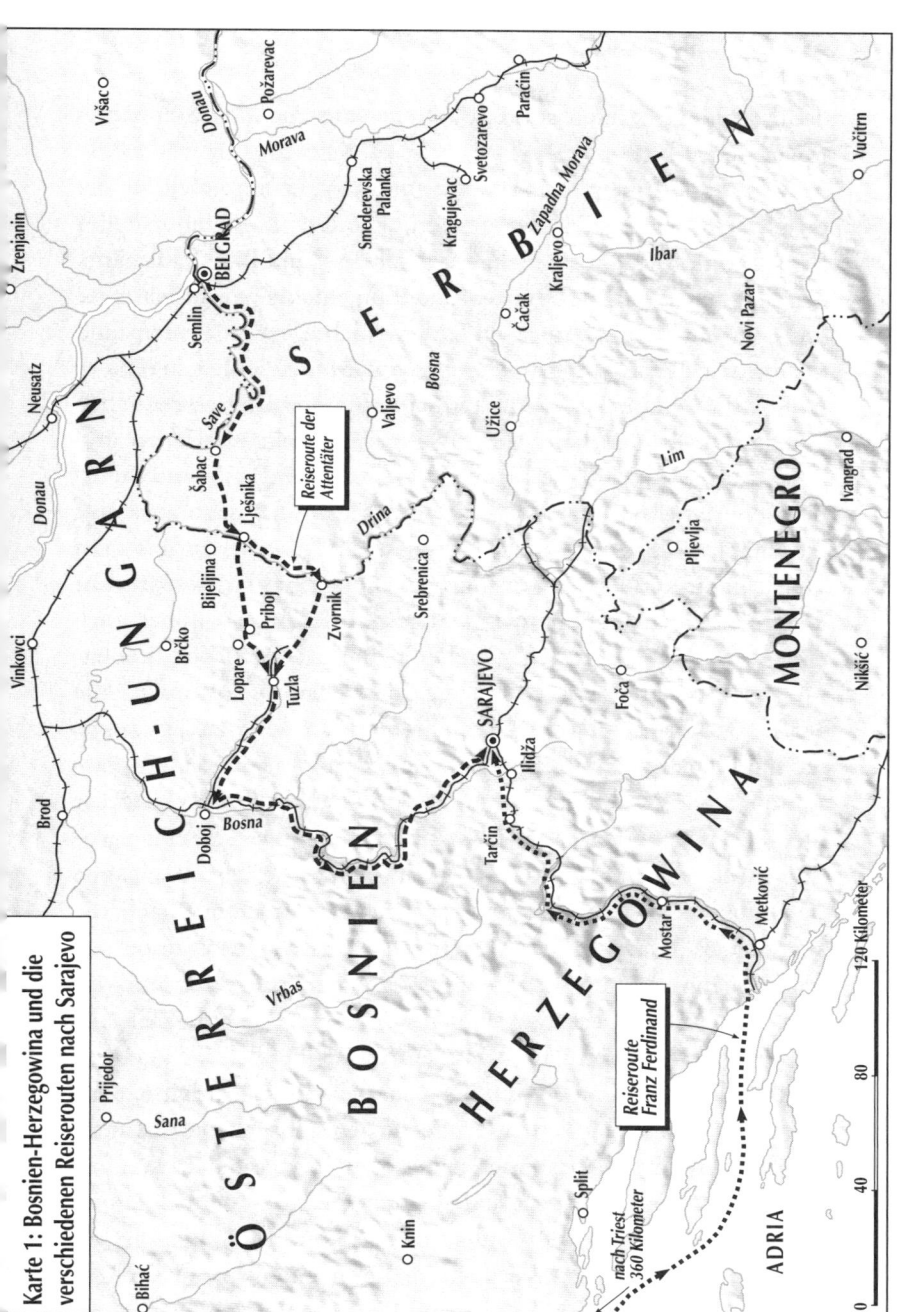

Karte 1: Bosnien-Herzegowina und die verschiedenen Reiserouten nach Sarajevo

ÖSTERREICH-UNGARN

SERBIEN

MONTENEGRO

BOSNIEN

HERZEGOWINA

ADRIA

Reiseroute der Attentäter

Reiseroute Franz Ferdinand

nach Triest 360 Kilometer

Donau
Morava
Sava
Bosna
Drina
Lim
Ibar
Zapadna Morava
Vrbas
Sana

Vršac
Požarevac
Zrenjanin
Semlin
BELGRAD
Neusatz
Smederevska Palanka
Svetozarevo
Paraćin
Vučitrn
Kragujevac
Kraljevo
Čačak
Užice
Novi Pazar
Ivangrad
Valjevo
Šabac
Ljesnika
Bijeljina
Priboj
Zvornik
Srebrenica
Pljevlja
Nikšić
Foča
SARAJEVO
Ilidža
Tarčin
Metković
Mostar
Brčko
Lopare
Tuzla
Doboj
Bosna
Vinkovci
Brod
Prijedor
Knin
Split
Bihać

0   40   80   120 Kilometer

dadurch identifizieren sollte, dass er »eine Packung Stephanie-Zigaretten anbiete«.

Während Princip, Čabrinović und Grabež ihre Zeit in der bosnischen Hauptstadt abwarteten, wurden ihre Helfershelfer aktiv. Danilo Ilić, ein ehemaliger Schullehrer und Bankkaufmann, der sich zum Vollzeitaktivisten und Taugenichts gewandelt hatte und jetzt mit seiner Mutter in Sarajevo lebte, nahm Princip und Čabrinović bei sich auf (die Familie von Grabež lebte ganz in der Nähe). Ilić kannte die Terroristen sehr gut von früheren Besuchen in Belgrad. Princip hatte ihm im April zurückgeschrieben und Andeutungen über seine Pläne gemacht, Franz Ferdinand zu ermorden; dabei hatte er Ilić vorgeschlagen, in Sarajevo ansässige Attentäter zu rekrutieren. Dadurch steckte Ilić bereits bis zum Hals mit in der Verschwörung drin, noch ehe das Terroristen-Trio in Sarajevo angekommen war: Jetzt allerdings sollte er noch etwas tiefer hineingeraten. Nachdem Ilić das Päckchen Stephanie-Zigaretten in Tuzla vorgezeigt hatte, bat er Jovanović, die Waffen weiter nach Doboj zu schaffen, weil er fürchtete, in Tuzla, wo ihn niemand kannte, verhaftet zu werden.

Jovanović erfüllte diese Aufgabe pflichtgemäß und versteckte die Waffen mit einer gewissen Experimentierfreude in einer großen Blechdose mit Zucker, die er in weißes Papier einwickelte und mit einer Schnur zuband. Während er in Doboj nach Ilić suchte, ließ Jovanović die Zuckerdose einmal versteckt unter seinem Regenmantel im Wartesaal der Eisenbahn liegen; später vergaß er sie in der Werkstatt eines Freundes, wo sie eine Zeit lang unbeaufsichtigt herumlag. Nachdem Ilić schließlich die gefährliche Fracht übernommen und nach Sarajevo geschafft hatte, platzierte er sie »in einer kleinen Truhe, die ich selbst absperrte, unter einem Sofa« im Schlafzimmer seiner Mutter. Passenderweise gab Ilić am Morgen des 28. Juni 1914 den »Zucker« schließlich an Princip, Čabrinović und Grabež in der Konditorei Vlajinić zurück (wobei einige Revolver fehlten, die er seinen eigenen Rekruten vor Ort ausgehändigt hatte). Princip nahm eine Pistole,

Čabrinović eine Bombe und Grabež jeweils eins von beiden. Die Attentäter waren bereit.[9]

Es war kein großes Geheimnis, welche Hauptroute die Fahrzeugkolonne des Erzherzogs an diesem Morgen einschlagen würde. Sarajevo war eine überschaubare Stadt mit wenigen Sehenswürdigkeiten, sodass man die Route selbst ohne große Ortskenntnis problemlos hätte erraten können. Sarajevo liegt in einer tiefen Talebene und wird in der Mitte vom Fluss Miljacka geteilt (obwohl die Bezeichnung »Fluss« in den Sommermonaten nicht ganz zutreffend ist, da dann nur noch ein Rinnsal übrig bleibt). Verschieden hohe Hügel- und Bergketten rahmen die beeindruckende Silhouette der Stadt ein. Jede königliche Rundfahrt durch Sarajevo würde mit größter Wahrscheinlichkeit den Appelkai entlangführen, die Hauptverkehrsstraße, die parallel zur Miljacka verlief.

Quasi als Bestätigung dessen, was jedermann bereits vermutete, informierte Bürgermeister Fehim Effendi im selben Schreiben, in dem er die Einwohner Sarajevos ermahnte, dem Thronfolger des Hauses Habsburg ihre »beste Seite slawischer Gastfreundschaft« zu zeigen, auch über die Route des sonntäglichen Besuchs, die natürlich den Appelkai einschloss (und zwar zwei Mal, nämlich auf dem Weg zum Rathaus und wieder zurück) – dem lag der Gedanke zugrunde, dass die Anwohner und Ladenbesitzer entlang der geplanten Route die Straßen mit kaiserlichen Fahnen und Blumen schmücken sollten. Viele Einwohner Sarajevos hatten den Aufruf des Bürgermeisters noch übertroffen und große Porträts des Erzherzogs an Hauswänden und Fenstern angebracht. Nach dieser allgegenwärtigen Zurschaustellung von Gastfreundschaft, die das ganze Wochenende die Stadt überzog, und der überwältigenden Freundlichkeit, mit der ihn die Einheimischen während seines spontanen Besuchs am Freitagabend in den Basaren empfangen hatten, gab es für Franz Ferdinand keinen Grund, am Sonntag etwas anderes zu erwarten.

Der Sonntag jedoch war anders, da der Besuch – und das betrifft sowohl die Fahrtroute als auch den Ablauf – lange im Voraus bekannt gegeben worden war. Der Privatsekretär des Erzherzogs, Paul Nikitsch-Boulles, schrieb später, dass während des spontanen Ausflugs am Freitag »jeder Möchtegern-Mörder tausend Gelegenheiten gehabt hätte, den ungeschützten Franz Ferdinand zu töten«. Obwohl der Erzherzog quasi auf dem Präsentierteller lag, unternahm am Freitag keiner der Mörder einen Versuch – weil sie zu diesem Zeitpunkt ihre Waffen noch nicht hatten. Am Sonntag jedoch hatten sie sie.[10]

Am Morgen des Vidov Dan erstrahlte die Sonne hell über Bosnien, als sich der Thronfolger des Hauses Habsburg für den Abschluss seines Besuchs fertig machte. Franz Ferdinand trug die Uniform eines österreichischen Kavallerie-Generals, himmelblauer Waffenrock über schwarzen Reithosen mit roten Streifen sowie einem goldenen Kragen mit drei silbernen Sternen. Sophie war elegant gekleidet, eingehüllt in einen »hauchdünnen weißen Schleier«, auf dem Kopf einen weißen Hut mit einem Sträußchen roter und weißer Rosen in ihrer roten Schärpe. Sie kamen gemeinsam in Sarajevo mit dem Zug aus Ilidža um 9.20 Uhr an, in Begleitung von Landeschef Potiorek, der als Reiseführer fungierte. Es folgte eine kurze Besichtigung der Truppen vor Ort, bei der es Sophie bezeichnenderweise erlaubt war, an der Seite ihres Gatten zu bleiben. Anschließend nahm das erzherzogliche Paar in einem offenen Wagen Platz und bezog die Ehrenposition in der Fahrzeugkolonne gleich hinter dem führenden Auto, in dem der Bürgermeister und der Polizeichef saßen, während ihnen drei weitere Dienstwagen folgten. Die Kanonen gaben 24 Salutschüsse ab, um den Start des erzherzoglichen Konvois anzukündigen, gefolgt von »Zivio«-Rufen (lang lebe der Thronfolger) aus der Menge. Wie jedermann wusste, sollte die Kolonne zunächst zwischen 10 und 10.30 Uhr den Appelkai hinunterfahren bis zum Rathaus, und zwar auf der rechten Straßenseite direkt am Fluss entlang (die Rückfahrt sollte dann auf der gegenüberliegenden, der Stadt zugewendeten Seite erfolgen).[11]

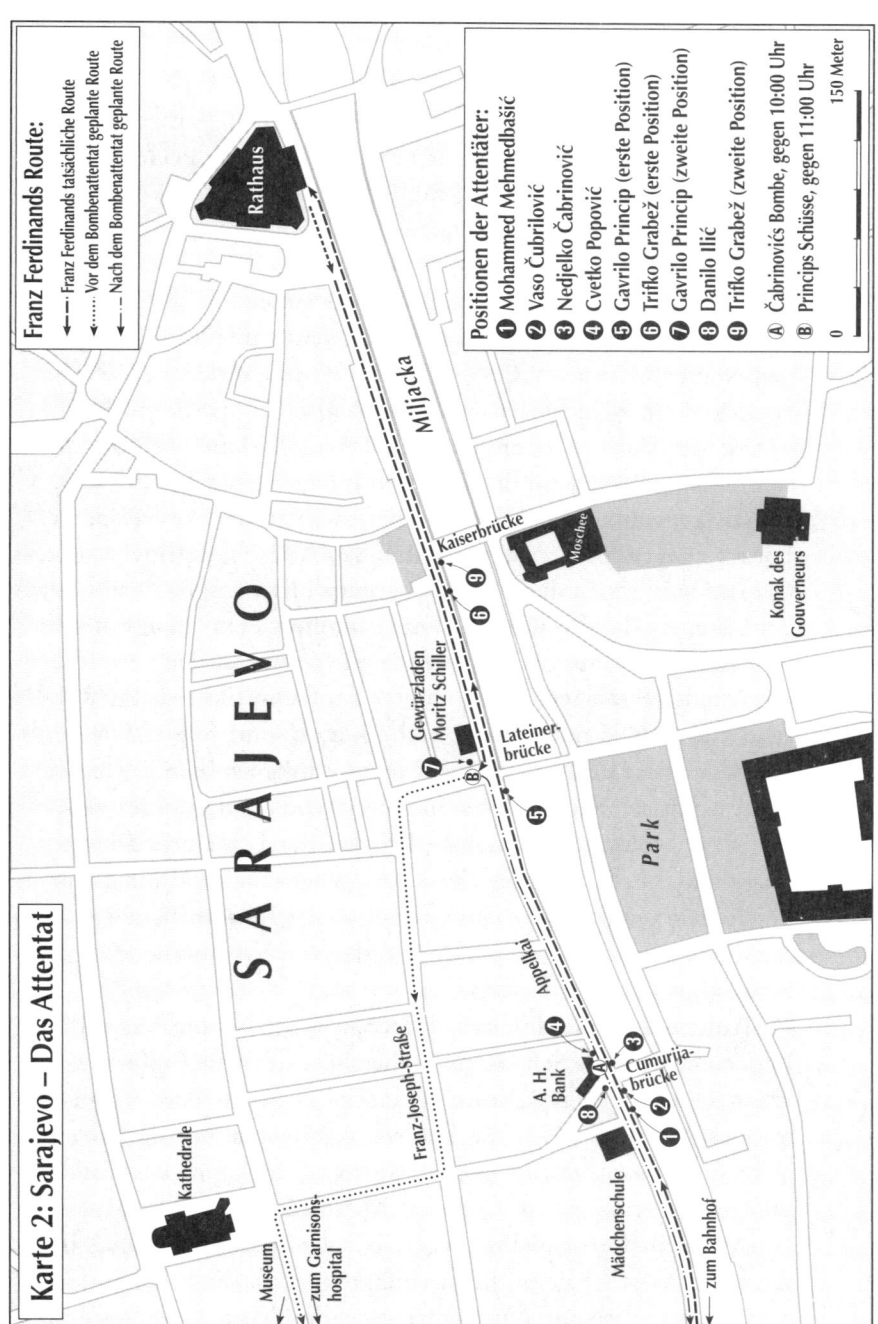

Karte 2: Sarajevo – Das Attentat

Franz Ferdinands Route:
- ←-- Franz Ferdinands tatsächliche Route
- ········· Vor dem Bombenattentat geplante Route
- ← Nach dem Bombenattentat geplante Route

Positionen der Attentäter:
1. Mohammed Mehmedbašić
2. Vaso Čubrilović
3. Nedjelko Čabrinović
4. Cvetko Popović
5. Gavrilo Princip (erste Position)
6. Trifko Grabež (erste Position)
7. Gavrilo Princip (zweite Position)
8. Danilo Ilić
9. Trifko Grabež (zweite Position)

Ⓐ Čabrinovićs Bombe, gegen 10:00 Uhr
Ⓑ Princips Schüsse, gegen 11:00 Uhr

0 _____ 150 Meter

Rathaus

Miljacka

Kaiserbrücke

Moschee

Gewürzladen
Moritz Schiller

Lateiner-
brücke

Park

Konak des
Gouverneurs

S A R A J E V O

Franz-Joseph-Straße

Kathedrale

Museum
zum Garnisons-
hospital

A. H.
Bank

Appelkai

Ćumurija-
brücke

Mädchenschule

zum Bahnhof

Dort am Appelkai warteten die Attentäter. Ilić mitgerechnet, waren es insgesamt sieben. Čabrinović, Grabež und Princip, gerade aus Belgrad eingetroffen, bildeten das Herz der Verschwörung. Außerdem hatte Ilić noch drei Einheimische rekrutiert: Vaso Čubrilović und Cvetko Popović, beide bosnische Serben, sowie – vielleicht um Ermittlungsbeamte auf eine falsche Spur zu locken – einen bosnischen Muslim mit dem wundervoll klingenden Namen Mehmedbašić (»Mehmed« ist eine türkische Variante von Mohammed, und »bašić« ist die slawische Form des türkisch-persischen Wortes für Schmiergeld: Bakschisch). Ilić, der Organisator, bezog Posten auf der zur Stadt hin gelegenen Seite des Appelkais gegenüber der Cumurija-Brücke, flankiert von Popović. Direkt gegenüber nahmen Mehmedbašić, Čubrilović und Čabrinović ihre Schlüsselpositionen am Fluss ein, das heißt auf der Seite, auf der die Wagenkolonne auf ihrer Fahrt zum Rathaus vorbeikommen musste. Die beiden ersten, mit Pistolen bewaffneten Attentäter warteten gleich hinter der Cumurija-Brücke, während Čabrinović mit seiner Bombe kurz darauf folgte. Für den Fall, dass diese drei ihre Aufgabe nicht erfüllen sollten, hatte sich Princip mit seinem Revolver an einer Stelle postiert, kurz bevor die Wagenkolonne die nächste Brücke, die Lateinerbrücke, erreicht hätte. Falls auch der vierte Attentäter scheitern sollte, wurde die Fahrzeugkolonne von Grabež an der Kaiserbrücke erwartet – er war der einzige Attentäter, der sowohl Bombe als auch Pistole mit sich führte.

Trotz dieser brillanten mehrfachen Absicherung hatte Ilićs Plan eine eklatante Schwäche: Vielleicht weil er die Opferbereitschaft seiner eigenen Rekruten überschätzte, hatte der Organisator des Mordanschlags die beiden wichtigsten Positionen mit Vaso Čubrilović, einem jungen Bosnier, der kaum ausgebildet und nicht gerade mutig war, und Mehmedbašić, einem Muslim von zweifelhafter Loyalität gegenüber der serbischen Sache, besetzt. Keiner von beiden rührte einen Finger, als die Wagenkolonne an ihm vorbeikam. Nur Čabrinović, der dritte Attentäter und zugleich der erste der Belgrader Verschwörer, handelte. Als die Autos die Cumurija-Brücke passierten, schlug er die Sicherungskappe ab, brach damit das Zündhütchen und warf seine Bombe auf den Wagen des Erzherzogs. Glücklicherweise hatte der Fahrer den Anschlag des Attentäters frühzeitig bemerkt; sofort beschleunigte er sein Fahrzeug, wodurch die Bombe, nachdem sie Ferdinand leicht an der Wange gestreift hatte, vom Verdeck abprallte und unter dem nächsten Begleitwagen detonierte. Diese Explosion beschädigte das Auto schwer; Potioreks Adjutant und mehrere Passanten am Straßenrand wurden dabei verletzt. Čabrinović sprang in das ausgetrocknete Flussbett, wo er von Polizisten überwältigt wurde, bevor er das Gift aus seiner Ampulle schlucken konnte (wenn er das überhaupt beabsichtigt hatte).

Niemals zuvor war die stille Würde der Habsburger so offenkundig wie in den Minuten, die dem Mordanschlag auf das Leben des Erzherzogs folgten. Ohne auf den eigenen geringfügigen Kratzer zu achten, besah sich Franz Ferdinand den Schaden am Wagen, fragte nach, ob irgendjemand verletzt worden sei, und sorgte dafür, dass alle Verletzten unverzüglich zur Behandlung ins Garnisonshospital gebracht wurden. »Weiter geht's«, bemerkte er nur. » Der Kerl ist verrückt. Meine Herren, wir wollen unser Programm fortsetzen.« Daraufhin nahm die Wagenkolonne ihren Weg entlang des Appelkais mit einer höheren Geschwindigkeit als zuvor wieder auf, so als ob dadurch weitere Attentatsversuche auf den Erzherzog von vornherein verhindert werden sollten. Franz Ferdinand spottete darüber und bat seinen Chauffeur, langsamer zu fahren, damit ihn seine Untertanen besser sehen könnten. Sein Instinkt ließ ihn nicht im Stich: Nachdem sie gesehen hatten, dass Čabrinovićs Bombe ihr Ziel verfehlte, hatten Princip und Grabež ihre Positionen verlassen.[12]

Obwohl der Erzherzog im Angesicht dieses terroristischen Aktes Mut gezeigt hatte, befand er sich in schlechter Stimmung, als der Wagenzug das Rathaus erreichte. Sophie, die außer einer kleinen Schramme unverletzt geblieben und auch nicht sonderlich erschüttert war, stieg aus, um sich mit einer Abordnung muslimischer Frauen zu treffen, während Ferdinand sich darauf vorbereitete, eine letzte Runde öffentlicher Reden über sich ergehen zu lassen. Die Szenerie war immerhin neu. Unter einem Verdeck aus »rotgelben maurischen Loggias« – eine Verbeugung vor Sarajevos osmanischer Vergangenheit – wurde der Erzherzog von »Mullahs mit Turbanen, Bischöfen mit Mitren und vergoldeten Gewändern sowie Rabbis in Kaftanen« willkommen geheißen. Überall herrschte eine unübersehbare Atmosphäre der Betroffenheit. Als Bürgermeister Fehim Effendi, unsicher darüber, wie er sich nach dem Vorfall auf dem Kai verhalten sollte, einfach seinen vorbereiteten Text aus Plattitüden und Komplimenten für den Thronfolger des Hauses Habsburg ablas – er sprach für einen Bosnier ziemlich gut Deutsch –, verlor Ferdinand schließlich die Geduld und unterbrach wütend Fehim Effendi: »Das ist empörend. Wir kommen hierher, um diese Stadt zu besuchen, und man wirft auf uns mit Bomben. Nun gut, sprechen Sie weiter.«[13]

Es ging auf 11 Uhr zu. Vor dem Mittagessen stand noch ein Museumsbesuch auf dem Programm; dazu war es erforderlich, den am dichtesten bevölkerten Teil der Stadt auf der Franz-Joseph-Straße zu durchqueren. Um weiteren Ärger zu vermeiden, schlugen die Militärberater des Erzherzogs vor, das Museum auszulassen und gleich zum Konak von Landeschef Potiorek weiterzufahren. Dabei wollte man an der ersten Brücke des Appelkais, der Kaiserbrücke, nach links abbiegen und den gefährlichen Unruheherd an der Cumurija-Brücke weiter unten umgehen; von der Kaiserbrücke war es ein schnurgerades Stück zum Konak (außerdem führte diese Route durch das muslimische Viertel und war damit wahrscheinlich sicherer als die serbischen Stadtteile in der Nachbarschaft). Sein für ihn so charakteristisches Ehrgefühl ließ Ferdinand jedoch eine dritte Möglichkeit wählen: Er wollte das Garnisonshospital besuchen, um sich nach Potioreks Adjutanten und den anderen Verletzten zu erkundigen, und anschließend zum Konak zurückkehren und dort zu Mittag essen, womit seine Verpflichtungen in Bosnien beendet wären. Obwohl das Hospital genau wie das Museum über die enge Franz-Joseph-Straße viel schneller zu erreichen gewesen wäre, bestand Potiorek darauf, dass die Wagenkolonne lieber den breiteren Appelkai mit hoher Geschwindigkeit befahren sollte, um die Absichten möglicher Bombenwerfer zu vereiteln und über den längeren – aber wahrscheinlich sichereren – Weg zum Hospital zu gelangen.[14] Der Plan war vernünftig. Princip und Grabež liefen immer noch am Kai umher, waren aber ziemlich mutlos, nachdem sie mit angesehen hatten, wie Čabrinović nach seinem missglückten Attentat gefangen genommen worden war. Obwohl Ilić und seine bosnischen Rekruten perfekt positioniert waren, um das Anhalten der Wagenkolonne nach der Bombenexplosion auszunutzen und weiteren Schaden zu stiften, hatten sie sich alle davongeschlichen und versteckt. Auch Grabež hatte sich nicht anders verhalten, da er es selbst dann versäumt hatte, eine Bombe zu werfen, als die Wagenkolonne ihren Weg entlang des Appelkais fortsetzte – weil, wie er später behauptete, die Menschenmassen an der Lateinerbrücke zu dicht waren. Die einzige Bombe, die den Serben noch verblieben war, und zwar in Händen von Grabež, hätte nahezu keine Chance gehabt, ein Auto zu treffen, das mit Höchstgeschwindigkeit fuhr. Princip und Grabež führten beide Pistolen mit sich, doch die Vorstellung, einer von ihnen könnte nach einem Schießtraining von wenigen Wochen den Erzherzog mit einem tödlichen Schuss in einem schnell fahrenden Auto treffen, war mehr als unrealistisch. Grabež war sich dessen bewusst und hatte daher eine neue Position an der Kaiserbrücke bezogen in der Hoffnung, der Fahrzeugkonvoi würde hier zum Konak des Gouverneurs abbiegen und dabei so langsam fahren, dass er aus nächster Nähe einen Schuss abgeben könnte. Wenn der Erzherzog nicht darauf bestanden hätte, die verletzten Männer im Garnisonshospital zu besuchen, hätte sein Wagen kurz abbremsen müssen, bevor er auf die Brücke abbog, wo Grabež wartete –

obwohl der Serbe höchstens eine Sekunde Zeit für einen Schuss haben würde.[15]

Auch Gavrilo Princip hatte seine Absicht noch nicht aufgegeben. Immerhin hatte er zusammen mit Čabrinović den Plan zur Ermordung des Erzherzogs eingefädelt. Beide Männer waren überzeugte Terroristen. Beide hatten einen Eid auf diese schreckliche Tat am Grab von Bogdan Žerajić geleistet, einem Serben aus der Herzegowina, der für seinen 1910 verübten Mordversuch an General Varešanin, dem Vorgänger Potioreks im Amt des Militärgouverneurs von Bosnien, große Verehrung genoss. Žerajić war ebenso wie Princip und Čabrinović vor seiner Tat von der Schwarzen Hand ausgebildet worden. Obwohl es ihm nicht gelungen war, den Gouverneur zu töten, hatte Žerajić immerhin fünf Schüsse abgefeuert, ehe er sich mit der letzten Kugel selbst richtete. Princip verbrachte in den Tagen vor der Ankunft des Erzherzogs Stunden neben Žerajićs Grab, um für seine Aufgabe Kraft zu tanken. In der Nacht vor Vidov Dan war Princip ein letztes Mal zum Grab des Terroristen gepilgert und hatte auf dem Stein Blumen abgelegt, um ihm sein eigenes, für den nächsten Tag erwartetes Martyrium zu weihen.[16]

Bis hierher war es Princip nicht gelungen, seinem Idol nachzueifern. Čabrinović hatte wenigstens den Versuch unternommen, den Erzherzog zu ermorden (auch wenn er es nicht geschafft hatte, sich selbst zu töten, wie es Žerajić getan hatte). Princip hatte nicht einmal das geschafft. Natürlich war es nicht seine Schuld, dass Ilić ihn an diesem Morgen erst an die vierte Position am Fluss gestellt hatte. In der hektischen Spannung kurz nach der Bombenexplosion, als sich überall Polizisten und Schaulustige tummelten, wäre es für ihn nahezu unmöglich gewesen, so nahe an den Erzherzog heranzukommen, dass er einen sicheren Schuss hätte abgeben können. Trotzdem war dies für einen serbischen Terroristen, der bereit war, für seine Überzeugungen zu sterben, keine Entschuldigung.

Gestärkt durch seine Aufenthalte an Žerajićs Grab, verlor

Princip auch nach Čabrinovićs Gefangennahme nicht seinen Glauben. Während Grabež die »Konak«-Route abdeckte, übernahm Princip eine neue Position auf der »Museums«-Route gegenüber der Lateinerbrücke vor dem Gewürzladen von Moritz Schiller an der Ecke Franz-Joseph-Straße. Hier musste der Wagen des Erzherzogs vom Appelkai aus nach rechts abbiegen, wenn es nach dem ursprünglichen Programmablauf gehen sollte. Jetzt zeigte sich, wie gefährlich die frühzeitige Bekanntgabe der erzherzoglichen Route war: Ganz gleich, welches der beiden verbleibenden Ziele man ansteuern würde, der Fahrzeugkonvoi musste hier an dieser scharfen Kurve stark abbremsen, an einer Stelle, wo ein serbischer Attentäter mit geladener Pistole in der Hand wartete. Dennoch hatten Ferdinands Starrsinn, ein drittes Ziel zu wählen, und Potioreks Entscheidung, die Franz-Joseph-Straße aufzugeben und alle Fahrzeuge mit hoher Geschwindigkeit fahren zu lassen, die Chancen auf einen erfolgreichen zweiten Anschlag dramatisch vermindert. Wenn alles nach dem neuen Plan ablief, würden sowohl Grabež als auch Princip die Wagenkolonne nur verschwommen und außerhalb ihrer Reichweite vorbeirasen sehen. Princip wäre zwar ein Stück näher dran, aber – bei neun Metern Entfernung von seiner neuen Position aus – würde ein schnell fahrendes Auto ein Ziel abgeben, das so gut wie nicht zu treffen war.

Es war kurz nach 11 Uhr, als der Erzherzog, seine Gattin, Potiorek, der Bürgermeister und eine verstärkte Polizeieskorte das Rathaus verließen und mit Vollgas die am Fluss gelegene Seite des Appelkais entlangfuhren. Als weitere Vorsichtsmaßnahme war die Anordnung der Fahrzeuge geändert worden: Ein Polizeiauto fuhr jetzt an der Spitze, dahinter kam das Fahrzeug des Bürgermeisters, gefolgt vom Wagen mit Franz Ferdinand, Sophie und Potiorek sowie drei weiteren Dienstfahrzeugen am Schluss des Konvois. Graf Harrach, ein enger Freund des Erzherzogs, erbot sich obendrein, als zusätzliche Sicherung auf dem linken Trittbrett des Wagens mitzufahren, sodass er einen möglichen Anschlag von der Flussseite her vereiteln konnte, von der aus die

Princips Mordwaffe, eine halb automatische Pistole FN Browning Modell 1910

erste Bombe geworfen worden war. Damit war das erzherzogliche Paar inmitten einer längeren, enger zusammengezogenen, schnell fahrenden Autokolonne untergebracht, wodurch es von einem Bombenwerfer viel schwerer ausgemacht werden konnte – und dementsprechend auch für einen Schützen viel schwieriger zu treffen war.

Grabež auf der Kaiserbrücke konnte den Autos nur hinterherschauen, nachdem sie an ihm vorbeigebraust waren, ohne abzubiegen. Als sich die Kolonne der Lateinerbrücke näherte, die etwa 400 Meter vom Rathaus entfernt lag, sollte sie ihre Höchstgeschwindigkeit erreicht haben – sollte sie, hatte sie aber nicht. Sei es, weil man Potioreks Änderung der Route vergessen hatte, sei es, weil Potiorek aus Unachtsamkeit nicht jeden informiert hatte, jedenfalls bogen die ersten beiden Wagen nach rechts in die

Das 1911er Gräf & Stift Cabriolet, in dem Erzherzog Franz Ferdinand und seine Frau Sophie unterwegs waren, als sie am 28. Juni 1914 von Gavrilo Princip erschossen wurden.

Franz-Joseph-Straße ab. Das dritte Fahrzeug mit Potiorek und dem Erzherzog bog ebenfalls ab. Als er den Irrtum bemerkte, befahl Potiorek dem Fahrer umzudrehen, etwa in Höhe der scharfen Kurve vor dem Gewürzladen. Nachdem er voll in die Bremsen gestiegen war, kämpfte der Fahrer des Erzherzogs einen fatalen Moment lang mit der Schaltung, ehe es ihm gelang, den Rückwärtsgang einzulegen. Gavrilo Princip sah sein Ziel, etwa zweieinhalb Meter entfernt und zwei oder drei Sekunden lang bewegungslos sitzend, während Graf Harrach, der als Bodyguard fungierte, auf der falschen Seite des Wagens hilflos zusehen musste. Princip sprang zum Wagen und feuerte aus kürzester Entfernung zwei Schüsse aus seiner Browning-Pistole ab. Die erste Kugel durchbohrte Franz Ferdinands Hals, die zweite traf seine Frau Sophie in den Unterleib.

Als der Wagen des Erzherzogs endlich gewendet hatte und in Richtung Konak davonbrauste, war für die anderen Insassen nicht klar, ob die Schüsse ihr Ziel gefunden hatten. Sophie fühlte, dass etwas nicht in Ordnung war, dachte aber nur an ihren Ehemann und fragte ihn: »In Gottes Namen, was ist mit dir passiert?« Gleichermaßen konnte Franz Ferdinand, der genau wusste, dass er getroffen war, nur an Sophie denken. »Sopherl, Sopherl«, brachte er irgendwie heraus, obwohl bereits Blut aus seinem Mund schoss, »sterbe nicht. Bleib am Leben für unsere Kinder!« Als ihn Graf Harrach fragte, ob er ernsthaft verletzt sei, antwortete der Erzherzog mit all der üblichen Reserviertheit, die vom Haus Habsburg erwartet wurde: »Es ist nichts.« Während sowohl sein Leben als auch das seiner Frau langsam verlosch, wiederholte Ferdinand immer wieder, wobei seine Stimme jedes Mal etwas schwächer wurde: »Es ist nichts.«[17]

Am 28. Juni 1914 gegen 11.30 Uhr waren Ferdinand und Sophie tot.

I. Reaktionen

1 Wien:
Wut statt Trauer

AN DIESEM TAG herrschte in ganz Europa wundervolles Wetter, typisch für den herrlichen Sommer 1914. »Seidenblau der Himmel durch Tage und Nächte«, erinnerte sich der Schriftsteller Stefan Zweig, »weich und doch nicht schwül die Luft, duftig und warm die Wiesen.« Am Sonntagnachmittag des 28. Juni war Zweig, wie fast jedermann in Österreich, im Freien unterwegs, saß auf einer Parkbank in der Römertherme Baden bei Wien und las eine Novelle von Tolstoi. Kurz nach 14 Uhr wurde die Nachricht vom Tod des Thronfolgers neben dem Musikpavillon angeschlagen. Als die Musiker die Ankündigung sahen, hörten sie schlagartig auf zu spielen, wodurch jedermann klar wurde, dass etwas Schlimmes passiert sein musste. Es dauerte nicht lange, und die ganze Stadt wusste Bescheid.[1]

Die Neuigkeit von den Morden in Sarajevo verbreitete sich schnell im gesamten Land. Unter den Regierungsbeamten erfuhr Generalstabschef Conrad, der Franz Ferdinand nur wenige Stunden vor dessen Ermordung verlassen hatte, als Erster davon. Conrad hatte den Zug um 22.30 Uhr von Sarajevo nach Kroatien genommen, wo er verschiedene Manöver beaufsichtigen sollte. Am Sonntag, kurz nach der Mittagszeit, fuhr Conrad durch Zagreb, als Freiherr von Rhemen, General der Infanterie, sein Abteil betrat und die schreckliche Kunde überbrachte. An der Endhaltestelle in Karlstadt erhielt Conrad ein offizielles Telegramm, in dem ihm der Tod des Thronfolgers und seiner Gemahlin mitgeteilt wurde und dass der Attentäter ein »Bosnier serbischer Nationalität« sei. Conrad schloss daraus folgerichtig, dass die Ermordung nicht die »Tat eines einzelnen Fanatikers« gewesen sein konnte, sondern das Werk einer »gut organisierten Verschwörung«. Faktisch bedeutete die Ermordung von Erzherzog Franz Ferdinand die »Kriegserklärung Serbiens an Österreich-Ungarn«. Diese kriegerische Handlung, so beschloss er, »könne nur mit Krieg beantwortet werden«. Unverzüglich schickte Conrad ein Telegramm an Kaiser Franz Joseph I., der sich gerade in seiner Alpenvilla in Bad Ischl aufhielt, und fragte an, ob er die geplanten Manöver in Kroatien abbrechen und in die Hauptstadt zurückkehren sollte. Die Antwort lautete ja. Den zweiten Abend hintereinander bestieg Conrad den Nachtzug, dieses Mal mit Ziel Wien.[2]

Conrads kaltblütige, aggressive Reaktion auf die Neuigkeiten entsprach voll und ganz seinem Charakter. Durch und durch Militär, von schlanker, fast hagerer Gestalt, zeichnete sich der Chef des Generalstabs durch eine ebensolche Sturheit aus wie Franz Ferdinand, dem er seinen Aufstieg in diese Position zu verdanken hatte. Der ermordete Erzherzog hatte Conrads Ernennung 1906 und seine Wiederbestellung 1912 betrieben, die auf eine kurzfristige Entlassung im vorausgehenden November folgte – beide Male gegen die Bedenken Kaiser Franz Josephs, der Conrads ehrgeizige Heeresreformen lästig fand. (Es hatte Conrad geschadet, dass der stets auf Krieg drängende Generalstabschef die Idee verfocht, Italien, Österreichs nominellen Verbündeten, im November 1911 anzugreifen, als es sich mit dem Osmanischen Reich im Krieg befand). Dass es Conrads oberstes Ziel war, Serbien zu zerschlagen, war eines der am schlechtesten gehüteten Geheimnisse in Europa. Ähnlich wie Cato der Ältere seine Reden im römi-

schen Senat immer mit den gleichen Worten beendete, nämlich
»Cartaginem esse delendam« (»Karthago muss zerstört werden«),
so hatte Conrad seine Mitstreiter seit der Bosnischen Annexionskrise 1908–1909 immer wieder dazu gedrängt, die »serbische Frage ein für alle Mal zu lösen«.[3] *

Obwohl es Wien dank der deutschen Unterstützung gegen
Russland in der Krise gelang, für die Annexion Bosnien-Herzegowinas die Anerkennung der wichtigsten europäischen Staaten
zu erhalten, hatten die serbischen Nationalisten ihre Rechtmäßigkeit niemals akzeptiert: Sowohl die Narodna Odbrana als auch
die Schwarze Hand waren gebildet worden, um gegen die Annexion anzugehen. Auch wenn sie bis dahin keinen Erfolg hatten,
die österreichische Herrschaft in Bosnien zu stürzen, eilten
die Serben anderswo von Sieg zu Sieg. Serbien hatte sich seit den
Balkankriegen von 1912–1913 hinsichtlich Fläche und Bevölkerung fast verdoppelt, zumeist auf Kosten des Osmanischen
Reichs und Bulgariens. Serbiens Ansehen wuchs mit atemberau-
bender Geschwindigkeit, während sich das Prestige Österreich-
Ungarns im freien Fall befand, vor allem weil sich die Doppelmonarchie nicht in den Balkankriegen engagiert hatte. Kein Wunder
also, dass die bosnischen Serben begeistert dem Irredentismus
anheimfielen – und damit dem politischen Terrorismus.

Um diese bedrohliche Atmosphäre gegenüber Wien noch auf
die Spitze zu treiben, ließ Russland, Serbiens großer Bruder und
Beschützer, wiederum seine Muskeln spielen. Während einer Periode interner Schwäche, die auf die katastrophale Niederlage im
Russisch-Japanischen Krieg und die anschließende Revolution

---

* Man schätzt, dass Conrad allein im Jahr 1913 etwa 25 Mal dazu aufgefordert
hat, Serbien den Krieg zu erklären. Es gibt eine weitverbreitete Theorie, dass
seine kriegstreibenden Attitüden vornehmlich dem Wunsch entsprachen, seine
Geliebte, Gina von Reininghaus, zu beeindrucken und sie dazu zu bewegen,
endlich ihren Gatten Hermann zu verlassen, einen wohlhabenden Bierproduzenten. Obwohl man nicht weiß, welche geheimen Sehnsüchte in der Tiefe
unserer eigenen Herzen liegen, erscheint hier die Psychoanalyse doch ein
bisschen weit hergeholt zu sein.

1905 gefolgt war, hatte Russland während der Bosnischen Annexionskrise klein beigeben müssen. Vier Jahre später hatte der russische Gesandte in Belgrad und glühende Panslawist Nikolai Hartwig so gut wie im Alleingang den Balkanbund (bestehend aus Serbien, Bulgarien, Griechenland und Montenegro) organisiert, der im Oktober 1912 dem Osmanischen Reich den Krieg erklärte, womit der Erste Balkankrieg begann. Tatsächlich hatte Russland selbst nicht in diesen Konflikt eingegriffen, bei dem die Türkei an allen Fronten Niederlagen erlitt, ebenso wenig wie im Zweiten Balkankrieg, der von Bulgarien gegen seine vormaligen Verbündeten im Juni 1913 begonnen wurde, weil man sich nicht über die Verteilung der eroberten Gebiete einigen konnte (der Krieg endete mit einer deutlichen Niederlage Bulgariens, nachdem auch noch Rumänien und die Türkei als Gegner dazugekommen waren). Doch damals blieb Österreich bei beiden Kriegen an der Seitenlinie sitzen, als sein serbischer Erzfeind von Sieg zu Sieg eilte, und Russland musste nicht miteinbezogen werden. Als Serbien die Türkei demütigte und Österreich von einer Intervention abhielt, und das ohne russische Unterstützung, befürchtete Conrad, dass die Doppelmonarchie in Zeitnot geraten könnte, um die schwelenden Probleme mit ihren slawischen Minderheiten zu lösen. Dass Franz Ferdinand selbst Conrads harte, auf Krieg drängende Linie während der Balkankriege missbilligt hatte, trug nicht dazu bei, Conrads Begeisterung zu dämpfen – ebenso wenig war die Ermordung des Erzherzogs Anlass für eine Neuausrichtung. Conrad verlor keine Zeit mit Sentimentalitäten, sondern plante bereits Österreichs Vergeltung. Die Zeit dafür war gekommen – jetzt oder nie.

Leopold Graf Berchtold, k.u.k. Gemeinsamer Minister des Äußeren Österreich-Ungarns, besuchte gerade einen Jahrmarkt in Buchlowitz, einem kleinen Flecken in der Nähe seines Stammsitzes Buchlau, als er die Neuigkeiten erfuhr. Er und seine Frau Nandine waren enge Vertraute von Ferdinand und Sophie. Vor nicht allzu langer Zeit verbrachten sie gemeinsam ein wunderba-

Karte 3: Der Balkan um 1914

Uman

Bug

WIEN   Pressburg

Theiß   Karpaten   RUSSLAND

Donau   BUDAPEST

Pruth

ÖSTERREICH-UNGARN

Drau

Klausenburg

Moldau

Arad

ZAGREB

Brașov

Save

Transsilvanische Alpen

Sinaia

Triest

RUMÄNIEN

Tuzla   Belgrad

Bukarest

Constanta

Bosnien-
Herzegowina

Sarajevo

Silistra   Baltschik

Split

Donau

Warna   Schwarzes
Meer

Mostar   SERBIEN

Balkangebirge

Monte-
negro

Sofia   BULGARIEN   Burgas

Ragosa

Adria   Skutari   Skopje   Rhodopen   Edirne

Tirana   Konstantinopel

Durazzo

Bitola

Tarent

ALBANIEN   Thessaloniki   Dedegatsch   OSMANISCHES REICH

Lemnos   Imbros

Ioannina   Ägäisches
Meer

GRIECHENLAND

Lesbos

Ionisches
Meer

Chios   Smyrna

Samos

Korinth   ATHEN

Dodekanes
(von Italien besetzt)

————— Grenzen von 1914

- - - - - Gebiete, die dem Osmanischen
Reich verloren gingen

Kreta

0   500 km

Mittelmeer

Leopold Graf Berchtold, k.u.k. Gemeinsamer Minister des Äußeren Österreich-Ungarns, sah sich selbst im Zentrum des diplomatischen Gewitters, das im Juli 1914 losbrach.

res Wochenende auf Schloss Konopischt, das der Erzherzog 1887 erworben hatte. Die prachtvoll angelegten Gärten standen gerade in voller Frühlingsblüte. Berchtold, ein stattlicher, eleganter, ungewöhnlich wohlhabender Aristokrat, der bei Hof nicht besonders ernst genommen wurde – als er 1912 zum Außenminister ernannt wurde, stellte er lediglich die dritte Wahl des Kaisers dar –, besaß weder den Habsburger Stoizismus seines Freundes Franz Ferdinand noch die Rücksichtslosigkeit Conrads. Obwohl intelligent, gebildet und feinsinnig, bestand seine große Schwäche darin, dass er davor zurückschreckte, Entscheidungen zu treffen. Es war Berchtold, der Conrad während der Balkankriege im Wege stand; er verbündete sich mit Franz Ferdinand und dem Kaiser gegen die Kriegspartei und ließ es zu, dass die österreichische Politik in eine Art lustlose, reaktive Passivität versank und man nichts unternahm, um Serbien in Schach zu halten. Dementsprechend war der Außenminister starr vor Schmerz und sprachlos, als er vom Tod seines Freundes erfuhr. Nach einem langen Moment, in dem er sich erst einmal sammeln musste, ging Berchtold zum Bahnhof und bestieg den nächsten Zug nach Wien, der am späten Sonntagnachmittag dort ankam.

Er fand die Stadt »von einer ungeheuren Unruhe erfasst«. Das lag zum Teil daran, dass die Regierung zunächst sehr zurückhaltend war, was die Bekanntgabe von Details über die Ermordung betraf, und in der ganzen Stadt wilde Gerüchte verbreitet wurden. Manche hielten die Anschläge für eine schwarze Operation des deutschen oder österreichischen Geheimdienstes; andere glaubten, dass die Freimaurer oder ein illegitimer Sohn des verstorbenen Kronprinzen Rudolf für die Tat verantwortlich seien. Dieser wollte angeblich den Freitod seines Vaters im Jahr 1889 dadurch rächen, dass er Franz Ferdinand, dessen Nachfolger als Thronerben, ermordete. Wieder andere vermuteten Stephan Tisza hinter dem Attentat, den ungarischen Ministerpräsidenten, der in Franz Ferdinand möglicherweise eine Bedrohung für Ungarns privilegierte Stellung innerhalb der Doppelmonarchie gesehen haben könnte (der Erzherzog verabscheute Tisza aus ganzem Herzen, und dieses Gefühl beruhte auf Gegenseitigkeit). Viele waren sich sicher, dass Serben bei diesem Verbrechen ihre Hand im Spiel hatten, namentlich der Geheimdienstchef »Apis« (das stimmte, wie sich später herausstellte), der nicht zum ersten Mal als berüchtigtes Feindbild für serbische Schurkereien herhalten musste. Franz Ferdinand war am Hof nicht beliebt, ebenso wenig wie in der Wiener Gesellschaft; seine Ermordung wurde in der

Stadt bei Weitem nicht so stark betrauert, wie man bei einer solchen Schockwirkung erwartet hätte. Über die Hintergründe des Verbrechens zu rätseln wurde zu einer Art beliebtem Gesellschaftsspiel, das sich in die allgemeine Festtagsstimmung während des langen freien Wochenendes einfügte – Montag, der 29. Juni, war der katholische Feiertag Peter und Paul. Im Prater spielte die Musik nach einer kurzen Unterbrechung, um die Neuigkeiten aus Sarajevo zu verdauen, weiter die ganze Nacht hindurch, quasi den Mördern aus Sarajevo zum Trotz, wer auch immer sie sein mochten.[4]

Es gab eine erstaunliche Parallele zwischen dieser feiertäglichen Ausgelassenheit in Wien und auf dem »Amselfeld« (Kosovo Polje) in Serbien an diesem Sonntag, wo die nationalistischen Ekstasen des Vidov Dan sich in einen regelrechten Fieberwahn steigerten, als nachmittags gegen 17 Uhr ein Bericht über das Attentat in Sarajevo die Menge erreichte. In einem bemerkenswerten Beispiel, wie die Kunst das Leben nachzeichnet, wurde bei der traditionellen Wiederholung der Tötung Sultan Murads I. durch den serbischen Märtyrer in den letzten Jahren die Schurkenrolle eher den Österreichern als den Türken zugedacht: Und jetzt traf die Nachricht ein, dass ein echter österreichischer »Sultan« getötet worden war, vermutlich von einem Serben. Ein Augenzeuge berichtete dem österreichischen Legationsrat in Belgrad Ritter von Storck, dass die Massen »johlend vor Freude einander in den Armen lagen«, als sie hörten, dass Franz Ferdinand ermordet worden war. »Wir haben so lange auf solch eine Nachricht gewartet«, sagte einer. Ein anderer, mehr politisch denkender Serbe erklärte, dass die Ermordung eine »kleine Rache für die Annexion« von Bosnien-Herzegowina sei. (Auf diese Äußerung hin meinte Ritter von Storck: »Und was, frage ich mich, wäre denn eine große Rache?«) Obwohl die Veranstaltung am Vidov Dan offiziell um 22 Uhr enden sollte, dauerte die euphorische Feier, wie Ritter von Storck an Berchtold berichtete, bis weit in die Nacht hinein.[5]

In Bad Ischl, dem alpinen Badeort südwestlich von Wien, wo die Habsburger Herrscher für gewöhnlich meist die Sommermonate verbrachten, herrschte eine eher düstere Atmosphäre. Am späten Sonntagabend wurde Kaiser Franz Joseph I. ein Telegramm mit der Nachricht von der Ermordung des Thronfolgers auf förmliche Art und Weise, nämlich auf einem kaiserlichen Tablett, von seinem Generaladjutanten Graf von Paar überreicht. Genau wie Berchtold verschlug es dem Kaiser einige Zeit die Sprache, obwohl seine eigenen Gedanken weniger pathetisch waren. Schließlich soll er zum Grafen gesagt haben: »Schrecklich! Schrecklich! Es ist Gottes Wille.« *

Da er noch nicht über die Verbindung mit Serbien informiert war, sah Franz Joseph zu diesem Zeitpunkt die Ermordung als eine Art göttliches Strafgericht für Franz Ferdinands morganatische Heirat mit Sophie Chotek an, ein Strafgericht, durch das wenigstens die Habsburger Linie von dynastischen Fremdkörpern gereinigt wäre. Der Kaiser verweigerte auch kaltherzig die Bestattung des ermordeten erzherzoglichen Paares in der Begräbnisstätte der Habsburger in der Wiener Kapuzinerkirche.[6]

Am Ballhausplatz, dem Sitz der österreichisch-ungarischen Regierung, war die Stimmung genauso ernst wie in Bad Ischl, allerdings bei Weitem nicht so düster. So notierte Berchtold während der ersten Kabinettssitzung nach dem Attentat von Sarajevo in sein Tagebuch: »Es herrschten, nun ja, Bestürzung und Empörung, aber auch eine gewisse Erleichterung.« Das Bild, das sich mit den Berichten aus Sarajevo allmählich zu formen begann, war beunruhigend, aber es trug auch zur Klärung bei: Es gab mehrere Attentäter entlang des Appelkais, und alle waren, so schien es zu-

---

* Es gibt verschiedene Versionen. So soll der Kaiser bemerkt haben, dass »der Allmächtige seiner nicht spotten lässt«; dahinter verbirgt sich die Vorstellung, dass Franz Ferdinands morganatische Ehe Gott beleidigt habe. Allerdings ist dieser Ausspruch vielleicht etwas zu lyrisch im Vergleich zu der sonst von Franz Joseph gewohnten Ausdrucksweise. »Es ist Gottes Wille« klingt daher wahrscheinlicher.

mindest, bosnische Serben mit dunklen Verbindungen zu Geheimgesellschaften in Serbien. Während immer noch keine Klarheit darüber herrschte, ob irgendwelche offiziellen serbischen Organe an der Verschwörung gegen den Thronfolger des Hauses Habsburg beteiligt waren, gab es doch deutliche Anzeichen, dass »die Fäden der Verschwörung … in Belgrad zusammenliefen«, wie Berchtold dem deutschen Botschafter Heinrich von Tschirschky mitteilte – ein Satz, den er in den nächsten Wochen des Öfteren wiederholen sollte. Tschirschky sympathisierte mit Berchtolds Ansichten, mahnte aber, da ihm keine klaren Anweisungen aus Berlin vorlagen, dringend zur Vorsicht.[7]

Nur wenige Österreicher hörten darauf. »Das Wort ›Krieg‹«, erinnerte sich Berchtold am Montag nach dem Attentat, »war in jedermanns Munde.« Um einem möglichen Zaudern seitens des Außenministers zuvorzukommen, wurde Berchtold jeden Tag von Offiziellen umlagert in der Hoffnung, ihm die nötige Härte für die Auseinandersetzung mit Serbien einzuimpfen. Die Meinung war nahezu einhellig. Österreichs Ministerpräsident Karl Graf Stürgkh war für den Krieg, ebenso Kriegsminister General Alexander von Krobatin und der k.u.k. Gemeinsame Finanzminister Leon von Biliński. Da Biliński gleichzeitig Gouverneur von Bosnien-Herzegowina war und gemeinsam mit Potiorek die Schuld an den mangelhaften Sicherheitsvorkehrungen in Sarajevo trug (der Kaiser sprach Biliński später von jeglichem Fehlverhalten frei), war es ihm ein besonderes Anliegen, für das Verbrechen Rache zu nehmen. Die neu erstandene Kriegspartei musste nicht beunruhigt sein, denn mittlerweile war auch Berchtold in Rage.[8]

Das wurde deutlich bei einem schicksalhaften Treffen, das irgendwann am späten Montagnachmittag stattfand. Der ungarische Ministerpräsident Tisza hatte schlauerweise an diesem Morgen bei Franz Joseph I. vorgesprochen, um ihm zum Verlust seines Neffen sein Beileid zu bekunden – wenn wir seinen Beteuerungen Glauben schenken wollen, hatte er zu diesem Zeitpunkt keine Ahnung, dass die Ermordung des Thronfolgers irgendwelche Auswirkungen auf die kaiserliche Außenpolitik haben könnte. Tisza merkte erst, dass sich etwas Bedeutsames zusammenbraute, als er am Ballhausplatz anhielt und dort zu seinem Erstaunen den normalerweise liebenswürdigen Berchtold vorfand, der Gift und Galle spuckte. Es gibt keine Aufzeichnungen darüber, was gesprochen wurde, aber die Unterhaltung machte einen so gewaltigen Eindruck auf den Ungarn, dass er sofort eine Protestnote an Franz Joseph I. verfasste. Darin teilte er ihm mit, der österreichische Außenminister beabsichtige, »die Schandtat von Sarajevo als Gelegenheit zu nutzen, um endgültig mit Serbien abzurechnen«.

Tisza war eine wichtige Persönlichkeit in der Doppelmonarchie, seine Meinung konnte Berchtold nicht einfach ignorieren. Während Berchtold Eleganz und Charme nachgesagt wurde, wirkte Tisza eher ernst und farblos; er war ein Mann der wenigen Worte, aber er meinte, was er sagte. Wie viele ehrgeizige Magyaren seiner Generation gab er Deutschland gegenüber Österreich den Vorzug; dort konnte er eine auf Fortschritt ausgerichtete, dynamische Entwicklung erkennen, die dem wurmstichigen Habsburgerreich völlig abging. Tisza hatte in den frühen 1880er-Jahren in Berlin und Heidelberg studiert, das heißt in der Zeit, als Bismarcks Ruhm und Ansehen ihren Höhepunkt erreicht hatten. Er verehrte den Gründer des Deutschen Reichs mit einer solchen Inbrunst, dass er ihm sogar ein Buch widmete. Als strenger und mitunter mürrischer Calvinist war Tisza von seinem Glauben und Naturell her dem nüchtern-sachlichen, vom protestantischen Preußen beherrschten Deutschen Reich wesentlich enger verbunden als dem katholischen Österreich mit seinem übertriebenen Hofzeremoniell und seinen Hoheitsansprüchen. Obwohl er Ungarn als die stärkste Nation innerhalb der Doppelmonarchie ansah, war Tisza der Krone gegenüber loyal; außerdem war er viel zu sehr von der deutschen Effizienz überzeugt, als dass er eine Schwächung der kaiserlichen Armee gebilligt und sich auf die Seite der Nationalisten gestellt hätte, die verlangten, Ungarisch als zweite Dienst- und Kommandosprache neben Deutsch einzuführen.

Tisza hatte weder für die Serben noch für Serbien etwas übrig und wollte schon aus diesem Grund vermeiden, dass die Doppelmonarchie tiefer in die Angelegenheiten Serbiens bzw. des südlichen Balkans im Allgemeinen hineingezogen würde: Jede Vergrößerung des Reiches könnte nur dazu führen, Ungarns privilegierte Stellung innerhalb der Doppelmonarchie zu untergraben, indem noch mehr slawische Minderheiten dazukämen (nach Stand der Dinge bildeten die Magyaren selbst in Ungarn nur mit Mühe die Mehrheit). Trotz allem hielt es Tisza als Calvinist für seine Pflicht, sich selbst unter den außergewöhnlichsten Umständen gegen einen Krieg auszusprechen. Gegen Serbien in den Krieg zu ziehen, so sagte Tisza zu Berchtold am Montag (zumindest wird ihm zugeschrieben, dass er das in seiner Protestnote an den Kaiser angeführt habe, die zwei Tage später überstellt wurde), »wäre ein fataler Fehler«. »Wir haben keinen ausreichenden Grund«, gab Tisza zu bedenken, »um Serbien [für das Verbrechen] verantwortlich zu machen und einen Krieg mit diesem Land zu provozieren.« Wenn Österreich-Ungarn als Vergeltung für die Ermordung des Erzherzogs in Serbien einmarschierte, so warnte Tisza Kaiser Franz Joseph I., »stünden wir in den Augen der Welt als Friedensstörer da und würden einen großen Krieg unter den ungünstigsten Bedingungen entfachen«.[9]

Am Montagabend traf Conrad am Ballhausplatz ein, um die Einstellung Berchtolds zu sondieren und ohne zu wissen, dass der Außenminister bereits im Gespräch mit Tisza eine aggressive Haltung eingenommen hatte. Der Generalstabschef hatte über die Jahre hinweg viel unter Berchtolds Ausflüchten zu leiden gehabt; dieses Mal wünschte er sich einen entschlossenen Kurs der Regierung. Ohne die üblichen Begrüßungsscherze kam Conrad gleich zur Sache und machte den Vorschlag, dass Österreich-Ungarn sofort gegen Serbien mobilmachen sollte, beginnend am

Mittwoch, dem 1. Juli. Berchtold jedoch schlug eine deutlich andere Richtung ein als zuvor bei Tisza und entgegnete ihm, dass »kein äußerer Anlass [für die Mobilmachung] gegeben sei« und dass »zuerst die öffentliche Meinung darauf vorbereitet werden müsste«. Um die notwendige Wirkung zu erzielen, schlug er vor, der Ballhausplatz solle eine scharfe Note nach Belgrad senden und die serbische Regierung dazu auffordern, »bestimmte Gesellschaften« aufzulösen wie etwa die Narodna Odbrana, das ehrbarere, öffentlich bekannte Antlitz der Schwarzen Hand – von deren Existenz offensichtlich die Österreicher nichts wussten –, und den Polizeiminister zu entlassen. Damit, so entgegnete Conrad, wäre überhaupt nichts erreicht: Serbien würde einfach einen anderen Minister ernennen und weitermachen wie zuvor. »Wir werden keine Wirkung erzielen«, argumentierte der Generalstabschef, »außer wir setzen Gewalt ein.« Berchtold stimmte ihm zu, dass die Zeit gekommen sei, mit Serbien abzurechnen, aber er gab Conrad zu bedenken, dass er zuerst mit dem Kaiser sprechen müsste, bevor er irgendwelchen militärischen Maßnahmen zustimmen könne. Conrad verließ daraufhin den Ballhausplatz mit drei Abschiedsworten für Berchtold, die er mit tiefer eintöniger Stimme wiederholte und die sogar Cato gebilligt haben würde: »Krieg. Krieg. Krieg.«[10]

Auch wenn diese plumpen Äußerungen anderes vermuten lassen, so war der Generalstabschef ein nachdenklicher und reflektierender Mann, der sich ernsthafte Sorgen über die hochkochenden nationalen Spannungen machte, welche die Doppelmonarchie zu zerreißen drohten. Die kaiserliche Armee (oder »Gemeinsame Armee«, wie sie seit dem Ausgleich 1867 offiziell genannt wurde, der den Ungarn teilweise Autonomie und Aufstellung einer eigenen Armee garantierte) war ein nahezu perfektes Abbild des Vielvölkerstaats. Zwar dominierten deutsche Offiziere mit einem Anteil von 76 Prozent das Offizierskorps (während Deutsche in der Gesamtbevölkerung nur 24 Prozent ausmachten), und auch die Kommandosprache war Deutsch, aber das verbleibende Viertel der Offiziere bestand immerhin aus einer breiten Mischung unterschiedlicher Nationalitäten mit den Ungarn (11 Prozent) an der Spitze, gefolgt von Tschechen (5 Prozent) und Kroaten (etwas weniger als 5 Prozent, aber das war immer noch wesentlich höher als ihr Anteil an der Gesamtbevölkerung). Von den Rekruten wurde erwartet, dass sie wenigstens ein gutes Dutzend Wörter der deutschen Kommandosprache und die deutschen Bezeichnungen für die Gewehrteile und andere Ausrüstungsgegenstände lernten, während dagegen die Offiziere dazu angehalten und ermuntert wurden, die Sprache ihrer Untergebenen zu lernen (Conrad selbst beherrschte sieben Sprachen). Zu einem großen Teil funktionierte das – und zwar wesentlich besser als in den parlamentarischen Versammlungen des Reiches, die alle in einem »babylonischen Sprachgewirr« feststeckten (so wurde der Reichsrat in Wien 1914 auf unbestimmte Zeit vertagt; der ungarische Reichstag in Budapest tagte noch, aber nur, weil die Ungarn alle nicht Ungarisch sprechenden Volksstämme wie Kroaten, Serben, Slowaken und besonders Rumänen ausgeschlossen hatten).[11]

Ungarn eine gleichberechtigte Stellung im Reich zu geben, war nach Conrads Auffassung – eine Ansicht, die auch von dem ermordeten Franz Ferdinand offen geteilt wurde – ein großer politischer Irrtum gewesen. Dies lud die Ungarn geradezu ein, ihre Minderheiten zu unterdrücken, und weckte dadurch den Neid aller anderen im Reich vertretenen Nationalitäten, die ebenfalls Autonomie anstrebten, um ihre Feinde verfolgen zu können. Conrad war überzeugt, dass Österreichs Entscheidung, während der Balkankriege nicht zu intervenieren, einen »Eindruck der Schwäche« hinterlassen, Irredentisten aller nationalen Gruppierungen ermutigt und schließlich zum Attentat von Sarajevo geführt habe, so sicher wie auf die Nacht der Tag folgt. Die Ermordung des österreichischen Thronfolgers bedeutete für das Reich eine allerletzte Kraftprobe. Würde Österreich kämpfen, um die Einheit des Habsburgerreichs zu erhalten, oder würde es den Serben gestatten, Bosnien-Herzegowina aus dem Verbund herauszuschlagen, was letztendlich das Signal dafür wäre, das Reich vollkommen in einen brodelnden Sumpf aus missgünstigen Nationalstaaten aufzulösen?[12] Die Antwort auf diese Frage sollte zu einem großen Teil von Berchtold abhängen, dem Mann, der im Zentrum stand. Conrad, der im Namen der Gemeinsamen Armee sprach, war auf Krieg aus; er wurde von Österreichs Ministerpräsidenten, dem Reichskriegsminister sowie dem Gemeinsamen Finanzminister unterstützt. Tisza, der für Ungarn sprach, war absolut gegen Krieg. Auf Conrad hatte Berchtold den Eindruck gemacht, er sei von seinem sonst üblichen Zaudern abgewichen; für Tisza allerdings schien der bis jetzt eher ängstliche Außenminister plötzlich ein ebenso gefährlicher Kriegstreiber wie Conrad.

In Wirklichkeit war Berchtold immer noch unsicher, was er tun sollte, wie er auch dem Kaiser gegenüber bei einer Besprechung am 30. Juni in Schloss Schönbrunn vor den Toren Wiens einräumte. Jedes Vorgehen würde Gefahr heraufbeschwören; allerdings wäre es mit Abstand am schlechtesten, Schwäche zu zeigen. Wenn Österreich diesen Akt terroristischer Aggression ungestraft ließe, sagte Berchtold dem Kaiser, »würden sich unsere südlichen und östlichen Nachbarstaaten unserer Machtlosigkeit so sicher sein, dass sie folgerichtig ihr Zerstörungswerk [bezüglich des Reiches] zum Abschluss bringen würden«. Trotzdem, so versicherte der Außenminister seinem Landesherrn, würde er auf keinen Fall übereilt handeln – nicht bevor er zuverlässige Informationen über eine serbische Beteiligung an diesem Verbrechen habe. Sobald ein Schuldspruch vorläge, wollte Berchtold »einen klaren Aktionsplan gegen Serbien« vorbereiten. Der Kaiser stimmte mit Berchtold überein, noch zu warten, doch sein eigentliches Hauptanliegen war nicht die Aufklärung des Verbrechens per se, sondern vielmehr ein Handeln entsprechend der Notwendigkeit, die Einheit des Reiches zu bewahren. Jede von Berchtold beabsichtigte Vorgehensweise musste, darauf bestand der Kaiser, Tiszas und damit Ungarns volle Unterstützung haben.[13]

Der mittlerweile 83-jährige Franz Joseph I. herrschte seit 1848 über Österreich, später über Österreich-Ungarn. In diesen Tagen war das Heilige Römische Reich Deutscher Nation noch in guter Erinnerung, daher konnte sich der Habsburger Kaiser – und tat es auch – als Erbe eines »göttlichen Mandats, das mehr als tausend Jahre bis zu seinem Vorfahren Karl dem Großen zurückreichte,« sehen. Der Kaiser verlangte von jedermann bei Hofe die strikte Einhaltung des »steifen spanischen Hofzeremoniells«, das die Habsburger von den burgundischen Herzögen übernommen hatten. Er beherrschte alle 15 offiziellen Sprachen, die in seinem Herrschaftsgebiet verbreitet waren (oder konnte wenigstens, wie Wiener Witzbolde entgegneten, darin einige Gemeinplätze äußern), und er verlangte, im strikten Gegensatz zum chauvinistischen Trend der Zeit, dass keine einzelne nationale Gruppe bevorzugt behandelt werden durfte. In den späten Jahren seiner Regentschaft verkörperte Franz Joseph I. in der Tat den Geist des alten Reiches: Zum einen war er das lebende Symbol in Bezug auf Grandezza, Lebensart und Stil sowie in seiner halsstarrigen Weigerung zu modernisieren (ausgenommen der Ausgleich mit Ungarn, dem er widerwillig zugestimmt hatte), und zum anderen zeigten beide ihr Alter und ihre Gebrechlichkeit. Der in seinen 80ern stehende Kaiser war gerade von einer hartnäckigen Bronchitis genesen, die zwischenzeitlich so schlimm erschien, dass Franz Ferdinand mehrere Tage lang »eine Maschine unter Dampf hielt«, die ihn schnellstens nach Wien bringen sollte, falls der Kaiser starb.*

Bereits vor der Ermordung des Thronfolgers hatten viele befürchtet, dass das Reich, wenn der alte Mann starb, ebenfalls zum Untergang verurteilt sei – aus Ehrfurcht vor seiner erhabenen Erscheinung, dem letzten Band, das die vielen Nationen zusammenhielt.[14]

---

* Zweifellos erfuhr der Kaiser davon. In Wien ging das Gerücht um, dass Franz Josephs erstaunlich rasche Genesung seinem »unbändigen Verlangen, seinen Neffen zu ärgern«, geschuldet war.

*Franz Joseph I., Kaiser von Österreich
und König von Ungarn, stolzer Hüter
des Habsburger Herrschaftsanspruchs,
der »tausend Jahre zurückreiche«*

Obwohl der Kaiser gebrechlich wirkte, war er immer noch im Vollbesitz seiner geistigen Fähigkeiten. Er war kein bloßes Aushängeschild. Während er sich in den Audienzen von Berchtold und Tisza notwendigerweise nicht festlegen wollte und beide Männer dazu anhielt, eine gemeinsame Reichspolitik zu betreiben, standen Franz Josephs eigene Ansichten über die Schandtat von Sarajevo wahrscheinlich denen seines Außenministers näher, wenn er auch nicht so kriegslüstern war wie Conrad. Am Donnerstag, den 2. Juli, einen Tag, nachdem Tiszas Statement eingetroffen war, in dem er sich gegen einen Krieg mit Serbien ausgesprochen hatte, sagte der Kaiser zum deutschen Botschafter Tschirschky, dass er »nicht sicher sei, wie lange es auf dem Balkan noch ruhig bleiben würde«, und dass er hoffe, der deutsche Herrscher Kaiser Wilhelm II. könne »die Gefahr, der die [Doppel-] Monarchie durch ihren Nachbarn Serbien ausgesetzt sei, richtig einschätzen«. Hinter Serbien stand Russland. Der serbische Ministerpräsident, so glaubte Franz Joseph, »tue nichts, ohne [Nikolai] Hartwig, den russischen Gesandten in Serbien, zu konsultieren«. Hartwig, so teilte der Kaiser Tschirschky mit, galt als der »eigentliche Chef in Belgrad«. Franz Joseph äußerte auch, dass er »besonders über den für Herbst geplanten Testlauf einer russischen Mobilmachung beunruhigt sei, der genau zu der Zeit stattfinden sollte, da wir unsere Rekrutenkontingente verlagern«.

Es ist bezeichnend, dass der Habsburger Herrscher seine bangen Vorahnungen in Bezug auf Russland weder Berchtold noch Tisza offenbarte, sondern dem Botschafter des Deutschen Reiches, Österreichs einzigem echtem Verbündeten. Zu Metternichs Zeiten wurde Wien noch als Ballkönigin gefeiert, war Österreich Dreh- und Angelpunkt einer »Heiligen Allianz« aus drei östlichen Reichen (Österreich, Preußen und Russland), die sich gegenseitig zugesichert hatten, jedes revolutionäre oder irredentistisch-nationalistische Infragestellen des Status quo, der im Anschluss an die Französische Revolution und die Napoleonischen Kriege wiedererrichtet wurde, zu unterdrücken. Mittlerweile hatte Österreich einen solch steilen Absturz hinter sich, dass es die Westmächte kaum noch einer Allianz für wert hielten. Seit es im Krimkrieg (1853–1856) mit St. Petersburg gebrochen hatte, als der damalige Außenminister Buol-Schauenstein verlangt hatte, die russischen Truppen hätten die Donauländer zu räumen, zu einer Zeit, als Russland mit Großbritannien, Frankreich, Sardinien und dem Osmanischen Reich im Krieg lag, trieb Österreich-Ungarn in der europäischen Diplomatie nur mehr dahin.

Karte 4: Europa im Jahr 1914

Abkürzungen:
ALB = Albanien
AND = Andorra
I.Z. = Internationale Zone
L = Liechtenstein
LUX = Luxemburg
SM = San Marino

Norwegen

Schottland

Glasgow

VEREINIGTES KÖNIGREICH

Nordsee

Dänemar

Irland   Dublin

Atlantik

GROSSBRITANNIEN UND IRLAND

Wales   England

NL

Hamburg

London   Amsterdam

Ärmelkanal

Brüssel

BELG.

DEUTSCH

Kanalinseln (brit.)

Seine   Paris   Maas

LUX.

Frankfurt

Loire

Rhein

Donau

Golf von Biskaya

FRANKREICH

München

Bern

Schweiz

Garonne

Lyon

Rhone

Süd...

Mailand   Po

Duero

Ebro

SPANIEN   Andorra

Marseille

ITALIE

Lissabon

Tajo

Madrid

Barcelona

Korsika (franz.)

Rom

PORTUGAL

Guadiana

Valencia

Balearen (span.)

Sardinien (ital.)

Sevilla

Mittelmeer

Spanisch Marokko

Algier

Tunis

Marokko (franz.)

Algerien (franz.)

Tunesien (franz.)

0   800 km

Otto von Bismarck, der Architekt der deutschen Einigung unter preußischer Vorherrschaft im Jahr 1871, hatte versucht, Österreich und Russland trotz ihres gegenseitigen Misstrauens in seinem machiavellistischen Drei-Kaiser-Abkommen (1873–1879) und dem anschließenden Dreikaiserbund (1881–1887) aneinanderzubinden; ein Ansinnen, das im anschließenden (geheimen) und noch machiavellistischeren Rückversicherungsvertrag von 1887 wiederaufgenommen wurde. Aber diese unwahrscheinliche Gruppierung funktionierte nur so lange, wie Russland Bismarcks wahre Absichten nicht durchschaute: Er wollte ein gegen das Deutsche Reich gerichtetes Bündnis zwischen Paris und St. Petersburg verhindern, das dann kurz nach seinem Sturz 1890 tatsächlich zustande kam: 1894 wurde die Französisch-Russische Allianz geschlossen, ein bilaterales Militärbündnis gegen das Deutsche Reich.

Da Österreich seine strategische Rolle als Deckmantel für Bismarcks Diplomatie verloren hatte, hielt das Deutsche Reich an seinem Bündnispartner weitestgehend aus diplomatischer Untätigkeit fest – und weil die beiden Reiche jetzt aufgrund des Zusammenbruchs der Bismarck'schen Bündnispolitik in Russland einen gemeinsamen Feind hatten. Theoretisch konnte Wien noch auf Italien bauen, das dritte Rad im 1882 zwischen dem Deutschen Reich, Österreich-Ungarn und Italien geschlossenen Dreibund, doch die Verbindung mit Rom war wesentlich schwächer als mit Berlin. Italien teilte einen möglichen gemeinsamen Kriegsgegner mit Deutschland (Frankreich), aber nicht mit Österreich, das keine gemeinsame Grenze mit Frankreich besaß. Darüber hinaus standen Italiens Ansprüche auf Triest und Südtirol der Tatsache entgegen, Rom als Verbündeten Wiens zu betrachten. Conrad war zu weit gegangen, als er 1911 einen Präventivkrieg gegen Italien vorschlug, und niemand am Ballhausplatz machte sich irgendwelche Illusionen darüber, dass Italien in einem Balkan- oder europäischen Krieg an Österreichs Seite stehen würde. Angesichts der serbischen Bedrohung war den

Österreichern vollkommen klar, dass lediglich das Deutsche Reich zwischen ihnen und der totalen Isolierung stand. Ohne die Deutschen konnten sie nichts unternehmen. Wenn auch sonst in wenigen Dingen, so stimmten zumindest darin alle in Wien und in Budapest überein.

Am 1. Juli – demselben Tag, da Tisza sein Antikriegsstatement an den Kaiser gesandt hatte – suchte Conrad ein weiteres Mal den Ballhausplatz auf, um die Meinung des Außenministers auszuloten. Berchtold informierte den Generalstabschef über Tiszas entschiedenen Widerspruch gegen einen Krieg mit Serbien. Tisza war der Meinung, dass Russland intervenieren und »Deutschland uns im Stich lassen« würde. Conrad musste daraufhin zugeben, dass »uns die Hände gebunden wären«, wenn Österreichs wichtigster Verbündeter seine Hilfe verweigerte. Berchtold teilte ebenfalls diese Ansicht und befürchtete außerdem, dass Rumänien, das von Wien als möglicher Verbündeter auf dem Balkan eifrig hofiert wurde, Österreich wahrscheinlich auch nicht in einem Krieg gegen Serbien unterstützen würde – außer die Rückendeckung des Deutschen Reichs wäre dafür gesichert. Er hatte unlängst, so erzählte er dem Generalstabschef, ein Memorandum vorbereitet, in dem er Berlin ermahnte, Bulgarien und Rumänien zu umwerben und zum Eintritt in den Dreibund zu bewegen. Conrads Interesse war geweckt. »Vor irgendwelchen anderen Maßnahmen«, beendete der Generalstabschef seine Audienz bei Berchtold, »müssen wir das Deutsche Reich fragen, ob es uns gegen Russland den Rücken freihalten wird oder nicht.«

Es ist bezeichnend, dass Berchtold gegenüber Conrad behauptete, er selbst habe das Memorandum zur Balkanpolitik vorbereitet, das – darin stimmten die beiden Männer überein – jetzt an Berlin geschickt werden musste. In Wirklichkeit war das ursprüngliche Memorandum, in dem eine neue österreichisch-deutsche »Friedensinitiative« umrissen wurde, die darauf gründete, Bulgarien, Rumänien und die Türkei zum Eintritt in den Dreibund zu bewegen, um etwaige russische Aggressionen auf dem Balkan im Keim zu ersticken, bereits im März auf Tiszas Anweisungen hin aufgesetzt worden. Die neueste Fassung war dann am 24. Juni fertiggestellt worden, vier Tage vor dem Attentat von Sarajevo. Hätte der Außenminister Conrad mitgeteilt, dass die Berlin-Initiative Tiszas pseudopazifistische Gedanken widerspiegelte, würde der Generalstabschef nicht mit solcher Bereitwilligkeit zugestimmt haben. Berchtold hatte das alles sehr klar durchdacht; immerhin bot ihm Tiszas Berliner Friedensinitiative einen möglichen Weg aus der momentanen Sackgasse. Scheinbar ging es lediglich um die Balkanpolitik, doch im Grunde zielte Tiszas Memorandum darauf ab, das Bündnis mit dem Deutschen Reich zu stärken. Österreich-Ungarns Ziel, so argumentierte Tisza, musste es sein, Berlin zu zwingen, immer tiefer in die Angelegenheiten auf dem Balkan einzutauchen, so als ob es Miteigentümer sei. »Wir können nicht von einem Erfolg sprechen«, hatte Tisza in seinem Schreiben vom März ausgeführt, »wenn wir nicht die völlige Zusicherung haben, dass wir von Deutschland verstanden, respektiert und unterstützt werden. Die Deutschen müssen erkennen, dass der Balkan nicht nur für uns, sondern auch für das Deutsche Reich von entscheidender Bedeutung ist.« In seinem Schreiben an den Kaiser vom 1. Juli verfolgte Tisza diesen Gedanken weiter und drängte Franz Joseph I., sich auf dem anstehenden Gedenkgottesdienst für den Erzherzog an Wilhelm II. zu wenden und die »jüngsten ungeheuerlichen Ereignisse« anzuführen, um ihn für eine »Unterstützung der [österreichischen] Balkanpolitik aus vollem Herzen« zu gewinnen. Conrad wollte das Attentat von Sarajevo zum Vorwand nehmen, um die Rechnung mit Serbien zu begleichen. Tisza wollte sich ebenfalls dessen bedienen, aber aus einem anderen Motiv: Er wünschte, dass das Deutsche Reich und Österreich am selben Strang zogen, was die Probleme auf dem Balkan anging, um einen weiteren zerstörerischen Krieg zu vermeiden, und vermutete, dass auch die Deutschen das wollten. Berchtolds Idee war es, die Deutschen zunächst mit Tiszas Friedensinitiative vertraut zu machen – um später dann ihre Unterstützung für Conrads Kriegspläne zu gewinnen.[17]

Franz Ferdinands Begräbnis, das für Freitag, den 3. Juli, in Wien angesetzt war, sollte nach Tiszas Vorstellung die perfekte Gelegenheit bieten, um sich an die Deutschen zu wenden. Der deutsche Kaiser Wilhelm II. hatte, im Gegensatz zu seinem österreichischen Widerpart, Franz Ferdinand und auch dessen Gattin Sophie ins Herz geschlossen. Er hatte die beiden im Juni über ein verlängertes Wochenende auf Schloss Konopischt besucht, wenige Tage bevor der Erzherzog ermordet wurde. Der Kaiser galt als notorisch impulsiv und emotional. Der Mord an seinem engen Freund, einem Mitglied der Hocharistokratie, musste ihn in Wut versetzen. Solange die Österreicher seine Wut in die entsprechende Richtung lenken konnten – nämlich gegen Serbien –, hätten sie das Deutsche Reich so gut wie für sich gewonnen.

Doch es sollte nicht sein. Am Morgen des 2. Juli, einem Donnerstag, während die einbalsamierten Überreste von Ferdinand und Sophie sich noch auf dem Weg vom Triester Hafen in die Hauptstadt befanden, wurde bekannt gegeben, dass Kaiser Wilhelm II. dem Begräbnis nicht beiwohnen konnte. Der Grund dafür war ein schmerzhafter Hexenschuss, der es ihm unmöglich machte, zu reisen. Tisza würde keine Gelegenheit bekommen, dem deutschen Herrscher seine Friedensinitiative für den Balkan zu verkaufen – allerdings konnten dann weder Berchtold noch Conrad Wilhelms Wut ausnutzen, um die Rückendeckung des Deutschen Reichs für einen Krieg gegen Serbien zu erhalten. Tatsächlich kam nicht ein einziger auswärtiger Herrscher oder Staatsmann nach Wien, um dem Begräbnis beizuwohnen. Angeblich, so behauptete zumindest Berchtold, hätte man keine Einladungen verschickt, um dem gebrechlichen Franz Joseph eine längere und sicherlich sehr ermüdende Zeremonie zu ersparen. Stattdessen wurden separate Gedenkgottesdienste von den österreichischen Botschaftern im Ausland arrangiert. Die Gefühle von Kaiser Franz Joseph für den Verstorbenen waren, wie jedermann

wusste, nicht gerade herzlich; trotz erheblicher Proteste innerhalb der Familie hatte er sich nicht erweichen lassen und an seiner
Entscheidung festgehalten, das erzherzogliche Paar nicht in der
Habsburger Familiengruft zu bestatten. Eine wesentlich interessantere Erklärung wurde von einigen Insidern des Ballhausplatzes vorgeschlagen: Berchtold wollte nicht, dass der Kaiser ausländischen Staatsoberhäuptern Gehör schenkte, aus Furcht, sie
würden einen mäßigenden Einfluss auf die Kriegspartei ausüben.[18]

Der eher bescheiden abgehaltene Gedenkgottesdienst für den
Habsburger Thronerben lässt einen aufschlussreichen Vergleich
mit dem grandiosen Staatsbegräbnis für König Edward VII. von
England im Mai 1910 zu, das Barbara Tuchman in *The Guns of
August* in einer denkwürdigen Schilderung festgehalten hat. Damals hatte London nicht weniger als neun Könige zu Gesicht
bekommen auf prachtvollen Pferden, die »durch die Tore des
Palasts ritten mit Federbüschen am Helm, goldenen Tressen,
blutroten Schärpen und mit Juwelen besetzten Rangabzeichen,
die in der Sonne schimmerten«, gefolgt von »fünf Thronanwär-
tern und vierzig kaiserlichen oder königlichen Hoheiten, sieben
Königinnen« und »einer Schar von Botschaftern aus Ländern
ohne Monarchie«. Im Gegensatz dazu blieb der Tod von Franz
Ferdinand in Wien nahezu unbeweint. Der Kaiser weigerte sich
sogar, den Zug aus Triest mit den sterblichen Überresten aufzusuchen, und er wohnte auch nicht dem Begräbnis bei. Den wenigen
Mitgliedern des Hauses Habsburg, die mutig genug waren, dem
Zorn des Kaisers zu trotzen, war es freigestellt, auf die Beerdigung zu gehen – aber es blieben ihnen nur wenige Minuten, um
den Leichnam zu sehen. Franz Ferdinands eigenen Kindern wurde nicht einmal dieses Grundrecht zugestanden (immerhin durften sie einen Blumengruß schicken). Wenigstens trug Ferdinands
Sarg die »vollständigen Insignien« des zweithöchsten Fürsten der
Doppelmonarchie; sein Leichnam war passend geschmückt mit
der erzherzoglichen Krone, dem mit Federbusch verzierten Ge-

neralshelm, seinem Zeremonienschwert und all seinen wichtigsten Ehrenzeichen, darunter der Orden vom Goldenen Vlies. Sophies Sarg war dagegen nicht nur kleiner als der ihres Gatten, sondern auch fünfzig Zentimeter tiefer aufgestellt. Er war nicht verziert, außer mit einem Paar weißer Handschuhe und einem schwarzen Fächer, die an ihre frühere Stellung als einfache Hofdame erinnern sollten. Die sterblichen Überreste wurden schließlich in einer einfachen Kapelle in Artstetten bestattet – einem »Provinznest«, weit entfernt vom kaiserlichen Wien –, die Franz Ferdinand extra für den Fall hatte erbauen lassen, dass dem Paar der Zugang zur kaiserlichen Kapuzinergruft versagt werden sollte. Es war das Habsburger Äquivalent zu einem anonymen Grab.[20]

Der steife, in Gesellschaft meist unbeholfen wirkende Erzherzog war zwar niemals so beliebt wie der charmante und gesellige Edward VII., außerdem war Österreich-Ungarn weit entfernt von der Macht und dem Einfluss Englands, das immerhin ein Reich beherrschte, das im wahrsten Sinne des Wortes den Erdball umspannte. Trotzdem legt der krasse Gegensatz zwischen diesen beiden Anlässen die Vermutung nahe, dass in den dazwischenliegenden vier Jahren etwas Wichtiges verloren gegangen sein muss. Das Jahr 1910 stellte eine Art Spätsommer für das alte Europa dar; es war ein glückliches Jahr, frei von internationalen Spannungen zwischen der Annexion Bosniens 1908–1909 und der zweiten Marokkokrise 1911, dem Italienisch-Türkischen Krieg und den Balkankriegen, die sich daran anschlossen. Damals war Österreich noch nicht gedemütigt worden, Serbien hatte sich noch nicht vergrößert, und das Osmanische Reich hatte noch nicht die beinahe tödlichen Schläge durch Italien und den Balkanbund hinnehmen müssen. Auch das monarchische Prinzip war 1910 noch wirksam: Ganz gleich, wie laut die nationalistische Presse eines jeden Landes nach dem Blut der Feinde schrie, die Herrscherhäuser waren zumeist durch Heirat oder Verwandtschaft verbunden, und es bestand ein Grad gegenseitiger Höflichkeit und gegenseitigen Vertrauens, der dabei half, Spannungen zu entschärfen, bevor es zu spät war.

Wenn dies für das Jahr 1914 noch gegolten hätte, dann hätte es eine gewaltige internationale Welle der Sympathie für den getöteten Erzherzog geben müssen, dessen brutale Ermordung offensichtlich einen Affront gegen die Herrscher überall in Europa darstellte (ungeachtet der frostigen Gefühle von Österreichs eigenem Souverän). Stattdessen kam nicht einmal Wilhelm II., Franz Ferdinands bester und einziger Freund aus Europas Königshäusern, nach Wien, um seinen Respekt zu bekunden. Es gab einen guten – und aufschlussreichen – Grund, warum Wilhelm zu Hause blieb, und das lag nicht, wie in der Öffentlichkeit verbreitet wurde, an einem Hexenschuss.»Als Ergebnis verschiedener Warnungen, die ich aus Sarajevo erhalten habe«, informierte Reichskanzler Theobald von Bethmann Hollweg Franz Joseph I. in einem geheimen Telegramm, das über den Ballhausplatz vermittelt wurde,»und von denen die ersten bis in den April dieses Jahres zurückreichen, sehe ich mich gezwungen, seine Majestät den Kaiser zu ersuchen, seine Reise nach Wien abzusagen.« Attentate wie jenes, dem der Erzherzog und seine Gemahlin zum Opfer gefallen waren, erklärte Bethmann,»haben bekanntermaßen eine große Anziehungskraft auf kriminelle Elemente«.[21]

Das war ein schlechtes Zeugnis für Wien. Anscheinend schätzten die Deutschen die administrativen Kompetenzen ihres Verbündeten nach Sarajevo so gering ein, dass sie der Meinung waren, die Österreicher könnten nicht einmal für ein kaiserliches Begräbnis in ihrer eigenen Hauptstadt die Sicherheit garantieren. Auf der einen Seite legte die Tatsache, dass der Kanzler von Bosnien ausgehende Terrorakte als Grund für die Absage des Staatsbesuchs ins Feld führte, die Vermutung nahe, dass Berlin mit der österreichischen Kriegspartei sympathisieren könnte. Auf der anderen Seite war Bethmann so vorsichtig, die Serben bzw. Serbien nicht als mögliche Mitschuldige am Attentat von Sarajevo zu erwähnen. Immerhin hatten die Österreicher noch keine Verstrickung Belgrads in das Verbrechen nachgewiesen. Der deutsche Kanzler würde genau wie Tisza, Franz Joseph I. und Berchtold Beweise benötigen.

Es reflektiert die strategische Ohnmacht Österreich-Ungarns im Jahr 1914, dass seine Staatsmänner nicht dazu in der Lage waren, eine Antwort auf Sarajevo zu formulieren, ohne diese zuerst von den Deutschen absegnen zu lassen. Es stimmt zwar, dass die ausweglose Situation zugleich das Ergebnis einer internen politischen Dynamik war, in erster Linie der Anwesenheit eines herausragenden Ungarn in den höheren Regierungsrängen geschuldet, der die einzigartige Fähigkeit besaß, gegen eine Politik Einspruch zu erheben, weil er sich als Repräsentant von buchstäblich der halben Doppelmonarchie fühlte. Doch zu der Zeit war es unmöglich, in einem aus 15 Nationalitäten bestehenden Reich ausländische und inländische Politik zu trennen. Tiszas »pazifistische« Sichtweise der Balkanpolitik war eng verbunden mit seinem Ziel, die Souveränität der Magyaren über Ungarns verschiedene Nationalitäten zu erhalten, ebenso wie Conrad und jetzt Berchtold Serbien niederschlagen wollte, um mögliche nationale, irredentistische Bestrebungen im Reich zu schwächen, angefangen bei den unerträglichen Ansprüchen, die Ungarn wie Tisza erhoben. Die Interessen Ungarns, des von Österreich dominierten Außenministeriums und der Gemeinsamen Armee schienen unvereinbar – wenn nicht ein Außenstehender alle zum gemeinsamen Handeln zwingen würde. Auf diese merkwürdige Weise war das Deutsche Reich 1914 nicht nur zum Vermittler für Österreichs Außenpolitik geworden, sondern auch für seine innerstaatlichen und konstitutionellen Probleme. Wenn Berchtolds und Conrads Verdacht einer Beteiligung Serbiens am Attentat von Sarajevo in den Ermittlungen bestätigt würde, könnte der Ballhausplatz sofort die Frage stellen, die jedermann auf der Zunge lag: Was werden die Deutschen sagen? Zum jetzigen Zeitpunkt blieb Berchtold nichts anderes übrig, als zu warten.

2 St. Petersburg: Kein Pardon

DER GRUND, WARUM Österreichs Regierung die Unterstützung der Deutschen benötigte, falls es zum Krieg mit Serbien kommen sollte, lag klar auf der Hand: Es drohte eine Intervention Russlands. St. Petersburg war bereits 1877 für die Interessen der Slawen auf dem Balkan (vor allem der Bulgaren) gegen die Türkei zu Felde gezogen; es stand auch 1909 kurz davor, während der Krise, die auf die österreichische Annexion Bosnien-Herzegowinas folgte, im Interesse Serbiens gegen Österreich vorzugehen, und gab erst angesichts einer deutlichen Drohung aus Berlin klein bei. Zwar hatte sich Russland an keinem der beiden Balkankriege 1912–1913 beteiligt, aber das lag daran, dass in beiden Konflikten seine serbischen Verbündeten die Oberhand behielten und Wien nichts unternahm, um sie zu stoppen: Es gab keinen Grund für St. Petersburg, Belgrad aus der Patsche zu helfen, im Gegensatz zu dem Fall, Österreich-Ungarn würde in Serbien einmarschieren.

Obwohl das häufig angeführte Klischee von der »russischen Dampfwalze« die wirkliche Schlagkraft der zaristischen Armee weit übertrieben darstellte, bezweifelte niemand in Wien oder St. Petersburg, dass Russland problemlos Österreich-Ungarn im Alleingang besiegen könnte. Nur mit der Rückendeckung des Deutschen Reichs konnten die Österreicher weiterhin an der Idee eines Balkankriegs festhalten; nur mit deutscher Unterstützung konnten sie gewinnen. Das war das Argument des ungarischen Ministerpräsidenten Tisza gegen einen Krieg mit Serbien: Russland würde intervenieren, und Deutschland würde Österreich nicht zu Hilfe kommen. Die von Berchtold und Conrad vertretene Linie entsprach genau dem Gegenteil: Deutschland würde Wien zu Hilfe kommen, und Russland würde sich aus dem Krieg heraushalten – so hofften sie wenigstens. Mit den Deutschen könnte Österreich, sobald der Beweis aus Belgrad einträfe, direkte Maßnahmen ergreifen. Mit St. Petersburg war es wie ein Sprung ins kalte Wasser: Was würden die Russen tun?

Die ersten Anzeichen waren nicht gerade ermutigend für Österreich-Ungarn. Obwohl mit Ausnahme von Kaiser Wilhelm II. nur wenige Ausländer den Verlust von Franz Ferdinand betrauerten, antworteten doch britische, französische, italienische und deutsche Konsuln in ganz Europa auf die Nachrichten aus Sarajevo mit dem Anstand und Mitgefühl, das man von geschulten Diplomaten erwarten durfte. Man entbot offizielle Beileidsbekundungen am Grab; Flaggen wurden auf Halbmast gesetzt; Köpfe wurden gesenkt in tiefer, wenn auch etwas erzwungener Anteilnahme an Österreichs Verlust. In krassem Gegensatz dazu beklagten sich österreichische Diplomaten auf dem gesamten Balkan, dass ihre russischen Amtskollegen kein Beileid bekundet hätten. In Rom war die russische Botschaft die einzige, die sich weigerte, ihre Fahne zu Ehren von Erzherzog Franz Ferdinand zu senken. In gleicher Weise lehnte es die Gesandtschaft des Zaren in Belgrad ab, ihre Flagge auf Halbmast zu setzen, und zwar nicht einmal während der offiziellen Totenmesse für Franz Ferdinand, als ob sie mit Absicht das Andenken an den ermordeten Thronfolger des Hauses Habsburg herabwürdigen wollte.[1]

Diese wohlüberlegte Schmähung war mit größter Wahrscheinlichkeit das Werk von Nikolai Hartwig, zu der Zeit russischer

Gesandter in Serbien und zugleich glühender Panslawist, den Franz Joseph gegenüber dem deutschen Botschafter als den eigentlichen »Herrn von Belgrad« bezeichnet hatte. Einem italienischen Diplomaten zufolge soll Hartwig, als er die Neuigkeiten aus Sarajevo vom 28. Juni gehört hatte, erklärt haben: »Im Namen des Himmels! Sofern es kein Serbe ist« (»pourvu que ça ne soit pas un Serbe«). Der österreichische Legationsrat Ritter von Storck legte diese zweideutige Bemerkung Berchtold gegenüber so aus, dass »Hartwig, der zu den Eingeweihten zählte ... offensichtlich a priori annahm, der Mörder könnte nur ein Serbe sein«. Vollkommen unbeeindruckt von der Nachricht, lud Hartwig an diesem Abend zu einer Feier ein, wobei er seine wirklichen Ansichten vertrauensvoll dem italienischen Diplomaten mitteilte (der ihn später an die Österreicher verriet). Die Ermordung von Franz Ferdinand, sagte Hartwig, »sollte als ein Segen für die [Doppel-]Monarchie angesehen werden«, da »der Erzherzog durch und durch krank war«, was deutlich mache, »was für ein ausgelaugtes Geschlecht das österreichische Herrscherhaus ist«. Der neue Thronfolger, Franz Ferdinands Neffe Karl, sei ein »Syphilitiker«, wie Hartwig dem Italiener in seinen weiteren Ausführungen darlegte; damit führte er seine vorherige Beteuerung, dass Franz Ferdinands Tod eine gute Neuigkeit sei, ad absurdum – es sei denn, er meinte eine gute Neuigkeit für Russland.[2]

Es fiel den Österreichern schwer, nicht das Schlimmste von Hartwig zu denken, dem Mann, der gemeinhin als der führende Kopf der rücksichtslosen slawisch-orthodoxen Koalition galt, die 1912 den Ersten Balkankrieg gegen die Türkei ausgelöst und damit dem serbischen Irredentismus einen kräftigen Impuls gegeben hatte. Franz Josephs Behauptung, dass Hartwig der heimliche Herrscher Serbiens sei, stellte zwar eine gewisse Übertreibung dar, enthielt aber trotzdem ein Körnchen Wahrheit. Serbiens Regierungschef und Gründer der Radikalen Volkspartei, Nikola Pašić, zeigte beeindruckende Fähigkeiten, was sein politisches Überleben betraf. Der ehemalige Bürgermeister Belgrads war seit

1904 nahezu ununterbrochen serbischer Premierminister, führte Serbien erfolgreich zu einer enormen Vergrößerung seines Gebietes während der Balkankriege und wehrte mehrere Anschläge auf seine Person ab; diese waren von serbischen und »südslawischen« Aktivisten gegen ihn angezettelt worden, die noch radikalere Ansichten vertraten als beispielsweise Oberst Dimitrijević (Apis) und seine Mitverschwörer der Schwarzen Hand. Mit seinem mächtigen weißen Bart und seinem strengen Gesichtsausdruck sah Pašić, der 1914 trotz seiner 68 Jahre immer noch vor Kraft strotzte, wie ein orthodoxer Mönch aus einem Roman Dostojewskis aus. Dennoch hätte Pašić – und Serbien – trotz all seiner Vitalität ohne die Rückendeckung Russlands nicht viel bewirken können. Nur mit Russlands finanzieller Hilfe und mit russischen und französischen Waffen konnte sich Serbien in den Balkankriegen behaupten, und es war die russischen Androhung einer Intervention, die Österreich davon abgehalten hatte, Belgrad in den Rücken zu fallen, während die serbischen Armeen im Süden dabei waren, die Türkei und Bulgarien zu zerschlagen. Hartwig war Pašićs ständiger Berater und Führer während der Balkankriege, und diese Funktion übte er aktuell immer noch aus.[3]

Allerdings war Hartwig nicht der einzige einflussreiche russische Förderer in der Stadt. Während Russlands Minister in Belgrad öffentlich um panslawistische Unterstützung für Pašićs populistische Regierung warb, beriet und bewaffnete Russlands Militärattaché General Wiktor Artamonow Serbiens radikaleres Schattenkabinett. Immerhin war Apis nicht nur der geheime Organisator der Schwarzen Hand und (wie wir heute wissen) der Verschwörung zur Ermordung Franz Ferdinands – er war darüber hinaus Chef des serbischen Militärgeheimdiensts. Als Artamonow nach dem Krieg von einem italienischen Journalisten gefragt wurde, wie eng er mit Apis in Belgrad zusammengearbeitet habe, räumte er bereitwillig ein, dass »ich praktisch jeden Tag mit Dimitri[jević] in Kontakt stand«. Wie vorherzusehen war, verneinte der russische Attaché, dass er im Vorfeld etwas über das

Nikola Pašić, Serbiens großer politischer Überlebenskünstler

Attentat in Sarajevo gewusst habe, und lieferte sogar ein perfektes – er war vom 19. Juni bis zum 28. Juli 1914 in Urlaub –, zugleich äußerst merkwürdiges Alibi, wenn man bedenkt, dass der Sinn und Zweck von Erzherzog Franz Ferdinands unglücksseligem Besuch in Bosnien darin bestand, die österreichischen Manöver zu verfolgen, die natürlich für Russlands offiziellen Militärbeobachter in Serbien von größtem Interesse sein mussten. Dennoch räumte Artamonow in einer aufschlussreichen Nebenbemerkung ein, dass »in dem nicht gerade großen Belgrad dieser Tage, wo sich das öffentliche Leben in einigen wenigen Cafés abspielte, die Verschwörung nicht geheim gehalten werden konnte«. Russlands Militärattaché war am 28. Juni 1914 nicht in der Stadt, aber er war

Ende Mai und Anfang Juni in Belgrad, als die Verschwörung in die Wege geleitet wurde.[4] Hartwig allerdings war an diesem schicksalhaften Tag in der Stadt – er hatte zu jener Feier geladen, die bald berüchtigt werden sollte. Aus nach dem Krieg abgegebenen Bekenntnissen wissen wir, dass Premierminister Pašić von der Mordverschwörung gewusst hatte; tatsächlich hatte er sogar Anfang Juni versucht, Wien auf diskrete Weise mittels eines Gesandten zu warnen. Er wollte Österreich keinen Vorwand für einen Krieg liefern, solange Serbien noch dabei war, seine Stärke aus den Balkankriegen wiederzuerlangen. (Pašićs Warnung wurde entweder ignoriert oder später von den Offiziellen des Habsburgerreichs, wie etwa Biliński, der später peinlich berührt war, dass er der Warnung keine Beachtung geschenkt hatte, aus dem Gedächtnis gestrichen.) Serbiens Premierminister und seine russischen Berater waren folglich nicht mitschuldig an der Verschwörung der Schwarzen Hand, Erzherzog Franz Ferdinand zu ermorden, aber sie wussten mit großer Sicherheit, dass ein Attentat vor seinem Besuch geplant worden war, und Pašić hatte nichts Entscheidendes unternommen, um es zu vereiteln.[5]

Franz Joseph hatte daher nicht unrecht, auf Hartwig zu verweisen und ihn als Anstifter der serbischen Aggression und als eine ständige Bedrohung für den Frieden auf dem Balkan zu brandmarken. Allerdings war noch nicht klar, ob die Meinung des Gesandten in Belgrad auch die Ansicht der russischen Politiker in St. Petersburg widerspiegelte. Während der Balkankriege hatte sich Hartwig wie eine Art freier Mitarbeiter verhalten und häufig die Grenzen seiner Anweisungen überschritten, die von Russlands wesentlich vorsichtigerem Außenminister Sergei Sasonow festgelegt wurden. Kurz vor Ausbruch des Ersten Balkankriegs im Oktober 1912 hatte Hartwig bereits die Standhaftigkeit seines Vorgesetzten infrage gestellt: Als der Außenminister eine vorauseilende Erklärung abgab und darin den territorialen Status quo auf dem Balkan garantierte, forderte Hartwig die Serben auf, weiter vorzudringen und die Türken anzugreifen und sich keine Gedanken um den »närrischen Sasonow« zu machen.[6] Sasonow war weit davon entfernt, als »starker Mann« angesehen zu werden. Zunächst sah er überhaupt nicht so aus. Schmal und von kleiner Statur, mit einem nichts sagenden Gesicht und Geheimratsecken, verkörperte Sasonow in seinem Gebaren den klassischen russischen Bürokraten: Er hätte sehr wohl die Inspiration für Gogols Erzählung *Der Mantel* sein können. Der Außenminister war von den Panslawisten in St. Petersburg an den Pranger gestellt worden, weil er während der Balkankriege eine zur Milde neigende Zaghaftigkeit gezeigt hatte, selbst als mit Hartwig bereits ihr großer Held aufgetaucht war. Eine Zeit lang kursierten hartnäckig Gerüchte in St. Petersburg, dass Hartwig Sasonow ersetzen sollte; am Ende jedoch hielt Zar Nikolaus II. aus Loyalität an seinem Minister fest.

Wie Berchtold in Wien war auch der russische Außenminister in einer prekären Lage, als das Attentat von Sarajevo passierte, da er gerade mit Müh und Not während der Balkankriege sein Amt behalten hatte. Es gab eine frankophile (das heißt antideutsche) »Kriegspartei« in St. Petersburg ähnlich Conrads kriegstreibender Fraktion in Wien, die vom Landwirtschaftsminister A. W. Kriwoschein geführt wurde. Es mag merkwürdig klingen, dass gerade ein Landwirtschaftsminister eine auf Krieg ausgerichtete Außenpolitik favorisiert, aber damals war das gesamte zaristische Russland ein merkwürdiges Land.

Trotz seiner imposanten Erscheinung – aufgrund seiner demografischen und ökonomischen Wachstumsraten überzeugte es die Deutschen davon, dass es eine Dampfwalze war, die man nicht aufhalten konnte – war das Zarenreich in Wirklichkeit äußerst fragil und marode, ständig in Gefahr, unter Druck auseinanderzubrechen, wie es während der Revolution von 1905, die auf die katastrophale Niederlage im Russisch-Japanischen Krieg folgte, beinahe geschehen wäre. Obwohl die Industrialisierung in Russland rasch voranschritt, machten die Bauern immer noch 80 Prozent der Bevölkerung aus. Landreform war das zentrale Element jeder Sozialpolitik, wodurch dem Landwirtschaftsministerium eine enorme Bedeutung zukam. Kriwoschein war der besondere Protegé von Pjotr Stolypin, dem Vorsitzenden des Ministerrats von 1906 bis 1911. Dessen Ziel war es, mithilfe von Landreformen eine stabile und wohlhabende Klasse von Kleinbauern zu schaffen, die als Bollwerk gegen anarchistische soziale Revolutionen fungieren sollten. »Stolypins Programm« sah vor, aggressive Einfuhrzölle zu erheben, um die deutschen Weizenimporte zu beschränken, mithilfe von französischem Kapital die russischen Eisenbahnen auszubauen und einen ungehinderten Zugang zu den ausländischen Getreidemärkten zu bekommen. Da der Großteil des russischen Getreides in den südlichen, an das Schwarze Meer angrenzenden Regionen angebaut wurde und die baltischen und arktischen Häfen nur wenige Monate im Jahr eisfrei waren (der Pazifikhafen Wladiwostok lag zu weit abseits, um eine praktische Alternative darzustellen), benötigten die russischen Getreideexporteure einen ganzjährigen Zugang zum Mittelmeer durch die türkischen Meerengen (Bosporus, Marmarameer, Dardanellen). In die andere Richtung wurden durch die Meerengen für die russische Industrie lebenswichtige Bauteile importiert, die mit russischen Getreideexporten bezahlt worden waren. Sollte Russlands Zugang zum Mittelmeer gesperrt werden, würde das Stolypins Programm zur Landreform entscheidend beeinträchtigen, von dem alles andere abhing.

Nachdem Stolypin 1911 ermordet worden war, stieg Kriwoschein zu einem führenden Mitglied des Ministerrats auf; sein Einfluss war bedeutend größer als der von Sasonow. Während Stolypin für »20 Jahre Frieden« berühmt geworden war, in denen er Russlands Wirtschaft modernisierte, legten der Italienisch-Türkische Krieg und die Balkankriege von 1911 bis 1913 Kriwoschein nahe, dass St. Petersburg nicht mehr viel Zeit bleiben würde. Im Sommer 1912 hatte die belagerte türkische Regierung kurzerhand die Meerengen für die Handelsschifffahrt geschlossen und damit die Verwundbarkeit der russischen Getreide-Exportwirtschaft offengelegt: Die Schwarzmeerexporte gingen um ein Drittel zurück, und die Schwerindustrie in der Ukraine kam fast zum Stillstand. Noch besorgniserregender war die Liman-von-Sanders-Krise von Dezember 1913 bis Januar 1914, als ein deutscher General zum Kommandeur des türkischen Armeekorps berufen wurde, dessen Aufgabe die Verteidigung der Meerengen war. Deutsche Offiziere standen als Ausbilder im Dienst der türkischen Armee seit 1880, und die Beziehungen zwischen Berlin und Konstantinopel waren meist herzlich, aber dies stellte eine neue Situation dar: Limans Kommando über die Truppe, die die Meerengen bewachte, bedeutete nämlich, dass Russlands Zugang zum Mittelmeer von der Gnade Deutschlands, seinem mächtigsten Feind, abhängig war.[7]

Kein Wunder, dass Kriwoschein 1914 äußerst gereizt war. Der Landwirtschaftsminister galt ohnehin als temperamentvoller Deutschenhasser: Er war Frankreichs »bevorzugter Russe«. Sasonow war sicherlich ebenfalls frankophil. Er betrachtete das Militärbündnis mit Frankreich aus dem Jahr 1894 als einen wesentlichen Bestandteil der russischen Außenpolitik und sah in Frankreich eine Art Vorbild für das rückständige Russland – weniger wegen seines Radikalismus als vielmehr wegen seines leidenschaftlichen Nationalismus. Sasonow nahm in Russland die »national-liberale« Position ein, die der konservativen oder »germanophilen« Antikriegspartei gegenüberstand. Diese wurde vor allem von Sergei Witte vertreten. Er hatte seit den 1890er-Jahren entscheidend zu Russlands voranschreitender Industrialisierung beigetragen, allerdings war sein Stern nach seinem erzwungenen Rücktritt 1906 weitgehend verblasst. Kriwoschein und seine französischen Bewunderer hatten in Wirklichkeit nichts gegen Sasonows frankophile Außenpolitik, aber sie verdächtigten ihn, Angst zu haben, genauso wie Conrad an Berchtolds Mut zweifelte. Österreichs Außenminister wurde, wie bereits erwähnt, aus seiner ängstlichen Untätigkeit durch das Attentat von Sarajevo aufgeschreckt. Würde sich Sasonow in ähnlicher Weise auf Kriwoschein und die Kriegspartei aufgrund des Dramas auf dem Balkan zubewegen, oder würde er wiederum klein beigeben, wenn Österreich mit dem Säbel rasselte? Von der Beantwortung dieser Frage hing im Juli 1914 sehr viel ab. Und eine Antwort darauf zu finden erscheint heute immer noch genau so schwierig wie für die Österreicher zur damaligen Zeit. Im Gegensatz zu Berchtold legte Sasonow in seinen Memoiren einen Schleier über diese gesamte Periode, wobei er von der bloßen Erwähnung des Attentats von Sarajevo direkt zum 24. Juli 1914 sprang und nichts über seine Gedanken oder Absichten in den Tagen dazwischen preisgab. Dokumente aus dieser Zeit sind auch keine Hilfe. Nach dem Krieg versuchten die Bolschewiki, den umnachteten »Imperialismus« des zaristischen russischen Regimes infrage zu stellen, und veröffentlichten Hunderte von geheimen diplomatischen Schriften, die sich auf den Ausbruch und den Verlauf des Ersten Weltkriegs bezogen. Diese umfassten in einer ungeheuren Tiefe große und kleine Ereignisse vom 19. Jahrhundert bis 1917 – alles außer den Tagen, die auf die Ermordung Franz Ferdinands am 28. Juni 1914 folgten, denn hier verstummen sie geradezu. In ähnlicher Weise fehlen in den französischen diplomatischen Archiven die Telegramme von Maurice Paléologue, dem Boschafter Frankreichs in Russland, zwischen dem 28. Juni und dem 6. Juli 1914.[8]

Noch befremdlicher ist das Verschwinden der Briefe von Alexander Iswolski, Sasonows Vorgänger im Amt des Außenministers, der 1914 russischer Botschafter in Frankreich war, Russlands wichtigstem Verbündeten. Im Lauf der Bosnischen Annexionskrise war Iswolski regelrecht gedemütigt und anschließend zum Rücktritt gezwungen worden, wobei man ihm quasi als Trostpflaster zum russischen Botschafter in Paris ernannt hatte; von dieser Basis aus arbeitete er daran, sich an Wien zu rächen. (Als er erfuhr, dass im Juli 1914 die russische Mobilmachung erklärt worden war, soll Iswolski ausgerufen haben: »Dies ist mein

Krieg!«) Manche Leute in Paris glaubten, dass er bei Frankreichs nationalistischem Wiederaufleben seine Hand im Spiel hatte und dass er das Land in den Jahren vor 1914 in Richtung Wiederaufrüstung drängte. Wie es ein Führer der Sozialisten formulierte: »Trachtet [Frankreich] nach keinem anderen Ruhm, als den Hass des Herrn Iswolski zu befriedigen?« Nach dem Ersten Weltkrieg wurde ein ganzes »Schwarzbuch« mit Iswolskis geheimer Korrespondenz veröffentlicht, die sich regelrecht überschlug: An vielen Tagen waren es fünf oder mehr Telegramme. Dagegen gab es zwischen dem 19. Juni und dem 22. Juli 1914 nur einen einzigen Brief an Sasonow – und darin ist weder von Sarajevo noch von russischer Außenpolitik die Rede, sondern lediglich von inneren Angelegenheiten Frankreichs.[9]

Ähnliches gilt auch für den britischen Botschafter in Russland, Sir George Buchanan, dem Sasonow nicht über den Weg traute. Er berichtete erst am 9. Juli über die russischen Reaktionen auf Sarajevo, elf Tage nach dem Attentat. Und selbst dann gab er nur die übliche wenig aussagekräftige und uninspirierte Meinung weiter, dass »der allgemeine Eindruck« in St. Petersburg von »einer gewissen Erleichterung zeugt, dass eine so gefährliche Persönlichkeit [gemeint ist Franz Ferdinand] von der Thronfolge entfernt worden ist«.[10]

Aufgrund der unergiebigen russischen, französischen und britischen Quellen müssen wir uns auf Berichte von »feindlichen« österreichischen und deutschen Diplomaten verlassen, um Sasonows Gedanken in den Tagen nach dem Attentat von Sarajevo zu rekonstruieren. Diese Berichte sind informativer, allerdings auch zweideutiger. Otto Czernin, österreichisch-ungarischer Legationsrat in St. Petersburg, der den Botschafter Friedrich von Szápáry in dessen Abwesenheit vertrat, berichtete am 3. Juli an Berchtold, dass Sasonow sein aufrichtiges und tief empfundenes Beileid zum Tod des Habsburger Thronfolgers übermittelte. Jedoch habe der gerissene russische Außenminister gleichzeitig angedeutet, dass seine eigenen herzlichen Gefühle in

Russland weitestgehend nicht geteilt würden, wo Franz Ferdinand generell (und zu Unrecht) als »Russenhasser« angesehen wurde. Der Tod des Erzherzogs würde nichts dazu beitragen, so schloss Czernin traurig, »die übertriebene Hetze gegen Österreich zu stoppen, die von den russischen Nationalisten seit Jahren betrieben werde«.[11]

Auf einer folgenden, über das Wochenende abgehaltenen Audienz löste sich Sasonows Mitgefühl schnell in Luft auf. Nachdem er Czernin gewarnt hatte, dass die »Angriffe« der österreichischen Presse auf Serbien eine »beunruhigende Irritation« in Russland hervorgerufen hätten, informierte Czernin seinerseits Sasonow, dass Österreich-Ungarn in der Tat Wiedergutmachung verlangen und die Aufklärung des Verbrechens auf serbischem Gebiet betreiben werde. Daraufhin »fiel ihm Sasonow ins Wort« und ließ eine Tirade vom Stapel. »Kein anderes Land hat so stark unter Anschlägen gelitten, die auf ausländischem Gebiet vorbereitet wurden, wie Russland«, hielt der Russe Czernin vor. »Haben wir jemals den Anspruch erhoben, gegen irgendein anderes Land solche Maßnahmen anzuwenden, wie Ihre Zeitungen sie Serbien androhen?« Um sicherzugehen, dass die Österreicher seinen Standpunkt auch klar verstanden hätten, schloss Sasonow die Audienz mit einer unverhohlenen Drohung: »Gehen Sie diesen Weg nicht weiter; er ist gefährlich.«[12]

Noch wesentlich offener sprach Sasonow mit dem deutschen Botschafter Friedrich Pourtalès kurz nach dem Attentat von Sarajevo. Wie Pourtalès am 13. Juli 1914 nach Berlin berichtete, »hielt sich Sasonow nur kurz mit der Verurteilung des Verbrechens auf, während er sich dagegen nicht genügend darüber auslassen konnte, das Verhalten der österreichischen Behörden zu verurteilen, die die Ausschreitungen gegen die Serben zugelassen ... und der Volkswut [gegen Serbien] bewusst freien Raum gegeben hätten«. Sasonow bestritt glatt, dass die Mordtaten das Ergebnis irgendeiner »panserbischen Verschwörung« sein könnten: Wahrscheinlich seien sie das Werk »einiger unreifer Jugendlicher«

in Bosnien-Herzegowina, einem Gebiet, in dem, wie Sasonow in scheinbarem Widerspruch behauptete,»nur wenige Muslime und Katholiken loyal [gegenüber Österreich-Ungarn] waren«. Die serbische Regierung war nicht nur unschuldig, sondern benahm sich »vollkommen korrekt«. Als Pourtalès versuchte, einen gemeinsamen Standpunkt zu finden, indem er Sasonow daran erinnerte, wie wichtig das monarchische Prinzip gerade für ein Land wie das zaristische Russland sei und wie stark es durch Attentate auf Mitglieder des Königshauses wie das in Sarajevo erschüttert werde, bemerkte er, dass »Sasonow dieser Bemerkung zwar zustimmen musste, aber mit weit weniger Herzlichkeit, als mir sonst [bei diesem Thema] entgegengebracht wird«. In seiner Beurteilung von Sasonows verständnislosen Bemerkungen über den ermordeten Habsburger Thronfolger berichtete Pourtalès nach Berlin, dass er sich den feindseligen Ton nur mit dem »unversöhnlichen Hass des Ministers auf Österreich-Ungarn« erklären könnte, »ein Hass, der in diesem Fall immer mehr jegliches klare und besonnene Urteilsvermögen überdeckt«. Pourtalès zog den Schluss, dass die allgemeine Haltung Russlands »offizieller Kreise« gegenüber Wien von einer »grenzenlosen Verachtung der dort herrschenden Verhältnisse« geprägt sei. »Nicht nur in der Presse, sondern auch in der Gesellschaft«, so beobachtete der deutsche Botschafter, »trifft man meist nur auf böswillige Kommentare über den ermordeten Erzherzog.« Wenn Pourtalès recht hatte, dann war Sasonow, der gerade auf einer Welle antiösterreichischer Entrüstung in der breiten Öffentlichkeit ritt, anscheinend nicht weniger dramatisch auf die Seite der Kriegspartei geschlittert wie Berchtold in Wien.[13]

Vom Botschafter eines feindlichen Landes fast zwei Wochen nach den Gesprächen aufgezeichnet, ist es natürlich ein Leichtes, Pourtalès' Telegramm vom 13. Juli 1914 als einen voreingenommenen und unglaubwürdigen Bericht über die russischen Reaktionen auf das Attentat von Sarajevo abzutun. Wenn man die eigenen Befürchtungen und Schlussfolgerungen des deutschen

Botschafters herausfiltert, mag das Telegramm vielleicht nicht exakt wiedergeben, was Sasonow genau gesagt hatte, und es kann dann auch nicht herüberbringen, was der Russe in Wirklichkeit gedacht hat.

Was auch immer Sasonow und andere russische Offizielle in den Tagen nach Sarajevo gesagt oder auch nicht gesagt haben mögen, so können wir uns dennoch ein Bild von den russischen Absichten machen, was sie getan haben. Taten sprechen eine deutlichere Sprache als Worte: Und die russischen Taten, die auf die Nachricht von der Ermordung folgten, waren entscheidend.

Ganz gleich, ob sich die serbische Regierung »vollkommen korrekt« oder nicht entsprechend verhalten hatte: Während Österreich das Verbrechen von Sarajevo aufzuklären versuchte, bereitete sich Pašić auf das Schlimmste vor. Seit Februar hatte er immer verzweifelter an St. Petersburg appelliert und um Waffen- und Nachschublieferungen gebeten, um die Bestände wieder aufzufüllen, die während der Balkankriege abgebaut worden waren – außer Gewehren, Geschützen und Munition benötigte die serbische Armee Kleidung für 250 000 Soldaten, dazu »Telegrafen, Telefone und vier Funkstationen«. Sasonow hatte im März zugestimmt, wurde jedoch vom Kriegsminister W. A. Suchomlinow zurückgepfiffen, der Russlands Streitkräfte nicht des notwendigen Nachschubs berauben wollte. Anfang Juni, als der Plan zur Ermordung des Erzherzogs von Belgrad forciert wurde, bekamen Pašićs Forderungen nach Waffen fast schon etwas Fieberhaftes. Schließlich genehmigte der Generalstab am 30. Juni 1914, zwei Tage nach dem Attentat von Sarajevo, auf Drängen von Zar Nikolaus II. die Entsendung von 120 000 Dreiliniengewehren und 120 Millionen Schuss an Serbien.[14]

Am selben Tag schickte Sasonow eine »streng vertrauliche und äußerst dringende« Anfrage an Russlands Marineminister I. K. Grigorowitsch und bat um Informationen über die Kriegsbereitschaft der russischen Schwarzmeerflotte. Kontext und Inhalt dieser Anfrage waren bezeichnend. Der Außenminister wollte insbesondere wissen, was bisher geschehen war, um die Maßnahmen umzusetzen, die auf einer Kriegsplanungskonferenz in St. Petersburg am 21. Februar 1914 beschlossen worden waren – damals war eine Gruppe führender russischer Generäle, Admiräle und Diplomaten unter dem Vorsitz Sasonows zusammengekommen. Dieser Kriegsrat vom Februar 1914 war ursprünglich Ende Dezember 1913 einberufen worden, als die internationalen Spannungen rund um die »Liman-von-Sanders-Krise« ihren Höhepunkt erreicht hatten. Die Konferenz war jedoch wegen der Krankheit eines wichtigen Admirals, der erst kurz zuvor den Vorsitz im Führungsstab der Marine übernommen hatte, auf Ende Februar verschoben worden. Am 13. Januar 1914 hatte Sasonow eine Sondersitzung des Ministerrats einberufen, auf der die Kriegspartei unter Führung von Kriwoschein unverhüllt die Idee vertreten hatte, wegen der Frage der Meerengen und der Liman-Krise einen europäischen Konflikt vom Zaun zu brechen. An einer Stelle fragte der damalige Ministerpräsident Wladimir Kokowzow den russischen Kriegsminister unverblümt: »Ist ein Krieg mit Deutschland wünschenswert, und kann Russland ihn riskieren?« Suchomlinow antwortete ohne Zögern, dass »Russland bestens auf eine Auseinandersetzung mit Deutschland vorbereitet sei, ganz zu schweigen von einer mit Österreich«. Kokowzow wandte sich daraufhin an Sasonow mit der Frage, ob England und Frankreich Russland unterstützen würden. Frankreichs scheidender Außenminister Théophile Delcassé, behauptete Sasonow, habe ihm versichert, dass »Frankreich so weit gehen würde, wie Russland es wünsche«. Von einer britischen Intervention zu Russlands Gunsten war er persönlich überzeugt, aber sie war nicht so sicher und konnte nicht garantiert werden. Damit neigte sich Sasonow zwar der Kriegspartei zu, weigerte sich aber wie üblich, einen festen Standpunkt zu vertreten; das eröffnete Kokowzow genügend politische Rückendeckung, um den Gedanken an eine Intervention zu verwerfen. So wurde eine Resolution erlassen, dass Russland einen Krieg wegen der Frage der Meerengen nur dann riskieren würde, wenn

»die aktive Teilnahme von sowohl Frankreich als auch England an gemeinsamen Maßnahmen ... gesichert sei«.[15]

Bis die Kriegsplanungskonferenz am 21. Februar 1914 zusammentrat, war die unmittelbare, durch die Liman-Krise heraufbeschworene Kriegsgefahr zwar gebannt; trotzdem lag noch ein gewisser strategischer Druck auf den Verhandlungen, nicht zuletzt weil Kokowzow, der Mann, der die Kriegspartei im Januar zurückgehalten hatte, am 12. Februar 1914 abgelöst und durch I. L. Goremykin ersetzt worden war. Dieser galt als bloße Repräsentationsfigur und wurde weitestgehend als Kriwoscheins Marionette angesehen. Wie es das Thema der Konferenz vorgab, musste Russland mit der Möglichkeit rechnen, »dass die Frage der Meerengen wieder auf den Tisch kommt, wahrscheinlich sogar schon in nächster Zukunft«. Natürlich wusste niemand genau, wie man die Frage der Meerengen wieder aufwerfen würde – doch an irgendeinem Punkt würde sie sich stellen, und dann sollte Russland gerüstet sein.[16]

Wie sich Sasonow in seinen Memoiren erinnerte, hielt jeder der Teilnehmer »einen Angriff auf Konstantinopel für unvermeidlich, sollte ein europäischer Krieg ausbrechen«. Zu diesem Zweck hatten Sasonow, Suchomlinow und Grigorowitsch einen detaillierten Plan ausgearbeitet, der Russland in die Lage versetzen sollte, Konstantinopel und die Meerengen im Kriegsfall zu besetzen: Dazu waren verschiedene Maßnahmen vorgesehen: der Ausbau amphibischer Streitkräfte an den Küsten des Schwarzen Meeres; erhöhtes Artillerietraining im Militärdistrikt von Odessa; Beschleunigung des Zeitplans für die Mobilmachung, das heißt, die ersten Truppen sollten schneller am Bosporus an Land gesetzt werden (statt der bisherigen zehn Tage nach dem Tag der Mobilmachung nur noch fünf Tage); eine Beschleunigung des Baus von Schlachtschiffen für das Schwarze Meer (oder eine schnelle Verlegung dorthin), wo Russland aktuell keine unterhielt (zwei hochmoderne britische Schlachtschiffe, die von der Türkei bestellt waren, sollten in nächster Zeit in Konstantinopel eintreffen, das erste im Juli 1914); und schließlich die Ausdehnung des Eisenbahnnetzes in den Kaukasus bis an die türkisch-anatolische Grenze. Im Mai und Juni hatte Sasonow über den russischen Botschafter in London einen verzweifelten Kampf geführt mit dem Ziel, die Auslieferung der britischen Schlachtschiffe an die Türkei zu blockieren, und sich dabei eine Abfuhr geholt. Die Zeit lief davon. Nach den Neuigkeiten aus Sarajevo wandte sich Sasonow an Grigorowitsch mit der Bitte, ihm doch zu sagen, wie schnell Russlands Schlachtschiffe für das Schwarze Meer fertiggestellt wären. Noch dringlicher wollte er wissen, ob die ersten russischen Truppen gemäß den im Februar angeordneten Maßnahmen jetzt in der Lage wären, innerhalb von »vier oder fünf Tagen« nach der Mobilisierung am Bosporus zu landen.[17]

Sasonow mag wirklich geglaubt haben, dass Serbien mit dem Attentat auf Erzherzog Franz Ferdinand nichts zu tun hatte, wie er gegenüber dem deutschen Botschafter beteuerte. Er scheint jedoch sehr klar eingeschätzt zu haben, wie ernst diese Nachricht war und welche Gegenreaktionen man von Österreich-Ungarn erwarten musste. Indem Russland Waffen nach Belgrad sandte, rüstete es seinen Verbündeten für einen Krieg mit Österreich-Ungarn aus. Dadurch, dass Sasonow die Schwarzmeerflotte in Bereitschaft setzte, bereitete er sich auf einen europäischen Krieg vor, in dem Russlands Hauptstrategie darin bestand, Konstantinopel und die türkischen Meerengen zu besetzen.

Wenn Habsburgs Außenminister Berchtold trotz seines Rufs der Schwäche Sarajevo als Vorwand für eine »Generalabrechnung mit Serbien« verwenden wollte, wie Ungarns Ministerpräsident Tisza befürchtete, so stellte sich der umlagerte Sasonow durchaus Berchtolds Herausforderung. Die Bühne war bereitet für den diplomatischen Showdown.

3 Paris und London: Unliebsame Störung

AM SONNTAG, DEM 28. Juni 1914, genossen ein Großteil der französischen Regierung, Europas Botschafter in Frankreich und die Pariser High Society einen wunderbaren Frühlingsnachmittag auf der Pferderennbahn Longchamp im Bois de Boulogne. Longchamp war Frankreichs Antwort auf Englands Ascot, ein Platz, um zu sehen und gesehen zu werden. Die Blumen entlang der Bahn standen in voller Blüte, und die berühmte Windmühle bot einen prächtigen Anblick. Die Sonne erstrahlte über den eleganten, piekfein gekleideten Besuchern, die sich am Sonntag während eines viergängigen Menüs an den Rennen erfreuten – dies hieß Leben in Frankreich, wie man es sich vorstellte. Zwischen dem dritten und vierten Rennen näherte sich ein Offizier stillschweigend Präsident Raymond Poincaré und informierte ihn, dass der »Erzherzog und Thronfolger der Habsburger zusammen mit seiner morganatischen Ehefrau soeben in Sarajevo von einem Fanatiker erschossen worden war, der vermutlich aus Serbien stammte«. Obwohl ihn die Nachricht neugierig gemacht hatte, verließ Poincaré seinen Sitz nicht, da er das Ende des gegenwärtigen Rennens nicht verpassen wollte. Auf jeden Fall ließ er sich nicht davon abhalten, sein Mittagessen zu beenden.[1]

Auch die französischen Zeitungen schenkten der Geschichte vom Balkan nur geringe Aufmerksamkeit. Die Titelseiten an diesem Wochenende waren voll mit Schlagzeilen über den Caillaux-Skandal, der in Frankreich fast mehr Aufsehen erregte als seinerzeit die Dreyfus-Affäre. Joseph Caillaux war der Führer von Frankreichs Republikanischer, Radikaler und Radikal-sozialistischer Partei (Kurzform: Radikale Partei), die im liberalen, linksbürgerlichen Lager angesiedelt war, und darüber hinaus ein prominentes Mitglied der französischen Regierung in den Jahren vor 1914. Er war von 1911–1912 fast sechs Monate lang Premierminister – eine Amtszeit, die in der wahlverrückten Dritten Republik als legendär angesehen werden konnte. Caillaux' eigentliche Berufung waren die Finanzen, und er übte das Amt des Finanzministers unter den meisten der linksorientierten Regierungen der letzten zehn Jahre aus. Zu Beginn des Jahres 1914 war Caillaux wiederum Finanzminister. Im Mai standen neue Wahlen an, und plötzlich startete Gaston Calmette, der Chefredakteur des nationalistischen *Figaro*, eine Schmutzkampagne gegen ihn.

Calmette hatte sich sein Ziel sehr gut ausgewählt. Caillaux hatte in den Jahren, als er Frankreichs Finanzen überwachte, unweigerlich in die Kasse gegriffen, und es war nicht schwer, Gegner zu finden, die begierig darauf waren, ihn deswegen ans Messer zu liefern. Gerüchten zufolge waren es Caillaux' unzufriedene Dienstboten, die am meisten Schaden anrichteten, was allmählich auch bei seinen politischen Freunden Wirkung zeigte. Allerdings erregte die Affäre erst dann das Interesse der Öffentlichkeit, als Calmette anfing, Liebesbriefe von Caillaux und seiner Geliebten Henriette zu veröffentlichen.*

Die langbeinige Henriette war mittlerweile die zweite Madame Caillaux – allerdings kam nun heraus, dass sie bereits mit

---

* Der Grund dafür ist leicht nachzuvollziehen. In einem von Caillaux' Briefen an seine Geliebte, der von seiner Ehefrau abgefangen worden war, unterzeichnete er mit »1000 Küsse auf deinen entzückenden kleinen Körper«.

ihm während seiner Zeit als Premierminister geschlafen hatte, als er noch mit der ersten Madame Caillaux verheiratet war. Selbst die lodernde Flamme dieses Skandals wäre vielleicht irgendwann einmal erloschen, hätte nicht Henriette Caillaux sie wieder neu entfacht, indem sie die Dinge selbst in die Hand nahm. Am 16. März 1914 suchte sie gegen 18 Uhr Calmette in seinem Büro im *Figaro* auf.» Sie wissen, warum ich gekommen bin?«, fragte sie ihn.»Ich habe keine Ahnung, Madame«, antwortete Calmette. Daraufhin zog Madame Caillaux »ohne ein Wort« eine kleine braune Pistole hervor, die sie in ihrem teuren Pelzmuff verborgen hatte, und schoss sechs Mal auf Calmette aus kürzester Entfernung.[2]

Die meisten glaubten, dass Joseph Caillaux für dieses Verbrechen keine Schuld traf. Im Gegenteil: Dieser elegante Mord hatte ihn in Wirklichkeit entmannt, da seine Frau ihm nicht zugetraut hatte, selbst für seine Sache einzustehen und zu kämpfen. Trotzdem ging man davon aus, dass Caillaux nicht länger im Amt bleiben konnte, wenn seine Frau für einen Mord verurteilt würde, den sie zu seinen Gunsten begangen hatte. Der Beginn des Prozesses gegen Madame Caillaux war für Juli angesetzt; das gab den Herausgebern der französischen Zeitungen die Gelegenheit, das ganze Frühjahr hindurch sensationelle Schlagzeilen zu bringen und die Vorfreude auf den Prozess des Jahrhunderts immer wieder anzufachen.

Zu dem Skandal kam noch eine politische Erschütterung hinzu, da der Triumph der Linken bei den Wahlen im Mai 1914 Caillaux zu rehabilitieren schien. Caillaux selbst wurde mit großer Mehrheit erneut ins Parlament gewählt, allerdings kam er aufgrund des Skandals nicht für die Wahl zum Premierminister infrage, was ihm nach politischem Recht durchaus zugestanden hätte. Stattdessen musste sich Caillaux damit begnügen, eine Art Schattenkabinett aufzustellen, das bereit war, die Regierungsgeschäfte zu übernehmen, sobald der Name seiner Frau wieder reingewaschen war. Als Außenminister war Jean Jaurès vorgesehen, der Führer der Vereinigung sozialistischer Gruppen (SFIO) und Europas berühmtester Pazifist, der auf verschiedenen internationalen Sozialistenkongressen gegen den Militarismus gewettert hatte und für einen Generalstreik eingetreten war, durch den die Arbeiterklasse eventuell einen europäischen Krieg abwenden könnte, sollte er denn heraufziehen. Zusammen hatten Caillaux und Jaurès gegen Poincarés Gesetz zur Einführung des dreijährigen Wehrdienstes 1913 gekämpft, das die Kriegsbereitschaft gegen Deutschland durch eine Aufstockung der französischen Armee verbessert hatte. Zusammen planten sie, nach der Amtsübernahme, sich »für eine europäische Friedenspolitik einzusetzen«, die mit einer Annäherung an Deutschland beginnen sollte. Eine Regierung Caillaux-Jaurès, ständig im Kampf mit Präsident Poincaré, muss als eines der größten Was-wäre-wenn der Geschichte angesehen werden.[3]

Nach mehreren Wochen eifrigen Ränkeschmiedens berief Poincaré schließlich René Viviani zum Regierungschef, einen Radikalen und ehemaligen Sozialisten, der flexibel – oder schwach genug – war, eine Regierung zu bilden, die Poincaré nicht ausgesprochen feindselig gegenüberstand. Wie Caillaux und Jaurès hatte auch Viviani gegen das Gesetz zur Einführung der dreijährigen Wehrdienstzeit gestimmt. Allerdings hatte er, im Gegensatz zu den beiden anderen, kein rhetorisches Feuerwerk gegen den Militarismus Poincarés gezündet, hatte ihn auch nicht beschuldigt, »noch russischer als die Russen zu sein« (Jaurès), und ebenso wenig geschworen, das Dreijahresgesetz wieder zu kippen und eine Entspannung mit Deutschland anzustreben. Viviani erklärte sich bereit, das Gesetz zur Einführung der dreijährigen Wehrdienstzeit zu unterstützen; dies war die Bedingung dafür, dass er sowohl das Amt des Premierministers als auch das des Außenministers übernehmen durfte, und zwar am 16. Juni 1914. Obwohl er innerhalb der Radikalen Partei für seine vormalige progressive Haltung Respekt genoss, galt Vivianis Persönlichkeit als wenig ausgeprägt, sodass viele vermuteten, er leite nur eine Übergangsregierung, die sofort Platz machen würde, sobald Madame Caillaux rehabilitiert war.

1914 hatte die Rivalität zwischen Caillaux und Poincaré ihren Höhepunkt erreicht, und Viviani wäre gut beraten gewesen, aus dem Weg zu gehen, sobald der Prozess erst einmal vorbei war. Präsident Poincaré, Gründer der Alliance démocratique (AD), einer Mitte-rechts-Partei, war Rechtsanwalt und entstammte der bürgerlichen Mittelklasse. Klein gewachsen, penibel und scheu – zählte er zu den Männern, die nachts lieber offizielle Dokumente studierten als sich auf Banketten oder Empfängen unter die Leute zu mischen. Geboren in Bar-le-Duc in Lothringen, einem Gebiet, das im Deutsch-Französischen Krieg von 1870/71 an das Deutsche Reich verloren worden war, hatte sich Poincaré nicht zuletzt dank seines scharfen Verstandes, seiner außergewöhnlichen Arbeitsmoral und seiner klaren nationalistischen Überzeugungen an die Spitze der französischen Politik gesetzt.*

Manche Kritiker waren allerdings der Meinung, er habe die Präsidentschaftswahl 1913 nur mithilfe russischer Bestechungsgelder gewonnen – mindestens zwei Millionen Francs sollten jedes Jahr von St. Petersburg eingegangen sein – und mit der Unterstützung korrupter Journalisten wie Calmette. So prahlte der russische Botschafter Alexander Iswolski gegenüber Außenminister Sasonow, nachdem er mitgeholfen hatte, die Weichen für Poincarés Triumph zu stellen: »Wir sind daher während seiner siebenjährigen Amtsperiode vollkommen sicher vor dem Auftauchen solcher Gestalten wie Caillaux … an der Spitze der französischen Regierung.«[4]

Caillaux verkörperte alles, was dem Staatspräsidenten fehlte: Er war wohlhabend, hatte Verbindungen, galt als schneidiger Draufgänger und Lebemann. Er hatte die besten Schulen besucht

---

* »Während all meiner Jahre auf der Schule«, schrieb Poincaré einmal, »sah ich keinen anderen Grund zu leben, als die Möglichkeit, unsere verlorenen Provinzen zurückzugewinnen.«

und seinen Abschluss in den politischen Wissenschaften am Institut d'Etudes Politique in Paris (heute: Science Po Paris) gemacht, damals wie heute die erste Adresse für die Ausbildung von Frankreichs politischer Elite. Trotz ihrer Unterschiede bezüglich Herkunft und Temperament waren Caillaux und Poincaré früher eng verbunden. So reisten sie in ihrer Junggesellenzeit gemeinsam mit ihren Freundinnen quer durch Italien, aber selbst dabei wurde ihre gegensätzliche Lebenseinstellung offenkundig. Wie sich Caillaux erinnert, »meine zeigte ich mit Stolz her, seine hielt er verborgen«. Poincaré hatte Caillaux immer als ebenbürtig angesehen, was sein politisches Format betraf – und zweifellos als überlegen hinsichtlich seines Charismas.[5]

In den letzten Jahren hatten die beiden Rivalen angefangen, sich heftig über die Außenpolitik zu streiten. Caillaux' Zugeständnisse an Deutschland in seiner Zeit als Premierminister hatten dazu beigetragen, die Marokkokrise von 1911 zu entschärfen; gleichzeitig hatten sie jedoch unter Nationalisten wie Poincaré für enormen Zündstoff gesorgt, da diese an Frankreichs réveil national glaubten, eine Art nationale Wiedererweckung, die ein Nachgeben gegenüber den Deutschen ausschloss. Als Nächstes hatten die beiden 1913 wegen des Gesetzes über die Einführung des dreijährigen Militärdienstes die politischen Klingen gekreuzt, wobei Caillaux allmählich genauso radikale Worte fand wie Jaurès. 1914 sahen Nationalisten wie Gaston Calmette, der Chefredakteur des *Figaro*, in Caillaux eine pazifistische Bedrohung für die Verteidigungsbereitschaft der Republik, wenn nicht gar einen Landesverräter, der von Deutschland Bestechungsgelder bekam. Es ging die Rede, dass der *Figaro* Dokumente im Besitz habe, die Caillaux mit deutschen Funktionären in Verbindung brachten. Viele glaubten, dass Caillaux seinerseits kompromittierendes Material besäße, das Verbindungen zwischen Poincaré und Iswolski und den Russen zeige; damit habe er den Präsidenten erpresst, die Beweise gegen ihn zu unterdrücken. Über die Gerüchte, die ihm die Annahme russischer Bestechungsgelder unterstellten, hinaus hatte Poincaré 1912 als Außenminister Russland besucht, um das Militärbündnis zu stärken – eine Geste, die von der französischen Linken als Sakrileg angesehen wurde, da für sie das zaristische Russland den rückständigsten und arbeiterfeindlichsten Staat in Europa darstellte, ein Land, in dem Knute und Pogrom herrschten. Mittlerweile zum Präsidenten gewählt, plante Poincaré ein weitaus bedeutenderes Gipfeltreffen mit Zar Nikolaus II. im Juli 1914: Die Vorbereitungen dazu liefen seit Januar.

In Frankreich waren Außen- und Innenpolitik ebenso wie in Österreich und in Russland zu dieser Zeit von ständigen internationalen Spannungen geprägt. Als das Attentat von Sarajevo passierte, stand in Paris jedoch die Innen- und nicht die Außenpolitik zunehmend im Fokus. Der Sieg der Linken bei den Wahlen im Mai drohte das anstehende Gipfeltreffen in St. Petersburg zunichtezumachen, da Poincaré Viviani mitbringen musste – einen Mann, der trotz seiner Zustimmung zum dreijährigen Wehrdienst weder für Außenpolitik noch für das Militärwesen etwas übrig hatte und der das autokratische, arbeiterfeindliche Russland für ebenso marode hielt wie Caillaux und Jaurès. Iswolski berichtete an Sasonow, dass Viviani und nicht Poincaré der Mann der Stunde war, und Viviani bedeutete eine Hiobsbotschaft für Russland (wenn auch keine so schlimme, wie es bei Caillaux der Fall gewesen wäre).[6]

Viviani war Bildungsminister, bevor er von Poincaré aus der Versenkung geholt worden war. Er bemühte sich nicht einmal, Interesse an der Außenpolitik vorzutäuschen, geschweige denn für die Bündnisverpflichtungen mit Russland, obwohl Präsident Poincaré versuchte – und größtenteils daran scheiterte –, ihn dafür zu begeistern. Wenn die Ermordung des österreichischen Thronfolgers nicht mal Anlass war, um Madame Caillaux aus den Schlagzeilen zu verbannen oder Poincaré von seinem Sitz in Longchamp aufspringen zu lassen, so war sie noch weniger dazu geeignet, den Angsthasen Viviani in einen Krieger zu verwandeln.

Auf der ersten Kabinettssitzung nach dem Attentat von Sarajevo, so erinnerte sich ein Minister später, fanden die Morde »kaum eine Erwähnung«.[7]

Viviani beschäftigte sich nicht weniger als Poincaré und die französische Öffentlichkeit ausschließlich mit der Caillaux-Affäre – der er immerhin seine vor Kurzem erfolgte Ernennung zum Premierminister verdankte. Vivianis politisches Schicksal sollte – wie das von Caillaux, Jaurès und Poincaré – vom Urteilsspruch im Prozess gegen Madame Caillaux im Juli abhängen. Er wollte bei dieser Geschichte keine überraschende Wendung verpassen, ebenso wenig wie die Anhänger von Caillaux und Poincaré, die gelegentlich auf den Straßen aneinandergerieten.

* * *

IN LONDON VERFOLGTE das lesende Publikum, das durch die langjährigen Erfahrungen mit dem Empire daran gewöhnt war, sich für Vorfälle in den entlegensten Ecken der Welt zu interessieren, die neuesten Verwicklungen auf dem Balkan wahrscheinlich aufmerksamer als die auf hausgemachte Skandale fixierten Franzosen. Die *Times* galt als die maßgebliche Zeitung für Beobachter globaler Ereignisse und konnte diese Geschichte nicht übergehen. Der Korrespondent des Blattes in Sarajevo enttäuschte denn auch die Erwartungen nicht: Er lieferte eine farbenprächtige detailreiche Schilderung der Morde (einschließlich des fehlgeschlagenen Bombenattentats, das den tödlichen Schüssen vorausgegangen war), notierte die Anwesenheit von mehreren Attentätern und zog daraus den logischen Schluss, dass die Angriffe »augenscheinlich das Ergebnis einer sorgfältig geplanten Verschwörung darstellten«. Weitere Telegramme aus Wien rundeten die österreichische Seite der Vorgänge ab, indem sie ein großes Drama aus der unerwünschten und vielfach missbilligten Hochzeit zwischen Ferdinand und Sophie und der (stark übertrieben dargestellten) Trauer von Kaiser Franz Joseph I. machten.

Am Montag, dem 29. Juni, füllte das Attentat von Sarajevo die Schlagzeilen der Londoner Presse, und zwar mit dem Schwung und der Begeisterung, die man von der Fleet Street erwarten durfte. An diesem Morgen gab es außerdem einen enormen Kursverfall am Londoner Aktienmarkt, der die Ängste der Investoren widerspiegelte, es könne auf dem Balkan zu Komplikationen kommen. Am Montagnachmittag war jedoch alles weitgehend beruhigt, und die Kurse in der City of London hatten sich wieder auf eine vernünftige Basis eingependelt. Am Dienstag hatte sogar die auf Weltpolitik ausgerichtete *Times* das Attentat von Sarajevo auf Seite 7 verbannt. Dem Drama auf dem Balkan wurde an diesem Tag zwar ein Editorial gewidmet, doch dessen Zweck war vor allem, zu erklären, warum diese Vorfälle, obwohl sie »die Aufmerksamkeit aller an europäischer Politik Interessierten auf sich ziehen müssten«, die Menschen in Großbritannien nicht übermäßig beträfen, wohingegen wir uns doch »besser um unsere eigenen Angelegenheiten kümmern sollten«. Am folgenden Montag nannte ein *Times*-Editorial das Attentat von Sarajevo bereits Geschichte: Es war nicht länger eine Angelegenheit von »europäischer Bedeutung«.[8]

Mit den »eigenen Angelegenheiten« meinte die *Times* Irland. So wie Frankreich von der Caillaux-Affäre in Beschlag genommen war, wurde England von den Nachwirkungen des sogenannten »Vorfalls von Curragh« erschüttert. Im Frühjahr hatte eine Freiwilligenarmee irischer Loyalisten aus Ulster (»Ulstermen«) mehr als 100 000 Männer unter Waffen gestellt, um jegliche Bemühungen der britischen Regierung zu blockieren, Irland – und besonders die Region Ulster im Norden der Insel – in die Selbstregierung (Home Rule, das heißt in die Unabhängigkeit) zu entlassen. Anfang März hatte die liberale Regierung in London einen »Kompromiss« angeboten, der darin bestand, Ulster für sechs Jahre und nur sechs Jahre aus der Home Rule herauszunehmen. Das Angebot war abgelehnt worden, und durch den Militärgeheimdienst tauchten Dokumente auf, die vermuten ließen, die Freiwilligenarmee plane einen Umsturz. Winston Churchill, der Erste Lord der Admiralität, beorderte die beiden Kreuzer HMS *Pathfinder* und HMS *Attentive* an die irische Küste und schwor insgeheim, falls die Ulstermen die Waffen gegen die britische Armee erheben sollten, »würde er so viele Bomben und Granaten auf Belfast werfen, bis es in Schutt und Asche läge«. Anschließend hielt Churchill lauthals eine öffentliche Rede am 14. März, in der er den Ulstermen die »Hand zur Freundschaft« anbot, falls sie dies wünschten, aber auch die Konfrontation androhte, falls nicht (»lassen Sie uns diese ernste Angelegenheit auf die Probe stellen«).

Da sie aus gutem Grund befürchteten, dass die Regierung bald zuschlagen werde, kündigten am 20. März mehr als fünfzig englische Offiziere der 3. Kavalleriebrigade im Armeelager von Curragh in Nordirland an, dass sie nicht gegen die Ulstermen kämpfen würden – dies kam einer Meuterei nahe, wie manche Kritiker meinten, obwohl noch keine Befehle erteilt worden waren, die sie dadurch verweigert hätten. General Hubert Gough, der »Kopf der Meuterer«, nahm daraufhin mit all seinen Offizieren seinen Abschied, und auch Sir John French, der Chef des Imperialen Generalstabs, trat von seinem Posten zurück, worauf wiederum der britische Kriegsminister John Seely seinen Rücktritt erklärte. Ebenso wie die Caillaux-Affäre die Rechte und die Linke in Frankreich spaltete, trennte die Home Rule die für die Unabhängigkeit eintretenden irischen Katholiken von den protestantischen Loyalisten, die Liberalen (pro) von der Konservativen Partei, der Conservative and Unionist Party (contra), das von den Liberalen und der Irish Parliamentary Party kontrollierte House of Commons (das in dritter Lesung die Gesetzesvorlage für die Selbstverwaltung im Mai 1914 verabschiedet hatte) von dem eher von den Konservativen und den Unionisten beherrschten House of Lords (das die Gesetzesvorlage abgelehnt hatte). Außerdem wurde in zahlreichen Meldungen von »Hochverrat« gesprochen, als bekannt wurde, dass deutsche Firmen Ende April Waffen nach Ulster verkauft hatten in der Hoffnung, damit einen irischen Bürgerkrieg provozieren zu können. (Im Nachhinein ergab die Ausbeute 35 000 Mauser Repetiergewehre und drei Millionen Schuss Munition.) Der Curragh-Vorfall und seine Nachklänge, schrieb die *Daily Mail*, »war die größte Story seit dem Burenkrieg 1899–1902«.[9] Zwar ging ihr die Sinnlichkeit der französischen Caillaux-Affäre vollkommen ab, dafür war die britisch-irische Krise von wesentlich ernsthafterer Natur. Premierminister William Ewart Gladstone hatte 1886 den ersten Versuch gestartet, eine Gesetzesvorlage zur Home Rule durchzubringen, mit dem Ergebnis, dass die Liberale Partei nachhaltig geschwächt war und die nächsten Jahre von der Conservative and Unionist Party dominiert wurde. Sein zweiter Versuch 1893 hatte bei den Wahlen 1895 erneut zu einem überwältigenden Sieg der Konservativen geführt. Die Angelegenheit barg so viel Zündstoff, dass die Liberalen, obwohl sie 1905 einen erdrutschartigen Sieg davongetragen hatten, fast sieben Jahre warteten, bevor sie 1912 erneut eine Gesetzesvorlage zur Home Rule einbrachten. In der Armee wünschten sich viele, sie hätten damit noch eine Dekade gewartet. Sir Henry Wilson, Generalmajor und irischer Unionist sowie Großbritanniens Hauptverbindungsoffizier zum Oberkommando der französischen Armee, war federführend bei der Planung gemeinsamer Operationen im Fall eines europäischen Kriegs; nach seiner Meinung würde ein Einsatz der Armee, um die Home Rule durchzusetzen, »diese vollkommen spalten«. Dieses Szenario war gar nicht so unwahrscheinlich angesichts der Tatsache, dass allein das Gerücht über die Ankündigung der Home Rule die Armee im März auseinandergerissen hatte. Genau wie Wilson stammte eine große Zahl britischer Offiziere aus Nordirland, und sie standen zumeist geschlossen hinter den Unionisten. Wenn sich die liberale Regierung dafür entscheiden würde, die Home Rule zu verabschieden und zu erzwingen, so befürchteten viele, könnte dies zu einer wirklichen Meuterei oder sogar zu einem Bürgerkrieg führen.

Zu der Zeit, als das Attentat von Sarajevo passierte, hatte Großbritannien aufgrund der Rücktritte wegen des Curragh-Vorfalls nicht einmal einen Kriegsminister. Theoretisch wurden die Amtsgeschäfte vom liberalen Premierminister Herbert Asquith so lange übernommen, bis ein dauerhafter Ersatz gefunden war, aber Asquith hatte schon genügend andere Sorgen, unter anderem die Home Rule. Nachdem sie vom House of Lords nach der dritten Lesung Ende Mai abgelehnt worden war, bestand die Möglichkeit, die Vorlage für die Home Rule kraft königlicher Zustimmung unter Umgehung des House of Lords zu verabschieden, doch Asquith war nicht bereit, Gladstones Schicksal zu teilen und einen Bürgerkrieg in Irland zu riskieren, indem er diese Möglichkeit aufgriff, ohne einen Kompromiss auszuhandeln. Den ganzen Juni hindurch wurden geheime Gespräche geführt, um Ulster auf irgendeine Weise aus der Home Rule herauszunehmen – Gespräche, die Asquiths Liberale und ihre Unterstützer aufseiten der irischen Nationalisten sicherlich in Wut versetzt hätten, wenn sie davon gewusst hätten. Am 30. Juni schob Asquith im House of Commons die drängende irische Frage lange genug beiseite, um seine »Betroffenheit und seine tiefe Anteilnahme« im Hinblick auf das Attentat von Sarajevo im Namen des Unterhauses zum Ausdruck zu bringen, das er als »eines dieser unglaublichen Verbrechen« bezeichnete, »die uns am Fortschritt der Menschheit verzweifeln lassen«. Doch dies war alles, was er über die Angelegenheit zu sagen hatte.[10]

Da Asquith bis zum Hals in den irischen Angelegenheiten steckte und es im Kabinett keinen Kriegsminister gab, lagen Außen- und Verteidigungspolitik weitestgehend in den Händen von Außenminister Sir Edward Grey und Marineminister Churchill. Keiner von beiden war so direkt wie Asquith in die Angelegenheit um die Gesetzesvorlage zur Home Rule involviert, daher dominierte sie immer noch die Diskussionen im Kabinett; man konnte es sich nicht erlauben, sie zu ignorieren. Grey war außerdem in diesem Juni noch in eine andere Auseinandersetzung verwickelt. Verschiedene deutsche Zeitungen, angeführt vom *Berliner Tageblatt*, hatten Wind von Gesprächen bekommen, die zwischen Großbritannien und Russland über Marineangelegenheiten geführt wurden. Sie benutzten dies, um den Albtraum der Einkreisung heraufzubeschwören: Dahinter stand die Vorstellung, britische und russische Flottenverbände könnten sich gegen die deutsche Ostseeflotte zusammenschließen. Der deutsche Reichskanzler Theobald von Bethmann Hollweg hatte am 24. Juni über seinen Botschafter Karl Max Fürst von Lichnowsky ein formales Protestschreiben an London übergeben lassen. Bethmann Hollweg, dessen gesamte Außenpolitik von einer Annäherung an Großbritannien abhing – er sah darin eine Frage von Leben und Tod für das Deutsche Reich –, war sichtlich beunruhigt. Ebenso erging es Grey, als er erfuhr, wie aufgebracht die Deutschen waren. In einem Gespräch mit Lichnowsky wies er die Gerüchte über eine englisch-russische Flottenverbindung zurück und führte aus, Großbritannien hätte kein formales Bündnis abgeschlossen, »durch das es sich zu handeln verpflichtet habe«, weder mit Frankreich noch mit Russland; allerdings räumte er ein, dass »wir mitunter so freundschaftlich miteinander verkehren wie Verbündete«. Diese »Innigkeit«, darauf bestand Grey, »sei absolut nicht als Aggression gegen Deutschland ausgerichtet«. Lichnowsky, der notorisch anglophil war, stimmte Greys verdächtig unklarer Zusicherung »von ganzem Herzen bei«, aber es blieb eine offene Frage, ob weniger anglophile Politiker in Berlin dies ebenso tun würden.[11]

Was Grey Lichnowsky mitteilte, war ziemlich irreführend. Zwar traf es zu, dass Englands eigene »Entente cordiale« mit Frankreich, die 1904 wegen kolonialer Fragen ausgehandelt worden war, weit hinter dem zurückblieb, was man als bilaterales Militärbündnis bezeichnen konnte, wie es zwischen Frankreich und Russland bestand; doch im Laufe der Jahre hatten Offiziere der britischen See- und Landstreitkräfte angefangen, immer enger mit ihren französischen Kameraden zusammenzuarbeiten, was die Kriegsplanung gegen Deutschland betraf, ohne dass ihre Vorgesetzten dies jemals öffentlich zugegeben hätten.

Grey hatte 1912 selbst ein geheimes Flottenabkommen mit dem französischen Botschafter in London, Paul Cambon, ausgearbeitet, nach dem die französische Flotte das Mittelmeer »abdecken« und Frankreichs Nord- und Westküste gegen Deutschland unverteidigt lassen sollte – unter der Voraussetzung, dass die britische Flotte im Ärmelkanal diese Küsten an Frankreichs Stelle verteidigen und der deutschen Flotte den Zugang verwehren würde.

Inzwischen hatten noch geheimere Gespräche zwischen der französischen und der britischen Armee im Juni 1914 einen Punkt erreicht, an dem ein streng geheimes Bündnis geschlossen wurde. In diesem Abkommen war festlegt, dass ein britisches Expeditionsheer (BEF) aus 6 Divisionen über den Kanal entsendet würde, wenn die deutsche Armee in einem europäischen Krieg belgisches Territorium verletzen sollte, was sowohl der französische wie der britische Geheimdienst vermuteten. Alle Großmächte einschließlich des Deutschen Reichs hatten in einem Vertrag die belgische Neutralität garantiert; dieses Land besaß aufgrund seiner Lage am Kanal gegenüber der englischen Ostküste eine enorme strategische Bedeutung für Großbritannien. So war der Vertrag, der die Grundlage für ein unabhängiges Belgien bildete, 1839 in London unterzeichnet worden – unter dem wachsamen Auge eines der bedeutendsten Außenminister Großbritanniens, Lord Palmerston. Nicht alle britischen Politiker stimmten darin überein, dass die Sicherung der belgischen Neutralität einen Krieg lohnte; Lord Salisbury, der mächtige Vorsitzende der Konservativen in den 1880er- und 1890er-Jahren, hätte es vorgezogen, diese Verpflichtung abzuschwächen, da im Fall eines Kriegs entweder Frankreich oder Deutschland unvermeidlich auf belgisches Territorium übergreifen mussten. Doch damals gelang es nicht einmal ihm, den Londoner Vertrag zu ändern.

Die meisten gewöhnlichen Bürger und sogar ein Großteil der britischen Parlamentsmitglieder wären erstaunt gewesen, zu erfahren, dass ihr Land in den Krieg ziehen müsste aufgrund einer vertraglichen Verpflichtung, die belgische Neutralität zu schützen, die bis ins Jahr 1839 zurückreichte. Und trotzdem hatten die Stabsarbeiten der letzten Jahre zusammen mit Greys gerissener Geheimdiplomatie dieses Szenario zunehmend wahrscheinlicher gemacht. Der irische Unionisten-General Sir Henry Wilson hatte federführend zusammen mit den Franzosen Pläne für den Fall ausgearbeitet, die Deutschen würden in Belgien einmarschieren. Er hatte seine Arbeit so gründlich gemacht, dass der Einsatzplan der britischen Expeditionsarmee für Frankreich mittlerweile vollständig war, und zwar bis zur letzten Unterkunft jedes einzelnen Bataillons und bis zum Ort, wo sie ihren Kaffee trinken konnten.[12] Kurioserweise hatten 1914 nicht nur die französische Armee, sondern auch deutsche Militärstrategen eine vage Vorstellung davon, was vom britischen Expeditionsheer zu erwarten war (da sich die Deutschen bewusst waren, dass ihr Kriegsplan eine Verletzung des belgischen Territoriums erforderte, mussten sie mit der Möglichkeit einer britischen Intervention rechnen), allerdings war Großbritanniens eigene bürgerliche Regierung einschließlich Grey ebenfalls im Dunkeln gelassen worden. Abgesehen von der Lüge über das französisch-britische Flottenabkommen mit Cambon, hatte Grey Lichnowsky insofern die Wahrheit gesagt, als er sie damals überhaupt kannte.

Ähnliches ließe sich zu den englisch-russischen Gesprächen über ein Flottenabkommen berichten. Trotz der deutschen Befürchtungen hatten Diskussionen über gemeinsame Manöver im Juni 1914 noch gar nicht richtig stattgefunden; daher sah Grey auch keine Notwendigkeit, Lichnowsky darüber zu informieren. Und dennoch waren in diesem Frühjahr tatsächlich ernsthafte Gespräche über Marineangelegenheiten zwischen London und St. Petersburg im Gang – und zwar nicht über Russlands Ostseeflotte, sondern über seine Schwarzmeerflotte. Da ihre eigenen

Schlachtschiffe erst so gut wie fertiggestellt waren, befürchteten die Russen, dass die Türken ihrerseits ihre hochmodernen britischen Schlachtschiffe im Bosporus zu Wasser lassen würden, was jeden zukünftigen russischen Versuch, Konstantinopel und die Meerengen einzunehmen, unmöglich machte. Zum gleichen Zeitpunkt, als deutsche Ausbilder wie Liman von Sanders dabei halfen, die türkische Armee zu trainieren, modernisierte eine britische Delegation unter Admiral Sir Arthur Limpus die türkische Marine. Stammmannschaften wurden dafür ausgebildet, das erste in Großbritannien gebaute Schlachtschiff zu übernehmen, das laut Plan im Juli türkische Gewässer erreichen sollte. Es war die *Sultan Osman I.*, die mehr Geschütztürme als jedes bisher gebaute Schiff besaß – mit 34,5-cm-Kanonen, die größer waren sowie schneller und genauer feuerten als die russischen 30,5-cm-Kanonen. Die unterlegenen russischen Schlachtschiffe würden zudem nicht vor 1916 vom Stapel laufen, was den Türken zwei Jahre Zeit geben würde, ihre Dominanz über die russische Schwarzmeerflotte zu festigen, die mit dem Erscheinen der *Sultan Osman I.* als veraltet gelten musste. Daher war es kein Wunder, dass Sasonow über seinen Londoner Botschafter Graf Benckendorff die britische Regierung darum ersuchte, die Lieferung der *Sultan Osman I.* zu blockieren oder wenigstens zu verzögern – dies sollte das erste von vier Schlachtschiffen sein, die britische Werften für die osmanische Flotte bauten.

Es war eine Enttäuschung für Russland, dass Grey und Churchill dieses Ansinnen am 12. Juni 1914 ablehnten, und zwar mit der klassischen Begründung der Liberalen, dass sich die britische Regierung nicht in private Geschäftsverträge einmischen könne.[13]

Erstaunlicherweise erwähnen weder Churchill noch Grey irgendetwas über diese weitreichenden Diskussionen in ihren Memoiren. Was Grey betrifft, so mag dieses Versäumnis – und seine generelle Ignoranz gegenüber allem, was um ihn herum passierte – seinem schlechten Gedächtnis geschuldet sein, teilweise auch seiner schlechten Gesundheit. So litt er beispielsweise unter ei-

Winston Churchill, 1814 britischer Marineminister (Erster Lord der Admiralität), 39 Jahre alt, in seiner Blütezeit, strotzend vor Tatendrang und Energie

nem ständig nachlassenden Sehvermögen. Im Mai teilte man ihm mit, dass sein Zustand »höchstwahrscheinlich irreversibel« sei. Da er mit englischen Ärzten kein Glück hatte, plante Grey irgendwann in diesem Sommer – falls er dafür Zeit finden würde – eine Reise nach Deutschland, um einen Spezialisten für Augenerkrankungen aufzusuchen. Sein schlechter werdendes Sehvermögen beschäftigte ihn zusammen mit der heraufziehenden Home-Rule-Krise in so starkem Maße, dass Grey wahrscheinlich kaum verstanden hatte, worüber Benckendorff sprach, als er seinen Protest gegen die Lieferung von Schlachtschiffen an die Türkei im Mai und Anfang Juni zum Ausdruck brachte. Weder damals noch zu einem späteren Zeitpunkt verstand Grey die tiefere Natur von Russlands strategischen Bedenken gegen den Aufbau einer Flotte in den türkischen Meerengen. Er war vom Attentat in Sarajevo nicht übermäßig betroffen – zumindest nicht so sehr, dass er einen für diese Woche angesetzten Angelausflug abgesagt hätte. Als begeisterter Naturliebhaber und »Meister der schwierigen Kunst des Fliegenfischens« – er hat über dieses Thema sogar ein Buch geschrieben – nützte Grey jede Gelegenheit, seinem Lieblingshobby nachzugehen, solange seine schlechter werdenden Augen dies noch zuließen.[14]

Was Winston Churchill betrifft, so ist es wenig glaubhaft, wenn man die fehlende Auseinandersetzung mit den Russen über die Lieferung der Schlachtschiffe mit einem schlechten Gedächtnis erklären wollte. Churchill war zu dem Zeitpunkt 39 Jahre alt; energiegeladen und voller Tatendrang, hatte er im Frühjahr 1914 gerade seine Blütezeit erreicht. Grey hatte es versäumt, Churchill darüber zu informieren, was den ganzen Mai hindurch passiert war, und so bat er den Marineminister erst in allerletzter Minute Ende Juni zu den Gesprächen mit Benckendorff hinzu, und selbst dann unternahm er nichts, um ihm die ganze Angelegenheit zu erklären. Für Churchill war eine Diskussion mit den Russen über Schlachtschiffe nebensächlich; seine Prioritäten lagen ganz woanders: Er musste den Besuch eines britischen Flottengeschwaders anlässlich der Kieler Woche vorbereiten, während die deutsche und britische Schiffe ein gemeinsames Manöver abhalten sollten – als Zeichen der fortgesetzten Entspannung zwischen den rivalisierenden Marinemächten. Churchill hatte an der Eröffnungszeremonie am Mittwoch, dem 24. Juni, teilgenommen und war dann am Wochenende wieder nach England zurückgekehrt. Am Montag, dem 29. Juni, erfuhr er wie die meisten Briten vom Attentat in Sarajevo aus der Morgenzeitung, die er am Fährbahnhof in Portsmouth auf dem Weg zur Admiralität nach London mitgenommen hatte. Wesentlich fantasievoller als Grey, schildert Churchill in seinem Buch *The World Crisis*, wie ihn plötzlich ein heftiges Gefühl überkam, dass etwas Unheilvolles und Schreckliches passiert war ...»Ich dachte daran, dass es angenehm wäre, wenn unsere großen Schiffe bald wieder aus der Ostsee nach Hause kämen.«[15] So faszinierend diese Andeutung einer weltpolitischen Vorahnung auch sein mag, so unmissverständlich entspringt diese Bemerkung der dichterischen Freiheit. Tatsächlich gibt es keinen Hinweis, dass Churchill, nachdem er die Neuigkeiten aus Sarajevo erfahren hatte, irgendwelche Vorsichtsmaßnahmen in Bezug auf die englische Flotte angeordnet oder seinen Tagesablauf – so wenig wie Grey – geändert hätte.

Wenn Russlands deutlich erklärter Wille, Großbritannien davon abzuhalten, seine strategische Position im Schwarzen Meer durch den Verkauf von Schlachtschiffen an die türkische Marine zunichtezumachen, bei Churchill und Grey im Juni 1914 nicht angekommen ist, überrascht es kaum, dass keiner der beiden großes Interesse für die Neuigkeiten vom Balkan zeigte. Premierminister Asquith, der mit Irland voll und ganz beschäftigt war, hatte sowieso nur wenig Zeit für die Außenpolitik. Das Versäumnis von Großbritanniens wichtigsten Entscheidungsträgern, die Ermordung von Erzherzog Franz Ferdinand entsprechend einzuschätzen, war verständlich. Es ließ jedoch nichts Gutes für ihre Fähigkeiten ahnen, künftige Ereignisse zu meistern, falls sich der Anschlag von Sarajevo sehr rasch zu einer handfesten Krise auswachsen sollte.

4. Berlin: Verständnis und Ungeduld

AM SONNTAGNACHMITTAG, 28. Juni 1914, nahm Kaiser Wilhelm II. mit seiner Jacht an einer Regatta vor Kiel teil, als er plötzlich eine kleine motorisierte Barkasse ausmachte, die sich mit hoher Geschwindigkeit näherte. Besorgt, ob er das Rennen würde beenden können, ließ er dem Boot durch Handzeichen befehlen, seinen Kurs zu ändern. Der Kapitän des Motorboots, Admiral Georg von Müller, antwortete darauf mit einem eindringlichen Signal und nötigte die Jacht, ihre Geschwindigkeit zu drosseln, da er eine wichtige Nachricht für den Kaiser habe. Sobald die Jacht in Reichweite kam, packte der Admiral die Nachricht in eine Zigarettenschachtel und warf diese hinüber auf das andere Schiff. Kaum hatte der Kaiser den Boten erkannt, sank seine Stimmung deutlich. Müller, Chef des deutschen Marinekabinetts und einer von Wilhelms unbeliebtesten Ratgebern, erschien ihm als ständiger Überbringer von Unglücksbotschaften. So war es auch dieses Mal. Der Kaiser öffnete Müllers Schachtel, entfaltete das Telegramm und wurde kreidebleich, als er die Neuigkeiten aus Sarajevo las. Daraufhin ließ er seine Mannschaft antreten und verließ die Regatta.

Wilhelm war tief betrübt, als er von der Ermordung seines

Freundes erfuhr, den er erst zwei Wochenenden zuvor auf dessen Schloss in Konopischt besucht hatte; und nicht minder nahe ging ihm der Tod der Erzherzogin. Der Kaiser selbst war trotz seiner hohen Abstammung eine Art sozialer Außenseiter; vielleicht hatte er deshalb immer schon ein Faible für dieses Paar, das einander aufrichtig liebte und von den Habsburgern gesellschaftlich ausgegrenzt wurde. Um das Problem der höfischen Rangordnung während der offiziellen Bankette in Potsdam zu umgehen, hatte der Kaiser die clevere Idee, seine Gäste jeweils zu viert an kleineren Tischen zu platzieren, sodass er und seine Frau Auguste allein mit Ferdinand und Sophie zusammensitzen konnten, ohne dass irgendeine Erzherzogin sich darüber beschwerte, dass ihr ein Platz vor Sophie am Tisch zustehe. Der Kaiser hatte bei seinen Besuchen in Wien sogar immer besonderen Wert darauf gelegt, Sophie mit dem ihr gebührenden Titel anzusprechen – kein anderer Herrscher zollte der Herzogin von Hohenberg größeren Respekt, und kein anderer war ihrem Ehemann ein besserer Freund und Helfer.

Es war nicht nur Sentimentalität, die den Kaiser veranlasste, für die morganatische Ehe des Erzherzogs Nachsicht zu zeigen. Aufgrund des schlechten Gesundheitszustands von Kaiser Franz Joseph erwartete Wilhelm, dass Franz Ferdinand schon in naher Zukunft den Habsburger Thron besteigen werde, eine Aussicht, die ihm sehr gelegen kam, nicht zuletzt weil seine Beziehung zu dem hochbetagten Kaiser viel weniger herzlich war. Die beiden Freunde hatten in Konopischt weitreichende Fragen europäischer Politik und Diplomatie besprochen und in fast allen Punkten Einigkeit erzielt. Den einzigen ernsthaften Streitpunkt zwischen ihnen bildete der ungarische Ministerpräsident Tisza, den Franz Ferdinand wegen der ungarischen Unterdrückung seiner Minoritäten verabscheute. Der Kaiser hielt Tisza für intelligent; man sollte ihn bei Laune halten, nicht zuletzt weil der Ungar zumindest öffentlich engere Beziehungen zu Rumänien befürwortete, ungeachtet der Verfolgung von Rumänen innerhalb Ungarns. Doch selbst in dieser heiklen Angelegenheit waren die beiden Freunde zu einer Übereinstimmung gekommen, nachdem der Kaiser vorgeschlagen hatte, der Erzherzog solle eine politische Parole veröffentlichen und Tisza in seiner eigenen Falle fangen: »Aber, Sire! Denken Sie an die Rumänen!« Der Erzherzog hatte im Gegenzug versucht, die Befürchtungen des Kaisers über das russische Säbelrasseln zu zerstreuen, das er wegen der enormen inneren Probleme Russlands nicht weiter ernst nahm.[1] Es war sehr schmerzlich für den Kaiser, sich jetzt an diese freundschaftliche Unterredung zu erinnern. Franz Ferdinand und er würden nie wieder zusammen über Staatsgeschäfte sprechen oder politische Strategien entwickeln können, von denen sie – vielleicht mit allzu großem Optimismus – sich erhofften, sie könnten das Pulverfass Balkan entschärfen. In einem feindseligen internationalen Klima war Franz Ferdinand für Wilhelm eine Art diplomatischer Anker, der einzige Mann, auf den er immer zählen konnte. Jetzt hatte er diesen Anker verloren. Wie Berchtold und Conrad in Wien, aber im Gegensatz zu Poincaré in Paris sowie Churchill und Grey in London, wurde der deutsche Herrscher von den Neuigkeiten aus Sarajevo kalt erwischt. Er sagte alle weiteren Verpflichtungen in Kiel ab und kehrte nach Berlin zurück.

Er fand die Stadt nahezu leer gefegt von kaiserlichen Beamten und Offiziellen. Der Kanzler Bethmann Hollweg hielt sich auf seinem Landsitz in Hohenfinow auf. Helmuth von Moltke, Conrads Widerpart als Chef des Großen Generalstabes, hatte seine alljährliche Kur in Karlsbad angetreten. Der Staatssekretär des Reichsmarineamts Admiral Alfred von Tirpitz genoss die Sommerfrische auf seinem Landsitz im Schwarzwald. Gottlieb von Jagow, Staatssekretär im Auswärtigen Amt, verbrachte seine Flitterwochen in Italien.

Der Kaiser war daher zu Anfang allein gelassen hinsichtlich seiner Reaktion auf die Nachrichten vom Balkan, ihm fehlte sein gewohnter Kreis von Beratern. Dies war verfassungsmäßig nicht unangemessen, denn laut der Verfassung des Deutschen Kaiserreichs von 1871 lag die Macht, den Krieg zu erklären – oder Frieden zu schließen –, ausschließlich beim deutschen Kaiser als dem »obersten Kriegsherrn«, und nicht in der Hand des Reichtags. Nur das höchste Staatsorgan, der Bundesrat, hatte das Recht, gegen eine Kriegserklärung sein Veto einzulegen. In der Außenpolitik gab es im Allgemeinen überhaupt keine einzige politische Kraft, die sich dem Kaiser entgegenstellte, abgesehen von der Möglichkeit des Reichtags, sie dadurch zu beeinflussen, dass er durch das Einbringen von Gesetzesvorlagen Einspruch erhob. Als Herrscher des Landes mit der stärksten Armee – und der zweitstärksten Marine – in Europa trug der Kaiser eine ungeheure Verantwortung. Ob der österreichisch-serbische Konflikt über das Attentat von Sarajevo einen großen europäischen Krieg entfachen konnte, würde weitestgehend, wenn auch nicht ausschließlich, von ihm abhängen.

Wilhelm II. war einer der faszinierendsten, wenn auch häufig missverstandenen Staatsmänner dieser Ära. Als Steißgeburt zur Welt gekommen, nachdem seine Mutter mehr als zehn Stunden in heftigsten Wehen gelegen und die Geburt gerade noch überlebt hatte, trug er eine Nervenlähmung im linken Arm davon, der sich fortan nur eingeschränkt entwickelte.

Als er ins Erwachsenenalter kam, war Wilhelms linker Arm etwa 15 Zentimeter kürzer als der rechte und kaum zu gebrauchen. Es war sein besonderes Missgeschick, der oberste Kriegsherr eines Landes mit einer stolzen kriegerischen Tradition zu sein, obwohl er bei Tisch nicht einmal sein Fleisch selbst schneiden, geschweige denn richtig mit Waffen umgehen konnte. Daher ist es verständlich, dass dies zu einem Unsicherheitskomplex führte und er ständig nach Aufmerksamkeit und Anerkennung verlangte. Wie es einer seiner zahlreichen Kritiker formulierte, musste der Kaiser »der Hirsch auf jeder Jagd, die Braut auf jeder Hochzeit und der Leichnam auf jeder Beerdigung sein«.[2]

Der Kaiser war begierig nach Anerkennung und reagierte beleidigt auf jede noch so winzige Kritik; er war ein Mann, mit dem man nur sehr schwer zusammenarbeiten konnte. Bismarck hatte

*Kaiser Wilhelm II. in einer wenig glaub-
haften kriegerischen Pose. Es war sein
besonderes Missgeschick, der oberste
Kriegsherr eines Landes mit einer stolzen
kriegerischen Tradition zu sein, obwohl
er seinen linken Arm nicht richtig gebrauchen konnte.*

es verschmäht, das fragile Ego Wilhelms II. zu befriedigen, nachdem dieser 1888 Kaiser geworden war; prompt führte dies zwei
Jahre später zu seiner Entlassung. Der einzige andere Kanzler unter Wilhelm II., der von seinen Fähigkeiten her in etwa an Bismarck heranreichte, Bernhard von Bülow, war im Juni 1909 ebenfalls entlassen worden, teilweise weil er es versäumt hatte, seinen
Herrscher mit aller Entschiedenheit zu verteidigen, nachdem ein

peinliches und verheerendes Interview des Kaisers im Oktober 1908 im *Daily Telegraph* veröffentlicht worden war. Darin hatte Wilhelm II. es geschafft, die Engländer zu kränken, die Franzosen in Angst zu versetzen, die Russen zu verärgern und die Japaner zu bedrohen. Diese Angelegenheit hatte den Ruf Wilhelms II. so nachhaltig beschädigt, dass viele deutsche Zeitungen seine Abdankung verlangten. Nachdenklich geworden, verschwand der Kaiser den größten Teil des Winters in der Versenkung und tauchte erst im folgenden Frühjahr wieder auf, um auf Bülows Entlassung zu drängen.

Die *Daily-Telegraph*-Affäre war symbolisch für Wilhelms II. sprunghafte Staatsführung, aber sie war auch irreführend, was seinen eigentlichen Charakter betraf. In England hatte man dem Kaiser lange Zeit eine Neigung zum Krieg unterstellt, vor allem weil er den Ausbau der deutschen Hochseeflotte vorantrieb, was augenscheinlich nur zum Ziel haben konnte, die britische Vormachtstellung auf See zu brechen (dabei ist die Mitteilung der Admiralität nicht entgangen, Deutschlands eigene Schlachtschiffe hätten lediglich so viel Stauraum für Kohlen, dass sie die Nordsee erreichen könnten, wodurch mehr Platz für Geschütze bestünde).[3]

Als der Kaiser im März 1905 Tanger besuchte und damit ohne triftigen Grund eine diplomatische Krise in Bezug auf Marokko heraufbeschwor, kamen französische und englische Politiker auf den Gedanken, sein eigentliches Ziel bestünde darin, einen europäischen Krieg vom Zaun zu brechen, ehe ihre »Entente cordial« von 1904 zu einer echten militärischen Zusammenarbeit geführt habe. Der kriegerische Unterton seiner Bemerkungen im Interview mit dem *Daily Telegraph* festigte somit Wilhelms II. Ruf als Kriegstreiber.

Nichts entsprach jedoch weniger der Wahrheit. Wer den Kaiser sehr gut kannte, verstand sein Poltern als den klassischen Fall von »Hunde, die laut bellen, beißen nicht«. Das Letzte, was der Kaiser wollte, war ein Krieg mit England. Als Enkel von Königin Victoria sehnte sich Wilhelm II. nach der Anerkennung seiner englischen Verwandten und des englischen Volkes im Allgemeinen. Seine Begeisterung für die Hochseeflotte wurzelte, wie sein törichter Ausbruch im *Daily Telegraph*, in seiner Sehnsucht nach dem Respekt Englands, auch wenn seine provozierenden Taten und seine unbesonnenen Äußerungen bei der Zuhörerschaft, für die sie bestimmt waren, meist genau den gegenteiligen Effekt auslösten. Der Kaiser hatte einfach kein Gespür dafür, dass jegliche Form von Erpressung hinsichtlich der Seestreitkräfte sowie demagogische Reden britische Politiker eher verärgerten und erschreckten, anstatt sie zu beeindrucken.

Die Marokkokrise von 1905 zeigt diese Trennung sehr deutlich. Ihr eigentlicher Verursacher war nicht der Kaiser, der nach Tanger kam, sondern die Männer dahinter, die ihn dorthin schickten: Bülow und sein wichtigster Ratgeber Friedrich von Hohenstein, der sich erhoffte, die englisch-französische Entente durch eine Demonstration der Stärke zu brechen. Bülow und Hohenstein wussten sehr wohl, dass ihr Erpressungsversuch reiner Bluff war, denn ihr oberster Kriegsherr dachte nicht im Entferntesten an Krieg. Wie Bülow später erklärte, »wollte Wilhelm II. keinen Krieg, und sei es nur deshalb, weil er seinen Nerven nicht traute, dass sie unter der Belastung einer äußerst kritischen Situation standhalten würden. In dem Moment, da tatsächlich Gefahr drohte, würde sich Seine Majestät unangenehm bewusst, dass er niemals eine Armee ins Feld führen könnte.«[4]

Der tiefe Widerwille des Kaisers, zu den Waffen zu greifen, trat deutlich während des Ersten Balkankriegs zutage. Mitte November 1912 hatten die Serben die Türken aus Mazedonien vertrieben und durch Albanien hindurch die adriatische Küste erreicht; die Griechen hatten Saloniki eingenommen; die bulgarische Armee war durch Thrakien gestürmt und stand vor den letzten türkischen Verteidigungslinien bei Çatalca, gerade mal 60 Kilometer vor Konstantinopel. Obwohl niemals ein offizielles deutsch-türkisches Bündnis abgeschlossen worden war, hatte sich der Kaiser seit seinem ersten Türkeibesuch 1889 lauthals als

Fürsprecher der türkischen Sache hervorgetan. 1889 hatte er sich in Damaskus etwas anrüchig als »Freund der muslimischen Welt für alle Zeit« bezeichnet. Die türkische Armee war von deutschen Offizieren ausgebildet worden; sie kämpfte mit deutschen Waffen. Sie war an allen Fronten von den russlandfreundlichen Armeen des Balkanbunds besiegt worden, die mit französischen Waffen der Firma Schneider-Creusot ausgerüstet waren. Wenn es jemals einen richtigen Zeitpunkt für das Deutsche Reich gegeben hatte, auf dem Balkan zu intervenieren, dann jetzt. Doch der Kaiser weigerte sich und bekannte sich zur Politik »eines ungebundenen Kampfes ohne Einflussnahme«.[5]

Natürlich gab es in Berlin eine Kriegspartei, ebenso wie in Wien und St. Petersburg. Moltke, der Chef des Großen Generalstabs, hatte die Notwendigkeit einer Intervention im Ersten Balkankrieg auf einer Krisensitzung im Dezember 1912 betont. Ebenso wie Conrad – und wahrscheinlich die meisten hochrangigen Offiziere in der deutschen und österreichischen Armee – war Moltke davon überzeugt, dass die Zeit nicht für die Mittelmächte arbeitete, da Russland jedes Jahr stärker wurde. Aus seiner Sicht war ein europäischer Krieg »unvermeidlich, und zwar je früher, desto besser«.[6] Als der Staatssekretär im Marineministerium Admiral Tirpitz erkannte, dass der Bau deutscher Schlachtschiffe weit hinter dem Großbritanniens zurücklag, war er darüber wenig begeistert. Auch Kanzler Bethmann Hollweg tendierte eher zur Vorsicht, da er einen Großteil seines politischen Kapitals in eine Annäherung an England investiert hatte; dies erforderte eine Zurücknahme des Flottenausbauprogramms, das Tirpitz vorantrieb (oder sogar die Auslieferung der deutschen Hochseeflotte an Großbritannien, wie Bethmann Hollweg an einer Stelle vorschlug – zum Entsetzen von Wilhelm II. und Tirpitz). Schließlich war es die Meinung des Kaisers, die am meisten zählte, und er war absolut gegen eine Beteiligung am Krieg auf dem Balkan, außer das Deutsche Reich wäre aufgrund eines russischen Angriffs auf Österreich dazu gezwungen.

Weit entfernt davon, seinem österreichischen Verbündeten auf dem Balkan zu Hilfe zu kommen, hatte es vielmehr den Anschein, Wilhelm II. stünde eher auf Serbiens Seite. Während des Zweiten Balkankriegs 1913, als Berchtold endlich so viel Rückgrat zeigte und forderte, die serbische Armee solle sich aus Albanien zurückziehen, waren es die Russen – die nicht wollten, dass ihr serbischer Verbündeter auf einmal zu mächtig würde –, die Österreich unterstützten, und nicht die Deutschen. Der Kaiser bezeichnete Wiens Bemühungen, Serbien den Zugang zur Adria zu verweigern, als »Unsinn«. Als er im März 1914 davon erfuhr, dass Wien gegen eine serbische Union mit Mazedonien war, entgegnete er scharf: »Unglaublich! Diese Union ist absolut nicht zu verhindern. Und wenn Wien das versuchen sollte, zeigt es damit eine große Dummheit und heizt nur das Risiko eines Kriegs mit den Slawen an, was uns ziemlich kalt lassen würde.« Berchtold und Franz Joseph I. waren dieser »Dummheit« ganz und gar verpflichtet, was den Kaiser nicht berührte. Wie Tisza seinen zunehmend verärgerten Herrscher warnte, würde jedes österreichische Vorgehen gegen Belgrad sich gegen des »Kaisers Vorliebe für Serbien« richten.[7]

Zur Zeit des Attentats von Sarajevo bedeutete die wachsende Feindseligkeit des Kaisers, dass Österreichs diplomatische Isolation nahezu vollständig war. In gewissem Sinn war es bei dem Konopischter Treffen im Juni 1914 um Folgendes gegangen: Wilhelm II. fieberte einem Regierungswechsel entgegen; dann könnte Österreich unter seinem neuen Kaiser einen neuen, sensibleren Kurs in seiner Balkanpolitik einschlagen, um die Rumänen für sich zu gewinnen und die Serben zu beruhigen. Jetzt waren diese Hoffnungen mit der Ermordung seines Freundes, anscheinend durch einen serbischen Terroristen, endgültig zerschlagen.

Da er wusste, dass sein Herrscher in Übereinstimmung mit Kanzler Bethmann Hollweg schon längere Zeit die Spannungen auf dem Balkan abbauen wollte, mahnte der deutsche Botschafter in Österreich-Ungarn, Heinrich von Tschirschky, zur Zurückhaltung bezüglich des Attentats von Sarajevo. Sein erstes Telegramm aus Wien, datiert auf Dienstag, den 30. Juni, berichtete von Bechtolds unheilvoller Bemerkung, dass »die Fäden der Verschwörung in Belgrad zusammenliefen«, und dass die am Ballhausplatz vorherrschende Meinung war, dass es »zu einer endgültigen Abrechnung mit den Serben kommen müsse«. Tschirschky, der offensichtlich eine Anerkennung von Bethmann Hollweg und vom Kaiser für sein vorsichtiges und wohl überlegtes Verhalten erwartete, berichtete weiter, dass er sich gezwungen sah, »ruhig, aber sehr nachdrücklich und ernst vor solchen übereilten Schritten zu warnen«.

Als Wilhelm II. diesen Bericht las, geriet er in große Wut. Immerhin stand er wegen des Verlusts seines Freundes noch immer unter Schock. »Wer hat ihn dazu ermächtigt?«, kritzelte er auf Tschirschkys Telegramm, wie er es öfter mit offizieller Korrespondenz tat (»die berühmt-berüchtigten Marginalien«). »Das ist absolut dumm. Und es geht ihn nichts an ... was Österreich zu tun beabsichtigt. Hinterher, falls sich die Dinge schlecht entwickeln, heißt es: Deutschland wollte nicht! Tschirschky soll sofort mit diesem Unsinn aufhören! Die Angelegenheit muss mit den Serben geklärt werden, und das möglichst bald. Das ist doch selbstverständlich und die ungeschminkte Wahrheit.«[8]

Das war genau die Reaktion, die sich Berchtold erhofft hatte. In null Komma nichts hatte sich Deutschlands Herrscher, dieser nervöse, zaudernde, mit Serbien sympathisierende Hamlet, in einen entschiedenen Serbenhasser verwandelt, bereit, zu den Waffen zu greifen und zu kämpfen – und zwar je schneller, desto besser, wie ihm Moltke schon länger avisiert hatte. Natürlich war Wilhelm II. für diese Wutausbrüche bekannt, die oft ebenso schnell wieder verflogen, wie sie heraufgezogen waren. Aus diesem Grund hatte Berchtold auch gehofft, den Kaiser auf der Beerdigung des Erzherzogs in die Enge treiben und ihn in diesem Zustand der Trauer und Wut festnageln zu können, bevor er seine Meinung wieder ändern würde.

Es war Berchtolds Pech, dass Bethmann Hollweg einen terroristischen Anschlag durch einen Nachahmungstäter in Wien befürchtete und sich dafür einsetzte, die geplante Reise zu streichen. Da er nichts von den Marginalien auf Tschirschkys nach Berlin geschicktem Telegramm wusste, musste Berchtold davon ausgehen, dass Tschirschkys Mahnung zur Vorsicht des Kaisers eigene Auffassung über Sarajevo widerspiegelte. Daher gelangte der österreichische Außenminister jetzt, ohne die Chance, dem Kaiser in Wien den Fall darzulegen, zu dem Schluss, dass es wesentlich schwerer werden würde, die Unterstützung des deutschen Herrschers für eine härtere Gangart auf dem Balkan zu gewinnen – eine Unterstützung, die er verzweifelt benötigte, um Tiszas Opposition zu überwinden.

Wie gewöhnlich sollte Berchtold seine Entscheidungen auf unbestimmte Zeit verschieben und dadurch seinen Ruf als Zauderer und Feigling bestätigen, und das in einer Krise, in der sofortiges Handeln angesagt war. Noch wusste der österreichische Außenminister nicht, dass sich das Schicksal schon bald auf dramatische Weise ändern sollte.

II. Countdown

5. Mission Hoyos in Berlin

Sonntag–Montag, 5.–6. Juli

AM MITTWOCH, DEM 1. Juli, tauchte ein bekannter deutscher Schriftsteller namens Victor Naumann am Ballhausplatz auf und gab an, dass er dringende Angelegenheiten zu bereden habe. Der Mann, mit dem er sprechen wollte, war Außenminister Berchtolds Kabinettschef Alexander Graf Hoyos. Es gab gute Gründe für Naumanns Wahl. Da Hoyos innerhalb des Ballhausplatzes eine nachgeordnete, aber trotzdem wichtige Stellung einnahm, konnte er inoffiziell sprechen und auch eine inoffizielle diplomatische Verbindung herstellen. Hoyos war gewissermaßen Berchtolds Alter Ego, der seine Meinung in einer Art und Weise frei äußern konnte, wie es Österreich-Ungarns vorsichtigem Außenminister nicht möglich war. Zur Zeit des Attentats von Sarajevo 38 Jahre alt, galt er als ein energischer, hoch motivierter Staatsbediensteter, dem der Ruf vorauseilte, ein Kriegstreiber gegen Serbien zu sein. Hoyos war während der Bosnischen Krise 1908–1909 nach Berlin entsendet worden, um Deutschlands Unterstützung für die Annexion von Bosnien-Herzegowina zu gewinnen; daher waren seine kriegerischen Umtriebe den Deutschen sehr gut bekannt. Von Naumann wiederum wusste man, dass er sehr gute Verbindungen nach Berlin hatte, ein wichtiger Vertrauter hoher Offiziere aus

Armee und Marine war. Er war außerdem ein guter Freund des Staatssekretärs im Auswärtigen Amt Jagow und auch von Wilhelm von Stumm, der als geheimer Legationsrat und Leiter der Abteilung IA (Politik) im Auswärtigen Amt das Tagesgeschäft erledigte. Deshalb horchte Hoyos sehr genau auf das, was ihm der Deutsche zu sagen hatte.

Naumann eröffnete die Unterredung mit einigen Bemerkungen über die allgemeine Einstellung in Berlin. Das Aufrüstungsprogramm der russischen Armee wurde mit wachsender Besorgnis verfolgt, und die für den Herbst 1914 geplante Testmobilmachung erschien als böses Omen im Hinblick auf eine Verschiebung des strategischen Gleichgewichts. Die Idee, gegen Russland einen Präventivkrieg zu führen, bevor das Militärprogramm abgeschlossen war, hatte man lange Zeit ernsthaft im Kommandostab der Armee diskutiert. Jetzt, so führte Naumann gegenüber Hoyos aus, gewann diese Idee an Einfluss, sogar in der Wilhelmstraße. Inzwischen war selbst das deutsche Marinekommando, obwohl es sich immer noch Großbritannien gegenüber unterlegen fühlte, zunehmend optimistisch, was das Risiko eines Kriegs anging. Das lag auch am Erfolg von Kanzler Bethmann Hollweg und seiner Annäherung an England, was erst kürzlich auf der Kieler Woche zum Ausdruck kam. »Aus diesem Grund«, so informierte Naumann Hoyos, »glaubte man mit ziemlicher Sicherheit, dass England im Fall eines europäischen Kriegs nicht intervenieren würde.«

Dies waren sehr interessante Neuigkeiten, aber sie kündigten nicht notwendigerweise eine Umkehr in der deutschen Balkanpolitik an. Der Kaiser hatte sich bewusst geweigert, während der Balkankriege einen europäischen Flächenbrand zu riskieren, und er hatte überhaupt kein Verständnis für Österreichs Bedenken in Bezug auf Serbiens Vergrößerung gezeigt. Bis jetzt gab es kein Anzeichen, weder vom deutschen Botschafter Tschirschky in Wien noch von Österreichs Botschafter in Berlin, Graf Ladislaus Szögyény-Marich, dass die deutsche Politik nach dem Attentat in

Sarajevo umgeschwenkt sei. Deshalb brachte Hoyos das Thema vorsichtig gegenüber Naumann zur Sprache. »Ich ließ«, berichtete Hoyos an Berchtold, »die Bemerkung fallen, dass uns diese Sachlage [Deutschlands Kriegsbereitschaft] nicht unangenehm wäre, wenn wir uns jemals dazu gedrängt sähen, gegen Serbien vorzugehen.« Zu Hoyos' angenehmer Überraschung bestätigte ihm Naumann, dass ein Krieg als Strafmaßnahme gegen Serbien »genau das war, was er mir gerade vorschlagen wollte«. Nach Naumanns Auffassung »war es nach den Morden von Sarajevo eine Frage von Leben und Tod für die Monarchie, sowohl das Verbrechen nicht ungesühnt zu lassen als auch Serbien zu zerschlagen. Für Deutschland wäre ein solcher Kurs der Prüfstein, ob Russland den Krieg wollte oder nicht.« [1]

Dies, so schien es, war ein erstaunlicher Glücksfall. Während Hoyos zunächst – im besten Fall – nur die Hoffnung hegte, die Deutschen würden eine Erklärung abgeben, dass sie eine härtere Gangart gegen Serbien unterstützen, hatte man ihm stattdessen eine Demonstration geboten, die Österreichs kriegsbegeistertem Generalstabschef Conrad würdig gewesen wäre. Doch in wessen Namen sprach Naumann überhaupt? Dass Moltke und seine Kollegen in der deutschen Heeresleitung eine Kraftprobe mit Russland wünschten, war nichts Neues: Schließlich gehörte es zu ihren Aufgaben, dafür gerüstet zu sein, genauso wie es Conrads Aufgabe war, einen Kriegsplan gegen Serbien auszuarbeiten. Naumann behauptete, kürzlich mit Stumm gesprochen zu haben, dem politischen Leiter des Auswärtigen Amtes (wenn auch nicht mit Deutschlands Staatssekretär Jagow, der sich immer noch in Italien aufhielt); dies legte die Möglichkeit nahe, dass sich die Wilhelmstraße tatsächlich zum Standpunkt der deutschen Armee durchgerungen hatte. Allerdings wurde Reichskanzler Bethmann Hollweg überhaupt nicht erwähnt.

Was Deutschlands Herrscher betraf, so sagte Naumann, glaube er, dass auch der Kaiser dafür gewonnen werden könnte, aber nur, wenn jedermann schnell handele, um ihn zu überzeugen.

»Wenn Kaiser Wilhelm zum gegenwärtigen Zeitpunkt«, so sagte der deutsche Unterhändler zu Graf Hoyos, »da er noch unter dem Schock der schrecklichen Morde von Sarajevo steht, in der richtigen Weise angesprochen wird, wird er uns alle Zusicherungen geben und dieses Mal einen Krieg nicht scheuen, da er sich durchaus der Gefahren für das monarchische Prinzip bewusst ist.« Wenn die Österreicher also gegen Serbien Krieg führen möchten, könnte sie der Kaiser unterstützen – allerdings nur, wenn sie ihm die Sachlage vortrügen, solange er noch über die Ermordung seines Freundes entrüstet war.

Naumanns Bericht über die Meinung in Berlin, ob vertrauenswürdig oder nicht, stellte für Berchtold einen ersten Hoffnungsschimmer dar, dass er den Widerstand von Ungarns Ministerpräsident Tisza gegen einen Krieg mit Serbien würde überwinden können. Am Donnerstag erhielt der Außenminister weitere gute Nachrichten aus Sarajevo. Nachdem er im Anschluss an sein Attentat auf das erzherzogliche Paar in Gewahrsam genommen worden war, hatte Gavrilo Princip anfangs jegliche Verbindung zu einer weitreichenden Verschwörung geleugnet. Dies erforderte Mut, da Princip von der wütenden Menge fast gelyncht worden wäre, nachdem er seine Schüsse abgefeuert hatte. Er musste sich immer noch übergeben, blutete heftig aus einer Kopfwunde, als er in der Polizeistation ankam, und war so geschwächt, dass er zunächst kein Wort sagen konnte. Sobald er seine Fassung wiedergewonnen hatte, behauptete Princip, er habe die Idee allein entwickelt und auch auf dem Appelkai allein gehandelt. Ebenso verneinte er, Nedjelko Čabrinović zu kennen, den zweiten Attentäter, der nur eine Stunde bevor Princip den Erzherzog und seine Gattin erschoss, eine Bombe auf die Fahrzeugkolonne geworfen hatte.

Diese offensichtliche Lüge würde er jedenfalls nicht lange aufrechterhalten können, denn Princip bekam keine Hilfe von seinen Mitverschwörern. Čabrinović gestand im Verhör am Montag, dem 29. Juni, dass Princip sein Freund war, obwohl er – in einer

Behauptung, die noch unwahrscheinlicher klang als die Princips – darauf beharrte, dass die beiden Freunde unabhängig voneinander auf dieselbe Idee gekommen seien, den Erzherzog zu ermorden; es sei reiner Zufall gewesen, dass sie am selben Morgen und auf der selben Straße in Sarajevo versucht hätten, ihren Plan in die Tat umzusetzen. Als der Vernehmungsbeamte ihn darauf hinwies, wie absurd diese Behauptung klang, gab Čabrinović auf einmal zu, dass die beiden das Attentat zusammen geplant hatten, doch er verneinte weiterhin, dass ihnen andere dabei geholfen hätten. Als Nächster patzte Ilić, der Hauptorganisator für das Vorgehen in Sarajevo. Obwohl er am Sonntag vom Appelkai entwischt war, hatte man ihn ebenfalls verhaftet; zusammen mit seiner gesamten Familie ging er der Polizei bei einer Rasterfahndung ins Netz, bei der letztendlich allein in Sarajevo über 200 bosnische Serben gefangen genommen wurden. Da er im Gegensatz zu Čabrinović und Princip über 21 Jahre alt war, wurde über ihn die Todesstrafe verhängt. Um sein Leben zu retten, verriet Ilić am Mittwoch, dem 1. Juli, die drei weiteren Mitverschwörer, die er in Sarajevo rekrutiert hatte (die alle – genau wie er – am Sonntag davongelaufen waren), und er nannte auch Grabež, den dritten Attentäter, der aus Belgrad eingetroffen und ebenfalls der ersten Fahndung entkommen war. Die österreichischen Behörden konnten dadurch sechs der sieben serbischen Attentäter einsperren, die sich am letzten Sonntag entlang des Appelkais postiert hatten; als Einziger fehlte Mehmedbašić, der »symbolische Muslim«, der nach Montenegro geflohen war.

Princip selbst gab am Donnerstag, den 2. Juli, seinen Widerstand auf, und zwar unabhängig von den anderen (anscheinend wusste er noch nicht, dass Čabrinović und Ilić bereits gestanden hatten). Um Unschuldige vom Verdacht der Mittäterschaft zu befreien, bot Princip an, seine Mitverschwörer zu nennen, vorausgesetzt man gestattete ihm, Čabrinović und Ilić persönlich zu treffen. Er wollte ihnen erklären, warum er ein Geständnis abgelegt habe, und sie ermutigen, ebenfalls zu gestehen. Er übernahm das Kommando hinsichtlich der Geständnisse – ebenso wie er die Initiative auf dem Appelkai ergriffen hatte – und forderte von Ilić, den österreichischen Behörden zu verraten, an wen »du die Waffen verteilt hast und wo sie sich jetzt befinden«. Er drängte auch Grabež, »alles zu gestehen, wie wir die Bomben bekommen haben, wie wir gereist sind und in welcher Gesellschaft wir uns befunden haben, damit keine anderen Personen zu Schaden kommen«.[2]

Indem er ein Geständnis ablegte und die anderen auf die gleiche Geschichte einzuschwören versuchte, hoffte Princip, die österreichischen Untersuchungen zu beenden, bevor sie Belgrad erreichten. Allerdings war es für die ermittelnden Beamten nicht allzu schwierig, den Spuren bis zur bosnischen Grenze zu folgen; dort hatten die serbischen Beamten offensichtlich darüber hinweggesehen, dass die Attentäter samt ihren Waffen über die Grenze auf österreichisches Gebiet geschleust worden waren. Da besonders Ilić beim Verhör keine Anzeichen von Widerstand erkennen ließ, war es nur eine Frage der Zeit, bis die Österreicher wussten, wer in Serbien die Attentäter ausgebildet und bewaffnet hatte. Da die Geständnisse sehr wohl einem juristischen Beweis entsprachen, bedeuteten sie für Berchtold eine hervorragende Neuigkeit.

Zusätzlich gab es weitere ermutigende Anzeichen. Der deutsche Botschafter, der am Montag noch so unterkühlt auf Berchtolds Plan einer Bestrafung Serbiens reagiert hatte, änderte allmählich seine Haltung. Kurz vor seinem Treffen mit dem Kaiser am Donnerstag, dem 2. Juli, rief Tschirschky Berchtold an und teilte ihm mit, dass »nur energische Maßnahmen gegen Serbien zum Erfolg führen würden«. Berchtold war sich nicht sicher, was der Auslöser für die Meinungsänderung des Botschafters gewesen sein könnte – er hatte keine Ahnung, dass Tschirschky vom Kaiser gerügt worden war –, aber es war jedenfalls eine äußerst willkommene Entwicklung. Darüber hinaus teilte der deutsche Botschafter Berchtold mit, dass Wien jetzt einen klaren Handlungsplan entwickeln müsste, idealerweise einen, der sowohl »mutig wie ent-schlossen« war, um die Politiker in Berlin zu überzeugen, dass Österreich diesmal nicht wieder klein beigeben würde.[3]

Das war genau das, was Berchtold vorhatte. Als er gerade eine Möglichkeit erkannte, wie er aus der Sackgasse mit Tisza heraus-kommen konnte, warf ihm jedoch Kaiser Franz Joseph ein neues Hindernis in den Weg. Der Habsburger Herrscher sah sich nach seiner Unterredung mit dem deutschen Botschafter am Donners-tag genötigt, Berchtold einzubestellen, um mit ihm über dieses Treffen zu reden. Trotz seiner eigenen Gefühle in dieser Angele-genheit, die denen Berchtolds mehr entsprachen als Tiszas – Franz Joseph stimmte zu, dass eine Art »schlagkräftige Antwort an Ser-bien« unumgänglich war –, befürchtete der Kaiser ein viel zu ra-sches Voranschreiten der Ereignisse. Da sich Tisza so vehement dagegen ausgesprochen hatte, war der Kaiser noch nicht bereit, seinerseits von Krieg zu reden. Berchtold und Conrad, sagte Franz Joseph, müssten warten.[4]

Den ganzen Freitag hindurch dachte Berchtold über seine Al-ternativen nach. Auf jeden Fall musste eine Annäherung an Berlin versucht werden, aber wie und unter welchem Vorwand? Tisza bestand nach wie vor auf seinem »Friedensplan« vom 24. Juni, der vorsah, Bulgarien und Rumänien für die Achsenmächte zu gewinnen. Der Ungar hätte sicher nichts dagegen, diesen Plan in Berlin vorzustellen. Doch wenn die Österreicher Tiszas Memo-randum in seiner Originalform präsentierten, würde es die Deut-schen wohl nur schwerlich beeindrucken, geschweige denn, wie Tschirschky es ausdrückte, als »mutige und entschlossene« Vor-gehensweise ansehen. Daher entschied sich Berchtold dafür, Tis-zas Text einen Anhang hinzuzufügen, in dem er die Deutschen informierte, dass »das oben aufgeführte Memorandum gerade fertiggestellt war, als die schrecklichen Ereignisse in Sarajevo pas-sierten«. Die Morde lieferten den endgültigen Beweis, dass »die Kluft zwischen der Donaumonarchie und Serbien nicht mehr zu überwinden sei«, und Berchtold folgerte daraus, dass Österreich

»mit entschlossener Hand die Bedrohungen zerreißen müsse, die seine Feinde über seinem Kopf zu einem Netz zusammenweben«.[5] Zusätzlich verfasste Berchtold einen Brief an den Kaiser, den Franz Joseph unterzeichnen sollte und in dem er Wilhelm II. informierte, dass das »Verbrechen von Sarajevo nicht die Tat eines Einzelnen, sondern das Ergebnis einer sorgfältig geplanten Verschwörung sei, deren Fäden bis nach Belgrad reichten«. Solange die »Quelle krimineller Agitation in Belgrad ungestraft weitermachen kann«, folgerte Berchtolds Brief im Hinblick auf die große Bedeutung, die das monarchische Prinzip für den Kaiser hatte, »ist die Friedenspolitik aller europäischen Herrscher bedroht«. Die Gefahr, so schloss der Brief, wäre erst vorbei, »wenn Serbien … als politischer Machtfaktor auf dem Balkan eliminiert ist«. Obwohl er sorgfältig das Wort »Krieg« vermied, um Tisza keine Gelegenheit für einen Einspruch zu geben, wollte Berchtold damit die Deutschen nicht im Zweifel darüber lassen, was Österreich in Wirklichkeit beabsichtigte.[6]

Die nächste Frage war, wie man diese diplomatische Note nach Berlin schicken sollte. Wie üblich, konnte Berchtold natürlich einfach einen Kurier entsenden, doch das hätte die Deutschen vielleicht nicht davon überzeugt, wie ernst es ihm damit war. Auch Botschafter Szögyény-Marich war kein geeigneter Kandidat, um einen Politikwechsel anzukündigen. Da er diese Stellung bereits seit 1892 innehatte, war er mittlerweile Teil der Einrichtung im Botschaftsviertel von Berlin und in gewisser Weise der Wilhelmstraße enger verbunden als dem Ballhausplatz, wo seine lange Amtszeit nicht gut aufgenommen wurde, nicht zuletzt weil Szögyény-Marich als unantastbar galt und unter dem besonderen Schutz von Kaiser Franz Joseph stand. Dazu kam noch, dass er Ungar war. Berchtold wollte den mittlerweile 73-jährigen Szögyény-Marich, der auch in schlechter gesundheitlicher Verfassung war, schon seit Langem abberufen und durch einen loyalen Deutsch-Österreicher, den Prinzen Hohenlohe-Schillingfürst, ersetzen. Szögyény-Marichs Abberufung wurde für August erwartet, doch für die gegenwärtige Krise würde sie wohl zu spät erfolgen.

Natürlich konnte Berchtold auch einfach selbst nach Berlin fahren. Allerdings würde eine Mission auf solch hoher Ebene unweigerlich die unerwünschte Aufmerksamkeit der anderen Großmächte auf sich ziehen – und auch Tiszas. Schließlich hatte Hoyos am Sonntagmorgen des 4. Juli eine Eingebung: Vielleicht sollte er anstelle von Berchtold fahren? Der Außenminister vertraute Hoyos, und offensichtlich auch die Deutschen – wie Naumanns Besuch letzte Woche deutlich machte. Niemand in Berlin würde es in Zweifel ziehen, dass Hoyos die Ansichten des Ballhausplatzes repräsentierte. Noch besser war, dass dieser energiegeladene junge Falke jeden Eindruck von Unschlüssigkeit zerstreuen konnte, der von dem alternden ungarischen Botschafter hinterlassen worden war. Hoyos zu entsenden war, und da stimmte Berchtold zu, die perfekte Lösung.

Von nun an entwickelten sich die Ereignisse Schlag auf Schlag. Am Samstagnachmittag telegrafierte Berchtold an Szögyény-Marich und bat ihn, für den folgenden Tag ein dringendes Treffen mit dem Kaiser zu vereinbaren. Kurz bevor Hoyos den Ballhausplatz verließ, gab Berchtold ihm mündlich noch Anweisungen mit auf den Weg, die wesentlich weiter reichten als seine Anmerkungen zum Text. Hoyos sollte, so erinnerte sich Berchtold später an seine Anweisungen, »Botschafter Szögyény-Marich verdeutlichen, dass wir glauben, der Moment für eine endgültige Abrechnung mit Serbien sei gekommen. Wir müssen von der Regierung in Belgrad bestimmte Garantien für die Zukunft erhalten; wenn nicht, wird es zum Krieg kommen.« Szögyény-Marichs Aufgabe, erläuterte Berchtold, bestünde darin, zu »sehen, ob solch eine Handlungsweise [von Österreich] von offiziellen Kreisen in Berlin   unterstützt würde«.[7] Mit diesen Anweisungen im Gepäck bestieg Hoyos den Nachtzug nach Berlin, während Berchtold auf sein Landgut in Buchlau zurückkehrte, um den Schein zu wahren, dass nichts Besonderes passiert sei.

Tisza wusste nichts über diese folgenschweren Entscheidungen. Im Anschluss an seine Audienz beim Kaiser am Mittwoch in Schönbrunn war der ungarische Ministerpräsident nach Budapest zurückgekehrt, wo dringende innenpolitische Angelegenheiten auf ihn warteten. Nachdem er sowohl dem Kaiser als auch Berchtold klargemacht hatte, dass er einer Strafaktion gegen Serbien nicht zustimmen werde, erwartete er nicht, dass irgendein auffälliger Kurswechsel in der Außenpolitik der Doppelmonarchie ohne ihn stattfinden würde. Daher war Tisza sichtlich schockiert, als er am Sonntagmorgen einen Anruf vom Ballhausplatz bekam und man ihm mitteilte, dass soeben eine diplomatische Note nach Berlin geschickt worden sei, die einen Überblick über Österreichs neue Balkanpolitik im Licht der Morde von Sarajewo geben sollte. Tisza verlangte sofort, eine Kopie des Textes dieser Note zu sehen, die pflichtgemäß nach Budapest telegrafiert wurde. Tisza erkannte augenblicklich die Bedeutung von Berchtolds Anmerkungen, die den Inhalt seines Friedensmemorandums für den Balkan vollkommen veränderten, rief den Ballhausplatz zurück und verlangte, dass man ihm gestatte, anstößige Passagen zu streichen – vor allem die Bemerkung »Serbien als politischen Machtfaktor auf dem Balkan zu eliminieren«, die offensichtlich nur ein Kürzel für Krieg war. Es war jedoch schon zu spät: Hoyos war bereits mit Berchtolds unredigiertem Text in den Händen in Berlin angekommen.[8]

Nach seiner Ankunft in der deutschen Hauptstadt am Morgen des 5. Juli begab sich Hoyos unmittelbar zur österreichisch-ungarischen Botschaft, wo er Szögyény-Marich über die beiden diplomatischen Noten und über Berchtolds mündliche Instruktionen in Kenntnis setzte. Es war keine Zeit zu verlieren, da Szögyény-Marich im Neuen Palais zum Mittagessen mit dem Kaiser erwartet wurde. Nachdem das Briefing beendet war, brach der Botschafter in Richtung Potsdam auf, während sich Hoyos zur Wilhelmstraße aufmachte, um seine Kontaktpersonen im Deutschen Auswärtigen Amt zu treffen.

Graf Szögyény-Marich hatte während seiner extrem langen Amtszeit in Berlin einige erstaunliche Fähigkeiten entwickelt, und das trotz seiner Gebrechlichkeit. Vor allem verstand er es sehr gut, mit Wilhelm II. zu verhandeln. Er kannte die Vorlieben und Abneigungen des Kaisers sowie seine kapriziösen Launen, und er wusste, wie er damit umgehen musste. Szögyény-Marich eröffnete die Audienz zur Mittagszeit, indem er Wilhelm II. erzählte, wie sehr Franz Ferdinand ihn bewundert habe. Der serbische Terrorismus, darin stimmten die beiden Männer ohne Weiteres überein, war eine Bedrohung für die Herrschenden überall auf der Welt. Als die Unterhaltung schließlich auf das monarchische Prinzip einschwenkte – ein immer gern behandeltes Thema –, zog Szögyény-Marich die von Franz Joseph I. unterschriebene Note hervor (obwohl sie eigentlich von Berchtold verfasst war), zusammen mit der begleitenden Note über die Lage auf dem Balkan. Der Kaiser las beide Noten, wie Szögyény-Marich berichtete, »mit der größten Aufmerksamkeit«. Das war der Moment, auf den Berchtold und die Österreicher gewartet hatten. Was würde der Kaiser sagen? Würde er eine Woche nach dem Attentat von Sarajevo auf Österreichs Pläne eingehen, von Serbien Genugtuung zu verlangen?

Zu Szögyény-Marichs Enttäuschung stimmte Deutschlands Herrscher anfangs der allgemeinen Stoßrichtung der beiden Noten nicht zu. Die Wut über die Ermordung seines Freundes hatte sich augenscheinlich im Lauf der Woche gelegt, und der Kaiser entgegnete dem österreichischen Botschafter ruhig, dass »er von unserer [das heißt der österreichischen] Seite einen ernsthaften Schritt gegen Serbien erwartet hatte, aber dass er gleichzeitig zugeben musste, die detaillierte Stellungnahme Seiner Majestät lasse ihn ernsthafte europäische Komplikationen befürchten«. Wilhelm ließ sich von Berchtolds Ausdrucksweise in der Note ebenso wenig zum Narren halten wie Tisza: »Serbien als politischen Machtfaktor auf dem Balkan zu eliminieren« meinte definitiv Krieg als Strafmaßnahme. Der Kaiser war zuvor für seine offen geäußerten, kriegerischen Worte, vor allem in der *Daily-Telegraph*-Affäre von 1908, heftig angefeindet worden. Er wollte nicht noch einmal so unbekümmert vorpreschen. Auf eine Frage dieser Größenordnung, sagte der Kaiser zu Szögyény-Marich, »könne er keine definitive Antwort geben, bevor er nicht mit dem Reichskanzler Bethmann Hollweg Rücksprache gehalten habe«. Der Botschafter ließ daraufhin das Thema fallen.[9]

Szögyény-Marich kannte den Kaiser allerdings zu gut, um die Sache auf sich beruhen zu lassen. Zunächst sorgte er dafür, dass Berchtolds diplomatische Noten in Wilhelms Geist, der sich niemals lange auf eine Sache fixierte, einsickern konnten. Anschließend entspannte sein Gastgeber bei Dessert und Kaffee, ehe es der Botschafter am frühen Nachmittag ein weiteres Mal versuchte. »Als ich die Sprache erneut auf den Ernst der Lage brachte«, berichtete Szögyény-Marich später am Tag nach Wien, »autorisierte mich der Kaiser, unsere allergnädigste Majestät zu informieren, das wir in diesem Fall, wie in allen anderen, auf Deutschlands vollste Unterstützung zählen könnten.« Wilhelm bestand erneut darauf, dass er mit Bethmann Hollweg sprechen müsse, aber dieses Mal, so garantierte er dem Botschafter, würde der Kanzler seiner Unterstützungserklärung sicherlich zustimmen.

Dies sollte das Ende der Unterredung sein, und bei einem erfahreneren Staatsmann als Wilhelm II. wäre es das auch gewesen. Nachdem er Szögyény-Marich zwei Mal klargemacht hatte, dass er nichts weiter sagen könne, ehe er nicht mit seinem Kanzler gesprochen habe, fuhr der Kaiser fort, genau das zu tun. Es war »seine Meinung«, die er kundtat, dass »unsere Aktion gegen Serbien … nicht weiter aufgeschoben werden sollte. Russlands Haltung würde zweifellos feindselig sein, aber darauf habe er sich seit Jahren vorbereitet, und sollte ein Krieg zwischen Österreich-Ungarn und Russland unvermeidlich sein, dürfen wir überzeugt sein, dass Deutschland, unser alter und treuer Verbündeter, an unserer Seite stehen werde. Zum gegenwärtigen

Zeitpunkt war Russland überhaupt nicht auf einen Krieg vorbereitet, und es würde es sich zwei Mal überlegen, bevor es zu den Waffen ruft.[10]

Das entsprach schon weitaus mehr Berchtolds Vorstellungen. Mag auch des Kaisers unbändige Wut wegen der Gräueltat von Sarajevo verraucht gewesen sein, so blieb doch seine Unbekümmertheit erhalten. Obwohl Wilhelm II. später seine Meinung änderte, hatte Szögyény-Marich – und durch ihn auch Berchtold – jetzt des Kaisers kriegerische Bemerkungen (auch wenn sie nur in einem Gespräch gefallen waren) offiziell: Diese Bemerkungen könnten sich eventuell als unschätzbar erweisen, wenn es zu einem politischen Streit mit Tisza kommen sollte. Während sich Deutschlands redseliger Herrscher daran erinnerte, Bethmann Hollweg aus Hohenfinow zu einer Unterredung nach Potsdam zu bestellen, hatte er, so weit es Szögyény-Marich betraf, genug gesagt. Dieser kehrte am Nachmittag zur österreichischen Botschaft zurück, um Wien über seine vielversprechende Unterredung mit dem Kaiser zu informieren, und wartete darauf, am nächsten Tag mit Bethmann Hollweg zu sprechen.

Zusätzlich zu seinem Kanzler bestellte Wilhelm auch jene seiner militärischen Berater ins Neue Palais ein, die sich in Berlin aufhielten. Dazu gehörten sein Adjutant General Hans von Plessen, General Moritz von Lyncker, Chef des Militärkabinetts, General Erich von Falkenhayn, preußischer Kriegsminister, und ein gewisser Kapitän Zenker als Repräsentant der Marine in Abwesenheit von Admiral Tirpitz. Sobald kurz nach 17 Uhr alle eingetroffen waren, verlas der Kaiser die diplomatischen Noten, die ihm Szögyény-Marich überbracht hatte, und fasste seine Unterredung mit dem Botschafter knapp zusammen. Anschließend eröffnete er die Diskussion.

Es gibt keine exakte Mitschrift davon, was an diesem historischen 5. Juli auf der Audienz in Potsdam besprochen wurde, aber mehrere Anwesende machten sich darüber Notizen, die einen guten Einblick vermitteln, was – und was nicht – dort entschieden wurde. Als Erster schrieb General Plessen in dieser Nacht in sein Tagebuch, der Kern der österreichischen diplomatischen Noten, die dem Kaiser überreicht worden waren, bestünde darin, dass »die Österreicher bereit seien für einen Krieg mit Serbien, aber sich zuvor der deutschen Unterstützung sicher sein wollten«. Alle stimmten darin überein, fasste Plessen zusammen, dass »je früher die Österreicher gegen Serbien losschlagen, desto besser wäre es«. Die »vorherrschende Meinung« im Raum war seiner Beobachtung nach, dass »die Russen – obwohl sie mit Serbien verbündet waren – nicht eingreifen würden«. Daher bestünde keine Notwendigkeit für außergewöhnliche militärische Vorbereitungen, und der Kaiser würde seine alljährlich im Juli stattfindende Ostseekreuzfahrt antreten.[11]

Falkenhayns Erinnerung an die Audienz unterschied sich davon. In seinem Bericht an Moltke – der Chef des Großen Generalstabs war immer noch auf Kur in Karlsbad – schrieb der preußische Kriegsminister, dass die etwas »hastig« vorgetragene Präsentation es schwierig machte, genau herauszufiltern, was die Österreicher im Schilde führten. Im Gegensatz zu Plessen scheint Falkenhayn Berchtolds diplomatische Noten wörtlich genommen zu haben; so stellte er fest, dass in keiner von beiden »von der Notwendigkeit eines Kriegs die Rede sei, vielmehr sprächen beide von einer energischen Aktion, beispielsweise einem Vertragsschluss mit Bulgarien, wofür die Österreicher sich die Unterstützung des Deutschen Reiches sichern wollten«. Insgesamt, teilte er Moltke mit, »konnten mich diese Dokumente nicht davon überzeugen, dass die Regierung in Wien irgendeinen festen Beschluss gefasst habe«. Reichskanzler Bethmann Hollweg, fügte er hinzu, »scheint so wenig Vertrauen wie ich zu haben, dass die österreichische Regierung es wirklich ernst meint, obwohl ihre Sprache unbestreitbar resoluter klingt als in der Vergangenheit«.[12]

Es schien, als habe sich Berchtold selbst ausgetrickst. Indem er seinen Appell nach deutscher Unterstützung für einen Krieg gegen Serbien mit Tiszas Friedensplan für den Balkan getarnt hatte, ließ er es zu, dass sich in den deutschen Köpfen Zweifel breitmachten, ob Österreich wirklich beabsichtigte, Belgrad zu bestrafen. Seine mündlichen Instruktionen an Hoyos, die auf dem gleichen Weg an Szögyény-Marich weitergegeben wurden, hatten ausgereicht, um den Kaiser von den kriegerischen Absichten des Ballhausplatzes zu überzeugen. Der Kaiser hatte ebenso mündlich – jedoch nicht schriftlich – seine Unterstützung für diese Politik zugesagt. Als er gezwungen war, sich vor seinem Kanzler und seinen Militärberatern zu rechtfertigen, war Wilhelm jedoch offensichtlich ausgewichen. Plessen, der als Adjutant des Kaisers die Redeweise seines Herrschers wohl besser verstand als die anderen, konnte intuitiv erfassen, was die Österreicher beabsichtigten. Falkenhayn und Bethmann Hollweg konnten es nicht. So weit sie es einschätzen konnten, gaben die Österreicher nur leeres Gerede von sich.

Graf Hoyos war genau deswegen nach Berlin geschickt worden: Er sollte jeden möglichen Zweifel über die österreichischen Absichten zerstreuen. Und er tat dafür sein Möglichstes. Während Szögyény-Marich am Sonntag mit dem Kaiser zu Mittag speiste, traf sich Hoyos mit Arthur Zimmermann, Unterstaatssekretär im Auswärtigen Amt und Jagows wichtigster Mitarbeiter. Er bildete quasi den Widerpart zu Hoyos als Berchtolds Kabinettschef – und er war außerdem ein guter Freund. Zimmermann galt wie Hoyos als Falke; das bedeutete auf Deutschland bezogen, er war Befürworter eines »Präventivkriegs« gegen Russland. Hoyos versuchte, seinen Freund zu beeindrucken, und nahm ihm gegenüber eine Position ein, die noch aggressiver als die Conrads war: Er teilte Zimmermann mit, dass Österreich einen »überraschenden Angriff [auf Serbien] plane ohne größere Vorbereitung«, der zu einer »Aufteilung seines Gebiets unter Österreich-Ungarn, Bulgarien und Albanien führen würde«. Zimmermann, so stellt es Hoyos in seinem Bericht dar, lächelte nur darüber und erhob keine Einwände. Als die beiden Männer auseinandergingen, sagte Hoyos fast wie im Triumph zu seinem Freund, »ihr könnt doch nicht ernsthaft geglaubt haben, dass sich Österreich-Ungarn mit der Ermordung seines Thronfolgers abfindet und nichts dagegen unternimmt«. Zimmermann fasste in seiner Antwort die Ansichten der deutschen Kriegspartei mit markigen Worten zusammen: »Nein, aber wir hatten es fast schon befürchtet.«[13]

Auch wenn dieses Gespräch sowohl für Hoyos wie für Zimmermann äußerst befriedigend verlaufen war, so spielten beide trotz allem nur eine untergeordnete Rolle und waren keine politischen Entscheidungsträger. Am folgenden Tag waren sie zu einer wichtigen Audienz beim Kanzler bestellt, zu der auch Szögyény-Marich eingeladen war. Bethmann Hollweg genoss, ebenso wie Berchtold in Wien und Sasonow in St. Petersburg, nicht das Vertrauen der Kriegspartei seines Landes. Seine Politik der Annäherung an Großbritannien wurde von den deutschen Hardlinern akzeptiert, solange sie im Kriegsfall Deutschland den Rücken gegen die britische Marine freihielt. Doch die eigentlichen Prioritäten, die Bethmann Hollweg in der Beziehung zu England setzte, ließen eine gewisse Nachgiebigkeit vermuten, ebenso wie seine regelmäßigen Bemühungen, Tirpitz' Schiffsbauprogramm scheitern zu lassen. Die Hardliner sprachen vom Kanzler und von seinem neurotischen Herrscher als von »den beiden alten Frauen«.[14] Außenminister Grey und seine englischen Kollegen teilten diese Meinung über Bethmann Hollweg und sahen ihn als einen Fürsprecher des Friedens in Berlin – eine Sichtweise, die Bethmann Hollweg den Generälen sicher nicht empfahl. Moltke konnte ihn nicht ausstehen. Der Kanzler war während der Balkankriege nur ein Statist, der es dem Kaiser gestattete, dass seine von Natur aus schwach ausgeprägten Instinkte die Oberhand behielten. Wilhelm selbst schätzte Bethmann Hollweg und vertraute ihm, den er seit seiner Kindheit kannte, aber mitunter war sogar er erzürnt über dessen Widerstand gegen den Rüstungshaushalt – besonders was die Marine betraf, ein Lieblingskind des Kaisers.

Theobald von Bethmann Hollweg,
Deutschlands grüblerischer Kanzler, ein
Pessimist durch und durch, war im
Sommer 1914 noch niedergedrückter
als gewöhnlich, da im Mai 1914 seine
Frau Martha gestorben war.

Von der Veranlagung her durch und durch Pessimist, war Bethmann Hollwegs Stimmung im Juli 1914 noch niedergedrückter
als sonst üblich. Seine geliebte Frau Martha, deren natürliche Offenheit und ständige Aufmunterung die eigenbrötlerischen An-
wandlungen des Kanzlers sehr gut ausgeglichen hatten, war am
11. Mai nach einer langwierigen Erkrankung an inneren Blutun-
gen verstorben. Ihr Tod versetzte Bethmann Hollweg einen empfindlichen Schlag. Er litt an Schlafstörungen, verlor an Gewicht
und fühlte sich allgemein sehr schlecht. Bethmann Hollweg hatte

sich nach dem Tod seiner Frau eine lange Auszeit auf seinem Landgut in Hohenfinow genommen, um abzuschalten und neue Kraft zu tanken; wenn es nach ihm gegangen wäre, hätte er den ganzen Sommer dort verbracht. Doch was als verlängerte Erholung auf dem Land begonnen hatte, wurde zuerst von hysterischen Zeitungsberichten über die englisch-russischen Verhandlungen über Marineangelegenheiten, dann durch die Gräueltat von Sarajevo und schließlich durch die Mission von Graf Hoyos unterbrochen. Eine neue Balkankrise war das Letzte, was sich Bethmann Hollweg wünschte.

Am Sonntag war Bethmann Hollweg in allerletzter Minute zur Audienz beim Kaiser erschienen, und höchstwahrscheinlich war er zu erschöpft von seiner Reise, um den Ernst der Lage zu erfassen. Nachdem er in dieser Nacht gut geschlafen hatte, fühlte er sich wieder frisch und munter, und so reagierte er am Montagnachmittag scharfsinniger, als er Graf Hoyos, Botschafter Szögyény-Marich und Zimmermann empfing. Da Szögyény-Marich dabei war, konnte Hoyos nicht so unverblümt sprechen wie am Tag zuvor mit Zimmermann, doch zusammen schafften es die beiden, Bethmann Hollweg zu überzeugen, dass Österreich es ernst meinte. Da der Reichskanzler keine Aufzeichnungen über dieses Gespräch hinterlassen hat, müssen wir uns an Szögyény-Marichs Version halten, was Bethmann Hollweg gesagt haben soll – das, wenn es zutrifft, eine dramatische Wende in Deutschlands Politik nahelegt. »Im Hinblick auf unsere Beziehungen zu Serbien«, berichtete der Botschafter an den Ballhausplatz, »ist die deutsche Regierung der Ansicht, dass wir selbst entscheiden müssen, was zu tun ist ... Wie auch immer unsere Entscheidung ausfällt, wir können fest damit rechnen, dass Deutschland als unser Verbündeter an unserer Seite stehen wird.« Was Bethmann Hollwegs persönliche Sicht der Dinge betraf, so informierte Szögyény-Marich seinen Außenminister, dass »der Kanzler, ebenso wie der Kaiser, glaube, eine sofortige Aktion unsererseits gegen Serbien biete die beste und endgültige Lösung für unsere Schwierigkeiten auf dem Balkan«. Was den »internationalen Standpunkt« angehe – damit ist die Möglichkeit eines europäischen Kriegs gemeint –, halte Bethmann Hollweg »den jetzigen Zeitpunkt ebenfalls für wesentlich günstiger als irgendeinen späteren«.[15] Besser jetzt als später: Genau dasselbe hatten Moltke und Conrad schon vor Jahren gesagt. Jetzt hatte es zum ersten Mal auch Bethmann Hollweg ausgesprochen.

Auf diese Weise statteten zuerst Kaiser Wilhelm II. und anschließend Reichskanzler Bethmann Hollweg Österreich mit einem Blankoscheck für eine sofortige militärische Aktion gegen Serbien aus. Während sie dies taten, war ihnen nicht bewusst, dass Tisza absolut gegen Berchtold und diese Politik war, was der »sofortigen Aktion« einen mächtigen Dämpfer versetzen konnte. Wenn sie von Tiszas Widerstand gewusst hätten, wäre zumindest der Kanzler zurückhaltender gewesen, was das Ausstellen eines Blankoschecks für einen unsicheren politischen Kurs anging, wie er in Wien gerade verfolgt wurde, doch sicher kann man sich dessen nicht sein. Soweit wir wissen, waren Bethmann Hollwegs Kurswechsel und seine Bereitschaft, eine gefährliche, aggressive Haltung Österreichs gegen Serbien zu unterstützen, ernst gemeint, obwohl sie von seinem natürlichen Pessimismus gefärbt waren. »Besser jetzt als später« bedeutete nicht zwangsläufig, dass die Dinge besser würden – sondern nur, dass die Sache bestimmt schlecht ausgehen würde, wenn die Mittelmächte eine Kraftprobe mit der Entente noch länger hinausziehen sollten.

Während sich der Kaiser am Montagmorgen auf seine Abreise vorbereitete, bestellte er Deutschlands höchste, in aktivem Dienst stehende Offiziere aus Heer und Marine zu sich ein. Da Moltke und Tirpitz immer noch abwesend waren, sprach er stattdessen mit Admiral Eduard von Capelle, Unterstaatssekretär im Marineministerium, und mit General Hermann von Bertrab, Mitglied des Großen Generalstabs. Er informierte sie über Österreichs Pläne, gegen Serbien vorzugehen. Gegenüber Bertrab betonte er, dass er »nicht an eine Intervention Russlands glaube, besonders im Hinblick auf die Ursache [das heißt einen Prinzenmord] wird sich der Zar … kaum dafür entscheiden. Seine Majestät betrachtet deshalb die Angelegenheit in erster Linie als rein auf den Balkan beschränkt.« Capelle teilte der Kaiser mit, dass »Russland und Frankreich nicht auf einen Krieg vorbereitet seien«. Bezeichnenderweise erwähnte er England überhaupt nicht, ein Thema, das vor allem Deutschlands Marine betraf. Es müssten daher keine vorbereitenden militärischen Maßnahmen eingeleitet werden, fasste der Kaiser zusammen.[16]

Gegen 9.15 Uhr verließ Wilhelm II. Berlin und brach zu seiner Ostseekreuzfahrt auf. Montagnacht kehrte Bethmann Hollweg nach Hohenfinow zurück. Beide Männer waren zufrieden mit ihrer Unterstützungserklärung und darüber, dass Österreichs Politik jetzt ihren Lauf nehmen würde.

6. Kriegsrat in Wien (I)

Dienstag, 7. Juli

ZUR SELBEN ZEIT, als Österreichs Botschafter dabei war, den Kaiser in Potsdam am Sonntagnachmittag des 5. Juli für sich zu gewinnen, betonte Conrad in Schloss Schönbrunn die Notwendigkeit eines Kriegs. Jetzt, so forderte der Generalstabschef, müsse Kaiser Franz Joseph ihm zustimmen, dass ein Krieg mit Serbien unvermeidlich sei. »Und wie«, fragte der Kaiser, »wollen Sie diesen Krieg führen, wo doch jeder gegen uns ist, besonders Russland?« Conrad antwortete mit einer Gegenfrage: »Haben wir die Unterstützung des Deutschen Reichs?« Hier wich der Kaiser aus und sagte, er sei sich nicht sicher. Er informierte den Generalstabschef über die Entsendung einer kaiserlichen Note nach Berlin und dass er in Kürze eine Antwort erwarte. Conrad sah seine Chance. »Falls die Antwort lautet, dass Deutschland an unserer Seite steht«, fragte er seinen Herrscher, » erklären wir dann Serbien den Krieg?« »In diesem Fall«, lautete die Antwort des Kaisers, »ja.«[1]

In der Zwischenzeit – es war noch immer Sonntag – erhielt Oskar Potiorek, der österreichische Militärgouverneur und Landeschef von Bosnien-Herzegowina, den ersten eindeutigen Beweis beim Verhör von Ilić, der ihm die Beteiligung des serbischen

Armeemajors Tankosić an der Ausbildung der drei Hauptattentäter (Princip, Čabrinović und Grabež,) in Belgrad bestätigte. Dieses Geständnis würde es Tisza erschweren, weiterhin seinen Widerstand gegen einen Krieg mit Serbien aufrechtzuerhalten, besonders jetzt, da auch der Kaiser – unter Vorbehalt – zugestimmt hatte.[2]

Am Nachmittag des 6. Juli besuchte Conrad den Ballhausplatz, um über seine Audienz in Schönbrunn zu berichten. Dadurch erfuhr Berchtold zum ersten Mal, dass Österreichs Kaiser einen Krieg gegen Serbien befürworten würde, wenn Deutschland seine Unterstützung garantierte. Der Außenminister setzte wiederum Conrad davon in Kenntnis, dass der deutsche Kaiser bereits am Sonntagnachmittag seine Unterstützung zugesagt habe, obwohl er sich noch nicht über die Haltung des Kanzlers im Klaren sei, mit dem Wilhelm II. – so hatte er Botschafter Szögyény-Marich mitgeteilt – noch reden müsse. Berchtold informierte Conrad, dass er am nächsten Morgen eine Antwort von Kanzler Bethmann Hollweg erwarte. In der Zwischenzeit hatte Berchtold auf die Schnelle eine eilige Note an Tisza geschickt, in der er den ungarischen Ministerpräsidenten informierte, dass Kaiser Wilhelm II. versprochen hatte, »Österreich könne auf die volle Unterstützung Deutschlands zählen bei jeder möglichen Aktion ... gegen Serbien«. Deutschlands Herrscher, so schrieb Berchtold weiter an Tisza, wobei er das, was Wilhelm wirklich gesagt hatte, geringfügig übertrieb, hatte hinzugefügt, dass Österreich »den gegenwärtig günstigen Moment nicht ungenutzt lassen sollte« und dass »Russland für einen Krieg nicht gerüstet sei«.

Am Montagabend erhielt Berchtold Szögyény-Marichs Bericht von seinem vielversprechenden Gespräch mit Bethmann Hollweg. Am Dienstagmorgen, 7. Juli, kehrte Hoyos mit dem Nachtzug nach Wien zurück und begab sich unverzüglich zum Ballhausplatz. Da er persönlich am Montagnachmittag die Zustimmung des deutschen Kanzlers für eine generelle Unterstützung gehört hatte, konnte er Berchtold die Richtigkeit dessen bestätigen, was der Botschafter mitgeteilt hatte – und ebenso Conrad, der sich, sobald er von der Rückkehr des Gesandten aus Berlin gehört hatte, sofort zum Ballhausplatz begeben hatte. Hoyos gab außerdem das Wesentliche seiner sonntäglichen Unterredung mit Zimmermann weiter. Berchtold, getragen von Hoyos ermutigendem Bericht, versicherte Conrad, »dass Deutschland zweifelsfrei auf unserer Seite stehen wird, selbst wenn unsere Operationen gegen Serbien zu einem großen Krieg führen sollten. Deutschland rät uns, sofort loszuschlagen.«

Das war genau das, was Conrad hören wollte. Ohne eine Sekunde zu verlieren, eilte der Chef des Generalstabs ins militärische Hauptquartier. Sein erstes Telegramm ging an Erzherzog Friedrich, der nach dem Tod von Franz Ferdinand dazu ausersehen war, in Kriegszeiten das Oberkommando über die österreichisch-ungarischen Truppen zu übernehmen. Conrad teilte dem Erzherzog mit, seine geplante Reise nach Hamburg abzusagen und die akuten Entwicklungen abzuwarten. Als Nächstes rief er Oberst Josef Metzger an, den Chef der Operationsabteilung des Generalstabs, um mit ihm die vorläufigen Maßnahmen zu besprechen, die für die Mobilmachung gegen Serbien notwendig sein würden. Mit Berchtold und Kaiser Franz Joseph im Rücken standen jetzt alle Anzeichen auf Krieg, und Conrad wollte, dass die Armee bereitstehe.[5]

Auch Berchtold machte sich sofort an die Arbeit. Entsprechend Tiszas Forderung musste er schnell handeln und berief gegen 15 Uhr am Dienstagnachmittag eine Notfallsitzung des Ministerrats für gemeinsame Angelegenheiten ein, um die deutsche Antwort auf die diplomatischen Noten zu besprechen. Teilweise um Wiedergutmachung zu leisten, weil er Tisza das Wochenende über ferngehalten hatte, lud Berchtold ihn zum Ballhausplatz ein, um mit ihm eine vollständige Nachbesprechung über die Mission Hoyos abzuhalten, zusammen mit dem deutschen Botschafter Tschirschky und dem österreichischen Ministerpräsidenten Graf Stürgkh. Hoyos las die beiden Telegramme Szögyény-Marichs aus Berlin vor und wiederholte dann, was er Berchtold über sein Gespräch mit Zimmermann mitgeteilt hatte. Er ließ nichts aus, stellte das ganze Szenario eines überraschenden Angriffs auf Belgrad und die Aufteilung des serbischen Gebietes dar. Tisza war entsetzt: Er bestand darauf, dass Hoyos Bemerkungen lediglich als dessen »persönliche Meinung« zu werten seien. Berchtold reagierte ungeschickt und sah sich gezwungen, die offiziell geäußerten Ansichten seines eigenen Stabschefs zu desavouieren. Ein Überraschungsangriff war damit vom Tisch, zusammen mit dem Ziel, Serbien aufzuteilen – Tisza hatte seinen ersten Punkt gewonnen, und das war ein ganz entscheidender.[6]

Trotzdem sprach an diesem Nachmittag vieles gegen ihn. Tisza war nicht nur der an Zahl ständig zunehmenden Kriegspartei unterlegen; er stand vollkommen allein. Zusätzlich zu Berchtold, der den Vorsitz führte, und Hoyos, der für das Sitzungsprotokoll verantwortlich zeichnete, hatten sich mehrere Personen gegen Tisza zusammengeschlossen: Biliński, Gouverneur von Bosnien-Herzegowina, war begierig darauf, den terroristischen Akt, der unter seinen Augen stattgefunden hatte, zu rächen; Graf Stürgkh, der schon seit Langem auf Krieg drängte, Kriegsminister Krobatin, ein Kriegstreiber vom Schlag Conrads, und schließlich Conrad selbst, der, wie jedermann wusste, so schnell wie möglich die Mobilmachung anordnen wollte.

Berchtold begann das Treffen, indem er jeden bezüglich der Mission Hoyos auf gleichen Stand brachte.* Die »Gespräche mit Deutschland«, informierte er alle, die es noch nicht wussten, »haben ein äußerst befriedigendes Ergebnis erzielt, da Kaiser Wil-

---

* Es wird diskutiert, ob Berchtold das Sitzungsprotokoll in diesem Punkt verändert hat, da er ursprünglich gesagt haben soll, dass die Deutschen glauben, »der Krieg mit Russland würde die wahrscheinliche Folge« eines österreichischen Kriegs gegen Serbien sein. Dieses Statement mag die Ansichten Zimmermanns widerspiegeln, wie sie von Hoyos weitergegeben worden sind. Allerdings entsprach es weder der Meinung des Kaisers noch der Bethmann Hollwegs, die beide dem österreichischen Botschafter eindeutig gesagt hatten, sie glaubten nicht an eine Intervention Russlands.

helm ebenso wie Herr von Bethmann Hollweg feierlich die uneingeschränkte Unterstützung Deutschlands zusicherten, sollte es zu einem Krieg mit Serbien kommen«. Die deutsche Regierung, fuhr er fort, sei sich des Risikos bewusst, dass »ein bewaffneter Zusammenstoß mit Serbien zu einem Krieg mit Russland führen könnte«.

Trotz der Risiken war Berchtold jedoch der Ansicht, dass es fatal wäre, in der aktuellen Krise Schwäche zu zeigen. Nur eine »zeitnahe Abrechnung mit Serbien«, schlussfolgerte er, könnte die Auflösung der Doppelmonarchie stoppen.

Dann ergriff Tisza das Wort. Nachdem er durch Hoyos Entsendung nach Berlin mit Instruktionen, die er nicht abgesegnet hatte, ins Abseits geraten war, nahm er sich das Recht heraus, »Faul« zu rufen. Berchtolds Gesandter habe so gut wie gestanden, dass er eine tickende Zeitbombe sei, der in der Wilhelmstraße ohne Autorisierung wilde Szenarien über einen österreichischen Eroberungskrieg gegen Serbien entworfen habe. Um seine Unvoreingenommenheit zu zeigen, räumte Tisza großzügig ein, dass »die Fakten, die bei den Verhören in Sarajevo zutage getreten sind«, deutlich machten, dass er anfangs über eine serbische Beteiligung an den Morden »im Irrtum« war.[7] Im Licht der dramatischen Entwicklung der »letzten paar Tage«, meinte der Ungar, sehe er jetzt »die Möglichkeit einer militärischen Aktion gegen Serbien weniger abseitig« als noch eine Woche zuvor. Trotzdem drückte Tisza sein Bedauern darüber aus, dass Hoyos in Berlin von einem »überraschenden Angriff auf Serbien ohne vorherige diplomatische Vorbereitung« gesprochen habe. Wenn Österreich ohne einen ausreichenden diplomatischen Grund einen Krieg beginnen sollte, warnte er, müsse es mit der Feindschaft des gesamten Balkans rechnen, mit Ausnahme von Bulgarien – und Bulgarien, das immer noch auf dem Bauch liege, weil es im Zweiten Balkankrieg seine wohlverdiente Strafe erhalten habe, könne Österreich auf dem Schlachtfeld keine große Hilfe sein. Ein opportunistisches Rumänien würde in diesem Fall bestimmt mit

Serbien gemeinsame Sache machen und mit ziemlicher Sicherheit auch Russland. Österreich-Ungarn hätte dann einen Dreifrontenkrieg am Hals.

Um ein solches albtraumhaftes Szenario abzuwenden, schlug Tisza eine vorsichtige diplomatische Strategie vor, die einem Krieg gegen Serbien unbedingt vorangehen müsse. Als Erstes solle die Doppelmonarchie unmissverständliche Forderungen an Serbien stellen; für den Fall, dass diese von Serbien abgewiesen würden, könnte man ein Ultimatum vorbereiten und eine bewaffnete Intervention androhen. Wenn Belgrad daraufhin die österreichischen Forderungen akzeptiert, versprach Tisza, »hätten wir einen durchschlagenden diplomatischen Erfolg errungen, und unser Ansehen auf dem Balkan würde enorm steigen«. Falls die Serben hingegen ablehnten, würde Tisza einer »kriegsähnlichen Aktion« zustimmen – falls, und nur dann, sich Österreichs Kriegsziele darauf beschränkten, »das serbische Gebiet zu verkleinern«, auf keinen Fall jedoch, es aufzuteilen. Tisza gab zu bedenken, dass Russland die »völlige Auflösung Serbiens als einen Kampf auf Leben und Tod« ansehen würde. Des Weiteren grenzte sich Tisza als ungarischer Ministerpräsident entschieden von einer Annexion serbischer Gebiete durch die Doppelmonarchie ab, sondern bevorzugte stattdessen, dass eventuelle Grenzveränderungen nach dem Krieg lieber kleineren Balkanstaaten zugutekommen sollten. Was die Frage »jetzt oder später« anging, so gab Tisza ein eindeutiges Statement für »später« ab mit der Begründung, dass die niedrige französische Geburtenrate eine Zunahme von Deutschlands relativer Stärke bedeute. Zuletzt distanzierte sich Tisza von der Mission Hoyos und erklärte, »es wäre nicht Deutschlands Sache, zu entscheiden, ob wir gegen Serbien in den Krieg ziehen sollten oder nicht«. Die Frage nach Krieg oder Frieden war nach Tiszas Ansicht allein von Österreich-Ungarn zu beantworten – und das bedeutete im Endeffekt von ihm.

Es war eine perfekte Vorstellung. Nachdem er zuerst seine Bereitwilligkeit dargelegt hatte, eine »kriegsähnliche Aktion« gegen

Serbien als Vergeltungsmaßnahme für Sarajevo in Betracht zu ziehen, knüpfte er anschließend seine Unterstützung für eine solche Aktion an so viele diplomatische Voraussetzungen, dass der Außenminister gar keine Chance hatte, diese alle zu erfüllen. Trotzdem versuchte Berchtold, das Beste daraus zu machen. Er teilte Tiszas Standpunkt, die Haltung Rumäniens sei von Bedeutung, argumentierte aber gleichzeitig, dass eine Intervention Bukarests in erster Linie von der Haltung Bulgariens abhinge, ganz gleich, wie geschwächt auch immer dieses durch den Zweiten Balkankrieg sein mochte, und dass Rumänien genauso wenig wie Österreich einen Zweifrontenkrieg führen wolle. Dann gab Berchtold die Meinung deutscher Militärstrategen wieder und führte aus, dass »eine Abnahme des Bevölkerungswachstums in Frankreich mehr als ausgeglichen werde durch die stark zunehmende Einwohnerzahl Russlands«. Zusammen mit dem »Großen Programm«, das 1913 verabschiedet worden war und die Mobilmachung der russischen Armee beschleunigen sollte, sprachen die demografischen Zahlen dafür, dass die Mittelmächte im Lauf der Zeit eher schwächer als stärker würden.

Die anderen scharten sich schnell um Berchtold. Stürgkh griff Tiszas Standpunkt auf, dass man die Deutschen nicht entscheiden lassen könnte, wann Österreich Krieg führen sollte, und argumentierte ganz vernünftig, dass die Deutschen nicht nur »bedingungslose Loyalität« in Österreichs Notzeiten angeboten, sondern auch auf einer sofortigen Aktion bestanden hätten. »Graf Tisza«, warnte er, »sollte bedenken, dass wir in Zukunft nicht auf Deutschlands Unterstützung zählen dürfen, wenn wir eine schwache, zögerliche Politik verfolgen.« Krobatin meinte, dass sogar Tiszas als bester Fall dargestelltes Szenario, nämlich ein »diplomatischer Triumph« über Serbien, mehr oder weniger »wertlos« sei. »Wir haben bereits zwei Gelegenheiten versäumt, um das serbische Problem zu lösen«, rief der Kriegsminister allen in Erinnerung, wobei er auf die beiden Balkankriege anspielte. »Wenn uns das noch einmal passiert«, schalt er Tisza, »wird man das als Beweis für unsere Schwäche auslegen.« Diplomatische Feinheiten, argumentierte er, würden niemanden mehr beeindrucken – die Japaner hatten 1904 bei ihrem Angriff auf Russland keine Kriegserklärung geschickt, ebenso wenig wie die Angreifer auf dem Balkan 1912 oder 1913. Vom militärischen Standpunkt aus betrachtet, war es am besten, frühzeitig mobilzumachen, und zwar geheim, um den Vorteil der Überraschung voll ausnützen zu können, anstatt Österreichs Absichten an jeden zu telegrafieren.

Alle Argumente klangen äußerst logisch. Bei dem Versuch, die vom ungarischen Ministerpräsidenten angesprochenen Punkte anzufechten, mussten die anderen Minister jedoch in der Tat Zugeständnisse machen. Langsam, zunächst fast unbemerkt, gelang es Tisza, die Dinge durch schiere Sturheit in seine Richtung zu drehen. Die anderen mussten von wesentlichen Punkten abrücken; Tisza nicht. Nach einer etwa zweistündigen Diskussion erklärte sich der Kriegsrat »bereit, [Tiszas] Ansichten zu akzeptieren und dementsprechend eine Mobilmachung erst dann in die Wege zu leiten, wenn man zunächst konkrete Forderungen an Serbien und, im Fall einer Weigerung, sie zu erfüllen, daran anschließend ein Ultimatum gestellt habe«. Zur Besänftigung für die Mehrheit hielt die Runde außerdem fest, dass »alle Anwesenden mit Ausnahme von Tisza die Auffassung vertraten, ein alleiniger diplomatischer Erfolg, selbst wenn er mit einer eklatanten Erniedrigung Serbiens enden sollte, würde wertlos sein«. Doch dies fiel kaum noch ins Gewicht, da Tisza bereits den Punkt erzielt hatte, erst einmal den Boden auf diplomatischem Weg zu bereiten, und zwar auf zwei Ebenen, bevor man mit der Mobilmachung ernst machte.

Die gleiche Dynamik war auch am Werk, als es um die Art der Forderungen ging, die man an Serbien stellen wollte. » Graf Tisza«, so steht im Protokoll, »merkte an, dass er darauf bedacht sei, den anderen auf halbem Weg entgegenzukommen. Er sei durchaus bereit, Zugeständnisse zu machen und entsprechend harte

Forderungen an Serbien zu stellen.« Doch der Ungar dachte gar nicht daran, den anderen auf halbem Weg entgegenzukommen. »Alle außer Tisza«, lesen wir weiter im Protokoll, stimmten geschlossen darin überein, dass »man solch strenge Forderungen an Serbien stellen müsse, dass eine Zurückweisung so gut wie sicher wäre«. Dagegen brachte Tisza vor, dass die Bedingungen, die man Belgrad stellen sollte, zwar »sehr hart sein könnten, aber nicht so [hart], dass jeder sofort erkennen kann, dass wir eine Ablehnung wünschen«. Der wichtigste Punkt dabei war: Tisza sollte den Text lesen und absegnen. Nachdem Berchtold und Hoyos ihn am letzten Wochenende ausgetrickst hatten, war Tisza nicht bereit, sich noch ein zweites Mal vorführen zu lassen.

Berchtold versuchte, gute Miene zum bösen Spiel zu machen, als er die unerfreuliche Versammlung beendete. »Obwohl es immer noch einige Meinungsverschiedenheiten zwischen Graf Tisza und den anderen gibt«, erklärte er, »haben wir uns doch ein gutes Stück angenähert, da die Vorschläge des ungarischen Ministerpräsidenten aller Wahrscheinlichkeit nach zu einer Kriegserklärung gegen Serbien führen werden.«[8] Das bedeutete, wenn Berchtold es geschickt anstellte, würde Ungarns Ministerpräsident eventuell einen Krieg gegen Serbien unterstützen, sofern all seine Bedingungen erfüllt wären. In der Zwischenzeit hatte Tisza sein Einspruchsrecht gegen Berchtolds Diplomatie ins Spiel gebracht, indem er darauf pochte, den Text jeder diplomatischen Note zu prüfen, die an Serbien geschickt werden sollte. Darüber hinaus hatte Tisza, indem er darauf bestand, als ersten Schritt eine Note zu schicken – mit der stillschweigenden Folgerung, dass ihre Ablehnung wiederum nicht zur Kriegserklärung, sondern zu einem weiteren Ultimatum führen würde –, Conrad und Krobatin schwer getroffen, die beide so schnell wie möglich mobilmachen wollten. Auf diese Weise hatte der eigensinnige Ungar Österreichs Aussichten zunichtegemacht, die Art von »entschlossener Aktion« durchzuführen, auf der die Deutschen bestanden hatten. Der Kaiser und sein Kanzler waren dadurch, dass sie einen Blankoscheck auf die deutsche Unterstützung ausgestellt hatten, nun mit Österreichs neuer Balkanpolitik verheiratet – ganz gleich, wie dilettantisch und inkompetent auch immer sie umgesetzt werden würde.

7. Funkstille

8.–17. Juli

TISZAS TAKTISCHER SIEG brachte Berchtold in eine schwierige Position. Der Ungar hatte Sand ins Getriebe gestreut und eine eilige Aktion gegen Serbien verhindert; in der Zwischenzeit drängten die Deutschen weiterhin auf schnelles Handeln. Der Kaiser und Bethmann Hollweg waren immer noch im Urlaub, aber die politischen Vorgaben, die sie dargelegt hatten, waren hinreichend klar. Als der deutsche Botschafter Tschirschky am Mittwoch, dem 8. Juli, den Ballhausplatz aufsuchte, um das Ergebnis der am Vortag abgehaltenen Konferenz zu erfahren, sagte er zu Berchtold, »er könne gar nicht ausreichend betonen, dass Berlin von der [Doppel-] Monarchie erwarte, gegen Serbien loszuschlagen, und dass man in Deutschland nicht verstünde, warum wir diese Gelegenheit verstreichen ließen, ohne einen einzigen Schlag auszuführen«. Am selben Tag suchte der österreichische Botschafter Szögyény-Marich in Berlin die Wilhelmstraße auf, wo ihm Unterstaatssekretär Zimmermann und »andere maßgebliche Personen« mitteilten, dass »jeder hier ungeduldig auf unsere Entscheidung warte, denn nach ihrer Ansicht sei jetzt der richtige Moment, um gegen Serbien loszuschlagen – ein solch günstiger Moment werde so bald nicht wiederkommen.« Staatssekretär Ja-

gow, der endlich aus seinen Flitterwochen in Italien zurückgekehrt war, unterstützte den kriegswilligen Zimmermann und sagte Szögyény-Marich »auf äußerst nachdrückliche Art und Weise«,
dass »die gegen Serbien angekündigte Aktion jetzt ohne weitere
Verzögerung anlaufen sollte«.[1] Dabei war Verzögerung genau
das, worauf Tisza bestanden hatte.

Eine andere Art von Verzögerung beruhte auf einer erst kürzlich eingeführten Einrichtung der österreichischen Armee, dem
sogenannten »Ernteurlaub« für Truppen aus überwiegend länd-
lichen Gebieten. Conrad als Chef des Generalstabs hatte – wenn
auch widerstrebend – dieser Maßnahme zugestimmt, um die einflussreichen Großgrundbesitzer in der Doppelmonarchie nicht
zu verärgern. Am Montag, dem 6. Juli, musste Conrad, nachdem
er vom Ballhausplatz ins Armeehauptquartier geeilt war, zu seinem Schrecken feststellen, dass sieben seiner 16 Armeecorps soeben Ernteurlaub genommen hatten. Davon sollten fünf (das
III., IV., V., XIII. und XIX.) am 19. Juli wieder zum Dienst antreten, während die letzten beiden (VI. und VII.) erst am 25. Juli
wieder einrücken mussten. Sofern Conrad Österreichs Kriegspläne nicht an ganz Europa telegrafieren wollte, konnte er den
Ernteurlaub nicht vorzeitig aufheben. Aus diesem Grund würde
auch die Armee zwei Wochen benötigen, ehe die Mobilmachung
begonnen werden könnte. Zwei Wochen war für die Deutschen
viel zu langsam, aber es mochte ausreichen, um Tiszas Bedingungen zu erfüllen.[2]

Bei seinem erstem Treffen mit Berchtold nach dem Kriegsrat
vom Dienstag – das war gegen 18 Uhr am Mittwoch, dem 8. Juli
– bestand der Generalstabschef mit allem Nachdruck darauf, ein
Ultimatum mit einer 24- oder 48-stündigen Frist auf den Weg
zu bringen, um den Serben keine Möglichkeit für eine Mobilmachung zu geben, während Österreich auf die vermutliche
Ablehnung wartete, die das Startzeichen für den Krieg war. In
Anbetracht des Problems mit dem Ernteurlaub – und der Notwendigkeit, Tisza zu bekehren – stimmten die beiden darin über-

ein, dass das Ultimatum frühestens am 22. Juli gestellt werden könne. Der Außenminister sollte es übernehmen, Tisza rechtzeitig zu überzeugen, an diesem Tag eine Note nach Belgrad zu schicken. In der Zwischenzeit sollten Conrad und Kriegsminister Krobatin auf Vorschlag von Berchtold Urlaub nehmen und Wien verlassen, »um den Eindruck zu erwecken, dass sich hier nichts tut«. Der Generalstabschef tat, wie ihm geheißen, verließ Wien noch Mittwochnacht und begab sich auf seinen Landsitz, das Klammschlössel in Innichen, um dort die nächsten drei Wochen zu verbringen.[3]

Berchtold versuchte daraufhin alles, um Tiszas Widerstand zu brechen. Am Mittwochnachmittag sagte er zu Tschirschky, dass es der Ungar sei, der »die Dinge verzögere«; damit wollte er die Deutschen wissen lassen, dass er selbst alles in seiner Macht Stehende unternehme, um unverzüglich handeln zu können. Anschließend schickte er Tisza, der nach Budapest zurückgekehrt war, eine Note; darin schilderte er Tschirschkys Bemerkungen, wie begeistert Berlin über schnelles Handeln wäre, und zog daraus den Schluss, dass »die Deutschen jeden Ausgleich mit Serbien von unserer Seite als Zeichen der Schwäche auslegen würden«, was letztendlich Österreichs Status als Verbündeter infrage stellen könnte. Berchtold informierte Tisza, dass er auf dem Weg nach Bad Ischl zu einer Audienz bei Seiner Majestät Franz Joseph I. sei, und »bat« den Ungarn, seine Antwort auf die Bemerkungen des deutschen Botschafters an das Schloss zu telegrafieren.[4]

Tisza schluckte den Köder nicht. Er hatte bereits ein Memorandum für den Kaiser zusammengestellt und darin seine Schlüsse aus der Sitzung vom Dienstag dargelegt, und er hatte nicht vor, irgendetwas zu revidieren. »Wenn daraus letztendlich Krieg resultieren sollte«, argumentierte er, »dann muss in den Augen der ganzen Welt eindeutig klar sein, dass wir auf Basis einer rechtmäßigen Selbstverteidigung stehen.« Daher müsse eine gründliche diplomatische Vorbereitung – damit meinte er das Stellen eines

Ultimatums in einem zweischrittigen Prozess – einer möglichen Kriegserklärung an Serbien vorausgehen; andernfalls, so warnte er den Habsburger Herrscher, könnten Rumänien, Russland und eventuell sogar Italien gegen Österreich-Ungarn zu den Waffen greifen – was einen Vierfrontenkrieg bedeuten würde! Aufgrund dieser Risiken, schloss er, »sollte man Serbien die Gelegenheit bieten, einen Krieg auf Kosten einer schwerwiegenden diplomatischen Niederlage zu vermeiden«.[5]

Da Tisza sich weigerte, auf ihn einzugehen, würde Berchtold seinem Herrscher wieder einmal gestehen müssen, dass es immer noch keine Übereinkunft über die nächsten Handlungsschritte gab. Er kam am Donnerstagmorgen, den 7. Juli, gegen 7 Uhr in Bad Ischl an und traf zwei Stunden später mit Franz Joseph zusammen. Gemeinsam berieten sie Tiszas Memorandum. Obwohl es auf den ersten Blick wie ein absolutes Hindernis für sofortige Aktionen erschien, entdeckten sie nach und nach, dass es ihnen doch einigen Spielraum ließ. Tisza erwartete offensichtlich vom Ballhausplatz, dass man harte Forderungen an Serbien stellen würde, auch wenn er im Grunde nicht wollte, dass sie so hart ausfielen, wie die anderen Minister es vorziehen würden. Warum sollte Berchtold nicht einfach weitermachen und ein Ultimatum aufsetzen? Es würde Zeit brauchen, um Tiszas Zustimmung zu erhalten, aber solange er Conrads Rat befolgte und ein »strenges Zeitlimit« von 48 Stunden oder weniger ansetzte, würde es die Chancen auf die erwünschte Ablehnung durch Serbien erhöhen. Berchtold und Franz Joseph war die Notwendigkeit, Tisza mit an Bord zu haben, sehr wohl bewusst, und sie stimmten darin überein, dass man jetzt »konkrete Forderungen an Serbien« stellen müsse, wie Berchtold am nächsten Tag dem deutschen Botschafter mitteilte. Noch grundlegender war die Entscheidung des Kaisers, dass die Zeit gekommen sei, um mit Serbien abzurechnen; wie er sagte, »es gibt kein Zurück«.[6]

Auf der Basis dieses formlosen mündlichen Auftrags des Kaisers ließ Berchtold von seinem Stab ein Ultimatum an Serbien ausarbeiten. Am Freitag, dem 10. Juli, berichtete Tschirschky nach Berlin mit sichtlicher Genugtuung, dass die Österreicher endlich die Sache ins Rollen gebracht hätten. Zwar hatte Berchtold ihm gegenüber zugegeben, dass Tisza bei den an Serbien gestellten Bedingungen zurückrudern wollte – um, wie Tschirschky es abfällig nannte, gentlemanlike vorzugehen (er benutzte zur besonderen Betonung den englischen Ausdruck). Ungeachtet Tiszas Widerstand waren dies die Fakten: Berchtold setzte ein Ultimatum an Belgrad auf mit »einem strengen Zeitlimit, das auf maximal 48 Stunden begrenzt war«. Österreichs Außenminister hoffte zusammen mit Kaiser Franz Joseph und allen anderen im Ministerrat mit Ausnahme von Tisza, dass Serbien die Bedingungen ablehnen würde. Zusätzlich berichtete Tschirschky nach Berlin, dass Krobatin und Conrad Urlaub genommen hätten, um nicht den Eindruck aufkommen zu lassen, Wien befände sich im Alarmzustand.[7]

An diesem Abend kam es zu einem schrecklichen Vorfall in Belgrad. Baron Giesl von Gieslingen, k. u. k. Gesandter in Serbien, war am Freitag nach einem längeren Aufenthalt in Wien wieder in die Stadt zurückgekehrt. Die Abwesenheit von Habsburgs ranghöchstem Diplomaten Anfang Juli hatte Russlands Minister in Serbien, Nikolai Hartwig, einen günstigen Vorwand geliefert, um den Österreichern nicht sein Beileid ausdrücken zu müssen. Jetzt lag die Schreckenstat von Sarajevo jedoch beinahe zwei Wochen zurück, und sogar Hartwigs Starrköpfigkeit erreichte ihre Grenzen. Deshalb suchte er die österreichische Gesandtschaft auf, um ein klärendes Gespräch zu führen. Hartwig traf gegen 21 Uhr ein und sprach gegenüber Giesl sein »persönliches, tief empfundenes Mitgefühl für die Schandtat« aus. Anschließend verneinte er, am Tag des Attentats eine Feier abgehalten zu haben und behauptete ferner, es entspräche nicht der Wahrheit, dass er sich am Tag der Beerdigung des Erzherzogs geweigert habe, die Flaggen auf Halbmast setzen zu lassen. Da er unbedingt an die guten Absichten des Russen glauben wollte, akzeptierte Giesl diese Behauptungen. Auf diese Weise wurde eine Art Versöhnung zwischen Russland und Österreich erzielt, aber sie sollte nicht von langer Dauer sein. Gegen 21.20 Uhr brach Hartwig infolge eines Herzanfalls in der österreichischen Gesandtschaft zusammen und starb innerhalb weniger Minuten.

Hartwigs unerwartetes und schockierendes Ableben, noch dazu in einem heiklen Moment, da die Diplomatie um höchste Einsätze spielte, verwandelte die Gesandtschaft in einen Tatort. Um jeglichen Verdacht zu zerstreuen, der Russe könnte eines unnatürlichen Todes gestorben sein, sandte Giesl eine Kutsche, um Hartwigs Tochter Ludmilla, seine nächste Verwandte, holen zu lassen. Als Ludmilla jedoch in der Gesandtschaft eintraf, um den Leichnam zu sehen, machte sie deutlich, dass sie das Ganze für ein abgekartetes Spiel hielt. Ihre Haltung, berichtete Giesl nach Wien, »war kalt und feindselig«. Hartwigs Tochter inspizierte den Raum »sehr sorgfältig«, »durchstöberte mehrere große japanische Vasen« und zeigte besonderes Interesse für eine Flasche Kölnisch Wasser, von der sie vermutete, dass sie Gift enthalte. Nachdem sie sich etwas beruhigt hatte, fragte Ludmilla, ob Hartwig irgendetwas aus der Gesandtschaftsküche gegessen oder getrunken habe. Giesl versicherte ihr, dass dem nicht so war – der Russe war nach dem Abendessen eingetroffen und gerade mal 20 Minuten danach gestorben. Hartwig hatte allerdings zwei Zigaretten geraucht. Der Österreicher bot Ludmilla die beiden Stummel an, die sie »vorsichtig in ihr Täschchen steckte«, um sie als Beweisstück zu sichern. Kurz nachdem sie gegangen war, tauchte ein serbischer Polizeibeamter auf, um Ermittlungen anzustellen, doch Giesl wies ihn ab mit der Begründung, dass die Gesandtschaft als extraterritoriales Gebiet diplomatische Immunität genieße. Obwohl Giesl damit vollkommen im Recht war, schürte seine Weigerung, der lokalen Polizei Zutritt zu gewähren, bei vielen Serben den Verdacht, die Österreicher hätten etwas zu verbergen.[8]

Für die serbische Presse war die Story ein gefundenes Fressen. Das ganze Wochenende hindurch kursierten reißerische Geschichten über die angebliche Ermordung Hartwigs durch die Österreicher. Der Glaube an Giesls Schuld verbreitete sich schnell, und er hörte selbst, wie man ihn des Verbrechens bezichtigte, als er (glücklicherweise inkognito) einen örtlichen Friseur aufsuchte. Zu diesem Zeitpunkt war die Story bereits so stark aufgebauscht worden, dass der Österreicher nicht nur als einfacher Mörder, sondern als Massenmörder angesehen wurde. Ein Serbe, berichtet Giesl, sagte in ruhigem Tonfall zu einem anderen, dass »Giesl aus Wien einen elektrischen Stuhl mitgebracht habe, der den sofortigen Tod von jedem herbeiführt, der darauf Platz nimmt, ohne die geringste Spur zu hinterlassen«.[9]

Hartwig wurde von den serbischen Nationalisten für seine Unterstützung in den Balkankriegen als Held verehrt; jetzt wurde er als Märtyrer im Kampf gegen die österreichische Tyrannei gefeiert. Er erhielt ein »prachtvolles« Begräbnis, das eines Staatsoberhauptes würdig gewesen wäre. Eine bedeutende Straße in Belgrad wurde nach ihm benannt, und Bildhauer begannen mit der Arbeit an einem Monument, das ihm zu Ehren in der Stadtmitte errichtet werden sollte. Am Sonntag, dem 12. Juli, organisierte man in ganz Belgrad antiösterreichische Demonstrationen, um den allgemeinen Volkszorn über Hartwigs Tod gewinnbringend zu nutzen. Als ob die spontane Freudenfeier über die Ermordung Franz Ferdinands, die am Vidov Dan auf dem Amselfeld stattgefunden hatte, und die unbegründeten Mordanklagen gegen Giesl in der serbischen Presse noch nicht ausreichten, schien der Trubel um Hartwig an diesem Wochenende bewusst geplant, um Österreichs Stolz zu beleidigen. Während Paris und London immer noch im Tiefschlaf lagen und das sich auf dem Balkan zuspitzende Drama ignorierten, fühlte sich Belgrad bereits wie eine Stadt im Krieg.

Jegliche Sympathie, die Österreich wegen Hartwigs Tod für Russland oder für die Russen empfunden haben könnte, löste sich sehr schnell in Luft auf. Am Sonntagnachmittag wurde der italienische Legationsrat von Giesl einbestellt, um die Gerüchte über Hartwigs Verhalten zu klären; er bestätigte, dass die Geschichte über die russische Flagge, die während der Trauerzeremonie nicht gesenkt worden sein soll, der Wahrheit entspräche. Und ebenso wahr sei auch die Geschichte über die Feier. Das bedeutete, dass Hartwig Giesl angelogen hatte und dass auch das »persönliche, tief empfundene Mitgefühl für die Schandtat« von dem Russen nur vorgetäuscht war.[10]

Dafür gab es positive Neuigkeiten aus Berlin. An diesem Sonntag wiederholte Botschafter Szögyény-Marich den Wunsch Deutschlands, Österreich solle rasch gegen Serbien losschlagen. Dieses Mal äußerte er sich jedoch wesentlich klarer und sagte, dass »sowohl Seine Majestät Kaiser Wilhelm II. als auch alle anderen verantwortlichen Personen« eindeutig wünschten, dass Österreich »das Nest der revolutionären Verschwörer [in Serbien] ein für alle Mal ausräuchere«. Wien solle zur Kenntnis nehmen, dass »es keineswegs sicher sei, dass … Russland zu den Waffen greifen und Serbien unterstützen werde«, und, wesentlich wichtiger, dass »die deutsche Regierung außerdem glaubt, es gebe sichere Anzeichen dafür, dass sich England nicht an einem Krieg wegen eines Landes auf dem Balkan beteiligen werde, selbst wenn dies zu einem Waffengang mit Russland und eventuell sogar mit Frankreich führen sollte«. Das war mehr als ein Blankoscheck: Die Deutschen forderten quasi, dass Österreich Serbien sofort angreifen sollte.

Am Montag trafen weitere willkommene Nachrichten für die Kriegspartei in Wien ein. Dr. Friedrich Wiesner, Sektionsrat und leitender Justiziar am Ballhausplatz, war nach Belgrad entsandt worden, um eine rechtsgültige Akte über das Verbrechen anzulegen. Am Montag, dem 13. Juli, schickte er seinen ersten Bericht. Obwohl Wiesner eine unmittelbare Beteiligung der serbischen Regierung an der Planung des Verbrechens so gut wie ausschloss, erklärte er »ohne jeglichen Zweifel«, dass der Anschlag in Belgrad unter Mitwirkung von Major Tankosić ausgeheckt worden sei, der die Attentäter mit »Bomben, Browning-Pistolen, Munition und Kaliumcyanid, das sie nach ihrer Tat schlucken sollten, aus-gestattet habe. Außerdem stand fest, dass »Princip, Čabrinović und Grabež heimlich von serbischen Beamten über die Grenze geschmuggelt [worden waren]«. Obwohl Wiesners Bericht nicht viel weiter ging als das, was Potiorek bereits herausgefunden hat-te, bestärkte seine vorsichtige, juristische Ausdrucksweise Berchtold darin, dass ein angemessenes Dossier, in dem Serbiens Schuld dargelegt wird, rechtzeitig fertiggestellt sein müsse, um Österreich einen Grund für den Krieg zu liefern.[12]

Auf der Basis von Szögyény-Marichs letztem Telegramm so-wie Wiesners Bericht und unter dem Eindruck des Ausbruchs serbischen Chauvinismus' in Belgrad am Wochenende berief Berchtold ein Treffen mit Tisza ein in dem Glauben, jetzt habe er den starrköpfigen Ungarn endlich in die Enge getrieben. Wie er Tschirschky am Montagnachmittag, 13. Juli, mitteilte, »hoffte er, sich am nächsten Tag mit Tisza über den Text einer Note einigen zu können, die man an Serbien schicken wolle«. Nach erfolgrei-chem Abschluss wollte Berchtold am Mittwoch, dem 15. Juli, nach Bad Ischl reisen, um die Note dem Kaiser zur Ansicht vor-zulegen. Anschließend könnte noch am selben Abend ein auf 48 Stunden befristetes Ultimatum an Serbien gestellt werden, das wäre eine Woche früher als der ursprüngliche Plan, der den 22. Juli vorgesehen hatte (Berchtold wollte unbedingt den deutschen Botschafter beeindrucken und schien in seinem Eifer die Ernteur-laub-Problematik vollkommen vergessen zu haben).[13] Wenn alles wie geplant ablaufen sollte, könnte Berchtold endlich seinen Ruf als unentschlossener Zauderer abstreifen. Das würde die Deut-schen erfreuen!

Es gab einen weiteren wichtigen Grund, warum Berchtold da-rauf drängte, das Ultimatum noch in dieser Woche auf den Weg zu bringen (und nicht erst in der nächsten, wie es der Zeitplan des Ernteurlaubs vorgegeben hatte). Am Mittwoch, den 15. Juli, soll-te Frankreichs Präsident Poincaré an Bord der France gehen und zum Gipfeltreffen mit Zar Nikolaus II. nach St. Petersburg reisen. Obwohl es Berchtold gelungen war, Franzosen und Russen bis jetzt im Ungewissen über die österreichischen Pläne zu lassen, würde die Entsendung eines österreichischen Ultimatums an Belgrad unverzüglich eine diplomatische Krise heraufbeschwören. Das Letzte, was Berchtold wollte, war, dass dies gerade dann passierte, wenn sich Frankreichs Präsident in St. Petersburg aufhielt: In diesem Fall könnten Poincaré und der Zar im Eifer des Gefechts unmittelbar eine militärische Antwort auf Österreichs Angriff planen, während sie bei einem offiziellen Bankett auf gegenseitige Gesundheit anstießen. Wenn es Berchtold allerdings gelang, das Ultimatum irgendwie vor Poincarés Abreise zu verschicken, könnte das dazu führen, dass der Präsident den Besuch absagte, was es für ihn wesentlich schwieriger machen würde, seine Politik mit den Russen zu koordinieren. Eine Reise mit dem Schiff von der französischen Kanalküste bis in die russische Hauptstadt dauerte normalerweise etwa fünf Tage, sodass Poincaré am Montag, den 20. Juli, in St. Petersburg ankommen sollte. Daher hätte Berchtold viel gewonnen, wenn er das Ultimatum am Donnerstag oder Freitag absenden und auf diese Weise sicher sein könnte, dass das 48-Stunden-Zeitfenster für Serbiens Antwort durch die »Funkstille« einer langen Seereise überlagert würde. Frankreichs Präsident könnte in diesem Fall zwar immer noch eine gemeinsame Antwort mit den Russen nach seiner Ankunft in St. Petersburg am Montag, dem 20. Juli, verfassen, aber wenn Österreich (wiederum in Missachtung des Problems mit den Ernteurlauben) als Antwort auf die serbische Zurückweisung des Ultimatums mit der Mobilmachung am Samstag oder Sonntag begänne, wäre es zu spät, um den Kriegsausbruch noch zu verhindern. Die Deutschen sähen damit ihren Wunsch nach vollendeten Tatsachen erfüllt.

ALS TISZA AM Dienstag, den 14. Juli, nach Wien zurückkehrte, war ihm klar, dass Berchtold auf eine Entscheidung drängen würde. Sein Widerstand war aufgrund des von allen Seiten auf ihn ausgeübten ständigen Drucks erlahmt, und er begann allmählich, unachtsam zu werden. Tisza musste zugeben, dass die antiösterreichischen Angriffe der serbischen Presse unerträglich geworden waren. Widerwillig räumte er ein, dass jeder Tag seit Ausweitung der Krise »in ihm die Überzeugung verstärkt habe, dass [Österreich-Ungarn] einen mutigen Entschluss fassen sollte, um seine Stärke zu zeigen und den unerträglichen Zustand im Südosten (ein Euphemismus für Serbien) zu beenden«. Tisza war besonders beeindruckt von der »bedingungslosen Art und Weise, in der sich Deutschland an die Seite der [Doppel-] Monarchie gestellt hatte«. Obwohl »es nicht leicht gewesen war, die Entscheidung zu treffen, für einen Krieg zu stimmen«, war er jetzt »von dessen Notwendigkeit überzeugt«.[14] Es schien so, als habe Berchtold gewonnen. Doch Tisza hatte für seinen Gesinnungswechsel einen hohen Preis verlangt. Mittlerweile waren mehr als zwei Wochen nach dem Attentat von Sarajevo vergangen, zwei Wochen, in denen Österreich weder mit der Mobilmachung seiner Armee begonnen, wie es Conrads Wunsch gewesen war (obwohl das nur in der ersten Woche vor Beginn des Ernteurlaubs möglich gewesen wäre), noch ein Ultimatum vorbereitet hatte, das als Kriegsgrund gegen Serbien dienen konnte. Diese Zeitverzögerung hatte zwar dabei geholfen, die internationale Aufmerksamkeit von Wien abzulenken, da der Großteil Europas bereits angefangen hatte, die Balkankrise wieder zu vergessen. Aber sie würde auch dafür sorgen, wenn diese Aufmerksamkeit sich irgendwann einmal wieder auf Österreich richten sollte, dass die Österreicher scheinbar aus kalter zynischer Berechnung handelten und nicht in der ersten Wut, die nach der Ermordung des Habsburger Thronfolgers hochgekocht war. Conrads Plan, am 1. Juli die Mobilmachung bekannt zu geben (bevor die Soldaten den Ernteurlaub angetreten hatten), hätte trotz all ihrer Mängel viel diplomatischer geklungen: Obwohl manche Politiker geschockt gewesen wären, hätte keiner Österreichs Aufrichtigkeit und Entschlusskraft infrage stellen können. Jetzt waren die Österreicher als Folge von Tiszas

Hinhaltetaktik gezwungen, heimlich zu operieren, und ihre Absicht, gegen Serbien Krieg zu führen, hinter einer heuchlerischen Note an Belgrad zu verstecken. Berchtold hatte dies in seinem Gespräch mit dem deutschen Botschafter eingeräumt und gesagt, er wolle das Ultimatum abschicken, sobald sich Frankreichs Präsident auf See befände – als ob er befürchtete, das Ultimatum würde dem Tageslicht nicht standhalten. Auf diese verlogene, fast schon zynische Diplomatie hatte Tiszas Engstirnigkeit Berchtold reduziert.

In einer letzten Geste aus Trotz machte Tisza auch diesen Plan zunichte. Er blieb eisern bei seiner Bedingung, die er auf dem Ministertreffen am 7. Juli geäußert hatte, nämlich dass er den Text einer jeden Note prüfen wolle, die für Serbien bestimmt sei. Daher wurde Berchtold von Tisza in Kenntnis gesetzt, dass das Ultimatum der Prüfung durch den gesamten Ministerrat, der nicht vor Sonntag zusammentreten konnte, standhalten musste. Aus diesem Grund konnte das Ultimatum frühestens am Abend des 19. Juli abgeschickt werden – nur wenige Stunden bevor Poincaré in St. Petersburg ankommen würde. Für Berchtold gab es dadurch keine Möglichkeit, das Ganze so zu arrangieren, dass der französische Präsident und der russische Zar nicht von Österreichs Ultimatum erfuhren, »während sie sich unter dem Einfluss von Champagner Freundschaft schworen«. Wie er in seiner trockenen Art zu Tschirschky sagte, »wäre es günstig, wenn alle Toasts ausgebracht wären, bis die Note abgeschickt ist«.[15] Der neue Plan sah deshalb vor, bis zu der Nacht zu warten, in der die französische Delegation St. Petersburg wieder verlassen würde, was Berchtold (fälschlicherweise) für Samstag, den 25. Juli, annahm – fast einen Monat nach Sarajevo und drei Tage nach dem Datum, auf das er und Conrad sich aufgrund des Ernteurlaubs geeinigt hatten.

Trotz der erneuten Verzögerung, die auf Tiszas Konto ging, sprach vieles für den neuen Plan. Der 25. Juli war zwar etwas später, als sich Conrad gewünscht hatte, aber bis dahin wären auch die beiden letzten Armeecorps, das VI. und das VII., wieder aus dem Ernteurlaub zurück in ihren Standorten. Außerdem würde die »Funkstille«, wie Berchtold bemerkte, als er genauer darüber nachdachte, auf der Rückreise viel besser funktionieren als auf der Hinreise. Wenn er wartete und sein Blatt erst ausspielte, wenn Poincaré Russland wieder verlassen hatte, würde Österreich Frankreich und Russland keine Gelegenheit bieten, sich noch auf dem Gipfel untereinander abzustimmen. Poincaré, der in dem wohlverdienten Ruf stand, der kriegslüsternste Politiker in Paris und St. Petersburg zu sein, würde um seine Chance gebracht, Sasonow und dem Zaren den Rücken zu stärken, wenn sie vom österreichischen Ultimatum an Serbien erführen. Österreich würde somit vollendete Tatsachen schaffen, während Poincaré noch auf See war und nicht reagieren konnte. Es war ein zynischer Plan – aber zugleich ein brillanter.

Brillant, aber nicht narrensicher. Sollten die Franzosen oder die Russen zu einem früheren Zeitpunkt vom österreichischen Ultimatum Wind bekommen, könnten sie sich beim Anstoßen mit Champagner abstimmen und eine gemeinsame Antwort formulieren – mit der zusätzlichen Motivation, dass sie bestimmt über Berchtolds Versuch, sie auszutricksen, wütend waren. Das Ultimatum musste deshalb mit größtmöglicher Geheimhaltung behandelt werden (außer dass der deutsche Botschafter mehr oder weniger auf dem Laufenden gehalten werden musste): Jede undichte Stelle, die von einer feindlichen Macht angezapft würde, könnte sich fatal auswirken. Da London zurzeit mit der irischen Krise und Paris mit der Caillaux-Affäre beschäftigt war, sollte es nicht allzu schwierig sein, die Engländer und die Franzosen von der Spur abzulenken. Die Russen waren natürlich viel misstrauischer. Dennoch konnte die österreichische Botschaft in St. Petersburg am Dienstag, den 14. Juli, an den Ballhausplatz melden, dass Sasonow die Hauptstadt verlassen und sich auf seinen Landsitz nahe Grodno begeben hatte. Russlands Außenminister würde nicht vor Sonntag in sein Büro zurückkehren – just an dem

Tag, an dem der Ministerrat den endgültigen Text des Ultimatums festsetzen sollte. Falls es Berchtold gelänge, die Dinge bis dahin geheim zu halten, könnte der »Funkstille«-Plan aufgehen. Dahinter stand jedoch ein großes Fragezeichen.

8. Auftritt Sasonows

Samstag, 18. Juli

DIE ÖSTERREICHER BEMÜHTEN sich nach Kräften, das Ultimatum geheim zu halten. Dass sie Generalstabschef Conrad und Kriegsminister Krobatin aus der Stadt »in den Urlaub« schickten, war ein kluger Schachzug, eine Vernebelungstaktik, auf die anscheinend sogar der russische Botschafter Nikolai Schebeko hereinfiel, der dies ohne offensichtlichen Verdacht am 16. Juli in einem Telegramm an Außenminister Sasonow berichtete.[1] Abgesehen von einem 24-stündigen Besuch in Wien am Sonntag, dem 19. Juli, als der Ministerrat zusammentraf, blieb der ständig auf Krieg drängende Conrad vom 14. bis zum 22. Juli in Innichen, einem Kurort in Südtirol nahe der italienischen Grenze; das hatte darüber hinaus den großen Vorteil, dass er dadurch mit niemandem in Kontakt kam. Der Ernteurlaub für die einberufenen Soldaten ging weiter, und auch Offiziere, die sich im Urlaub befanden, wurden nicht gestört.

In der Zwischenzeit instruierte Berchtold seine Diplomaten, in ihren Gesprächen mit Repräsentanten ausländischer Staaten einen umgänglichen Ton anzuschlagen, während er selbst in seinen Äußerungen darauf verzichtete, die Schreckenstat von Sarajevo in irgendeiner Weise zu erwähnen. Vielleicht weil er sich selbst nicht ganz traute, sagte Berchtold seinen üblichen wöchentlichen Empfang ausländischer Botschafter ab und traf sich nur auf Anfrage in privatem Rahmen mit ihnen. Zum Glück hatte auch der Österreichische Reichsrat im Juli keine Sitzung; das bedeutete, dass der Außenminister keine unangenehmen Fragen beantworten musste, die möglicherweise in diesem Gremium gestellt worden wären. Das ungarische Parlament traf sich in Budapest; allerdings war es Tisza, der sich in diesem Haus jeder Menge Kritik ausgesetzt sah. »Die Regierung«, antwortete Ungarns Ministerpräsident dem Parlament auf ein wahres Trommelfeuer von Fragen, die zur Balkankrise gestellt wurden, »ist sich all der gewichtigen Interessen, die sich für den Erhalt des Friedens einsetzen, durchaus bewusst ... [und] ist nicht der Auffassung, dass die Klärung der [serbischen] Frage zwangsweise kriegsähnliche Komplikationen heraufbeschwören muss«. Tisza räumte ein, dass »jeder Staat ... in einer Position sein sollte, als ›Ultima Ratio‹ Krieg zu führen«, aber gleichzeitig erklärte er hintergründig, dass er »sich nicht auf irgendwelche Prophezeiungen einlassen würde«, ob ein Krieg mit Serbien bevorstünde.[2] Berchtold hätte es selbst nicht besser ausdrücken können – vielmehr hätte er das wahrscheinlich überhaupt nicht so sagen können. Indem Tisza einfach seine gewohnt vorsichtige, jeglichem Krieg abgeneigte Persönlichkeit herauskehrte, schaffte er es, einen Großteil der Mutmaßungen über Wiens Absichten in Bezug auf Serbien zu zerstreuen.

Dennoch konnte Berchtold die allgemeine Atmosphäre hektischer Betriebsamkeit, die vom Ballhausplatz ausging, nur schwer verbergen, ganz gleich, wie sehr er es auch versuchte. Berufsdiplomaten aus ganz Europa hatten von der Doppelmonarchie irgendeine Art von Antwort auf die Gräueltat von Sarajevo erwartet. Spione und Informanten schlichen durch Wien in der Hoffnung herauszufinden, was Berchtold in Wirklichkeit vorhatte. Selbst einfache Journalisten zapften jede mögliche Quelle an, die sie finden konnten, um wenigstens eine leise Andeutung über die österreichischen Absichten aufzuschnappen. Eine einzige undichte Stelle – irgendein Gewährsmann –, die das Ohr eines feindlichen Botschafters erreichte, und Berchtolds Pläne wären zum Scheitern verurteilt, denn Frankreich und Russland könnten in diesem Fall bereits auf dem Gipfeltreffen in St. Petersburg gemeinsame Schritte gegen das bevorstehende Ultimatum beschließen.

Am Ende aber war es Berchtold selbst, der sich verriet. Für den frühen Montagmorgen, 13. Juli, hatte der Außenminister einen alten Freund eingeladen, Graf Heinrich von Lützow, an seinem Gespräch mit dem deutschen Botschafter Tschirschky und Graf Johann von Forgách, Unterstaatssekretär und Sektionschef am Ballhausplatz, teilzunehmen. Lützow, mittlerweile 62 Jahre alt, war von 1904 bis 1910 Botschafter Österreich-Ungarns in Italien gewesen und anschließend in den vorzeitigen Ruhestand versetzt worden. Da er älter war als Berchtold, behandelte dieser den pensionierten Lützow gewissermaßen als »weisen, älteren Staatsmann«, der nicht mehr der üblichen Hierarchie und Befehlskette im Außenministerium unterstand; Berchtold konnte sich von ihm einen ehrlich gemeinten Rat holen, ohne befürchten zu müssen, dass dieser seinen Chef nicht verärgern wolle. Während der Audienz am Montag hatte Lützow Berchtold gewarnt, dass die Vorstellung, einen Konflikt mit Serbien »lokal begrenzen zu können«, ein reines »Fantasieprodukt« sei.[3]

Lützow war zutiefst beunruhigt, was er über Berchtolds Pläne gehört hatte, und er beschloss, mit jemandem darüber zu sprechen. Der ehemalige Diplomat verließ Wien am Dienstag und begab sich auf seinen Landsitz, in dessen unmittelbarer Nachbarschaft – welch ein Zufall – der britische Botschafter in Wien, Sir Maurice de Bunsen, residierte, mit dem Lützow öfter speiste. Beim Mittagessen am Mittwoch, dem 15. Juli, berichtete Lützow seinem britischen Freund von dem Gespräch, das er mit Berchtold über die Balkankrise geführt hatte. Lützow, erinnert sich de Bunsen, »machte ein ernstes Gesicht und fragte, ob ich wüsste, wie besorgniserregend die Situation sei«. Die Doppelmonarchie, warnte Lützow de Bunsen, »werde Serbiens Unverschämtheit nicht länger dulden ... Eine Note werde gerade aufgesetzt und erst dann fertiggestellt, sobald die Untersuchungen in Sarajevo abgeschlossen wären ... Es würden keine unnützen Aussprachen mehr toleriert. Wenn Serbien nicht augenblicklich nachgibt, werde man Gewalt anwenden, um es zu zwingen.«[4]

Der britische Botschafter verlor keine Zeit und eilte sofort nach Wien zurück, um diesen erstaunlichen Streich nach London zu melden. Am Donnerstag, dem 16. Juli, berichtete de Bunsen an Außenminister Sir Edward Grey, dass »eine Art Anklageschrift gegen die serbische Regierung vorbereitet werde wegen einer angeblichen Beteiligung an der Verschwörung, die zur Ermordung des Erzherzogs geführt habe«. Seine Quelle, so teilte de Bunsen Grey mit, sei »ein persönliches Gespräch des österreichischen Außenministers mit einem Freund von mir«. Dieser »Freund«, erfuhr Grey, hatte de Bunsen schon früher informiert, dass »man die serbische Regierung auffordern werde, bestimmte einschneidende Maßnahmen zu ergreifen, um die nationalistische und anarchistische Propaganda zu beschränken, und dass der österreichisch-ungarischen Regierung nicht der Sinn nach Verhandlungen mit Serbien steht, sondern dass sie auf sofortige Einhaltung drängt, andernfalls werde man Gewalt anwenden. Deutschland soll angeblich mit dieser Vorgehensweise vollkommen einverstanden sein.«[5] De Bunsens Freund, gab er am nächsten Tag zu, war Lützow.

Erstaunlicherweise scheint Berchtold seinem Ratgeber nicht gesagt zu haben, dass er über die Angelegenheit schweigen solle, wenn er mit de Bunsen spricht. So weit wir es aus Lützows Memoiren herauslesen können, war es seine Absicht, Berchtolds Planungen zu vereiteln, indem er den Briten darüber, was sich da zusammenbraute, eine Warnung zukommen ließ – in der Hoffnung, dass sie handeln würden, um Serbien, Frankreich und Russland zurückzuhalten. Wenn dies der Wahrheit entspricht, hatte Lützow einen Akt von gröbster Befehlsverweigerung begangen – abgesehen von der Tatsache, dass er als pensionierter Diplomat nicht an die Anweisungen des Außenministers gebunden war. Es könnte auch sein, dass Lützow, der im Vergleich zu Berchtold der Dienstältere war, keine Notwendigkeit gesehen hat, eine Politik zu verfolgen, mit der er überhaupt nicht einverstanden war. Was auch immer der Grund für Lützows Motivation gewesen sein mag, es spricht nicht gerade für Berchtolds Disziplin, dass er mit einem pensionierten Diplomaten, egal ob erfahren oder nicht, so offen sprach, ohne ihm ausdrücklich zu untersagen, Fremde über den vertraulichen Inhalt seiner Mitteilungen zu informieren.

De Bunsen suchte Berchtold am Freitag auf, um ihm weitere Fragen zu stellen. Anscheinend war sich Berchtold nicht bewusst, dass sein Kollege bereits aus dem Nähkästchen geplaudert hatte; insofern gab er eine beeindruckende Vorstellung von Unbekümmertheit. Berchtold war überaus »charmant«, berichtete de Bunsen glücklich nach London. Er versprach, in Kürze de Bunsen auf seinem Landsitz zu besuchen, und lud den Briten im Gegenzug ein, auf seinen Landsitz nach Buchlau zu kommen. Berchtold »erwähnte weder allgemeine politische Themen noch die Serben im Speziellen«. Vordringlich schien der Österreicher mit einem anstehenden Pferderennen beschäftigt, bei dem er selbst Vollblüter am Start hatte. In seiner charakteristischen britischen Reserviertheit fiel es de Bunsen nicht ein, das liebenswürdige Geplauder zu unterbrechen und klare Antworten zu fordern in Bezug auf Lützows Bemerkung, dass Österreich plane, Serbien ein Ultimatum zu stellen. Ebenso wenig versuchte Grey, nachdem er de Bunsens Telegramm aus Wien erhalten hatte, aus seinem Botschafter noch mehr Informationen über dieses brisante Thema herauszupressen. In seinem nächsten Telegramm vom Samstag, den 18. Juli, bestätigte de Bunsen fast noch Berchtolds Unschuldsbezeugungen; er berichtete nämlich, dass ihm der italienische Botschafter erzählt habe, »er glaube nicht, dass man Serbien unzumutbare Forderungen stellen werde«, denn weder der furchtsame Berchtold noch der vorsichtige Kaiser Franz Joseph »würden solch eine unkluge Vorgehensweise gutheißen«.*

Es schien, als ob die britische Gleichgültigkeit Österreichs Außenminister vor den Folgen von Lützows schwatzhafter Zunge gerettet habe.[6]

MIT DEN RUSSEN dagegen sollte Berchtold weniger Glück haben. Außenminister Sasonow befand sich bis Samstag in der russischen Provinz, von der Kommunikation mit der Außenwelt abgeschnitten, doch während seiner Abwesenheit sollte der russische Botschafter in Wien, Nikolai Schebeko, eine weitaus größere Neugier – und auch einen größeren Argwohn – zeigen als sein britischer Widerpart. Während Schebeko als Botschafter eines »feindlichen« Landes nicht das Vertrauen Lützows genoss, und erst recht nicht das Berchtolds, stand er doch mit dem britischen Botschafter auf vertrautem Fuß, der den Kern der Geschichte an ihn weitergab. Wie sich Schebeko später erinnerte, erfuhr er am Donnerstagnachmittag, 16. Juli, von de Bunsen, dass es Anfang der Woche am Ballhausplatz ein Gespräch zwischen Berchtold und Forgách gegeben habe, »über den Inhalt einer Note, die nach Beendigung der Untersuchungen auf Beschluss der österreichischen Regierung an die serbische Regierung überreicht werden sollte. Diese Note war äußerst scharf formuliert und enthielt drastische Forderungen, die für jeden unabhängigen Staat unannehmbar seien.«[7] Obwohl er diese Aussage nicht von unabhängiger Seite bestätigt bekam, vertraute Schebeko seiner Quelle doch so weit, dass er den russischen Außenminister in Kenntnis setzte. Er habe »Informationen erhalten, dass die österreichisch-ungari-

---

* Kurioserweise schrieb de Bunsens Gattin am Samstagabend, 18. Juli, in ihr Tagebuch, kurz nachdem der britische Botschafter Berchtolds Unschuldsbezeugungen ohne Einwand nachgeplappert hatte: »Eine scharfe Note mit einem Ultimatum, sagte Lützow zu M[aurice de Bunsen] soll nächste Woche verschickt werden, das wahrscheinlich für Serbien nicht annehmbar ist.«

sche Regierung nach Abschluss ihrer Untersuchungen beabsichtige, an Belgrad bestimmte Forderungen zu stellen unter der Behauptung, dass es eine Verbindung zwischen dem Attentat von Sarajevo und der panserbischen Bewegung innerhalb der Grenzen der Monarchie gebe«. Im Gegensatz zu seinem britischen Widerpart war sich Schebeko der Bedeutung dieses Augenblicks sehr wohl bewusst. Er bat Sasonow dringend, dem »Wiener Kabinett« klarzumachen, »wie Russland auf die Tatsache reagieren werde, dass Österreich Forderungen an Serbien stellt, die für die Würde dieses Staates unannehmbar sind«. Der Habsburger Botschafter in Russland, der ungarische Graf Friedrich Szápáry, so berichtete Schebekov außerdem an Sasonow, habe Wien am Vorabend (Mittwoch, 15. Juli) verlassen und sollte in Kürze in St. Petersburg eintreffen.[8]

Der britische Botschafter hatte – von Lützow – als Erster einen Hinweis auf die österreichischen Pläne erhalten, aber es waren die Russen, die sich dieser Informationen bedienten. Den russischen Kryptografen war es in den zurückliegenden Jahren gelungen, viele diplomatische Codes der Österreicher zu entschlüsseln. Obwohl Berchtold sehr vorsichtig war und verboten hatte, nach Moskau Telegramme zu schicken, in denen vom Ultimatum selbst die Rede war, hatte er jedoch weniger Vorsicht bei dessen Zeitplan walten lassen. Am Dienstag, dem 14. Juli, hatte Berchtold direkt an die österreichisch-ungarische Botschaft in St. Petersburg telegrafiert und um Informationen gebeten, wann die französische Delegation nach dem Gipfeltreffen zwischen Poincaré und dem Zar wieder abreisen sollte. Dieses verdächtige Telegramm war von den russischen Spezialisten am Dienstagabend entschlüsselt worden. Da sie nun wussten, worauf sie achten mussten, fingen die Russen zwei Antworttelegramme am Donnerstag, dem 16. Juli, und Freitag, dem 17. Juli, ab, die Berchtold informierten, dass sich Poincaré für seine Heimreise nach Frankreich am Donnerstagabend, 23. Juli, einschiffen wollte.[9] Durch Schebeko (über de Bunsen und Lützow) konnte der russischen

Außenminister schließlich herausbekommen – zumindest ungefähr –, was Berchtold plante. Von ihren eigenen Kryptografen erfuhren die Russen den genauen Zeitpunkt, wann er es plante. Als Sasonow von seinem Aufenthalt in der Provinz zurückkehrte, hatte er jedenfalls eine Menge nachzuholen, um sich auf den neuesten Informationsstand zu bringen.

Der Mann, der in Sasonows Abwesenheit als Drahtzieher fungierte, war sein Stabschef Baron Moritz Schilling. In Rang und Funktion Zimmermann in Berlin und Hoyos in Wien gleichgestellt, sollte Schilling eine nicht weniger bedeutsame Rolle als diese beiden in dem sich abzeichnenden diplomatischen Drama spielen. Schon bevor er Schebekos ominöses Donnerstagstelegramm aus Wien gelesen hatte, hatte Schilling angefangen, eigene Verdächtigungen über die österreichischen Absichten anzustellen, die auf einem Gespräch beruhten, dass er in der gleichen Nacht mit dem italienischen Botschafter in Russland, dem Marquis Andrea Carlotti di Riparbella, geführt hatte. Carlotti hatte Schilling »von seinem Eindruck erzählt, dass Österreich imstande sei, einen unwiderruflichen Schritt in Bezug auf Serbien zu machen, basierend auf dem Glauben, dass Russland zwar heftig protestieren, aber keine gewaltsamen Maßnahmen ergreifen würde, um Serbien zu schützen«. Schilling selbst glaubte, dass Russland »fest entschlossen sei, keine Schwächung oder Erniedrigung Serbiens zu erlauben«, aber er hielt es für das Beste, wenn Italien als ein (zumindest nomineller) Verbündeter von Österreich-Ungarn – oder besser noch Deutschland – an Russlands Stelle diese Warnung an Wien aussprach. Wenn die Russen »eine solche Erklärung nach Wien schickten«, machte Schilling Carlotti klar, »würde es vielleicht als Ultimatum angesehen und die Situation nur noch zusätzlich verschärfen«. Außerdem war Schilling als Stabschef auch nicht befugt, russische Politik festzulegen. Allerdings wollte er sofort nach seiner Rückkehr in die Stadt Russlands Außenminister von Carlottis Warnung berichten.[10] Am Freitag, den 17. Juli, erfuhr Schilling von Schebekos Telegramm,

das dieser am Donnerstag aufgegeben hatte, und von den ent-
schlüsselten Nachrichten aus und nach Wien, welche den Termin
von Poincarés Abreise aus St. Petersburg zum Inhalt hatten. Als
ob sich Schillings schlimmste Befürchtungen über die österreichischen Absichten bestätigen sollten, legte Botschafter Szápáry, gerade aus Wien eingetroffen, einen Zwischenstopp an der Sängerbrücke ein und »gab seinem dringenden Wunsch Ausdruck,
Sasonow so bald wie möglich zu sehen«. Szápáry erwähnte nicht,
warum er den russischen Außenminister so dringend treffen
musste, aber es war nicht schwer für Schilling, den Grund zu erraten. Er informierte den österreichisch-ungarischen Botschafter,
dass Sasonow noch immer auf seinem Landsitz in der Nähe von
Grodno verweile, man ihn jedoch früh am nächsten Morgen zu-
rückerwarte. Schilling merkte Szápáry schriftlich für ein Treffen
um 11 Uhr an der Sängerbrücke vor.[11]

Sasonow kehrte wie geplant am Samstagmorgen nach St. Petersburg zurück. Um ihn so schnell wie möglich über den letzten
Stand der Entwicklungen aufzuklären, und zwar noch vor seinem
Treffen mit Szápáry, fing Schilling ihn bereits am Bahnhof ab. Auf
dem Weg zum Außenministerium trug er Sasonow den Inhalt des
Telegramms vom Dienstag vor, das der russische Botschafter aus
Wien geschickt hatte. Es war nicht weiter schwierig, die Verbindung zwischen Schebekos Warnung, dass Österreich »dabei war,
an Serbien Forderungen zu stellen, die mit der Würde eines souveränen Staates unvereinbar waren«, und Szápárys dringender
Anfrage nach einer Audienz bei ihm herzustellen. Schließlich war
es Schebekos Telegramm, das die beiden Angelegenheiten stillschweigend verband, indem er Sasonow dringend bat, Wien zu
informieren, »wie Russland reagieren werde«, bevor er ihm mitteilte, dass Szápáry auf dem Weg nach St. Petersburg war. Schilling fasste außerdem für seinen Chef das Wichtigste seiner Unterredung mit Carlotti zusammen, die das Schlimmste zu bestätigen
schien. Sasonow, schrieb Schilling später in ein Tagebuch, das er
für das Außenministerium aufbewahrte, »war durch diese Nach-

richten sehr beunruhigt, und er stimmte mit Baron Schilling darin überein, dass es dringend notwendig sei, Österreich vorab zu warnen und über die Entschlossenheit Russlands in Kenntnis zu setzen, unter keinen Umständen etwas zu erlauben, dass sich gegen Serbiens Unabhängigkeit richte«. Russlands Außenminister, fuhr Schilling fort, »fasste den Entschluss, sich gegenüber [Szápáry] bezüglich dieser Thematik mit äußerster Entschiedenheit auszudrücken«.[12]

Als Sasonow um 11 Uhr jedoch den österreichisch-ungarischen Botschafter empfing, schien es, als ob er von seinem Gelöbnis, stark zu bleiben, wieder zurückgetreten wäre. Der Russe, berichtete Szápáry nach Wien, »vermied es sorgfältig, Österreichs Beziehungen zu Serbien auch nur anzuschneiden«. Szápáry selbst hatte von Berchtold strikte Anweisungen bekommen, das anstehende Ultimatum mit keiner Silbe zu erwähnen; daher versetzte Sasonows Weigerung, das Thema auf den Tisch zu bringen, ihrer Konversation einen Dämpfer. Um den Russen aus der Reserve zu locken, versuchte Szápáry auf spielerische Weise, das »monarchische Prinzip« in ihre Unterhaltung einfließen zu lassen. Obwohl Sasonow »keinen Versuch machte, ihm zu widersprechen«, gelang es Szápáry nicht, den Russen zu irgendeiner nachträglichen Sympathiebekundung für das Attentat von Sarajevo zu verleiten. Stattdessen wechselte Sasonow das Thema, indem er Szápáry warnte, dass »die neuesten Nachrichten aus Wien ihn beunruhigt hätten«, ohne allerdings zu sagen, welche Neuigkeiten er meinte. Behutsam versuchte Sasonow, Szápáry aus der Reserve zu locken; so erklärte er, dass »Wien niemals in der Lage sein werde, zu beweisen, dass Serbien solche Machenschaften toleriert habe«, wie diejenigen, die zum Attentat von Sarajevo geführt hätten. Darauf entgegnete Szápáry vorsichtig, weil er die abschließenden Ergebnisse der österreichischen Untersuchung noch nicht vorliegen hatte, »jede Regierung müsse bis zu einem gewissen Grad die Verantwortung für Handlungen übernehmen, die von ihrem Staatsgebiet ausgingen«. In dem Wissen, dass Sasonow genau diese Ansicht in früheren Gesprächen mit Czernin, dem österreichischen Legationsrat, abgelehnt hatte, versuchte er ihn zu einer entschiedenen politischen Aussage zu drängen, aber der Russe wechselte einfach wieder das Thema.

Insgesamt, berichtete Szápáry nach Wien, mache Russlands Außenminister »nicht den Eindruck«, dass er eine eindeutige politische Haltung vertrete. In der Zwischenzeit sagte Sasonow kurz nach dem Treffen zu Schilling, dass Szápáry »so sanft wie ein Lamm« gewesen sei.[13] Die beiden Diplomaten hatten einander wie misstrauische Gegner umkreist, darauf bedacht, ja nicht ihre Flanke darzubieten, und es irgendwie geschafft, dieses unangenehme Treffen hinter sich zu bringen, ohne die Beherrschung zu verlieren – und ohne, wie es schien, etwas preiszugeben.

Da Szápáry – und nicht Schilling oder Sasonow – um das samstägliche Treffen gebeten hatte, war die ganze Sache offensichtlich die Idee der Österreicher. Die Absicht dahinter ist leicht zu durchschauen: Berchtold wollte herausfinden, ob die Russen etwas über seine Pläne wussten. Wahrscheinlich kam noch ein Begleitmotiv für Berchtold hinzu: Er wollte die Wachsamkeit des Russen ausschalten, wollte ihn einlullen, um ihm nur ja keine Möglichkeit zu bieten, dass er von dem Ultimatum an Serbien im Voraus Wind bekomme oder – was noch schlechter wäre – während des Gipfeltreffens mit dem französischen Präsidenten Poincaré, das am Montag beginnen sollte. Was diese beiden Ziele anging, so hatte Botschafter Szápáry offensichtlich Erfolg. Sasonow hatte den Botschafter mit keiner ernsthaften Aussage über die österreichischen Absichten konfrontiert; er hatte weder seine Stimme erhoben noch tatsächlich irgendetwas getan, was den Schluss nahelegte, er habe auch nur den leisesten Verdacht, was Berchtold vorhatte. Sasonows Bemerkung »sanft wie ein Lamm« deutete, obwohl sie den Österreichern nicht bekannt war, darauf hin, dass Berchtolds Plan perfekt funktionierte.

Allerdings war nicht alles so, wie es zu sein schien in diesem Tanz diplomatischer Irreführung. Sasonow war ebenso vorsichtig und gerissen wie Szápáry. Genau wie Berchtold sichergehen wollte, dass die Russen nichts von seinen Plänen mitbekommen hatten, wollte Sasonow die Österreicher nicht wissen lassen, dass er das Spiel durchschaute. Am späteren Samstagnachmittag sprach Sasonow wesentlich offener zum englischen Botschafter Sir George Buchanan von seiner »großen Besorgnis, die Österreichs Haltung gegenüber Serbien bei ihm verursacht habe«. Als ihn der britische Botschafter bat, klar zu sagen, was er damit meinte, antwortete Sasonow, dass »alles in Gestalt eines österreichischen Ultimatums an Belgrad Russland nicht gleichgültig lassen könne, und es könne sich gezwungen sehen, militärische Vorsichtsmaßnahmen zu ergreifen«.[14] Innerhalb von acht Stunden nach seiner Rückkehr aus dem Urlaub nach St. Petersburg und ca. 24 Stunden, bevor er Präsident Poincaré und Premierminister Viviani zum Gipfeltreffen der französisch-russischen Allianz als Gäste begrüßen sollte, stellte Russlands Außenminister bereits Betrachtungen an über eine militärische Antwort auf das erwartete Ultimatum Österreich-Ungarns an Serbien.

Am Sonntagmorgen begab sich Sasonow nach Schloss Peterhof, um den Zaren über die heraufziehende Krise zu informieren. Bezeichnenderweise hatte er Nikolaus II. den Text von Schebekos Telegramm vom 16. Juli vorgelesen, um Russlands Herrscher darauf aufmerksam zu machen, dass in Wien irgendeine Art von Ultimatum an Belgrad vorbereitet würde. Nach seiner Unterredung mit Sasonow notierte der Zar am Rand von Schebekos Telegramm: »Nach meiner Auffassung sollte ein Staat keine Aufforderungen an einen anderen richten, außer, natürlich, er ist auf Krieg aus.«[15] Am gleichen Morgen überzeugte Berchtold den Ministerrat in Wien, den Text für Österreichs Ultimatum an Serbien auszuarbeiten.

9. Kriegsrat in Wien (II)

Sonntag, 19. Juli

NACHDEM TISZA AM Dienstag auf die Seite der Kriegspartei übergetreten war, musste Österreichs Außenminister fünf geschlagene Tage warten, bevor er seinen Plan umsetzen konnte. Ein Geheimnis dieser Größenordnung zu bewahren war nicht leicht für einen kontaktfreudigen und geselligen Mann wie Berchtold, der nicht gerade für seine Verschwiegenheit bekannt war. Er blieb in Unkenntnis darüber, dass sein alter Freund Lützow ihn an den britischen Botschafter (und über diesen an die Russen) verraten hatte. Insofern glaubte Berchtold, als er am Sonntagmorgen erwachte, dass Österreich alle anderen Großmächte vollkommen im Dunkeln gelassen hätte – sogar die Deutschen, denen nichts weiter mitgeteilt worden war, nachdem Berchtold Botschafter Tschirschky über Tiszas Gesinnungswandel am Dienstag, den 14. Juli, informiert hatte. Vorausgesetzt, dass Tisza entschlossen zu seinem Wort stand, konnte der Ministerrat am Sonntag endlich den Text für das auf 48 Stunden befristete Ultimatum an Serbien aufsetzen, hinter dem die Reichsregierung geschlossen stehen würde. Die Note konnte dann jederzeit in den nächsten vier Tagen an die österreichische Gesandtschaft in Belgrad geschickt werden, solange sie versiegelt war, mit strengen Anweisungen, nicht vor Dienstag, dem 23. Juli, geöffnet zu werden.

Obwohl es schien, als wäre bisher alles erfolgreich verlaufen, ging Berchtold am Sonntag kein unnötiges Risiko ein. Um das Geheimnis vor ausländischen Botschaftern zu bewahren, hatte der Außenminister weitreichende Sicherheitsmaßnahmen angeordnet. Während das ungarische Parlament noch immer in Budapest Sitzung hielt, erfand Berchtold eine Titelgeschichte, um Tiszas Anwesenheit in Wien zu erklären. Er ließ der Presse mitteilen, dass der ungarische Ministerpräsident vom Parlament beauftragt worden sei, mehr Informationen über die neuesten Entwicklungen auf dem Balkan einzuholen – ein plausibles Szenario. Generalstabschef Conrad, immer noch auf Urlaub in Südtirol, war am Samstagabend zurückgekehrt, um, wie er jedermann, der ihn fragte, bereitwillig mitteilte, einen seiner Söhne zu besuchen, der krank im Bett lag. Die anderen Minister – Biliński, Krobatin, Stürgkh – hatten alle ihren Sitz in Wien, daher war es auch nicht notwendig, ihre Anwesenheit in der Stadt zu erklären. Um weiteren Verdächtigungen vorzubeugen, wurde das Treffen nicht am Ballhausplatz, sondern in Berchtolds Wiener Privatpalais mit dem entzückenden Namen Strudlhof abgehalten. In einer echten Nacht-und-Nebel-Aktion traf jedermann in nicht gekennzeichneten Fahrzeugen ein, um den Nachbarn nur ja keinen Hinweis zu geben.[1]

Gegen 10 Uhr begann der streng geheime Kriegsrat im Palais Strudlhof. Berchtold führte den Vorsitz und eröffnete die Sitzung, wobei er den festgesetzten Zeitplan darlegte. Das 48-stündige Ultimatum – in der Diplomatensprache als befristete Démarche bezeichnet – sollte am Donnerstag, den 23. Juli, um 17 Uhr übergeben werden – in dieser Nacht sollte Poincaré wieder aus St. Petersburg abreisen. Die anderen Großmächte würden davon am Freitagmorgen in Kenntnis gesetzt. Obwohl es theoretisch möglich war, dass die französische Delegation noch vor der Abreise aus St. Petersburg Donnerstagnacht von dem Ultimatum erfuhr, hielt dies Berchtold für wenig wahrscheinlich (die Armeeführung bestand auf 17 Uhr). Falls Serbien das Ultimatum ablehnen sollte, würde es am Samstag zur selben Zeit ablaufen, was den Beginn der Mobilmachung um Mitternacht von Samstag auf Sonntag, 25.–26. Juli, erlauben würde. Um mögliche Argumente gegen diesen Zeitplan (das heißt von Tisza) von vornherein zu entkräften, informierte Berchtold die Minister, dass »die Deutschen langsam nervös werden«, was gegen jeden weiteren Aufschub spräche.[2]

Wie vorherzusehen war, standen die Armeechefs voll und ganz hinter Berchtolds Plan; sie wünschten sich lediglich, dass die Dinge noch rascher vorangehen sollten. Conrad wiederholte – wahrscheinlich zum mittlerweile tausendsten Mal –, seine Ansicht, dass »vom militärischen Standpunkt aus der schnellstmögliche Beginn der Mobilmachung wünschenswert sei«. Sein einziges Zugeständnis an die Vorsicht bestand darin, dass das Kriegsrecht nirgendwo in Österreich-Ungarn ausgerufen werden sollte, ehe nicht die Mobilmachung offiziell im Gang war, nicht einmal in Bosnien-Herzegowina, von wo aus Operationen gegen Serbien gestartet werden sollten. Kriegsminister Krobatin sagte zu, am Mittwoch, dem 22. Juli, mit dem Ausstellen der Befehle für die Mobilmachung zu beginnen, sodass am Wochenende alles bereit sein sollte. Aufgrund dieser Tatsachenentscheidungen war der Krieg gegen Serbien im Prinzip eine beschlossene Sache; er sollte beginnen, sobald das Ultimatum am Samstag abgelaufen war.

Natürlich betrachtete Tisza die Angelegenheit nicht in dieser Art und Weise. Obwohl er sich am Dienstag – mehr oder weniger – der Kriegspartei angeschlossen hatte, war er immer noch ein gegen seinen Willen Bekehrter, heimgesucht von etlichen Zweifeln. Aus ungarischer Sicht drohte die größte Gefahr in jedem Balkankrieg von Rumänien, das über die Transsilvanischen Alpen nach Ungarn vorstoßen konnte. Bukarest lag gerade mal 160 Kilometer von Kronstadt (heute: Brasov) entfernt, der größten un-

garischen Stadt Siebenbürgens und eine von den »Sieben Städten«, die im Mittelalter von Sachsen gegründet worden waren.
Sinaia, Rumäniens Sommerhauptstadt, lag nur 50 Kilometer von
Kronstadt entfernt und damit noch näher an der ungarischen
Grenze. Ein rumänischer Einfall über diese Grenze würde direkt
das blühende Siebenbürgen bedrohen, und damit auch die ungarische Kontrolle über Transsilvanien. Tisza hatte bereits alles
Mögliche unternommen, was in seiner Macht als Ministerpräsident stand, um die örtlichen Polizeikräfte in den »Sieben Städten«
zu verstärken, aber das war bei Weitem nicht ausreichend, um
Rumänien von einer Invasion abzuhalten. Bevor Tisza dem endgültigen Plan bezüglich des Ultimatums zustimmte, wollte er Generalstabschef Conrad darlegen, was man unternehmen müsse,
um Transsilvanien zu verteidigen.

Conrad hatte mit genau dieser Fragestellung gerechnet und
sich dementsprechend präpariert. Das Kriegsrecht, so versprach
er Tisza, würde in Transsilvanien ausgerufen, sobald die Mobilmachung anlaufe. Obwohl die Anforderungen des Invasionsplans
für Serbien und die Notwendigkeit, Galizien gegen einen möglichen russischen Einmarsch zu verteidigen, die Armee daran hin-
derte, ihre Streitkräfte gegen Rumänien zu konzentrieren, hatte
Conrad spezielle Landsturm-Bataillone für Siebenbürgen aufgestellt: eine Art erweiterte Miliz (Bürgerwehr) unter dem Kommando aktiver Armeeoffiziere. Sicherlich, so gestand er Tisza ein,
würden diese irregulären Verbände nicht ausreichen, wenn es
zum Krieg mit Bukarest käme, aber ihre augenscheinliche Prä-
senz sollte genügen, um Rumänien von einem Angriff abzuhalten. Als weitere Vorsichtsmaßnahme hatte Conrad sichergestellt,
dass die Transsilvanischen Einheiten nur »einen sehr geringen
Anteil an Rumänen« aufwiesen.

Tisza erklärte sich mit Conrads Versicherungen zufrieden,
aber er war noch lange nicht fertig. Da kein anderer bereit war,
den Advocatus Diaboli zu spielen, brachte der ungarische Ministerpräsident wie üblich selbst jeden möglichen Einwand vor, ganz

gleich, ob er Ungarn direkt betraf oder nicht. »Wie steht es mit Italien?«, war seine nächste Frage. Damit erinnerte er seine Ministerkollegen daran, dass Österreichs nomineller Verbündeter ein Auge auf Triest und Südtirol geworfen hatte. Sollte sich Italien einen Krieg gegen Serbien zunutze machen und einmarschieren, sähe sich Österreich einem Zweifrontenkrieg gegenüber, selbst wenn sich Russland und Rumänien heraushalten sollten. Berchtold versprach ihm auf der Stelle, dass ein italienischer Angriff »unwahrscheinlich« sei und dass er alle möglichen diplomatischen Maßnahmen ergreifen werde, um dieses Risiko auszuschalten.

An diesem Punkt endlich sah Tisza seine Chance. Als Berchtold zugab, dass diplomatische Finesse erforderlich sein werde, um sich der Neutralität Italiens, immerhin eines nominellen Verbündeten Österreichs, zu versichern, legte der ungarische Ministerpräsident die unabdingbaren Auflagen fest, unter denen er zustimmen werde, Serbien ein Ultimatum zu stellen. Um sich der Unterstützung oder wenigstens der Neutralität von Staaten wie Italien, Rumänien und Russland zu versichern, bestand Tisza darauf, dass die Minister »einhellig darin übereinstimmen, dass mit der Aktion gegen Serbien keine Eroberungspläne der [Doppel-] Monarchie verknüpft sind und dass Österreich – mit Ausnahme gewisser Begradigungen der Grenze, die aus strategischen Gründen notwendig sind – nicht die Absicht hat, auch nur ein Stück von Serbiens Territorium zu annektieren«. Sollte dies nicht akzeptiert werden, würde Tisza seine Zustimmung zur Entsendung eines auf 48 Stunden befristeten Ultimatums zurückziehen.

Er könne seine Bedingung erfüllen, sagte Berchtold zu dem Ungarn, »allerdings unter einem Vorbehalt«. Obwohl er mit ihm übereinstimmte, dass Österreich-Ungarn nicht selbst Gebiete annektieren sollte, hielt er unnachgiebig daran fest, dass »man versuchen sollte, [Serbiens] Größe zu reduzieren, damit es künftig keine Gefahr mehr darstelle, indem man möglichst große Teile des serbischen Staatsgebiets an Bulgarien, Griechenland, Albanien und möglicherweise auch Rumänien verteile«. Ganz gleich, ob es wirklich Berchtolds Wunsch für Österreich war, Serbien niederzuwerfen und anschließend den Gewinn unter den gierigen Balkanmächten aufzuteilen, jedenfalls hatte ihn Tisza gezwungen, dies auszusprechen – und das war immerhin etwas. Österreichs Ministerpräsident Graf Stürgkh bestand darauf, dass Serbien, wenn auch seine territoriale Unversehrtheit respektiert werde, es dennoch durch verschiedene Mittel in enge Abhängigkeit zu Wien gebracht werden sollte, beispielsweise durch »Absetzung der österreichfeindlichen Dynastie vom Thron, ein Militärabkommen oder andere geeignete Maßnahmen«. Krobatin äußerte sich noch eindeutiger und erklärte, dass »Grenzkorrekturen« auch die Kontrolle über die Brückenköpfe der Save im serbischen Distrikt Sabaç einschließen müssten – ein Gebiet, das musste er nicht extra hinzufügen, von dem aus Gavrilo Princip und die anderen Attentäter von Sarajevo in bosnisch-herzegowinisches Territorium eingedrungen waren.

Tisza hielt immer noch stand. Sein Einwand gegen eine Zerstückelung Serbiens, erklärte er, »beruhe nicht einfach nur auf innenpolitischen Gründen, sondern auf seiner persönlichen Überzeugung, dass Russland zum Widerstand bis zum Äußersten (à outrance) gezwungen werde, wenn wir darauf beharren, Serbien vollständig auszulöschen«. Da er dem Wort seiner Ministerkollegen nicht traute, bestand Tisza nicht nur auf ihrer einstimmigen Annahme einer Zusicherung, dass keine Annexion geplant sei, sondern verlangte ferner, dass diese Zusicherung öffentlich gemacht werde. In der abschließenden Resolution des Ministerrates wurde vertraglich festgelegt, dass »auf Vorschlag des ungarischen Ministerpräsidenten sofort nach Ausbruch des Kriegs eine Erklärung gegenüber den ausländischen Mächten abgegeben wird, dass die Monarchie keinen Eroberungskrieg führe und nicht beabsichtige, das Königreich [Serbien] zu integrieren«. Dennoch beharrten die anderen Minister darauf (allerdings sollte dieser Teil nicht veröffentlicht werden), dass »dieses Votum weder Begradigungen der Grenze aus strategischen Gründen beinhalte noch die Verkleinerung Serbiens zum Vorteil anderer Staaten, noch eine zeitweilige Besetzung von Teilen Serbiens, was eventuell notwendig werden könnte«.

Wie bereits auf dem ersten Kriegsrat vom 7. Juli waren die politischen Differenzen zwischen Tisza und den anderen erneut übertüncht worden durch eine »einstimmige« Resolution, die nichts löste. Die erste Klausel, die ein öffentliches Versprechen verfügte, Serbien nicht aufzulösen, würde durch die zweite vollkommen konterkariert, die zum Inhalt hatte, dass Serbien unter allen (obwohl vermutlich nicht durch Österreich-Ungarn selbst) aufgeteilt werde. Der Zynismus, mit dem die anderen Minister ihr Versprechen gegenüber Tisza sahen, trat auf nette Weise in einer Bemerkung Conrads zutage, die er beim Verlassen des Strudlhofs gegenüber Krobatin fallen ließ: »Nun, wir werden sehen. Vor dem Balkankrieg sprachen die Staaten auch über [die Aufrechterhaltung] des Status quo – hinterher kümmerte sich niemand mehr darum.«[3]

Wenn ich heute das Protokoll über die Ministerratssitzung vom 19. Juli – die auf Tiszas Drängen einberufen worden war, um die endgültige Formulierung des Ultimatums an Serbien ins Reine zu bringen – lese, fällt mir an erster Stelle auf, dass es keine Diskussion über den Text des Ultimatums gab. Berchtold hatte es selbst bei Alexander von Musulin, der im Außenministerium als Rechtsberater in den Sektionen Kirchenpolitik und Ostasien tätig war, in Auftrag gegeben, ohne Tisza zu befragen; dabei hatte er dem Ungarn am Sonntag offensichtlich den Text vorgelegt. Und auch der deutsche Botschafter Tschirschky bekam es weder am Sonntag, dem 19. Juli, noch am Montag oder Dienstag zu Gesicht, obwohl Berchtold ihm am Dienstag, dem 14. Juli, ausdrücklich versprochen hatte, es ihm zu zeigen, bevor er es abschicken würde. Auch Kaiser Franz Joseph I. wurde es nicht gestattet, das Ultimatum zu prüfen. Angesichts der historischen Bedeutung dieses Dokuments war es erstaunlich, dass kein einziger Minister der österreichisch-ungarischen Regierung, noch der Kaiser selbst, noch der Botschafter des einzig echten Verbündeten Berchtolds Text abgesegnet hatte, bevor er ihn versiegelt am Montag, dem 20. Juli, nach Belgrad an den k.u.k Gesandten Giesl schickte.

Der Grund für Berchtolds Geheimniskrämerei ist leicht zu erraten. Das Ultimatum war auf solch drakonische Weise abgefasst, dass die Deutschen es wahrscheinlich nicht gebilligt hätten. Einige der Klauseln waren zwar angemessen und wenig überraschend; sie bezogen sich auf solche Themen, wie das Schmuggeln von Waffen und Sprengstoff auf österreichisches Gebiet zu unterbinden. Andere jedoch waren mit Absicht beleidigend. Serbiens Regierung wurde aufgefordert, »unverzüglich die Organisation aufzulösen, die als Narodna Odbrana bezeichnet wird«, trotz der Berchtold und den Österreichern wohlbekannten Tatsache, dass ein Großteil der Regierung aus beitragszahlenden Mitgliedern dieser Vereinigung bestand. Weiterhin wurde Serbiens Premierminister Pašić aufgefordert, alle serbischen Offiziere und Regierungsbeamten zu entlassen, die sich »der Propaganda gegen die österreichisch-ungarische Monarchie schuldig gemacht hätten«, wobei Wien eigenhändig eine Liste mit diesen kriminellen Individuen zusammenstellen würde. Besonders erdrückend waren die Klauseln Nummer 5 und 6, die Belgrad zwingen sollten, die »Zusammenarbeit mit österreichisch-ungarischen Regierungsbeamten in Serbien zu akzeptieren zu dem Zweck, umstürzlerische Bewegungen niederzuschlagen, die sich gegen die territoriale Unversehrtheit der Doppelmonarchie richten. Außerdem forderten sie, dass österreichische Beamte »an den Nachforschungen beteiligt werden, die dazu führen sollen«.[4] Von keinem souveränen Staat konnte man ernsthaft erwarten, er würde den Einsatz seiner Polizei und seines Justizsystems an Repräsentanten einer fremden (noch dazu feindlichen) Macht übertragen – erst recht nicht, wenn viele seiner eigenen Beamten für schuldig befunden werden könnten, einem Verbrechen Vorschub geleistet zu haben. Diese drakonischen Klauseln verrieten eindeutig: Berchtold wollte, dass das Ultimatum abgelehnt würde.

Wenn man bedenkt, dass die Deutschen bereits am 10. Juli von Botschafter Tschirschky erfahren hatten, der Ballhausplatz lege es darauf an, dass Belgrad das Ultimatum zurückweise, hätte eigentlich niemand in Berlin von diesem kompromisslosen Text des Ultimatums überrascht sein dürfen. Trotzdem war der extrem raue Ton von Berchtolds »befristeter Démarche« weit von dem entfernt, was die Deutschen gewollt hatten. Berchtold selbst gab dies unumwunden zu, als er, nachdem er den endgültigen Text am Dienstag, den 21. Juli, in Bad Ischl dem Kaiser vorgelegt hatte, seine Anweisungen an den Ballhausplatz telegrafierte, man solle Botschafter Tschirschky mitteilen, »er könne die Note erst früh am nächsten Morgen [Mittwoch, 22. Juli] sehen, da immer noch einige Korrekturen ausgeführt werden müssten«.[5] Da der endgültige Text des Ultimatums bereits unter Siegel am Montag verschickt worden war, ist klar, dass Berchtold unverblümt log. Berchtold vermutete, dass Tschirschky den Text nicht überprüfen würde, und versuchte deshalb, die Vorlage hinauszuzögern, mindestens bis kurz vor der Übergabe des Ultimatums an Serbien am Donnerstag – zu diesem Zeitpunkt wäre es für die Deutschen zu spät, noch irgendetwas zu ändern.

Deutschlands Außenminister hatte mindestens ebenso viel Grund zur Klage wie sein Botschafter in Wien. In den Tagen bevor der Ministerrat zusammentrat, hatte Jagow Berchtold ausdrücklich geraten, sich mit Italien zu arrangieren, bevor er das Ultimatum abschickte – wenn es notwendig war, sollte er den Italienern für ihre Neutralität sogar einen territorialen Ausgleich anbieten. Außerdem hatte er schriftlich festgelegt, dass ein Dossier, das Serbiens Komplizenschaft am Attentat von Sarajevo offenlegt, veröffentlicht werden sollte, und zwar vor Entsendung des Ultimatums an Belgrad, um den diplomatischen Widerstand in Rom und in den Hauptstädten der Entente zu neutralisieren.[6] All dies waren sinnvolle Ratschläge, doch Berchtold hat sich an keinen einzigen gehalten. Es gab keine wie auch immer geartete Vereinbarung mit Italien, und das seit Langem erwartete Dossier über das Attentat von Sarajevo wurde nicht fertiggestellt. Stattdessen hatte Berchtold seine Diplomaten angewiesen, die Staaten am Freitag, den 24. Juli, wenn sie ihnen die Note überreichten, auch davon in Kenntnis zu setzen, dass ein solches Dossier zu einem späteren Zeitpunkt einsehbar wäre.[7]

Natürlich hätte Berchtold seine selbstherrlichen Methoden leicht damit rechtfertigen können, dass die Deutschen wiederholt auf einer »mutige[n] und entschiedene[n] « Vorgehensweise bestanden hatten. Und zugleich hatte Berlin Anfang Juli auf eine schnelle Antwort gedrängt, als noch die Hoffnung bestand, Österreich würde als Vergeltungsmaßnahme für das Attentat von Sarajevo in Serbien einmarschieren – ein militärisches Fait accompli, idealerweise so rasch, dass die anderen Staaten keine Zeit hätten, um zu reagieren. Da sie dies aufgrund Tiszas Widerstand (und des Ernteurlaubs großer Teile der Armee) den Deutschen nicht anbieten konnten, hatte Berchtold stattdessen drei Wochen gewartet und dann Berlin ein diplomatisches Fait accompli in Form von »macht, was ihr wollt« abgerungen. Die daraus resultierende Politik war von Anfang an eine diplomatische Katastrophe; sie kombinierte die schlimmsten Seiten, nämlich deutschen Zwang (der scharfe Ton und das strenge Zeitlimit) und österreichische Ausflüchte (die Note wurde erst vier Wochen nach dem Attentat von Sarajevo abgeschickt; das Dossier, das die serbische Mitschuld darlegen sollte, war immer noch nicht vollständig). Dummerweise hatten Kaiser Wilhelm II. und Bethmann Hollweg einen Blankoscheck für einen österreichischen Krieg gegen Serbien ausgestellt, obwohl sie keine Kontrolle über den Zeitplan des Kriegs oder die Bedingungen hatten, unter denen der Krieg gegenüber Europa gerechtfertigt erschien. Die österreichische Schlinge, von den Deutschen selbst geknüpft, zog sich langsam um den deutschen Hals zu.

10. Poincarés Treffen mit dem Zaren

Montag, 20. Juli

AM MONTAG, DEN 20. Juli, um 14 Uhr, ging das Kriegsschiff *France*, eskortiert von einem Schlachtschiff, der *Jean Bart*, in Kronstadt vor Anker. Der russische Marinestützpunkt im Finnischen Meerbusen bewachte die Einfahrt nach St. Petersburg. An Bord waren Frankreichs Präsident Raimond Poincaré und sein Premier- und Außenminister René Viviani, die ihre Schiffsreise am Morgen des vorangegangenen Donnerstags in Dünkirchen begonnen hatten.

Es war keine sehr glückliche Überfahrt. Obwohl die See während der viereinhalbtägigen Reise relativ ruhig geblieben war, herrschte Sturm in Bezug auf die politische Atmosphäre. Jean Jaurès, der berühmteste Redner der Sozialisten, hatte im Parlament eine große Show abgezogen und gegen die Finanzierung der Reise gestimmt. Die Kriegsgegner in Paris sahen in Poincarés Bemühungen, die französisch-russische Allianz zu stützen, eine gefährliche Provokation, besonders zu diesem Zeitpunkt, da eine neue Balkankrise das europäische Gleichgewicht bedrohte. Viviani hatte nur widerwillig zugestimmt, Poincaré zu begleiten; immerhin gehörte es zu seinen Aufgaben als neu ernannter Regierungschef. Trotzdem hatte er deutlich gemacht, dass er es vorgezogen hätte, zu Hause zu bleiben. Während der gesamten Überfahrt hatte Poincaré den Beinahepazifisten und früheren Bildungsminister bearbeitet, hatte ihm die Bedeutung des Gesetzes über Frankreichs dreijährige Wehrdienstzeit klargemacht und die Notwendigkeit vor Augen geführt, gegenüber den Deutschen »stark zu bleiben«. Und nicht zuletzt hatte er ihm die lebenswichtige strategische Bedeutung einer Allianz mit Russland zu vermitteln versucht. Viviani schien, was beim Präsidenten Bestürzung auslöste, gar nicht richtig zuzuhören. Poincaré fand, dass »er außergewöhnlich ungebildet bezüglich Außenpolitik war, die ihn überhaupt nicht interessierte und die er anscheinend nicht einmal verstand«. Zu seinem Entsetzen war Viviani vollkommen mit dem anstehenden Prozess gegen Madame Cailloux beschäftigt, der am Montag, dem 20. Juli, eröffnet werden sollte – am gleichen Tag, an dem sie in Russland ankommen würden, um den Zaren zu treffen. Als die französische Delegation an diesem Nachmittag in Kronstadt anlegte, war Viviani überrascht, dass eine »mörderische Hitze« auf sie herabstrahlte. Er hatte angenommen, in ein nördliches Land zu reisen, und sah sich stattdessen plötzlich mit klimatischen Bedingungen konfrontiert, die schlimmer als »im tropischen Afrika« waren. Frankreichs Premierminister wurde belauscht, als er mit deutlichem Unbehagen einen Helfer fragte: »Was tun wir hier eigentlich?«[1]

Poincaré bildete einen deutlichen Gegensatz zu ihm, er war ein Mann mit einer Mission. Er hatte das Gipfeltreffen im Januar angesetzt, als die Liman-von-Sanders-Krise auf ihren Höhepunkt zusteuerte, die letzte ernsthafte Kriegsbedrohung für Europa vor dem Attentat von Sarajevo. In diesem Monat hatte Poincaré einen neuen Botschafter nach St. Petersburg geschickt, Maurice Paléologue, der seine Ansichten über die Bedeutung einer Allianz mit Russland vollkommen teilte. Nur wenn es den französischen Offiziellen gelang, St. Petersburg von der eigenen Entschlossenheit in ernsthaften internationalen Krisen zu überzeugen, konnten sie darauf vertrauen, dass die zaristischen Armeen Frankreich gegen

Deutschland den Rücken freihalten würden. Oder, wie es der damalige Premierminister Gaston Doumergue Paléologue vor seiner Abreise instruiert hatte: »Krieg kann von einem Tag auf den anderen ausbrechen ... Unsere [russischen] Verbündeten müssen uns zu Hilfe eilen. Die Sicherheit Frankreichs wird von der Energie und Schnelligkeit abhängen, mit der wir sie in den Kampf zu treiben wissen.«[2]

Wie Doumergue hatte auch Poincaré lange geglaubt, dass ein »Anschub« nötig wäre, um die Russen dazu zu bewegen, den Mittelmächten standzuhalten. Seine Zweifel bezüglich Viviani stammten aus der gleichen Quelle wie diejenigen, die er gegenüber Sasonow hegte. Ähnlich wie Hartwig und andere russische Nationalisten hatte Frankreichs Staatspräsident den russischen Außenminister bewusst kritisiert aufgrund seiner unterwürfigen Haltung während der Balkankriege. Sasonow zu stärken war eines der Hauptziele Poincarés für das Gipfeltreffen.

Auch der Zar bildete so etwas wie ein Mysterium für die Franzosen. Nikolaus II. hatte niemals – zumindest nicht öffentlich – irgendeinen Widerwillen gegen Russlands Allianz mit einer »atheistischen« Republik wie Frankreich zum Ausdruck gebracht, noch hatte er sich darüber beklagt, wenn er bei Gipfeltreffen gezwungen war, die französische Nationalhymne zu hören, die Marseillaise, ein Meisterstück revolutionärer Majestätsbeleidigung, das einem das Blut gerinnen ließ. Andererseits hatte er auch niemals irgendeine besondere Leidenschaft für diese Allianz aufgebracht. Der Zar sprach gut Französisch, obwohl er, da seine deutsche Frau Alix nur wenig Russisch konnte, sich viel öfter auf Englisch unterhielt (und auch in dieser Sprache schrieb, beispielsweise in seinen berühmten Briefen an »his dear friend Willy«, Kaiser Wilhelm II.). Viel wichtiger jedoch als all diese Dinge war die Frage, welche Absichten der Zar hatte, oder ob er überhaupt welche hatte. Theoretisch setzte er die lange Tradition von Autokraten innerhalb der Romanows fort: Nikolaus II. hatte die Duma, kurz nachdem sie 1906 zum ersten Mal gewählt worden war, von der Politikgestaltung ausgeschlossen, und er war, so fürchteten viele in Paris, ein willensschwacher Mann, der leicht von seinen Untergebenen manipuliert werden konnte.

In Wirklichkeit allerdings konnte niemand außerhalb Russlands mit Sicherheit sagen, wie die Dinge in diesem gewaltigen Reich und innerhalb der zaristischen Regierung liefen. Landwirtschaftsminister Kriwoschein – und nicht der Vorsitzende des Ministerrats Goremykin – war nach Ansicht der Franzosen die einflussreichste Persönlichkeit unter den Politikern in St. Petersburg, aber das war nur eine Vermutung – und zwar eine optimistische, da Kriwoschein der mit Abstand leidenschaftlichste Deutschenhasser in der gesamten Regierung war. Daher blieb nur eins übrig: Man musste sich persönlich nach St. Petersburg begeben und herausfinden, wo die Russen standen.

ZAR NIKOLAUS II. speiste gerade mit Sasonow und Paléologue zu Mittag auf seiner kaiserlichen Jacht *Alexandria*, als die französische Delegation in Kronstadt eintraf. Bei dieser Mittagsrunde waren außerdem Alexander Iswolsky, Russlands Botschafter in Frankreich, und General Pierre de Laguiche, der französische Militärattaché in Russland, zugegen. Hauptthema ihrer Unterhaltung war das anstehende Gipfeltreffen, besonders das heikelste Problem der gesamten Agenda: Wie sollte man die aufkommenden Spannungen zwischen Großbritannien und Russland über die Interessenssphären, die 1907 im Vertrag von St. Petersburg zwischen den beiden Ländern abgesteckt wurden, wieder abbauen? Obwohl es noch zu früh war, um Einzelheiten zu diskutieren, betonte der Zar, wie wichtig es war, London auf ihre Seite zu ziehen. »Wenn es nicht jegliche Vernunft abgelegt hat«, sagte er zu Paléologue, »wird Deutschland niemals Russland, Frankreich und England gemeinsam angreifen.« Gerade war der Kaffee aufgetragen worden, als ein Signal die Ankunft des französischen Präsidenten ankündigte. »Einige Minuten lang ertönte im Hafen ein gewaltiger Lärm«, beschrieb Paléologue die dramatische Szene: »Die Kanonen der Schiffe und der Küstenbatterien wurden abgefeuert, die Besatzungen jubelten, die Marseillaise ertönte als Antwort auf die russische Nationalhymne, und Tausende von Zuschauern, die von St. Petersburg auf Ausflugsschiffen hierhergekommen waren, brachen in Begeisterung aus.«

Um Frankreichs Staatsoberhaupt zu ehren, lief die *Alexandria* aus und fuhr der *France* entgegen. Der Zar begab sich persönlich zur Gangway, um Poincaré an Bord der kaiserlichen Jacht willkommen zu heißen; dann wurden die Segel gesetzt, und man fuhr Richtung Schloss Peterhof davon. »Der Zar und der Präsident nahmen im Heck des Schiffes Platz«, beobachtete Paléologue, »und waren unverzüglich in ein Gespräch vertieft, oder vielleicht sollte ich besser schreiben, in eine Diskussion, denn es war nicht zu übersehen, dass sie über Politik sprachen, einander mit Fragen bombardierten und heftig argumentierten. Wie es seinem Wesen entsprach, lag die Initiative bei Poincaré. Es dauerte nicht lange, und er führte das Gespräch allein, während der Zar nur schweigend nickte.«[3]

Von den beiden Staatsoberhäuptern war Frankreichs Präsident die stärkere Persönlichkeit. Dennoch lagen die Trümpfe in der Hand der Russen. Im Fall einer Balkankrise läge es an ihnen, und nicht an Frankreich, militärische Maßnahmen gegen die Mittelmächte zu ergreifen. Der Grund dafür war einfach: die Geografie. Während sowohl Russland als auch Frankreich an Deutschland grenzten – das war in der Tat der Hauptgrund, warum sie ein Bündnis eingegangen waren –, hatte Frankreich keine gemeinsame Grenze mit Österreich-Ungarn. Auch Deutschland hatte, im Gegensatz zu Österreich-Ungarn, keine Grenze mit irgendeinem Balkanstaat. Aus diesem Grund musste jede Auseinandersetzung auf dem Balkan primär Österreich und Russland involvieren, sodass ein europäischer Krieg mit der österreichischen und/oder russischen Mobilmachung beginnen würde; anschließend würde Deutschland auf die russische Mobilmachung antworten, und Frankreich auf die deutsche und russische (wonach, wie die Entente hoffte, auch Großbritannien mobilmachen würde). Da jedermann erwartete, dass unter allen Großmächten die russische Mobilmachung am langsamsten und die deutsche am schnellsten (und in erster Linie an der Westfront, wie alle glaubten) ablaufen werde, würde jeder Krieg, der aufgrund der Problematik auf dem Balkan ausbrach, paradoxerweise Frankreich zum ersten Ziel eines deutschen Angriffs machen. Genau das hatte Doumergue gemeint, als er sagte, dass »die Sicherheit Frankreichs« davon abhinge, wie schnell es »[Russland] in den Kampf zu treiben vermag«.[4]

Natürlich konnte niemand mit Bestimmtheit sagen, ob es auf dem Balkan zum Krieg kommen würde. Poincaré war noch unterwegs auf See, als die Nachricht über Österreichs Ultimatum an Serbien durch die undichte Stelle im Ballhausplatz zuerst Schebeko und dann Sasonow zu Ohren gekommen war. Aufgrund Poincarés hoher Bereitschaft zum Krieg war es nicht schwer vorauszusagen, wie er reagieren würde, wenn er von den österreichischen Unternehmungen erfuhr.

All das musste allerdings bis zum nächsten Morgen warten. Das Hauptereignis am Montagabend stellte das Begrüßungsbankett dar. Als die *Alexandria* um 3 Uhr nachmittags am Schloss Peterhof anlegte, erinnerte sich Poincaré, wurde die französische Gesandtschaft von einer »Gruppe von Großherzögen« empfangen. Sie bildeten zusammen mit dem Gefolge des Zaren die Begleitung für einen kurzen Abstecher durch die Schlossgärten, der in von Pferden gezogenen Kutschen »in einem scharfen Trab« erfolgte. Poincaré war nicht sonderlich beeindruckt von der Parkanlage, die er für »einen faden Abklatsch von Versailles« hielt. Seine »schwer vergoldete«, mit Satin ausgeschlagene Suite fand er ebenfalls überzogen, »als wäre sie irgendein Teil mit überdekorierten Galerien und großartigen Salons, dessen Pracht sich ziemlich ausgetobt zu haben scheint.«

Poincaré war wesentlich mehr von der Halle beeindruckt, in der das Galadinner stattfand. Sie war »von einem guten Dutzend riesiger Kristallleuchter erhellt«, erinnerte er sich. »Die Wachskerzen [waren] unendlich passender als elektrisches Licht, das noch nicht installiert war.« Paléologue war ebenfalls überwältigt, obwohl er bereits einige Monate in St. Petersburg gelebt hatte, »vom Glanz der Uniformen, von den eleganten Kleidern, den ausgefeilten Livreen, dem großartigen Mobiliar und der sonstigen Einrichtung, kurz und gut von der gesamten Palette an Prunk- und Machtentfaltung, einem Schauspiel, mit dem kein anderer Hof auf der Welt konkurrieren konnte«. Noch beeindruckender waren die Damen, »deren um den Hals getragene Juwelen einen überwältigenden Anblick boten«. Wenn er seine Augen über die Banketttafel schweifen ließ, ergoss sich »ein fantastischer Schauer aus Diamanten, Perlen, Rubinen, Saphiren, Smaragden, Topasen und Beryllen über ihn – ein Feuer aus funkelndem Glanz«. »In diese fantastische Märchenwelt«, bemerkte der Botschafter, »brachte Poincarés schwarzer Anzug eine düstere Note.«[5]

Natürlich war Frankreichs Staatspräsident nicht nach St. Petersburg gekommen, um Erzherzoginnen zu beeindrucken oder zu umschmeicheln. An diesem Abend standen die üblichen Toasts an, das gegenseitige Hochlebenlassen, um die französisch-russische Allianz zu bekräftigen. Der Zar verließ als Erster das Bankett, wobei er Frankreichs Präsident versicherte, dass er überall in Russland auf ein »herzliches Willkommen« stoßen werde, das auf den »gegenseitigen Sympathien und gemeinsamen Interessen« der beiden Völker beruhe, die jetzt »schon beinahe ein Vierteljahrhundert« Verbündete seien. Diese Allianz, verkündete Nikolaus II., hatte es sich zur Aufgabe gemacht, »das Gleichgewicht und den Frieden in Europa zu erhalten«. Russlands Zar drückte seine Hoffnung aus, dass »das Band zwischen uns immer enger und fester werde«, und erhob sein Glas auf die Gesundheit des französischen Präsidenten und auf den »Ruhm und Wohlstand Frankreichs«.[6]

Poincaré nahm in seiner Antwort die Gedanken des Zaren auf und ging noch einen Schritt weiter. Gemäß seinem Ruf, ein Mann der offenen Worte zu sein, führte Frankreichs Präsident an, dass das Bündnis »auf einem gemeinsamen Interesse gegründet worden sei« – nämlich aus Angst vor Deutschland – und dass es »von bewaffneten Streitkräften zu Lande und zu Wasser gestützt werde, die einander kennen und wertschätzen und die sich daran gewöhnt haben, als Brüder zu handeln«. »Eure Majestät können versichert sein«, versprach er Zar Nikolaus II., »dass Frankreich in der Zukunft, wie auch stets in der Vergangenheit, in herzlicher und tagtäglicher Zusammenarbeit mit seinem Verbündeten, seine Arbeit für Frieden und Zivilisation fortsetzen werde.« Anschließend erhob Poincaré sein Glas auf »Eure ehrenwerte Majestät, auf Ihre Majestät die Zarin, auf Ihre Majestät, die Zarin-Mutter, auf seine kaiserliche Majestät den Thronfolger und auf die gesamte kaiserliche Familie«. Viviani erhob sein Glas ebenfalls, allerdings mit wenig Begeisterung.[7]

11. Sasonows Drohung

Dienstag, 21. Juli

AM DIENSTAGMORGEN gegen 10 Uhr rief Zar Nikolaus II. Poincaré in seiner Suite auf Schloss Peterhof an. Sie kamen gleich zur Sache. Der erste Punkt auf der Agenda waren die britisch-russischen Beziehungen. Britische Diplomaten hatten Poincaré darüber informiert, dass »einige russische Gesandte in Persien die Bestimmungen des britisch-russischen Abkommens von 1907 übertreten und sich benommen hätten, als befänden sie sich in einem eroberten Land«. Zu seiner großen Freude, wie der Franzose in seinen Erinnerungen schreibt, räumte der Zar »freimütig ein, dass England mit seinen Beschwerden vollkommen im Recht sei, und er versicherte mir, dass es keine Wiederholung dieser äußerst bedauerlichen Vorfälle geben werde«. Zum Thema eines bevorstehenden englisch-russischen Marineabkommens, das dazu beitragen könnte, die französischen Bedenken, Frankreich würde in einer Auseinandersetzung mit Deutschland von London im Stich gelassen, zu zerstreuen, versprach der Zar, die »Dinge zu beschleunigen«. »Wichtig ist«, beteuerte er gegenüber Poincaré, »dass kein Problem auftreten dürfe, das die guten Beziehungen zwischen England und Russland aufs Spiel setzen könnte; das verfolge ich mit dem gleichen Interesse wie Sie.«

Der russische Herrscher hatte einen guten Grund, die Beziehungen zu England zu verbessern. Obwohl Poincaré von den österreichischen Absichten noch keine Kenntnis hatte, war Nikolaus II. über Berchtolds Plan, Serbien über das Wochenende ein Ultimatum zu stellen, informiert worden, als Sasonow ihm Schebekos Telegramm aus Wien vorgelegt hatte. Seine Schlussfolgerung daraus war, wie er am Rand des Dokuments notiert hatte, dass Österreich beabsichtigte, Serbien den Krieg zu erklären. Ein europäischer Krieg könnte dadurch in kürzester Zeit am Horizont heraufziehen, und die britische Kriegsbereitschaft wäre entscheidend für die französisch-russische Sache. Wie Poincaré an diesem Morgen beobachtete, »galt die größte Sorge des Zaren Österreich. Er wollte wissen, was es als Antwort auf die Morde von Sarajevo vorbereitete.« Ohne auszusprechen, was er wirklich befürchtete, sagte Nikolaus II. zu Poincaré aus tiefster Überzeugung, dass »in der gegenwärtigen Situation die völlige Übereinstimmung zwischen unseren beiden Regierungen notwendiger denn je sei«.

Dann verabschiedete sich der Zar, und Poincaré kleidete sich an für einen Ausflug in die Stadt, wo er von den diplomatischen Vertretungen im Winterpalast offiziell willkommen geheißen werden sollte. Nikolaus II. hatte dem Präsidenten für die Fahrt nach St. Petersburg seine kaiserliche Jacht angeboten, allerdings ohne ihn zu begleiten. Poincaré war darüber mehr als erstaunt. »Ich könnte mir nicht vorstellen«, dachte er, »ein gekröntes Staatsoberhaupt in Versailles zu empfangen und dann allein nach Paris gehen zu lassen. Fürchtet er etwa die Masse«, fragte sich Poincaré, »oder verachtet er sie?«[1] Botschafter Paléologue bietet in seinen eigenen Memoiren eine mögliche Erklärung an: Am Montag waren in der ganzen Stadt Arbeiterstreiks ausgebrochen, und es gab »an mehreren Punkten Zusammenstöße mit der Polizei«. Zumindest waren Poincaré und Premierminister Viviani auf der Jacht des Zaren sicher (wenigstens so lange, bis sie die Stadt erreichten). Wenn der Zar das vorgesehene Tagesprogramm abgesagt hätte, hätte das einen ernsthaften Dämpfer für das Gipfeltreffen bedeutet.

Gegen 13.30 Uhr traf Paléologue auf Poincaré, als er am Kai nahe der Nikolausbrücke das Schiff verließ. »Nach den alten slawischen Riten«, erinnerte sich der Botschafter, »bot ihm der Bürgermeister der Hauptstadt, Graf Iwan Tolstoi, Brot und Salz an.« Anschließend besichtigte der Präsident die nahe gelegene Peter-und-Paul-Festung, wo er einen Kranz am Grabmal von Zar Alexander III. niederlegte, um den Vater der französisch-russischen Allianz zu ehren. Anschließend wurde die Gesellschaft an den Ufern der Newa entlang in Pferdekutschen von einer Ehrengarde aus Kosaken zur französischen Botschaft geleitet, wo Poincaré offiziell »die Gesandten der französischen Aussiedler aus St. Petersburg und ganz Russland empfing« – viele waren von weither angereist, etwa aus Odessa, Kiew und Tiflis. Bis dahin gab es keine Anzeichen für Arbeiterunruhen in den Straßen, sondern im Gegenteil viel Beifall und Jubelrufe aus der Menge; allerdings bemerkte Paléologue, dass diese häufig aus »armen Teufeln« bestand, die unter den Augen eines Polizisten laut Beifall klatschten.[2]

Gegen 4 Uhr am Nachmittag kam die französische Delegation am Winterpalast an, um die diplomatischen Vertreter zu treffen. Es war eine hochoffizielle Angelegenheit, die einem strengen Protokoll folgte. Paléologue musste dem französischen Präsidenten jeden Botschafter der Reihe nach vorstellen, wobei jeweils einige Worte gewechselt wurden. Viviani stand zur Linken des Präsidenten, nahm aber nicht an den Zwiegesprächen teil. Als Rangältester des diplomatischen Korps kam Deutschlands Botschafter Friedrich Pourtalès als Erster an die Reihe. Angesichts der unverhohlenen Feindschaft zwischen seinem Land und dem des Präsidenten hätte dies ein peinliches Gespräch werden können, aber es wurde alles andere als das. Pourtalès hatte teilweise französische Vorfahren und beherrschte die Sprache exzellent. Er plante im Spätsommer eine Autoreise durch die Provence und wollte dabei seine Verwandten in Castellane besuchen. Die beiden Männer unterhielten sich über die Gegend und die Sehenswürdigkeiten. Poincaré hielt den deutschen Botschafter für eine »angenehme Person mit einem beachtlichen Talent für schwungvolle Redensarten und wohlgesetzte Komplimente«.

Wesentlich signifikanter verlief die Begegnung mit dem britischen Botschafter Sir George Buchanan. Während die französisch-britischen Beziehungen zu diesem Zeitpunkt sehr herzlich waren, hatten sich die zwischen London und St. Petersburg aufgrund der Spannungen in Persien ziemlich abgekühlt, was den französischen Traum von einer Triple Entente zerstören konnte, noch bevor sie auf dem Schlachtfeld zusammengewachsen war. Im Gespräch über die leidige persische Angelegenheit war Buchanan »ausnehmend höflich, aber auch etwas unterkühlt«, erinnerte sich Poincaré später, und notierte die Besorgnis des Briten über dieses Thema. Buchanan war der Meinung, dass das englisch-russische Abkommen von 1907 modifiziert und um einige neue Bedingungen ergänzt werden müsse, und er hoffte, dass die Russen zu Verhandlungen bereit wären. Poincaré konnte ihm von der Absichtserklärung des Zaren berichten, die er ihm an diesem Morgen gegeben hatte, und Buchanan war »sehr erfreut«, das zu hören.

Bis zu diesem Zeitpunkt verlief die ganze Angelegenheit routinemäßig, wie es einer Gruppe professioneller Diplomaten entsprach, die zur Höflichkeit erzogen worden waren. Doch dann ließ Buchanan eine vertrauliche Bemerkung fallen, die bei Poincaré alle Alarmglocken auslöste. Obwohl der britische Botschafter die Nachricht seines Kollegen de Bunsen aus Wien nicht erhalten hatte (Außenminister Grey hatte sie erstaunlicherweise nicht nach St. Petersburg weitergeleitet), hatte er gehört, wie Sasonow über das für Samstag erwartete Ultimatum Österreichs an Serbien sprach. Früher an diesem Tag hatte Buchanan mit dem serbischen Gesandten gesprochen; er erzählte ihm von seinen Befürchtungen, dass »Österreich irgendeinen Vorfall inszenieren würde, der ihm einen … Grund für einen Angriff [auf Serbien] liefern würde«. Indem er diese Teilinformationen zusammensetzte, malte der britische Botschafter ein düsteres Bild an die Wand. »Er hat«, erinnerte sich Poincaré, »aus den Worten des serbischen Ministers geschlossen, dass eine heftige österreichische Note nach Belgrad geschickt worden ist.«[3]

Die Protokollordnung sorgte anschließend für eine unheilvolle Wendung. Unmittelbar nachdem Buchanan Poincaré auf die österreichischen Absichten aufmerksam gemacht hatte, begrüßte der Präsident den Habsburger Botschafter, Graf Friedrich Szápáry. Frankreichs Präsident versuchte, Berchtolds Mann in St. Petersburg aus der Reserve zu locken, und fragte ihn gerade heraus: »Gibt es irgendwelche Neuigkeiten aus Serbien?« Szápáry entgegnete in einem kühlen Ton, dass »das Ermittlungsverfahren Fortschritte mache«. Als Poincaré bemerkte, dass frühere Untersuchungen dieser Art immer die Spannungen auf dem Balkan erhöht hätten, erwiderte Szápáry noch kühler: »Herr Präsident, wir können es nicht zulassen, dass eine ausländische Regierung es duldet, dass Mordanschläge gegen unsere Staatsgewalt auf ihrem Gebiet vorbereitet werden.« Poincaré antwortete dem Ungarn mit einer freundlichen Warnung, dass »beim gegenwärtigen Volksempfinden in Europa jede Regierung doppelt so vorsichtig wie gewöhnlich sein sollte«. Dann änderte der Präsident geringfügig den Kurs und meinte, dass »diese serbische Angelegenheit mit ein bisschen gutem Willen« schon geregelt werden könne. Trotzdem konnte Poincaré nicht widerstehen und musste unbedingt das letzte Wort haben. »Serbien«, warnte er Szápáry, »hat sehr viele Freunde im russischen Volk. Und Russland hat einen Verbündeten, Frankreich. Hier sind sehr viele Komplikationen zu befürchten.«[4]

Wie Jäger, die einen ersten flüchtigen Eindruck von ihrer Beute erhascht hatten, gingen die beiden Männer energetisch aufgeladen und bereit zur Schlacht aus diesem Gespräch. Szápáry berichtete von der Unterhaltung nach Wien in scharfen Tönen. Der französische Präsident sei »taktlos« gewesen; seine sogenannten

Rückversicherungen der Zusammenarbeit hätten »wie eine Drohung geklungen«. Der Botschafter stellte Poincarés aggressives Verhalten der »reservierten und vorsichtigen Haltung« Sasonows am Samstag gegenüber (als der russische Außenminister seinerseits Szápáry »sanft wie ein Lamm« eingeschätzt hatte). Insgesamt gesehen, bestätigte das unangenehme Gespräch im Winterpalast Szápárys Erwartungen, dass »Monsieur Poincaré hier alles, aber nur keinen beruhigenden Effekt erzielen werde«.[5]

Szápáry hatte Poincaré sehr gut studiert. »Ich bin mit diesem Gespräch nicht zufrieden«, meinte Frankreichs Präsident unmittelbar nach seiner Unterhaltung mit Szápáry zu Paléologue. »Der Botschafter hatte offensichtlich klare Anweisungen, nichts zu sagen … Österreich bereitet einen Schlag aus heiterem Himmel für uns vor. Sasonow muss standhaft bleiben, und wir müssen ihn stärken.«[6]

In Begleitung von Viviani und Paléologue verließ der Präsident den Winterpalast gegen 18 Uhr, um das französische Hospital zu besichtigen, ehe er in der französischen Botschaft ankam, wo ein weiteres Bankett abgehalten wurde. Nach außen schien alles bestens, und das Programm ging reibungslos voran. Im Inneren jedoch wussten sowohl Poincaré als auch Paléologue (wenn auch nicht Viviani, der den gesamten Gipfel wie ein Schlafwandler hinter sich brachte), dass im Winterpalast eine Art Rubikon überschritten worden war. Zusätzlich zu Buchanans Enthüllung, dass eine »scharfe österreichische Note« nach Belgrad geschickt werden sollte, hatte Poincaré im Lauf des Tages einen weiteren Bericht erhalten: León Descos, Frankreichs Gesandter in Serbien, hatte vor fast einer Woche, am Mittwoch, den 15. Juli, einen Nervenzusammenbruch erlitten – kurz bevor die französische Delegation von Dünkirchen aus in See gestochen war. Dieses an sich unerhebliche Ereignis bedeutete, dass Paris keine aktuellen Berichte aus Serbien bekam. Buchanans Enthüllung traf ihn deshalb umso heftiger: Die ersten Neuigkeiten über Serbien, die Frankreichs Regierung seit mehr als einer Woche erhielt, handelten gleich davon, dass Serbien in Kürze mit einem österreichischen Angriff rechne. Louis de Robien, Attaché an der französischen Botschaft in St. Petersburg, der Poincaré auf seiner Tour begleitet hatte, schrieb am Mittwochmorgen, 22. Juli, in sein Tagebuch: »Schon jetzt spürte man in den Gesprächen, dass sich die Atmosphäre über Nacht geändert hatte. Wir sprachen unverblümt über einen Krieg, den sich wenige Tage zuvor niemand hätte vorstellen können.«[7]

Die wichtigste Folge aus dem Zusammenstoß zwischen Poincaré und Szápáry im Winterpalais am Dienstagnachmittag ergab sich jedoch, als der Präsident Sasonow davon erzählte. Von seinem Botschafter Schebeko und seinem Stabschef Schilling wusste Russlands Außenminister bereits in groben Zügen, was die Österreicher vorhatten. Gestärkt durch die französische Unterstützung und Poincarés mutiges Beispiel, war Sasonow mittlerweile richtig geladen. Da er jedoch zum jetzigen Zeitpunkt keine diplomatische Krise provozieren wollte, vermied er es, sich direkt mit Szápáry auseinanderzusetzen. Stattdessen entlud er seine Wut über dem deutschen Botschafter.

Sasonow eröffnete die Audienz am Dienstagabend, indem er Pourtalès daran erinnerte, welche Haltung Russland in Bezug auf das Attentat von Sarajevo einnähme. Es war die Einzeltat »einiger weniger Individuen«, für die man nicht »einen gesamten Staat« – Serbien – »verantwortlich machen könnte«. Wenn die Österreicher dafür von Belgrad Wiedergutmachung verlangten, argumentierte er, wäre das genauso, als ob Russland Schweden bedrohen würde, weil dort so viele russische Revolutionäre Zuflucht genommen hatten. Selbst die Propaganda für »Großserbien«, die von Belgrad ausgehe, führte Sasonow weiter an, wäre Österreichs eigene Schuld, weil es die Serben schlecht behandle.

Pourtalès antwortete auf diese provozierenden Argumente so vorsichtig wie möglich, aber er konnte wenig anbringen, um Sasonows Schwung zu bremsen. Es war offensichtlich, dass die Russen von Österreichs Absichten Wind bekommen hatten, da er jetzt nicht nur über die Frage der Verantwortung für die Morde von Sarajevo redete, sondern auch von Aktionen, die er von Wien erwartete. »Wenn Österreich-Ungarn entschlossen ist, den Frieden zu brechen«, warnte Sasonow Pourtalès, »sollte es sich darüber im Klaren sein, dass es dieses Mal mit Europa rechnen muss.« (Als Kaiser Wilhelm diese Passage etwa eine Woche später las, schrieb er dazu an den Rand: »Nein! Aber mit Russland, ja!«) »Russland könne nicht gleichgültig zusehen«, fuhr Sasonow fort, »wenn gegen Belgrad Schritte unternommen würden, die darauf abzielten, Serbien zu erniedrigen.« Pourtalès trachtete danach, die Befürchtungen des Russen zu zerstreuen, und versprach ihm, dass die Rechte Serbiens respektiert würden; es würde keine »Erniedrigung« Belgrads geben. Sasonow zeigte sich unbeeindruckt und drohte, dass »Russland es nicht dulden könne, dass Österreich-Ungarn einen drohenden Ton gegen Serbien anschlage oder militärische Maßnahmen [gegen es] ergreife«. Russlands Politik, erklärte er, »sei pazifistisch, aber nicht passiv«. Um sicherzugehen, dass Pourtalès – und durch ihn Berlin und Wien – die Botschaft auch verstanden hatte, stieß Sasonow noch eine eigene Drohung gegen Wien aus: »Was auch immer geschieht, *es darf keine Rede von einem Ultimatum sein*«.[8]

Russlands Außenminister hatte eine Linie in den Sand gezogen und Berchtold herausgefordert, sie zu überschreiten. Plangemäß tat Berchtold genau das zwei Tage später.

12. Champagnerlaune während des Gipfels

Mittwoch–Donnerstag, 22.–23. Juli

AM MITTWOCHMORGEN, 22. Juli, war Poincaré zu einem Besuch bei der kaiserlichen Familie in der Villa Alexandria eingeladen, einem bescheidenen (nach den Maßstäben der Romanows) Backsteinbau nicht weit von Schloss Peterhof. Er traf dort die vier jungen Großfürstinnen – Olga, Tatjana, Maria Nikolajewna und Anastasia – und fand sie »entzückend in ihrer völligen Unkompliziertheit«. Der Zarewitsch Alexei, 10 Jahre alt, hatte eine sehr blasse Hautfarbe und war wesentlich scheuer als seine Schwestern, was in Anbetracht seiner Hämophilie nicht weiter verwunderlich war. Als er eine Woche zuvor zusammen mit dem Zar an Bord der *Alexandria* durch die finnischen Fjorde gesegelt war, stolperte er über die untersten Stufen einer Leiter. Die daraus resultierende Schwellung seines Knöchels verursachte ihm starke Schmerzen. Seine Mutter Alexandra war ebenfalls in schlechter gesundheitlicher Verfassung; sie litt an Herzbeschwerden sowie an einer Neuropathie, die aus einer Verlagerung der Gebärmutter entstanden war. Aufgrund dieser bekannten Erkrankungen hatte Poincaré fast erwartet, den berüchtigten Wunderheiler bäuerlicher Herkunft im Haushalt der Zarin anzutreffen. Doch wie sich herausstellte, war Rasputin kürzlich von einer jungen Frau mit einem Messer angegriffen und in den Bauch gestochen worden, als er seinen Heimatort Pokrowskoje besuchte. Niemand aus der Familie wusste, wo er sich aufhielt oder was er machte. (Später wurde bekannt, dass ein Chirurg aus der Hauptstadt geschickt worden war, um ihn im Krankenhaus von Tiumen zu operieren; Rasputins schnelle Genesung trug dazu bei, dass sich sein Ruf als Wunderheiler immer weiter verbreitete).

Poincarés Erscheinen war eine willkommene Abwechslung für die leidende Zarin und ihren gequälten Sohn. Als Staatsoberhaupt auf Besuch aus der Welthauptstadt für Luxusgüter war es für den Präsidenten ein Leichtes, die jungen Damen mit Geschenken in Form von mit Diamanten besetzten Uhrenarmbändern zu erfreuen, was sie »mit vor Entzücken offenem Mund« dastehen ließ. Doch Alexei sollte die größte Ehre zuteilwerden: Er wurde mit dem Orden am Band der Ehrenlegion ausgezeichnet, »ordnungsgemäß an seine kindliche Statur angepasst« – die einzige ausländische Ehrung, die der Zarewitsch jemals erhalten hatte. Zar Nikolaus II. bedankte sich überschwänglich beim Präsidenten (obwohl das Geschenk eigentlich Paléologues Idee gewesen war). Poincaré überreichte dem Jungen außerdem Möbel für seine zukünftige Bibliothek, wie es sich für einen Herrscher ziemte. Es erwies sich als günstig, dass der Präsident wohlvorbereitet mit Geschenken für Alexei in der kaiserlichen Villa erschienen war, denn der anfällige Zarewitsch wäre auch aufgrund des geschwollenen Knöchels nicht in der Lage gewesen, sich der Delegation für die Zugreise zum Truppenübungsplatz in Krasnoje Selo anzuschließen, die am Nachmittag stattfinden sollte.[1]

Nach der Übergabe der Geschenke begab sich Poincaré in Begleitung des Zaren zurück nach Schloss Peterhof, um auf der Terrasse mit Offizieren der französischen Schwadron ein Mittagessen einzunehmen, bei dem auch Außenminister Sasonow, Russlands Botschafter in Frankreich Iswolski und Goremykin, der Vorsitzende des Ministerrats, zugegen waren. Zu den Ehrengästen zählte Graf Fredericks, General der Kavallerie und General-Adjutant des Zaren, der gemäß seiner Aufgabe unter der hohen russischen Aristokratie alle »Vergünstigungen und Geschenke, alle Rügen und Bestrafungen« zu verteilen hatte. Ein Mann von legendärem Charme, machte es sich Fredericks zu seiner persönlichen Aufgabe, Viviani aufzumuntern, dessen Unbehagen für jedermann offensichtlich war. Zusätzlich zu seinem Heimweh und seinen Befürchtungen, die er wegen des Prozesses von Madame Caillaux hegte, kämpfte der Premierminister mit Verdauungsproblemen und sorgte sich um seine Leber. Die Russen befürchteten schon, er habe eine Art Nervenzusammenbruch erlitten. Im Gegensatz zum Zarewitsch konnte sich Viviani jedoch nicht einfach vom Nachmittagsprogramm abmelden. Er würde es aushalten müssen, so gut es eben ging.

Gegen 15.30 Uhr bestieg die Gesellschaft den kaiserlichen Zug am Bahnhof Schloss Peterhof für die halbstündige Fahrt nach Krasnoje Selo. Mit Ausnahme von Viviani fühlten sich alle erleichtert, als sie die Hauptstadt hinter sich gelassen hatten. Die diplomatischen Angelegenheiten waren abgeschlossen; jetzt war es Zeit für Militärparaden und Trinksprüche. Paléologue beschreibt die Szene folgendermaßen: »Eine glühende Sonne verbrannte die weite Ebene, goldgelb und in Wellen … am Horizont begrenzt durch bewaldete Hügel … Die Elite der St. Petersburger Gesellschaft war auf den Tribünen versammelt. Die leichte Garderobe der Damen, ihre weißen Hüte und Sonnenschirme ließen die Tribünen wie mit Azaleen überzogene Beete erscheinen.« Angeführt von Zar Nikolaus II. zu Pferde, fuhr die kaiserliche Kutsche mit Frankreichs Präsident, der Zarin und den vier Großfürstinnen durch das, was Poincaré »wie eine endlose Gasse aus Truppen« erschien. Alle Soldaten begrüßten ihren Herrscher mit »dem traditionellen Ruf«. Die Parade dauerte insgesamt eineinhalb Stunden, und die ganze Zeit über musste der arme Viviani vor dem kaiserlichen Zelt stehen. Als einziger Trost blieb ihm nur, dass der Zar und der Präsident, nachdem sie endlich angekommen waren, ebenfalls hier stehen bleiben mussten für das große Finale, bei dem Kampfflugzeuge vorbeiflogen, während die Militärkapelle eine Reihe französischer und russischer Märsche spielte. Eine dreifache Salve aus Artilleriegeschützen kündigte schließlich das Abendgebet an. Als »die Sonne am Horizont den Himmel in Purpur und Gold tauchte«, schrieb Paléologue in sein Tagebuch, »betete ein Unteroffizier mit lauter Stimme das Vaterunser vor. Alle diese Abertausende von Männern beteten für den Zaren und das heilige Russland.« Als die lange Zeremonie endlich vorüber war, machte Viviani einen solch kranken Eindruck, dass Paléologue einen Spezialisten aus der Stadt kommen ließ, damit dieser den Premierminister untersuchte.[2]

Vom Exerzierplatz fuhr die Gesellschaft weiter zum nahe gelegenen Landgut des Großfürsten Nikolai Nikolajewitsch. Der Generalinspekteur der Kavallerie war als Enkel und Namensvetter von Zar Nikolaus I. ein Prinz von Geblüt, und viele Russen hätten es sich gewünscht, er stünde in der Reihe der Nachfolger des Zaren ganz vorn (sein Vater war der dritte Sohn von Nikolaus I. und stand damit an dritter Stelle, während er selbst noch weiter hinten rangierte). Obwohl er sich gegenüber Nikolaus II. absolut loyal verhielt, war der Großfürst eine viel stärkere Persönlichkeit; allein schon durch seine Körpergröße von fast zwei Metern überragte er buchstäblich alle anderen Männer (nachdem er zum Oberkommandierenden über die russischen Truppen ernannt worden war, ließ er Warnschilder an der Tür zu seinem Hauptquartier anbringen, um sich nicht stets den Kopf anzustoßen).[3] Der als äußerst frankophil geltende Großfürst Nikolai schätzte sich glücklich, die französische Delegation zu einem abendlichen Bankett begrüßen zu dürfen, wie schon 1912 bei Poincarés letztem Besuch.

Paléologue traf als einer der Ersten ein. »Drei lange Tische«, bemerkte er, »waren in halb offenen Pavillons aufgebaut. Sie gruppierten sich in einem Garten, der in vollster Blüte stand. Die Beete waren gerade erst gewässert worden; von ihnen stieg ein Duft nach frischen Blumen in die warme Abendluft auf.« Während er noch den Anblick bewunderte, wurde der französische Botschafter »auf ungestüme Art« von zwei »montenegrinischen Prinzessinnen« begrüßt, nämlich von Anastasia Nikolajewa, der Ehefrau von Großfürst Nikolai, und ihrer Schwester Militza, die gerade dabei waren, der Tischdekoration den letzten Schliff zu geben. Es waren Anastasia und Militza, die Rasputin der Zarin empfohlen hatten. Ihr Einfluss am Zarenhof war beachtlich.

Die beiden Prinzessinnen freuten sich, Paléologue zu treffen. Sobald sie mit dem Schmücken der Bankettafeln fertig waren, eilten sie hinüber zum Botschafter, schmachteten ihn an und überschütteten ihn mit Komplimenten. Eine Prinzessin trug eine Schachtel mit Erde aus dem »von den Deutschen besetzten« Lothringen herum, das sie vor zwei Jahren besucht hatte. Die andere, erfuhr Paléologue, hatte die Tische mit Disteln verziert – ebenfalls aus Lothringen (anscheinend hatte sie in ihren Garten heilige Pflanzen aus der von Teutonen in Besitz genommenen Erde gepflanzt). »Wir durchleben historische, ja heilige Tage!«, riefen die Prinzessinnen, bevor sie den französischen Botschafter darüber informierten, dass während der Militärparade, die der Großfürst morgen für sie abhalten werde, »die Kapellen nichts anderes spielen werden außer Marche Lorraine und Sambre et Meuse«.

Als schließlich der Champagner zu fließen begann, wurde die Stimmung noch euphorischer. Großfürstin Anastasia sagte dem französischen Botschafter so, als wollte sie Paléologue ein Geheimnis anvertrauen, dass »es Krieg geben wird. Von Österreich wird nichts übrig bleiben. Sie werden sich Elsass und Lothringen zurückholen. Unsere Armeen werden sich in Berlin vereinigen. Das Deutsche Reich wird vernichtet werden!« Sie hatte sich gerade warm geredet, als ein »strenger Blick« von Zar Nikolaus II. diese Kriegsschwärmerei unterbrach. Anastasia war schließlich die Ehefrau des Gastgebers, der schon bald Oberbefehlshaber der russischen Streitkräfte werden könnte. »Ich muss mich selbst im Zaum halten«, sagte sie zu Paléologue mit einem Anflug von Verschwörung. »Der Zar behält mich im Auge.«[4]

Poincaré war die meiste Zeit in Gespräche mit dem Zar verwickelt und verbrachte einen weitaus weniger interessanten Abend als sein Botschafter. Doch selbst dem Präsidenten fielen die montenegrinischen Prinzessinnen auf – und das nicht nur wegen ihrer Schönheit. Vor und nach dem Essen »bombardierten sie [ihn] unablässig mit Fragen« über Österreich und die Balkankrise. Bedauerlicherweise, meinte Poincaré, könne er ihnen keine Antworten geben, aber er versicherte, dass er genauso besorgt war wie sie. Er sagte ihnen nicht, dass er am Morgen einen beunruhigenden Bericht von seinem Botschafter in Rom bekommen hatte. Dieser leitete ihm die italienischen Erkenntnisse weiter, dass »Deutschland nichts unternehmen werde, um Österreich zurückzuhalten. In Wien ist man der Ansicht, dass Russland Serbien im Stich lassen werde.«[5]

Im Einklang zu diesem Bericht über österreichische Arroganz im Angesicht einer zu erwartenden russischen Passivität flüsterten Anastasia und ihre Schwester dem Präsidenten Warnungen bezüglich Sasonow ins Ohr, den sie für feige und schwach hielten. Diese Einflüsterungen stimmten völlig mit Poincarés eigenen Befürchtungen überein. Da er die meiste Zeit des Gipfeltreffens mit dem Zar gesprochen hatte, war beim Präsidenten teilweise der Eindruck entstanden, dass Russlands Herrscher »entschlossener« als sein Außenminister sei, wenn es um die Verteidigung Serbiens ging.[6] Poincaré und die Prinzessinnen wussten nicht, dass Sasonow am vorangegangenen Abend über Pourtalès eine ernsthafte Drohung an Wien gerichtet hatte, dass »von einem Ultimatum keine Rede sein dürfe«.

Die aufkeimende Kriegsbereitschaft im französisch-russischen Lager erhielt noch einen deutlicheren Ruck, als die französische Delegation am nächsten Morgen in ihren Zelten erwachte. Sogar Viviani, gekräftigt von der frischen Landluft, fühlte sich am Dienstag wieder besser. Die Militärparade, die an diesem Morgen stattfand, brachte in gewisser Weise das Gipfeltreffen auf den Punkt: eine Demonstration der Stärke und Geschlossenheit der

Allianz. Anastasia hatte recht behalten mit ihrer Ankündigung, dass die Kapelle ausschließlich französische Märsche spielen würde. Wie der Botschafter in seinem Tagebuch notierte:

»Parade in Krasnoje Selo an diesem Morgen. 60 000 Mann nahmen daran teil. Ein wunderbares Schauspiel der Stärke und Erhabenheit. Die Infanterie marschierte vorüber zu den Marschklängen von Sambre et Meuse und Lorraine.

Was für eine Fülle an Anregungen dieser Militärapparat bietet, den der Herrscher über alle Russen vor dem Präsidenten der verbündeten Republik, selbst ein Sohn Lothringens, in Bewegung setzen lässt!

Der Zar saß zu Pferd am Fuß des Hügels, auf dem das kaiserliche Zelt stand, Poincaré hatte zur Rechten der Zarin vor dem Zelt Platz genommen. Die wenigen Blicke, die er mit mir tauschte, zeigten mir, dass wir beide dasselbe dachten.«[7]

Im Anschluss an die Parade kehrten alle zum Pavillon des Zaren zurück, wo ein Essen mit russischen Sakuski und Kaviar auf sie wartete. Russlands Herrscher bestand darauf, dass Großfürst Nikolai den Präsidenten »einige der wichtigeren Generäle« in der russischen Armee vorstellte. Dieser kam dem Wunsch nach, bevor die Gruppe für eine kurze Rast nach Schloss Peterhof zurückkehrte. Gegen 6 Uhr abends geleitete Nikolaus II. die französische Delegation an Bord seiner Jacht *Alexandria*; sie sollte sie zur *France* bringen, die im Hafen von Kronstadt vor Anker lag und auf die Rückfahrt wartete. Dieses Mal war es Poincaré, der den Zaren zu einem Abschiedsbankett an Bord der *France* einlud.

Die Kulisse war atemberaubend. Obwohl eine »plötzliche Sturmböe« die Blumenarrangements zerstört hatte, waren die Tische immer noch mit all der Eleganz geschmückt, welche die französische Mannschaft aufbringen konnte. »Das Deck«, beobachtete Paléologue, »zeichnete sich durch eine Art schreckliche Erhabenheit aus mit den vier riesigen 304-mm-Geschützen, die ihre gewaltigen Rohrmündungen über die Köpfe der Gäste reck-

Präsident Poincaré und Zar Nikolaus II. schreiten eine russische Ehrenformation aus Marinesoldaten während des französisch-russischen Gipfeltreffens im Juli 1914 ab.

ten.« Als ob sie den Botschafter an ihr Gespräch vom vergangenen Abend erinnern wollte, »erhob die Großfürstin Anastasia ihr Champagnerglas mehr als einmal in meine Richtung«, notierte Paléologue, »und deutete mit einem Schlenker ihres Armes auf die Geschütze an, dass der Krieg über uns allen schwebe«. Wie gewöhnlich, waren der Zar und der Präsident die ganze Nacht hindurch von Gesprächen beschlagnahmt, zuerst während des Essens und anschließend auf der Brücke, wo sie eine Zeit lang ungestört blieben, die »eine Ewigkeit zu sein schien«. Niemand konnte mit Sicherheit sagen, worüber sie sprachen, aber es war bestimmt etwas Wichtiges.

Zwischen dem zweiten und dritten Gang hatte Viviani eine Botschaft an Paléologue geschickt. Anscheinend hatte er seinen Kampfgeist wiedererlangt – oder er hatte sich seiner Aufgaben als

Außenminister erinnert –, und so trug Viviani seinem Botschafter auf, eine Mitteilung für die Presse aufzusetzen und darin die Ergebnisse des Gipfeltreffens zusammenzufassen. Paléologue tat, wie ihm geheißen, und kritzelte ein kurzes Konzept auf seine Menükarte mit folgendem Ergebnis: »Die beiden Regierungen haben die völlige Übereinstimmung ihrer Ansichten und Absichten festgestellt, das europäische Kräfteverhältnis im Gleichgewicht zu halten, besonders im Hinblick auf die Balkanhalbinsel.« Er betrachtete diese Formulierung genau als die Art von »neutraler und nichts sagender Ausdrucksweise, die für derartige Dokumente geeignet war«, deshalb reagierte er ziemlich überrascht, als Viviani mit dem letzten Satz nicht einverstanden war und schriftlich festhalten wollte, dass die französischen und die russischen Interessen auf dem Balkan »keine völlige Übereinstimmung« aufweisen. Paléologue schrieb ein neues Kommuniqué, in dem festgehalten wurde, dass die beiden verbündeten Nationen »die völlige Übereinstimmung in ihren Ansichten über die verschiedenen Probleme festgestellt haben, die den Frieden und das Gleichgewicht in Europa ... besonders im Osten (niemand konnte bezweifeln, dass damit Serbien gemeint war) betreffen«. Dieses nichts sagende und dennoch zweideutige Kommuniqué wurde vom Präsidenten, vom Zaren sowie von Viviani, Sasonow und Iswolski gebilligt. Poincarés Toast zum Abschied, in dem er erklärte, dass Frankreich und Russland »dasselbe Ideal von einem Frieden in Stärke, Ehre und Selbstachtung haben«, war ähnlich nichts sagend, aber er trug es mit seiner bekannten Forschheit vor und wurde dafür von den Russen mit »donnerndem Applaus« bedacht.

Als die kaiserliche Garde beim Übertritt des Zaren auf die wartende *Alexandria* die Waffen schulterte, kurz vor Abfahrt der *France* um 23 Uhr, schien alles bestens mit der französisch-russischen Allianz. Während Poincaré im Hinblick auf Sasonow immer noch Zweifel hegte, vertraute er jetzt voll und ganz darauf, dass der Zar standhaft bleiben würde, was auch immer die Österreicher ihm vorsetzten. Die Russen waren mittlerweile sicher, dass sie Frankreichs volle Unterstützung hatten bei jedem noch so harten Stand, den sie mit Wien auszufechten hatten. Der nächste Zug lag jetzt bei Berchtold.

13. Gegen-Ultimatum und Ultimatum

Donnerstag, 23. Juli

ZUR GLEICHEN ZEIT am Donnerstagabend, als der Zar und Poincaré an Bord der *France* ihre Abschiedsreden hielten, schien Berchtolds »Funkstille« zu funktionieren. Sasonows Zurückhaltung in seiner Unterredung mit Szápáry am Wochenende schien darauf hinzudeuten, dass Lützows Indiskretion gegenüber dem britischen Botschafter noch nicht bis zu den Russen vorgedrungen war, zumindest nicht bis zum Samstag, den 18. Juli. Berchtold hatte von dem dramatischen Gespräch zwischen Szápáry und Poincaré am Dienstag, den 21. Juli, im Winterpalast erfahren; es ließ vermuten, dass die Franzosen zumindest eine grobe Vorstellung von dem hatten, was folgen sollte, doch dann hatte Szápáry bewusst das aggressive Verhalten des französischen Präsidenten der »reservierten und vorsichtigen Haltung« Sasonows am Samstag gegenübergestellt. Natürlich hatte Szápáry Berchtold gewarnt, dass die Anwesenheit des französischen Präsidenten in St. Petersburg »alles andere als einen beruhigenden Effekt erzielen werde«, doch Poincaré genoss einen Ruf als Hitzkopf. Seine Warnung an Wien, dass Russland in Frankreich einen »Freund« habe, ist wohl nicht ernsthaft überdacht worden, ebenso wenig wie sein eigener Wunsch an die Russen, standhaft zu bleiben; ob sie es tatsächlich auch umsetzen würden, war eine andere Frage. In der Zwischenzeit erfuhren die Österreicher nichts von Sasonows Drohung, dass es kein Ultimatum geben dürfe, die er am späten Dienstagabend gegenüber Pourtalès ausgesprochen hatte. Pourtalès hatte seinen Bericht mit der Post geschickt, die bis zum Donnerstagmorgen, 23. Juli, noch nicht in Berlin eingetroffen war und erst eine Woche später an Tschirschky in Wien weitergeleitet wurde. Daher glaubte Berchtold zu diesem Zeitpunkt, dass die Russen immer noch im Dunkeln tappten.

Doch da irrte er. Gerade weil die montenegrinische Prinzessin am Mittwochabend in Krasnoje Selo Sasonows Männlichkeit infrage gestellt hatte, war der russische Außenminister eilends in die Stadt zurückgekehrt, um Botschafter Schebeko in Wien eine scharfe Nachricht zu übermitteln, die am Donnerstag, den 23. Juli, um 4 Uhr früh telegrafiert wurde. Am frühen Mittwoch hatte Sasonow eine bestürzende Nachricht aus Rom erhalten: Sie gab die Ansicht des italienischen Außenministers weiter, dass »Österreich einen großen Schlag plane und darauf abziele, Serbien zu vernichten«.[1] Sofort informierte er Schebeko, er habe zuverlässige Informationen, dass »Österreich Aktionen gegen Serbien plane«. Und er wies seinen Botschafter an, Wien »freundlich, aber bestimmt« vor den »gefährlichen Konsequenzen zu warnen, die auf eine jede solcher Maßnahmen folgten, die mit der Würde Serbiens unvereinbar sind.« Um dieser Warnung eine entsprechende diplomatische Schärfe zu geben, informierte Sasonow seinen Botschafter, dass »aus meinen Gesprächen [mit Poincaré] eindeutig hervorgeht, dass auch Frankreich … eine Erniedrigung Serbiens nicht tolerieren wird«. Russlands Außenminister hatte vielleicht Poincaré – oder Berchtold – noch nicht von seiner eigenen Stärke überzeugt, aber Frankreichs Präsident hatte bei Sasonow jeden Zweifel über seine eigene ausgeräumt. Der französische Botschafter in Österreich, teilte Sasonow mit Schebeko, würde in Kürze eine gleichlautende Warnung an den Ballhausplatz schicken. Außerdem gab er seiner Hoffnung Ausdruck, dass sich der englische Botschafter in Wien, de Bunsen, »im gleichen Sinn äußern würde«, obwohl er dafür noch keine Bestätigung hatte.

Sasonow sprach nicht nur für sich allein, als er diese Warnung losschickte. Irgendwann während des Gipfeltreffens – weder er noch Poincaré erwähnten später den genauen Zeitpunkt – hatten sich Russlands Außenminister und der französische Präsident über den Text eines »Gegen-Ultimatums« an Wien geeinigt. Poincarés Version war fast identisch mit Sasonows – nur seine Sprache war, entsprechend seinem Ruf, etwas schärfer. Alfred Dumaine, der französische Botschafter in Wien, wurde instruiert, dass »kein Weg versäumt werden sollte, um eine [österreichische] Forderung nach Vergeltung oder ein Aufdrängen von Bedingungen [an Serbien] zu verhindern, die ... als eine Verletzung von dessen Souveränität und Unabhängigkeit betrachtet werden muss«. Wie man erwarten durfte, war die unmissverständliche Sprache dieser versteckten Drohung nicht nach Vivianis Geschmack, der als Außenminister »mit wenig Begeisterung« (avec peu d'empressement) zustimmte, es an Dumaine zu schicken. Dennoch ging das Telegramm aus der Funkkabine der *France* kurz nach der Abfahrt aus Kronstadt in den frühen Morgenstunden des Freitags heraus.[3] (Sasonow und Poincaré hatten offensichtlich entschieden, ihr gemeinsames Gegen-Ultimatum versetzt abzuschicken, um den Eindruck zu vermeiden, dass sie sich gegen Berchtold zusammenrotten würden.)[4]

Dadurch, dass sie so lange über das Ultimatum an Serbien gebrütet hatten, hatten die Österreicher sich selbst ausgetrickst und Frankreich und Russland ermöglicht, sich über eine gemeinsame Antwort auf einem Gipfeltreffen abzusprechen. Infolge von Berchtolds Trick, die Abreise der französischen Delegation abzuwarten, waren Poincaré und Viviani, wie die Terminierung der Absendung von Frankreichs Warnung beweist – sie wurde abgeschickt, bevor die französische Regierung offiziell Kenntnis von dem Ultimatum hatte –, die österreichischen Pläne schon vorher bekannt, im Gegensatz zu ihren späteren Beteuerungen. Das hieß allerdings auch, dass die französische Warnung nicht vor Freitag, dem 24. Juli, in Wien eintreffen würde – einen Tag nachdem das Ultimatum an Serbien geschickt worden war. Dadurch konnte es keine abschreckende Wirkung auf Berchtold haben.

Sasonows Warnung traf vor der französischen ein; sie wurde von der russischen Botschaft in Wien am Donnerstag, den 23. Juli, um 15 Uhr entschlüsselt – aber nicht mehr rechtzeitig. Da sich Schebeko nicht in der Stadt aufhielt, eilte der russische Geschäftsträger an seiner Stelle hinüber zum Ballhausplatz, um dem österreichischen Außenminister Sasonows Gegen-Ultimatum zu überreichen. Leider ließ Berchtolds Sekretär den Russen auflaufen, indem er ihm sagte, der Außenminister sei beschäftigt und könne ihn an diesem Nachmittag nicht empfangen. Er möge doch bitte am nächsten Morgen gegen 11 Uhr wiederkommen.

Diese Zeitangabe ist zweideutig. Am Freitagmorgen um 11 Uhr würde das Ultimatum, wenn es fristgerecht am Donnerstag abgeschickt worden war, in Belgrad vorliegen, und die europäischen Regierungen wären offiziell darüber informiert (laut Plan sollten sie am Freitag um 10 Uhr davon in Kenntnis gesetzt werden). Berchtold könnte seinen Mitarbeitern gesagt haben, keine Vertreter »feindlicher« Staaten vor Freitagmorgen bei ihm vorzulassen. Ganz gleich, ob er wusste, wie viel den Russen bekannt war, oder nicht, die Entschuldigung, die sein Sekretär gegenüber Schebekos Geschäftsträger vorbrachte, war nur zum Teil unaufrichtig. Berchtold war an diesem schicksalsträchtigen Nachmittag beschäftigt. Die »Zeitbombe Ultimatum« tickte unaufhörlich, dazu bestimmt, genau eine Stunde nachdem der russische Gesandte am Ballhausplatz angekommen war, in Belgrad zu explodieren. Laut Plan sollte Minister Giesl der serbischen Regierung das Ultimatum zwischen 16 und 17 Uhr vorlegen, um sicherzugehen, dass die Frist am Sonntag, den 26. Juli, um 17 Uhr ablaufen würde, sodass Österreich um Mitternacht mit der Mobilmachung beginnen konnte. Giesl hatte deshalb für 16.30 Uhr um eine Audienz beim serbischen Premierminister gebeten. Am Donnerstagmorgen erfuhr Berchtold jedoch, dass die *France* nicht vor 23 Uhr den Anker lichten würde, fast fünf Stunden später als erwartet.[6] Selbst wenn man die eineinhalb Stunden Zeitunterschied zwischen St. Petersburg und Mitteleuropa berücksichtigte, bedeutete das mit ziemlicher Sicherheit, wenn Giesl die Note gegen 16.30 Uhr überreichte, dass die Neuigkeiten aus Belgrad St. Petersburg erreichen würden, ehe Poincaré gegen 23 Uhr Kronstadt verließ – und das würde ihm erlauben, zusammen mit dem Zar und Sasonow eine gemeinsame Antwort zu verfassen. Daraufhin änderte Berchtold in allerletzter Minute den Zeitplan und sandte Giesl ein dringendes Telegramm, die Übergabe auf 18 Uhr zu verschieben.[7] Ein noch späterer Zeitpunkt würde Conrad in Wut versetzen, weil die 48-Stunden-Frist es dann nicht mehr zulassen würde, dass die Befehle für die Mobilmachung noch Samstagnacht herausgingen. Es war eine äußerst knappe Angelegenheit: Selbst 18 Uhr war womöglich noch zu früh, um zu verhindern, dass die Nachricht über das Ultimatum noch am Donnerstagabend in St. Petersburg eintraf. Trotzdem hoffte Berchtold, wenn man den Zeitunterschied von eineinhalb Stunden sowie die Zeit berücksichtigte, die man für das Aufsetzen, Verschlüsseln, Senden und Dechiffrieren eines Telegramms benötigte, dass die Neuigkeiten die russische Hauptstadt nicht eher erreichen würden, als bis das Abschiedsbankett an Bord der *France* begonnen hatte.

Was Berchtold zusätzliche Kopfschmerzen bereitete, war ein beunruhigendes Gespräch, das er mit dem Generalstabschef am frühen Donnerstagnachmittag geführt hatte. Mit der Aussicht auf einen Krieg, der schon innerhalb von zwei Tagen heraufziehen konnte, begann der Außenminister endlich, über das Worst-Case-Szenario nachzudenken; eigentlich hätte er dies schon längst tun sollen, bevor er den Plan mit dem Ultimatum überhaupt auf den Weg gebracht hatte. Was ist, fragte er Conrad, wenn Serbien einlenkt, nachdem die 48-Stunden-Frist abgelaufen ist – zu diesem Zeitpunkt wäre die österreichische Mobilmachung bereits angelaufen, aber es hätte noch keine Kampfhandlungen gegeben? Im Gegensatz zum Außenminister hatte sich der Generalstabschef mit dieser Möglichkeit bereits befasst, obwohl er sie für nicht sehr wahrscheinlich hielt. Wenn das geschähe, gäbe es eine einfache Lösung: »Serbien muss die Kosten für [unsere] Mobilmachung übernehmen.« Conrad wurde jedoch von Berchtolds nächster Frage überrascht. Seit Tagen erhielt der Ballhausplatz beunruhigende Berichte aus Rom mit Andeutungen, dass die Italiener über Berchtolds Absichten Bescheid wüssten. Am 10. Juli hatte sogar Italiens Außenminister Antonio di San Giuliano eine Gegenleistung für Österreichs Gewinne auf dem Balkan gefordert: Wien sollte das gesamte Italienisch sprechende Südtirol aufgeben (einschließlich – und das war kein Zufall – Innichen, wo Conrad seinen Landsitz hatte). Die Deutschen hatten Berchtold bereits Wochen zuvor gewarnt, dass er unbedingt Italiens Unterstützung oder wenigstens Neutralität festklopfen sollte, doch bis dahin war noch nichts geschehen. Jetzt fragte er Conrad aus heiterem Himmel: Was passiert, wenn sich Italien gegen uns stellt? In diesem Fall, antwortete Conrad, sähe sich Österreich-Ungarn einem Zweifrontenkrieg oder möglicherweise einem Dreifrontenkrieg gegenüber und »sollte überhaupt nicht mobilmachen«.[8] Es war Berchtolds Aufgabe, für Italiens Neutralität zu sorgen. Wenn ihm das nicht gelungen war, war es jetzt ziemlich spät, den Generalstabschef darüber zu informieren.

Conrad wäre noch weitaus beunruhigter gewesen, hätte er oder Berchtold gewusst, dass die Nachricht über das Ultimatum nicht nur bei den Briten, Franzosen, Italienern und Russen durchgesickert war, sondern auch bei den Serben. Am Mittwoch, den 15. Juli, hatte die erste ernsthafte Warnung des serbischen Gesandten in Wien über eine bevorstehende diplomatische Aktion Belgrad erreicht. Am Freitag, den 17. Juli, informierte der serbische Gesandte London, dass »der Weg bereitet werde, um diplomatischen Druck auf Serbien auszuüben, der zu einem bewaffneten Angriff führen könnte«. Premierminister Pašić war von diesen Nachrichten hinreichend alarmiert, und er informierte später am

Tag den österreichischen Gesandten Giesl »in einem nicht offiziellen Gespräch«, dass »die serbische Regierung vorbereitet ist, sich sofort mit jedem Ersuchen um polizeiliche Aufklärung einverstanden zu erklären sowie mit jeder anderen Maßnahme, die mit der Würde und der Unabhängigkeit des Staates vereinbar ist«. Allerdings hatte Pašić auch den britischen Gesandten in Belgrad (wenngleich nicht Giesl) in einer Art und Weise – die vermuten ließ, dass er ausgezeichnete Informationen über die österreichischen Absichten habe – davon in Kenntnis gesetzt, dass »einer Anfrage vonseiten der österreichisch-ungarischen Regierung über die Aufstellung einer gemeinsamen Untersuchungskommission, über die Unterdrückung nationalistischer Vereinigungen und über die Zensur der Presse nicht entsprochen werden könne, denn dies würde eine ausländische Einmischung in innere Angelegenheiten und Rechtsvorschriften bedeuten«.[9]

Allerdings nahmen die ungünstigen Vorzeichen für die Österreicher weiter zu: Als Giesl um eine Audienz bei Pašić für die Übergabe des Ultimatums am Donnerstagabend, 23. Juli ersuchte, musste er erfahren, dass sich der Premierminister nicht einmal in der Stadt aufhielt. Er war auf einer Wahlkampfreise in Niš. Wenn die Serben nicht gewusst hätten, was auf sie zukam, wäre Pašićs Abwesenheit unbemerkt geblieben. Da sie jedoch Bescheid wussten, könnte es sich um ein bewusstes Ablenkungsmanöver gehandelt haben. Die Österreicher erwarteten mehr oder weniger den Rücktritt Pašićs, sobald er den Text des Ultimatums gelesen hatte, weil er die Schmach vermeiden wollte, es erfüllen zu müssen. Um diese Möglichkeit auszuschließen, hatte Berchtold Giesl angewiesen, die Gültigkeit eines solchen Rücktritts angesichts der Frist des Ultimatums nicht anzuerkennen mit der Begründung, dass es »durchaus bekannt ist, dass eine Regierung auch nach ihrem Rücktritt noch die gesamte Verantwortung für die Führung der Staatsgeschäfte trägt, und zwar so lange, bis die neue Regierung gebildet ist«. Die Österreicher wollten nicht zulassen, dass sich Pašić herauswindet und um eine Antwort auf das Ultimatum drückt. Pašić seinerseits hätte sich liebend gern herausgewunden. Als hätte er die bevorstehende Aktion der Österreicher vorausgesehen, hatte Pašić am Mittwoch, den 22. Juli, eiligst Serbiens wenig bekannten Finanzminister Dr. Lazar Paču dazu berufen, ihn die nächsten Tage zu vertreten, solange er außerhalb Belgrads unterwegs war. Nachdem Paču am Donnerstagmorgen Giesls Anfrage nach einer dringenden Audienz an diesem Abend erhalten hatte, bat er den Premierminister, nach Belgrad zurückzukehren. Pašić schlug es ihm ab und befahl dem Finanzminister, »ihn an seiner Stelle zu empfangen«.[10]

Als Giesl am Donnerstag, den 23. Juli, kurz vor 18 Uhr im serbischen Außenministerium eintraf, war das österreichische Ultimatum an Serbien das am schlechtesten gehütete Geheimnis in Europa. Zwar hatten nur die Österreicher und die Deutschen den genauen Text der Note gesehen, die Giesl jetzt in einem versiegelten Umschlag bei sich trug, doch die Serben – ebenso wie Russen, Franzosen, Briten und Italiener – waren sich vollkommen im Klaren darüber, dass das Ultimatum auf dem Weg war und dass die Bedingungen so hart sein würden, dass ihre Annahme schwierig, wenn nicht unmöglich war. Berchtold dürfte nicht gewusst haben, in welchem Ausmaß seine Pläne an die europäischen Botschaftskanzleien durchgesickert waren, was lediglich seine Hoffnungen, auf dem Balkan vollendete Tatsachen zu schaffen, zerstören konnte. Oder vielleicht wollte er es auch gar nicht wissen. Als er in den Abgrund eines weiter reichenden Kriegs blickte, der sich aus seinem fehlgeschlagenen diplomatischen Spiel ergeben konnte, stürzte er vollends hinein.

Bei seinem Eintreffen musste Giesl zu seiner unangenehmen Überraschung erfahren, dass Paču, der in einem Anfall von Zynismus zum stellvertretenden Chef der serbischen Regierung ernannt worden war, kein Wort Französisch verstand, die Sprache, in der »die befristete Démarche« geschrieben war. Glücklicherweise hatte der serbische Außenminister wenigstens einen Mann zur Hand, Generalsekretär Slavko Gruić, der während des Gespächs dolmetschen und sogar eine unverzügliche Übersetzung der Note für den stellvertretenden Chef der serbischen Regierung liefern konnte. Giesl verlor keine Zeit, übergab eine Kopie des Ultimatums, einen zweiseitigen Anhang und einen kurzen Brief an Paču als Stellvertreter von Premierminister Pašić. Er informierte den Finanzminister, dass die Frist am Samstag, den 25. Juli, um 18 Uhr ablaufe und dass er, falls bis dahin keine zufriedenstellende Antwort eingegangen sei, mit dem gesamten Personal seiner Gesandtschaft Belgrad verlassen werde. Paču brauchte keinen Dolmetscher, um zu verstehen, was das bedeutete: Krieg.

Dennoch gab es keinen Grund für den Serben, einzugestehen, dass er dies durchaus verstanden hatte. Paču bewies, dass Pašićs Abwesenheit Methode hatte, und weigerte sich, die Dokumente in die Hand zu nehmen. Er wandte ein, dass er nicht qualifiziert sei, die österreichische Note im Namen von Serbien entgegenzunehmen. Ohne auch nur einen Blick auf das Ultimatum zu werfen (das er ohnehin nicht hätte lesen können), reklamierte der stellvertretende Premierminister gegenüber Giesl, er fürchte, da »Wahlen anstanden und viele Minister abwesend waren, dass es rein aus physischen Gründen unmöglich sei, rechtzeitig das gesamte Kabinett zusammenzurufen, um über eine Angelegenheit von solch offenkundiger Bedeutung zu entscheiden«. Giesl hatte mit solch einer Entschuldigung gerechnet und entgegnete, dass »die Rückkehr der Minister [nach Belgrad] im Zeitalter von Eisenbahnen, Telegrafen und Telefonen in einem Land der Größe [von Serbien] nur eine Sache weniger Stunden sein sollte«. Er erinnerte Paču daran, dass er das gegenwärtige Treffen vor vielen Stunden angekündigt hatte und dass es Pašićs eigener Entschluss war, nicht nach Belgrad zurückzukehren, als er es noch ohne Weiteres gekonnt hätte. Das Problem von Kabinettssitzungen und ihrer Einberufung war zudem »eine interne Angelegenheit der serbischen Regierung, zu der er nichts zu sagen hatte«.[11]

Mutig hielt Paču auch diesem Trommelfeuer stand: Er könne das Ultimatum nicht im Namen der serbischen Regierung entgegennehmen. Nach einer langen, unangenehmen Pause entschloss sich Giesl, es einfach auf dem Tisch liegen zu lassen, und sagte, dass Paču und Serbien, »damit verfahren könne, wie es ihm beliebe«. Dann drehte sich Giesl um und ging. Es gab für ihn nichts mehr zu tun.[12]

Auf diese Weise verpatzten die Österreicher, nachdem sie schon den Überraschungseffekt des Ultimatums aufgrund ihrer Sorglosigkeit und mehrerer undichter Stellen zerstört hatten, auch noch seine Übergabe. Nachdem die serbische Regierung früh von dem Ultimatum erfahren hatte – wie all die anderen Mächte auch –, hatte sie es aus technischen Gründen beinahe neutralisiert. Zuletzt hatte Pašić Giesl und Berchtold der Genugtuung beraubt, ihn in die Enge getrieben zu haben.

In der Zwischenzeit setzte Paču, sobald Giesl den Raum verlassen hatte, seine Narrenkappe ab und ging den Inhalt des Ultimatums mit zwei anderen Ministern durch, die sich im Nebenraum verborgen hatten. Diese wiederum gaben die Nachricht an befreundete Diplomaten weiter. Natürlich handelte es sich dabei um die Italiener, die größten Klatschtanten der europäischen Diplomatie, die als Erste von der Geschichte erfuhren – noch bevor sie an die Russen weitergeleitet worden war. Gegen 21 Uhr am Donnerstagabend (russische Zeit) informierte ein Attaché der italienischen Botschaft in St. Petersburg, der erst spät zum Abschiedsbankett an Bord der *France* eingetroffen war, in ruhigem Ton K. E. Bützow, den stellvertretenden Leiter der Abteilung Naher Osten im russischen Außenministerium, dass »Österreich-Ungarn an diesem Tag ein absolut inakzeptables Ultimatum an Serbien überreicht habe«. Als Bestätigung des italienischen Berichts erhielten die Sekretäre in der Sängerbrücke fast gleichzeitig eine dringende Anfrage von Graf Szápáry für eine einstündige Audienz bei Russlands Außenminister.[13] Berchtold wollte herausfinden, aus welchem Holz Sasonow geschnitzt war.

14. Sasonow schlägt zurück

Freitag, 24. Juli

DIE NACHRICHT VOM österreichischen Ultimatum erreichte St. Petersburg, kurz nachdem Giesl es am Donnerstagabend in Belgrad überreicht hatte. Berchtold hatte die Übergabe so lange wie möglich hinausgezögert, doch solch eine Bombe konnte, sobald sie einmal gezündet war, nicht mehr lange geheim gehalten werden. Sasonow war viel zu sehr in die diplomatischen Höflichkeiten bei der Verabschiedung Poincarés eingebunden, um mit den Neuigkeiten konfrontiert zu werden. Er befand sich immer noch an Bord der *France*, war aber durch den Bericht des italienischen Attachés informiert, dass ein Ultimatum an Serbien gerichtet worden war und der österreichisch-ungarische Botschafter um eine dringende Audienz ersucht hatte, bevor er sich Donnerstagnacht zur Ruhe begab. Um 7 Uhr erhielt Sasonows Stabschef Schilling eine weitere Bestätigung des Ultimatums, und zwar in einem Telegramm vom russischen Konsulat in Belgrad.[1] Als Sasonow gegen 10 Uhr am Freitagmorgen, 24. Juli, im Außenministerium eintraf, war er bestens gerüstet.

»C'est la guerre Européenne!« – »Das bedeutet einen europäischen Krieg!« –, rief Sasonow Schilling zu, sobald er ihn erblickte. Da seine Bemerkung zu Recht berühmt wurde, wird sie oft fälschlicherweise für einen spontanen Ausruf, als Reaktion auf die schockierenden Nachrichten gehalten (das heißt den Eingang des österreichischen Ultimatums). Das war sie aber nicht. Sasonow wusste seit Tagen, dass ein Ultimatum – in welcher Form auch immer – anstand, und er hatte von der Übergabe in Belgrad fast zehn Stunden zuvor erfahren. Es stimmt zwar, dass er den aktuellen Text des Ultimatums an Serbien nicht kannte, bevor es überreicht wurde, aber dann hatte er ihn auch jetzt noch nicht gesehen: Er gab dieses Bonmot über den »europäischen Krieg« von sich, bevor, nicht nachdem, Botschafter Szápáry eingetroffen war, um ihm das Ultimatum zu präsentieren. Wenn diese Bemerkung authentisch ist, dann konnte sie nicht spontan gewesen sein. Es handelte sich eher um eine Grundsatzerklärung.[2]

Diese Einschätzung wird durch Szápárys Bericht über seinen kurzen, verdrießlichen Zusammenstoß mit Russlands Außenminister an diesem Morgen bestätigt. Nichts an Sasonows Auftreten verriet Überraschung oder spiegelte gar Schock wider. Während der Botschafter ihm den Text des Ultimatums an Serbien mit entsprechenden Kommentaren zeigte, blieb Sasonow »erstaunlich ruhig«. Der Russe lehnte zwei Punkte des Ultimatums mit eindeutiger Entschiedenheit ab. Die Serben, sagte er, würden niemals der Auflösung der Narodna Odbrana zustimmen, und sie könnten auch nicht die Beteiligung österreichischer Ermittler bei der Untersuchung des Verbrechens von Sarajevo auf serbischem Gebiet erlauben. Auf Szápárys Behauptung, dass Österreich-Ungarn beim Stellen seiner Forderungen, terroristische Agitationen gegen die Doppelmonarchie zu unterdrücken, »im Einklang mit allen zivilisierten Nationen stehe«, entgegnete Sasonow, dass »dies ein Irrtum sei«. »Sie«, beharrte der Russe, »setzen Europa in Brand.« Mit einer Vehemenz, die Szápáry verblüffte, warnte ihn der russische Außenminister, »Sie werden sehen, welchen Eindruck [das Ultimatum] in Paris, London und vielleicht noch anderswo hinterlassen wird, wo man es als ungerechtfertigte Aggression betrachtet.« Als der Botschafter, der verzweifelt auf ein

Zeichen des Entgegenkommens hoffte, das alte Thema des monarchischen Prinzips auf den Tisch brachte, wischte es Sasonow einfach beiseite: »Das monarchische Prinzip hat damit nichts zu tun.«[3] Mit diesen Worten beendete er die Audienz und ließ Szápáry nicht im Zweifel darüber, wo Russland stand.

Sasonows kühler und berechnender Ton, den er gegenüber dem österreichisch-ungarischen Botschafter anschlug, lässt den Schluss zu, dass er sich über seine politische Linie bereits vollkommen im Klaren war, nachdem er Donnerstagnacht die Neuigkeiten aus Belgrad erfahren hatte. Was hatte er Großbritanniens Botschafter am letzten Samstag mitgeteilt, nachdem er Wind von Berchtolds Plänen bekommen hatte? Wenn Österreich Serbien ein Ultimatum stellt, »könnte Russland gezwungen sein, militärische Vorsichtsmaßnahmen zu ergreifen«. Getreu seinem Wort berief Sasonow, kaum dass Szápáry am Freitagmorgen gegen 10.30 Uhr sein Büro verlassen hatte, den Ministerrat für 15 Uhr ein mit dem dringenden Vermerk, dass die Anwesenheit von Nikolai Januschkewitsch, dem russischen Generalstabschef, und von Iwan Grigorowitsch, dem russischen Marineminister, erforderlich sei. Außerdem trug Sasonow Januschkewitsch auf, »alle Maßnahmen zu ergreifen, um die Armee kampfbereit zu machen«, sowie einen Plan »für eine Teilmobilmachung« aufzustellen, den man um 15 Uhr besprechen könne.[4] Anschließend rief Sasonow alle diplomatischen Mitarbeiter der Botschaftskanzleien des Außenministeriums und der Sektion Naher Osten aus dem Urlaub zurück mit der Anweisung, sofort Bericht zu erstatten.

Russlands Finanzminister Peter Bark war der Erste, der Sasonows Vorladung folgte und gegen 11 Uhr an der Sängerbrücke eintraf. Da der Außenminister gerade weggegangen war, sprach er an seiner Stelle mit Schilling. »Wie wahrscheinlich ist es, dass es Krieg geben wird?«, fragte er. Schilling antwortete ohne zu zögern, dass »*Sasonow Krieg als unvermeidlich ansehe*«. Angesichts dieser Tatsache bat Bark, ihn darüber zu informieren, »ob ... sich die Dinge schnell entwickeln, da er in diesem Fall sofortige Schritte einleiten müsse, um den Transfer der in Berlin deponierten Fonds des Finanzministeriums sicherzustellen«. Wiederum ohne zu zögern antwortete Schilling, Bark solle dies sofort tun. Indem er sich fast mit deutscher Geschwindigkeit bewegte (der Finanzminister war zwar Russe, hatte aber längere Zeit in Deutschland im Bankhaus Mendelssohn gearbeitet), telegrafierte Bark noch bevor der Ministerrat zusammengetreten war nach Berlin und wies seine dortigen Mitarbeiter an, alle Guthaben bei deutschen Banken – das waren alles in allem 100 Millionen Rubel oder mehr als 20 Milliarden US-Dollar nach heutigem Schätzwert – nach Paris und St. Petersburg zu transferieren.[5]

Während Bark die russischen Fonds aus Deutschland zurück nach Russland holte, diskutierte Sasonow die Pläne für die Mobilmachung mit den Armeechefs. Ende November 1912, als der Erste Balkankrieg in vollem Gange war, hatte Kriegsminister Suchomlinow einen »Teilmobilmachungsplan« allein gegen Österreich-Ungarn aufgestellt; dahinter stand die Idee, Wien zu bedrohen, ohne Deutschland zu alarmieren und zur Mobilmachung zugunsten Österreichs zu veranlassen, wie es seinen Verpflichtungen als Bündnispartner entsprochen hätte. Eine wichtige Folge daraus lautete, dass im Distrikt Warschau – das hieß Weichselland oder Russisch-Polen – keine Mobilmachung erfolgen sollte, um nicht die Kommandeure der 8. Deutschen Armee in Ostpreußen zu alarmieren. Genauso wie er später die Kriegspartei während der Liman-von-Sanders-Affäre im Januar 1914 zurückgedrängt hatte, legte der Vorsitzende des Ministerrats Kokowzow gegen Suchomlinows Plan einer »Teilmobilmachung« im November 1912 sein Veto ein mit der Begründung, »ganz gleich, welchen Namen wir den vorgesehenen Maßnahmen auch geben, *eine Mobilmachung bleibt eine Mobilmachung*, die von unseren Gegnern unmittelbar mit Krieg gleichgesetzt wird«.[6] Nachdem der kriegsscheue Kokowzow im Februar 1914 aus seinem Amt als Ministerpräsident ausgeschieden war, konnte Sasonow nun darangehen, Suchomlinows Plan umzusetzen. Kurz nach 11 Uhr am

Freitag, den 24. Juli, brachte er gegenüber Januschkewitsch zur Sprache, die Lage zu beschleunigen, und forderte ihn auf, den Befehl für eine Teilmobilmachung aufzusetzen. Der Generalstabschef stimmte zu.

Januschkewitsch bestellte daraufhin den Chef der Mobilmachungsabteilung der russischen Armee, General Sergei Dobrorolsky, zu sich, der kurz vor Mittag im Hauptquartier eintraf. Januschkewitsch bewies, dass er von Sasonow gründlich über die diplomatische Situation in Kenntnis gesetzt worden war; er informierte Dobrorolsky, Russland werde in Kürze öffentlich ankündigen, dass es in Anbetracht von Wiens »völlig inakzeptablem Ultimatum« an Serbien »nicht gleichgültig« bleiben könne. Eine deutlich aggressivere, allerdings weniger offizielle Ankündigung sollte im *Russkii Invalid*, dem offiziellen Organ des russischen Kriegsministeriums, erscheinen. Darin werde angekündigt, dass Russland »nicht untätig bleiben werde, wenn die Würde und die Integrität des serbischen Volkes, seiner Blutsbrüder, in Gefahr seien«. »Haben Sie irgendetwas vorbereitet, um die Mobilmachung unserer Armee anzukündigen?«, fragte Januschkewitsch seinen Mobilmachungschef. Dobrorolsky bejahte. »In diesem Fall«, fuhr der Generalstabschef fort, »bringen Sie mir in einer Stunde alle Dokumente, die für die Vorbereitung unserer Truppen auf den Krieg wichtig sind und die, falls es notwendig werden sollte, eine Teilmobilmachung lediglich gegen Österreich-Ungarn vorsehen. Diese Mobilmachung darf dem Deutschen Reich keine Gelegenheit geben, darin irgendeinen Grund zur Feindseligkeit zu finden.«

Als Dobrorolsky dies hörte, war er ziemlich beunruhigt. Nur gegen Österreich-Ungarn und nicht gegen das Deutsche Reich mobilzumachen, so sagte er seinem Chef, sei »verrückt«. Der aktuelle Armeeplan Nummer 19 erforderte eine gleichzeitige Mobilmachung gegen das Deutsche Reich und Österreich und enthielt keine Variante, um einzeln gegen einen der beiden vorzugehen. Außerdem, erklärte Dobrorolsky, war es »physisch unmöglich«, eine effiziente Mobilmachung gegen Österreich auf die Beine zu stellen ohne den Eisenbahnknotenpunkt Warschau. Bei einer Mobilmachung unter Ausschluss Polens wäre es nur möglich, Österreich über einen schmalen Streifen von Galizien anzugreifen oder über Rumänien, was aber eindeutig nicht zur Debatte stand. Die Truppen gegen Österreich über den Eisenbahnknotenpunkt Warschau einzusetzen war unvermeidlich, aber das würde augenscheinlich die deutschen Kommandeure in Ostpreußen alarmieren und den Aspekt einer »Teilmobilmachung« zunichtemachen.[7] Wie schon Kokowzow 1912 gesagt hatte, »eine Mobilmachung ist eine Mobilmachung«, ganz gleich, wie Suchomlinow oder Sasonow es auch immer zu nennen wünschten. Januschkewitsch, der erst kürzlich zum Generalstabschef ernannt worden war, hatte diese Tatsache wohl nicht verstanden. Trotzdem willigte Dobrorolsky als untergebener Offizier ein, das zu tun, was ihm befohlen worden war, und zwar so weit wie möglich.

Da Sasonow Zivilist war, ist es durchaus denkbar, dass er genauso wenig wie Januschkewitsch über die strategischen Konsequenzen einer Teilmobilmachung Bescheid wusste. Allerdings gibt es auch Anzeichen, die in eine andere Richtung weisen. Der Außenminister war im November 1912 auf der Sondersitzung des Ministerrats anwesend, als Suchomlinow seinen Plan einer Teilmobilmachung vorgestellt hatte. Er hatte mitbekommen, wie der Kriegsminister die Einzelheiten erklärte, und anschließend gehört, wie Kokowzow den Plan zurückwies mit der Begründung, die Deutschen würden ihn durchschauen (»eine Mobilmachung ist eine Mobilmachung«), und das würde unweigerlich zu einem europäischen Krieg führen. Sasonow war seinem Ruf als Zauderer treu geblieben und hatte mit dem Vorsitzenden gestimmt. Er hatte sogar darin übereingestimmt, dass Russland niemals auch nur eine Teilmobilmachung anordnen sollte, ohne sich vorher mit Frankreich beraten zu haben. Dieser entscheidende Wechsel, der das gegenwärtige politische Dilemma mit unheimlicher Präzision ankündigte, hatte vor noch nicht einmal zwei Jahre stattgefunden. Wenn ihn seine Erinnerung nicht vollkommen im Stich gelassen hatte, muss Sasonow in diesem Augenblick daran gedacht haben, als er die Armee aufforderte, eine Teilmobilmachung gegen Österreich anzuordnen. Im Gegensatz zum November 1912 hatte Sasonow dieses Mal persönlich mit Frankreich Rücksprache gehalten – das heißt sogar mit der gesamten Zivilregierung – am gestrigen Tag und in den drei Tagen davor. Deshalb vertraute er fest auf französische Unterstützung, sollte die russische Teilmobilmachung zum Krieg führen – eine Perspektive, die, wie Schillings Bemerkung gegenüber Bark beweist, Sasonow als unvermeidlich ansah.

Dennoch suchte der Außenminister, um ganz auf Nummer sicher zu gehen, die französische Botschaft auf und speiste mit Paléologue und dem britischen Botschafter Buchanan zu Mittag. Dieser wollte unbedingt wissen, was Russland und Frankreich vorhatten. Sasonow erklärte unmissverständlich, berichtete Buchanan, dass »der Schritt, den Österreich gemacht habe, Krieg bedeute«. Weiterhin informierte Sasonow den britischen Botschafter, dass Frankreich und Russland auf dem Gipfeltreffen eine völlige Übereinstimmung in der Balkanfrage erzielt hätten. Paléologue bestätigte dies eifrig und versprach, dass »Frankreich Russland nicht nur auf diplomatischem Wege stark unterstützen würde, sondern dass es, falls nötig, auch all die Verpflichtungen erfüllen werde, die ihm durch das Bündnis auferlegt seien«, sprich die Mobilmachung gegen Deutschland. »Ob die Regierung Seiner Majestät«, fragte Sasonow den britischen Botschafter, »sich solidarisch mit Frankreich und Russland erklären würde?« Buchanan war – zu Sasonows Enttäuschung – nicht in der Lage, das zu bejahen. Großbritannien, erklärte er, »habe kein Interesse an Serbien, und die öffentliche Meinung in England würde es niemals akzeptieren, zu seinen Gunsten in den Krieg zu ziehen«. Darauf entgegnete Sasonow, dass »die serbische Frage lediglich einen Teil der allgemeinen europäischen Frage darstelle und dass wir [das heißt die Briten] uns dabei nicht heraushalten könnten«. Um sich Klarheit zu verschaffen, was der Russe damit genau meinte, fragte Buchanan Sasonow direkt: Wenn [Österreich-Ungarn] militärisch gegen Serbien vorgeht, schlägt Russland dann vor, ihm den Krieg zu erklären?«

Hier wich Sasonow aus. Nichts, versicherte er Buchanan, würde entschieden, bevor der Ministerrat an diesem Nachmittag zusammengekommen war. Und auch dann würde noch keine politische Vorgehensweise offiziell verabschiedet, ehe nicht die Minister ihre Empfehlungen Zar Nikolaus am nächsten Morgen in Zarskoje Selo vorgelegt hätten. Allerdings gab es keinen Zweifel über Sasonows Position. Der Außenminister, berichtete Buchanan an Grey, »dachte selbst, dass Russland auf jeden Fall mobilmachen müsse«. Das war nicht das, was man in London zu hören wünschte.

Um die Weltuntergangsmaschinerie zu verlangsamen, schlug Buchanan vor, dass Frankreich und Russland auf Wien Druck ausüben sollten, damit die Österreicher das Ultimatum verlängerten, bevor Russland irgendwelche kriegsähnlichen Maßnahmen ergreife. Es ist aufschlussreich, dass der französische Botschafter, und nicht Sasonow, diese Idee als pure Fantasie abschmetterte. »Entweder hat Österreich geblufft«, meinte Paléologue, »oder es hat sich entschlossen, sofort zu handeln.« Die »Sprache des französischen Botschafters« war dermaßen kampfeslustig, meldete Buchanan an Grey, »dass es fast so aussah, Frankreich und Russland hätten sich entschlossen, eine unbeugsame Haltung einzunehmen, selbst wenn wir uns weigern, uns ihnen anzuschließen«. Sasonows Ton erschien ihm etwas milder als der von Paléologue, aber nicht weniger beunruhigend. Der russische Außenminister, berichtete Buchanan, warnte ihn, »dass wir [das heißt Großbritannien] sollte der Krieg ausbrechen, früher oder später mit hineingezogen würden, doch wenn wir nicht von Anfang an gemeinsame Sache mit Frankreich und Russland machten, würden wir das Risiko eines Kriegs erhöhen, und hätten dabei keine gute Rolle gespielt«. Mit diesen markigen Worten kehrte Sasonow zur Sängerbrücke zurück, wobei er den britischen Botschafter über Russlands feste Entschlossenheit nicht im Zweifel ließ.[8]

Um 15 Uhr trat der Ministerrat zu einer Sondersitzung zusammen, die etwa zwei Stunden dauerte. Nachdem Kokowzow aus dem Spiel und da der neue Vorsitzende I. V. Goremykin lediglich eine Repräsentationsfigur war, gehörte Sasonow die Bühne. Wenn Landwirtschaftsminister Kriwoschein und die anderen »deutschfeindlichen« Anhänger der Kriegspartei irgendwelche Zweifel gehegt haben sollten, ob der Außenminister gegenüber Österreich hart bleiben würde, zerstreute er diese im Nu. Die gegenwärtige Krise, sagte Sasonow zu jedermann, zeichne sich schon seit Längerem ab. »Es gebe tief sitzende Gründe für diesen Konflikt zwischen den Mittelmächten und der Entente.« Die russische Schwäche in den vergangenen Jahren habe ein aggressives Verhalten Deutschlands provoziert. Österreichs Ultimatum an Serbien war lediglich ein »Vorwand, der es [das heißt Deutschland] in die Lage versetzen solle, seine Überlegenheit durch die Anwendung von Gewalt zu beweisen«.

»Russland«, schloss Sasonow, »kann kein passiver Zuschauer bleiben, wenn bewusst auf einem slawischen Volk herumgetreten werde. In den Jahren 1876 und 1877 hatte Russland für die Befreiung der slawischen Völker auf dem Balkan gegen das Osmanische Reich gekämpft. Wir haben für diese Sache enorme Opfer gebracht … Wenn Russland es versäumt, seine historische Mission zu erfüllen, wird es als dekadenter Staat angesehen werden und von nun an nur noch in der zweiten Reihe der Großmächte stehen … Wenn wir in diesem kritischen Augenblick die Serben ihrem Schicksal überlassen, wird das russische Ansehen auf dem Balkan ganz und gar zusammenfallen.«

Kriwoschein war beeindruckt. Er unterstützte Sasonows Haltung und erklärte, dass »die öffentliche und die parlamentarische Meinung es nicht verstehen würden, wenn in diesem kritischen Moment, da Russlands vitale Interessen auf dem Spiel stünden, die zaristische Regierung zögere, mutig zu handeln«. Wenn Russland dieses Mal keine Standfestigkeit beweise, würde die Regierung – wenn nicht sogar das ganze zaristische Regime – zusammenbrechen im Angesicht der öffentlichen Verachtung ihrer Schwäche.

Kriwoscheins Rede, erinnerte sich Bark, »hinterließ einen tiefen Eindruck bei den Kabinettsmitgliedern. Die Minister beschlossen, eine streng gefasste, öffentliche Warnung an Wien zu schicken, dass »Serbiens Schicksal Russland nicht gleichgültig sein könne«.[9]

Das eigentliche Geschäft war jedoch schon vorher von Sasonow besorgt worden. Er legte den Ministern eine Fünfpunkteresolution vor. Die ersten beiden Punkte klangen ziemlich harmlos, waren aber klug ersonnen. Als Erstes versprach Russland, mit den anderen Mächten zusammenzuarbeiten, um Österreich aufzufordern, die Frist für das Ultimatum zu verlängern – ungeachtet der Tatsache, dass Sasonow und Paléologue gerade erst Buchanan mitgeteilt hatten, dass dies unmöglich sei. Unter dem zweiten Punkt gab Russland Serbien den Rat, anzukündigen, dass es gegen eine österreichische Invasion keinen Widerstand leisten werde, sondern dass es sein Schicksal den Staaten anvertrauen werde. In Anbetracht der Tatsache, dass Russland auf Pašićs dringende Bitte hin erst Waffen nach Belgrad geschickt hatte, war dies ein seltsamer Ratschlag – aber er hatte durchaus einen diplomatischen Sinn. Solange Großbritannien und die anderen neutralen Staaten glaubten, dass Serbien maßvoll handelte, würden sie das Deutsche Reich und Österreich-Ungarn als diejenigen ansehen, die den Frieden störten.

Die letzten drei Punkte, alle streng geheim, waren ernster Natur. Im dritten Punkt wurde festgehalten, dass die Chefs von Armee und Marine, Januschkewitsch und Grigorowitsch, den Zaren beim offiziellen Treffen des Kronrats in Zarskoje Selo am nächsten Tag ersuchen sollten, »im Prinzip« die Mobilmachung für die vier Militärbezirke Kiew, Odessa, Moskau und Kasan (eine »Teilmobilmachung« ausschließlich gegen Österreich) zu genehmigen zusammen mit der Alarmierung der Schwarzmeer- und Ostseeflotte (das ist insofern interessant, als Österreich-Ungarn keine Küste hat). Der vierte Punkt autorisierte die Armeeführung, für den Krieg notwendige Ergänzungen der militärischen Ausrüstung vorzunehmen. Schließlich wurde in Punkt fünf schriftlich festgehalten, dass im Deutschen Reich und in Österreich-Ungarn investierte staatliche Gelder nach Russland zurücktransferiert werden sollten.[10]

Obwohl diese Resolutionen formal für die Abstimmung im Ministerrat aufgesetzt worden waren, unter Vorbehalt eines möglichen Vetos des Zaren im anschließenden Kronrat, hätte Sasonow sie nicht aufgeschrieben, wenn er nicht sicher gewesen wäre, dass sie auch abgesegnet werden. Januschkewitsch hatte tatsächlich damit begonnen, den Befehl für eine »Teilmobilmachung« vorzubereiten, bevor die Ministerrunde zusammentrat – auf direkten Befehl des Außenministers. Bark hatte ebenfalls begonnen, Staatsgelder aus Deutschland nach Russland zurückzuführen, einfach auf Sasonows Anweisung hin. So überraschte es niemanden, dass Sasonows Resolutionen einstimmig angenommen wurden, was ihre Absegnung von dem Zaren zu einer reinen Formsache machte.

Nachdem er die Minister für eine geheime »Teilmobilmachung« gewonnen hatte, kehrte Sasonow gegen 18 Uhr in sein Büro zurück. Serbiens Gesandter in Russland, M. Spalajković, wartete bereits auf ihn, in erster Linie um zu erfahren, was vom Ministerrat beschlossen worden war. Spalajkovićs Instruktionen von Pašić (der immer noch auf Wahlkampfreise in Niš unterwegs war) lauteten, Sasonow darüber zu informieren, dass die serbische Armee nicht in der Lage war, einer Invasion Österreich-Ungarns standzuhalten. Vor dem Hintergrund dieser Information sollte er fragen, welchen Rat Russland für Belgrad bereithalte. Der serbische Prinzregent Alexander war in einem Telegramm an den Zaren noch viel demütiger aufgetreten und hatte angekündigt, dass Serbien alle Forderungen des Ultimatums erfüllen werde, »zu deren Annahme Eure Majestät uns rät«. Wie auch immer es tatsächlich um die Kriegstauglichkeit der serbischen Armee stand, die Haltung Belgrads war offenkundig: Serbien würde das tun, wozu Russland ihm riet.[11]

Sasonows Rat war eindeutig. Es war fast eine Überraschung für Spalajković, als ihm der russische Außenminister mitteilte, dem Ultimatum nicht nachzukommen. Um seinen guten Willen zu zeigen, riet er, dass Serbien die eher harmlosen Punkte akzeptieren solle. Es müsse jedoch nicht den Artikeln 5 und 6 zustimmen, die sich auf eine Beteiligung österreichischer Behörden »bei der Unterdrückung von subversiven Bewegungen« und bei der Verfolgung von Mitschuldigen an dem Attentat von Sarajevo bezogen. Diese Klauseln, sagte Sasonow zu Spalajković, würden die serbische Souveränität verletzen. Öffentlich, wie im Ministerrat beschlossen, riet Russlands Außenminister, dass Serbien »eine Erklärung abgeben und den Österreichern erlauben solle, in Serbien einzumarschieren, ohne Widerstand zu leisten«. Vertraulich versicherte Sasonow jedoch Spalajković, dass »Serbien auf die Hilfe Russlands zählen könne«. Auch wenn wir nicht wissen, wie deutlich Sasonow in seinem Gespräch mit dem serbischen Gesandten über die Art der »Hilfe« geworden ist – ob er beispielsweise Spalajković über die bevorstehende Teilmobilmachung informierte –, so war doch seine Botschaft an Belgrad klar und deutlich*: Serbien solle Mäßigung demonstrieren, aber nicht nachgeben. Wenn es zum Krieg kommen sollte, würde Russland auf seiner Seite kämpfen.[12]

Um 19 Uhr verließ Spalajković Sasonows Büro und eilte zum Telegrafenbüro, um nach Belgrad zu berichten. Auf seinem Weg

---

* Eine ganze Anzahl von Spalajkovićs entscheidenden Depeschen, die er am 24. Juli nach Belgrad abgeschickt hatte, sind verloren gegangen, aber wenigstens eine blieb erhalten, in der die hier zitierte Passage vorkommt.

hinaus stieß er mit Graf Pourtalès zusammen. Seit dem frühen Morgen hatte der deutsche Botschafter um eine Audienz gebeten, da er die russische Antwort auf Österreichs Ultimatum besprechen wollte; er war mit der Begründung abgewiesen worden, Sasonow sei mit der Vorbereitung der Sitzung des Ministerrats beschäftigt. Jetzt musste Pourtalès zu seiner Bestürzung erfahren, dass der Außenminister zuerst mit Spalajković gesprochen hatte. Er wäre sicherlich noch weitaus stärker beunruhigt gewesen, hätte er gewusst, dass Sasonow mit dem französischen und dem britischen Botschafter zu Mittag gegessen hatte. Um wenigstens eine Ahnung der russischen Antwort auf das Ultimatum zu bekommen, sagte Pourtalès zu Spalajković, das Deutsche Reich hoffe, den österreichisch-serbischen Disput »lokalisieren« zu können. »Lokalisierung« war allerdings ein belasteter Ausdruck: Die deutsche Haltung, vertreten durch Staatssekretär Jagow und Kanzler Bethmann Hollweg, bestand darin, Österreich freie Hand zu lassen, um seine Rechnung mit Serbien zu begleichen, ohne dass die anderen Mächte daran Anstoß nahmen. Spalajković wollte davon nichts wissen. Das österreichische Ultimatum, warnte er Pourtalès, wäre bereits eine »europäische Frage«.[13]

Der deutsche Botschafter hatte mit Russlands Außenminister kaum mehr Glück. Trotz eines äußerst anstrengenden und erschöpfenden Tages war Sasonow in hitziger Stimmung. Er wies Pourtalès Begriff der »Lokalisierung« zurück und führte aus, das österreichische Ultimatum beginne damit, dass es sich auf ein Versprechen berufe, das Serbien in einer Erklärung vom 31. März 1909 in Anerkennung der österreichischen Annexion von Bosnien-Herzegowina geleistet habe, und dass dieses feierliche Versprechen gebrochen worden sei. Allerdings war diese serbische Erklärung »aus Achtung vor dem Ratschlag der Großmächte« erfolgt – nicht einfach nur gegenüber Österreich-Ungarn. Darüber hinaus hatte gerade an diesem Morgen Österreichs Botschafter das Ultimatum all den Staaten überreicht, die den Berliner Vertrag von 1878 unterzeichnet und die für Serbiens Erklärung von 1909 (da die Annexion von Bosnien-Herzegowina diesen Vertrag revidiert hatte) eine Garantie übernommen hatten. Sasonow hatte dies nicht weiter ausgeführt, als er an jenem Morgen Botschafter Szápáry zur Audienz empfing, vielleicht auch deshalb, weil er noch nicht die Zeit hatte, den Text des Ultimatums genau zu lesen. Jetzt hatte er das nachgeholt, und er konnte eine große Lücke in Österreichs Argumentation finden, die Angelegenheit »lokal zu begrenzen«. Szápáry erkannte das, sobald ihm Pourtalès von dem Gespräch berichtete. Deshalb informierte er Berchtold in einem dringenden, später am Abend abgeschickten Telegramm, dass »Sasonow unglücklicherweise die Begründung für seine Ablehnung in unserer eigenen Note gefunden habe«.[14]

Der Russe war aber noch lange nicht fertig. Er sei, sagte er zu Pourtalès, von den sogenannten Beweisen, die Wien für eine Beteiligung Serbiens an dem Attentat von Sarajevo vorgebracht habe, nicht überzeugt. Er lehnte die deutsche Beschwörung des monarchischen Prinzips ab, indem er betonte, dass »dies absolut nichts mit dem gegenwärtigen Fall zu tun habe«. Dabei redete er sich erst richtig in Wut und fing an, »sich zu übertriebenen Anklagen und Beschuldigungen gegen die österreichisch-ungarische Regierung zu versteigen«. Schließlich unterbrach ihn Pourtalès mit dem Einwand, dass der Russe »unter dem Einfluss seines blinden, unversöhnlichen Hasses auf Österreich spräche«. Ohne die Beherrschung zu verlieren, entgegnete Sasonow, dass »Hass nicht zu meinen Charakterzügen gehört. Es ist nicht Hass, den ich für Österreich empfinde, sondern Verachtung.«

Dann kam der Russe endlich auf den Punkt. Er war jetzt ernsthaft überzeugt, teilte er Pourtalès mit, »dass Österreich-Ungarn nach einem Vorwand suche, um ›Serbien zu schlucken‹«.*

---

* Das französische Wort, das Sasonow benutzte, lautete avaler (= schlucken, verschlucken, verschlingen). Pourtalès änderte dies im Deutschen in verschlingen, was dem sinngemäß entspricht. Szápáry übersetzte es für seinen Bericht nach Wien wieder ins Französische zurück mit dévorer (= fressen, auffressen, verschlingen).

»In diesem Fall allerdings«, sagte er dem deutschen Botschafter, »wird Russland Österreich den Krieg erklären.«

Pourtalès war schockiert. Obwohl Sasonow während ihres Gesprächs am Montag deutliche Worte gefunden hatte, war es diesmal etwas ganz anderes. Noch nie zuvor hatte er das Wort »Krieg« aus Sasonows Mund vernommen. Anfangs konnte er es kaum glauben. Um Sasonow Gelegenheit zu geben, einen Rückzieher zu machen, versuchte Pourtalès, ihn zu beschwichtigen: Das Ultimatum, meinte er, würde lediglich, und zwar im denkbar ungünstigsten Fall, »zu einer österreichischen Strafaktion gegen Serbien führen« und »Österreich sei weit entfernt von irgendwelchen Überlegungen, sich serbisches Gebiet anzueignen«: Es würde kein »Schlucken von Serbien« geben. Dabei, berichtete Pourtalès, schüttelte Sasonow skeptisch den Kopf und sprach von weitreichenden österreichischen Plänen. Zuerst sollte Serbien verspeist werden, dann käme Bulgarien an die Reihe und dann »haben wir sie [die Österreicher] an der Schwarzmeerküste«. Pourtalès wies mit Humor solche »fantastischen Übertreibungen« zurück und befand sie einer »ernsthaften Diskussion nicht wert«. Allerdings vergaß er nicht, was der Russe gesagt hatte. Die einzige Erklärung für den Gebrauch einer solch extremen Sprache, die Pourtalès finden konnte, war Sasonows »leidenschaftlicher, nationalistischer und besonders religiöser Hass auf Österreich-Ungarn«, in dem er, als katholische Macht, nur den grundsätzlichen Feind des orthodoxen Serbiens sehen konnte.[15]

Es gibt verschiedene Schilderungen, wie diese Auseinandersetzung im russischen Außenministerium endete. In einem Telegramm, das er kurz nach Mitternacht an die Wilhelmstraße schickte, versicherte Pourtalès gegenüber Jagow, dass trotz seiner harschen Sprache Sasonows eigentliches Ziel wahrscheinlich darin bestünde, die Frage des Ultimatums zu »europäisieren«. »Eine unmittelbare russische Intervention«, prognostizierte er, »sei nicht zu befürchten.« Szápáry gab nach Wien weiter, was ihm Pourtalès in dieser Nacht erzählt hatte, und berichtete, das Gespräch sei »freundlich« abgelaufen. Sasonow habe es beendet, indem er an Pourtalès appellierte, dass »Deutschland mit Russland zusammenarbeiten sollte, um den Frieden zu bewahren«. In einem längeren Brief an Jagow, den er am nächsten Tag abschickte, berichtete Pourtalès ebenfalls, dass Sasonows eigentliches Ziel darin bestehe, Zeit zu gewinnen und die Dinge hinauszuzögern, aber nicht auf die Spitze zu treiben. Trotz der Aufregung, die in russischen Regierungskreisen herrsche, schloss Pourtalès, »seien solche überstürzten Schritte [das heißt Sasonows Drohung, Österreich den Krieg zu erklären] nicht zu erwarten«.[16]

Andere Quellen lassen jedoch vermuten, dass das Treffen nicht so freundschaftlich endete wie geschildert. Das Logbuch des russischen Außenministeriums vermerkt, dass »diejenigen, die Graf Pourtalès beim Verlassen des Ministeriums sahen, bekundeten, er wäre sehr erregt gewesen und habe die Tatsache nicht verbergen können, dass Sasonows Worte, und besonders seine feste Entschlossenheit, den österreichischen Forderungen nicht nachzugeben, bei ihm einen starken Eindruck hinterlassen hatten«.[17] Im Einklang mit diesem Bericht schrieb Pourtalès in dieser Nacht selbst in sein Tagebuch – er berichtete dies nicht nach Berlin, vielleicht weil er Jagow nicht aufschrecken oder der deutschen Kriegspartei keinen Anlass liefern wollte –, dass Sasonows Bemerkungen »bei ihm den Eindruck hinterlassen hatten«, dass der Ministerrat »ernsthaft die Möglichkeit eines Bruchs mit dem Deutschen Reich und Österreich-Ungarn ins Auge gefasst« und »beschlossen haben musste, einem bewaffneten Konflikt nicht aus dem Wege zu gehen«.[18]

Kaum hatte der deutsche Botschafter Sasonows Büro gegen 20 Uhr verlassen, traf sein französischer Widerpart ein. *

---

* Paléologue behauptet in seinen Memoiren, dass er noch gesehen habe, wie Pourtalès Sasonows Büro verließ, »mit rotem Gesicht und blitzenden Augen«. Laut Schilling vermied es der französische Botschafter jedoch bewusst, Pourtalès zu begegnen, indem er im Empfangszimmer wartete, zu dem der Deutsche, als Botschafter eines »feindlichen« Landes, keinen Zutritt hatte.

Der russische Außenminister, beobachtete Paléologue, »war immer noch aufgewühlt von dem Streitgespräch, das er soeben geführt hatte. Er zeigte kurze Momente von Nervosität, und seine Stimme klang trocken und abgehackt.« Sie hätten, teilte Sasonow dem französischen Botschafter mit, alle diplomatischen Zusicherungen beiseitegelassen und sich beide nur noch darüber ausgetauscht, dass »das Deutsche Reich die österreichische Sache voll und ganz unterstützen würde. Nicht der geringste Versuch einer Einlenkung. Deshalb habe ich Pourtalès ziemlich unverblümt mitgeteilt, dass wir Serbien seine Differenzen mit Österreich nicht allein austragen lassen werden.« (Sasonow wird dem Franzosen nicht gesagt haben, wie »unverblümt« er sich geäußert und dass er mit Krieg gegen Österreich gedroht hatte). Mit erstaunlicher Offenheit erzählte der Russe Paléologue von der Beschuldigung des Deutschen, dass er »Österreich hasse«, und behauptete, scharf entgegnet zu haben, »nein, natürlich nicht, weil wir Österreich nicht mögen ... Warum sollten wir es mögen? Es hat niemals etwas anderes getan als uns zu schaden.« Anschließend informierte Sasonow [Paléologue] »sofort über die Entscheidungen des Ministerrates« – einschließlich der Teilmobilmachung gegen Österreich.[19]

Es war gerade mal ein Abend an der Sängerbrücke vergangen. In weniger als einer Stunde hatte Russlands Außenminister

1. den serbischen Gesandten angewiesen, dem österreichischen Ultimatum nicht zu entsprechen, und ihm zugesagt, dass »Serbien auf Russlands Hilfe zählen könne« (obwohl es unklar bleibt, ob er gleichzeitig ausgesprochen hat, wie diese Hilfe konkret aussehen sollte);

2. den deutschen Botschafter gewarnt, dass Russland Österreich den Krieg erklären werde, wenn es »Serbien zu schlucken« beabsichtige und

3. den französischen Botschafter über Russlands bevorstehende Mobilmachungsmaßnahmen informiert.

Was diese Vorstellung umso bemerkenswerter macht, ist die Tatsache, dass Sasonow, bevor er diese Schritte unternahm, mit keinem der drei Staatsmänner gesprochen hatte, die maßgeblich in die russische Politik involviert waren. Während sich dies ereignete, segelte Zar Nikolaus II. die meiste Zeit mit seiner Jacht an der finnischen Küste entlang (obwohl er Befehl gegeben hatte, rechtzeitig nach Zarskoje Selo zurückzukehren, da für den nächsten Morgen der Kronrat einberufen war). Präsident Poincaré reiste noch an Bord der *France* über die Ostsee, und Serbiens Premierminister Pašić war von seiner Wahlkampfreise immer noch nicht nach Belgrad zurückgekehrt. Wenn diese drei Männer am Samstag erwachten, würde die Welt nicht mehr dieselbe sein.

15. Russland, Frankreich und Serbien geben nicht nach

Samstag, 25. Juli

ALS AM SAMSTAG die Morgendämmerung anbrach, stand die Hitze bereits flimmernd über den Straßen von St. Petersburg. Den ganzen Juli über hatte sich eine Hitzewelle aufgebaut, und jetzt erreichte sie ihren schrecklichen Höhepunkt. Die Bahnhöfe waren überfüllt mit Urlaubern, die der schwülheißen Hauptstadt zu entkommen suchten. In den Bezirken der Arbeiterklasse hatte sich die Lage seit Mittwoch, als viele Streikende in Zusammenstöße mit Kosaken verwickelt waren, etwas beruhigt. Dennoch tat die Hitze nichts dazu, die Stimmung in den Fabriken zu verbessern, sondern lag erdrückend über den Wohnvierteln. Die Polizei befürchtete, dass eine neue Explosion drohte.

Auf dem Paradeplatz in Krasnoje Selo hatte sich die bessere Gesellschaft versammelt, um dem alljährlich im Sommer stattfindenden Aufmarsch der kaiserlichen Truppen beizuwohnen. Die Manöver sollten ursprünglich am späten Vormittag abgehalten werden, bevor die glühend heiße Mittagssonne die Ebene in einen Backofen verwandelte. Doch zum Unglück für die übertrieben herausgeputzten Zuschauer wurde dieser Zeitplan aufgegeben. Obwohl anfangs niemand einen Grund dafür angeben konnte, wurde die Heerschau auf den frühen Nachmittag verlegt.

Der Grund wurde jedoch schnell bekannt: Eine Sondersitzung des Ministerrats war im nahe gelegenen Zarskoje Selo anberaumt worden, um die Entscheidungen, die am vorausgegangenen Nachmittag in St. Petersburg getroffen worden waren, zu ratifizieren. Während die High Society St. Petersburgs zusammenströmte, um auf dem Paradeplatz einen langweiligen Sonntagnachmittag zu verbringen, hatte Sasonow wütend seine Runde gemacht. Er hatte die Nacht in Zarskoje Selo verbracht, war früh am Morgen aufgestanden und in sein Büro an der Sängerbrücke gefahren, um die am Abend eingegangenen Telegramme zu lesen, bevor er zum Treffen des Ministerrats zurückkehrte. Im Gegensatz zum Vortag wurde es von Zar Nikolaus II. persönlich geleitet. Die historischen Beschlüsse gingen diesmal noch weiter als diejenigen, die man am Freitag gefasst hatte.

Zuerst stimmte Russlands Herrscher »im Prinzip« dem am Vortag getroffenen Beschluss einer »Teilmobilmachung« für die vier Bezirke Kiew, Odessa, Moskau und Kasan sowie einer Alarmierung der Schwarzmeer- und Ostseeflotte zu. Dahinter stand die Idee, eine Teilmobilmachung »lediglich gegen Österreich-Ungarn« anzukündigen, obwohl auch dies nicht eher erfolgen sollte, bis Österreich gegen Serbien losschlagen würde. Die Mobilmachung dieser vier Bezirke bedeutete, die gewaltige Menge von 1,1 Millionen Soldaten kampfbereit zu machen, die Seestreitkräfte noch gar nicht eingeschlossen.

Zweitens sollten alle Truppenteile in ihre Standquartiere zurückgerufen werden. Wie in Zarskoje Selo befand sich ein Großteil der Armee im Sommerlager, wo die Soldaten mit saisonalen Manövern und Exerzieren beschäftigt waren. Die Standquartiere bildeten Stützpunkte, an denen Waffen und anderes Kriegsmaterial eingelagert waren – all die Dinge, die ein Soldat bei sich haben musste, bevor er in den Krieg ziehen konnte. Obwohl das noch nicht mit der Mobilmachung selbst gleichzusetzen war, würde diese Maßnahme dennoch Truppen über die riesigen Entfernungen des Russischen Reichs in Bewegung setzen – nicht nur die

1,1 Millionen Soldaten, die in den vier Bezirken »gegen Österreich-Ungarn« mobilisiert wurden, sondern die gesamte Armee.
Diese Maßnahme erhielt höchste Priorität. Auf Befehl von Generalstabschef Januschkewitsch verschickte Dobrorolsky das geheime, verschlüsselte Telegramm Nr. 1547 um 16.10 Uhr:

*Schnellstens Transportpläne aufstellen und Vorsorge tref-
fen für die Rückkehr aller Truppen in ihre Standquartiere.
Zeit für den Abschluss dieser Arbeiten: 24 Stunden.*[1]

Drittens sollten alle Armeekadetten mit sofortiger Wirkung in
den Offiziersrang erhoben werden. Die russische Armee war der
deutschen deutlich unterlegen, was die Stärke ihrer Unteroffizie-
re und niederen Offiziersränge betraf. Diese Maßnahme sollte in
etwa die Lücken schließen. Dadurch wurde nicht nur die absolute Zahl des Offizierskorps erhöht, sondern es wurden auch viele
erfahrene Offiziere, die bisher mit der Ausbildung der Rekruten
beschäftigt waren, wieder für den aktiven Dienst freigestellt.

Viertens sollte der »Kriegszustand« (das heißt das Kriegsrecht) in Moskau, St. Petersburg und allen Festungsstädten im
europäischen Teil Russlands sowie »in den Grenzbezirken zu
Österreich und dem Deutschen Reich« ausgerufen werden.[2]

Zum Schluss folgte die vielleicht wichtigste Entscheidung: Der
Ministerrat erließ streng geheime Anweisungen, »die Kriegsvorbereitungsperiode in allen Ländern des Reiches« um Mitternacht
in Kraft zu setzen. Diese Maßnahme im Vorfeld einer Mobilmachung war mit dem deutschen »Kriegsgefahrzustand« vergleichbar, der einer Mobilmachung unmittelbar voranging (und, im Fall
des Deutschen Reichs, ebenfalls Krieg bedeutete). Die russische
Version war nicht weniger unheilvoll als die deutsche. Wie eine
geheime Militärkommission im November 1912 an Kriegsminister Suchomlinow berichtet hatte, »wäre es von Vorteil, eine
Massierung der Kräfte abzuschließen, ohne Feindseligkeiten zu
beginnen, um den Feind nicht unwiderruflich der Hoffnung zu

berauben, dass der Krieg noch verhindert werden könne. Unsere Maßnahmen in dieser Richtung *müssen durch kluge diplomatische Verhandlungen verschleiert werden, um die Befürchtungen des Feindes so weit wie möglich einzuschläfern.*«[3] Gemäß der letzten Satzung des Gesetzes, das vom Zaren am 2. März 1913 unterzeichnet worden war, bedeutet die Kriegsvorbereitungsperiode:

> »die Periode diplomatischer Verwicklungen, die dem Beginn der Feindseligkeiten vorausgeht, in deren Folge alle Regierungsabteilungen die notwendigen Maßnahmen ergreifen müssen, um die Vorbereitung und die unverzügliche Durchführung der Mobilmachung von Armee, Marine und den Festungen ebenso wie den Aufmarsch der Armee an den bedrohten Grenzen zu gewährleisten.«[4]

Die enorme Bedeutung dieser Entscheidungen war auf dem Paradeplatz von Zarskoje Selo augenblicklich zu spüren. Kaum hatten die kaiserlichen Gardetruppen Aufstellung genommen, wurde die Parade auch schon wieder abgebrochen. General Oskar von Chelius, deutscher Militärattaché in St. Petersburg, berichtete nach Berlin: »Während der nachmittäglichen Vorführung wurde angekündigt … dass die Manöver für heute Nacht abgesagt und dass die Truppen [in ihre Standorte] zurückkehren müssten.« Es zeigte sich, dass die Befehle auch für die hochrangigen Offiziere der Armee galten, und so brach als Nächster General Adlerberg, der Militärgouverneur von St. Petersburg, »eine Unterhaltung mit Chelius ab«, wobei er sagte, *»er müsse los und sich um die ›Mobilmachung‹ kümmern«.*[5]

Auch Sasonow kehrte zu seiner Basis – seinem Büro an der Sängerbrücke – zurück, sobald die Truppenparade in Krasnoje Selo beendet war. Seine erste geschäftliche Aufgabe war es, den französischen und den britischen Botschafter über die Beschlüsse von Zarskoje Selo zu informieren. Um den Eindruck zu bekräftigen, dass die Mitglieder der Entente als Team zusammenarbeiten sollten, bestellte er die beiden auch zusammen ein. Nachdem sich Großbritannien diplomatisch bisher aus allem herausgehalten hatte, musste Sasonow im Umgang mit Buchanan sehr vorsichtig sein. Deshalb brachte er zunächst nur die erste Resolution dieses Morgens zur Sprache: Die Entscheidung, »im Prinzip« die vier Militärbezirke gegen Österreich zu mobilisieren (und selbst dabei erwähnte der Russe nicht, dass auch die Ostsee- und die Schwarzmeerflotte in Alarmbereitschaft versetzt werden sollten). Sasonow bestand darauf, berichtete Buchanan an Außenminister Grey, dass der kaiserliche Ukas, »1,1 Millionen Mann zu mobilisieren«, »nur dann öffentlich angekündigt werde, wenn der Außenminister [Sasonow] den richtigen Moment für gekommen halte. Als der Brite [seiner] aufrichtigen Hoffnung Ausdruck gab, dass Russland nichts überstürzen und einen Krieg herbeiführen würde, bevor Sie [das heißt Grey] Zeit hatten, ihren Einfluss für die Bewahrung des Friedens geltend zu machen«, versicherte Sasonow ihm, »dass Russland keine aggressiven Absichten habe und nichts unternehmen werde, wenn es nicht dazu gezwungen würde«: In einem scheinbaren Widerspruch sagte Sasonow allerdings zu Buchanan und Paléologue, dass »die notwendigen Vorbereitungen für die Mobilmachung jedoch sofort beginnen würden« – eine Anspielung auf die »Kriegsvorbereitungsperiode«, obwohl der Russe diese nicht erwähnte.

Paléologue sprach für Frankreich und befürwortete die Beschlüsse des Ministerrats, wie Buchanan nach London berichtete, »ohne das geringste Anzeichen eines Zögerns«. Als Sasonow Buchanan fragte, ob auch Großbritannien eine Stellungnahme abgeben würde, um Russland den Rücken zu stärken, lautete die Antwort nein. Bestenfalls konnte der Brite versprechen, »die Rolle als Vermittler zwischen Berlin und Wien zu spielen«. Als er das hörte, war Sasonow enttäuscht. Die Haltung des Deutschen Reichs einem Krieg gegenüber, versuchte er Buchanan zu überzeugen, hing von seiner Sichtweise ab, was London tun würde. »Wenn wir [Großbritannien] an der Seite von Frankreich und

Russland stehen«, lauteten gemäß Buchanan Sasonows Argumente, »würde es keinen Krieg geben. Wenn wir sie dagegen jetzt im Stiche ließen, würden Ströme von Blut fließen, und wir würden schließlich doch in den Krieg gezogen werden.«

Auf diese versteckte Warnung antwortete Buchanan selbst mit einer Warnung. Da er Russland nicht die eindeutige Unterstützung zusagen konnte, die es wünschte, »brachte der Brite vor, was ihm möglich war, um [Sasonow] zur Vorsicht zu mahnen«. Wenn jedoch »Russland mobilmachte«, warnte Buchanan den russischen Außenminister, wird sich »das Deutsche Reich nicht mit einer bloßen Mobilmachung zufrieden geben oder Russland die Zeit einräumen, seine Mobilmachung abzuschließen, sondern werde sich höchstwahrscheinlich sofort in einen Konflikt stürzen«. Da sich weder Österreich noch Russland einen Anschein von Zurückhaltung gaben, wurde ein Krieg jetzt immer wahrscheinlicher. Die Lage, schloss Buchanan seinen Bericht an Grey, sei » höchst gefährlich«. Russland sei sich mittlerweile »der französischen Unterstützung sicher und wird alle Risiken eines Krieges bewusst eingehen«. In Kürze »wird sich Großbritannien entscheiden müssen, ob es Russland aktiv unterstützt oder ihm die Freundschaft aufkündigt«.[6]

Paléologue hatte keine solchen Bedenken. Poincaré und Viviani befanden sich immer noch auf See. Er hatte weder von der *France* noch vom geschäftsführenden Direktor für Auswärtige Angelegenheiten am Quai d'Orsay, Jean-Baptiste Bienvenu-Martin, irgendwelche Nachrichten erhalten, die ihn zu irgendeiner Vorsichtsmaßnahme drängten (wahrscheinlich lag er mit Poincaré auf derselben politischen Wellenlänge, bevor der Präsident abgefahren war). Deshalb sah es Paléologue als gerechtfertigt an, Sasonow zu versichern, dass »sich Frankreich vorbehaltlos auf die Seite Russlands stellen werde«.

Im Gegensatz zu Buchanan hatte Frankreichs Botschafter keine Illusion, was das Wort »Kriegsvorbereitungsperiode« bedeutete. In einem Telegramm, das er um 18.22 Uhr im Anschluss an seine nachmittägliche Unterhaltung mit Buchanan und Sasonow an Bienvenu-Martin schickte, berichtete Paléologue nicht nur von Russlands »Teilmobilmachung«, die angekündigt werden sollte, sobald Österreich-Ungarn Serbien angreifen würde, sondern er meldete auch, dass »unterdessen geheime [russische militärische] Vorbereitungen beginnen werden«.[7] Im gleichen Telegramm informierte Paléologue Paris, dass Frankreichs Militärattaché, General Pierre de Laguiche, in Krasnoje Selo als Verbindungsoffizier zu Russlands Kriegsminister Suchomlinow und dem künftigen Oberkommandierenden Großfürst Nikolai eingesetzt worden war. Laguiche wiederum erhielt an diesem Tag geheime Anweisungen vom französischen Generalstab, mit den Russen die Vermutung abzuklären, dass »ein europäischer Krieg nicht länger vermieden werden könnte«.[8] Auch wenn die Zivilregierung noch auf See unterwegs war, waren die diplomatischen und militärischen Kontaktpersonen Frankreichs in St. Petersburg voll auf dem aktuellen Stand – und in Kontakt mit Paris –, als Russlands geheime Mobilmachung voranschritt.

AN BORD DER *France* blieben Poincaré und Viviani in Unkenntnis über die aktuellen Entscheidungen, die in Zarskoje Selo am Samstag getroffen worden waren. Obwohl der Funkverkehr des Schiffs funktionierte, war die Signalstärke häufig zu schwach. Daher war der Funker der *France* zwar in der Lage, Paléologues Telegramm vom Samstagmorgen zu entschlüsseln, in dem er die Entscheidung des Ministerrats vom Freitag ankündigte, Serbien zu empfehlen, sich einer österreichischen Invasion nicht zu widersetzen; jedoch konnte er nicht das Telegramm dekodieren, das Paléologue am Samstag um 18.22 Uhr gesendet hatte, in dem er von Russlands bevorstehender Teilmobilmachung berichtete und dass »die geheimen militärischen Vorbereitungen heute beginnen werden«. Poincaré wusste daher nicht, dass Sasonow nach dem Prinzip Zuckerbrot und Peitsche vorging, sondern hielt alles für Zuckerbrot. Er bekam fast einen Schlag, als er von Russlands

Empfehlung hörte, Serbien solle sich fügen. Am Samstagabend nannte er in seinem Tagebucheintrag Russlands Ratschlag an Serbien »eine Bankrotterklärung des Zarenreichs«, die einen »unheilvollen Tag in der Weltgeschichte« markieren würde. Die Franzosen, jammerte er weiter, können doch nicht panslawistischer als die Russen sein. Das arme Serbien wird dadurch höchstwahrscheinlich erniedrigt werden.«[9] Wenn die *France* Paléologues zweites Telegramm entschlüsselt hätte, würde es Viviani mit größter Sicherheit nicht bestätigt haben. Poincaré dagegen hätte einen Freudentanz aufgeführt.

In der Zwischenzeit lief die Frist für das Ultimatum in Belgrad unaufhörlich ab. Während Berchtold seinen Kollegen und den Deutschen angekündigt hatte, sie müssten mit einer Ablehnung rechnen, waren die Signale, die aus Belgrad zu hören waren, eher doppeldeutig. Zu jedermanns Überraschung deutete Pašićs erste Antwort an, die er am Samstagmorgen den ausländischen Gesandtschaften in Belgrad – einschließlich der österreichischen – gegeben hatte, dass Serbien dem Ultimatum mit nur wenigen Vorbehalten nachkommen werde. So berichtete Großbritanniens Gesandter in Belgrad, Dayrell Crackanthorpe, an Grey, dass »die Antwort in einem höchst vermittelnden Ton abgefasst werden soll und dass man Österreichs Forderungen in größtmöglichem Maß nachkommen werde«. Die wichtigste öffentliche Forderung, Serbien solle in seinen offiziellen Amtsblättern eine Entschuldigung und eine Verurteilung antiösterreichsicher Propaganda abdrucken, werde man voll erfüllen. Die zehn Punkte des Ultimatums, fuhr Crackanthorpe fort, »werden unter Vorbehalt akzeptiert«. Serbien »werde sich bereit erklären, die »*Narodna Odbrana* aufzulösen« und »diejenigen Offiziere zu entlassen und strafrechtlich zu verfolgen, deren Schuld klar bewiesen werden kann«. Apis rechte Hand, Major Tankosić, dessen Verhaftung aufgrund seiner Unterstützung bei der Planung und Organisation des Attentats in Punkt 7 gefordert worden war, befand sich bereits in Arrest. Selbst die anrüchigen Punkte 5 und 6, in denen verlangt wurde, dass österreichisch-ungarische Amtspersonen an der »Zerschlagung umstürzlerischer Bewegungen« in Serbien und »auch an der Aufklärung darüber« mitarbeiten, wurden unter Vorbehalt akzeptiert, solange für die Einsetzung einer solchen »gemischten Untersuchungskommission ... nachgewiesen werden kann, dass sie im Einklang mit internationalen Gepflogenheiten steht«.[10]

Frankreichs neuer Gesandter in Belgrad, Jules August Boppe, fügte in seinem Bericht noch hinzu, dass Pašić zugestimmt hatte, die »Vereinigung der nationalen Verteidigung [das heißt die Narodna Odbrana] und alle anderen Verbindungen, die gegen Österreich-Ungarn agitiert haben, aufzulösen«, das Presserecht zu modifizieren und alle Amtspersonen aus der Armee, den öffentlichen Schulen und anderen Verwaltungseinrichtungen zu entlassen, deren Beteiligung an der Propaganda gegen Österreich-Ungarn nachgewiesen werden kann« – Pašić sagte Boppe, es wäre hilfreich, wenn Österreich-Ungarn eine eigene Liste mit schuldigen Amtspersonen liefern könnte. Zu Punkt 5 und 6 meinte Boppe, dass Serbien »nach Erklärungen verlangen« und nur »mit dem übereinstimmen werde, was mit internationalem Recht oder guten nachbarschaftlichen Beziehungen vereinbar ist«.[11] Wenn dies der einzige Einwand war, den Pašić vorbringen würde, käme Wien in große Verlegenheit, an dieser Antwort einen Haken zu finden.

Irgendwann am Samstagnachmittag jedoch wurde der Entwurf, der den Gesandtschaften am Morgen präsentiert worden war, verworfen und durch einen neuen ersetzt, der sich in beträchtlichem Maß unterschied. Der endgültige Text von Serbiens Antwort auf das österreichische Ultimatum, den Pašić Giesl persönlich um 18 Uhr überreichte, nahm viele Versprechen, die vorher gegeben worden waren, wieder zurück, angefangen mit der öffentlichen Entschuldigung. Anstatt Bedauern zu äußern, dass »serbische Offiziere und Amtspersonen an der oben genannten Propaganda mitgemacht haben«, wie im Ultimatum gefordert wurde, drückte Serbien »sein Bedauern darüber aus, dass »*gemäß der Mitteilung [von Österreich-Ungarn]* bestimmte serbische Offiziere und Amtspersonen mitgemacht hätten«. Anstatt die Tat zu bedauern, drückte Serbien sein Bedauern darüber aus, dass es der Tat angeklagt wird. In ähnlicher Weise stimmte die serbische Antwort zu, die *Narodna Odbrana* aufzulösen, bestand aber gleichzeitig darauf, dass die serbische Regierung »keinen Beweis vorliegen habe und dass auch die Note [von Österreich-Ungarn] keinen dafür liefere, dass die *Narodna Odbrana* und andere ähnliche Vereinigungen … irgendeine kriminelle Handlung begangen hätten«. Vier weitere Ziffern wurden im Prinzip akzeptiert, allerdings mit so vielen Bedingungen und Verschleierungen, dass eine Umsetzung in der Praxis kaum möglich war.

Auch in den entscheidenden Punkten 5 und 6 unterschied sich Pašićs endgültige Fassung beträchtlich. Der erste (Punkt 5) – Zusammenarbeit mit österreichischen Amtspersonen bei der Auflösung umstürzlerischer Bewegungen – wurde angenommen, wie Boppe und Crackanthorpe nach Paris und London gemeldet hatten, jedoch insofern »dies mit den Prinzipien internationalen Rechts, mit den Grundsätzen von Strafverfahren und mit guten nachbarlichen Beziehungen im Einklang stehe«. Der zweite (Punkt 6) wurde jedoch entschieden abgelehnt. Da hierbei die Teilnahme österreichisch-ungarischer Agenten bzw. Behörden an der Untersuchung verlangt wurde, lautete Pašićs Antwort, Serbien »könne solch eine Vereinbarung nicht akzeptieren, da sie eine Verletzung der serbischen Verfassung und des serbischen Strafrechts darstellen würde«.[12] In diesem Fall gab es keine taktische Verschleierung: Es handelte sich um eine glatte Ablehnung.

Hatte Pašić seine Meinung geändert? Da so viele relevante serbische Dokumente verschwunden sind, ist eine genaue Bestimmung schwierig, wann und warum der serbische Premierminister beschlossen hatte, dem österreichischen Ultimatum nicht zu entsprechen. Eine Möglichkeit ist, dass er niemals vorgehabt hatte, das Ultimatum in allen Punkten zu erfüllen, sondern dies den Gesandten der verbündeten Länder wie Boppe und Crackanthorpe nur aus dem Grund in Aussicht gestellt hatte, um die Unterstützung Großbritanniens und Frankreichs zu bekommen (die russische Hilfe hielt man für selbstverständlich). Um diese mögliche Absicht zu unterstreichen, wurde die Endfassung der Antwort, die man um 18 Uhr an Giesl übergab, im Gegensatz zum Entwurf vom Morgen den anderen Mächten erst Tage später präsentiert (sie wurde nicht per Telegramm gesendet), zu einer Zeit, da die Ereignisse bereits darüber hinweggerollt waren und ihr niemand mehr große Aufmerksamkeit schenkte – mit der seltsamen Ausnahme von Kaiser Wilhelm II., der Pašićs Antwort am 28. Juli las und glaubte, sie würde die Annahme des Ultimatums darstellen.

Eine weitere mögliche Erklärung ist, dass sich Pašić zu einer härteren Linie durchrang, nachdem er Spalajkovićs Bericht aus St. Petersburg gelesen hatte. Darin gab Sasonow ihm den Rat, die Punkte 5 und 6 nicht zu akzeptieren, und versicherte ihm gleichzeitig, dass »Serbien auf Russlands Hilfe zählen könne«. Dieser Bericht kam Freitag vor Mitternacht in Belgrad an, wurde wahrscheinlich am Samstagmorgen entschlüsselt und dann gleich an Pašić weitergeleitet, der in der Nacht aus Niš zurückgekehrt war. Es müssen höchst willkommene Neuigkeiten gewesen sein. Hätte sich Pašić mit allen oder zumindest mit den meisten Punkten des Ultimatums einverstanden erklärt, hätte die Fraktion der extremen Nationalisten innerhalb der Schwarzen Hand unter Führung von Apis einen ausgezeichneten Vorwand gehabt, seine Regierung zu stürzen. Am Freitag hatte der deutsche Gesandte in Belgrad, Julius Griesinger, nach Berlin berichtet, dass das serbische Militär »kategorisch die Ablehnung der Note und den Krieg fordere und dass im Fall einer öffentlichen serbischen Entschuldigung in einem offiziellen serbischen Presseorgan, wie es von Österreich verlangt worden war, ein Militärputsch zu befürchten sei«.[13] Im Einklang mit dieser Darstellung der Ereignisse berichtete Slavko Gruić, der Generalsekretär des serbischen Außenministeriums, der mit der Übersetzung der Antwortnote betraut war, von endlosen Auseinandersetzungen über den Text. Den ganzen Samstagnachmittag über bombardierten Pašić und seine Berater den armen Gruić mit ständigen Änderungen, bis schließlich der aktuelle Entwurf »nur so von durchgestrichenen Passagen und Ergänzungen strotzte, dass er vollkommen unverständlich war«.[14] Dem Premierminister war deutlich anzusehen, wie er bis zur letzten Minute über seinem Entwurf schwitzte, um ihn für die verbündeten und neutralen Nationen so versöhnlich wie möglich klingen zu lassen, während er gleichzeitig zu Punkt 6 eine ausreichend standhafte Entgegnung vorbrachte, von der er wusste, dass sie für Österreich-Ungarn nicht akzeptabel war, aber seine politische Flanke gegen Apis schützen würde. Möglicherweise wollte Pašić das Ultimatum auf jeden Fall zurückweisen, doch solange er nicht die Rückendeckung Russlands hatte, konnte er sich das nicht erlauben. Sasonows Zusicherung befreite ihn daher aus einer ernsthaften Zwickmühle – und bewahrte ihn möglicherweise vor einem Staatsstreich.

Was auch immer die Gründe für die Zurückweisung waren, Pašić wusste genau, dass die Österreicher seine Antwort nicht akzeptieren würden. Es schien ihm nichts auszumachen, wenn die Österreicher das auch wussten. Am Samstag gegen 13 Uhr – fünf Stunden bevor Giesl Pašićs Antwort entgegennehmen sollte – berichtete Giesl nach Wien, dass die serbischen Kriegsvorbereitungen bereits begonnen hätten. »Die Rücklagen der Nationalbank seien zusammen mit den Archiven des Außenministeriums«, informierte er Berchtold, »von Belgrad ins Landesinnere gebracht worden.« Serbische Truppen, die in der Hauptstadt stationiert waren, kehrten in Feldlager auf dem Land zurück. Munitionslager in der Nähe von Belgrad wurden auf ähnliche Weise evakuiert. Am Bahnhof wurde »starker militärischer Verkehr« beobachtet. Am Samstag, den 25. Juli, wurde gegen 15 Uhr die serbische Mobilmachung gegen Österreich-Ungarn angeordnet (allerdings wurde sie noch nicht öffentlich bekannt gegeben). Während Giesl erst am späteren Abend davon erfuhr, teilte ihm ein Informant aus dem Kabinett etwa um dieselbe Zeit mit, dass die Regierung das österreichische Ultimatum nicht bedingungslos akzeptieren werde. Serbien wollte Krieg.[15]

Als Pašić gegen 17.55 Uhr in der österreichischen Gesandtschaft eintraf, wusste Giesl bereits, was ihn erwartete. Es sollte kein solches Melodram werden wie das, welches zwei Wochen zuvor in denselben Räumlichkeiten stattgefunden hatte, als Hartwig tot umgefallen war. Pašić übergab die Note an Giesl, informierte ihn (in gebrochenem Deutsch), dass »wir einen Teil ihrer Forderungen erfüllt haben ... Was den Rest betrifft, so setzen wir unsere Hoffnungen auf Ihre Loyalität und Ritterlichkeit als österreichischer General«. Giesl überflog die Note mit dem gleichen Mangel an Feierlichkeit und entschied unmittelbar – entweder auf der Basis des Dokuments selbst oder auf Pašićs lapidare Bemerkung hin –, dass sie Berchtolds Forderungen einer bedingungslosen Annahme innerhalb von 48 Stunden nicht erfüllte. Er überreichte daraufhin Pašić seine eigene Note und setzte Serbiens Regierung davon in Kenntnis, dass er, da er keine zufriedenstellende Antwort erhalten habe, Belgrad noch an diesem Abend zusammen mit der gesamten österreichisch-ungarischen Gesandtschaft verlassen werde.[16]

Giesl bluffte nicht. Mit typisch deutscher Effizienz verbrannten seine Mitarbeiter in wenigen Minuten die diplomatischen Codebücher. Giesl, seine Frau und das gesamte Gesandtschaftspersonal verließen die Räumlichkeiten gegen 18.15 Uhr, um noch den Zug um 18.30 Uhr nach Wien zu erreichen. Giesl berichtete später über seinen Weg, dass »die Straßen, die zum Bahnhof führten, und selbst der Bahnhof vom Militär besetzt gewesen seien«. Die serbischen Soldaten hielten ihn jedoch nicht auf. Giesl erreichte seinen Zug, der am Samstag, den 25. Juli, um 18.40 Uhr die österreichische Grenze passierte. Damit hatte er das aufgestellt, was der amerikanische Historiker Sidney Fay »den Geschwindigkeitsrekord für den Abbruch diplomatischer Beziehungen« nannte.[17]

Auf Berchtolds Anweisung machte Giesl in der Grenzstadt Semlin (heute Zemun) halt, um die Neuigkeiten sofort unverschlüsselt zu telegrafieren, sodass Tisza in Budapest noch vor 19 Uhr von Serbiens Ablehnung erfuhr. Zusätzlich telefonierte Giesl mit Tisza und informierte ihn persönlich, dass Serbien gegen 15 Uhr mit der Mobilmachung begonnen habe. Tisza leitete Giesls Berichte telefonisch um 19.45 Uhr an den Ballhausplatz weiter. In Bad Ischl erreichte die Nachricht Kaiser Franz Joseph I., der den ganzen Nachmittag über schon besorgt war, sogar noch früher, und zwar aufgrund der Berichte eines Flügeladjutanten im Kriegsministerium, der ihn direkt telefonisch verständigte. Berchtold und Kriegsminister Krobatin hielten sich bereits in Bad Ischl auf. Zusammen überzeugten sie den Kaiser, die Mobilmachung anzuordnen. Der Befehl erging um 21.23 Uhr.[18] Generalstabschef Conrad konnte sich nicht beklagen. Sein Zeitplan war fast auf die Minute genau eingehalten worden.

Auch wenn der bis ins Detail ausgeklügelte österreichische Kriegsplan aufzugehen schien, so schlichen sich doch Verzögerungen ein. Teilweise um die öffentliche Meinung in England zu beruhigen, hatte Berchtold in den letzten Tagen angefangen, öffentlich zu betonen, dass eine Zurückweisung des Ultimatums durch Serbien nicht notwendigerweise Krieg bedeuten müsse. Wie er Giesl am Donnerstag instruiert hatte, sollte »ein ergebnisloses Verstreichen der Frist lediglich zum Abbruch der diplomatischen Beziehungen führen und nicht zum unmittelbaren Beginn des Kriegszustands. Der Kriegszustand sollte erst mit der Kriegserklärung an Serbien oder einem serbischen Angriff einsetzen.«[19] Am Freitag hatte Berchtold aus ähnlichen Überlegungen heraus mit dem russischen Geschäftsträger Fürst N. A. Kudaschtschew gesprochen und betont, dass das einzige unmittelbare Ergebnis einer Ablehnung des Ultimatums darin bestehe, dass »unser Gesandter und das Gesandtschaftspersonal abreisen werden«. Der Russe war nicht überzeugt. »Das bedeutet Krieg« (Alors c'est la guerre), sagte Kudaschtschew zu Berchtold, bevor er den Ballhausplatz verließ. Und dennoch bestand Berchtold am späten Sonntagvormittag, 26. Juli, Stunden nach Anordnung der Mobilmachung, gegenüber Giesl darauf, dass »es noch keinen Krieg bedeute«.[20]

Tatsächlich? Juristisch gesehen hatte Berchtold recht: Ein Kriegszustand existierte nur dann, wenn entweder eine Kriegserklärung erfolgt oder von beiden Seiten mit Feindseligkeiten begonnen worden war. Selbst Conrad hatte trotz seiner Eile die Samstagnacht erhaltenen Anweisungen bezüglich der Armee dahingehend verzögert, dass Österreich-Ungarns Mobilmachung gegen Serbien nicht vor Dienstag, den 28. Juli, beginnen würde, obwohl Serbiens Mobilmachung bereits am Samstag gestartet war. Niemand erwartete ernsthaft, dass die Serben angreifen würden, und es war durchaus denkbar, dass Pašić seine Meinung noch änderte, bevor die österreichische Mobilmachung am Dienstag beginnen würde – allerdings erschien es ziemlich unwahrscheinlich, wie Giesl unmittelbar nach seinem Eintreffen in Wien Berchtold informierte, angesichts der Tatsache, dass die Serben auf Russlands Rückendeckung zählen konnten. Anders als Russlands Mobilmachungsplan 19 enthielten Conrads Pläne eine realistische »Teilmobilmachung« – Plan »B« für Balkan im Gegensatz zu »R« für Russland. Tatsächlich schlossen sich die beiden Pläne so gut wie gegenseitig aus, da die Grenzen in entgegengesetzten Richtungen lagen. Am Dienstag sollte Mobilmachungsplan B gegen Serbien anlaufen – außer natürlich Russland machte zuvor mobil, wodurch es sehr gefährlich wäre, allein auf Plan B zu beharren. Bei all seinem Jammern und Zaudern hatte Berchtold mit seinen unnachgiebigen Anweisungen an Giesl nicht nur den Kriegsfall heraufbeschworen, sondern auch den Kaiser überzeugt, auf Serbiens Ablehnung die Mobilmachung anzuordnen. Wenn Österreich-Ungarn jetzt einen Rückzieher machen sollte, dann wäre Berchtold für seine Schmach verantwortlich.

IN KRASNOJE SELO hatte das Drama vom Nachmittag einer Atmosphäre stiller Sorge auf dem abendlichen Bankett Platz gemacht. Es hatte keine offizielle Erklärung gegeben, warum man die Parade frühzeitig abgebrochen hatte, obwohl sich die Gerüchte über die Ansetzung einer Art russischer Mobilmachung schnell verbreiteten, nicht zuletzt aufgrund geschwätziger Offiziere wie General Adlerberg, der dem deutschen Militärattaché General Chelius erzählt hatte, »er müsse aufbrechen und sich um die Mobilmachung kümmern«. Nachdem Adlerberg gegangen war, saß Chelius beim Essen neben seinem Freund Baron Grünwald, Reiteroffizier bei Hof – ein weiterer hochrangiger deutschstämmiger Aristokrat in den zaristischen Armeeregimentern, der von Haus aus eher deutschfreundlich eingestellt war. Grünwald, augenscheinlich durch die Ereignisse vom Nachmittag äußerst beunruhigt, teilte Chelius vertraulich mit, dass »die Lage sehr ernst ist; ich bin nicht befugt, dir zu sagen, was heute beschlossen worden ist, doch du wirst es sicher bald von selbst erfahren«. Auf jeden Fall, fuhr Grünwald fort, sollte Chelius »damit rechnen … dass die Aussichten sehr schlecht seien«. Die beiden Freunde prosteten einander wie zum Abschied zu: »Hoffentlich werden wir uns in glücklicheren Zeiten wiedersehen.«[21] Auf den Straßen der russischen Hauptstadt waren bereits die ersten äußerlichen Anzeichen für Russlands geheime Vormobilmachung auszumachen. Gegen 19 Uhr ging der französische Botschafter hinüber zum Warschauer Bahnhof, um Iswolsky zu verabschieden, der »in höchster Eile« auf seinen Posten nach Paris zurückkehrte, jetzt, da der Krieg drohend bevorstand. »Auf den Bahnsteigen herrschte eine hektische Betriebsamkeit«, beobachtete Paléologue. »Die Züge waren mit Offizieren und Mannschaften überfüllt. *Es sah nach Mobilmachung aus.* Wir tauschten schnell unsere Eindrücke aus und kamen zu demselben Schluss: ›Dieses Mal gibt es Krieg.‹«[22]

In dem seltsamen Schluss des Dramas, das sich an diesem Tag abzeichnete, erschien Sir Edward Grey seit Wochen wieder einmal auf der diplomatischen Bühne. Trotz der hektischen Nervosität, welche die alarmierenden Berichte aus Wien, Belgrad und St. Petersburg ausgelöst hatten, war Grey, wie alle anderen Mitglieder der britischen Regierung, in erste Linie mit Irland beschäftigt gewesen, bis der österreichische Botschafter Graf Albert Mensdorff ihm am Freitagmorgen das Ultimatum vorgelegt hatte (und er war sogar anschließend abgelenkt, als das Kabinett zu einer langen Freitagnachmittagssitzung zusammentrat, um die irische Krise zu diskutieren). Nachdem er die »Note schnell überflogen hatte«, informierte Grey seine Botschafter, dass sie für ihn »das schrecklichste Dokument sei, das ich jemals von einem Staat an einen anderen unabhängigen Staat habe richten sehen«. Dennoch machte er den Botschaftern auch deutlich, dass die österreichisch-serbische Auseinandersetzung »uns nicht betrifft«. Was Grey Kopfzerbrechen bereitete, war die Haltung der anderen Großmächte – insbesondere die Haltung Russlands gegenüber Österreich.[23]

Deshalb bestellte Grey den französischen Botschafter Paul Cambon ein, um mit ihm über die Krise zu sprechen und ihn wissen zu lassen, dass er anschließend mit dem deutschen Botschafter Lichnowsky sprechen würde. Da er den österreichisch-serbischen Konflikt als hoffnungslos ansah und England dafür nach seiner Meinung auch nicht zuständig war, lautete Greys anfänglicher Vorschlag für die »außenstehenden Staaten – gemeint waren Großbritannien, Frankreich, das Deutsche Reich und auch Italien –, in St. Petersburg zu vermitteln für den Fall, dass Russland auf das österreichische Ultimatum feindselig antworten sollte, um dadurch eine Eskalation des Balkankonflikts zu verhindern. Das bedeutete, er schlug eine Vermittlung zwischen Österreich und Russland vor. Cambon war von der Idee überhaupt nicht begeistert. Die Vermittlerrolle in Bezug auf Russland lag hauptsächlich in Frankreichs Verantwortung, und es war sicher nicht die Aufgabe, die ein enger Verbündeter übernehmen konnte, ohne in den Verdacht des Verrats zu geraten. Stattdessen schlug

Cambon vor, dass die Deutschen als Vermittler in Wien zwischen Österreich und Serbien helfen sollten. Das war nicht das, was Grey gemeint hatte, aber er versprach, mit Lichnowsky über Gambons Idee zu sprechen.[24]

Der deutsche Botschafter hatte seine eigenen Vorstellungen – oder besser gesagt, Bethmann Hollweg und Jagow hatten sie –, die er am Freitagnachmittag Grey präsentierte. Der deutsche Vorschlag lautete: Lokalisierung. Das bedeutete ganz einfach, dass sich jeder aus dem österreichisch-serbischen Streit heraushalten sollte. In gewissem Sinn war das gar nicht so weit von dem entfernt, was Grey selbst vorgeschlagen hatte, obwohl die Idee, die dahintersteckte, sich davon unterschied. Grey betrachtete die Verwicklungen auf dem Balkan nicht als Angelegenheit Großbritanniens und wäre entzückt gewesen, wenn man sie »lokal begrenzen« könnte, doch im Hinblick auf den scharfen Ton des Ultimatums hielt er das für unmöglich. Da er mit größeren Schwierigkeiten zwischen Österreich und Russland rechnete, wollte er stattdessen, dass die vier anderen Großmächte zwischen den beiden Ländern vermitteln sollten. Während dies nicht ganz das Szenario war, das den deutschen Idealvorstellungen entsprach, kam es diesen doch viel näher als Cambons Vorschlag, zwischen Österreich und Serbien zu vermitteln – was eine buchstäbliche Verneinung der Lokalisierung bedeutet hätte. Deshalb reagierte Lichnowsky auf Greys Vorschlag weitaus positiver, als Cambon es tat.[25]

Am Samstag schlug Grey seine Idee einer »Vermittlung durch die vier Mächte« dem russischen Botschafter Graf Benckendorff vor; gleichzeitig verschickte er Kopien an seine Botschafter in Berlin und St. Petersburg. (Was Cambon angeht, so war er über Nacht nach Paris zurückgekehrt, um Bienvenu-Martin zu berichten; das heißt, er dürfte Greys Vorschlag persönlich vorgestellt haben). Die Antworten waren entlarvend. In Berlin erklärte sich Deutschlands Staatssekretär des Äußeren Jagow »durchaus bereit, [Greys] Vorschlag zuzustimmen hinsichtlich einer Zusammenarbeit der vier Großmächte, um auf Wien und St. Petersburg beschwichtigend einzuwirken«. Im Gegensatz dazu lehnte Russlands Botschafter Greys Vorschlag strikt ab mit der Begründung, dass die Vermittlung der vier Großmächte in St. Petersburg »beim Deutschen Reich den Eindruck hinterlassen könnte, England und Frankreich hätten sich von Russland distanziert«. In der Zwischenzeit hatte Cambon jedoch niemanden in Paris über Greys Vorschlag in Kenntnis gesetzt, da er ihm äußerst zuwider und deshalb keiner Erwähnung wert erschienen war. Zu Greys Bestürzung traf keine wie auch immer geartete Antwort vom Quai d'Orsay in London ein, und auch nicht von Bord der *France*.[27]

Trotzdem sah Grey anscheinend noch immer keinen Grund, um Alarm zu schlagen. Solange es Österreich und Russland unterließen, gegeneinander mobilzumachen, konnte ein Krieg immer noch abgewendet werden. Selbst wenn sie unterdessen die Mobilmachung ausrufen sollten, hatten die Deutschen angeboten, bei einer Intervention zwischen Wien und St. Petersburg zu helfen. Aufrecht gehalten von dieser Rückversicherungslogik, verließ Grey am Samstagabend London und begab sich auf seinen Landsitz nach Itchen Abbas, wo er hoffte, beim Fliegenfischen einen klaren Kopf zu bekommen. Churchill, der erste Lord der Admiralität, verließ London ebenfalls und reiste an die Küste, um den Sonntagmorgen mit seinen Kindern am Strand zu verbringen. Sobald jedoch die Neuigkeiten des Tages aus Belgrad und St. Petersburg London erreichten, sollten weder Grey noch Churchill länger entspannen können.

16. Russland bereitet sich auf den Krieg vor

Sonntag, 26. Juli

IN DEN FRÜHEN Morgenstunden des Sonntags trat Russlands »Kriegsvorbereitungsperiode« in Kraft. Während die Maßnahmen in der Theorie »für alle Länder des Zarenreiches« galten, lag der Fokus in der Praxis auf dem europäischen Teil Russlands, wo man mit dem Beginn der Feindseligkeiten rechnete. Im Gegensatz zu dem, was Buchanan und Paléologue offiziell von Sasonow mitgeteilt worden war, blieben die militärischen Maßnahmen jedoch nicht auf die »vier Militärbezirke« beschränkt, die Österreich gegenüberlagen. Ferner sollten sie auch nicht erst nach der österreichischen Mobilmachung gegen Serbien einsetzen, wie Sasonow gegenüber Buchanan angedeutet hatte. Am Sonntag um 1 Uhr wurde im Militärdistrikt Warschau – das heißt in Russisch-Polen, das zwischen Galizien (österreichisch) und Ostpreußen (deutsch) eingezwängt war – »das Kriegsrecht ausgerufen«. Es wurde angeordnet, »mit den Arbeiten zu beginnen, die in den an das Reglement für die Kriegsvorbereitungsperiode angehängten Verzeichnissen 1 und 2 aufgeführt waren«. Um 3.26 Uhr telegrafierte Generalstabschef Januschkewitsch an den Kommandanten von Warschau, dass die Kriegsvorbereitungsperiode mittlerweile »im gesamten Territorium des europäischen Russlands« in Kraft sei, was sechs (und nicht vier) Militärdistrikte betraf: Warschau, Wilna (Baltikum), Kasan, Kiew, Moskau und Odessa.[1]

Phase 1 der Kriegsvorbereitungsperiode sah die Einberufung von Reservisten vor, eine Maßnahme, die nur die Unterschrift des russischen Kriegsministers (Suchomlinow), jedoch nicht die des Zaren erforderte. »Aus der territorialen Reserve«, schrieb das Reglement vor, »sollen Truppen zur Sicherung der Grenzen, der Nachrichtenwege, der Telegrafenleitungen und anderer Objekte von militärischer Bedeutung gebildet werden.« Da nicht alle Reservisten gleichzeitig ihre sofortige Einberufung erhielten, war eine spezielle Regelung getroffen worden, »um die drei jüngsten Reservistenklassen in den vom Feind besonders bedrohten Gebieten einzuberufen« – was im konkreten Fall ganz Polen westlich der Weichsel betraf. Dadurch sahen sich die Grenzgebiete, die Deutschland und Österreich-Ungarn gegenüberlagen, mit der unmittelbaren Einberufung der Reservisten konfrontiert.[2]

Weitere Maßnahmen in Phase 1 umfassten: die Rückkehr aller Kriegsschiffe in die Heimathäfen und ihre Aufrüstung für den Krieg; die Aufhebung sämtlicher Urlaube (eigentlich das Gleiche, was sich Conrad mit dem Aussetzen des Ernteurlaubs für die österreichischen Truppen gewünscht hatte, aber nicht verwirklichen konnte); das Neubeschlagen der Pferde; die Inhaftierung der Spionage Verdächtiger; die Verlagerung von Geld- und Wertpapierbeständen aus den Grenzgebieten in das Landesinnere Russlands. Den Abschluss von Phase 1 bildete die Bemannung und Bewaffnung von Grenzposten und die Unterweisung der Fronttruppen in Bezug auf die Uniformen und wahrscheinlichen Aufstellungen des Feindes.[3]

Phase 2 weitete die Einberufung von Reservisten noch aus. Danach sollte mit verschiedenen Maßnahmen begonnen werden: dem Verminen der russischen Häfen; dem Kauf zusätzlicher Pferde und Wagen für den Tross; dem Abtransport von Offiziersfamilien aus den Grenzgebieten in sichere Regionen; der Requirierung schmalspuriger Schienenfahrzeuge (die dem europäischen

Maß von 1,43 Meter entsprachen, im Gegensatz zur russischen Spurweite von 1,52 Meter). All diese Maßnahmen der 2. Phase verlangten ebenfalls lediglich die Unterschrift Suchomlinows. Um die Kriegsvorbereitungsperiode zu verschleiern, wurde über ganz Russland eine strenge Zensur verhängt, welche die Erwähnung der laufenden Kriegsvorbereitungen in der Presse verbot.

Die Zensur konnte allerdings zu keinem Zeitpunkt vollständig umgesetzt werden. Wenn das letztendliche Ziel der russischen Kriegsvorbereitungsperiode darin bestand, gegen Österreich und – besonders – gegen Deutschland zu mobilisieren, ohne dass man dort davon Wind bekam, dann war dies schon am Start gescheitert. Nachdem General Chelius am Samstagabend in die Stadt zurückgekehrt war, ging er sofort zur deutschen Botschaft und berichtete Botschafter Pourtalès das Wesentliche seiner beunruhigenden Gespräche mit Adlerberg und Grünwald. In seiner Begleitung befand sich der deutsche Militärattaché in Russland, Major Bernhard von Eggeling, der ebenfalls den Abbruch der Manöver in Krasnoje Selo bezeugen konnte und ähnliche Gerüchte über eine Mobilmachung gehört hatte. Daher wusste der deutsche Botschafter bereits in groben Zügen über die russische Kriegsvorbereitungsperiode Bescheid, bevor sie überhaupt in Gang gesetzt wurde.

Pourtalès wäre vielleicht noch beunruhigter gewesen, wäre er nicht am Sonntagmorgen auf dem Bahnsteig in Zarskoje Selo zufällig in Sasonow gerannt.[4] Eine Besonderheit in den St. Petersburger Diplomatenkreisen war, während des Sommers häufig zwischen dem Sommerpalast des Zaren (und dem nahe gelegenen Paradeplatz von Krasnoje Selo) und der Hauptstadt hin- und herzureisen. Nicht nur Sasonow, sondern auch ein Großteil der wichtigen Botschafter bezog eine Sommerresidenz in Zarskoje Selo, ebenso wie die ausländische Kolonie in Britisch-Indien in den Sommermonaten der Hitze von Delhi entfloh und sich nach Shimla in den Hügeln des mittleren Himalaja aufmachte oder wie die europäischen Botschafter in Konstantinopel ihre großen

Häuser in Pera für ihre nur geringfügig kleineren Sommerhäuser in Therapia (Tarabya) am europäischen Ufer des Bosporus verließen. Der Unterschied in St. Petersburg bestand darin, dass die diplomatischen Geschäfte, weil die Eisenbahnverbindung zügig und pünktlich war, weiterhin in der Stadt erledigt wurden, obwohl jedermann in Zarskoje Selo wohnte.

Es war daher ein glücklicher Zufall, dass Pourtalès und Sasonow an diesem Morgen an der Bahnstation zusammentrafen, wenngleich es auch kein ungewöhnliches Ereignis war. Ihre beiden vorangegangenen Treffen, am Dienstag und am Freitag, hatten in der Sängerbrücke stattgefunden. Die beiden formellen Audienzen waren durch eine besondere Spannung gekennzeichnet, wobei der Russe den Deutschen wegen des ruchlosen Verhaltens seiner österreichischen Verbündeten schalt. Jetzt, am Sonntagmorgen, auf dem Bahnsteig an der frischen Luft, strahlte Sasonow über das ganze Gesicht, als er Pourtalès einlud, ihn auf dem kurzen Stück in die Stadt zu begleiten.

Der Ton des Außenministers, berichtete Pourtalès nach Berlin unmittelbar nach seiner Ankunft in der Botschaft, war »wesentlich ruhiger und versöhnlicher« als neulich. Sasonow, fuhr er fort, »bestand mit großer Herzlichkeit darauf, dass Russland weit davon entfernt sei, einen Krieg zu wollen«. Pourtalès sagte dem Russen, dass Deutschland genauso empfinde, und versicherte ihm, dass auch Österreich kein Interesse daran habe, wegen der Balkanaffäre einen Flächenbrand zu entzünden, und dass es Serbiens Souveränität respektieren werde. Darüber hinaus machte der Deutsche klar, wenn die Österreicher wirklich »nach einem Vorwand suchten, um Serbien mit Krieg zu überziehen, hätten wir jetzt bestimmt schon von militärischen Aktionen gehört«. Das Ultimatum war immerhin am vergangenen Abend abgelaufen, doch bis zu diesem Zeitpunkt waren noch keine Anzeichen für österreichische Militäraktionen auszumachen. Vielleicht gab es ja doch noch einen Weg aus der Krise. Pourtalès drängte Sasonow, sofort direkte Gespräche mit dem österreichischen Botschafter Szápáry zu führen, sobald der Zug in St. Petersburg angekommen sei. Der Russe stimmte zu.[5]

Trotz der bedrohlichen Ereignisse der vergangenen 24 Stunden bestand immer noch Grund zur Hoffnung, als der österreichische Botschafter am Sonntagnachmittag an der Sängerbrücke eintraf. Ein kurioser Aspekt der andauernden Krise war, dass Sasonow trotz seiner überzogenen Rhetorik über die österreichische Niedertracht bis dahin in einem viel freundlicheren Ton mit Szápáry (den er »so sanft wie ein Lamm« einschätzte) als mit Pourtalès gesprochen hatte. Dies lag zum Teil an der Notwendigkeit, Beschwerden über eine dritte Partei vorzubringen; auf diese Weise konnte man direkte Beschuldigungen zwischen Österreich und Russland vermeiden, die eventuell die Balkankrise bis zum Krieg zuspitzen könnten. Allerdings schien es, dass Sasonow trotz seiner Befürchtungen gegenüber Österreich-Ungarn Szápáry aufrichtig schätzte, der als kultivierter Diplomat alter Schule galt. Sicherlich gab der Außenminister diesem gebildeten ungarischen Grafen nicht die Schuld an der Politik seiner Regierung.

Die Audienz an der Sängerbrücke lief wie erhofft. Sasonow empfing Szápáry »sehr herzlich« und brachte sogar eine Entschuldigung dafür vor, dass er kürzlich seine Fassung verloren habe, als ihm der österreichische Botschafter am Freitagmorgen das Ultimatum präsentiert hatte. Wichtiger war jedoch, dass er wirklich zuhörte, was Szápáry zu sagen hatte, ohne ihn zu unterbrechen – etwas, das Sasonow in seinen vorangegangenen spannungsgeladenen Unterredungen mit Pourtalès offensichtlich nicht getan hatte. Österreich-Ungarn, beharrte Szápáry, sei im Gegensatz zu den Verdächtigungen russischer Nationalisten weit davon entfernt, »auf dem Balkan weiter vordringen zu wollen und einen Marsch auf Saloniki oder sogar auf Konstantinopel zu beginnen«. Seine Ziele bestünden vielmehr in »Selbsterhaltung und Selbstverteidigung«. Trotzdem verstand Szápáry die Komplikationen, die sich aus dem Ultimatum an Serbien ergeben könnten. »Wenn daraus ein Konflikt zwischen den Großmächten entstehen sollte«, sagte er zu Sasonow, »werden die Konsequenzen furchtbar sein, und die religiöse, moralische und soziale Ordnung der Welt wird auf dem Spiel stehen. In grellen Farben sehe ich vor mir, was auf einen europäischen Krieg folgen wird.« Sasonow, berichtete Szápáry an Berchtold, »stimmte vollkommen mit mir überein und schien ungewöhnlich erfreut über den Inhalt meiner Erläuterungen«.

Sasonow äußerte sich anschließend in ähnlicher Offenherzigkeit. Er räumte nicht nur ein, »dass in Russland schon lange ein gewisser Groll auf Österreich herrscht«, sondern gab auch zu, dass »er selbst diesen ebenfalls gehegt hatte«. Dennoch »gehörte dies der Vergangenheit an« und sollte sich nicht auf die gegenwärtige Situation auswirken. Sasonow überraschte den Botschafter und behauptete, dass er »für Serbien wie auch für alle anderen Balkanslawen keine Sympathie hege«, die »für Russland nur eine schwere Bürde bedeuteten«. Der Russe war sogar bereit, die Rechtmäßigkeit von Österreichs Sache in Bezug auf die serbische Beteiligung am Attentat von Sarajevo in Betracht zu ziehen, obwohl er, wie Szápáry an Berchtold berichtete, »den von uns eingeschlagenen Weg, um zum Ziel zu gelangen, nicht für den sichersten hielt«. Nachdem er mehrere Tage Zeit hatte, um die »befristete Note« zu studieren, war Sasonow zu der Überzeugung gelangt, dass sieben der zehn Punkte »ohne größere Schwierigkeiten« von Serbien akzeptiert werden könnten. Punkt 4, der die Entlassung von mehreren serbischen Beamten forderte, könnte mit einigen Abänderungen erfüllt werden.

Hauptstreitpunkt für Sasonow waren die Abschnitte 5 und 6, welche die Beteiligung österreichisch-ungarischer Behörden an Untersuchungen innerhalb Serbiens betrafen. Sollte Belgrad diesen Punkt akzeptieren, sagte er zu Szápáry, »würde König Peter [von Serbien] riskieren, sofort umgebracht zu werden« (sei es durch die Schwarze Hand oder durch andere äußerst nationalistisch eingestellte Offiziere). Sasonow gelang damit eine kluge Wendung, indem er quasi das »monarchische Prinzip« Berchtold zurück ins Gesicht schleuderte. Er warnte Szápáry, dass ein weiterer Schlag der Nationalisten nach dem gewaltsamen Umsturz von 1903 den kleinen Rest an Legitimität, den die herrschende Karadjordjević-Dynastie in Serbien noch besaß, zerstören und damit an Österreichs Grenze einen anarchistischen Hexenkessel errichten könnte.

Anschließend kam Sasonow wieder auf das Ultimatum an Serbien zurück. Er versicherte Szápáry, dass das Problem nicht inhaltlicher Natur sei, sondern sich vor allem auf die Ausdrucksweise beziehe. Gerade in Bezug auf die Punkte 5 und 6 sollte ein gewisser Spielraum bestehen – vielleicht könnte die Einbeziehung österreichischer Behörden auf »die konsularische Beteiligung bei Gerichtsprozessen« beschränkt werden? Oder, falls das nicht möglich sei, vielleicht würde Österreich eine Vermittlung durch Außenstehende wie Italien oder England akzeptieren? An dieser Stelle musste Szápáry unterbrechen. Er war nicht befugt, eine Meinung über den Text des Ultimatums zu äußern, geschweige denn, ihn eigenhändig abzuändern. Überdies, erinnerte er Sasonow, »seien die Dinge bereits in Bewegung geraten« – schließlich begann Serbiens Mobilmachung gegen Österreich am Samstag um 15 Uhr. Er würde gern Sasonows Bemerkungen und Vorschläge in allen Einzelheiten nach Wien berichten, aber er könne dem Russen nichts versprechen. Mit dieser freundschaftlichen Bemerkung endete das Gespräch. »Sasonow«, berichtete Szápáry, »drückte wiederum mit herzlichsten Worten seine Zufriedenheit mit den Erläuterungen aus, die ich ihm gegeben habe und die ihn in erheblichem Maß beruhigt hätten. Er würde ebenfalls, so sagte er mir, einen Bericht über unser Gespräch an Zar Nikolaus schicken, den er am übernächsten Tag [Dienstag, den 28. Juli] treffen sollte.«[6]

Hatte Sasonow seine Meinung geändert, nachdem er Russland am Freitag und Samstag zur Mobilmachung gedrängt hatte? In ihren ursprünglichen Berichten über dessen veränderten Umgangston am Sonntag hatten sowohl Szápáry als auch Pourtalès dies angenommen. »Die russische Politik«, gab der österreichische Botschafter seine Meinung an Berchtold weiter, »hat in zwei Tagen einen sehr weiten Weg zurückgelegt – von der ersten rüden Zurückweisung unserer Vorgehensweise und dem Vorschlag einer gerichtlichen Untersuchung unseres Dossiers, was aus der ganzen Angelegenheit eine europäische machte; dann von diesem Punkt aus wiederum zu einer Anerkennung der Rechtmäßigkeit unserer Forderungen bis hin zu der Frage nach Vermittlern.«[7] Nachdem Pourtalès Szápárys Bericht über die Audienz gehört hatte, meldete er sofort nach Berlin, er habe den Eindruck, »dass Sasonow, vielleicht aufgrund von Gesprächen mit Paris und London, ein wenig die Nerven verloren habe und nun nach einem Ausweg suche«. Immerhin war es Grey, der am Vortag auf direkten Gesprächen zwischen Wien und St. Petersburg bestanden hatte. Benckendorff hatte die Idee in London zurückgewiesen, aber vielleicht hatte Sasonow darüber nachgedacht und sie schließlich für sich selbst übernommen.[8] Das dies der Wahrheit nahekommen könnte, wird durch folgende Tatsache untermauert: Sasonow hatte am Sonntagabend ein Telegramm an Schebeko in Wien geschickt mit der Anweisung, Berchtold zu bitten, er solle Szápáry autorisieren, das Ultimatum an Serbien zu diskutieren und eventuell abzuändern.[9] Oder, wie Sasonow Paléologue mitteilte, er hatte den österreichischen Botschafter gewarnt: »Ziehen Sie Ihr Ultimatum zurück, modifizieren Sie die Formulierungen; und ich garantiere Ihnen, wir werden zu einem Ergebnis kommen.«[10]

Es wäre nur natürlich, wenn Sasonow, ein ausgebildeter Diplomat aus Berufung, angesichts eines drohenden Kriegs kalte Füße bekommen hätte. Dennoch mussten Szápáry und Pourtalès, um die Anzeichen an der Sängerbrücke richtig zu deuten, auch die Berichte berücksichtigen, die sie über den Beginn einer massiven geheimen Mobilmachung in Russland erhielten. Gegen 15 Uhr, kurz bevor Szápáry erschien, um mit ihm die vielversprechende Audienz bei Sasonow abzuwägen, leitete Pourtalès den folgenden Bericht des deutschen Militärattachés Eggeling nach Berlin weiter: »Kann mit Sicherheit bestätigen, dass in Kiew und Odessa die Mobilmachung angeordnet wurde. Möglicherweise auch in Warschau und Moskau, in den anderen [Distrikten] wahrscheinlich nicht.«[11] Nachdem er von seinen Konsuln und Attachés ähnliche Mitteilungen erhalten hatte, warnte Szápáry Berchtold am Ende seines Berichts in Bezug auf die Audienz bei Sasonow: »Wir dürfen nicht die Tatsache übersehen, dass hinter der auf Rückendeckung abzielenden Politik seitens der Diplomaten eine lebhafte Tätigkeit auf Seiten der Militaristen eingesetzt hat.«[12] Wenn Pourtalès und Szápáry gewusst hätten, dass es Sasonow selbst war, der die Räder für die russische Kriegsvorbereitungsperiode in Gang gesetzt hatte, wären sie sicher noch weit mehr beunruhigt gewesen.

WAS AUCH IMMER Ausgangspunkt und Absicht waren, Russlands militärische Vorbereitungen lösten in Wien und Berlin verständlicherweise Alarm aus. Die eintreffenden Berichte konnten zwar immer noch keine genaueren Details liefern, doch am Sonntagnachmittag herrschte kein Zweifel mehr darüber, dass eine Art Mobilmachung anlief. Die Deutschen waren sich dieser Sache so sicher, dass Botschafter Lichnowsky am späten Sonntagnachmittag in Whitehall eine offizielle Beschwerde über feindselige russische Mobilmachungsmaßnahmen nahe der deutschen Grenze einreichte. Außenminister Grey hielt sich noch immer auf seinem Landsitz in Itchen Abbas auf (allerdings konnte er dort Telegramme empfangen), deshalb traf sich der Botschafter an dessen Stelle mit dem Unterstaatssekretär für Auswärtige Angelegenheiten Sir Arthur Nicolson. Wie Nicolson an Grey berichtete, »suchte ihn Fürst Lichnowsky am Nachmittag mit einem dringenden Telegramm seiner Regierung auf und teilte ihm mit, sie hätten Informationen erhalten, dass Russland ›Jahrgänge von Reservisten‹ einberufe, was die Mobilmachung bedeute«. Um den günstigsten Fall für den deutschen Protest anzunehmen, räumte der deutsche Botschafter sogar ein, dass Deutschland »nichts gegen eine Teilmobilmachung etwa in Odessa oder Kiew sagen würde – aber dass man nicht unbeteiligt zuschauen könne, wenn Truppen an der deutschen Grenze aufmarschierten«. Die geografischen Details waren daher von größter Wichtigkeit. »Wenn diese Mobilmachung entlang der deutschen Grenze stattfindet«, fuhr Lichnowsky fort, »sähe sich Deutschland gezwungen, ebenfalls mobilzumachen – und Frankreich würde natürlich in Kürze folgen.« Damit stünde ein europäischer Krieg unmittelbar bevor. Er ersuche deshalb Großbritannien, »die russische Regierung zu drängen, nicht mobilzumachen«.

Nicolson hörte höflich zu, wies aber die deutschen Beschwerden zurück. »Ich sagte Fürst Lichnowsky«, berichtete er Grey nach Itchen Abbas, »dass wir keine Informationen über eine allgemeine Mobilmachung oder über irgendeine Art von Mobilmachung vorliegen hätten.« In einem Nebensatz begründete er diese Aussage, indem er auf Buchanans Telegramm vom letzten Abend anspielte, das Sasonows (in Wirklichkeit irreführende) Bemerkungen über die Entscheidungen des Ministerrats enthielt. »Der Ukas, 1,1 Millionen Soldaten zu mobilisieren«, erklärte Nicolson Fürst Lichnowsky, als ob es sich um eine Tatsache handelte, »ist nicht erlassen worden.« Obwohl dies insofern der Wahrheit entsprach, dass Russlands »Teilmobilmachung« gegen Österreich noch nicht öffentlich angekündigt worden war, wurden in Wirklichkeit zu diesem Zeitpunkt wesentlich mehr als 1,1 Millionen Soldaten in Marsch gesetzt – wenn auch nicht offiziell von Mobilmachung gesprochen wurde – gemäß den Reglements für die Kriegsvorbereitungsperiode.

Nachdem Nicolson verneint hatte, dass irgendeine Art von Mobilmachung in Russland im Gang sei, steigerte er Lichnowskys Frustration noch, indem er ihm sagte, dass Großbritannien gar nicht in der Lage sei, St. Petersburg zu bitten, nicht mobilzumachen, da es sonst »schwierig und heikel für uns sein könnte … wenn Österreich eine derartige Maßnahme beabsichtige – und wir [das heißt die Briten] nicht angehört würden«. Am wichtigsten sei es, wie Nicolson betonte, »aktive militärische Operationen möglichst zu verhindern«. Er informierte Lichnowsky anschließend über einen neuen Vorschlag, den Grey über Nacht ausgeheckt hatte und der »ein Treffen *à quatre*« vorsah, auf dem die vier Großmächte, die am wenigsten interessiert waren, in die Verwicklungen auf dem Balkan hineingezogen zu werden (Großbritannien, Italien, Frankreich und Deutschland) zwischen Russland, Österreich und Serbien vermitteln sollten; dabei war vorgesehen, dass die drei letztgenannten Nationen »aktive militärische *Operationen* aussetzen, solange die Ergebnisse der Konferenz ausstünden (Mobilmachung war vermutlich ein anderes Thema).[13]

Nicolson war für den abwesenden Grey eingesprungen und hatte eine bemerkenswerte – und zugleich unglückliche – diplomatische Vorstellung gegeben. Im Glauben, neutral und mit großer Umsicht zu handeln, hatte es der Unterstaatssekretär geschafft, das Deutsche Reich aus nicht weniger als vier Gründen zu provozieren. Zuerst leugnete er rundweg, dass irgendwelche russischen Mobilmachungsmaßnahmen im Gang wären – eine Behauptung, die er sofort als Unwahrheit erkannt hätte, wenn er oder Grey sich bemüht hätten, den britischen Botschafter in St. Petersburg zu befragen. Zweitens weigerte er sich rundweg, auch nur den kleinsten mäßigenden Einfluss auf Russland auszuüben, obwohl sich Großbritannien in der aktuellen Krise als neutrale, unbeteiligte Partei ausgab. Drittens übernahm er die äußerst voreingenommene Position, dass Großbritannien, selbst wenn Russland gegen Deutschland mobilmachen sollte, nicht davon betroffen wäre, da lediglich »aktive militärische Operationen« den Frieden bedrohen würden. Er gab dieses Statement ab, obwohl ihm der deutsche Botschafter gerade mitgeteilt hatte, dass Deutschland einer russischen Mobilmachung an seinen Grenzen seinerseits mit einer Mobilmachung begegnen müsse, was wiederum Frankreich zur Mobilmachung gegen Deutschland nötigen würde. (Nicolsons erstaunliche Sorglosigkeit bezüglich des kritischen Themas einer Mobilmachung spiegelte Greys eigene Einstellung wider. Tatsächlich hatte der britische Staatssekretär am Samstag, weit davon entfernt, Russland von der Mobilmachung abzuhalten, wie nebenbei zu Benckendorff gesagt, dass er auf jeden Fall erwarte, Russland werde gegen Österreich mobilmachen. Zu dieser Sache äußerte Grey überhaupt keine Meinung – diese Meinungslosigkeit wurde von den Russen dementsprechend als schweigende Zustimmung gedeutet.)

Schließlich hatte Nicolson, indem er Greys neuen Vorschlag einer Vier-Mächte-Konferenz zur gleichzeitigen Vermittlung zwischen Russland, Österreich und Serbien vorbrachte, damit kurzerhand Greys älteren Vorschlag für eine Vermittlung von außen in Petersburg ruiniert (nur zwischen Russland und Österreich ohne Einbeziehung von Serbien), der erst einen Tag zuvor gemacht worden war – ein Vorschlag, auf den die Deutschen positiv geantwortet hatten – und durch eine neue, von Natur aus gegen die Mittelmächte voreingenommene Initiative ersetzt. Wie jedermann außer Grey und Nicolson zu wissen schien, war Italien, obwohl es nominell mit den Mittelmächten verbündet war, Österreich gegenüber grundsätzlich feindlich eingestellt. Da Großbritannien mit Frankreich und Russland verbündet war – und sich ganz klar auf Russlands Seite gestellt hatte, indem es den deutschen Protest über die Mobilmachungsmaßnahmen kurzerhand ablehnte –, bedeutete dies, dass Deutschland mit 1 gegen 3 unterlegen wäre. So sah anscheinend britische »Neutralität« aus.

Lichnowsky war zu sehr Gentleman, um daran Anstoß zu nehmen. Er selbst besaß keine weiteren Informationen über die russischen Mobilmachungsmaßnahmen als diejenigen, die ihm aus Berlin übermittelt worden waren. Daher befand er sich nicht in der Position, um den Druck weiter zu erhöhen, und er wollte es auch nicht. Tatsächlich ging Lichnowskys Anglophilie so weit, dass er bereit war, sich mit Greys neuer Idee einer Vier-Mächte-Konferenz anzufreunden, um einen Bruch in den Beziehungen zwischen England und Deutschland zu vermeiden – eine Aussicht, die ihn mit Schrecken erfüllte (nicht zuletzt weil es bedeuten würde, dass er seinen geliebten Posten in London aufgeben müsste). »Die örtliche Begrenzung des Konflikts, auf die man in Berlin gehofft hatte«, berichtete Lichnowsky an Jagow im Anschluss an seine Audienz bei Nicolson, »ist vollkommen unmöglich und muss als Aspekt praktischer Politik aufgegeben werden.« Sobald österreichische Truppen die serbische Grenze überschreiten, beklagte er, »wird alles verloren sein« – Russland wird zur Mobilmachung gezwungen sein, und Europa wird sich im Krieg befinden.[14] Um solch eine Katastrophe abzuwenden, sandte Lichnowsky ein Telegramm an Grey in Itchen Abbas und kündigte an – vorzeitig, da er dafür von Berlin keine Ermächtigung erhalten hatte –, dass »meine Regierung Ihre vorgeschlagene Schlichtungskonferenz à quatre akzeptiert«.[15]

Lichnowskys Anglophilie wurde in Berlin nicht in gleichem Maße geteilt. In der Wilhelmstraße, wo ein Bericht nach dem anderen über Russlands geheime Mobilmachung eintraf, wurde Nicolsons Zurückweisen der deutschen Proteste sowohl mit Überraschung als auch mit Beunruhigung zur Kenntnis genommen. War es möglich, dass die Briten wirklich nicht wussten, was in Russland vor sich ging? Oder deckten sie bewusst den Mantel über die kriegsähnlichen Manöver ihres Verbündeten?

Die Signale, die aus St. Petersburg eintrafen, waren jedenfalls zwiespältig. Wenn Sasonow die Nerven verlor, wie Pourtalès in seinem Bericht über das nachmittägliche Treffen des Außenministers mit Szápáry angedeutet hatte (ein Bericht, der in Berlin kurz nach Mitternacht eintraf), dann war es vielleicht immer noch möglich, den österreichisch-serbischen Konflikt zu begrenzen. Entscheidend für die Deutschen war, wie schon die ganze Zeit, die Geschwindigkeit: Die Österreicher mussten Serbien so schnell niederwerfen, damit die russischen Gegenmaßnahmen gegenstandslos würden. Wie Jagow die deutschen Diplomaten in einem Rundschreiben vom 18. Juli informiert hatte, »je mehr Kühnheit

Österreich zeigt, desto stärker werden wir es unterstützen und desto wahrscheinlicher werden sich die Russen ruhig verhalten«. Obwohl die Anzeichen aus St. Petersburg zunahmen, welche die Logik hinter dieser Behauptung untergruben, blieb Jagow, unterstützt von Bethmann Hollweg (der sich immer noch in der Sommerfrische in Hohenfinow befand), seiner Linie treu. In einem Gespräch am Samstagnachmittag, das er mit dem österreichischen Botschafter vor Ablauf des Ultimatums führte, hatte Jagow betont, Deutschland erwarte und hoffe, dass eine serbische Ablehnung mit der »unmittelbaren Kriegserklärung« von Österreich-Ungarn beantwortet würde. »Jede Verzögerung zu Beginn der militärischen Operationen«, warnte der Außenminister, »könnte die große Gefahr nach sich ziehen, dass ausländische Mächte (das heißt Russland) intervenieren«. Botschafter Szögyény-Marich wurde somit auferlegt, Wien mit größtmöglichem Nachdruck zu drängen, den Krieg jetzt zu erklären und damit »die Welt vor vollendete Tatsachen zu stellen«.[16]

Am Sonntagnachmittag bestellte Berchtold den deutschen Botschafter Tschirschky zusammen mit Generalstabschef Conrad im Ballhausplatz ein, um Szögyény-Marichs Telegramm zu besprechen. Tschirschky befürwortete aus voller Überzeugung Bethmann Hollwegs Drängen, den Krieg gegen Serbien schnell zu beginnen. Er konnte auch gar nicht anders handeln, denn dies war die erklärte imperiale Politik des Deutschen Reichs. Berchtold stimmte ebenfalls zu. Zusammen bestürmten die beiden Diplomaten Conrad in der völligen Erwartung, dass der notorisch auf Krieg drängende Generalstabschef Berlin das geben würde, was es wünschte. »Wann«, fragte Berchtold Conrad, »wünschen Sie die Kriegserklärung?« Conrad antwortete, dass sie »erst dann notwendig sei, wenn die Operationen sofort beginnen könnten – etwa um den 12. August«.[17]

Die Österreicher hatten es wieder getan. Nach Wochen voller Ausflüchte hatte Wien endlich das 48-Stunden-Ultimatum auf den Weg gebracht, hatte die erwartete Zurückweisung von Belgrad zum geplanten Zeitpunkt erhalten und zusätzlich noch das unerwartete Geschenk einer einseitigen serbischen Mobilmachung vor Ablauf des Ultimatums bekommen. Der Casus belli lag vor. Europa erwartete (wenn auch nicht notwendigerweise zustimmend) einen österreichischen Angriff. Worauf wartete Conrad noch?

Er wartete darauf, dass die österreichische Mobilmachung nach ihrem vorgesehenen Zeitplan ablaufen konnte. Vernünftigerweise sah der Generalstabschef keinen Grund für eine Kriegserklärung, ehe Österreich zum Kampf bereit war. Warum auch sollte man Russland und seinen Verbündeten einen diplomatischen Vorwand liefern, indem man jetzt den Krieg erklärte, während die österreichischen Truppen Serbien erst in zwei Wochen angreifen konnten? Erstaunlicherweise war es Conrad, der wie ein Diplomat dachte, während Berchtold in die Rolle des Armee-Hitzkopfs geschlüpft war und seinen Stabschef warnte, dass Österreich keine zwei Wochen warten könne, da »die diplomatische Situation nicht so lange halten wird«.[18]

Berchtold hatte sicher damit recht, dass die diplomatische Situation – das heißt der österreichisch-deutsche Wunsch nach einer Lokalisierung des Konflikts – sich nicht bis zum 12. August durchhalten ließ. Trotzdem ergab sein Argument für eine sofortige Kriegserklärung keinen diplomatischen Sinn in Anbetracht der Tatsache, dass ihm Conrad mitgeteilt hatte, Österreich könne Serbien erst in zwei Wochen in voller Stärke angreifen. Der österreichische Generalstabschef hielt es in der Tat für unmöglich, auf militärischem Weg vollendete Tatsachen zu schaffen, wodurch eigentlich die gesamte Fait-accompli-Strategie von vornherein zum Scheitern verurteilt war. Dies zuzugeben hieße allerdings, die Deutschen aufs Neue zu enttäuschen. Und deshalb zögerte Berchtold. Botschafter Tschirschky wurde mitgeteilt, dass Österreich-Ungarn Serbien noch nicht den Krieg erklären werde. Trotzdem informierte Berchtold Jagow und Bethmann Hollweg, die Kriegserklärung werde in Kürze erfolgen, sobald

Serbien feindselige Aktionen an der bosnischen Grenze beginnen werde.[19]

Berchtold hätte wahrscheinlich noch länger gezögert, hätte er von Szápárys vielversprechender Unterredung mit Sasonow gewusst, die fast gleichzeitig wie seine eigene Sitzung mit Conrad und Tschirschky stattfand. Doch der Bericht des Botschafters, der kurz nach Mitternacht in St. Petersburg aufgegeben wurde, sollte nicht vor Montagnachmittag Wien erreichen. Sasonows Bericht über das Treffen, den er am Sonntagabend an Schebeko geschickt hatte, sollte früher als der von Szápáry eintreffen; allerdings konnte Schebeko erst am frühen Montagmorgen mit Berchtold zusammenkommen.[20] Schebekos Nachricht, die er mittlerweile an Sasonow geschickt hatte, war so unheilverkündend wie die von Sasonow beruhigend. Darin berichtete der russische Botschafter über Österreichs Kriegsvorbereitungsmaßnahmen gegen Serbien, die bereits begonnen hatten. Diese Maßnahmen waren in groben Zügen weitgehend mit der russischen Kriegsvorbereitungsperiode vergleichbar; sie umfassten die sofortige Beförderung von Offizieren, die selektive Einberufung von Reservistenjahrgängen, die Verstärkung der Grenzposten und das Einrichten einer strikten militärischen Zensur.[21] Bis der Ballhausplatz von Sasonows Vorschlag erfahren hätte, man solle Szápáry zugestehen, einzelne Punkte in der Note an Serbien zu verändern, wäre dieser bereits von den Ereignissen überholt, und es wäre gleichgültig, ob Berchtold darauf eingehen würde oder nicht.

Sasonow hatte vielleicht wirklich den aufrichtigen Wunsch gehegt, die Spannungen durch direkte Verhandlungen mit Österreich zu entschärfen. Was auch immer die wahren Absichten des Außenministers gewesen sein mögen, seine konziliante Haltung gegenüber Pourtalès und Szápáry am Sonntagmorgen und frühen Sonntagnachmittag wurde durch die beschleunigten Mobilmachungsmaßnahmen Russlands während des Tages widerlegt. Um 13.55 Uhr hatte der französische Verbindungsoffizier im russi-

schen Armeehauptquartier General Laguiche an das Kriegsministerium in Paris gemeldet:

>Gestern bestätigte mir der Kriegsminister in Krasnoje Selo
die Mobilmachung der Armeecorps in Kiew, Odessa, Kasan und Moskau. Man ist bestrebt, jegliche Maßnahme zu
vermeiden, die als direkt gegen Deutschland gerichtet angesehen werden könnte, aber trotzdem treffen die Militärbezirke von Warschau, Wilna und St. Petersburg geheime
Vorbereitungen. Die Städte und Verwaltungen von St. Petersburg und Moskau werden unter Kriegsrecht gestellt ...
Der Kriegsminister hat uns gegenüber seine Entschlossenheit wiederholt, letztendlich Deutschland die Initiative eines Angriffs auf Russland zu überlassen.<[22]

Die Informationen des deutschen und österreichischen Nachrichtendienstes über die russische Kriegsvorbereitungsperiode
waren natürlich nicht so zuverlässig wie dieser Insiderbericht,
den der Verbindungsoffizier einer verbündeten Nation erstellt
hatte. Trotzdem erschienen sie Pourtalès am Sonntag bei Einbruch der Nacht umfassend genug, dass er unverzüglich Sasonow
an der Sängerbrücke damit konfrontierte, ungeachtet ihrer
freundschaftlichen Unterhaltung am Morgen im Zug. Gegen 21
Uhr reichte der deutsche Botschafter bei Russlands Außenminister eine formelle Protestnote ein über >die Neuigkeiten, die in
den Kreisen der ausländischen Militärattachés verbreitet würden
und nach denen mehrere russische Armeecorps gemäß Mobilmachungsbefehl in Richtung westliche Grenze in Marsch gesetzt
worden seien<. Sasonow, berichtete Pourtalès nach Wien, >ent-
gegnete, er könne garantieren, dass der Befehl zur Mobilmachung
nicht erteilt worden sei und dass er auch nicht zu erwarten sei,
ehe nicht Österreich-Ungarn feindselige Maßnahmen gegen
Russland beginne<. Trotzdem räumte der Russe mit einem wichtigen Vorbehalt ein, der seiner ersten Stellungnahme zu wider-

sprechen schien, dass »gewisse militärische Maßnahmen ... getroffen worden seien«.[23]

Ungefähr zur gleichen Zeit am Sonntagabend bestellte Russlands Kriegsminister Major Eggeling zu einer dringenden Audienz ein. Offensichtlich in Kenntnis der deutschen Verdächtigungen suchte Suchomlinow sie zerstreuen, indem er dem deutschen Militärattaché »sein Ehrenwort anbot, dass kein Befehl zur Mobilmachung ergangen sei«. Er gab zu, dass man bestimmte vorbereitende Maßnahmen ergriffen habe, aber er beharrte darauf, dass »kein einziges Pferd beschlagnahmt und kein einziger Reservist einberufen worden sei«. Das war eine unverschämte Lüge; allerdings würde es dem Deutschen, da ihm handfeste Beweise fehlten, sehr schwerfallen, dies zu beweisen. Stattdessen beschränkte Eggeling seinen Kommentar darauf, Suchomlinow zu warnen, dass selbst eine »russische Teilmobilmachung gegen Österreich als sehr gefährlich angesehen werden müsse«. Zusammenfassend berichtete der Militärattaché an Generalstabschef Moltke von seiner frustrierenden Audienz beim russischen Kriegsminister: »Ich gewann den Eindruck erhöhter Nervosität und Besorgnis. Ich betrachte den Wunsch nach Frieden als ehrlich, die Statements zur militärischen Lage so weit als richtig, dass eine vollständige Mobilmachung wahrscheinlich noch nicht angeordnet worden ist, wobei die vorbereitenden Maßnahmen allerdings sehr weit reichen.« Die Russen, folgerte er, »bemühen sich augenscheinlich darum, Zeit für neue Verhandlungen und für die Fortführung der Bewaffnung zu gewinnen«.[24]

Zeit war genau das, was die Deutschen nicht hatten. Die Uhr lief ab im Hinblick darauf, dass die Österreicher gegen Serbien vollendete Tatsachen schaffen würden. Nachdem Russland mit seinen Kriegsvorbereitungen begonnen hatte – die sich, wie es schien, sowohl gegen Österreich-Ungarn als auch gegen Deutschland richteten –, begann die Uhr zur gleichen Zeit gegen Deutschlands Strategie für den Kriegsfall zu laufen, die einen Präventivschlag gegen Frankreich vorsah, bevor Russland bereitstünde, um in Ostpreußen einzufallen. Am Sonntagmorgen war Moltke, der Architekt des jüngsten Plans für die deutsche Mobilmachung, nach Berlin zurückgekehrt, nachdem er sich einen Monat lang zur Kur in Karlsbad aufgehalten hatte. Tirpitz, Staatssekretär im Reichsmarineamt, wurde für Montag aus der Schweiz zurückerwartet – entgegen den Anordnungen Bethmann Hollwegs, der jeglichen Eindruck, Deutschland bereite sich auf einen Krieg vor, vermeiden wollte. Kaiser Wilhelm II., der in gleicher Weise Bethmann Hollwegs Ersuchen missachtete, mit der deutschen Ostseeflotte an der norwegischen Küste zu bleiben, war soeben in Kiel an Land gegangen und hatte den Nachtzug nach Potsdam bestiegen. Als Bethmann Hollweg und Jagow am Montagmorgen erwachten, warteten bereits dringende Aufgaben auf sie. Laufend trafen Neuigkeiten aus Belgrad, Wien, St. Petersburg, Paris und London ein. Keine davon enthielt das, was man in Berlin hören wollte.

17. Der Kaiser kehrt zurück

Montag, 27. Juli

WAS DIE HERVORSTECHENDE Rolle betrifft, welche die deutsche Führung dabei gespielt hat, Österreich zu ermutigen, seinen aggressiven Kurs auf dem Balkan weiterzuverfolgen, so ist eine Sache bemerkenswert: Sie behielten diesen Kurs unbekümmert bei, selbst als er Ende Juli mit jedem Tag gefährlicher wurde. Nachdem Generalstabschef Moltke, Staatssekretär des Reichsmarineamtes Tirpitz und der Kaiser am Montag, dem 27. Juli, nach langer Abwesenheit wieder nach Berlin zurückgekehrt waren, erwarteten sie vom Kanzler, möglichst rasch auf den neuesten Stand gebracht zu werden, und das, obwohl sich Bethmann Hollweg selbst noch bis zum späten Samstagnachmittag auf seinem Landgut in Hohenfinow aufgehalten hatte. Früher an diesem Tag war es Außenminister Jagow, und nicht Bethmann Hollweg, der Wien über den österreichischen Botschafter Szögyény-Marich dazu gedrängt hatte, den Krieg jetzt sofort zu erklären. Es entspricht den Tatsachen, dass Bethmann Hollweg entschieden hinter dieser »Fait-accompli-Politik« stand, aber es bedeutete nicht automatisch, dass er mit allen neuesten Entwicklungen vertraut war. So hatte der Kanzler den Text des österreichischen Ultimatums, bevor es am Donnerstag in Belgrad übergeben worden war, überhaupt nicht gesehen. Genauso wenig hatte er die serbische Antwort gelesen – ja scheinbar noch nicht einmal verlangt, dass er darüber in Kenntnis gesetzt werde. Es sah so aus, als ob der Urheber des deutschen Blankoschecks an Österreich nicht weiter daran interessiert sei, auf welche Weise der Scheck ausgefüllt würde, solange Österreich ihn nur einlöste. Nachdem er dabei geholfen hatte, die ganze polternde Unfähigkeit der Österreicher freizusetzen, war Bethmann Hollweg mittlerweile vielleicht auf der Hut, die Konsequenzen seiner Verrücktheit allzu genau zu überprüfen.

Als er Samstagnacht nach Berlin zurückkehrte, zeichneten sich diese Konsequenzen allmählich ab. Serbien und Österreich hatten gegeneinander mobilgemacht, während Russland durch eigene geheime militärische Vorbereitungen Serbien den Rücken stärkte. Die Absichten der Franzosen und Briten lagen im Dunkeln, aber es gab keine besonders positiven Anzeichen aus irgendeiner dieser beiden Richtungen. Die Begrenzung des Konflikts schien an einem seidenen Faden zu hängen. Da er den Nerven seines launischen und sprunghaften Souveräns nicht traute, hatte Bethmann Hollweg in seinen ersten Depeschen an den Kaiser die Ernsthaftigkeit der Lage heruntergespielt. Obwohl er Wilhelm II. Samstagnacht mitgeteilt hatte, dass Serbiens Antwort als ungenügend erachtet worden war und dass der österreichische Gesandte Giesl Belgrad verlassen hatte, erwähnte Bethmann Hollweg nicht, dass Russland bereits erste Schritte für eine Mobilmachung eingeleitet hatte; und er verschwieg auch, dass Serbien gegen Österreich mobilgemacht hatte, als das Ultimatum noch gar nicht abgelaufen war.[1]

In einem Telegramm vom Sonntagnachmittag leitete der Kanzler General von Chelius' Bericht aus St. Petersburg weiter. Darin teilte dieser mit, dass die Militärparade am Samstag in Krasnoje Selo abgebrochen wurde und die Regimenter in ihre Quartiere zurückkehrten (ein Bericht, den der Kaiser, wie Bethmann Hollweg wusste, bereits von seinen Militärberatern gehört hatte). Trotzdem beharrte Bethmann Hollweg darauf, dass es mit Ausnahme von Chelius' Bericht »keine beglaubigten Nachrichten über Russlands Haltung gäbe«.[2] Am Sonntag gegen 20 Uhr, kurz bevor der deutsche Botschafter Pourtalès und Militärattaché Eggeling ihre formellen Protestnoten gegen die russische Mobilmachung übergaben, telegrafierte Bethmann Hollweg an den Kaiser, dass die Russen »offensichtlich schwankten« (obwohl er keine Quelle für diese Behauptung nannte). Es gäbe folglich auch keinen Anlass, nach Hause zurückzukehren oder gar die Flotte nach Kiel zurückzubeordern, was Wilhelm II., wie er gehört hatte, vorgeschlagen haben soll.[3]

Der Kaiser wollte davon nichts wissen. Als oberster Kriegsherr hatte er seine eigenen Informationsquellen über die Admiralität und über die Armee; dies erlaubte ihm, Bethmann Hollwegs beschönigte Darstellung der Lage zu durchschauen. In den Marginalspalten dieser Telegramme finden sich Notizen des Kaisers, die einen wachsenden Ärger über Bethmann Hollweg zum Ausdruck bringen, der sich am Sonntag schließlich Luft machte. Was Wilhelm am meisten verärgerte, war die Tatsache, dass er erst an diesem Tag den Text des österreichischen Ultimatums an Belgrad vom Donnerstag mitgeteilt bekam – nicht von Jagow oder Bethmann Hollweg, sondern von der Nachrichtenagentur Wolff. Der Kaiser befahl daraufhin die Rückkehr der deutschen Ostseeflotte nach Kiel, angeblich eine reine Vorsichtsmaßnahme – wie die Admiralität nach Berlin meldete – als Reaktion auf das »Wolff Telegramm«. Als Bethmann Hollweg, indem er dieses Gerücht dem Kaiser gegenüber zitierte, »es in bescheidener Weise wagte, Seiner Majestät den Rat zu geben, keine vorzeitige Rückkehr der Flotte zu befehlen«, explodierte Wilhelm und schrieb an den Rand des Telegramms seines Kanzlers:

»Unglaubliche Anmaßung! Unerhört! Das käme mir niemals in den Sinn!!! [die Rückkehr der Flotte nach Kiel] erfolgte aufgrund des Berichts meines Ministers über die

Mobilmachung in Belgrad! Dies kann die Mobilmachung Russlands nach sich ziehen; kann die Mobilmachung Österreichs auslösen. In diesem Fall muss ich meine Land- und Seestreitkräfte sammeln. In der Ostsee befindet sich kein einziges Schiff! Außerdem bin ich es nicht gewohnt, militärische Maßnahmen zu ergreifen aufgrund eines Telegramms von Wolff, sondern aufgrund der allgemeinen Lage, und diese Lage hat der Zivilist von Kanzler noch nicht erfasst.«[4]

Wilhelm II. nahm oft eine übertriebene Haltung ein, wenn er den obersten Kriegsherrn gab, doch in diesem Fall war die Schelte für diesen »Zivilisten von Kanzler« nicht weit vom Kern entfernt. Bethmann Hollweg, den jedermann als einen notorischen Pessimisten einschätzte, konnte mit seiner Pose vorgetäuschter Ruhe und seinen Versicherungen, dass die Lokalisierung gelingen werde, niemanden täuschen. Als der Kanzler eine zweite Botschaft sandte und den Kaiser dringend bat, seine norwegische Kreuzfahrt wiederaufzunehmen und die Flotte zu verteilen – es handelte sich um das gleiche Telegramm, in dem er behauptete, dass Russland »offensichtlich schwankte« –, unterstrich Wilhelm das Wort »schwankte« zwei Mal und schrieb die rhetorische Frage an den Rand: »Und woraus schließen Sie das? Nicht aus irgendeiner Information, die Sie mir vorgelegt haben.« Zusätzlich informierte der oberste Kriegsherr seinen »zivilistischen« Kanzler, dass »es eine russische Flotte gebe. Gerade halten fünf russische Torpedobootflotten in der Ostsee Manöver ab, die alle oder zumindest teilweise innerhalb von 16 Stunden in einer Position sein konnten … wo sie die [deutschen Marine-] Nachrichtenverbindungen kappen könnten«. »Meine Flotte«, ermahnte der Kaiser seinen Kanzler, »hat Befehl, sich nach Kiel zu begeben, und nach Kiel wird sie sich auch begeben!«[5]

Mit beeindruckender Hartnäckigkeit antwortete Bethmann Hollweg auf diesen Einschüchterungsversuch, indem er seinem

Souverän ein letztes, bewusst irreführendes Telegramm schickte, bevor er ihn am Montagnachmittag begrüßen sollte (der Kaiser hatte darauf bestanden, den Kanzler sofort am Bahnhof Wildpark in Potsdam zu treffen). In einer erstaunlich optimistischen Auslegung der diplomatischen Situation berichtete Bethmann Hollweg, dass »Österreich anscheinend nicht in der Lage ist, Kriegshandlungen vor dem 12. August zu beginnen«, worüber Conrad den deutschen Botschafter Tschirschky am Sonntag informiert hatte; dass Serbien »scheinbar beabsichtige, ganz auf Verteidigung zu setzen, während es gleichzeitig eine als ziemlich verbindlich angesehene Antwort auf das Ultimatum gegeben habe (die Bethmann Hollweg allerdings noch nicht gelesen hatte); dass England und Frankreich »den Frieden wünschten«; und, sicherlich am wichtigsten, dass »Russland den letzten Berichten zufolge anscheinend noch nicht mobilmacht, sondern in direkte Verhandlungen mit Wien treten möchte«.[6] Obwohl keine dieser Aussagen wörtlich genommen die Unwahrheit verbreitete, waren sie doch zusammengenommen weit von der ganzen Wahrheit entfernt, wie sie jemandem erscheinen musste, der soeben einige der letzten Meldungen gelesen hatte. Daher war es kein Wunder, dass Bethmann Hollweg bei der Begrüßung seines Souveräns im Bahnhof Wildpark um 13 Uhr am Montag »bleich und elend« aussah. »Wie konnte das alles geschehen?«, fragte ihn der Kaiser. Bethmann Hollweg, erinnerte sich Graf August Eulenberg, einer von Wilhelms Vertrauten, »wirkte vollkommen eingeschüchtert. Er gab zu, dass er die ganze Zeit über getäuscht worden sei, und bot dem Kaiser seinen Rücktritt an.« Seine Majestät antwortete: *»Sie haben sich diese Suppe eingebrockt, und jetzt werden Sie sie auch auslöffeln.«*[7]

Natürlich war Kaiser Wilhelm II. selbst nicht vollkommen unschuldig an der katastrophalen deutschen Diplomatie im Juli 1914. Schließlich war er es gewesen, und nicht Bethmann Hollweg, der als Erster dem österreichischen Botschafter ein Blankoversprechen auf Unterstützung am Sonntag, den 5. Juli, gegeben hatte; er war es, der genau wie Bethmann Hollweg die ganze Zeit auf eine schnelle entscheidende Aktion gegen Serbien gedrängt hatte; und er war es, der es genau wie Bethmann Hollweg unterlassen hatte, auch nur das geringste Interesse am Text des österreichischen Ultimatums zu zeigen, bevor es zu spät war, um ihn zu überarbeiten. Tatsächlich war Wilhelm so weit von dem Wunsch entfernt, Österreich solle seine Punkte modifizieren und für Belgrad annehmbar gestalten, dass der Kaiser, als einer seiner Botschafter (Baron Schoen in Paris) diesen Vorschlag unterbreitete, wütend an den Rand des Telegramms geschrieben hatte: »Ultimata werden entweder angenommen oder nicht! Es gibt keine Diskussion! Deshalb heißen sie ja auch so!« (Wilhelm war anscheinend darüber in Unkenntnis, wie viel Zeit und Mühe die Österreicher darauf verwendet hatten, zu verneinen, dass ihre »befristete Note« ein Ultimatum sei.)[8] In Wahrheit hatten der Kaiser, Bethmann Hollweg und Jagow (nach seiner Rückkehr aus den Flitterwochen) die Suppe zusammen eingebrockt. Und sie würden sie jetzt, zusammen mit den Führern der Armee, auch auslöffeln müssen.

KURZ NACH 15 UHR am Montagnachmittag trafen Moltke und Jagow in Potsdam ein, um sich mit dem Kaiser und dem Kanzler zu treffen. Obwohl Tirpitz nicht einbestellt war, kam Admiral Müller, der Chef des Marinekabinetts, an seiner Stelle dazu. Im Hinblick auf die aktuellen Entwicklungen der letzten Tage sollte dies eine Versammlung von entscheidender Bedeutung werden. Da die österreichische und auch die serbische Mobilmachung bereits im Gang war, musste die zivile und militärische Führung des Deutschen Reichs die dringende Entscheidung treffen, welche Haltung sie angesichts eines möglichen Kriegs zwischen Österreich-Ungarn und Serbien einnehmen wollte. Fast genauso wichtig war die Frage, wie man auf die Berichte über eine frühzeitige geheime Mobilmachung Russlands reagieren sollte. Und dann gab es noch den Vorschlag des britischen Außenministers Grey über eine Vier-Mächte-Konferenz; ganz gleich, ob das Deutsche Reich voll mitspielen würde oder nicht, man müsste zumindest den Anschein erwecken, um einen offenen Bruch mit Großbritannien abzuwenden. Damit jedermann seinen Beitrag dazu leisten konnte, musste zunächst einmal Bethmann Hollweg alle auf denselben Stand bringen und einen vernünftigen politischen Plan entwickeln. Niemand sonst hatte Zugang zu all den Berichten, die in Berlin hereinströmten; niemand sonst hatte die vordringliche Pflicht als Kopf der Regierung, diese sinnvoll zu verarbeiten. Leider war der Kanzler dieser Aufgabe nicht gewachsen. Wenn sich auch im Nachhinein niemand mehr daran erinnern konnte, so scheint es, dass weder Bethmann Hollweg noch Jagow Pourtalès' Bericht über seine dramatische Unterredung mit Außenminister Sasonow vom Sonntagabend erwähnt hat, der in Berlin kurz nach 22 Uhr dechiffriert worden war. Und sie haben auch Eggelings Meldung über sein enttäuschendes Treffen mit Kriegsminister Suchomlinow unterschlagen, das gegen 2.30 Uhr am Montag in der Wilhelmstraße eingetroffen war. Stattdessen wurde Pourtalès' früheres und optimistischeres Telegramm vom Sonntag als Diskussionsgrundlage herangezogen; darin äußerte er die Vermutung, dass »Sasonow die Nerven verliere«. Bethmann Hollweg scheint außerdem einen Sonntagnacht eingegangenen Bericht von Botschafter Schoen aus Paris unterschlagen zu haben; dieser meldete, dass Premierminister Viviani versuchen wolle, einen mäßigenden Einfluss auf St. Petersburg auszuüben (wie der französische Premierminister dies unternehmen wollte, da er sich immer noch auf Rückreise in der Ostsee befand, war nicht erwähnt).[9] In der Zwischenzeit konnte und wurde Greys Vorschlag einer Vier-Mächte-Konferenz, wie unattraktiv er auch für die auf Lokalisierung ausgerichtete deutsche Politik sein mochte, als ein Zeichen dafür ausgelegt, dass Großbritannien unbedingt einen europäischen Krieg vermeiden wollte, wenn auch die Methode, um dies zu erreichen, fragwürdig war. Dazu kam auch noch das Gerücht, dass Serbiens Antwort auf das österreichische Ultimatum sehr entgegenkommend ausgefallen sei – »mit fast allen Punkten übereinstimmend«, wie Bethmann Hollweg am Montagmorgen dem Kaiser telegrafiert hatte – was suggerierte, dass es vielleicht doch einen Weg aus der diplomatischen Sackgasse geben könnte (seltsam war jedoch, dass Bethmann Hollweg sich nicht darum gekümmert hatte, die unmittelbare Antwort zu lesen, obwohl eine Kopie bereits am Sonntagabend in der Wilhelmstraße eingetroffen war).[10] Die auf diese höchst selektive Weise zusammengestellten Dokumente, die am frühen Montagnachmittag, 27. Juli, verfügbar waren, reichten aus, um Bethmann Hollweg zu beruhigen; er hüllte sich daraufhin in Selbstgefälligkeit.

Er war nicht der Einzige, der sich diese Haltung zu eigen gemacht hatte. Bevor Moltke nach Potsdam aufgebrochen war, hatte er seiner Frau geschrieben, dass »die Lage weiterhin äußerst undurchsichtig ist … Es wird wohl noch mal 14 Tage dauern, bevor etwas Endgültiges entschieden wird.«[11] Da kein Protokoll der Potsdamer Konferenz erhalten geblieben ist, müssen wir vermuten, dass sich dort offensichtlich nichts ereignete, was Moltke und die anderen aufrüttelte. So schrieb General Plessen, der Adjutant des Kaisers, anschließend in sein Tagebuch: »Die Österreicher sind nicht annähernd bereit! Es wird Anfang August werden, bevor die ersten Operationen beginnen können. Man hofft, den Krieg lokalisieren zu können! England erklärt, dass es beabsichtige, neutral zu bleiben. Ich habe den Eindruck, dass sich alles bald wieder verziehen wird.«[12] In ähnlicher Weise schrieb Müller nach der Sitzung, dass »der Tenor unserer Politik ist, ruhig zu bleiben. Zuerst warten wir ab, dass sich Russland ins Unrecht setzt, um dann jedoch nicht vor dem Krieg zurückzuschrecken, wenn er unvermeidlich ist.«[13] Die Konferenz von Potsdam am Montag, dem 27. Juli, brachte keine Lösungen. Die Deutschen würden weiterhin abwarten und zuschauen.

Sieht man dies im Zusammenhang mit dem, was andernorts an diesem schicksalsträchtigen Tag in Europa passierte, erscheint die passive Haltung der deutschen Führung erstaunlich. Am Montagmorgen war für 7 Uhr geplant, dass die erste und zweite britische Flotte, die sich beide zufällig in Portland Harbour, Dorset, befanden, im Rahmen einer Mobilmachungsübung auslaufen sollten. Am Sonntag hatte Churchill, der erste Lord der Admiralität, angeordnet, dass sie in Portland bleiben sollten. Diese »Konzentration der Flotte« war noch keine unmittelbare Mobilmachung, aber es war durchaus eine ernsthafte Maßnahme, um Großbritanniens wichtigste Seestreitkräfte, die gegen das Deutsche Reich ausgerichtet waren, zusammenzuhalten.[14] Russlands geheime Mobilmachung nahm ebenfalls am Montag an Fahrt auf. Eine komplette russische Artilleriedivision wurde auf ihrem Marsch westlich von Kiew beobachtet. Aus Riga berichtete der deutsche Geheimdienst, dass die Dwina vermint worden sei; alle Schienenfahrzeuge waren für die Armee requiriert worden. Noch näher an Berlin, telegrafierte der deutsche Konsul aus Warschau am 27. Juli um 15.45 Uhr:

Alle im Manöver stehenden Truppen wurden zurückbeordert stopp Viele Infanterie- und auch Kavallerieeinheiten wurden über den Bahnhof Brest nach Lublin und Kowel entsendet stopp Die ganze Nacht über fuhren Hunderte von Militärfahrzeugen die Hauptstraße von Brest-Litowsk auf und ab … Gestern flog das Artillerielager der Zitadelle in die Luft.[15]

Schließlich, und das war äußerst bezeichnend, berichtete Botschafter Tschirschky am Montagnachmittag aus Wien, dass die Österreicher – im Gegensatz zu der Meldung vom Vortag, Berchtold wolle mit der Kriegserklärung noch warten –, »um jeglichem Versuch einer Intervention den Boden unter den Füßen zu entziehen«, morgen oder allerspätestens übermorgen »einen offizielle Kriegserklärung [an Serbien] richten würden«.[16]

Selten lag ein Staatsmann bei der Beurteilung der internationalen politischen Lage so weit daneben wie Bethmann Hollweg am

Montagnachmittag, dem 27. Juli. Wie konnte er sich so irren? Eine mögliche Erklärung könnte sein, dass er, kurz nachdem er seine Depeschen an den Kaiser vom Samstag und Sonntag beschönigt hatte, Wilhelm am Montag weiter im Dunkeln darüber lassen wollte, um seinen aufgeregten Kaiser davon abzuhalten, zu intervenieren und die Österreicher von einem Angriff auf Serbien abzuhalten. Diese Theorie wird bekräftigt durch die Tatsache, dass Jagow kurz nach der Potsdamer Konferenz den britischen Botschafter Sir Edward Goschen einbestellte, um Greys Vermittlungsvorschlag zurückzuweisen.[17] Dazu kommt noch Bethmann Hollwegs seltsames Desinteresse am Text der serbischen Antwort, den er weder gelesen noch auf der Potsdamer Konferenz vorgestellt hatte. Der Text sollte nicht vor 21.30 Uhr am Montag nach Potsdam übermittelt werden, und selbst dann nicht als Telegramm, sondern durch einen persönlichen Kurier. Als dieser im Neuen Palais ankam, war Wilhelm bereits zu Bett gegangen. Dadurch bekam der deutsche Kaiser die serbische Antwort nicht vor Dienstag, den 28. Juli, zu sehen – fast drei Tage nachdem sie Giesl in Belgrad überreicht worden war. Ein Teil der Verzögerung kann mit den Problemen bei der Übertragung und Entschlüsselung des Textes begründet werden (ein Eintrag im Logbuch der Wilhelmstraße besagte, das Telegramm aus Wien mit der entsprechenden Meldung sei »ziemlich unleserlich«).[18] Aber es ist genauso wahrscheinlich, dass Jagow und Bethmann Hollweg die Weiterleitung an den Kaiser bewusst verzögert haben, weil sie glaubten, ihn könnte der gemäßigte Wortlaut beeindrucken und er würde daraufhin versuchen, den österreichisch-serbischen Krieg noch zu verhindern.

Das eine oder andere Argument – oder vielleicht sogar alle – mag stimmen. Gemäß der Fait-accompli-Politik neigte weder Bethmann Hollweg noch Jagow dazu, Wien zu bremsen. Sie hatten demnach beide guten Grund, die schlechten Neuigkeiten vor dem Kaiser verborgen zu halten. Dies erklärt jedoch nicht, warum sie auch Moltke im Dunkeln gelassen haben; er zählte schließlich nicht zu denen, die vor einer Herausforderung zurückschreckten. Und es gab auch keinen Grund, ungünstige Nachrichten vor den anderen militärischen Führern zu verbergen. Am Ende ist die einfachste Erklärung auch diejenige, die am überzeugendsten klingt: Bethmann Hollweg hatte am Montagnachmittag in Potsdam keinen vollständigen Überblick über die internationale Lage gegeben, weil er ihn selbst nicht hatte. Im Anschluss an seine Rückkehr nach Berlin musste er sich zunächst einmal über die neuesten Entwicklungen informieren; deshalb hatte er noch nicht alle Meldungen vom Sonntag verinnerlicht, als er am Montag um 13 Uhr am Bahnhof Wildpark den Kaiser empfing – und natürlich erst recht nicht die wichtigen Telegramme vom Montag, die am späten Nachmittag nach und nach eintrafen. Tschirschkys Bericht, der Österreichs bevorstehende Kriegserklärung ankündigte, wurde um 16.37 Uhr in der Wilhelmstraße dechiffriert, ungefähr zur gleichen Zeit, als die Potsdamer Konferenz beendet wurde. Die Berichte aus Russland mit den alarmierenden Neuigkeiten vom Montag über die Mobilmachung trafen erst nach 19 Uhr ein. Lichnowsky, der anglophile deutsche Botschafter in London, klammerte sich mittlerweile so verzweifelt an seine Hoffnungen auf Frieden, dass er es unterließ, die beunruhigenden Neuigkeiten über die Konzentration der britischen Flotte in einer seiner drei am Montag abgeschickten Depeschen zu erwähnen. Natürlich war es auch vorstellbar, dass Lichnowsky noch nichts von Churchills Aktion erfahren hatte; auf jeden Fall hat er nichts darüber gemeldet.*[19]

---

*   Dass die Nachricht von der Konzentration der britischen Flotte Berlin am Montag, dem 27. Juli, erreicht haben soll, wird von fast allen Historikern behauptet, die sich mit der Julikrise beschäftigt haben, obwohl es von keiner einzigen zeitgenössischen Quelle bestätigt wird. Lichnowskys drei Telegramme, die er an diesem Tag aus London geschickt hatte, erwähnen nichts darüber. Gemäß der offiziellen deutschen Geschichtsschreibung gingen zwei Telegramme des deutschen Marineattachés in London über die Vorbereitungen der englischen Marine ein – am Dienstag, dem 28. Juli.

Gewiss hatte Bethmann Hollweg dem Kaiser eine selektive und eigennützige Darstellung der verwirrenden Depeschen vom Wochenende gegeben, und er wollte wohl das Gleiche mit den zweifellos noch schlechteren Meldungen vom Montag tun. So stark war der Kanzler auf die Lokalisierung des Konflikts fixiert – und in breiterem Rahmen auf die Annäherung an England, auf die er seine gesamte Außenpolitik ausgerichtet hatte –, dass er allem Anschein nach die gesamte heraufziehende Krise durch die rosarote Brille betrachtete. Ab Montagnacht konnte jedoch nicht einmal mehr Bethmann Hollweg die Anzeichen ignorieren, die alle auf einen gewaltigen Flächenbrand hindeuteten. Österreichs Plan, Serbien sofort den Krieg zu erklären, wie es Tschirschky berichtet hatte, bedeutete zwar offensichtlich eine gute Nachricht – immerhin hatten die Deutschen dies schon seit Wochen eingefordert. Doch der verspätete Zeitplan hätte sich nicht schlimmer auswirken können. Jede Stunde trafen weitere bestürzende Nachrichten über die weitreichenden Maßnahmen der russischen Mobilmachung ein, sodass eine mögliche Begrenzung des österreichisch-serbischen Konflikts an ein Wunder grenzte.

Um dem Ganzen die Krone aufzusetzen, erhielt Serbiens klug formulierte Antwort auf das österreichische Ultimatum, die zunächst im Durcheinander der Ereignisse vom Wochenende untergegangen war, mittlerweile mehr und mehr Aufmerksamkeit in den Hauptstädten Europas – besonders im Außenministerium in London, in das Grey am Montag aus Itchen Abbas zurückgekehrt war. Immer noch skeptisch in Bezug auf die österreichischen Absichten, war der Außenminister sprachlos angesichts der serbischen Antwort, von der er annahm, sie komme »den österreichischen Forderungen in einer Weise nach, die er niemals für möglich gehalten habe«. Lichnowsky hatte Grey am Montag in »schlechter Stimmung« vorgefunden. Der Außenminister verlor langsam die Geduld mit den Österreichern – und mit den Deutschen, von denen er glaubte, sie täten nichts, um ihre Verbündeten zurückzuhalten. »Der Schlüssel zur Bereinigung der Situation«, betonte Grey, »liege in Berlin, und wenn Berlin ernsthaft Frieden wünsche, kann Österreich davor zurückgehalten werden, weiterhin diese tollkühne Politik zu verfolgen.«[20] Er verlangte daraufhin, dass die Deutschen in Wien vermitteln und auf eine Art »Abkommen zwischen Wien und St. Petersburg auf der Basis der Note an Serbien« hinwirken sollten. Wenn kein solches Abkommen erreicht werden könnte und es zu einem »österreichischen Waffengang mit Serbien« kommen sollte, ließ Grey den deutschen Botschafter wissen, werde er Berlin dafür in die Verantwortung nehmen.[21] In einem ungewöhnlich scharfen Ton warnte Lichnowsky anschließend Bethmann Hollweg und Jagow, dass »wenn es unter diesen Bedingungen zum Krieg kommen sollte, werden wir England gegen uns haben«.[22]

Bethmann Hollwegs schlimmster Albtraum, ein Bruch mit Großbritannien, woraufhin dem Deutschen Reich in einem europäischen Krieg drei Großmächte als Gegner gegenüberstünden, war kurz davor, wahr zu werden. Die Österreicher zu ermutigen, war die ganze Zeit über das, was der Kanzler als »kalkuliertes Risiko« bezeichnete, eine Art gewaltiger Bluff. Bethmann Hollweg hatte seinem Privatsekretär Kurt Riezler in Hohenfinow mitgeteilt, kurz nachdem Wien seinen Blankoscheck erhalten hatte, dass drei mögliche Szenarien denkbar wären. Zuerst eine örtliche Begrenzung (Lokalisierung): eine österreichische Strafaktion, um das serbische Ansehen zu untergraben und eine neue günstigere Ordnung auf dem Balkan zu schaffen, wobei Bulgarien und Rumänien sich auf die Seite der Mittelmächte stellten. Allerdings war es nicht diese Möglichkeit, die Bethmann Hollweg am wahrscheinlichsten erschien, sondern das zweite Szenario, »ein kontinentaler Krieg«, in dem sich das Deutsche Reich und Österreich-Ungarn auf der einen und Frankreich und Russland auf der anderen Seite gegenüberstanden. Ein solcher Konflikt stellte offensichtlich eine große Gefahr dar, aber er könnte es dem Deutschen Reich auch endlich ermöglichen, »den eisernen Ring der Umklammerung« zu durchbrechen, wenn es ihm gelang, Frankreich zu demütigen, Russland zu schwächen und Österreich zu stärken. Die letzte Möglichkeit stellte die schlimmste von allen dar: Großbritannien würde sich Frankreich und Russland anschließen und den lokalen Konflikt in einen Weltkrieg verwandeln. Die Aussichten für das Deutsche Reich, in diesem letzten Szenario siegreich zu bleiben, waren so gut wie aussichtslos. Die Österreicher weiterhin gegen Serbien aufzustacheln bedeutete somit, wie der Kanzler in tristen Worten, die seinem Fatalismus entsprachen, Riezler gewarnt hatte, »einen Sprung ins Dunkle«.[23]

Riezlers Tagebucheinträge, die auf Bethmann Hollwegs Rückkehr nach Berlin folgten, deuten einen ähnlichen Fatalismus an, da der belagerte Kanzler bald mit schlechten Nachrichten überschüttet wurde. Bethmann Hollweg, berichtete Riezler am Samstag, »sieht ein Schicksal, das größer ist als menschliche Kraft, über Europa und über unserer Nation hängen«. Zu anderen Zeiten betrachtete er dieses »Schicksal« nicht als übernatürlich, sondern als außerhalb seiner Kontrolle. Es war nicht Deutschland, wiederholte er ständig gegenüber Riezler und sich selbst, sondern vielmehr Russland, »von dem der Friede in Europa ausschließlich abhing«. Am Sonntag beharrte Bethmann Hollweg darauf, dass »wir, nur durch dringende Notwendigkeit gezwungen, zum Schwert greifen werden, aber dann *in dem klaren Bewusstsein, dass wir keine Schuld* an dem unsagbaren Unglück *tragen*, das ein Krieg über die Völker Europas bringen muss«.[24]

Dies war eine Rationalisierung, wie Bethmann Hollweg bei klarem Denken sicherlich bemerkt hätte. Wenn er wirklich ein reines Gewissen gehabt hätte, wäre er nicht immer wieder von Zweifeln heimgesucht worden, als die Krise immer schneller auf einen Krieg zusteuerte. Obwohl weder Bethmann Hollweg noch der Kaiser die alleinige Schuld dafür trugen, dass die Wolken des Kriegs Europas Horizont verdunkelten, lag Grey gar nicht so falsch damit, Deutschland am Montag, den 27. Juli, in den Mittelpunkt zu stellen, was die Entscheidung über Krieg oder Frieden betraf. Es stimmte zwar, dass Russland heimlich mobilmachte, sicherlich mit stillschweigendem Einverständnis Frankreichs und mit einer gewissen Teilnahmslosigkeit Großbritanniens. Doch wer aktuell im Begriff stand, einem anderen souveränen Staat den Krieg zu erklären, war nicht Russland, sondern Österreich-Ungarn. Und die Österreicher würden diesen schicksalhaften finalen Schritt nicht ohne Zustimmung Berlins wagen. Warum sonst hatte Berchtold Tschirschky angewiesen, Bethmann Hollweg über die bevorstehende Kriegserklärung an Serbien zu informieren, wenn es nicht um die Frage nach dem deutschen Einverständnis ging? Da die Lokalisierung offensichtlich reine Fantasie und Großbritannien alles andere als für die Entente verloren war, außerdem sich die deutsche Fait-accompli-Strategie nach Wochen der Verzögerung in Wien mittlerweile als hinfällig erwiesen hatte, war es jetzt, in diesem Moment – Montagnacht – an der Zeit, einen Schritt zurück zu machen und die Österreicher zum Rückzug aufzurufen. Am nächsten Tag würde es zu spät sein!

Es muss ein Abend quälender Spannung gewesen sein. Wie Riezler in sein Tagebuch schrieb, »herrschte eine gewaltige Unruhe in der Wilhelmstraße. Niemand schlief. Ich sah den Kanzler nur für Sekunden.«[25] Bethmann Hollwegs Dilemma lag auf der Hand. Wenn er Österreichs Krieg gegen Serbien jetzt abblasen würde – nachdem Wien den Deutschen endlich das Fait accompli gegeben hatte, das sie seit Wochen eingefordert hatten –, könnte der Kanzler die Allianz mit Österreich-Ungarn, Deutschlands einzigem Verbündeten, gänzlich zerstören. Wenn er dagegen den Österreichern gestattete, wie geplant am Dienstag den Krieg zu erklären, könnte dies den schon lange befürchteten Bruch mit London zur Folge haben und Großbritannien wahrscheinlich von einem desinteressierten neutralen Staat zu einem Feind in einem europäischen Krieg machen.

Im Angesicht solcher unangenehmen Optionen wählte Bethmann Hollweg, wenig überraschend, eine dritte. Anstatt die Österreicher zurückzupfeifen, leitete er Greys neuen Vorschlag einer deutschen Vermittlung in Wien »auf der Basis der Note an

Serbien« an den Ballhausplatz weiter, während er gleichzeitig signalisierte, dass er dies unter Zwang tue. »Nach unserer Ablehnung von Greys Vorschlag einer Konferenz« (Greys Idee eines Vier-Mächte-Treffens mit dem Ziel, Österreich, Russland und Serbien gleich zu behandeln), informierte Bethmann Hollweg den deutschen Botschafter in Österreich Tschirschky in einem Telegramm, das kurz vor Mitternacht aus der Wilhelmstraße abgeschickt worden war, »ist es für uns unmöglich, diesen englischen Vorschlag a limine zurückzuweisen. Wenn wir jegliche vermittelnde Aktion ablehnen, werden wir von der ganzen Welt für den Flächenbrand verantwortlich gemacht und für die wahren Kriegstreiber gehalten.« Deutschlands Position, fuhr der Kanzler fort, sei »umso schwieriger geworden, als Serbien offensichtlich in vielen Punkten nachgegeben hat. Wir können deshalb die Rolle eines Vermittlers nicht zurückweisen und müssen den englischen Vorschlag dem Wiener Kabinett zur Ansicht vorlegen.« Zusätzlich bat Bethmann Hollweg Tschirschky, er solle Berchtold an »M. Sasonows Wunsch erinnern, direkt mit Wien zu verhandeln, von dem er durch Pourtalès erfahren hatte. Auf diese Weise deckte der Kanzler die britische Flanke und erbrachte den Beweis, dass Deutschland gegen eine Vermittlerrolle nichts einzuwenden habe, während er Österreichs drohendem Krieg gegen Serbien immer noch nicht den Boden unter den Füßen weggezogen hatte (ein Thema, das er überhaupt nicht erwähnt hatte).[26]

Auf eine noch ruhigere Art versuchte Jagow (vermutlich mit Bethmann Hollwegs schweigender Zustimmung, wenn nicht sogar vollständiger Billigung), Berchtold durch einige spontane Bemerkungen an den österreichischen Botschafter in Berlin zu versichern, dass Deutschland Österreich nicht wirklich dazu anhalten werde, über Englands Vermittlungsvorschläge Rechenschaft abzulegen. Jagow, berichtete Botschafter Szögyény-Marich um 21.15 Uhr an den Ballhausplatz, habe ihm »auf eine streng vertrauliche Art und Weise« gesagt, »dass in unmittelbarer Zukunft eventuell Vermittlungsvorschläge aus England Eurer Exzellenz von der deutschen Regierung zur Kenntnis gebracht werden«. Jagow deutete nicht an, welcher von Greys Vorschlägen gemeint war: die Vier-Mächte-Konferenz oder die Idee einer deutschen Vermittlung in Wien auf der Basis der serbischen Antwort (in diesem Fall handelte es sich um Letzteren, den Bethmann Hollweg einige Stunden später an Tschirschky weiterleitete). Er hätte das gar nicht nötig gehabt, denn sein eigentliches Ziel war es, Berchtold zu versichern, dass »die deutsche Regierung ... die verbindlichsten Zusicherungen anbietet, dass sie sich in keiner Weise den Vorschlägen verbunden fühlt, dass sie entschieden dagegen ist, sie in Betracht zu ziehen, und dass sie sie nur weiterleitet, um dem englischen Wunsch nachzukommen«. Der Grund war einfach. »Es ist von größter Wichtigkeit«, erklärte Jagow gegenüber Szögyény-Marich, »dass England zum gegenwärtigen Zeitpunkt nicht gemeinsame Sache mit Russland und Frankreich macht.«[27] Das heißt, die Deutschen wollten glaubwürdige Bestreitbarkeit mit London, doch in der Zwischenzeit sollte Österreich mit dem Krieg gegen Serbien voranschreiten.

Der Zynismus, mit dem Bethmann Hollweg Greys Vermittlungsvorschläge nach Wien weiterleitete, wurde ihm unter Historikern als selbst verschuldete Schande ausgelegt.[28] Und dennoch ist nicht völlig klar, was das Manöver des Kanzlers beweisen sollte, durch das er in einem unerträglichen politischen Dilemma gefangen war und unbeholfen versuchte, sich wieder herauszuwinden. Wie seine Kritiker aufzeigen, hätte Bethmann Hollweg tatsächlich die drohende Katastrophe verhindern und die Österreicher gegen ihren Willen zu Verhandlungen zwingen können. Conrad, Österreichs Generalstabschef, hätte dabei vielleicht mitgezogen, da er aufgrund Österreichs schwerfälliger Mobilmachung Serbien nicht vor dem 12. August angreifen konnte. Allerdings war es nicht Conrad, der darauf bestanden hatte, den Krieg sofort zu erklären, sondern es war Berchtold. Wenn Bethmann Hollweg ihn jetzt zügeln würde, wäre das eine ziemliche Schmach für Berchtold. Und ebenso für Bethmann Hollweg selbst, denn immerhin ging die Politik des Fait accompli auf ihn zurück (und auf den Kaiser, obwohl es in der Natur der deutschen Politik lag, dass Bethmann Hollweg allein für ein Scheitern verantwortlich gemacht werden würde). Damit der Kanzler die Lage jetzt noch entspannen konnte, würde er so gut wie alles benötigen außer seiner Resignation – eine Resignation, die er in der Tat bereits am Samstag gezeigt hatte. Stattdessen musste Bethmann Hollweg, wie es ihm der Kaiser befohlen hatte, nun die Suppe auslöffeln, die er sich selbst eingebrockt hatte.

Bethmann Hollwegs Kritiker werfen ihm weiterhin vor, dass er gegenüber Grey unehrlich gewesen sei, als er behauptete, er würde ernsthaft versuchen, die Österreicher an den Verhandlungstisch zu zwingen. Aber was hätte Bethmann Hollweg anderes tun sollen? Nachdem er einen politischen Kurs eingeschlagen hatte, der Deutschlands Unterstützung für Wien verlangte, folgte er diesem jetzt auch. Wenn er versuchte, Grey in dieser Hinsicht zu täuschen, dann aus dem verständlichen Grund, weil Grey eine unmögliche Forderung an ihn gestellt hatte. Warum auch forderte ein angeblich neutrales England so nachhaltig eine deutsche Vermittlung in Wien, aber nicht, dass Frankreich gleichzeitig auf St. Petersburg mäßigend einwirken sollte? Als Grey Letzteres am Samstag verlangt hatte – Vermittlung zwischen Österreich und Russland, wobei er erwartete, dass Frankreich auf Russland Druck ausübte –, hatten der französische und der russische Botschafter den Vorschlag rundheraus abgelehnt, und dennoch hatte Grey auf diese Zurückweisung nicht geantwortet, indem er ihnen mit Krieg drohte, wie er jetzt stillschweigend Deutschland damit bedrohte. Tatsächlich hatten Frankreich und Russland auf Greys Vorschlag einer Vier-Mächte-Konferenz vom Sonntag nicht einmal geantwortet (Bienvenu-Martin akzeptierte ihn am Montagnachmittag, allerdings nur unter der Bedingung, dass die Deutschen zuerst in Wien intervenierten).[29] Die Deutschen hatten Greys zweiten Vorschlag über eine Vier-Mächte-Konferenz ebenso freimütig abgelehnt, wie sie seinen ersten akzeptiert hatten, nämlich eine Vermittlung durch einen Dritten zwischen Österreich und Russland. Wenn sie sich jetzt etwas vorsichtiger an den Dritten (Greys Idee, die serbische Antwort auf das Ultimatum als Basis für eine deutsche Vermittlung in Wien zu verwenden) herantasteten, hatten sie dafür einen guten Grund.

Ganz gleich, ob die Deutschen zustimmen oder ablehnen würden, für Grey stand von vornherein fest – wie er Lichnowsky mitgeteilt hatte –, dass allein das Deutsche Reich die Frage von Krieg oder Frieden entscheiden könne, während er Frankreich und Russland entlastete, obwohl sie bis dahin noch keinen einzigen seiner Vorschläge angenommen hatten! Im gleichen Gespräch hatte Grey Lichnowsky »bestätigt«, dass »keine russische Einberufung von Reservisten stattgefunden habe«.[30] Diese Behauptung war nicht nur eklatant unwahr, ihre deutliche Formulierung signalisierte den Deutschen auch eine gewisse Voreingenommenheit. (Wie konnte Grey etwas »bestätigen«, das in einem fernen Land nicht geschehen war? Doch nur, indem er das Leugnen der Russen für bare Münze genommen hatte.) Grey zeigte sich (und schloss damit stillschweigend auch Großbritannien ein) gleichgültig gegenüber jeglichem Beweis für Russlands kriegerische Absichten; dadurch hatte er trotz seiner offensichtlich zur Schau getragenen Uneigennützigkeit bereits Partei ergriffen. Kein Wunder, dass Bethmann Hollweg auf eine Täuschung verfiel. Grey hatte das Spiel um Großbritanniens Kriegsbereitschaft auf solch eine Art und Weise manipuliert, dass Deutschland unmöglich gewinnen konnte, selbst wenn es offen agierte.

Natürlich war sich Grey nicht bewusst, eine Lüge zu verbreiten, als er die Mobilmachung Russlands verneinte. Er hatte kaum Informationen zur Verfügung, abgesehen von den Berichten seines Botschafters, und diese waren so wenig sachkundig, wie es diplomatische Meldungen nur sein konnten. Buchanan hatte am Sonntagabend um 20 Uhr berichtet, dass sich die »Bezirke von St. Petersburg und Moskau in einem Zustand befänden, in dem man außerordentliche Schutzvorkehrungen getroffen habe«. Allerdings relativierte er seinen Bericht sofort wieder, indem er behauptete, dass dies »offensichtlich als Reaktion auf bevorstehende Streiks« erfolgt sei (dies muss Sasonow ihm eingeflüstert haben). Alles, was er Grey an reflektierten Informationen anbot, war, dass diese Maßnahme mit »der bevorstehenden Mobilmachung« zusammenhängen könnte.[31] Doch selbst diese verwässerte Interpretation wurde noch unterboten, als es Buchanan versäumte, die Angelegenheit weiterzuverfolgen. In einer Depesche, die Montagnacht um 20.40 Uhr aufgegeben wurde – zu einer Zeit, da Dutzende von Berichten über Russlands geheime Mobilmachung in Wien und Berlin eingetroffen waren, erwähnte Buchanan nicht mal ein einziges Gerücht darüber.[32] Deshalb handelte Grey, so weit er informiert war, in gutem Glauben. Er glaubte, er könne einen unnützen Krieg verhindern, indem er eine angemessene Forderung nach einer deutschen Vermittlung in Wien stellte, da ihm Österreich als die einzige Macht erschien, die den Frieden in Europa bedrohte. In Wirklichkeit setzte er ausschließlich das Deutsche Reich unter Druck und ließ Russlands bedrohlichen Aufmarsch an der österreichischen und deutschen Grenze völlig außer Acht.

Offensichtlich war Grey genauso unwissend, was Großbritanniens eigene Kriegsvorbereitungen betraf. Nachdem die Flotte nach Portland beordert und nicht wie geplant ausgelaufen war, ging Churchill am Montagabend noch weiter und telegrafierte an alle britischen Marinekommandanten:

Die politische Lage in Europa lässt einen Krieg zwischen der Triple Entente und dem Dreibund keineswegs unmöglich erscheinen. Seien Sie vorbereitet, mögliche feindliche Kriegsschiffe zu verfolgen, und ziehen Sie unter diesem Gesichtspunkt Anordnungen für die unter Ihrem Kommando stehenden Schiffe in Erwägung. Dies ist eine reine Vorsichtsmaßnahme. Keine unberechtigte Person ist davon in Kenntnis zu setzen. Auf höchste Geheimhaltung ist zu achten.[33]

Churchill verschickte diese geheime Botschaft ohne Freigabe des Kabinetts; damit hatte er eine Insubordination begangen. Dennoch hatte er mit seinem Verhalten die britischen Absichten deutlicher offengelegt als Sir Edward Grey, der gegen die Logik seiner parteiischen Diplomatie weiterhin leugnete, dass so etwas wie eine Triple Entente überhaupt existierte. Greys Wunsch nach Frieden war aufrichtig, aber seine fadenscheinige Position von Neutralität half ihm dabei bestimmt nicht weiter.

Gute Absichten nützen in der Diplomatie meist wenig ohne einen guten Nachrichtendienst. Was seine Kenntnisse über die militärischen Vorbereitungen Russlands betraf, war Grey volle zwei Tage hinter den Ereignissen zurück, und er sollte noch weiter zurückfallen. Frankreichs friedenswilliger Premierminister, der immer noch an Bord der *France* festsaß, war auch nicht besser dran. Der deutsche Botschafter Schoen lag nicht falsch, als er Berlin informierte, Viviani beabsichtige, St. Petersburg zu beeinflussen; allerdings befand sich Bethmann Hollweg vollkommen im Irrtum, wenn er ernsthaft glaubte, die Bemühungen des Premierministers könnten irgendetwas ausrichten. Viviani gelang es immerhin, am Montag eine offizielle Nachricht an seinen Botschafter Paléologue zu schicken, in der er noch einmal französische Unterstützung für Russland in der gegenwärtigen Krise zusagte – obwohl er in einer persönliche Note (dieser Satz war nicht im Originalentwurf vom Quai d'Orsay enthalten) hinzufügte, dass man diese Unterstützung »im Interesse des allgemeinen Friedens« anbiete.[34] Ganz gleich, ob mit dieser Botschaft eine Stärkung oder Schwächung Russlands gegenüber Deutschland und Österreich beabsichtigt war, sie war auf jeden Fall nicht geeignet, um Sasonow zu überzeugen, die von Russland eingeleiteten Mobilmachungsmaßnahmen wieder zurückzunehmen; anscheinend war Viviani darüber genauso im Unklaren wie Grey.

Auf deutscher Seite war Kaiser Wilhelm II. aufgrund von Bethmann Hollwegs Zaudern ebenfalls zwei oder drei Tage zurück. Er hatte den Text des österreichischen Ultimatums erst am

Sonntag und Serbiens Antwort immer noch nicht gesehen, als er Montagnacht zu Bett ging. Alle drei Männer hätten, wenn auch aus unterschiedlichen Gründen, nur allzu bereitwillig den europäischen Krieg verhindert, der jetzt unmittelbar bevorstand. Der Mangel an aktueller Information machte sie handlungsunfähig angesichts der heraufziehenden Ereignisse.

18. »Sie haben mich ins Chaos gezogen«

Dienstag, 28. Juli

AM MORGEN DES 28. Juli stand der Kaiser im Neuen Palais mit der Morgendämmerung auf. Gegen 7.30 Uhr machte er zusammen mit seinem Adjutanten General Plessen einen Ausritt. Keiner der beiden Männer wusste etwas von den bedenklichen Meldungen, die am Vorabend nach Wien geschickt bzw. aus Wien empfangen worden waren. Es gab daher so gut wie nichts, was diese angenehme Übung am frühen Morgen hätte stören können. »S[eine] M[ajestät]«, schrieb Plessen in sein Tagebuch, »sagte mir, England schätze die serbische Antwort auf das österreichische Ultimatum so ein, dass im Prinzip alle Forderungen erfüllt seien und es somit keinen Anlass mehr für einen Krieg gäbe.« Obwohl Plessen keinen Grund zum Widerspruch sah, sagte er seinem Souverän, dass er glaube, »Österreich müsse wenigstens ein paar Schienen in die Hände bekommen als Garantie dafür, dass [Serbiens] Zugeständnisse auch erfüllt werden«. Der Kaiser war der Meinung, dass Österreich seine Chance auf einen Vergeltungskrieg verpasst habe, aber das musste keine schlechte Sache sein, da immer noch ein diplomatischer Triumph über Serbien möglich war.[1]

In diesem Seelenzustand setzte sich Wilhelm endlich hin, um die serbische Antwort auf das österreichische Ultimatum zu lesen, nachdem er kurz nach 9 Uhr in den Palast zurückgekehrt war. Der dechiffrierte, in Französisch abgefasste Text, der direkt von der Wilhelmstraße mit einem Kurier geschickt worden war, war kurz vor Mitternacht in Potsdam eingetroffen, lange nachdem sich der Kaiser schlafen gelegt hatte. Obwohl er schon vermutet hatte, dass der Ton der serbischen Antwort ziemlich versöhnlich sein würde, war Wilhelm sprachlos, als er sie nun las. »Eine brillante Leistung für eine Frist von nur 48 Stunden«, schrieb er an den Rand und bezeichnete Serbiens fast völlige Zustimmung mit »mehr, als man erwarten konnte!« und »ein großer moralischer Erfolg für Wien«. Mit der Antwort von Premierminister Pašić, schloss er, »fällt jeder Kriegsgrund weg, und Giesl kann ruhig weiterhin in Belgrad bleiben!« Wenn ich solch eine Antwort erhalten hätte, schrieb er, »hätte ich niemals die Mobilmachung befohlen«.[2]

Der Kaiser handelte oft impulsiv, wenn er etwas an den Rand eines Textes schrieb, aber in diesem Fall meinte er, was er sagte. Gegen 10 Uhr hatte er ein formelles Memorandum für Staatssekretär Jagow zusammengestellt und darin gefordert, Deutschland solle die Österreicher auffordern, die serbische Antwort als Basis für Verhandlungen heranzuziehen – genau das, was Grey am Montag Botschafter Lichnowsky vorgeschlagen hatte. »Die wenigen Vorbehalte Serbiens bei einzelnen Punkten«, schrieb er, »können nach meiner Auffassung sehr wohl mittels Verhandlung geklärt werden. Eine Kapitulation demütigster Art ist hier *urbi et orbi* erklärt, und deshalb gebe es keinen *Grund mehr für einen Krieg.*« Es stimmt zwar, räumte Wilhelm ein, dass die Antwort »nur ein Fetzen Papier ist«, dessen Text wenig bedeutet, wenn er nicht »in *Taten* umgesetzt wird«. Letzten Endes, wandte der Kaiser ein, »sind die Serben Orientalen, deshalb lügnerisch, hinterlistig und Meister im Zeitschinden«. Um ihre »großartigen Versprechen« auch »wahrzumachen«, schlug er vor, dass »Österreich *als Sicherheit* für die Einlösung der Versprechen eine Zeit lang Belgrad besetzen und dort so lange bleiben solle, bis alle Forderungen *tatsächlich* erfüllt sind«. Diese Lösung würde auch der Waffenehre der österreichischen Armee genügen, die wieder einmal, wie bereits während der Balkankriege, »*umsonst mobilisiert* worden sei«. Auf der Basis dieses Plans einer zeitlich begrenzten Besetzung erklärte sich der Kaiser selbst »bereit, *den Frieden* in Österreich *zu vermitteln*«.[3]

Angesichts dieser dramatischen Reaktion ist es interessant, darüber zu sinnieren, was passiert wäre, wenn Deutschlands Herrscher Serbiens Antwort an Österreich bereits während der Potsdamer Konferenz am Montagnachmittag oder wenigstens am Montagabend vor dem Zubettgehen in der Hand gehabt hätte. Wenn der Kaiser bereits am Montag mit seinem Plan einer Vermittlung in Wien gekommen wäre – ein Plan, der dem, was Grey gefordert hatte, sehr nahekam, abgesehen von der zeitweiligen Besetzung Belgrads, um Österreichs Gesicht zu wahren –, wären Kanzler Bethmann Hollweg und Jagow gezwungen gewesen, in Wien ernsthaft für Greys Plan einzutreten, selbst in der vom Kaiser modifizierten Form, anstatt Wien zu signalisieren, dass man diesen zurückweisen solle. Noch wichtiger war, dass sie nun, da der Kaiser wieder für Verhandlungen eintrat, niemals Außenminister Berchtolds Plan hätten umsetzen können, am Dienstag Serbien den Krieg zu erklären. Sie wären mindestens dazu gezwungen gewesen, Wilhelm von Österreichs bevorstehender Kriegserklärung zu informieren, von der sie am frühen Montagabend erfahren hatten, und das wäre Anlass für einen wütenden Einspruch des Kaisers gewesen. Die Dinge hätten sich dann Montagnacht zugespitzt, möglicherweise mit einer Auseinandersetzung zwischen Bethmann Hollweg und seinem Souverän. Der Kanzler hätte mit ziemlicher Sicherheit einen Rückzieher gemacht wie immer, wenn ihn der Kaiser maßregelte. Ohne die Ermächtigung Berlins hätte Österreich-Ungarn am Dienstag Serbien nicht den Krieg erklärt. Man hätte Verhandlungen über eine Modifizierung der serbischen Antwort aufgenommen, ganz gleich, ob die Initiative dazu von Grey, vom Kaiser oder sogar vom russischen Außenminister Sasonow gekommen wäre. Berchtold wäre erdrückt worden, doch ohne Rückendeckung des Deutschen Reichs hätte er diesen Weg mitgehen müssen.

Allerdings hatte der Kaiser die serbische Antwort nicht vor dem Zubettgehen Montagnacht gelesen, und zwar mit großer Wahrscheinlichkeit, weil Bethmann Hollweg und Jagow, wohl wissend, wie er reagiert hätte, ihren Kurier angewiesen hatten, den Kaiser nicht zu wecken. Dennoch hatte Wilhelms Brief am Dienstagmorgen Jagow erreicht, und zwar immer noch rechtzeitig, um die Österreicher aufzuhalten, die um 12 Uhr Mittag Serbien den Krieg erklären wollten. Hätte der Kaiser die serbische Antwort sofort nach dem Aufstehen gelesen – anstatt mit seinem Adjutanten auszureiten –, hätte sein Brief die Wilhelmstraße und durch sie den Ballhausplatz mit einer oder zwei Stunden Verspätung erreicht. Und obwohl der Brief erst um 10 Uhr verfasst wurde, hätte er immer noch Wirkung zeigen können, wenn der Kaiser ihn mit der Instruktion geschickt hätte, ihn sofort nach Wien zu telegrafieren. Doch der Kaiser, der keine Ahnung davon hatte, dass Österreich im Begriff war, den Krieg zu erklären, und der auch nicht an das Telefon gewöhnt war, schickte seine Botschaft mit Kurier nach Berlin, sodass Jagow sie frühestens gegen 11 oder 11.30 Uhr erhalten haben konnte. Dazu kam noch, dass sich Wilhelm aufgrund seiner dünnhäutigen Natur ausbedungen hatte, sein Vorschlag solle durch einen persönlichen Kurier nach Wien weitergeleitet werden. Dadurch bestand keine Chance, selbst wenn der Brief vor 12 Uhr bei Jagow eingetroffen wäre, dass die Österreicher die Botschaft rechtzeitig erhalten hätten.

Ungeachtet dieses hypothetischen Dramas erklärte Österreich-Ungarn um 11.10 Uhr am Dienstagmorgen Serbien formell den Krieg (das Telegramm wurde von den Serben um 12.30 Uhr dechiffriert). »Da die königliche serbische Regierung nicht in angemessener Weise auf die Note, die am 23. Juli 1914 vom österreichisch-ungarischen Gesandten in Belgrad übergeben wurde, geantwortet hat«, stand in der Erklärung, »sieht sich die kaiserliche und königliche Regierung gezwungen, selbst für die Wahrung ihrer Rechte und Interessen zu sorgen und zu diesem Zweck auf Waffengewalt zurückzugreifen. Österreich-Ungarn sieht sich folglich von nun an im Kriegszustand mit Serbien.«[5]

Es war Berchtolds endgültiges Fait accompli. Er war es, der am Montag beschlossen hatte, gegen den Rat von Generalstabschef Conrad und gegen die deutschen Erwartungen, sofort den Krieg zu erklären. Es war Berchtold, der am Dienstagmorgen den letzten Schritt machte und Kaiser Franz Josef I. in Bad Ischl überzeugte, dass nur sofortiges Handeln das Eingreifen der Entente abwenden könne (als zusätzliche Maßnahme führte Berchtold fadenscheinige Beweise an und erzählte Franz Joseph, dass serbische Truppen österreichische Stellungen an der Donau beschossen hätten). Es war Berchtold, der den französischsprachigen Text, der an Serbien geschickt worden war, verfasst und unterzeichnet hatte – ein neuer Akt an sich, wie der italienische Journalist Luigi Albertini beobachtete: »Zum ersten Mal in der Geschichte wurde eine Kriegserklärung per Telegramm gemacht.« Schließlich, und das war der seltsamste Punkt von allen, wurde Berchtolds Telegramm von keiner einzigen militärischen Aktion begleitet; es schien so, als wolle man die Serben im Zweifel über seine Richtigkeit lassen. Pašić hielt es tatsächlich für eine Falschmeldung, nicht zuletzt deshalb, weil man die direkte Telegrafenleitung nach Österreich gekappt hatte und er sich nicht sicher war, wie das Telegramm überhaupt serbisches Gebiet erreicht haben konnte. Serbiens Premierminister ging sogar so weit, nach St. Petersburg, Paris und London zu telegrafieren und die befreundeten Mächte über das »seltsame Telegramm zu informieren, das er bekommen hatte, und zu fragen, ob es stimmte, dass Österreich-Ungarn Serbien den Krieg erklärt hatte«.[6]

Berchtold hatte logische Gründe, um auf diese Weise vorzugehen, aber dies hörte sich nicht so an. Ebenso wie er die Deutschen am Montag informiert hatte, seine Absicht hinter der Kriegserklärung sei nicht so sehr, den Krieg tatsächlich zu beginnen – Conrad hatte gemeint, dies könne nicht vor dem 12. August geschehen –, sondern weitere Bemühungen um Vermittlung zu verhindern. Am Montagabend hatte Berchtold sowohl vom russischen Botschafter Schebeko als auch vom österreichischen Botschafter in St. Petersburg Szápáry von Sasonows Vorschlag direkter Verhandlungen zwischen Österreich und Russland erfahren, ebenso von Greys Vorschlag einer Vier-Mächte-Konferenz. Später in der gleichen Nacht erhielt er die Nachricht aus Berlin über Greys neue Idee einer deutschen Vermittlung auf Basis der serbischen Antwort. Europas Diplomaten beschleunigten eindeutig ihre Aktionen, um den Balkankrieg zu verhindern. In einer Art perverser Antidiplomatie wollte Berchtold den Krieg auf dem Balkan beginnen (wenigstens auf dem Papier), bevor sie ihn stoppen konnten. Wenn am Dienstag weitere Vermittlungsvorschläge eintreffen würden – und Berchtold war sich dessen sicher –, hatte er seine Antwort schon parat: Sie waren nicht länger von Bedeutung, da Österreich und Serbien bereits im Krieg standen, auch wenn es aktuell noch keine Kampfhandlungen zwischen ihnen gab.

Es lässt sich wohl kaum eine unpassendere Politik denken als diese. Der ursprüngliche österreichisch-deutsche Plan bestand in einem militärischen Erstschlag gegen Serbien, der so schnell und entscheidend sein sollte, dass die übrigen Nationen nicht mehr reagieren konnten. Berchtolds letzte Version, eine Art Fait accompli ad absurdum, führte der Welt nun eine Schnellfeuer-Kriegserklärung vor – allerdings ohne aktuellen Krieg, der erst zwei Wochen später beginnen sollte. Diese Diplomatie bedeutete den Selbstmord für die Mittelmächte; als Strategie war sie vollkommen unsinnig. Der einzige Vorteil, den sie noch bot: Sie ermöglichte es Berchtold, die Beschwörungen der europäischen Diplomaten zu ignorieren – das heißt, er musste nicht ans Telefon gehen. Die Deutschen würden darüber nicht so glücklich sein, sahen sie sich doch gezwungen, das ruchlose Verhalten ihres Verbündeten zu verteidigen, um eine diplomatische Einkreisung abzuwehren.

Berchtolds auf den Kopf gestellte Diplomatie spielte Sasonow geradewegs in die Hände. Da Österreich laut sprach, aber nur einen sanften Stock schwang, konnten die Russen überall Zuckerbrot anbieten – während sie ihre geheimen Kriegsvorbereitungen beschleunigten.

Am Dienstag, dem 28. Juli, war Russlands Kriegsvorbereitungsperiode so weit fortgeschritten, dass nur noch mutwillige Ignoranten wie der britische Botschafter Sir George Buchanan dies nicht bemerken konnten. Am Montag hatte Generalstabschef Januschkewitsch an das Militärkommando in Tiflis telegrafiert, dass die Kriegsvorbereitungsperiode ab jetzt auch für die Bezirke Omsk, Irkutsk, Turkestan und den Kaukasus in Kraft getreten sei, was den Bereich für Russlands Teilmobilmachung fast auf das gesamte Russische Reich ausdehnte, von Mitteleuropa bis nach Sibirien und vom Polarkreis bis an die persische Grenze.[7] Am Dienstag trafen laufend Meldungen über diese beunruhigenden Entwicklungen in Wien und Berlin ein. In Odessa beobachtete der deutsche Konsul die Einberufung von Reservisten.[8] Auf dem Warschauer Bahnhof, berichtete Konsul Brück, ging es zu wie in einem Bienenstock, und Militärzüge verließen die Stadt in alle Richtungen – einschließlich der deutschen Grenze.[9] Die Zusammenfassung aller Geheimdienstnachrichten im deutschen Generalstab ergab an diesem Tag, dass »die Russen offensichtlich zumindest eine Teilmobilmachung durchführen und dass die Kriegsvorbereitungsperiode ›wahrscheinlich‹ in ganz Russland ausgerufen worden war«.[10] Der Kern dieser deutschen Meldungen wurde von einem Beobachter der Entente bestätigt. Serbiens Militärattaché in Berlin erinnerte sich:

»Am 28. Juli traf ich in Begleitung mehrerer serbischer Offiziere in Warschau [aus Berlin kommend] ein. Entlang der gesamten deutschen Grenze war nicht das geringste Anzeichen von militärischen Maßnahmen zu sehen. Doch sobald wir die Grenze [zu Russisch-Polen] passiert hatten, bemerkten wir, dass Mobilmachungsschritte in großem Stil abliefen (Zusammenstellen von Güterwaggons in mehreren Bahnhöfen, Besetzung von Bahnhöfen durch das Militär, Zusammenziehen von Truppen in mehreren Städten, Truppentransporte, Mobilmachungsübermittlung). Als wir am 28. Juli in Brest-Litowsk einfuhren, war bereits der Belagerungszustand ausgerufen worden.«[11]

Im Gegensatz zu diesen energischen und detailreichen Meldungen hatte Buchanan erst am Dienstag, den 28. Juli, um 20.30 Uhr lediglich ein einziges unbestätigtes Gerücht aufgeschnappt über »Infanterieeinheiten, die aus Warschau in Richtung Grenze aufbrechen« – ohne zu klären, um welche Einheiten und um welche Grenze es sich handelte.[12]

Nur Buchanan selbst weiß, ob es sich um Bequemlichkeit oder böswilligen Vorsatz handelte, dass er Meldungen mit solch einem eklatanten Mangel an Information nach London schickte, anstatt darüber zu berichten, was in Russland vor sich ging. Die Nachlässigkeit des britischen Botschafters kommt besonders in einer Reihe von Gesprächen mit Sasonow und dem französischen Botschafter Paléologue zum Ausdruck, die am Dienstagnachmittag an der Sängerbrücke geführt wurden. Buchanan traf sich mit dem russischen Außenminister gegen 15 Uhr, bevor er von der österreichischen Kriegserklärung an Serbien erfahren hatte. Daher hegte er immer noch Hoffnungen, zwischen Österreich und Russland vermitteln zu können, wie es Greys Wunsch war, und fragte Sasonow, was er von der allgemeinen Zusicherung Österreichs halte, »Serbiens Unabhängigkeit und Integrität« zu respektieren. »Seine Exzellenz«, berichtete Buchanan an Grey, »antwortete sofort, dass keine Verpflichtung, die Österreich im Hinblick auf diese zwei Punkte eingehen würde, Russland zufriedenstellen könne.«[13] In der klaren Absicht, den britischen Botschafter zu täuschen, versprach ihm Sasonow anschließend, dass der Befehl zur [russischen] Mobilmachung gegen Österreich an dem Tag erfolgen würde, an dem die österreichische Armee die serbische Grenze überschreite«, womit er stillschweigend andeutete, dass Russland Tage, wenn nicht Wochen mit einer Teilmobilmachung beschäftigt sei. Buchanan, weit von Vermutungen entfernt, dass der Russe ihn täuschen könnte, »drängte ihn stattdessen ernsthaft, alle militärischen Maßnahmen zu unterlassen, die als Bedrohung für das Deutsche Reich angesehen werden könnten«.[14] Diese Maßnahmen wurden jedoch, was Buchanan vollkommen unbekannt war, bereits seit vollen drei Tagen ausgeführt.

Als Buchanan Sasonows Büro verließ, stieß er im Vorzimmer mit Paléologue zusammen. »Ich habe Sasonow gerade bekniet«, sagte er zu seinem französischen Widerpart, »keinen militärischen Maßnahmen zuzustimmen, die das Deutsche Reich als Provokation auslegen könnte. Der deutschen Regierung müssen jegliche Verantwortung und jegliche Initiative aufgebürdet werden. *Die öffentliche Meinung in England wird den Gedanken, sich an dem gegenwärtigen Krieg zu beteiligen, nur dann akzeptieren, wenn das Deutsche Reich unzweifelhaft der Aggressor ist ...* Sprechen Sie bitte mit Sasonow in diesem Sinn.« Der französische Botschafter unterdrückte den Drang, Buchanan aufzuklären, und antwortete klugerweise: »Das ist genau das, was ich ihm immer sage.«[15] Es scheint nicht so, als ob sich Buchanan früher oder später darüber klar geworden wäre, dass Paléologue und Sasonow ihn bewusst über Russlands »provozierende« militärische Maßnahmen getäuscht hatten, genauer gesagt in der Absicht, die »öffentliche Meinung in England« dahingehend zu manipulieren, die französisch-russische Seite in dem europäischen Krieg, der jetzt unmittelbar bevorzustehen schien, zu unterstützen.

Er stand unmittelbar bevor, aber er war noch nicht unvermeidbar. Zur Zeit dieses Schlagabtauschs waren die Würfel für den Krieg noch nicht endgültig gefallen. Obwohl die russische Kriegsvorbereitungsperiode schon weit reichte und den Deutschen wie den Österreichern in gleicher Weise als Bedrohung erschien, blieb sie am 28. Juli immer noch hinter einer tatsächlichen

Mobilmachung zurück. Die roten Plakate, die eine allgemeine Mobilmachung ankündigten, waren noch nicht aufgestellt worden, noch nicht einmal in den vier Militärbezirken, in denen eine »Teilmobilmachung« gegen Österreich ausgerufen worden war. Die Deutschen konnten ruhig protestieren, so viel sie wollten: Solange nämlich diese Plakate fehlten, konnte Sasonow jederzeit leugnen, dass in Russland eine »Mobilmachung« stattfinde – besonders in Großbritannien, wo er hinter einer beispiellosen Ignoranz und Teilnahmslosigkeit Schutz fand. Dazu kam noch Folgendes: Obwohl in Österreich ebenso wie in Serbien seit einigen Tagen die Mobilmachung anlief, bestand immer noch die minimale Chance auf eine Vermittlung in Wien, solange die Kampfhandlungen zwischen den beiden Ländern noch nicht begonnen hatten. In der Tat hatte Berchtold sein »seltsames Telegramm« mit der Ankündigung, dass sich Österreich im Krieg mit Serbien befände, ausdrücklich deshalb verfasst, um diese Möglichkeit auszuschalten. Dadurch beraubte er sich nicht nur der eigenen diplomatischen Position, sondern er lieferte den Russen auch einen eindeutigen Grund für einen Krieg gegen Österreich (wenn auch nicht gegen das Deutsche Reich); damit hatte er Sasonow ein unbezahlbares diplomatisches Geschenk gemacht.

Als Antwort auf Berchtolds kraftlose Kriegserklärung, von der er am Dienstagnachmittag gegen 16 Uhr erfuhr, gab Sasonow endlich zu, dass Russland die Teilmobilmachung von vier Militärbezirken (Odessa, Kiew, Moskau und Kasan) gegen Österreich-Ungarn angeordnet habe – ungeachtet der Tatsache, dass Russlands vorläufige Mobilmachung schon vor längerer Zeit über diese Bezirke hinaus ausgedehnt worden war und jetzt den gesamten europäischen Teil miteinschloss, dazu Sibirien und den Kaukasus, die Ostsee und das Schwarze Meer sowie Russisch-Polen. Selbst diese hinterlistige Ankündigung wurde zwischenzeitlich nicht in einer allgemeinen Erklärung à la Berchtold, sondern in einer geheimen Meldung an alle russischen Diplomaten im Ausland verschickt.[16] Sasonow achtete sogar besonders darauf, dass diese Nachricht nicht an Sir George Buchanan und auch nicht an seinen Botschafter in London, Graf Benckendorff, weitergeleitet wurde; ihn informierte er lediglich darüber, dass »als Konsequenz aus der österreichischen Kriegserklärung an Serbien direkte Gespräche meinerseits mit dem österreichischen Botschafter offensichtlich sinnlos sind«.[17] Während Berchtold entschlossen schien, ein möglichst schlechtes Bild österreichisch-deutscher Absichten in London abzugeben, indem er zwei Wochen bevor Österreich kampfbereit war, Serbien den Krieg erklärte, hatte Sasonow eines klar erkannt: Die diplomatische Schlüsselfrage im Juli 1914 drehte sich darum, ob Großbritannien am Krieg teilnehmen oder neutral bleiben würde. Grey, das Kabinett und fast die gesamte britische Öffentlichkeit hatten keine Ahnung, dass Russland gegen die Mittelmächte mobilmachte, und Russlands Außenminister hatte keinen Grund, sie darüber eines Besseren zu belehren.

IN LONDON, UND das musste Sasonow gewusst haben, beherrschte immer noch Irland die Schlagzeilen der Presse. Am Sonntag war es nach der Anlieferung von Mauser-Gewehren im Hafen von Dublin zu einem Handgemenge gekommen, und britische Soldaten hatten in eine »Menge Steine werfender Dubliner« gefeuert; bei dem Zusammenstoß hatte es drei Tote und 36 Verletzte gegeben. Das waren wesentlich interessantere Neuigkeiten für die Fleet Street als die heraufziehende Balkankrise oder irgendwelche obskuren Vorgänge im fernen Russland, von denen sogar die britische Regierung nichts wusste. So berichtete die *Times* am Montag, »es könne nicht länger der leiseste Zweifel bestehen, dass sich das Land einer der schwersten Krisen in der Geschichte Großbritanniens gegenübersieht« – damit war die Möglichkeit eines Bürgerkriegs wegen der Home Rule gemeint, nicht der Ausbruch eines europäischen Kriegs. So weit sich Premierminister Asquith überhaupt Gedanken über die Balkankrise machte, sah er sie als möglicherweise »gute Sache« an, da sie das Potenzial hatte, die Aufmerksamkeit der Öffentlichkeit von Irland abzulenken. Das erste Mal, dass er sie doch nicht als eine so »gute Sache« einschätzte, war anscheinend am Dienstagabend, 28. Juli, als er von Mitarbeitern des Hauses Rothschild darüber informiert wurde, dass die französische Regierung ihre Londoner Wertpapiere zu Dumpingpreisen verkauft. Obwohl er diese Nachricht für »ominös« hielt, kümmerte sich Asquith augenscheinlich nicht darum, nach den Gründen zu fragen, warum die französische Regierung so etwas tat.[18] Der für die Außenpolitik zuständige Sir Edward Grey verfolgte natürlich die Krise so unmittelbar wie möglich, aber es war immer noch nicht nah genug. Noch am Dienstag um 16 Uhr instruierte er Sir Edward Goschen, seinen Botschafter in Berlin, für »einen direkten Meinungsaustausch zwischen Österreich und Russland« zu werben, wobei er aufgrund der Trägheit seiner Diplomaten noch gar nicht realisiert hatte, dass (1) Österreich sich bereits mit Serbien im Krieg befand und (2) Russland vor drei Tagen mit einer geheimen Vorausmobilmachung gegen Österreich-Ungarn und das Deutsche Reich begonnen hatte und zumindest eine »Teilmobilmachung« einleiten wollte, sobald St. Petersburg erfuhr, dass Österreich im Krieg mit Serbien stand. Fünf Stunden nachdem der Krieg auf dem Balkan begonnen hatte, war Grey immer noch dabei, Goschen mitzuteilen, »solange noch eine Chance besteht, dass diese [Friedensvermittlung] stattfindet, werde ich jeden anderen Vorschlag aufschieben«.[19] Goschen hatte keinen Auftrag bekommen, auf die Deutschen Druck auszuüben, damit sie Österreich zurückhielten (genauso wenig wie – das liegt auf der Hand – Grey erwartete, dass Buchanan die Russen in die Schranken weisen würde). Grey sollte erst gegen 20 Uhr am Dienstagabend erfahren, dass Österreich Serbien den Krieg erklärt hatte, und er sollte noch die ganze Nacht hindurch über Russlands geheime Mobilmachungsmaßnahmen im Ungewissen bleiben. Ein weiterer Tag war gekommen und vorbeigegangen, vielleicht der entscheidendste – und Greys trödelnde Diplomatie hatte Großbritannien unfähig gemacht, die Ereignisse zu beeinflussen.

Der einzige Offizielle in London, der anscheinend die heraufziehende Gefahr gespürt hatte, war Churchill. Ohne Grey zu
konsultieren oder gar seine noch weniger kriegsbegeisterten liberalen Parteigenossen im Kabinett (allerdings hatte er Asquith informiert, von dem er »eine Art Grunzlaut« vernahm, der wohl
Zustimmung andeuten sollte), erteilte Churchill am Dienstag um
17 Uhr der Ersten Flotte den Befehl, auszulaufen und sich nach
Norden zu ihrem Hauptstützpunkt Scapa Flow zu begeben, wobei die Straße von Dover in der Dunkelheit zu passieren war.
Selbst diese Maßnahme erfolgte jedoch erst Mittwoch in den frühen Morgenstunden.[20] Dadurch konnte sie am Dienstag keine abschreckende Wirkung auf Deutschland oder Österreich ausüben.

In Paris nahm die Öffentlichkeit die Ereignisse auf dem Balkan – und in Russland – ebenso wenig wahr wie in Großbritanni-
en. Am Dienstag war jedermann ausschließlich mit dem Ausgang
des Prozesses gegen Madame Cailloux beschäftigt. Cailloux' Ver-
teidiger setzte in diesem Prozess auf vorübergehende Unzurech-
nungsfähigkeit und fehlenden Vorsatz. In seinem seltsamen
Schlussplädoyer ermahnte er die Leute im Gerichtssaal, »ihre
Wut für den äußeren Feind aufzuheben … Der Krieg steht vor
den Toren … Sprechen Sie Madame Caillaux frei.« Das Urteil der
Geschworenen lautete: unschuldig! Es war dieses verblüffende
Urteil, zusammen mit dem darauf folgenden »wilden Geschrei«
auf den Straßen (»Es lebe Caillaux! Nieder mit Caillaux!«), das
die französischen Schlagzeilen am Mittwochmorgen beherrschte
– und nicht die österreichische Kriegserklärung an Serbien oder
gar die beschleunigten Mobilmachungsmaßnahmen Russlands.[21]

In Potsdam wurde Bethmann Hollweg in der Zwischenzeit
ein weiteres Mal von seinem Souverän gedemütigt. Wilhelm II.
war wütend, als er von der österreichischen Kriegserklärung erfuhr. Sofort nachdem er die Neuigkeit am Dienstagnachmittag
vernommen hatte, bestellte er den Kanzler zu sich ins Palais und
wies ihn ein weiteres Mal scharf zurecht: »Sie haben mich in Teu-
fels Küche gebracht.« In dem Versuch, den Schaden zu beheben,

der durch die österreichische Leichtfertigkeit entstanden war, befahl er Bethmann Hollweg, Österreich so unter Druck zu setzen, dass es Verhandlungen mit Russland aufnehme, selbst wenn es notwendig sein sollte, dass die österreichische Armee Belgrad besetze, um ihrer Waffenehre zu genügen.[22]

Bethmann Hollweg war in schlechter Stimmung, als er am Dienstagabend nach Berlin zurückkehrte. Lichnowskys letztes deprimierendes Telegramm aus London lag auf seinem Schreibtisch. Obwohl es wenigstens keine neuen einseitigen britischen Schlichtungsvorschläge enthielt, waren die Nachrichten trotzdem nicht gut. Während Lichnowsky noch die Dienstanweisungen aus Berlin umsetzte und Grey versicherte, dass Österreich keine territorialen Interessen in Serbien verfolge, erzählte ihm der österreichische Botschafter in Großbritannien, Graf Mensdorff, dass Österreich den Krieg beschlossen habe, damit Serbien »niedergebügelt« und anschließend von den Schakalen auf dem Balkan »zerstückelt« werden könne (das heißt, wenn nicht Österreich vorher seinen Anteil einstrich). Da Bethmann Hollweg wusste, während er diese Meldung las, dass Österreich losgestürmt war und den Krieg erklärt hatte, kristallisierten sich in dieser Meldung all seine Enttäuschungen über Wien. »Die Doppeldeutigkeit auf österreichischer Seite«, schrieb er an den Rand von Lichnowskys Telegramm, »ist unerträglich. Uns gegenüber verweigern sie Informationen über ihr Programm und betonen ausdrücklich, dass Graf Hoyos' Bemerkungen über eine Aufteilung Serbiens nur seine persönliche Meinung wiedergaben; in St. Petersburg treten sie als Lämmer ohne jegliche böse Absichten auf, und in London spricht ihre Botschaft davon, serbisches Territorium an Bulgarien oder Albanien zu geben.«[23]

Es ist leicht, für die Verzweiflung des Kanzlers Verständnis aufzubringen. Als er (der Führung des Kaisers folgend) den Blankoscheck unterzeichnet hatte, konnte er sich gewiss nicht die unvorhersehbaren, nur der Selbstverteidigung dienenden Drehungen und Wendungen vorstellen, welche die österreichische Politik einschlagen würde. Als Bethmann Hollweg am Dienstagabend um 22.15 Uhr an Botschafter Tschirschky in Wien schrieb, Pašićs versöhnliche Antwort auf das Ultimatum »habe die österreichischen Forderungen in einem dermaßen beachtlichen Maß erfüllt, dass eine vollkommen unnachgiebige Haltung auf Seiten der österreichisch-ungarischen Regierung eine schrittweise Entrüstung der öffentlichen Meinung in ganz Europa nach sich ziehen werde«. Durch Berchtolds einseitige Kriegserklärung hatte man genau solch eine »unnachgiebige Haltung« eingenommen. Und zu welchem Zweck? Conrad hatte selbst, erinnerte Bethmann Hollweg Tschirschky, Berlin darüber informiert, dass »aktive militärische Schritte gegen Serbien nicht vor dem 12. August möglich sein werden«. Deutschland sei dadurch »in die außerordentlich schwierige Lage gebracht worden, dass es sich selbst mit Vorschlägen für Vermittlung und Konferenzen seitens der anderen Regierungen konfrontiert sah, und wenn es weiterhin auf seine vormalige Zurückhaltung gegenüber solchen Vorschlägen bestehe, wird das Odium, einen Weltkrieg ausgelöst zu haben, auf Deutschland fallen, *sogar in den Augen des deutschen Volkes.*« Es sei daher unbedingt erforderlich, teilte Bethmann Hollweg Tschirschky mit, dass Österreich mit Russland Verhandlungen beginne und Sasonow so unmissverständlich wie möglich mitteile, dass »territoriale Gewinne nicht beabsichtigt und die militärischen Ziele rein auf eine zeitlich begrenzte Besetzung Belgrads und bestimmter anderer Punkte auf serbischem Gebiet ausgerichtet seien, um die serbische Regierung zu völliger Erfüllung der österreichischen Forderungen zu zwingen … Sobald die österreichischen Forderungen zufriedenstellend erfüllt sind, folgt die Räumung.«[24] Wenn Russland dem nicht zustimmt, dann würde es, und nicht Deutschland, als die Nation angesehen, die den Frieden stört – das hoffte zumindest Bethmann Hollweg.

Dieser Vorschlag »Halt in Belgrad« – unter dieser Bezeichnung wurde die deutsche Initiative bald bekannt – enthielt ein verzweifeltes Element. Während sowohl der Kaiser als auch Bethmann Hollweg eine große Verantwortung dafür trugen, dass sie Österreich zu solch einem waghalsigen Vorgehen ermutigt hatten, gibt es keinen Grund dafür, die Ernsthaftigkeit ihrer Bestürzung zu bezweifeln, als sie erfuhren, dass Österreich Serbien zwei Wochen bevor es kampfbereit war, den Krieg erklärt hatte. Bei der Unterzeichnung des Blankoschecks hatten beide Männer gewusst, dass sie einen Krieg *riskierten*, wenn Russland Serbien zu Hilfe kommen würde; trotzdem hatte keiner von beiden gewünscht oder beabsichtigt, dass diese Intervention wahrgemacht würde. Sie hatten sich bedingungslos auf die diplomatischen Fähigkeiten ihres Bündnispartners verlassen, nur um zu sehen, wie Berchtold einen falschen Schritt nach dem anderen tat. Es war spät, aber vielleicht noch nicht zu spät, um Österreich noch zu zügeln.

Allerdings gab es einen entscheidenden Unterschied in der Art und Weise, wie der Kaiser und sein Kanzler dies umsetzen wollten. In seinem Brief an Jagow, geschrieben um 10 Uhr am Dienstagmorgen, hatte Wilhelm klargemacht, dass er der Meinung war, die »wenigen Vorbehalte Serbiens bei einzelnen Punkten« in Pašićs Antwort auf das Ultimatum »können nach meiner Auffassung sehr wohl mittels Verhandlung geklärt werden«. Das würde natürlich sehr hohe Anforderungen an Österreich stellen: Obwohl Conrad und der Ehre der Armee mit einer »zeitweiligen« Besetzung Belgrads Genüge geleistet werden könnte, würde Berchtold gezwungen sein, seinen Stolz zu unterdrücken und in einem wichtigen grundsätzlichen Punkt klein beizugeben. Im Gegensatz dazu verlangten Bethmann Hollwegs Instruktionen an Tschirschky, dass die österreichische Besetzung »die serbische Regierung *zu einer vollständigen Erfüllung der österreichischen Forderungen zwinge*«, was bedeutete, dass Pašić, und nicht Berchtold, klein beigeben müsste. Ganz gleich, ob Bethmann Hollweg dies erfasst hatte oder nicht, der Unterschied war gewaltig. Jede noch so geringe Chance, dass die Russen eine »zeitweilige Besetzung« Belgrads duldeten, würde sich sofort in Luft auflösen, sobald Sasonow erfuhr, dass es keine realen Verhandlungen über die Bedingungen von Serbiens Erfüllung des österreichischen Ultimatums geben würde.

Russlands Einwilligung war noch unwahrscheinlicher geworden durch Bethmann Hollwegs seltsame Entscheidung, den Russen am Dienstag keine Warnungen bezüglich ihrer weiterlaufenden Mobilmachungsmaßnahmen zu schicken, wie es Berchtold am Montag von ihm verlangt hatte in der Hoffnung, dass die deutschen Gegenmaßnahmen Sasonow das Fürchten lehren würden. Vielleicht wollte Bethmann Hollweg die Österreicher ärgern, weil sie das Deutsche Reich in eine solch unmögliche Situation gebracht hatten, und so informierte er Wien, dass »eine Grundsatzerklärung in St. Petersburg heute verfrüht erscheint«. Er machte keinen Versuch, an die beunruhigenden Berichte von Pourtalès und Eggeling aus St. Petersburg anzuknüpfen.[25] Der Kanzler ließ Russen, Franzosen und Briten wissen – per Telegramm, das um 21 Uhr an seine Botschafter geschickt wurde –, dass er jetzt direkte Gespräche zwischen Russland und Österreich-Ungarn bevorzuge in der Hoffnung, diese Zusicherung, eingepackt in eine Fülle aus deutschen Protestnoten gegen Russlands Mobilmachungsmaßnahmen, würde Sasonow überzeugen zu verhandeln. Doch warum Sasonow darauf eingehen sollte, nachdem Österreich bereits den Krieg erklärt hatte – und auf der Basis einer anschließenden österreichischen Besetzung Belgrads, ohne irgendeine Andeutung der österreichischen Zugeständnisse bei den Formulierungen von Serbiens Antwort auf das Ultimatum –, blieb unklar.

Tatsächlich hatte Bethmann Hollweg noch nicht einmal die Bedingungen seines »Halt in Belgrad«-Plans in seinem Rundtelegramm von 21 Uhr genannt; vielmehr sprach er nur in Andeutungen über österreichisch-russische Gespräche und behauptete fadenscheinig, dass die Kriegserklärung Wiens »hieran nichts ändert«.[26] Dies war nicht der richtige Weg, um bei Grey den

Eindruck zu erwecken – und noch weniger bei Sasonow oder den Franzosen –, dass er ernsthaft an einer Vermittlung in Wien interessiert sei. Auf diese Weise setzte Bethmann Hollweg in Berlin, ähnlich wie Berchtold in Wien, ausgerechnet auf die unzulänglichste Politik: von Russland Zugeständnisse zu fordern anstatt sie selbst anzubieten, während er seine eigenen Druckmittel schwächte, indem er sich weigerte, St. Petersburg zu warnen, dass Deutschland auf Russlands geheime Mobilmachung antworten werde. Er verteilte Zuckerbrot und Peitsche in der falschen Richtung.

In Unkenntnis der letzten politischen Fehler seines Kanzlers setzte sich Kaiser Wilhelm II. am Dienstagabend im Neuen Palais hin, um ein dringendes Telegramm an Zar Nikolaus II. zu überarbeiten. Obwohl es von »Willy« an »Nicky« adressiert war, in dem vertrauten Ton, in dem die beiden Souveräne miteinander redeten, war die Botschaft ursprünglich von Wilhelm von Stumm, dem Leiter der politischen Abteilung im Auswärtigen Amt, unter Aufsicht von Bethmann Hollweg aufgesetzt worden. Leicht misstrauisch, ob sein Kanzler der Sache gewachsen war, bestand der Kaiser auf mehreren Änderungen, um den Ton etwas abzumildern. Er schrieb die wichtigsten Passagen persönlich um: »Ich werde all meinen Einfluss geltend machen«, versprach Willy Nicky, »die Österreicher zu veranlassen, unverzüglich zu handeln, um eine befriedigende Regelung mit Dir zu treffen.« Er unterschrieb mit »Dein aufrichtiger und ergebener Freund und Vetter Willy«.[27]

Dem Kaiser war nicht bekannt, dass Nicky fast zur selben Zeit sein eigenes Herrscher-an-Herrscher-Telegramm schrieb. Der Zar hatte zu zweifeln begonnen, seit er am Samstag die Kriegsvorbereitungsperiode eingeleitet hatte. Am Montag hatte er eine eigene Vermittlungsidee präsentiert und Sasonow vorgeschlagen, dass der österreichisch-serbische Streitfall dem Ständigen Schiedshof in Den Haag vorgelegt werden sollte. Sasonow hatte den Vorschlag des Zaren einfach ignoriert in der Hoffnung, dass sein einfältiger Souverän ihn schon vergessen würde. Trotzdem war Sasonow außerstande, den Zaren davon abzuhalten, auf eigene Weise zu intervenieren, indem er sich direkt an Willy wandte, er solle die Österreicher zurückrufen. »Ein schändlicher Krieg«, schrieb Nikolaus, »wurde einem schwachen Land erklärt. Die Entrüstung in ganz Russland, die von mir geteilt wird, ist ungeheuer. Ich sehe voraus, dass ich schon sehr bald von dem Druck, der auf mich ausgeübt wird, überwältigt und gezwungen werde, drastische Maßnahmen zu ergreifen, die zum Krieg führen werden. Um zu versuchen, solch eine Katastrophe wie einen europäischen Krieg zu verhindern, bitte ich Dich im Namen unserer langjährigen Freundschaft, alles, was Dir möglich ist, zu unternehmen, um Deine Verbündeten [das heißt Österreich-Ungarn] davon abzuhalten, zu weit zu gehen.«[28]

Genau in dem Moment, als Russlands Zar verlangte, dass der Kaiser alles in seiner Macht Stehende tue, um seinen österreichischen Verbündeten davon abzuhalten, »zu weit zu gehen«, war Willy gerade dabei, Nicky zu versprechen, dass er »all seinen Einfluss geltend machen werde«, um genau das zu tun. Obwohl keiner der beiden Herrscher einen starken Willen oder einen scharfen Verstand besaß, hatte doch jeder bestimmte moralische Vorstellungen. Beide Männer fühlten die schwere Verantwortung, einen Krieg vom Zaun zu brechen, in dem sicherlich Tausende, wenn nicht Millionen ihrer Untertanen getötet würden. Als dieser Krieg immer deutlicher und drohender am Horizont heraufzog, suchten Willy und Nicky verzweifelt nach einem Ausweg. Wenn ihre Macht als Herrscher eines Landes in der Praxis genauso umfassend wie auf dem Papier gewesen wäre, hätte es ihnen vielleicht sogar gelingen können.

Es gelang nicht. Bethmann Hollweg untergrub, wie bereits geschildert, den Wunsch seines Herrschers, in Wien zu vermitteln, indem er den Vorschlag des Kaisers, nämlich »Halt in Belgrad«, so umwandelte, dass er von den Russen bestimmt zurückgewiesen würde. In St. Petersburg hatten mittlerweile Sasonow und die militärische Führung über den Kopf des Zaren hinweg wichtige Entscheidungen getroffen, die dessen persönliche Bemühungen um Vermittlung von vornherein zum Scheitern verurteilten. Dabei konnten sie auf die starke Unterstützung der Franzosen bauen. Am Dienstag befanden sich Poincaré und Viviani immer noch auf See, aber in ihrer Abwesenheit hatte der französische Botschafter zusammen mit General Joffre, dem Generalstabschef der französischen Armee, und dem französischen Kriegsminister Adolphe Messimy angefangen, die Sache selbst in die Hand zu nehmen. Am Dienstag, als die Massen durch Paris strömten und das Urteil gegen Madame Caillaux erwarteten, berichtete der russische Militärattaché in Frankreich nach St. Petersburg, dass Joffre und Messimy ihm Frankreichs Bereitschaft versichert hätten, seine Bündnisverpflichtungen zu erfüllen. Joffre selbst forderte (über den Quai d'Orsay), Botschafter Paléologue »solle sich mit allen möglichen Mitteln darum bemühen, sicherzustellen, dass *die Regierung in St. Petersburg bei Ausbruch von Feindseligkeiten sofort in Ostpreußen zur Offensive übergehen werde,* worauf man sich im Abkommen geeinigt hatte«. Messimy telegrafierte ähnliche Anordnungen nach St. Petersburg, »mit ganzer Kraft darauf zu drängen, dass die zaristischen Armeen trotz der Langsamkeit der russischen Mobilmachung so schnell wie möglich in Ostpreußen eine Offensive unternehmen«. In ähnlicher Weise hatte der damalige Premierminister Gaston Doumergue Paléologue bei seinem Besuch in St. Petersburg instruiert, dass »die Sicherheit Frankreichs von der Tatkraft und der Schnelligkeit abhängt, mit der wir sie zum Kampf antreiben«.[29] Es lag jetzt an Paléologue, mit dem Antreiben zu beginnen.

Paléologue enttäuschte Joffre und Messimy nicht. Sasonow hatte am Dienstag gegen 16 Uhr von der österreichischen Kriegserklärung erfahren, und schon kurze Zeit später kehrte Paléologue für eine weitere Unterredung an die Sängerbrücke zurück. Während er auf dieses zweite Gespräch in seinen Memoiren nicht eingeht, bestätigt das von Schilling aufbewahrte Logbuch des russischen Außenministeriums, dass es stattgefunden hat. Wir wissen nicht mehr alles, was zwischen den beiden Männern besprochen wurde, doch Schillings Logbuch liefert eine kurze Zusammenfassung. »Auf Anweisung seiner Regierung«, lautet der Eintrag, »unterrichtete der französische Botschafter den Außenminister von der höchsten Bereitschaft Frankreichs, seinen Verpflichtungen als Bündnispartner im Notfall nachzukommen.«[30]

Schillings Logbuch lässt unkommentiert, auf wessen »Anweisung« diese entscheidende Erklärung abgegeben wurde – sie könnte von Joffre, Messimy oder sogar von Poincaré gekommen sein, indem er sie noch während seines Besuchs in St. Petersburg formlos erteilt hatte. Mit großer Sicherheit kam sie nicht von Viviani. Der Logbucheintrag lässt außerdem den Zusammenhang im Unklaren, denn es wird weder die österreichische Kriegserklärung an Serbien noch die russische Antwort darauf erwähnt.

Es herrscht allerdings kein Zweifel über die kritischen Folgen von Paléologues Blankozusicherung vom 28. Juli, Russland zu unterstützen. Ihre Bedeutung wird in einem Telegramm bestätigt, das Sasonow am nächsten Morgen nach Paris (mit Kopien nach London, Wien, Rom und Berlin) an Iswolski schickte. Darin bat er seinen Botschafter, »unseren herzlichsten Dank weiterzugeben für die Erklärung, die mir der französische Botschafter im Namen seiner Regierung gegeben hat, dass wir in vollem Umfang auf die Unterstützung Frankreichs gemäß unserem Bündnis zählen können. Unter den gegenwärtigen Umständen«, fuhr Sasonow fort, »hat diese Erklärung für uns einen besonderen Wert.«[31]

Gestärkt durch Paléologues Erklärung über Frankreichs bedingungslose Unterstützung nach der österreichischen Kriegserklärung an Serbien, machte sich Sasonow unverzüglich daran, Russlands Kriegsvorbereitungen voranzutreiben. Zuerst begab er sich nach Schloss Peterhof, wo Zar Nikolaus auf ihn wartete – um, wie der Zar annahm, die Idee der Haager Vermittlung zu besprechen. Am Dienstag gegen 18 Uhr informierte Sasonow den russischen Herrscher, dass Österreich Serbien den Krieg erklärt hatte. Er verlangte die Einwilligung des Zaren, dass er Generalstabschef Januschkewitsch Anweisung erteilen könne, unverzüglich zwei Ukasse zur Mobilmachung der russischen Armee aufzusetzen, einen für die Teilmobilmachung und einen für die Generalmobilmachung.

Der Zar gab seine Zustimmung – oder er hatte, wie Sasonow behauptete, es zumindest getan, als er Januschkewitsch auftrug, die Ukasse zu entwerfen. Möglicherweise war der Zar einverstanden, die Befehle aufsetzen zu lassen, weil er glaubte, sie würden nicht eher in Kraft treten, als bis er sie unterzeichnet hätte. Ganz gleich, ob der Zar vollkommen verstanden hatte, wozu er sein Einverständnis gegeben hatte – Januschkewitsch machte sich sofort daran, die Ukasse aufzusetzen.[32] Interessanterweise erwähnen die beiden wichtigsten Unterlagen, die wir über die Geschehnisse der Dienstagnacht haben, jeweils die General-, aber nicht die Teilmobilmachung; das lässt vermuten, dass Sasonow und Januschkewitsch bereits zu Letzterer tendierten. Auch Paléologue war auf dem Laufenden, denn das erste dieser Dokumente war sein eigenes Telegramm, das er um 19.35 Uhr abschickte. Darin informierte er Paris – so als handelte es sich um eine hypothetische Annahme –, dass »im Fall einer Generalmobilmachung zwei Offiziere für seine Botschaft abgestellt werden sollten«. Er nannte dann seine Präferenzen (die Herren de Ridder und de Sèze) und schlug vor, sie sollten nicht auf direktem Weg über Deutschland, sondern lieber über Stockholm nach Russland reisen.[33] Dass die bevorstehende Generalmobilmachung Russlands mehr als hypothetisch war, wird auch durch ein Telegramm bestätigt, das in der späten Dienstagnacht von Januschkewitsch an die Kommandeure aller russischen Militärbezirke geschickt worden war. Darin informierte er sie, dass »der 30. Juli zum ersten Tag unserer Generalmobilmachung erklärt wird. Die Ausrufung werde dann gemäß der Regelung für die Übertragung von Mobilmachungsbefehlen erfolgen.«[34]

Gerade als Willy und Nicky ihre »Friedenstelegramme« austauschten, hatte Russland den Countdown für einen europäischen Krieg eröffnet. Die österreichische Schlinge um den deutschen Hals hatte sich zugezogen. Die russischen Generäle (allerdings noch nicht ihr Herrscher) hatten sogar den Tag der Exekution festgelegt.

19. »Ich möchte nicht für ein gewaltiges Blutbad verantwortlich sein«

Mittwoch, 29. Juli

AM 29. JULI verließ die Erste Britische Flotte kurz nach Mitternacht den Hafen von Portland, zunächst in südlicher Richtung, ehe sie auf einen »mittleren Kanalkurs« in Richtung der Straße von Dover umschwenkte. Die Geschwader sollten auf Befehl des Ersten Lords der Admiralität Churchill »während der Nacht ohne Licht die Straße von Dover passieren und die Untiefen auf ihrem Weg nach Norden umfahren«. Churchill stellte sich die Szene, wie die Flotte langsam aus dem Hafen dampfte, folgendermaßen vor: »Jede Menge gewaltiger Festungen aus Stahl machen sich auf den Weg über die neblige, schimmernde See, wie Riesen, die von düsteren Gedanken niedergedrückt sind. Wir werden sie uns wieder vorstellen, wenn sich die Dunkelheit herabsenkt, 18 Meilen weit Kriegsschiffe, die mit hoher Geschwindigkeit und in völliger Dunkelheit durch die Meerenge jagen, in die Meere des Nordens, zum Schutz wichtiger Angelegenheiten.«[1]

Auf der anderen Seite des Ärmelkanals sichtete das Kriegsschiff *France* endlich wieder Land nach mehr als fünf Tagen auf See, die nur durch kurze Aufenthalte in Stockholm und Christiania (Oslo) unterbrochen wurden. Premierminister Viviani, der anfangs nur widerwillig auf die Reise nach Russland mitgekommen war, rief begeistert aus: »Endlich, ein funkelndes Licht unter einem Dach, ein Haus, Werften, Masten, ein allmählich auftauchendes Häusermeer – Dünkirchen!«[2]

Nachdem ihr Schiff im Hafen vor Anker gegangen war, stiegen Viviani und Präsident Poincaré auf ein kleines Dampfschiff um und ließen sich an Land bringen, wo sie von einer Menschenmenge überrascht wurden, die lauthals »Vive la France!« und »Vive Poincaré!« rief. Obwohl Poincaré normalerweise von solch einem zur Schau getragenen Patriotismus durchaus angetan war, überraschte ihn doch die Intensität der öffentlichen Stimmung. »Was mich besonders berührt hat«, erinnerte er sich später, »war die Tatsache, dass die vielen Menschen hier anscheinend fest mit einem Krieg rechneten.« Weitere Menschenmengen tauchten auf jedem Bahnhof und an vielen anderen Stellen während der dreistündigen Bahnfahrt nach Paris auf. »Wir sahen die Einwohner, die sich auf beiden Seiten der Schienen versammelt hatten«, bemerkte er, »und ununterbrochen dieselben allgemeinen Grußworte, dieselben Hochrufe, dieselben Friedensbekundungen, dieselben Versprechen von Mut und Resignation riefen.«[3] Sollte der Krieg ausbrechen, dann schien zumindest das französische Volk dazu bereit zu sein, ganz gleich, welche Entscheidungen die französische Regierung darüber getroffen hatte.

Poincaré und Viviani waren aufgrund der Störungen des Funkverkehrs auf See nicht vollständig auf der Höhe der aktuellen Ereignisse. Es bleibt umstritten, ob die deutsche Admiralität bewusst die Signale der *France* störte, während sie an der deutschen Ostseeküste entlangfuhr, wie die Franzosen immer behaupteten.[*4]

---

* Der deutsche Marinenachrichtendienst fing zwei verschlüsselte Funksprüche von Bord der *France* ab. Das beweist allerdings noch nicht, dass das Signal gestört wurde; es spricht eher für das Gegenteil, nämlich dass die Deutschen versuchten, die Funksprüche mitzuhören und nicht die Kommunikation zu blockieren.

So könnte auch eine zu geringe Signalstärke zusammen mit Interferenzen, die bei Funksprüchen auftreten, die mit ähnlichen Frequenzen auf stark befahrenen Schifffahrtsrouten abgesetzt werden, für den schlechten Empfang auf der *France* verantwortlich gewesen sein. Dennoch ist klar, dass nicht alle Nachrichten aus Paris und St. Petersburg durchgekommen waren. Am Dienstagabend, 28. Juli, hatte Botschafter Paléologue Außenminister Sasonow mitgeteilt, dass er keine Verbindung zur *France* habe – mit der logischen Folge, dass seine Vorgesetzten, da er sie nicht erreichen konnte, »ihm keine Instruktionen senden könnten«. Dadurch ließ er die Russen im Zweifel, ob seine an diesem Tag ausgesprochene Befürwortung, die russischen Mobilmachungsmaßnahmen zu beschleunigen (»die höchste Bereitschaft Frankreichs, seinen Verpflichtungen als Bündnispartner nachzukommen«) wirklich »auf Anweisung seiner Regierung erfolgt ist«, wie er Sasonow mitgeteilt hatte.[5] Für diesen Tag können wir nicht mit Sicherheit sagen, ob Paléologue auf Anweisung seines Präsidenten oder seines Premierministers oder ob er eigenmächtig gehandelt hat.

Mit ziemlicher Sicherheit wussten Poincaré und Viviani weniger als ihr Botschafter in St. Petersburg, als sie nach Frankreich zurückkehrten. Dennoch mussten sie mehr gewusst haben, als sie in ihren Nachkriegserinnerungen einräumten. Vivianis letzte Mitteilung von Bord der *France* ging am Dienstag an Bienvenu-Martin, den geschäftsführenden Direktor für Auswärtige Angelegenheiten am Quai d'Orsay; darin hatte er den drei Tage alten Vorschlag des britischen Außenministers Grey zu einer Vier-Mächte-Konferenz aufgegriffen, jedoch nicht die darauf folgenden dringlicheren über direkte österreichisch-russische Gespräche auf der Basis von Serbiens Antwort.[6] Das spricht dafür, dass er sich weiterhin um Vermittlungsversuche bemühte. Wahrscheinlich hatten Poincaré und Viviani auch noch nichts von der am Dienstag erfolgten österreichischen Kriegserklärung an Serbien gehört (obwohl sie es gleich nach ihrer Landung in Dünkirchen erfahren haben mussten), ebenso wenig von der Aufstellung der Ukasse für die Mobilmachung in St. Petersburg in der Dienstagnacht. Vielleicht wussten sie von der Ankündigung der russischen Kriegsvorbereitungsperiode: Die Telegramme von Paléologue und Laguiche, die davon handeln, wurden direkt nach Paris geschickt, und es gibt keinen Beweis dafür, dass diese Nachrichten jemals die *France* erreicht haben.

Dennoch können wir bestätigen, und zwar entgegen ihren späteren Behauptungen, nichts über die russischen Kriegsvorbereitungen gewusst zu haben, dass Viviani am Sonntag, den 26. Juli, von Bienvenu-Martin informiert wurde, dass Russland die »Teilmobilmachung« von 13 Armeecorps gegen Wien plane, »wenn Österreich militärischen Druck auf Serbien ausüben sollte«, und dass »die öffentliche Meinung in Russland die Entschlossenheit bestätige, Serbien nicht zerquetschen zu lassen«.[7] Als Antwort auf dieses Telegramm hatte Viviani Paléologue am Montag, den 27. Juli, unterwiesen, Sasonow mitzuteilen, »Frankreich [sei] bereit … voll und ganz die Aktion der kaiserlichen [russischen] Regierung zu unterstützen« (allerdings hatte Viviani bezeichnenderweise die Klausel »im Interesse des allgemeinen Friedens« in den Originalentwurf des Quai d'Orsay eingefügt, und zwar zwischen »bereit« und »voll und ganz«).[8] Weder Viviani noch Poincaré waren auf dem neuesten Stand, was die letzten Entwicklungen anging, aber sie hatten bei ihrer Abreise aus Russland keinen Zweifel über Frankreichs Entschlossenheit und Unterstützung hinterlassen.

Im Zug nach Paris gab es eine Einsatznachbesprechung zwischen Poincaré und Viviani sowie Unterstaatssekretär Abel Ferry, der einen »riesigen Stapel Telegramme« für die beiden zusammengestellt hatte. Unter anderem erfuhren sie jetzt, dass Französisch-Algerien und Französisch-Marokko mobilgemacht hatten: 100000 Soldaten der »Kerntruppe« wurden an der Küste zusammengezogen, bereit, in das französische Mutterland überzusetzen. Französische und andere europäische Zivilisten wurden zur

Sicherheit in das afrikanische Hinterland evakuiert. Selbst Poincaré war von dieser Nachricht völlig überrascht. Dennoch wusste Ferry nichts weiter darüber. Er informierte den Präsidenten weder über Russlands weitreichende Kriegsvorbereitungsperiode, die mittlerweile schon vier Tage andauerte, noch dass Joffre, Messimy und Paléologue die Russen gedrängt hatten, ruhig noch weiterzugehen.[9]

Poincaré sollte jedoch nicht lange unwissend bleiben. Messimy traf mit ihm zusammen, sobald der Zug des Präsidenten in die Hauptstadt eingefahren war. »Monsieur le Président«, sagte der Kriegsminister zur Begrüßung, »Sie werden gleich Paris sehen; es ist herrlich.« Das war es tatsächlich. Am Vortag war der Caillaux-Prozess beendet worden, der die französische Öffentlichkeit monatelang gespalten hatte. Es war eine Art Exorzismus: Frankreichs innere Dämonen schienen sich aufgelöst zu haben und einer nationalistischen Raserei gegen die Deutschen gewichen zu sein. »Als ich aus dem Bahnhof kam«, berichtet Poincaré,

> »wurde ich von einer überwältigenden Demonstration willkommen geheißen, die mich in der Tiefe meiner Seele erschütterte. Viele Menschen hatten Tränen in den Augen, und ich konnte die meinen nur mit Mühe zurückhalten. Aus Tausenden von Kehlen erschollen immer wieder Rufe: Vive la France! Vive la République! Vive le Président! … Vom Bahnhof bis zum Elysée-Palast nahm der Jubel kein Ende … Hier zeigte sich ein vereintes Frankreich. Politische Streitigkeiten waren vergessen … Wie weit entfernt erscheint jetzt die [Cailloux] Affäre! Welch andere Themen ziehen heute das öffentliche Interesse auf sich!«[10]

Für einen Mann, der selbst in diese Affäre aufseiten des nationalistischen, von Madame Cailloux erschossenen Chefredakteurs verwickelt war und der sich berechtigte Sorgen machen musste, dass die russischen Unterstützungen, die via Botschafter Iswolski in seine Kampagne zur Präsidentenwahl 1913 geflossen waren, aufgedeckt würden, erschien Poincaré dieses Aufwallen von Patriotismus wie eine persönliche Rechtfertigung.

Als der Jubel nachließ, war es Zeit, sich an die Arbeit zu machen. An diesem Morgen um 11.15 Uhr traf Iswolski am Quai d'Orsay ein, um mit Poincaré und Viviani zu sprechen. Er überbrachte ihnen Sasonows Telegramm vom Dienstagabend, in dem Russlands Teilmobilmachung als Antwort auf die österreichische Kriegserklärung an Serbien angekündigt wird. Außerdem hatte er das undeutlicher abgefasste Telegramm an Botschafter Benckendorff in London dabei, worin Sasonow nur von der österreichischen Kriegserklärung an Serbien sprach (aber nicht von der russischen Teilmobilmachung) und seinen Botschafter aufforderte, Grey »zu bitten, in höchster Eile Maßnahmen im Hinblick auf Vermittlungen zu ergreifen und Österreich sofort aufzufordern, die militärischen Maßnahmen gegen Serbien auszusetzen«. Iswolski berichtete dem Präsidenten nicht von seinem kürzlich stattgefundenen Gespräch mit Messimy und Joffre, in dem es um die Beschleunigung der russischen Vorbereitungsmaßnahmen für die Mobilmachung ging.[11]

Iswolskis Einweisung war ein klassisches Ablenkungsmanöver. Gemäß den Bedingungen des französisch-russischen Militärabkommens, das erst im Jahr 1913 erneuert worden war, durfte kein Land mobilmachen, ohne zuerst das andere zu informieren. Falls Russland eine Generalmobilmachung anordnen sollte, ohne dies vorher mit Frankreich abgesprochen zu haben (oder ohne eine vorherige deutsche Mobilmachung, die sowohl Frankreichs als auch Russlands Mobilisierung ausgelöst hätte), würde dies eine der Grundbedingungen des Bündnisses verletzen.[12] Darum hätte dies auch der erste Tagesordnungspunkt zwischen Iswolski und der französischen Regierung sein müssen, und nicht Sasonows Forderung an Österreich, militärische Maßnahmen gegen Serbien auszusetzen (besonders da Russland die eigenen noch schneller vorantrieb). Am Mittwoch glichen Russlands Vorbereitungen allmählich einer Generalmobilmachung, wie auch immer man sie benennen wollte. Wir können eine Vorstellung von ihrem Ausmaß – und ihren Absichten – anhand eines Berichts bekommen, den der deutsche Konsul in Warschau an diesem Tag eingeschickt hatte:

> »Russland befindet sich bereits vollkommen in der Kriegsvorbereitungsperiode ... Die gegen Deutschland vorgesehenen Truppen werden zwischen Lomza und Kowno entlang der Memel aufgestellt, während diejenigen, die gegen Österreich kämpfen sollen, in Lublin und Kowel (Ukraine) zusammengezogen werden ... Auf der Eisenbahnlinie Warschau–Kalisz (zur preußischen Grenze) und der Strecke Warschau–Wien wurden Infanterie und Pioniere beobachtet, die unter dem Schienenkörper Minen verlegten.«[13]

In Unkenntnis all dieser Vorgänge – Iswolski tat nichts, um sie aufzuklären – stimmte Viviani zu, seinem Botschafter in London, Paul Cambon, ein Telegramm zu schicken. Darin teilte er ihm mit, Sasonows Forderung zu unterstützen, dass England die Österreicher »zum Aussetzen militärischer Maßnahmen« veranlassen solle.[14] Obwohl diese Forderung nach außen hin vernünftig erscheint, war sie doch mit Blick auf diplomatische Prioritäten kaum sinnvoll. Es gab wenig, was Frankreich oder gar England tun konnten, um Wien direkt zu beeinflussen, besonders da die österreichischen Militärmaßnahmen bis zu diesem Zeitpunkt nur Serbien und nicht Russland betrafen. Trotzdem hatte Frankreich ein starkes Interesse – sogar eine vertraglich Verpflichtung –, Russlands militärische Vorbereitungsmaßnahmen abzusegnen, die bereits sowohl an der österreichischen als auch an der deutschen Grenze einen bedrohlichen Ton angenommen hatten. Es waren die Auswirkungen von Russlands militärischen Vorbereitungen für die strategische Allianz, die seit Samstagnacht anliefen, auf die sich Viviani hätte konzentrieren sollen. Viviani nahm sofort an Fahrt auf, wenn es um Österreich ging. In Bezug auf seinen Verbündeten rannte er fast vier Tage hinterher.

DIE DEUTSCHEN MACHTEN es nicht viel besser. Am Dienstag, den 27. Juli, war Kanzler Bethmann Hollweg mehr oder weniger von den Ereignissen eingeholt worden, die nach seiner Rückkehr aus Hohenfinow passiert waren; allerdings hatte er – entweder zufällig oder absichtlich – seine Aufgabe, den Kaiser und die militärische Führung auf dem Laufenden zu halten, sehr schlecht erledigt. Der Kaiser wurde fast den ganzen Mittwoch nicht darüber informiert, dass Bethmann Hollweg seinen Vermittlungsvorschlag für Wien entkernt und jegliche Verhandlung über die Punkte der serbischen Antwort herausgenommen hatte. Generalstabschef Moltke, der für die Mobilmachung der deutschen Armeen zuständig war, falls sich die Krise zu einem Krieg ausweiten sollte, war sich erst am Dienstagabend der Ernsthaftigkeit der Lage bewusst geworden, als er begann, ein politisches Statement für den Kanzler zu verfassen. Moltkes Memorandum, das er am Mittwochmorgen Bethmann Hollweg übergab, war niederschmetternd. Es wäre reiner Selbstmord für Österreich, stellte er fest, seine Armeen nach Serbien zu schicken, ohne gleichzeitig gegen Russland mobilzumachen – ansonsten könnten die zaristischen Truppen Galizien ohne Kampf besetzen. »In dem Moment«, fuhr Moltke fort,

> »da Österreich seine gesamte Armee mobilisiert, wird der Zusammenstoß zwischen ihm und Russland unvermeidlich. Damit ist für das Deutsche Reich der Casus foederis (Bündnisfall) gegeben. Wenn das Deutsche Reich nicht sein Wort brechen und zulassen will, dass sein Verbündeter der überlegenen Stärke Russlands unterliegt, muss es ebenfalls mobilmachen. Dies wird wiederum zur Mobilmachung in den restlichen Militärbezirken Russlands führen

… Das französisch-russische Abkommen … wird daraufhin wirksam, und die zivilisierten Staaten Europas werden einander in Stücke reißen … Genau so werden und müssen sich die Dinge entwickeln, wenn sich nicht sozusagen in allerletzter Minute ein Wunder ereignet, um einen Krieg zu verhindern, der die Zivilisation in beinahe ganz Europa auf Jahrzehnte vernichten wird.«[15]

Obwohl sein gelegentlicher Pessimismus durchschimmerte, so war doch Moltkes Stellungnahme eine ziemlich genaue Darstellung, wie sich die Dinge am Mittwoch darboten. Österreich hatte noch nicht seine gesamte Armee mobilisiert, ebenso wenig wie Russland, obwohl beide Staaten mit den Maßnahmen für eine »Teilmobilmachung« schon sehr weit gediehen waren; und im Fall Russlands schloss dies die polnischen Gebiete an der Grenze zum Deutschen Reich ganz klar ein. Auch Frankreich hatte noch nicht mobilgemacht – allerdings hatte es, wie Moltke aufzeigte, bereits mit einigen vorbereitenden Maßnahmen für die Mobilmachung an der Grenze begonnen, von denen der deutsche militärische Nachrichtendienst berichtet hatte. Auf Befehl Erich von Falkenhayns, des preußischen Kriegsministers (nicht Moltkes), hatte die deutsche Armee am Dienstag selbst einige Vorsichtsmaßnahmen getroffen: So blieben Truppen in den Garnisonen, Manöver wurden abgesagt, Getreide wurde eingekauft, und die Sicherheitsmaßnahmen für die Eisenbahnen wurden erhöht. Dies war noch weit entfernt von einer Vorausmobilmachung und noch weiter von einer tatsächlichen Mobilmachung. Solange die Mächte es unterließen, die Kriegsvorbereitungen zu beschleunigen, gab es deshalb noch eine winzige Chance, den Krieg zu vermeiden – doch, wie Moltke andeutete, bedurfte es dazu eines diplomatischen Wunders. Jede weitere Störung im empfindlichen Reigen der Mobilmachungszeitpläne könnte sich fatal auswirken.

Nachdem er das Memorandum gelesen hatte, bestellte Bethmann Hollweg Moltke und Falkenhayn in die Wilhelmstraße. Es gibt kein Protokoll von dieser Gesprächsrunde am Mittwochmorgen, aber sie scheint äußerst schwierig gewesen zu sein. Falkenhayn hatte am Dienstag die ersten Maßnahmen für eine Vorausmobilmachung angeordnet und wollte jetzt die nächste Stufe ausrufen, den Zustand der drohenden Kriegsgefahr, ein Stadium, das in etwa der russischen »Kriegsvorbereitungsperiode« entsprach, obwohl es im Fall des Deutschen Reichs noch etwas ernster war, da ohne gegenteiligen Befehl die Generalmobilmachung automatisch nach nur zwei Tagen folgen würde. Bethmann Hollweg hoffte, dass des Kaisers Plan »Halt in Belgrad« noch funktionieren würde, und lehnte ab. Er wurde von Moltke unterstützt, der, wie sich Falkenhayn beklagte, »nicht weitergehen würde, als wichtigen Eisenbahnknotenpunkten militärischen Schutz zu gewähren«.[16]

Dennoch hatte Moltke seine eigenen Ansichten über Bethmann Hollwegs Zaudern. Deutschlands neuester Mobilmachungsplan, für den er selbst die aus dem Jahr 1906 datierende Vorlage* von Albert Graf von Schlieffen, seinem Vorgänger als Generalstabschef, in erheblichem Maße abgewandelt hatte, machte es erforderlich, dass die deutschen Armeen innerhalb von sechs oder sieben Wochen nach der Mobilmachung einen entscheidenden Sieg an der Westfront erzielten; nur dadurch hätte Moltke genügend Zeit, sie schnell wieder in Richtung Osten zu wenden, um Russlands erwartete Offensive auf Berlin zu stoppen.

---

* Moltke hatte den rechten deutschen Flügel im Norden geschwächt und den linken im Süden verstärkt, der den Franzosen in Elsass-Lothringen gegenüberstand. Nach dem Schlieffen-Plan sollte die am weitesten nördlich stehende deutsche Armee nicht nur belgisches, sondern auch niederländisches Territorium verletzen, um der französischen Armee in den Rücken zu fallen. Moltke war besorgt, ob das Deutsche Reich im Fall eines langen Kriegs weiterhin Zugang zu den Weltmärkten haben würde, und strich daraufhin die niederländische Option. Er verschob den deutschen Aufmarsch weiter nach Süden und ermöglichte operative Flexibilität, um sich danach zu richten, was die Franzosen tun würden. Der deutsche Kriegsplan von 1914 war nirgendwo so starr wie der legendäre Schlieffen-Plan; »Paris in 40 Tagen« war ein Mythos. Dennoch spielte die Geschwindigkeit des Aufmarschs eine bedeutende Rolle.

Jeder vergangene Tag, an dem Frankreich und Russland ihre Mobilmachung (oder Vorausmobilmachung) weiter vorantrieben, bedrohte Moltkes Zeitplan. Es war daher unerlässlich, sagte er zu Bethmann Hollweg, die französischen und russischen Absichten sofort zu klären.[17]

Der Kanzler stimmte zu. Am Mittwoch um 12.50 Uhr schickte Bethmann Hollweg Telegramme an seine Botschafter in Paris und St. Petersburg. Baron Schoen wurde aufgetragen, die französische Regierung zu informieren, dass das Deutsche Reich als Antwort auf Frankreichs Vorbereitungen der Mobilmachung die Kriegsgefahr (noch nicht den sofortigen Kriegsgefahrzustand) ausrufen müsse, die, darauf sollte Schoen mit Nachdruck hinweisen, noch hinter einer Mobilmachung zurückbleibe.[18] Verhängnisvoller wirkte es sich aus, dass Pourtalès gebeten wurde, »auf Sasonow ernsthaften Druck auszuüben, dass ein weiteres Voranschreiten der russischen Maßnahmen für die Mobilmachung uns zwingen würde, ebenfalls mobilzumachen. Dann könnte ein europäischer Krieg wohl nicht mehr verhindert werden.«[19]

Bethmann Hollweg hatte erneut einen schweren Fehler begangen; seine Politik war mit Abstand so kontraproduktiv, wie man sich nur vorstellen konnte. Nachdem er es am Dienstag unterlassen hatte, die Anweisungen seines Kaisers über eine ernsthafte Vermittlung in Wien zu befolgen, hatte er seine wahrscheinlich letzte realistische Chance verloren, Österreich und mit ihm Russland vom Abgrund wegzulocken. Bethmann Hollweg hatte es auch versäumt, seine Bemühungen in St. Petersburg sinnvoll erscheinen zu lassen, indem er sich weigerte, den Zustand der drohenden Kriegsgefahr zu erklären, was vielleicht Sasonow – und den Franzosen – Angst eingejagt hätte. Anstatt sich in aller Ruhe auf den Krieg vorzubereiten, brachte der Kanzler zwei unbeholfene Drohungen hervor, um die Mobilmachung als Vergeltungsmaßnahme auszurufen – und in seiner Drohung gegen Russland schwor Bethmann Hollweg ausdrücklich, dass die deutsche Mobilmachung zu einem »europäischen Krieg« führen werde. Damit untergrub er seine eigene Initiative »Halt in Belgrad«, die er (wenn auch in veränderter Form) Dienstagnacht übergeben hatte. Obwohl Frankreich und Russland milde Töne anschlugen – besonders in London –, fuhren sie fort, sich für den Krieg zu rüsten.

In der Zwischenzeit sorgten die Österreicher für ein weiteres Fait accompli, ohne auch nur daran zu denken, die Deutschen zu informieren. Am Mittwochnachmittag, als Pourtalès gerade darüber grübelte, wie er Bethmann Hollwegs versteckte Drohung an Sasonow weiterleiten sollte, ohne dass es wie eine Drohung klang, begann die österreichische Armee aus ihren günstig gelegenen Stellungen an der Grenze direkt gegenüber der Donau, Belgrad zu beschießen. Der Angriff war eher symbolisch gedacht, richtete wenig Schaden an und verlief schließlich im Sand ohne irgendeine Andeutung, dass eine Bodenoffensive folgen sollte. Dennoch strafte dies alle Erwartungen Lügen, dass die Österreicher eine Vermittlung mit Serbien akzeptieren würden – oder dass die Deutschen sie dazu zwingen würden.

AM MITTWOCHABEND HATTE Bethmann Hollwegs widersprüchliche Politik in St. Petersburg für schlimme Folgen gesorgt.

Gegen 11 Uhr hatte Pourtalès mit Sasonow telefoniert und ihm versichert, Deutschland werde sich bemühen, Österreich im Zaum zu halten, wie im Telegramm des Kaisers an »Nicky« versprochen worden war – obwohl er (da keine klaren Anweisungen von Bethmann Hollweg vorlagen) nicht genau sagen konnte, auf welche Weise die Deutschen ihren Verbündeten in die Schranken weisen wollten. Der Botschafter forderte außerdem, dass die Russen keine Verhärtung der Fronten riskieren sollten, indem sie eine »vorzeitige Mobilmachung« gegen Österreich vornehmen (augenscheinlich hatte Sasonow Pourtalès noch nicht über die »Teilmobilmachung« informiert, die am Dienstag gegen Österreich eingeleitet worden war). Sasonow antwortete, dass Österreich seine Mobilmachungsmaßnahmen stoppen sollte – nicht weniger als acht Armeekorps seien mobilisiert worden, sagte er zu Pourtalès (das stimmte, aber es stimmte auch, dass alle acht auf Generalstabschef Conrads Drängen gegen Serbien, nicht gegen Russland mobilisiert wurden). Anschließend rief Sasonow seine Berater herein, um mit ihnen zu diskutieren, ob die Deutschen es aufrichtig meinten oder ob das Ganze nur als Hinhaltetaktik anzusehen sei. Eine Antwort, in irgendeiner Form, sollte gegen 17 Uhr erfolgen, als Sasonow von dem Beschuss Belgrads durch österreichische Truppen erfuhr.[20] Gegen 18 Uhr kam Pourtalès mit Bethmann Hollwegs versteckter Warnung zurück, die von ihrem Inhalt her in völligem Gegensatz zu dem stand, was er an diesem Morgen gesagt hatte (obwohl der Botschafter gegenüber Sasonow mutig darauf beharrte, dass es »keine Drohung, sondern nur eine freundschaftlich geäußerte Meinung sei«).[21]

Es hatte eine elektrisierende Wirkung auf den russischen Außenminister. Nachdem man ihm gesagt hatte – gerade war die Meldung vom Beschuss der serbischen Hauptstadt durch die Österreicher eingetroffen –, dass Deutschland zur Mobilmachung »gezwungen sei«, wenn Russland weiterhin seine militärischen Vorbereitungen verfolge, entgegnete der russische Außenminister in scharfem Ton: »Ich habe keinen Zweifel mehr über den wahren Grund der österreichischen Unnachgiebigkeit.« Bei dieser Bemerkung sprang Graf Pourtalès aus seinem Sessel auf und rief in dem gleichen scharfen Ton aus: »Ich protestiere in aller Entschiedenheit, Herr Minister, gegen diese verletzende Behauptung.« »Sasonow«, berichtete Schilling, »antwortete trocken, dass Deutschland immer noch die Gelegenheit habe, die Fehlerhaftigkeit dessen, was er gesagt habe, zu beweisen.« Dann trennten sich die beiden Männer »in frostiger Stimmung«.[22]

Innerhalb einer Woche, in der die Spannungen zwischen Pourtalès und Sasonow immer weiter verschärft hatten, bildete diese Unterredung den traurigen Höhepunkt.

Die nächsten Stunden in St. Petersburg waren äußerst ereignisreich. Kurz vor 20 Uhr rief der Zar Sasonow an und berichtete ihm von dem Telegramm, das der Kaiser letzte Nacht geschickt und das er gerade zu Ende gelesen hatte. Im Gegenzug informierte Sasonow seinen Herrscher über Bethmann Hollwegs Warnung und die daraus resultierende unerfreuliche Konfrontation mit dem deutschen Botschafter, der soeben gegangen war.[23]

Der Zar war fassungslos über den scheinbaren Widerspruch und schickte um 20.20 Uhr ein dringendes Telegramm an Willy, in dem er Aufklärung verlangte:

> *Danke für Dein vermittelndes und freundliches Telegramm.*
> *Die offizielle Nachricht, die Dein Botschafter heute meinem*
> *Außenminister präsentiert hat, war in einem ganz anderen*
> *Ton abgefasst. Bitte Dich, die Abweichung zu erklären.*
> *Es wäre richtig, das österreichisch-serbische Problem an*
> *den Haager Schiedshof zu übergeben. Vertraue auf Deine*
> *Weisheit und deine Freundschaft. In Liebe Nicky.*[24]

Als ob er die Deutschen in der »Abweichung« seiner Zeichen übertreffen wollte, hatte der Zar, kurz bevor er diesen Friedensappell aufgesetzt hatte und während er immer noch am Telefon war, laut Schillings Tagebuch genehmigt, dass »Sasonow die Frage unserer Mobilmachung sofort mit dem Kriegsminister und dem Generalstabschef diskutiert«. Sasonow bestellte umgehend Suchomlinow und Januschkewitsch an die Sängerbrücke ein. Die drei Männer trafen sich in Januschkewitschs Büro im Ministerium; im Nebenraum warteten Untergebene, um eilige Befehle sofort weiterzugeben. An diesem Tag hatte der Zar bereits die Befehle für die Teilmobilmachung und die Generalmobilmachung unterzeichnet, allerdings wurde bis zu diesem Zeitpunkt keiner der beiden ausgeführt. Januschkewitsch hatte beide Befehle den ganzen Tag in seiner Tasche mit sich herumgetragen, obwohl er persönlich davon überzeugt war, dass die Generalmobilmachung trotz der zögernden Haltung des Zaren unvermeidlich war. Immerhin war Januschkewitsch schon so weit gegangen, an das Kommando in Tiflis zu telegrafieren und die Mobilmachung der russischen Kaukasusarmee zu befehlen auf der Basis von »Variante 4 eines Koalitionskriegs«, in dem die Unterstützung sowohl Frankreichs als auch Großbritanniens zugesichert war und an dem »die Türkei zunächst nicht beteiligt ist«.[25]

Sasonow und Suchomlinow sahen die Dinge auf die gleiche Weise. Obwohl die drei Männer »die Lage von allen Seiten aus betrachteten«, dauerte ihre Unterredung nicht lange. Kurz nach 21 Uhr rief Sasonow Zar Nikolaus II. an – weniger als eine Stunde nachdem dieser vom Kaiser gefordert hatte, er solle seinem österreichischen Verbündeten den Haager Schiedshof vorschlagen –, um von seinem Herrscher die Genehmigung für die Generalmobilmachung sowohl gegen Österreich-Ungarn als auch gegen das Deutsche Reich (Variante 4, wie Januschkewitsch ausgeführt hatte) zu erbitten. Der Zar stimmte sofort zu. Seine Entscheidung, die in Windeseile jedem an der Sängerbrücke übermittelt wurde, wurde laut Schilling »mit Begeisterung aufgenommen«.[26] General Dobrorolsky, der Chef der russischen Abteilung für Mobilmachung, eilte hinüber zum zentralen Telegrafenamt von St. Petersburg, um den schicksalhaften Befehl weiterzugeben. »In meiner Anwesenheit«, erinnerte sich Dobrorolsky, »begannen die Mitarbeiterinnen des Telegrafenamtes sofort damit, das Telegramm auf mehreren Schreibmaschinen zu kopieren, um es zur gleichen Zeit über alle Apparate abzuschicken, die St. Petersburg mit den wichtigsten Zentren des Reiches verbanden … Es existierte eine spezielle Anweisung für die Aussendung von Mobilmachungsbefehlen. Während der Übertragung durften keine anderen Telegramme, ganz gleich welcher Art, abgeschickt werden.«[27]

Noch während der Mobilmachungsbefehl abgetippt wurde, kam es jedoch zu einem dramatischen Ereignis auf Schloss Peterhof. Um 21.40 Uhr wurde ein zweites Willy-Nicky-Telegramm überbracht, die Antwort auf das erste Telegramm des Zaren (nicht auf das zweite über den Haager Schiedshof, das der Kaiser noch nicht erhalten hatte, als dieses um 18.30 Uhr in Potsdam aufgegeben worden war). Verständlicherweise dachte der Zar, es handele sich um Willys Antwort auf das Telegramm, das er gerade erst vor einer Stunde abgeschickt hatte, und nicht auf das aus der letzten Nacht. »Ich teile deinen Wunsch«, informierte der Kaiser Zar Nikolaus II., »dass der Friede aufrechterhalten werden sollte.« Obwohl er die Bezeichnung des Zaren von Österreichs Beginn feindseliger Handlungen gegen Serbien als »schändlichen Krieg« zurückwies, stimmte der Kaiser der Notwendigkeit einer »direkten Verständigung zwischen Deiner Regierung und Wien« zu und akzeptierte bereitwillig die Aufforderung des Zaren, bei ihrer Freundschaft, als Vermittler zu fungieren (der Haager Schiedshof wurde nicht erwähnt, was für den Zaren ein Hinweis hätte sein sollen, dass seine zweite Botschaft noch nicht angekommen war). Der Kaiser soll gesagt haben, dass seine Rolle als Vermittler jedoch »gefährdet würde«, wenn Russland mit seinen militärischen Vorbereitungen fortfahre, was leicht »eine Katastrophe heraufbeschwören könnte, die sie beide vermeiden wollten«.[28]

Russlands Herrscher war bewegt (und auch verwirrt: Er glaubte allen Ernstes, dass der Kaiser innerhalb von Minuten auf sein dringendes Telegramm geantwortet habe, das er erst eine Stunde vorher abgeschickt hatte). Der Zar rief seinen Hofminister und teilte ihm »in höchster Erregung« mit, dass »alles Menschenmögliche getan werden müsse, um den Frieden zu erhalten. Ich möchte nicht für ein gewaltiges Blutbad verantwortlich sein.« Der Zar telefonierte anschließend mit der Sängerbrücke und verlangte Suchomlinow an den Apparat. Entsetzt darüber, dass sein aufgeregter Souverän die russische Generalmobilmachung verhindern könnte, versuchte Suchomlinow, ihn davon abzubringen. »Die Mobilmachung«, betonte der Kriegsminister, »ist kein mechanischer Prozess, den man jederzeit nach Belieben anhalten und dann wieder in Bewegung setzen kann wie einen Eisenbahnwaggon.« Der Zar fragte danach Januschkewitsch, der die gleiche

Meinung äußerte. Da nahm Zar Nikolaus II. all seinen Mut zusammen, machte als Herrscher seine Kontrolle über die Armee geltend und verlangte, dass der Befehl zur Generalmobilmachung wieder aufgehoben werde.[29]

Im Telegrafenamt wartete Dobrorolsky immer noch darauf, die Kopien des Mobilmachungsbefehls an alle Kommandostellen des Reiches zu schicken, als das Telefon läutete. Januschkewitsch war in der Leitung und befahl ihm, den Befehl nicht abzuschicken, weil der Zar seine Meinung geändert hatte. Zum letzten noch möglichen Zeitpunkt – gegen 22 Uhr am Mittwochabend, 29. Juli, – war der europäische Krieg abgewendet worden.[30] Für den Moment.

IN BERLIN WAREN Bethmann Hollwegs Nerven zum Zerreißen gespannt. Am Mittwochnachmittag war er nach Potsdam bestellt worden, zusammen mit Generalstabschef Moltke, Kriegsminister Falkenhayn und Marinestaatssekretär Tirpitz. Es schien, dass sich alle in einer Sache einig waren: Der Kanzler trug die Schuld. Der Kaiser, erinnerte sich Tirpitz, »äußerte sich ohne Vorbehalt über Bethmann Hollwegs Inkompetenz«. Die Zeit für eine diplomatische Lösung lief ab. Wenn jedoch eine solche Lösung nicht mehr möglich war, dann lief die Zeit für die deutsche Armee – und die deutsche Marine – ebenfalls ab, was ihre Vorbereitungen für den Krieg betraf. Dennoch stimmte die militärische Führung (mit Ausnahme von Falkenhayn) darin überein – wie ungeeignet die politischen Maßnahmen des Kanzlers bis dahin auch gewesen sein mochten –, dass es noch zu früh für die Ausrufung des *Zustandes der drohenden Kriegsgefahr* war, solange die Initiative »Halt in Belgrad« noch auf dem Tisch lag. In dem verzweifelten Bemühen, Großbritannien aus dem europäischen Krieg herauszuhalten, der nun unmittelbar bevorstand, »schlug der Kanzler vor, sich die Neutralität Englands damit zu erkaufen, dass wir die deutsche Flotte für ein Abkommen mit England opfern«. Tirpitz war geschockt, allerdings nicht überrascht – Bethmann Hollweg hatte diese Idee, die gesamte deutsche Flotte der britischen Admiralität zu übergeben, bereits in der Vergangenheit aufgebracht, um England aus der Entente herauszulösen.[31] Zu Tirpitz' Erleichterung widerstrebte es dem Kaiser, seine geliebte Hochseeflotte zu opfern, und er lehnte diesen Vorschlag ab. Bethmann Hollwegs Plan war wiederum vereitelt. Nachdem er sein Mittagessen in zehn Minuten hinuntergeschlungen hatte, verließ er das Neue Palais vollkommen aufgelöst; Zeugen erschien es so, als sei er »vollkommen zusammengebrochen«.[32]

Nachdem der Kanzler irgendwann zwischen 19 und 20 Uhr in der Wilhelmstraße angekommen war, stand ihm bereits eine weitere Reihe von Schocks bevor. Gegen 15 Uhr hatte man ein Telegramm von Pourtalès dechiffriert, das Russlands Teilmobilmachung vermeldete. Kurz danach traf eine weitere Depesche von Chelius ein, dem Militärattaché in St. Petersburg. Er berichtete, dass seit der österreichischen Kriegserklärung an Serbien »in der Umgebung des Zaren ein allgemeiner Krieg als so gut wie unvermeidlich angesehen wird«.[33] Gegen 16 Uhr leitete der deutsche Generalstab einen Bericht von beängstigendem Umfang über die russischen Militärvorbereitungen an die Wilhelmstraße weiter, in dem von »Truppenkonzentrationen aller Waffengattungen nahe der Grenze in bis zu mehrfacher Regimentsstärke, der Einberufung von Reservisten und der Bereitstellung von Schienenfahrzeugen« die Rede ist.[34]

Diese Meldung wurde von der bedenklichen Nachricht begleitet, dass Belgien drei Reservistenjahrgänge eingezogen, die Grenzverteidigung verstärkt, die Festungen bemannt und Brücken zur Sprengung vorbereitet hatte für den Fall, dass französische oder deutsche Truppen einmarschieren sollten.[35] Unterdessen waren auch zwei Telegramme Lichnowskis eingegangen, die ein beunruhigendes, wenn auch zwiespältiges Bild der britischen Absichten zeichneten. Im ersten berichtete er, britische Diplomaten seien sich sicher, dass Italien nicht an der Seite Österreichs und Deutschlands kämpfen werde.[36] Und im zweiten gab Lichnowski seinen Eindruck wieder, »hier herrscht eine starke Überzeugung vor … dass ein Weltkrieg unvermeidlich sei, da Österreich-Ungarn keine Bereitschaft zeige, sich auf eine Diskussion der serbischen Frage einzulassen«.[37]

Der erneute Eingang an schlechten Nachrichten erhöhte nochmals den Druck, der auf Bethmann Hollweg lastete. Da bereits eine »Teilmobilmachung« Russlands beträchtliche Auswirkungen auf den deutschen Mobilmachungszeitplan hatte, musste der Kanzler die militärischen Führungspersonen zusammen mit dem Staatssekretär im Auswärtigen Amt Jagow für eine dringende Besprechung in die Wilhelmstraße einbestellen. Der Krieg schien jetzt so wahrscheinlich wie nie zuvor, was die Frage nach der britischen Neutralität an die erste Stelle rückte. Es sei unbedingt notwendig, betonte Bethmann Hollweg, die Verantwortung für den Beginn des Konflikts auf Russland zu schieben. Sasonow hatte behauptet, als Pourtalès ihn damit konfrontierte, dass die russische Mobilmachung »nicht gleich Krieg bedeute«. Was auch immer an der russischen Behauptung der Wahrheit entsprach – Falkenhayn zum Beispiel hielt sie für »eine glatte Lüge« –, Bethmann Hollweg wollte es mit Blick auf die britische Meinung ausprobieren. »England«, behauptete er, »wird sich nicht auf die Seite Russlands stellen, wenn Russland durch einen Angriff auf Österreich-Ungarn einen allgemeinen Krieg vom Zaune bricht und auf diese Weise die Schuld für den ganzen Kladderadatsch auf seine Schultern lädt.« Aus diesem Grund drängte der Kanzler darauf, den *Zustand der drohenden Kriegsgefahr* noch nicht auszurufen, um London damit klarzumachen, dass Russland, und nicht das Deutsche Reich, den Krieg angefangen habe. Moltke und Falkenhayn erklärten sich widerwillig bereit, noch zu warten.[38]

Bethmann Hollweg spielte mit einem hohen Einsatz in seiner Hoffnung auf britische Neutralität. Nachdem er seine Außenpolitik jahrelang auf einen Ausgleich mit England ausgerichtet und seinen militärischen Führern soeben gesagt hatte, mit den Kriegsvorbereitungen noch zu warten, um die britische Meinung nicht gegen sich aufzubringen, war er jetzt bereit, alles auf eine Karte zu setzen. Trotz des besorgniserregenden Tons, in dem Lichnowskys Meldungen vom Nachmittag abgefasst waren, gab es Grund zum Optimismus. In Potsdam hatte der Kanzler von einer ermutigenden Erklärung erfahren, die König Georg V. einige Tage zuvor Prinz Heinrich, dem Bruder des Kaisers, gegeben hatte: »Wir werden alles versuchen, uns aus dieser Angelegenheit herauszuhalten und neutral zu bleiben.« Der Prinz war am Mittwochnachmittag in Potsdam angekommen; er versicherte dem Kaiser, dass dieses Statement »mit aller Ernsthaftigkeit« erfolgt sei und dass England zu Beginn des Kriegs mit großer Gewissheit neutral bleiben würde, wobei seine spätere Haltung vom Schicksal Frankreichs abhinge.[39]

An diesem dünnen Faden hing Bethmann Hollwegs Hoffnung; daran festgeklammert, wagte er sich an den Rand des Abgrunds. Mittwochnacht gegen 22.30 Uhr bestellte Bethmann Hollweg den britischen Botschafter Sir Edward Goschen ein. Vielleicht war Bethmann Hollweg nicht bei vollem Verstand, immerhin hatte er einen anstrengenden Tag hinter sich, an dem er von seinem Souverän vor den Augen der militärischen Führung gemaßregelt worden war und anschließend eine niederschmetternde Litanei an Hiobsbotschaften erhalten hatte,* aufgrund derer er sich gezwungen sah, erneut die missbilligenden Blicke Falkenhayns und Moltkes zu ertragen.

---

* Zum Glück für sein schwaches Nervenkostüm hatte der Kanzler zu diesem Zeitpunkt noch nicht den Bericht des deutschen Konsuls aus Warschau erhalten, dass »sich Russland bereits vollkommen in der Kriegsvorbereitungsperiode befindet … Die gegen Deutschland vorgesehenen Truppen werden zwischen Lomza und Kowno entlang der Memel aufgestellt«, denn dieser wurde erst am Donnerstag entschlüsselt. Wenn Bethmann Hollweg diese Meldung Mittwochnacht vor allen anderen gelesen hätte, wäre er wahrscheinlich völlig zusammengebrochen.

Dennoch war Bethmann Hollwegs Eröffnung besonnen. Obwohl er »weiterhin all seine Anstrengungen auf die Erhaltung des Friedens verwende«, sagte der Kanzler zu Goschen, würde dennoch, sollte das Deutsche Reich aufgrund eines »russischen Angriffs gegen Österreich-Ungarn« zur Mobilmachung gezwungen werden, »zu seinem großen Bedauern ein europäischer Flächenbrand unvermeidlich werden«. In diesem Fall, so Bethmann Hollweg, »hoffte er, dass Großbritannien neutral bleiben würde«. Wenn er seine Ausführungen an dieser Stelle beendet hätte, wäre für Goschen nur wenig Anlass gegeben, etwas einzuwenden. Wie hätte es England auch rechtfertigen sollen, nicht neutral zu bleiben (das heißt, dem Deutschen Reich den Krieg zu erklären), wenn der Casus foederis ein russischer Angriff auf Österreich-Ungarn gewesen wäre? In der Tat war diese Argumentation die logische Folge von dem, was er gerade Falkenhayn und Moltke vorgeschlagen hatte: dass das Deutsche Reich mit einer Gegenmobilmachung abwarten solle, um die Schuld am Kriegsausbruch auf Russland abzuschieben.

Allerdings hörte Bethmann Hollweg an dieser Stelle nicht auf. Im Glauben, er müsse England irgendetwas Greifbares für eine ernsthafte generelle Neutralität anbieten – die Deutsche Flotte, wie er es sich gewünscht hatte, konnte es nicht sein –, fing der Kanzler an, Insiderinformationen auszuplaudern. Als Gegenwert für die britische Neutralität versprach er Goschen, dass »das Deutsche Reich im Fall eines siegreichen Kriegs davon absehen werde, sein Gebiet auf Kosten Frankreichs zu erweitern«. Dieses Versprechen an sich war unbedenklich, aber seine Formulierung eröffnete ein breites Spektrum an Fragen bezüglich der deutschen Absichten. Wenn nicht Frankreich selbst, wie sah es dann mit seinen Kolonien aus? Goschen fragte nach. Der Kanzler gestand törichterweise ein, er könne nicht garantieren, dass das Deutsche Reich sie nicht annektieren werde. Holland? Bethmann Hollweg antwortete, »er sei bereit ... der britischen Regierung zu versichern, dass die Neutralität und Unversehrtheit Hollands so lange vom Deutschen Reich anerkannt werde, wie das auch seine Gegner tun«. Schließlich kam Goschen zum entscheidenden Punkt: Würde das Deutsche Reich auch die Neutralität Belgiens respektieren, die seit der Gründung dieses Staates 1839 von allen Mächten gewährleistet wurde (wobei weitgehend Großbritannien für den Schutz garantierte). »Was Belgien betrifft«, platzte der Kanzler ohne zu überlegen heraus, »könne er nicht sagen, zu welchen Operationen das Deutsche Reich durch französische Aktionen gezwungen sein werde, aber er könne feststellen – vorausgesetzt Belgien ergreift nicht Partei gegen das Deutsche Reich –, dass *seine Unversehrtheit nach der Beendigung des Kriegs anerkannt wird*.«[40]

Das war ein diplomatischer Fehler ersten Ranges. Unter der Stressbelastung dieser Nacht hatte Bethmann Hollweg die eigentlichen Absichten preisgegeben. Anstatt London von der Friedensliebe des Deutschen Reichs zu überzeugen, hatte seine arglose Offerte für britische Neutralität den Wunsch nach einem Krieg widergespiegelt. Nachdem er sich selbst einer Reihe kritischer Fragen ausgesetzt hatte, gab Bethmann Hollweg dann stillschweigend zu, dass das Deutsche Reich imperialistische Ziele in Bezug auf Frankreichs Kolonien (wenn nicht Frankreich selbst) verfolgte. Am schlimmsten von allem war jedoch, dass er in seinen Antworten auf die Fragen zu Holland und Belgien das am besten gehütete Geheimnis verraten hatte: den deutschen Aufmarschplan durch Belgien. Warum sonst hätte er die holländische, aber nicht die belgische Neutralität garantieren sollen? So notierte Sir Eyre Crowe, Unterstaatssekretär im britischen Außenministerium, zu Goschens Bericht, »das Deutsche Reich gesteht praktisch seine Absicht ein, die belgische Neutralität zu verletzen«. Der einzige notwendige Kommentar zu diesen »erstaunlichen Vorschlägen«, merkte Crowe trocken an, »ist, dass sie den Staatsmann in Verruf bringen, der sie gemacht hat«.[41] Als Premierminister Asquith von diesem Vorschlag erfuhr, tat ihm Bethmann Hollweg fast leid, und er notierte, dass

»etwas an der deutschen Diplomatie sehr unausgereift und fast kindlich ist«.[42]

Zu Bethmann Hollwegs Verteidigung lässt sich lediglich sagen, dass er seinen Fehler anscheinend sofort erkannte, nachdem er ihn begangen hatte. Wenige Minuten, nachdem das Gespräch mit Goschen beendet war, erhielt der Kanzler ein drittes Telegramm von Lichnowsky; es machte ihm klar, wie aussichtslos seine Hoffnung auf britische Neutralität war. Nach Tagen, in denen er alle durch seine verwirrenden Vermittlungsvorschläge getäuscht hatte, nahm Außenminister Grey seinen Mut zusammen und schickte eine deutliche Warnung an Deutschland. Obwohl er immer noch hoffte, dass eine Vier-Mächte-Konferenz einschließlich Deutschland zwischen Österreich und Serbien vermitteln könnte, gab Grey zum ersten Mal einen Hinweis darauf, wie Großbritanniens Politik aussehen wird, falls diese nicht zustande kommen sollte. Wenn eine bewaffnete österreichisch-russische Auseinandersetzung wegen Serbien Frankreich und das Deutsche Reich in einen europäischen Krieg ziehen sollte, sagte Grey gegen 18 Uhr am Mittwochabend zu Lichnowsky, »sähe sich die britische Regierung dazu gezwungen, schnelle Entscheidungen zu treffen. In diesem Fall würde es nicht ausreichen, danebenzustehen und abzuwarten.«[43] Damit war König Georgs äußerst vage Zusicherung null und nichtig. Großbritannien würde am Ende nicht neutral bleiben.

Lichnowskys letztes Telegramm versetzte Bethmann Hollweg einen vernichtenden Schlag. Allerdings war es insofern auch heilsam, als es ihn zwang, die Wunschvorstellungen aufzugeben, auf die er seine Politik aufgebaut hatte. An dieser Stelle muss man erwähnen, dass Grey vor dem 29. Juli so gut wie nichts unternommen hatte, um diese Mutmaßung zu entkräften. Erst am Freitag, den 24. Juli, hatte Sir George Buchanan den Außenminister dazu gedrängt, an Wien und Berlin eine eindeutige Stellungnahme zu schicken, »dass es, sollte es zu einem allgemeinen Krieg kommen, für Großbritannien schwierig wird, neutral zu bleiben«.[44] Wenn

Grey dem am Wochenende oder wenigstens noch am Montag, den 27. Juli, nachgekommen wäre, hätte Bethmann Hollweg sicher keine Illusionen mehr über eine britische Neutralität gehegt. Dann hätte er bestimmt auch den österreichischen Außenminister Berchtold gewarnt, Serbien am Dienstag den Krieg zu erklären – oder er hätte wenigstens ohne Überarbeitung die ursprüngliche Version des »Halt-in-Belgrad«-Vorschlags des Kaisers weitergeleitet, auf der Basis der serbischen Antwort Verhandlungen aufzunehmen. Hätte Grey seine versteckte Drohung zumindest noch am Mittwochmorgen ausgesprochen (rechtzeitig genug, dass Bethmann Hollweg vor seiner verhängnisvollen Unterredung mit Goschen um 22.30 Uhr davon erfahren hätte), wäre jedem die Peinlichkeit seines unglaublich dummen Neutralitätsangebots erspart geblieben. Stattdessen hatte Grey ständig den Unbeteiligten gespielt, sogar als Churchill (zugegebenermaßen ohne Greys Wissen) die britische Marine für einen Krieg gegen das Deutsche Reich bereitmachte und Russland weitreichende Kriegsvorbereitungen begann, ohne auch nur einen Piepser von Missbilligung zu hören. Indem er die Deutschen lange Zeit im Unklaren über die britischen Absichten gelassen hatte, nährte Grey Bethmann Hollwegs Illusionen und ermutigte ihn damit, Österreich-Ungarn zu einem rücksichtslosen Vorgehen zu drängen.

Allerdings befand sich Sir Edward Grey selbst in einer unangenehmen Zwickmühle. Churchills kühn vorbereitende Manöver waren nur möglich, weil er sie nicht vom Kabinett hatte genehmigen lassen, mit der fadenscheinigen Begründung, dass es sein Vorrecht als Erster Lord der Admiralität sei, die Flotte nach Belieben zu verlegen; außerdem müsse dies nicht unbedingt eine bestimmte politische Haltung widerspiegeln. Als Außenminister seiner Majestät war jede Äußerung Greys im Wesentlichen eine politische Erklärung; aus diesem Grund ging er so vorsichtig zu Wege. Das Kabinett war tief gespalten; eine kleine Schicht frankophiler, liberaler Imperialisten – Asquith, Grey, Churchill – bestimmte die Außenpolitik, während die untergeordneten Dienstränge eher

Gegner der britischen Weltreichspolitik waren und allen ausländischen Verstrickungen misstrauisch gegenüberstanden – besonders denen mit Frankreich und Russland. Auf einer Kabinettssitzung, die am frühen Mittwoch stattfand, hatte Grey sich nicht getraut, scharfe Töne gegen das Deutsche Reich anzuschlagen, in dem Wissen, dass er und Asquith »einer deutlichen Mehrheit gegenüberstanden, die gegen eine Intervention war«.[45] Churchill selbst glaubte – ungeachtet seiner eigenen nicht bewilligten Manöver –, dass sich das liberale Kabinett »aufgelöst hätte«, wenn Grey ein regelrechtes Ultimatum an das Deutsche Reich gestellt hätte.[46] Im Gegenzug hätte eine eindeutige Neutralitätserklärung Frankreich im Stich gelassen und den lautstarken Rücktritt der liberalen Imperialisten (angefangen bei Churchill) nach sich gezogen.

Aus Angst vor einer Auflösung des Kabinetts war es deshalb Greys Politik, keine bestimmte Strategie zu verfolgen – bis er endlich seinen Mut zusammengenommen und seine verspätete Warnung gegenüber Lichnowsky ausgesprochen hatte (selbst dann hatte er sie noch so stark verwässert, dass er keine Gefahr lief, die Opposition im Kabinett aufzuscheuchen). Eigentlich hatte Sir Edward Grey Bethmann Hollweg auf der Bühne von Großbritanniens eigenem politischem Drama geopfert.

Nachdem er sich mittlerweile sowohl diplomatisch als auch militärisch von der aufblühenden Triple Entente eingekreist sah, tat Bethmann Hollweg endlich das, was er schon seit Tagen (wenn nicht Wochen) hätte tun sollen: Er telegrafierte an Berchtold nach Wien und forderte »dringend und nachdrücklich«, dass die österreichische Regierung einer Vermittlung mit Serbien durch die vier Mächte ohne Wenn und Aber zustimmt. Wenn das Deutsche Reich und Österreich-Ungarn nicht auf der Basis der »ehrenvollen Bedingungen«, die Grey ursprünglich angeboten hatte, zu Verhandlungen bereit wären, sähen sie sich »einem Flächenbrand gegenüber, in dem Großbritannien gegen uns ist, Italien und Rumänien aller Wahrscheinlichkeit nach sich uns nicht anschließen werden, und wir zu zweit vier Großmächten gegenüberstünden«.*

Um 2.55 Uhr am Donnerstag sandte Bethmann Hollweg dieses historische Telegramm nach Wien.[47] Fünf Minuten später schickte er ein weiteres an Botschafter Tschirschky und verlangte, dass Österreich direkte Gespräche mit Russland aufnehmen solle; er unterstrich, dass die Deutschen »bereit seien, unseren Pflichten als Verbündeter nachzukommen, es jedoch ablehnen müssten, von Wien mutwillig und ohne unsere Ratschläge zu beachten, in einen Weltbrand hineingezogen zu werden. Auch in der italienischen Frage scheint Wien unseren Ratschlag nicht befolgt zu haben. Bitte geben Sie das sofort an Graf Berchtold weiter, mit großem Nachdruck und großer Ernsthaftigkeit.«[48] Auf diese Weise kündigte Bethmann Hollweg schließlich in der Nacht vom 29. auf den 30. Juli den ausgestellten Blankoscheck wieder auf, den er törichterweise drei Wochen zuvor den Österreichern ausgestellt hatte.

Es war zu spät. Um Mitternacht bestellte Sasonow Botschafter Pourtalès zur Sängerbrücke für eine dringende Unterredung. Es war ein peinlicher Moment für Russlands Außenminister. Erst drei Stunden vorher hatte er zusammen mit Suchomlinow und Januschkewitsch den Zaren überzeugt, die Generalmobilmachung anzuordnen – obwohl der Zar zu ihrem Entsetzen anschließend seine Meinung wieder geändert hatte. Verständlicherweise konnte Sasonow schlechthin mit Pourtalès darüber sprechen, aber er musste den Deutschen irgendetwas vorsetzen, um ihre Aufmerksamkeit abzulenken. Deshalb brachte er mutig alle möglichen Ideen hervor, wie die Deutschen in Wien vermitteln könnten, während er es vermied, in eine Diskussion über Russlands militärische Vorbereitungen gezogen zu werden. Pour-

---

* Es ist nicht klar, ob Bethmann Hollweg Italien oder Rumänien als »vierte Großmacht« meinte, die sich England, Frankreich und Russland (sowie Serbien) anschließen könnte, doch der Grundgedanke war einleuchtend genug: Die Mittelmächte würden zahlenmäßig und waffentechnisch unterlegen sein.

talès hielt dagegen, dass es für das Deutsche Reich »schwierig, wenn nicht gar unmöglich« ist, auf seinen Verbündeten Druck auszuüben, »jetzt, da Russland den schicksalhaften Schritt in Richtung Mobilmachung getan habe«. Sasonow brachte das Thema wieder auf Serbien, während Pourtalès erneut auf die Gefahr eines »generellen europäischen Flächenbrandes« hinwies. Als Sasonow klar wurde, dass er mit Serbien nicht vorankam, konfrontierte er Pourtalès mit dem »Widerspruch« zwischen den beiden Telegrammen, die er am Mittwoch vom Kanzler und vom Kaiser erhalten hatte, das erste fast schon eine Kriegsdrohung, das zweite mit dem Versprechen, in Wien zu vermitteln. Pourtalès hatte seine Antwort vorbereitet. Selbst wenn alle Mächte mobilmachten, betonte er, war es immer noch ein Vorrecht des Kaisers, sich für den Frieden einzusetzen. Was in Bethmann Hollwegs Telegramm gestanden habe, war nur eine »freundliche Warnung« und bezog sich auf die deutschen Bündnisverpflichtungen: Wenn Russland gegen Österreich-Ungarn mobilmacht, dann musste das Deutsche Reich vertragsgebunden zugunsten seines Verbündeten gegen Russland mobilmachen. Als Sasonow dies erneut vernahm, verlor er seine Fassung. Kurz vor 1.30 Uhr am Donnerstag sagte Russlands Außenminister unverblümt zu Pourtalès, dass es »nicht länger möglich sei, den Befehl für die [russische] Mobilmachung zurückzuhalten«, und dass »die österreichische Mobilmachung der Auslöser dafür gewesen sei«.[49]

In einer erstaunlichen Fügung war der Zar drüben in Schloss Peterhof gerade dabei, fast das gleiche Geständnis zur selben Zeit abzulegen. Das Telegramm des Kaisers von 21.40 Uhr, das Nikolaus für die Antwort auf seine um 20.30 Uhr gesendete dringende Bitte um Klarstellung der deutschen Absichten hielt, hatte ihn so aufgewühlt, dass er die Generalmobilmachung ausgerufen hatte. Er war immer noch erschüttert, als er um 1.20 Uhr seine Antwort aufsetzte. In der Hoffnung, den Kaiser im Hinblick auf die russischen Absichten zu beruhigen, teilte Nicky nun Willy mit – augenscheinlich hatte er unter der emotionalen Belastung dieser

Nacht seine Zeilen vergessen –, dass »die militärischen Maßnahmen, die jetzt in Kraft treten, schon vor fünf Tagen beschlossen worden waren«.[50] In dem Moment, da sich Bethmann Hollweg in den schicksalsträchtigen Stunden der Mittwochnacht dazu durchgerungen hatte, die Österreicher zurückzuhalten, wie es Russland seit Tagen verlangte, und der Zar den Befehl zur Generalmobilmachung nicht mit seinem Gewissen vereinbaren konnte und ihn wieder zurückzog, gestanden Russlands Außenminister und sein vertrauensseliger Souverän die geheimen russischen Kriegsvorbereitungen gegen Österreich-Ungarn und das Deutsche Reich ein – und dass diese Vorbereitungen bereits seit Samstag im Gang waren.

Bethmann Hollweg konnte nur noch hoffen, nicht in Hörweite zu sein, wenn der Kaiser diese Nachricht erfuhr.

20. Es ist ein Blutbad

Donnerstag, 30. Juli

ALS DIE NEUIGKEITEN dieser Nacht in Berlin und Potsdam eintrudelten, begann es den Deutschen zu dämmern, dass sie hereingelegt wurden. Bethmann Hollweg hatte die Geheimnisse der deutschen Politik in einem varietéreifen Akt gegenüber dem britischen Botschafter ausgeplaudert, kurz bevor er von Lichnowsky erfuhr, dass die britische Neutralität letztendlich nur eine hohle Phrase war. Die Vortäuschung des russischen Außenministers, dass er direkte Verhandlungen mit Wien wünsche – oder Greys Vorschlag einer Vier-Mächte-Konferenz annehmen würde –, wurde durch Sasonows Eingeständnis, dass Russlands »Mobilmachung nicht länger aufgeschoben werden könnte, ad absurdum geführt«. Frankreich hatte mit den Kriegsvorbereitungen begonnen, und zwar nur wenige Tage nach Russland, während es immer noch so tat, als wäre es an einer Vermittlung durch die Briten interessiert. Und auch die Vorbereitungen der britischen Marine nahmen Fahrt auf. Es stimmte zwar, dass sich Bethmann Hollweg selbst erst am Mittwoch, dem 29. Juli, dazu durchrang, ernsthafte deutsche Vermittlungen in Wien zu favorisieren, nachdem er die niederschmetternden Nachrichten aus London erhalten hatte, aber in diesem Moment hat er sich weit aus dem Fenster gelehnt.

Das galt nicht nur für seine Neutralitätsofferte an Großbritannien, sondern auch für seine Weigerung, der deutschen Armee Befehl zu erteilen, Maßnahmen zur Vorbereitung der Mobilmachung zu treffen, wie sie in Russland und Frankreich schon längere Zeit angelaufen waren, und das gegen den Widerstand von Falkenhayn und Moltke – und trotz der Tatsache, dass der deutsche Mobilmachungsplan mehr als jeder andere von der Schnelligkeit seiner Ausführung abhängig war. In diplomatisch-strategischen Begriffen waren die Deutschen mit heruntergelassenen Hosen erwischt worden.

Niemand spürte dies heftiger als Kaiser Wilhelm II. Nachdem er sich selbst entblößt hatte, zumindest aus seiner Sicht, als er die Forderung des Zaren, in Wien zu vermitteln, aufgegriffen hatte, war er am Donnerstagmorgen, den 30. Juli, kurz nach 6 Uhr aufgewacht und musste als Erstes Nickys Geständnis lesen, dass »die militärischen Maßnahmen, die jetzt in Kraft treten, schon vor fünf Tagen beschlossen wurden«. »Das ist dann ja etwa eine Woche vor uns«, schrieb der Kaiser wütend an den Rand des Telegramms; »der Zar hat hinter meinem Rücken in aller Heimlichkeit mobilgemacht.«[1] Dies erschien umso glaubwürdiger, als der Kaiser als Nächstes Pourtalès' Telegramm vom Mittwochnachmittag las, in dem dieser von der russischen Teilmobilmachung der vier Militärbezirke, die Österreich-Ungarn gegenüberlagen, am Dienstag berichtete, die angeblich als Antwort auf die österreichische Kriegserklärung an Serbien erfolgt war. Der Kaiser schrieb auf dieses zweite Telegramm, dass Russlands Maßnahmen zur Mobilmachung

»dem Telegramm des Zaren vom 29. Juli zufolge tatsächlich fünf Tage früher angeordnet worden waren, das heißt am 24. Juli, unmittelbar nach der Übergabe des Ultimatums an Serbien und daher lange bevor mich der Zar um Vermittlung gebeten hat. Sein erstes Telegramm sagte ausdrücklich, er werde wahrscheinlich gezwungen sein, Maßnahmen zu ergreifen, die zu einem europäischen Krieg führen … in Wirklichkeit waren die Maßnahmen bereits voll im Gange und er hat mich einfach angelogen … Ich betrachte meine Vermittlung als gescheitert, da der Zar, ohne abzuwarten, ob sie Wirkung zeigt, und ohne einen Hinweis für mich hinter meinem Rücken mobilisiert hat.«

Was dies für Willy bedeutete, war einfach: »Das bedeutet, ich muss ebenfalls mobilmachen!«[2]

Mit Kaiser Wilhelm II. war man wegen seiner impulsiven Handlungsweise, die sich in diesem wie auch in anderen wichtigen Momenten im Juli 1914 gezeigt hatte, scharf ins Gericht gegangen. Und dennoch traf seine gefühlsmäßige Reaktion in diesem Fall nahezu den Kern der Sache. Genau wie er notierte, waren die Mobilmachungsmaßnahmen gegen Österreich vom russischen Ministerrat am 24. Juli angeordnet, dann vom Zaren am Samstag, den 25. Juli, gegengezeichnet worden mit der Auflage, dass sie erst dann öffentlich bekannt gegeben werden sollten, nachdem Österreich Serbien angegriffen oder ihm den Krieg erklärt hatte. Anschließend hatte der Zar in der Nacht vom 29. auf den 30. Juli persönlich bestätigt, dass all dies bereits »fünf Tage früher entschieden worden war«, als es tatsächlich stattgefunden hatte. Ebenso »fünf Tage früher« (obwohl der Zar das nicht erwähnt hatte) war Russlands Kriegsvorbereitungsperiode angekündigt worden, die nach den aus dem Boden schießenden Berichten der deutschen Konsuln vor Ort sowohl gegen das Deutsche Reich als auch gegen Österreich-Ungarn gerichtet war. Genau darauf spielte der Kaiser an, als er am Rand notierte – zwei Mal, und zwar sowohl auf dem Telegramm von Nicky als auch auf dem von Pourtalès –, dass der Zar »hinter meinem Rücken mobilmachte«. Vielleicht hatte er es auch nur auf Verdacht getan.

Was auch immer der Anlass für die Überlegungen des Kaisers waren, sie waren stichhaltig. Nur Stunden nachdem er das geschrieben hatte, traf Konsul Brücks Mittwochstelegramm aus

Warschau ein, in dem er berichtete, dass »sich Russland bereits vollkommen in der Kriegsvorbereitungsperiode befindet ... Die gegen Deutschland vorgesehenen Truppen werden zwischen Lomza und Kowno entlang der Memel aufgestellt, während diejenigen, die gegen Österreich kämpfen sollen, in Lublin und Kowel (Ukraine) zusammengezogen werden.« All dies hatte sich ereignet, bevor Zar Nikolaus II. unter dem Druck seiner militärischen Führung Mittwochnacht die Generalmobilmachung anordnete (und ehe er wiederum seine Meinung änderte, weil er ein Telegramm aus Potsdam falsch gelesen hatte). Das Urteil des Kaisers über die Natur von Russlands geheimer Mobilmachung stimmte sehr wohl mit den Fakten überein – auf jeden Fall besser als das Wunschdenken seines Kanzlers, der Sasonows Wort vertraut hatte.

Wie so oft in ihrer schwierigen Beziehung lagen der Kanzler und der Kaiser am Dienstagmorgen nicht auf derselben Wellenlänge. Nachdem ihm Lichnowskys Telegramm aus London mit Greys versteckter Drohung überbracht worden war, hatte Bethmann Hollweg begonnen, über Nacht eine diplomatische Lösung anzustreben, während sein Herrscher nach Erhalt des ungewollt aufschlussreichen Telegramms des Zaren beschlossen hatte, jegliche Diplomatie beiseitezulassen und mobilzumachen. Sobald jedoch der Kanzler Lichnowskys Telegramm gegen Mittag an Wilhelm weitergeleitet hatte – versehen mit dem Kommentar, dass man Österreich an den Verhandlungstisch zwingen müsse –, machte der Kaiser einen Rückzieher. Er stellte mit Bethmann Hollweg eine Antwort auf das Telegramm des Zaren zusammen, die (auf Betreiben des Kanzlers) keine Andeutung enthielt, dass er bereit war, seine »Vermittlerrolle« aufzugeben und gegen Russland mobilzumachen. Stattdessen versuchte Willy, den scheinbaren Widerspruch zu klären, worum ihn Nicky in seinem ersten Telegramm von Mittwochnacht gebeten hatte. Sein Kanzler, erklärte der Kaiser, hatte Pourtalès lediglich mitgeteilt, »die Aufmerksamkeit Deiner Regierung auf die Gefahr und die schwerwiegenden Konsequenzen zu lenken, die eine Mobilmachung mit sich bringt; ich habe das Gleiche in meinem Telegramm an Dich gesagt.« Er erinnerte anschließend den Zaren daran, dass

> »Österreich nur gegen Serbien mobilgemacht habe, da auch nur einen Teil seiner Armee. Wenn, wie es jetzt der Fall ist, gemäß der Mitteilungen von Dir und Deiner Regierung, Russland gegen Österreich mobilmacht, ist meine Rolle als Vermittler, mit der Du mich freundlicherweise betraut hast und die ich auf Deine ausdrückliche Bitte hin akzeptiert habe, in Gefahr, wenn nicht sogar schon zunichtegemacht. Das ganze Gewicht der Entscheidung liegt jetzt auf Deinen Schultern, die die Verantwortung für Frieden oder Krieg zu tragen haben.«[3]

Die letzte Zeile, die rundheraus erklärt, dass Russland allein die Verantwortung für »Frieden oder Krieg« trägt, ging wahrscheinlich auf Bethmann Hollwegs Idee zurück. Der Kanzler, der immer noch ein Auge auf die öffentliche Meinung in Großbritannien warf, war seit Tagen darauf fokussiert, die Schuld am Ausbruch des Kriegs Russland in die Schuhe zu schieben. Auch wenn Grey seine Hoffnungen auf britische Neutralität zunichtegemacht hatte, so leistete Bethmann Hollweg immer noch dem Anschein Vorschub, dass die Verantwortung bei Russland läge, damit die im Deutschen Reich sehr einflussreichen Sozialdemokraten den Krieg befürworten würden, falls er kommen sollte. Andernfalls würde er seine Aufgaben als Kanzler nur schlecht erfüllen.

Die Zeile war jedoch nicht nur politisch motiviert. Wie das letzte Telegramm des Kaisers betonte, hatte Russlands Regierung angekündigt, dass die Mobilmachung gegen Österreich befohlen worden war. Gemäß den Bedingungen des österreichisch-deutschen Bündnisses könnte dies an und für sich schon ein Casus foederis für den Krieg sein, wie Moltke in seinem Memorandum an Bethmann Hollweg ausgeführt hatte: »Wenn das Deutsche

Reich nicht sein Wort brechen und zulassen will, dass sein Verbündeter der überlegenen Stärke Russlands unterliegt, muss es ebenfalls mobilmachen.« Mittwochnacht hatte sich Bethmann Hollweg gegenüber Moltke und Falkenhayn darüber hinweggesetzt und sich verzweifelt an Sasonows fragwürdige Zusicherung geklammert, dass die »russische Mobilmachung noch keinen Krieg bedeute«. Sowohl Sasonow als auch Zar Nikolaus II. hatten anschließend eindeutige Beweise geliefert, dass dieses Ziel nur fingiert war, als sie versehentlich preisgegeben hatten, dass Russland schon vor fünf Tagen die Mobilmachung gegen Österreich-Ungarn beschlossen hatte und dass diese Mobilmachung, sobald sie einmal angelaufen war, »nicht mehr zurückgenommen werden konnte«. Und sogar jetzt, da Russlands kriegerische Absichten durch seinen Herrscher und seinen Außenminister ans Licht gekommen waren und Grey Bethmann Hollwegs Hoffnungen auf britische Neutralität zerstört hatte, führte der Kanzler noch nicht den Casus foederis für eine deutsche Mobilmachung oder wenigstens Teilmobilmachung ins Feld, was er mit gutem Recht hätte tun können. Bethmann Hollweg stand vor den Trümmern seiner Politik und wollte dennoch Russland eine letzte Gelegenheit zu einem Rückzieher geben. Das Gleiche wollte auch der Kaiser, in dessen Art es lag, nach einem kriegslüsternen Ausbruch die Nerven zu verlieren, sobald die Hunde des Kriegs ernsthaft zu heulen begannen.

Moltke, der mit jeder Stunde, die verstrich, gegenüber der russischen Mobilmachung ins Hintertreffen geriet, war nicht so zuversichtlich. Zwar hatte er am Mittwoch Bethmann Hollweg unterstützt, während Falkenhayn mit allem Nachdruck für die Ausrufung des Zustands der drohenden Kriegsgefahr war. Doch am späten Donnerstagmorgen sagte Moltke zu Hauptmann Fleischmann, dem österreichischen Verbindungsoffizier zum deutschen Generalstab, dass »Russlands Mobilmachung noch kein Grund für die eigene Mobilmachung sei«. Nicht bevor der Kriegszustand zwischen Österreich und Russland existierte …

»Erklären Sie Russland nicht den Krieg, aber rechnen Sie mit Russlands Angriff.«[4]

Am Donnerstag, den 30. Juli, gegen Mittag vollzog Moltke jedoch einen dramatischen Wechsel, was seine Einstellung zum Krieg betraf – dramatisch genug, dass er gegen 13 Uhr ohne Einladung in eine Besprechung des Kanzlers platzte.[5] Während Moltke selbst niemals darüber sprach, was genau ihn zu diesem Sinneswandel bewogen hatte, dürfte es mit ziemlicher Sicherheit der Empfang der beiden Telegramme – von Pourtalès und vom Zaren – gewesen sein, die auch Kaiser Wilhelm II. erhalten hatte. Moltke war sprachlos, noch mehr als sein Herrscher, als er erfuhr, dass die Russen schon vor fünf (oder sechs) Tagen mit den Vorbereitungen für den Krieg begonnen hatten. Aufgrund dieser Tatsache war es um so verständlicher, warum der deutsche Militärnachrichtendienst an diesem Tag gefolgert hatte, dass die russische Kriegsvorbereitungsperiode schon »weit vorangeschritten« sein musste. Moltkes Panikstimmung am Donnerstag steigerte sich noch, als er aus Wien erfuhr, dass Conrad »beabsichtigte, starr an Plan B festzuhalten« – das heißt, ausschließlich gegen Serbien und nicht gegen Russland mobilzumachen. Nachdem Russland gerade zugegeben hatte, dass seine Mobilmachung gegen Österreich schon längst begonnen hatte – und es allem Anschein nach auch heimlich gegen das Deutsche Reich mobilmachte –, sah sich Moltke mit der Aussicht konfrontiert, dass die Russen alle ihre Kräfte gegen das Deutsche Reich richten und die 8. Armee überrennen könnten, die gemäß dem neuesten deutschen Kriegsplan Ostpreußen allein verteidigen sollte.[6]

Wir wissen nicht genau, was auf diesem 13-Uhr-Treffen in der Wilhelmstraße besprochen wurde, aber es ist klar, dass Moltke in seiner veränderten Gemütsverfassung den Kanzler bat, sofort den Zustand der drohenden Kriegsgefahr auszurufen. Bethmann Hollweg lehnte ab, da er immer noch an seiner »Halt in Belgrad«-Initiative festhielt. Der österreichische Militärattaché Oberstleutnant Bienert, den Moltke sofort nach seiner Unterredung mit

Bethmann Hollweg einbestellt hatte, fand den Generalstabschef »in heftiger Erregung vor, wie ich ihn zuvor noch nie gesehen hatte«. Bienert berichtete an Conrad, dass Moltke »die Lage als kritisch einschätze, wenn Österreich-Ungarn nicht sofort gegen Russland mobilmache (das bedeutete, Plan B aufzugeben und zu Plan R überzugehen). *Russlands angekündigte Erklärung bezüglich der befohlenen Mobilmachung* erfordert unverzügliche Gegenmaßnahmen durch Österreich-Ungarn und müsse ebenfalls in der öffentlichen Erklärung genannt werden ... In einem europäischen Krieg standzuhalten ist die letzte Chance, Österreich-Ungarn zu retten. Das Deutsche Reich wird bedingungslos zu ihm stehen.«[7]

Mit dieser Botschaft an Conrad überschritt Moltke eindeutig seine Befugnisse. Dies wird mitunter als der Augenblick angesehen, da die »Politiker« die Kontrolle über die Situation verloren und die »Militärs« die Sache in die Hand nahmen. Seine Intervention untergrub sicherlich Bethmann Hollwegs allerletzten Versuch, Berchtold dazu zu zwingen, eine diplomatische Vermittlung zu akzeptieren. So fragte Berchtold, als er von Conrad über Moltkes Anweisungen informiert worden war: »Wer regiert in Berlin, Moltke oder Bethmann?«[8]

Es bleibt allerdings die Tatsache, dass Moltke am Donnerstag seinen Kopf nicht durchsetzen konnte. Es gelang ihm nicht, auch nur eines seiner beiden grundsätzlichen Ziele zu erreichen: (1) Er wollte den Kanzler des Deutschen Reichs dazu bringen, den *Zustand der drohenden Kriegsgefahr* auszurufen, um nicht mit allzu großer Verspätung die Aufholjagd für die Mobilmachung zu starten; und er wollte (2) Conrad überzeugen, Plan B aufzugeben und die österreichischen Truppen gegen Russland zu konzentrieren. Moltke hatte bei den diplomatischen Unternehmungen seines Kanzlers dazwischengefunkt; anschließend hatte Bethmann Hollweg dasselbe getan in Bezug auf Moltkes Bemühungen, die militärischen Chancen zum Vorteil des Deutschen Reichs zu beeinflussen. Der eigentliche Fehler am Mittwoch lag beim Kaiser.

Als souveräner Herrscher hätte er seinen Generalstabschef und seinen Kanzler an einen Tisch zwingen und eine gemeinsame Reichspolitik schmieden lassen müssen. Die äußerst besorgniserregenden Nachrichten, die über Nacht aus Russland eingetroffen waren, hatten ihn kurzfristig aufgerüttelt, bevor er wieder in seine übliche nervenaufreibende Untätigkeit zurückfiel.

IN GEWISSER HINSICHT war die zivile Führung Frankreichs ebenso verwirrt über Russlands frühe Mobilmachung wie die deutsche. Mittwochnacht hatte man Botschafter Paléologue sofort über die Entscheidung des Zaren für die Generalmobilmachung informiert. Nikolai Basili, stellvertretender Direktor der Kanzlei (oder der politischen Abteilung) des russischen Außenministeriums, war von der Sängerbrücke zur französischen Botschaft geeilt, um die wichtige Nachricht persönlich zu überbringen. Der Grund, warum er von der Botschaft zur Sängerbrücke in Begleitung von Paléologues Sekretär Charles de Cambrun zurückkehrte, lag auf der Hand: Um den deutschen Geheimdienst zu unterlaufen, hatte man sich darauf geeinigt, dass Telegramme nach Paris mit der Ankündigung der Generalmobilmachung mit russischem Chiffrierverfahren verschickt werden sollten (das schwieriger zu entschlüsseln war als das französische). Basili schilderte seinen Auftrag Yuri Danilov, dem Verfasser von Russlands Mobilmachungsplan 19 gegen die Mittelmächte: »M. Paléologue muss notgedrungen diese Neuigkeiten sofort nach Paris übermitteln und kann nicht bis zum nächsten Morgen warten, wenn der Befehl [für die Generalmobilmachung] öffentlich bekannt gegeben wird; gleichzeitig müssen wir jedoch diese Neuigkeit vor unseren Feinden geheimhalten.«[9] Die ursprüngliche Nachricht, die Basili für Paris codierte, hatte die Passage enthalten »und heimlich mit der Generalmobilmachung zu beginnen« (das heißt, am Donnerstag, den 30. Juli, wie ursprünglich beschlossen), die der französische Botschaftssekretär jedoch wieder streichen musste, als er erfuhr,

Karte 5: Mobilmachungsplan für die Ostfront 1914

Ostsee

Königsberg

8. ARMEE
(Prittwitz)

Danzig

Ost-preußen

DEUTSCHES

REICH

nach Berlin 240 km

Posen

Posen

(Woyrsch) Warthe

Lodz

Breslau

Schlesien

Österreichisch-Schlesien

Mähren

Brünn

Wien

Pressburg

Donau

Budapest

2. ARMEE
(Böhm-Ermolli)

ÖSTERREICH-

UNGARN

Drau

Save

Neusatz

5. ARMEE

Bosnien

6. ARMEE

Sarajevo

SERBIEN

Belgrad

Kovno

Wilna (Vilnius) *Vilnia*

1. ARMEE
(Rennenkampf) **Weißrussland**

Grodno

(Schilinski) Memel

Minsk

Russisches Haupt-quartier (Stavka)
Januschkewitsch

2. ARMEE
(Samsonow)

Baranawitschy

Weichsel

Narew

Warschau

Im Entstehen

9. ARMEE *Bug*

RUSSISCH-
POLEN

4. ARMEE
(Saltza)

Ivangorod

Pilitza

Lublin

Brest-Litowsk

Pinsk

Pripjet-sümpfe

RUSSISCHES

REICH

(Ivanow)

5. ARMEE
(Plehwe)

Luzk

7. ARMEE
(Garnison
Kiew-Odessa und
Reservisten)

Armeegruppe
Kummer *Weichsel*

1. ARMEE
(Dankl)

Krakau

West-galizien

4. ARMEE
(Auffenberg)

Karpaten

3. ARMEE
(Russki) **Ukraine**

Lemberg

3. ARMEE
(Brudermann)

Ost-galizien

Korpsgruppe Kövess

8. ARMEE
(Brussilow)

Czernowitz

Dnister

Pruth

Plan R

Plan B

Teile der 2. Armee
(Böhm-Ermolli)

Bukowina

Klausenburg

Târgu-Mureş

Arad

Transsilvanien

Braşov

Transsilvanische Alpen Sinaia

Ploesti

RUMÄNIEN

Bukarest

Donau

Theis

nach St. Petersburg 520 km

0   80   160   240 km

Moldova

dass der Zar seine Meinung geändert hatte. Stattdessen nannte das auf Russisch codierte Telegramm, das um 1 Uhr nach Paris übermittelt wurde, nur eine Teilmobilmachung von »dreizehn Corps, die für Operationen gegen Österreich vorgesehen waren«.[10]

Paléologue musste viel Kritik dafür einstecken, dass er Russland ohne Autorisierung von Viviani und Poincaré zu geheimen Kriegsvorbereitungen gedrängt hatte, beispielsweise für die am Dienstag, als sich die beiden noch auf See befanden, erteilte Zusage »der höchsten Bereitschaft Frankreichs, seinen Verpflichtungen als Bündnispartner im Notfall nachzukommen«.[11] In ähnlicher Weise wurde bemängelt, dass er sie über die entscheidenden Ereignisse am Mittwoch, den 29. Juli, bewusst falsch informiert hätte. Gewiss, um seiner vordringlichen Pflicht als Mittelsmann für das französisch-russische Militärbündnis nachzukommen, hätte der Botschafter Paris informieren müssen, dass der Zar die Generalmobilmachung befohlen hatte, auch wenn er später seine Meinung wieder änderte.

Es würde jedoch zu weit gehen, zu behaupten, dass Paléologue völlig frei gehandelt habe. Er und General Laguiche hatten Generalstabschef Joffre und Kriegsminister Messimy seit dem Wochenende vollständig über Russlands Kriegsvorbereitungsperiode informiert, und es gibt keinen Grund, zu bezweifeln, dass diese beiden wiederum Poincaré – der ein größeres Interesse für militärische Angelegenheiten zeigte als Viviani – bei seiner Ankunft in Paris am Mittwoch umfassend ins Bild gesetzt haben. Was seine stillschweigende Billigung bezüglich Russlands Schritt von der Teil- zur Generalmobilmachung betraf, so handelte Paléologue auf ausdrückliche Weisung des französischen Generalstabes (wenn nicht sogar auch der zivilen Regierung), jeglichen Ansatz Russlands, allein gegen Österreich-Ungarn mobilzumachen, zu verhindern, wie er in einem Interview nach dem Krieg einräumte.[12] In seiner Korrespondenz mit dem Quai d'Orsay über die russischen Mobilmachungsmaßnahmen war der Botschafter in der Tat äußerst vorsichtig – und das aus gutem Grund. Ganz gleich, wann sie erfolgen sollte, die Ankündigung einer General-mobilmachung würde eine solche explosive Kraft entfalten, dass Paléologue von den Russen angehalten worden war, nicht seine eigene Codierung zu verwenden, angeblich, um die deutschen Kryptografen im Dunkeln zu lassen. Andererseits hatte Paléo-logue, genau wie Sasonow, ebenso die Haltung der Briten im Blick – und darüber hinaus Viviani, von dem er wusste, dass er sich mit weitaus geringerer Leidenschaft für die französisch-rus-sische Sache engagierte als Poincaré. Je länger er die Nachricht von der russischen Mobilmachung vor den Entscheidungsträgern in London – und vor seinem schwankenden Premierminister – zurückhalten konnte, desto schwieriger würde es für sie werden, diese noch zu stoppen.

Sasonow war gegenüber Paris ebenfalls vorsichtig mit seinen Informationen über die russische Mobilmachung. In seiner Nach-richt an Botschafter Iswolski (eine Kopie davon ging an Botschaf-ter Benckendorff in London, die noch größeres Geschick in der Formulierung erforderte) spielte Russlands Außenminister nur indirekt auf das Drama an, das sich am Mittwoch in St. Peters-burg ereignet hatte. »Der deutsche Botschafter«, schrieb Saso-now, »informierte mich heute über die Entscheidung seiner Re-gierung, ihre Streitkräfte zu mobilisieren, sollte Russland seine Kriegsvorbereitungen nicht einstellen. Da wir uns nicht in der Lage sehen, dem Wunsch des Deutschen Reichs nachzukommen, *bleibt uns nur eines, nämlich unsere Aufrüstung so schnell wie möglich voranzutreiben und den Krieg als unmittelbar bevorste-hend zu betrachten.*«[13]

Iswolski erkannte sofort die Tragweite dieser kryptischen, aber äußerst folgenschweren Nachricht, die gegen 2 Uhr am Donnerstag, den 30. Juli, eintraf. Sofort sandte er seinen Sekretär zum Quai d'Orsay mit der Bitte um eine dringende Unterredung; gleichzeitig trug er Graf Ignatjew, dem russischen Militärattaché, auf, Sasonows Nachricht an den französischen Kriegsminister in der Rue Saint-Domingue weiterzuleiten und ihn deswegen sofort wecken zu lassen. Zusätzlich ging Ignatjew in seiner Galauniform zu Messimys Haus hinüber, um zu fragen, wie Frankreich auf die russische Teilmobilmachung antworten würde. Iswolski überbrachte anschließend Sasonows Telegramm persönlich Premierminister Viviani, wobei er auch ihn aufwecken musste. Messimy wiederum rief Viviani an, der inzwischen wach war, aber in schlechter Stimmung. »Guter Gott!«, rief der Premierminister aus. »Die Schlaflosigkeit ist bei diesen Russen noch schlimmer als die Trinkerei.« Dann weckte er Poincaré. Als sich der Präsident der Bedeutung des Augenblicks bewusst wurde, zog er sich schleunigst an und bestellte Viviani und Messimy für 4 Uhr in den Elysée-Palast.[14]

Das Treffen dauerte wohl den Rest der Nacht. Wir wissen nicht, was im Einzelnen besprochen wurde, aber es ist nicht schwer, die Themen zu erraten. Nachdem Jules Cambon, Frankreichs Botschafter in Berlin, am Sonntag zurückgekehrt war, berichtete er, »sobald der Befehl zur Mobilmachung in Russland angekündigt wird, wird er unmittelbar mit dem Befehl zur Mobilmachung im Deutschen Reich beantwortet«.[15] Sasonow hatte soeben die Richtigkeit von Cambons Meldung bestätigt, indem er die französische Regierung von der Warnung des Botschafters Pourtalès in Kenntnis setzte, wenn Russland mobilmachte, müsse das Deutsch Reich dies ebenfalls tun. Sasonow hatte daraufhin angedeutet, dass Russland genau dies tun würde (»es bleibt uns nichts anderes übrig, als schnellstens unsere Aufrüstung voranzutreiben«). Ganz gleich, ob Viviani und Poincaré die russischen Mobilmachungsmaßnahmen, die seit dem Wochenende anliefen, abgesegnet hatten, jetzt mussten sie auf jeden Fall ihre Meinung äußern. In einem Telegramm, dass gegen 7 Uhr am Donnerstagmorgen, 30. Juli, an Paléologue nach St. Petersburg geschickt wurde, gab Viviani wieder, was er von Sasonow erfahren hatte – und von Iswolski – über die »Unvermeidbarkeit eines Kriegs« (l'imminence de guerre) und die Notwendigkeit, die »Aufrüstung [Russlands] rasch voranzutreiben«; sein Kommentar dazu lautete, dass Russland offensichtlich »auf die Unterstützung seines Verbündeten Frankreichs zähle und es für wünschenswert erachte, wenn England sich ohne weitere Verzögerung Russland und Frankreich anschließen würde«. Viviani unterwies Paléologue, Sasonow mitzuteilen, dass »ich es, obwohl Frankreich entschlossen ist, alle seine Bündnisverpflichtungen zu erfüllen, im Interesse des allgemeinen Friedens und angesichts der ausstehenden Gespräche zwischen den weniger betroffenen Mächten für angebracht halte, dass *in puncto vorbeugende Schutz- und Verteidigungsmaßnahmen, die Russland jetzt für notwendig erachte,* es nicht sofort irgendwelche Schritte machen sollte, die dem Deutschen Reich einen Vorwand für eine Teil- oder vollständige Mobilmachung seiner Streitkräfte liefern könnten.«[16]

In dieser zweideutigen Botschaft sind mehrere widersprüchliche Bemerkungen enthalten. Die Formulierung »im Interesse des allgemeinen Friedens« geht eindeutig auf Viviani zurück (er fügte auch eine Erinnerung ein, dass er in diesem Sinne Paléologue bereits am Montag, den 27. Juli, von Bord der *France* zurückgeschrieben hatte). Es gibt keinen Grund, an Vivianis ehrlichem und ernsthaftem Wunsch, einen europäischen Krieg zu verhindern, zu zweifeln, ganz gleich, wie ineffizient seine bisherige Politik gewesen sein mag, um dieses Ziel durchzusetzen. Klar und deutlich kann man die Handschrift Poincarés und Messimys in dem Telegramm erkennen, in dem die stillschweigende Zustimmung zu den »vorbeugenden Schutz- und Verteidigungsmaßnahmen« erteilt wurde, die Russland ergriff, eingeschränkt nur durch den vorsichtigen Hinweis, dass Russland es vermeiden sollte, dem Deutschen Reich einen zu offensichtlichen Casus belli zu liefern. In einem Tagebucheintrag zu diesem Datum erläuterte Poincaré seine Denkweise: Die Idee hinter der »Warnung« an die Russen war nicht, den Ausbruch des Kriegs zu verhindern, sondern zu vermeiden, »dem Deutschen Reich einen Vorwand zu liefern«, und zwar »aufgrund der zwiespältigen Haltung Englands« (à cause de l'attitude ambiguë de l'Angleterre).[17] Poincarés stillschweigende Zustimmung zu Russlands bevorstehender Generalmobilmachung wird ferner durch ein Telegramm bestätigt, das Iswolski am Donnerstagmorgen an Sasonow schickte, in dem er von einer inoffiziellen Zusicherung berichtete, dass »die französische Regierung kein Interesse daran habe, unsere militärischen Vorbereitungen zu behindern«.[18] Genauso wie Bethmann Hollweg in Berlin versuchte (und weitestgehend damit scheiterte), die diplomatische Verpflichtung auf Russland zu schieben, wollte Poincaré nicht, dass die Russen in England aufflogen, indem sie sich zu früh verrieten.

Das war leichter gesagt als getan, besonders als er am Donnerstag gewahr wurde, wie weit die russische Mobilmachung schon vorangeschritten war. Wenn auch Kriegsminister Suchomlinow und Generalstabschef Januschkewitsch über die Entscheidung des Zaren, den Befehl zur Generalmobilmachung wieder zurückzunehmen, erzürnt waren, so hatte dies immerhin eine Art diplomatische Rettungsleine eröffnet. Als er sich Mittwochnacht einschaltete und seinen Befehl zur Generalmobilmachung aufhob, gab der Zar nicht nur den Deutschen, sondern auch seinen französischen Verbündeten einen kurzen Vollstreckungsaufschub. Solange Russland es unterließ, die roten Plakate mit dem Aufruf zur Generalmobilmachung aufzustellen, blieb immer noch ein schwaches Fünkchen Hoffnung, dass sich jeder vom Rand des Abgrunds zurückzieht.

RUSSLANDS HERRSCHER MUSSTE jedoch mit den eigenen Beratern rechnen. Es waren nicht nur die Militärs, die von der Aufhebung der Generalmobilmachung überrascht wurden. Am Donnerstagmorgen wurde deutlich, dass auch der Großteil seiner Regierung gegen ihn war. Landwirtschaftsminister Kriwoschein, der ständig zum Krieg antrieb, war wütend, ebenso Michail W. Rodsjanko, der Präsident der Duma. Angesichts der allgemeinen Einschätzung als Dünnbrettbohrer*, die Zar Nikolaus II. sowohl in Russland und als auch im Ausland zuteilwurde, ist es bemerkenswert, dass er an diesem kritischen Tag allein gegen alle anderen stand – genau wie der Respekt einflößende Tisza gegen die Kriegspartei in Wien.[19]

Im Auge des Orkans stand Sasonow. Schließlich war er es, der Russland am Wochenende als Erster in die Kriegsvorbereitungsperiode getrieben und Zar Nikolaus II. überzeugt hatte, Mittwochnacht (bevor der Zar seine Meinung änderte) die Generalmobilmachung anzuordnen. Bei diesen beiden Anlässen hatte er entschlossen gehandelt und seinen Ruf als Zauderer und Feigling Lügen gestraft. Und gerade weil Sasonow im Kabinett lange Zeit als vorsichtig und zurückhaltend gegolten hatte, vertraute Nikolaus II. ihm und seinem Rat – mehr als allen anderen seiner Berater. Der Zar weigerte sich kategorisch, Kriwoschein zu empfangen. Als Nächste versuchten Suchomlinow und Januschkewitsch ihr Glück. Sie telefonierten gegen 11 Uhr mit dem Palast und versuchten, ihren Herrscher zu überreden, »dass es unerlässlich sei, mit der Generalmobilmachung weiterzumachen«, um sich »ohne Zeitverlust auf einen ernsthaften Krieg vorbereiten zu können«. Nachdem der Zar vernommen hatte, dass sein Generalstabschef die gleichen Argumente wie sein Kriegsminister lieferte – die gleichen Argumente in der Tat, welche die beiden Männer in der vergangenen Nacht abgesprochen hatten –, erklärte er kurzerhand »das Gespräch für beendet«. Januschkewitsch schaltete schnell und sagte, dass sich Sasonow ebenfalls im Raum befände: Würde der Zar wenigstens seinen Außenminister anhören? Nach »längerem Schweigen« stimmte er zu. Sasonow hatte mitbekommen, dass ein Gespräch über die Mobil-

---

*　Es stimmt, dass sich die Tagebucheinträge des Zaren in diesen bedeutungsschweren Tagen eher durch eine gewisse Trivialität auszeichnen, beispielsweise am Mittwoch, den 29. Juli: »Tennis gespielt; das Wetter war prächtig.« Am Donnerstag, den 30. Juli: »War heiß heute ... hatte ein angenehmes Bad im Meer.« Trotzdem verraten uns diese Einträge nur wenig über die Gemütsverfassung des Zaren, als er seine entscheidenden Beschlüsse traf.

machung nur in eine Sackgasse führen konnte, deshalb bat er um eine Audienz, auf der er »einen Bericht über die politische Lage vorlegen wollte, der keine Verzögerung erlaube«. Nach einer weiteren Pause erklärte sich der Zar einverstanden und bestellte ihn für 15 Uhr ein.[20]

Sasonow blieben noch etwas mehr als drei Stunden bis zu diesem schicksalhaften Treffen. Er verlor keine Zeit. Zuerst setzte er sich mit Januschkewitsch zusammen und besprach mit ihm seine Strategie, den Zaren von der Mobilmachung zu überzeugen. Der Generalstabschef hatte sich darüber die ganze Nacht den Kopf zerbrochen, doch der Zar hatte ihn am Telefon gestoppt, ehe er überhaupt seine Argumente anbringen konnte. Er drängte darauf, Sasonow müsse Russlands Herrscher die »extreme Gefahr klarmachen, die sich für uns ergibt, wenn wir nicht für einen Krieg mit Deutschland gerüstet sind. Die Vorkehrungen zur Generalmobilmachung«, erklärte er, »würden ernsthaft gestört durch die soeben befohlene Teilmobilmachung; dies könnte man nur durch eine sofortige Anordnung der Generalmobilmachung vermeiden.« Dabei zählten jede Stunde und jede Minute. Wenn der Zar weiterhin für technische Argumente unzugänglich blieb, meinte Januschkewitsch, sollte Sasonow auf die politische Schiene umschwenken und seinen Herrscher warnen, wenn er weiterhin zögere, werde der hinterlistige deutsche Kaiser »die Franzosen umschmeicheln und ihnen das Versprechen, neutral zu bleiben, abschwatzen«, sodass sich Russland allein der deutschen Kriegsmaschinerie gegenübersähe. Vorausgesetzt, dieses Trommelfeuer an Argumenten würde ausreichen, dann sollte Sasonow ihn sofort aus dem Palast anrufen, wenn der Zar entschieden hatte. »Sobald der Befehl erteilt ist«, schwor Januschkewitsch, »werde ich mich entfernen, mein Telefon kaputt schlagen und allgemeine Maßnahmen ergreifen, sodass mich niemand finden kann, um mir gegenteilige Anweisungen zu geben.« Zu Januschkewitschs Erleichterung »stimmte Sasonow vollkommen mit ihm überein«. Der Generalstabschef telefonierte daraufhin mit

Dobrorolsky, dem Chef der russischen Abteilung für Mobilmachung, und befahl ihm, »sich bereitzuhalten, sofort nach seinem Anruf am Nachmittag mit allen Dokumenten zu ihm zu kommen«.[21]

Nachdem er Januschkewitsch verabschiedet hatte, bat Sasonow den deutschen Botschafter Pourtalès zu sich herein, der nach ihrem dramatischen Treffen in der vorigen Nacht um eine Audienz gebeten hatte. In Übereinstimmung mit seinem Außenminister bat der Botschafter »Sasonow dringend, einen letzten Strohhalm in Aussicht zu stellen und einen Vorschlag zu machen, den er seiner Regierung übermitteln könne«.[22] Daraufhin stellte Sasonow schnell auf Französisch die folgende »Rezeptur« zusammen: »Wenn Österreich-Ungarn anerkennt, dass die österreichisch-serbische Frage mittlerweile den Charakter einer Frage von europäischem Interesse angenommen hat, und sich bereit erklärt, aus seinem Ultimatum diejenigen Punkte zu streichen, welche die Souveränität Serbiens verletzen, verpflichtet sich Russland dazu, seine militärischen Vorbereitungen zu stoppen.«

Obwohl, wie Pourtalès voller Optimismus in seinem Bericht an Berlin hervorhob, Sasonow nicht – wie noch zuvor – verlangt hatte, Österreich-Ungarn müsse seine militärischen Vorbereitungen einstellen, hatte er sich in der Kernfrage des Ultimatums keinen Zentimeter bewegt.[23] Wesentlich wichtiger als das, was Sasonow in seiner hastig hingekritzelten »Rezeptur« aufgeführt oder nicht aufgeführt hatte, war jedoch die Tatsache, dass es der deutsche Botschafter – und nicht der russische Außenminister – war, der darum bettelte, die diplomatischen Wege offenzuhalten.

Um die Mittagszeit bestellte Sasonow Buchanan und Paléologue ein und setzte den britischen und den französischen Botschafter über seine Unterredung mit Pourtalès in Kenntnis. Sasonow behauptete fälschlicherweise, das Gespräch habe gegen 2 Uhr stattgefunden (dabei handelte es sich um jenes, das mit Sasonows Eingeständnis endete, Russlands Mobilmachung »könne nicht mehr rückgängig gemacht werden«), und nicht erst wenige Minuten vorher.*

Der Grund für die Lüge des russischen Außenministers wird sofort klar, wenn man Buchanans Bericht über die Beratungen liest: Es war »während der 2-Uhr-Audienz«, behauptete Sasonow, als Pourtalès »da er den Krieg für unvermeidlich ansah, vollkommen zusammenbrach« und den Russen bat, seine »Friedensrezeptur« als einen letzten Strohhalm darzubieten. Um seine Behauptung zu unterstreichen, dass es die Deutschen waren, die auf einen Krieg festgelegt seien, teilte Sasonow Buchanan und Paléologue mit, »Russland habe absolut sichere Beweise dafür, dass das Deutsche Reich militärische Vorbereitungen von Armee und Marine gegen Russland besonders im Bereich des Finnischen Meerbusens getroffen habe« (ganz gleich, ob er einen solchen Beweis tatsächlich hatte oder nicht – dies war eher unwahrscheinlich, da die Vorbereitungen noch nicht begonnen hatten –, er legte ihn jedenfalls nicht vor)**.

Da es der deutsche Botschafter war, der den Krieg als unvermeidlich angesehen haben soll, und die Deutschen auch noch irgendetwas »in Richtung Finnischer Meerbusen« im Schilde führten, war es klar, wie Sasonow Buchanan und Paléologue mitteilte, dass »Russland die Änderung der Teil- in eine Generalmobilmachung jetzt kaum mehr verschieben könne, da es um die Vorbereitungen des Deutschen Reichs wisse und die Erregung in [Russland] eine derartige Höhe erreicht habe, dass sie nicht mehr

---

* Abgesehen von der Passage »brach er vollkommen zusammen« und dem Zeitpunkt, an dem das Treffen stattfand, stimmt Pourtalès Bericht mit dem Sasonows überein. Dass die Unterredung zwischen 11 und 12 Uhr stattgefunden haben muss, wird auch durch die Nummerierung von Pourtalès Telegrammen nach Berlin bestätigt.

** Eventuell bezog sich Sasonow auf die Rückkehr der deutschen Ostseeflotte aus Norwegen nach Kiel, wozu der Kaiser am Montag Befehl gegeben hatte. Aber das war nicht gerade »in Richtung Finnischer Meerbusen« – ein Meeresarm, der immerhin fast 1000 Kilometer von Kiel entfernt lag.

zurückzuhalten sei, wenn sich Österreich weigere, Zugeständnisse zu machen«.[24]

Mit diesem genialen Dreh deckte Sasonow seine diplomatische Flanke, indem er in allerletzter Minute eine Initiative zusammen mit dem Deutschen Reich (wie zynisch auch immer sie erfunden und wie ungenau sie weitergegeben wurde) auf den Tisch legte als Beweis für Russlands friedliche Absichten, zusammen mit dem Nachweis der kriegerischen Absichten des Feindes (allerdings fadenscheinig), um den Befehl für die Generalmobilmachung zu rechtfertigen, den er demnächst von Zar Nikolaus II. erbitten wollte. Wenn Buchanan irgendeinen Verdacht hatte, was Sasonow im Schilde führte, dann versäumte er es, ihn zur Rede zu stellen – oder nach London zu berichten. Ebenso wenig hatte Paléologue irgendwelche Einwände gegen Sasonows Vorschlag, dass die russische Generalmobilmachung in den nächsten Stunden anlaufen sollte; andererseits gab es auch keinen Grund für die Annahme, dass er Einwände hätte, da er die ganze Zeit in die russischen Kriegsvorbereitungen eingeweiht war.

Gestärkt durch die stillschweigende Billigung des französischen und des britischen Botschafters, begab sich Sasonow zum Mittagessen mit Kriwoschein und Schilling. Wenn der russische Außenminister noch von irgendwelchen Zweifeln heimgesucht wurde, tat der stets kriegsbegeisterte Kriwoschein sein Bestes, um diese zu zerstreuen. Die Atmosphäre, schrieb Schilling in sein Tagebuch, »war angespannt, und das Gespräch bezog sich fast ausschließlich auf die Notwendigkeit, die Generalmobilmachung zum frühestmöglichen Zeitpunkt durchzusetzen angesichts der Tatsache, dass der Krieg mit dem Deutschen Reich unvermeidlich schien, was sich immer deutlicher herauskristallisierte«.[25] Nachdem Sasonow zur Sängerbrücke zurückgekehrt war, fand er dort Suchomlinow vor, der darauf wartete, seine Entschlossenheit zu stärken, zusammen mit dem Präsidenten der Duma Rodsjanko. Dieser händigte Sasonow ein Memorandum für den Zaren aus. »Als Kopf der Vertreter des russischen Volkes«, lautete die einfache Botschaft, könnte Rodsjanko, der in dessen Namen sprach, »niemals eine Verzögerung verzeihen, die das Land in ein völliges Chaos stürzen würde«.[26]

Bestätigt durch diesen einstimmigen Chor aus Russlands zivilen und militärischen Führern, begab sich Sasonow hinüber nach Schloss Peterhof, wo er, wie einbestellt, um 15 Uhr eintraf. Nikolaus II., der sich nicht in die Enge treiben lassen wollte, hatte darauf bestanden, zu diesem Treffen General Tatischtschew hinzuzuziehen. Dieser sollte unpassenderweise als persönlicher Verbindungsoffizier des Zaren zu Kaiser Wilhelm II. abkommandiert werden (wie Nicky in seinem unbedachten, um 1.20 Uhr abgeschickten Telegramm an Willy mitteilte, dem Telegramm, in dem er zugegeben hatte, dass Russlands Mobilmachungsmaßnahmen »vor fünf Tagen« beschlossen worden waren). Russlands Außenminister würde sein Anliegen, für den Krieg zu plädieren, in Anwesenheit eines Mannes vorbringen müssen, der nach Potsdam geschickt werden sollte, um sich für den Frieden einzusetzen.

Zum Glück für Sasonow war General Tatischtschew von der Bedeutung des Augenblicks dermaßen überwältigt, dass er schweigend zuhörte, während der Außenminister sprach. Da er möglicherweise Januschkewitschs Anweisungen vergessen hatte – oder sich darüber klar geworden war, dass sie dem Zar gegenüber nicht wirken würden –, übersprang Sasonow die technischen Einzelheiten, die gegen eine Teil- und für eine Generalmobilmachung sprachen, und stellte stattdessen die deutschen Absichten in den Mittelpunkt. »Es war für jedermann klar«, erläuterte er gemäß Schillings Tagebucheintrag, »dass das Deutsche Reich beschlossen hatte, einen Zusammenstoß herbeizuführen, sonst hätte man nicht alle von uns gemachten Friedensvorschläge zurückgewiesen, die seinen Verbündeten schnell wieder zur Vernunft gebracht hätten. Wir sollten daher«, fuhr Sasonow fort, »alle Befürchtungen beiseitelassen, dass unsere Kriegsvorbereitungen auch tatsächlich zu einem Krieg führen werden, und mit diesen

Vorbereitungen umsichtig fortfahren, anstatt wegen ebendieser Befürchtungen vom Krieg überrascht zu werden.« In der Annahme, dass der Krieg nun unvermeidlich war, fasste der Außenminister die Angelegenheit in ähnlichen Worten zusammen, wie er sie in seinem Telegramm an Iswolski letzte Nacht verwendet hatte: »Es bleibt uns nur, alles Notwendige zu unternehmen, um dem Krieg voll gerüstet und unter den günstigsten Bedingungen für uns selbst entgegenzutreten.«

Als Sasonow seine Ausführungen beendet hatte, war der Zar »leichenblass«. Der Herrscher über Russland fühlte die gewaltige Last auf seinen Schultern. Endlich antwortete er mit »erstickter Stimme«: »Denken Sie an die Verantwortung, die Sie mir mit Ihrem Rat aufbürden! Vergessen wir nicht, dass es darum geht, Tausende Männer in den Tod zu schicken.«[28] Daraufhin folgte wiederum ein langes Schweigen. Als das Schicksal Europas auf des Messers Schneide stand, meldete sich plötzlich und ungefragt General Tatischtschew zu Wort. Trotz der scheinbaren Bedeutung seines Auftrags hatte man ihn gar nicht beachtet, deshalb wurde er jetzt vielleicht initiativ. Oder er wollte einfach nur die Qual seines Herrschers lindern. »Ja«, hob Tatischtschew mit getragener Stimme an, »diese Entscheidung ist schwer.« Russlands Souverän entgegnete »in einem groben und verärgerten Tonfall«, »ich werde entscheiden«, womit er klarstellte, dass er keine weitere Unterbrechung wünschte. Schließlich stimmte Zar Nikolaus II. am Donnerstag, den 30. Juli, kurz vor 16 Uhr zu, die Generalmobilmachung anzuordnen. Sasonow eilte wie aufs Stichwort an das Palasttelefon, rief Januschkewitsch an und sprach die berühmten Worte aus: »Jetzt können Sie Ihr Telefon zerschmettern!«[29]

Sobald Januschkewitsch vom Minister bestätigt wurde, dass der Zar den neuen Befehl zur Generalmobilmachung gegeben hatte, schickte er Dobrorolsky hinüber zum Telegrafenamt. »Jede Telegrafistin«, erinnerte der sich,

»saß vor ihrem Apparat und wartete auf die Kopie des Telegramms, um diese folgenschwere Nachricht mit dem
Aufruf des russischen Volkes zu den Waffen in alle Ecken
des Russischen Reiches zu senden. Einige Minuten nach 18
Uhr, als immer noch absolute Stille im Raum herrschte, begannen alle Instrumente gleichzeitig zu ticken. Das war die
Geburtsstunde einer großen Epoche.«[30]

Dieses Mal wurde, im Gegensatz zum Abend zuvor, kein gegen-
teiliger Befehl mehr erteilt. Der Zar hatte entschieden. Es gab
kein Zurück.

DER COUNTDOWN ZUM europäischen Krieg hatte soeben
begonnen. Entsprechend den gemeinsamen Vereinbarungen zwischen dem französischen und dem russischen Generalstab sollten
die französisch-russischen Offensiven gegen das Deutsche Reich
15 Tage nach der Mobilmachung (am 14. August) beginnen. Wenn
es seinen Verbündeten nicht im Stich lassen wollte, musste Frankreich jetzt ebenfalls die Mobilmachung ausrufen. Das Deutsche
Reich würde sich dann feindlichen Truppen gegenübersehen, die
sowohl an seiner West- als auch an seiner Ostgrenze mobilmachten, und es würde ebenfalls mit der Mobilmachung antworten,
genau wie es das bereits öffentlich verkündet hatte. Um dem
Deutschen Reich gegenüber Zeit zu gewinnen – und mit einem
Auge nach Großbritannien schielend –, drängte Sasonow bei Januschkewitsch darauf, dass Russland »so geheim wie möglich die
Generalmobilmachung vorantreiben solle, ohne irgendeine öffentliche Ankündigung darüber zu machen«.[31] Offiziell war der
Beginn der russischen Generalmobilmachung auf Mitternacht
angesetzt; zu diesem Zeitpunkt sollten, wie es der Befehl des Zaren vorschrieb, Heer und Marine »in Gefechtsbereitschaft versetzt werden« – allerdings gab es keinen Grund, den Mittelmächten dieses Geheimnis vorher (oder sogar danach) zu verraten.[32]
Was Russlands französischen Verbündeten betraf, so schickte

Sasonow ein weiteres rätselhaftes Telegramm an Iswolski und kündigte lediglich an, dass »solange wir keine voll befriedigende Antwort von Österreich unter der Vermittlung der deutschen Regierung erhalten, werden wir mit unseren militärischen Vorbereitungen fortfahren«.[33] Sasonow informierte Paléologue über die Entscheidungen, die auf Schloss Peterhof getroffen worden waren, allerdings mit einer vorsichtigen Verdrehung. Aufgrund »besorgniserregender Informationen über Vorbereitungen von Heer und Marine des Deutschen Reichs«, so telegrafierte Paléologue irreführenderweise am 30. Juli um 21.30 Uhr nach Paris, »hat die russische Regierung daraufhin entschieden, heimlich mit den ersten Maßnahmen zur Generalmobilmachung zu beginnen«.[*34]

An Botschafter Benckendorff in London sandte Sasonow ein noch seltsameres Telegramm. Dessen Tragweite kann man nur erfassen, wenn man sich klarmacht, dass sich Russland für den Krieg entschieden hatte:

Es ist eine Sache von allerhöchster Wichtigkeit, dass das Osmanische Reich nicht die beiden Schlachtschiffe »Rio de Janeiro« [alias Sultan Osman I.] und »Reshadieh« [alias Reshad V.] erhält, die in seinem Auftrag in England gebaut wurden. Der Bau dieser beiden Schiffe ist so weit fortgeschritten, dass das erste bereits innerhalb der nächsten Wochen in die Türkei entsandt werden könnte ... Bitte machen Sie der englischen Regierung bewusst, welche vordringliche Bedeutung diese Frage für uns hat, und wirken Sie mit Nachdruck auf sie ein, dass diese Schiffe England nicht verlassen dürfen.[35]

---

* Diese entscheidende Passage bei Paléologue wurde in bereinigter Fassung aus dem originalen Gelbbuch (Livre jaune) übernommen, das nach dem Krieg von der französischen Regierung veröffentlicht wurde, um die deutschen Anschuldigungen zurückzuweisen, Paris habe schon vorher Kenntnis über Russlands »geheimen« Beschluss für eine Generalmobilmachung gehabt.

Nachdem sich Sasonow für den Krieg entschieden hatte, musste er sicherstellen, dass Russland in der Lage sein würde, Konstantinopel und die Meerengen einzunehmen – dies wäre unmöglich, wenn die Türkei im Besitz dieser beiden modernen Schlachtschiffe wäre.

In der Zwischenzeit kam Russlands immer noch geheime Generalmobilmachung in Bewegung. Gegen 19 Uhr trafen die ersten Bestätigungstelegramme aus den russischen Militärbezirken in St. Petersburg bei Dobrorolsky ein. Die Kommandeure im Distrikt Warschau (Russisch-Polen), der sowohl an das Deutsche Reich wie auch an Österreich-Ungarn grenzte, erhielten den Befehl zur Generalmobilmachung um 20 Uhr und führten ihn sofort aus.[36]

Fast zur gleichen Stunde stellte Frankreichs Regierung die Weichen in Richtung Krieg. Ein Bericht des französischen militärischen Abwehrdienstes am Donnerstagmorgen hatte Generalstabschef Joffre überzeugt, dass die Deutschen »Schutztruppen« an der Grenze zusammenzogen und dass er darauf antworten müsse. Der Bericht stimmte nicht, aber Joffre glaubte ihn. Am Nachmittag hatte eine deutsche Zeitung, der *Berliner Lokal-Anzeiger*, fälschlicherweise angekündigt, dass das Deutsche Reich bereits mit der Mobilmachung begonnen habe. Obwohl Jules Cambon, der französische Botschafter in Berlin, schnell ein Dementi dieses Artikels von Staatssekretär Jagow nach Paris weiterleitete, heizte diese Geschichte die Spannungen in der französischen Hauptstadt weiter an. Nachdem sie den ganzen Tag über nicht auf Joffres Forderungen eingegangen waren, stimmten Viviani und Poincaré kurz vor 17 Uhr (19.30 Uhr nach russischer Zeit) schließlich zu, dass für Frankreich »couverture« in Kraft trete, das heißt der Schutz der Grenze – mit einer entscheidenden Bedingung: Die französischen Schutztruppen sollten, darauf bestand Viviani, angewiesen werden, nicht weiter als bis auf 10 Kilometer an die Grenze heranzurücken, um Zwischenfälle zu vermeiden.

Frankreichs vielgepriesener »10-Kilometer-Rückzug« war weitestgehend erfunden. Laut dem Telegramm, das Viviani Donnerstagnacht an seinen Botschafter nach London geschickt hatte, sollte Cambon Sir Edward Grey mitteilen, dass die Deutschen bereits Schutztruppen »einige Hundert Meter von der Grenze« entfernt stationiert hätten, während Frankreich seine »Schutztruppen« noch zurückhalte, wodurch ein Streifen unseres nationalen Territoriums einem plötzlichen Angriff gegenüber unverteidigt bliebe«. Kurioserweise wurden in dieser irreführenden Korrespondenz die »10 Kilometer« überhaupt nicht erwähnt, ebenso wenig wie in den Befehlen, die um 16.55 Uhr an die französische Armee hinausgingen. Darin wurde lediglich vorgeschrieben, dass »sich keine Truppen oder Patrouillen unter irgendeinem Vorwand der Grenze bzw. [einer] Linie, die durch 50 Grenzstädte festgelegt ist, nähern oder diese überschreiten sollten«.[37] Es handelte sich um ein ganz normales Manöver der Vorausmobilmachung unter Einbeziehung von fünf Armeekorps, die den Befehl hatten, die deutsch-französische Grenze zu schützen (nicht, sich davon zurückzuziehen). Viviani enthüllte den eigentlichen Zweck dieser »zehn Kilometer« in der letzten Zeile seines Telegramms an Cambon: »Für diese Maßnahme gibt es *keinen anderen Grund*, als der öffentlichen Meinung in Großbritannien und der britischen Regierung zu beweisen, dass Frankreich, ebenso wie Russland, nicht den ersten Schuss abfeuern wird.«[38]

Das gesamte Timing all dieser Maßnahmen war fast unheimlich. Genau zu dem Zeitpunkt, als die französische Armee den Befehl zur Sicherung der deutschen Grenze erhielt, wurde in Russland die Generalmobilmachung gegen das Deutsche Reich und Österreich-Ungarn befohlen. Und dennoch, wenn die Briten Vivianis Beteuerungen Glauben schenkten, waren es die Deutschen, die als Erste mobilgemacht haben sollten! Die französisch-russischen Täuschungsmanöver sorgten dafür, dass die deutschen Diplomaten der mühevollen Aufgabe gegenüberstanden, London darüber aufzuklären, was wirklich an der deutschen Ost- und Westgrenze passierte.

Sasonows Täuschungen gewannen zusammen mit Vivianis List in Bezug auf den 10-Kilometer-Rückzug wertvolle Zeit für Frankreich und Russland, was den Wettlauf gegen das Deutsche Reich hinsichtlich der Mobilmachung betraf. Solange die Nachrichten über Russlands Generalmobilmachung geheim blieben, waren Moltkes Hände in Berlin gebunden, da der Generalstabschef keine Berechtigung hatte, den *Zustand der drohenden Kriegsgefahr* auszurufen, geschweige denn die deutsche Generalmobilmachung. Ein Geheimnis dieser Größenordnung konnte jedoch nicht lange bewahrt bleiben.

21. Die allerletzte Chance

Freitag, 31. Juli

MOLTKE ERWACHTE AM Freitagmorgen kurz nach der Dämmerung. Er war äußerst beunruhigt. Donnerstagnacht gegen 23 Uhr hatte er alarmierende Nachrichten über russische Kriegsvorbereitungen nahe der preußischen Grenze erhalten, aber er hatte noch keine Bestätigung für eine Generalmobilmachung. Bethmann Hollweg wartete immer noch auf eine endgültige Antwort von Berchtold, ob er die Vermittlung auf der Basis »Halt in Belgrad« akzeptieren würde. Als ihm Moltke die Geheimdienstinformationen mitteilte, war Bethmann Hollweg hinreichend alarmiert, um seine letzten dringenden Anweisungen an seinen Botschafter in Wien aufzusetzen.[*][1]

---

[*]   Verwirrend ist, dass Bethmann Hollweg am Donnerstag um 21 Uhr »dringendst nahelegte, Österreich sollte Greys Vorschlag annehmen«, und dann um 23.20 Uhr wiederum an Tschirschky telegrafierte, er solle die Nachricht nicht weiter beachten, da es Neuigkeiten über die russischen Kriegsvorbereitungen gebe; als er gegen Mitternacht ein Telegramm erhielt, in dem der englische König Georg V. seinen Friedenswillen bekundete, änderte er seine Anweisungen erneut. Zusammen mit Moltkes eigenmächtiger Botschaft an Conrad am Donnerstagnachmittag hatte das alles nur den einen Effekt, Berchtold von Bethmann Hollwegs Unentschlossenheit zu überzeugen; aus diesem Grund bestand für Österreich keine Notwendigkeit, nachzugeben.

Der Kanzler hatte außerdem zugestimmt, Moltke bis Freitagmittag eine Antwort auf die Frage zu geben, ob der *Zustand der drohenden Kriegsgefahr* ausgerufen wird. Bevor er sich jedoch zu dieser letzten Entscheidung durchrang, wollte Bethmann Hollweg einen Beweis dafür, dass Russland den schicksalhaften Schritt in Richtung Krieg getan hatte.

Um 19 Uhr rief Moltke General Hell an, den Kommandeur des XX. Armeekorps in Allenstein, um die neusten Informationen von der Grenze zu bekommen. »Haben Sie den Eindruck, dass Russland mobilmacht?«, fragte er. Hell antwortete unmittelbar: *»Ja, ich denke schon seit mehreren Tagen.«* Moltke fragte nach Beweisen. »Die Grenze ist hermetisch abgeriegelt«, entgegnete Hell, und »niemand überquert sie, weder in die eine noch in die andere Richtung. Seit gestern sind sie damit beschäftigt, die Wachhäuser an der Grenze zu verbrennen, und rote Plakate mit der Ankündigung der Mobilmachung sollen in Mlawa aufgestellt worden sein.« Das waren genau die Nachrichten, auf die Moltke gewartet hatte, außer dass er sich nicht nur mit einem *Gerücht* über die Aufstellung der Plakate zufrieden geben wollte, sondern als Beweis ein echtes Plakat benötigte. »Warum haben Sie sich nicht eines dieser Plakate besorgt?« Die Antwort war einfach: Die Grenze war geschlossen. Deshalb erteilte Moltke General Hell den Befehl: » Sie müssen mir eines dieser roten Plakate beschaffen; ich muss sichergehen, ob sie gegen uns mobilmachen. *Andernfalls werde ich keine Ausfertigung des Mobilmachungsbefehls erhalten.«*[2]

Hier sind mehrere Beobachtungen festzuhalten. Erstens: Als Moltke die Mitteilung des Nachrichtendienstes über die russische Mobilmachung las, hatte er für sich erkannt, dass der Krieg unmittelbar bevorstand. Das wurde schon in seinem Telegramm an Conrad vom Donnerstagnachmittag offensichtlich, in dem er verlangte, Österreich solle zum Mobilmachungsplan R gegen Russland übergehen. Mit seiner Forderung nach einem Beweis für die russische Mobilmachung verfolgte er vor allem ein Ziel, nämlich einen Vorwand für die eigene Mobilmachung zu bekommen – so schnell wie möglich.

Zweitens beugte sich Moltke nach wie vor der zivilen Autorität in Berlin, und das trotz seines Aktes diplomatischer Insubordination, als er direkt mit Conrad in Wien kommunizierte. Er brauchte ein rotes Plakat als unumstößlichen Beweis, sodass Bethmann Hollweg – und der Kaiser – ihm gestatteten, den *Zustand der drohenden Kriegsgefahr* auszurufen, etwas, das er nicht in eigener Verantwortung tun konnte. Selbst um 7 Uhr am Freitagmorgen – fast 16 Stunden, nachdem der Zar endlich der russischen Kriegspartei in St. Petersburg nachgegeben hatte, und 12 Stunden, nachdem die Franzosen die Grenze zum Deutschen Reich besetzt hatten – hatte die deutsche Regierung noch nicht einmal die Vormobilmachung ihrer Streitkräfte in Angriff genommen. Bloße Gerüchte von Donnerstagnacht über das, was Russland unternommen hatte, reichten dafür nicht aus, ebenso wenig wie der Bericht eines hochrangigen Generals aus Allenstein. Die deutschen Beweisanforderungen lagen wesentlich höher.

Drittens war Sasonows Instinkt – Russlands Generalmobilmachung geheim zu halten – diplomatisch und strategisch durchaus vernünftig. Die Deutschen verwickelten sich auf diese Weise selbst darin, herauszufinden, was im Gang war, und verloren dabei wertvolle Tage. In der Zwischenzeit mussten alle Proteste, die sie in London vorbrachten, wirkungslos verpuffen, solange britische Diplomaten selbst nichts von den folgenschweren Ereignissen der vergangenen Nacht wussten.

Der letzte Punkt wurde Bethmann Hollweg auf schmerzliche Weise während seiner ersten Audienz mit dem britischen Botschafter Sir Edward Goschen klar. Goschen traf unaufgefordert kurz vor 10 Uhr in der Wilhelmstraße ein; allerdings teilte ihm der Kanzler mit, dass er gerade im Begriff war, ihn einzubestellen. Goschens Absicht war es, Greys nachdrückliche Ablehnung von Bethmann Hollwegs peinlichem »Neutralitätsangebot« von vor zwei Tagen weiterzugeben, doch Bethmann Hollweg schenkte diesem Thema nur wenig Aufmerksamkeit, da ihn momentan viel dringlichere Probleme bedrückten. Er sagte zu Goschen, dass er gerade »Nachrichten von der russischen Grenze erhalten habe, die, sollten sie sich bestätigen, eine äußerst ernste und gefährliche Situation schaffen und das Deutsche Reich zwingen könnten, der russischen Regierung eine ernsthafte Mitteilung zu machen.« Die Nachrichten waren folgende: Die Russen »hatten ihre Zollhäuser an der deutschen Grenze zerstört und ihre Geldkassetten ins Landesinnere geschafft«. Goschen blieb unbeeindruckt und antwortete: »Diese Berichte, sollten sie denn wahr sein, scheinen für mich weniger eine Gefahr für das Deutsche Reich darzustellen, sondern eher Vorsichtsmaßnahmen zu sein – um für alle Notfälle gerüstet zu sein«. Bethmann Hollweg hielt dagegen, dass »im Gegenteil die oben genannten Nachrichten im Zusammenhang mit weiteren Berichten, die er aus Russland und Schweden erhalten habe, die Generalmobilmachung androhten«.[3]

Anschließend sprach der Kanzler eine ostentative Warnung aus, die Goschen an London weiterleitete: »Wenn sich die erhaltenen Nachrichten als wahr herausstellen sollten und die [russischen] militärischen Maßnahmen sich auch gegen das Deutsche Reich richteten … er sein Land nicht ohne Verteidigung lassen werde, während die anderen Mächte wertvolle Zeit gewinnen. Er wollte jetzt den Kaiser aufsuchen und er bat mich, Ihnen mitzuteilen, dass sie mit ziemlicher Wahrscheinlichkeit in sehr kurzer Zeit, vielleicht noch heute, verschiedene äußerst ernsthafte Schritte einleiten müssten.«[4]

Natürlich hatte Bethmann Hollweg, soweit wir es heute wissen, mit seinem Verdacht recht, und der britische Botschafter – aufgrund von irreführenden Berichten, die der leichtgläubige Buchanan seit einer Woche aus St. Petersburg geschickt hatte – lag falsch. Da ihm jedoch der Beweis in Form der roten Plakate fehlte, hatte Bethmann Hollweg keine Möglichkeit, Goschen oder Grey von der Richtigkeit seiner Schlüsse zu überzeugen.

Nachdem Goschen gegangen war, traf sich Bethmann Hollweg mit Moltke und Falkenhayn. Bevor Moltkes Quellen die Neuigkeiten aus Russland bestätigen konnten, wurde um 11.40 Uhr ein Telegramm von Pourtalès entschlüsselt, in dem er vermeldete: »Generalmobilmachung für Heer und Marine angeordnet. Erster Tag der Mobilmachung 31. Juli.«[5] Hier lag endlich der Beweis vor. Bethmann Hollweg willigte ein, den *Zustand der drohenden Kriegsgefahr* auszurufen, vorausgesetzt, der Kaiser stimmte zu. Der Kanzler erwischte Wilhelm sofort am Telefon und las ihm Pourtalès' Telegramm vor. Der Kaiser fuhr daraufhin von Potsdam nach Berlin und unterzeichnete den Befehl, dass der Zustand der drohenden Kriegsgefahr um 15 Uhr bekannt gegeben werden sollte. Damit wurden die deutschen Eisenbahnen unter totale militärische Kontrolle gestellt. Außerdem beinhaltete er folgende Maßnahmen: Einführung von Kriegsrecht und Militärzensur, Streichen aller Urlaube und Rückkehr der Truppen in ihre Garnisonen; verstärkte Verteidigungsmaßnahmen an den Grenzen und Einstellung des Postverkehrs über die Grenzen hinweg. Der *Zustand der drohenden Kriegsgefahr* entsprach in fast allen Punkten Russlands Kriegsvorbereitungsperiode, wenn auch die deutsche Effizienz diese weit übertraf. Obwohl die Russen einen Vorsprung von sechs Tagen besaßen, was den Beginn der Vormobilmachung anging, bedeutete der engere Zeitplan des *Zustands der drohenden Kriegsgefahr*, dass sie in Bezug auf die Generalmobilmachung höchstens zwei oder drei Tage im Voraus waren. Falls nicht noch ein Wunder geschah, würde die deutsche Generalmobilmachung – und damit der Krieg – in zwei Tagen folgen.

Bethmann Hollweg, Falkenhayn und Moltke waren sich dessen bewusst, obwohl das nicht heißen musste, dass dies auch für den Kaiser galt. Wilhelm II., der zu seinen besten Zeiten unter starken Stimmungsschwankungen litt, wurde heftig zwischen elender Kriegsbegeisterung und wehmütiger Friedenssehnsucht hin- und hergerissen. Kurz nach 19 Uhr am Donnerstagabend, während er (mit einer Verspätung von 24 Stunden) Pourtalès' Telegramm las, in dem Sasonow angekündigt hatte, dass »Russlands Mobilmachung nicht länger aufgeschoben werden könnte«, hatte der Kaiser einen seiner schlimmsten Wutausbrüche. »England, Frankreich und Russland«, schrieb er an den Rand, »haben sich verbündet, gegen uns einen Vernichtungskrieg zu führen, und nehmen den österreichisch-serbischen Konflikt als Vorwand.« Er schloss (erneut), dass alle Hoffnung auf Frieden verloren sei, und schrieb: »Jetzt muss dieser ganze Betrug schonungslos offengelegt und die Maske christlicher Friedfertigkeit unsanft und öffentlich vom Gesicht [Englands] gerissen werden ... Und unsere Konsuls in der Türkei, in Indien, Agenten usw. müssen die ganze mohammedanische Welt entflammen, auf dass man gegen dieses verhasste, verlogene, gewissenlose Volk von Krämerseelen einen wilden Aufstand anzettelt; wenn wir uns schon zu Tode bluten sollen, dann soll England mindestens Indien verlieren.«[7]

Lassen wir die extreme Rhetorik (und seine Vision von einem heiligen islamischen Krieg) beiseite, dann lag der Kaiser mit seiner Intuition ein weiteres Mal richtig. Genau wie seine verärgerten Marginalien vom Donnerstagmorgen exakt den Ablauf der russischen Kriegsvorbereitungen erahnt hatten, so erfasste er jetzt, am Donnerstagabend, das Wesentliche dieser verheerenden strategischen Lage in seinem erregten Gemütszustand deutlich klarer als zu späterer Stunde, da er sich wieder beruhigt hatte. Zur gleichen Zeit, als er diese blindwütigen Marginalien kritzelte – das war gegen 19 Uhr am Donnerstag, den 30. Juli –, kam die geheime russische Mobilmachung gegen das Deutsche Reich und Österreich-Ungarn in Bewegung. Und zur gleichen Stunde hatte mittlerweile auch Frankreich Truppen zum Schutz an der deutschen Grenze abgestellt. So verwirrt, wie sich der antienglische Wutausbruch des Kaisers auch darstellte, die britische Neutralitätshaltung (Betrug ... Maske christlicher Friedfertigkeit) war in der Tat unaufrichtig; das wurde durch die voreingenommene Ver-

handlungsposition, das Leugnen der russischen Kriegsvorbereitungen und Greys kürzliche Drohung (im Gegensatz zu seinen
häufig erfolgten und hinterlistigen Neutralitätsversprechen) bestätigt. Immer wenn seine inneren Dämonen die Oberhand gewannen, sah der Kaiser die Dinge äußerst klar.

Am Freitagmorgen dagegen fiel der deutsche Herrscher wieder falschen Hoffnungen anheim. Kurz bevor er gegen Mittag
von der russischen Generalmobilmachung erfuhr, verfasste er ein
weiteres Telegramm an Schloss Peterhof. Darin warnte er den
Zar, dass er »glaubwürdige Nachrichten erhalten habe, die von
ernsthaften Kriegsvorbereitungen an meiner östlichen Grenze
sprechen«. Wiederum legte Willy sein Schicksal in Nickys Hände
und schloss mit der Bitte, dass »der Friede in Europa immer noch
durch Dich bewahrt werden könne, wenn Russland zustimmt,
alle militärischen Maßnahmen einzustellen, die das Deutsche
Reich und Österreich-Ungarn bedrohen müssen«.[8] Selbst nachdem er von der russischen Generalmobilmachung erfahren hatte,
schrieb der Kaiser an König Georg V. im Buckingham Palast (wobei er seine glühende Wut auf Albion aus der letzten Nacht ver-
barg), dankte ihm für sein »freundliches Telegramm« aus der vorhergehenden Nacht und versprach ihm, dass er »weiterhin« an
einer Vermittlung in Wien arbeite. Seine Bemühungen würden
jedoch durch die Tatsache sehr erschwert, dass »Nicky in dieser
Nacht die Mobilmachung seines gesamten Heeres und seiner
Flotte befohlen habe«. Mit einem bemerkenswerten – und irreführenden – Understatement informierte der Kaiser anschließend
den englischen König, dass er »Berlin verlasse, um Maßnahmen
zur Sicherung seiner östlichen Grenzen zu ergreifen, an denen
bereits starke russische Truppenverbände stünden«.[9]

Natürlich gingen diese Maßnahmen wesentlich weiter, als
lediglich »den Schutz« der östlichen Grenzen des Deutschen
Reichs zu sichern. Die deutsche Vormobilmachung würde, falls
es nicht zum Abbruch käme, unweigerlich zur Generalmobilmachung führen und damit auch die *westliche* Grenze betreffen

– die man mit Belgien und Frankreich gemeinsam hatte. Der Kaiser verstand dies nicht in seiner ganzen Tragweite, aber sein Kanzler schon. Wie Bethmann Hollweg am Donnerstag zu Tirpitz und Falkenhayn gesagt hatte, »bedeutete die Ausrufung des Zustands der drohenden Kriegsgefahr Mobilmachung und unter diesen Umständen – Mobilmachung an beiden Fronten – Krieg.[10] Genau aus diesem Grund betrachtete der Kanzler den Zustand der drohenden Kriegsgefahr als gleichwertig mit Krieg, deshalb hatte er so lange damit gezögert, ihn anzuordnen.

Jetzt, da die Entscheidung gefallen war, verlor Bethmann Hollweg keine Zeit, sie an seine Botschafter weiterzuleiten. Im Gegensatz zu Sasonow, der weiterhin sogar Iswolski, Russlands dienstältesten Diplomaten, darüber im Unklaren ließ, dass der Zar die Generalmobilmachung befohlen hatte, sagte Bethmann Hollweg einfach die Wahrheit. Am Freitag, um 15.30 Uhr, hatte er seine Botschafter in Wien, St. Petersburg, Paris, Rom und London darüber informiert, dass der *Zustand der drohenden Kriegsgefahr* ausgerufen wurde und dass das Deutsche Reich zu dieser Maßnahme gezwungen worden war, um auf die russische Generalmobilmachung zu antworten. Weiterhin teilte Bethmann Hollweg den Botschaftern mit, dass er Russland ein auf 12 Stunden befristetes Ultimatum stellen werde mit der Forderung, die Generalmobilmachung zu widerrufen und zu demobilisieren (die Frist beginnt um Mitternacht und endet um 12 Uhr am Samstag, dem 1. August). Sollte Russland diese Forderungen nicht erfüllen, sieht sich das Deutsche Reich gezwungen, ebenfalls mit der Mobilmachung zu beginnen. All das, instruierte der Kanzler seine Diplomaten, sollte umgehend öffentlich bekannt gegeben werden. Schoen in Paris wurde beauftragt, am Samstagmittag festzustellen, welche Haltung Frankreich im Fall eines europäischen Kriegs einnehmen würde. Auf diese Weise wurde sich Europa erstmals bewusst, dass der Krieg tatsächlich unmittelbar bevorstand – nicht durch die Russen, die als Erste mit der Mobilmachung begonnen hatten, sondern durch die Deutschen, die alle darüber informierten, was Russland insgeheim unternommen hatte und dann noch zusätzlich, welche Antwort sie darauf geben wollten.[11]

Dennoch tauchten Gerüchte auf. Trotz der russischen Verzögerung bei der Ankündigung der Generalmobilmachung kam es am Freitag an allen europäischen Börsen zu Panikverkäufen, in St. Petersburg, Wien, Berlin, Budapest und Brüssel wurden sie sogar geschlossen. Die schlimmsten Panikverkäufe ereigneten sich in der City of London; Finanzunternehmen sahen angesichts der gefährlichen Lage in Europa ihre Aktienwerte abstürzen. Um 10.15 Uhr hängten Bedienstete »mit goldbetressten Zylindern« Schilder mit dem Vermerk »Geschlossen« an die Türen der Londoner Börse. Bald riefen die Zeitungsjungen in den Straßen die Neuigkeiten aus: »Die Börse wurde geschlossen.« Es war die erste komplette Schließung der Londoner Börse seit 1773. Zusätzlich fand auch ein Sturm auf die Bankhäuser statt, allerdings blieben nur wenige lang genug geöffnet, sodass die Sparer ihre Einlagen abheben konnten. Am frühen Nachmittag bildete sich eine lange Schlange in der Threadneedle Street vor der Bank of London – dem letzten Geldinstitut in London, das noch geöffnet hatte und Pfundnoten in Goldmünzen umtauschte.[12]

Die Stimmung in der City of London und im Unterhaus (House of Commons) war nahezu einmütig gegen ein britisches Eingreifen in diesem Krieg. Premierminister Asquith notierte an diesem Tag, »die allgemeine Meinung zum gegenwärtigen Zeitpunkt ... ist, sich fast um jeden Preis herauszuhalten«.[13] Dank Churchills Anordnungen war die Flotte vorbereitet und lag in ihrem Stützpunkt bei Scapa Flow. Außer dem kriegslüsternen Ersten Lord der Admiralität wusste allerdings niemand im gesamten Kabinett, was man tun sollte. Theoretisch stimmten Asquith und Grey Churchills Sichtweise zu, dass man Frankreich im Fall eines möglichen deutschen Angriffs zu Hilfe kommen müsse. Sie waren sich jedoch der Tatsache bewusst, dass sie für diese Haltung im Kabinett keine liberale Mehrheit bekommen würden; aus diesem Grund war Sir Edward Grey die ganze Woche vorsichtig um alles herumgeschlichen, was in irgendeiner Form als politisches Statement gewertet werden konnte. Zum Glück für den kriegswilligen Außenminister gab es am Donnerstag keine Kabinettssitzung – eine Tatsache, die er als willkommene Entschuldigung für sein Zögern anführen konnte, als ihn der französische und der deutsche Botschafter fragten, wo er stünde.

Als am Freitagmorgen die City of London aufgrund der Kriegsangst zusammenbrach, fuhr Grey unbeeindruckt fort, mit dem anglophilen deutschen Botschafter über friedensvermittelnde Pläne zu sprechen, wobei sich beide Männer nicht bewusst waren, dass die russische Generalmobilmachung bereits angelaufen war. Mit einem mehr als unwahrscheinlichen Timing – soeben hatte man die Londoner Börse aufgrund der Kriegshysterie geschlossen – sagte Grey zu Lichnowsky, »ich habe heute zum ersten Mal den Eindruck, dass die in den letzten Jahren verbesserten Beziehungen zum Deutschen Reich und vielleicht auch die freundschaftlichen Gefühle, die einige im Kabinett hegen, es möglich erscheinen lassen, dass England im Fall eines Kriegs wahrscheinlich eine Haltung des Abwartens und Beobachtens einnehmen wird«.[14] Grey verstellte sich, aber er lag nicht falsch, was das Kabinett betraf, das am Freitagnachmittag zusammenkam. Die Franzosen hatten den ganzen Tag – und die ganze Woche – darauf gedrängt, er solle endlich Stellung beziehen. Jedermann im Kabinett wusste das; und in der Tat war das Hauptthema der Debatten am Freitag, was Grey dem französischen Botschafter Paul Cambon nach dem Ende der Sitzung mitteilen sollte. Es gibt kein Protokoll über die Kabinettssitzung am Freitag, doch es besteht kein Zweifel, dass sich die Gegner der britischen Weltreichspolitik (Little Englanders) an diesem Tag durchgesetzt haben. Lord Morley, einer der führenden Interventionsgegner im Kabinett, »tippte [Churchill] auf die Schulter« und sagte, »Winston, wir haben dich letzten Endes doch geschlagen«. Grey berichtete seinem Botschafter in Paris, »niemand hier ist der Meinung, dass in diesem Streit, so weit er bis jetzt fortgeschritten ist, britische Verträge oder Verpflichtungen betroffen sind«. Grey konnte Frankreich »keine endgültige Zusicherung geben, dass Großbritannien in einem Krieg intervenieren würde«.[15]

Grey führte dies am Freitagabend auch gegenüber dem französischen Botschafter aus, fügte allerdings noch einige Anmerkungen hinzu. Die Unterredungen mit Cambon waren immer schwierig. Grey sprach so schlecht Französisch wie Cambon Englisch, sodass sich beide jeweils langsam in ihrer eigenen anstatt in einer gemeinsamen Sprache verständigten.[16] Im gegenwärtigen Fall spielte dies Grey in die Hände. Da er nicht ermächtigt war, Cambon die Unterstützungszusicherung zu geben, die dieser sich wünschte, war es sein Ziel, die Sache zu verschleiern. Und so sicherte Grey dem Franzosen vage zu »dass wir das Deutsche Reich nicht in dem Glauben gelassen hätten, wir würden uns heraushalten«. Tatsächlich, so behauptete Grey, hätte er zu Lichnowsky am Freitagmorgen gesagt, dass wir im Fall eines Kriegs »mit hineingezogen würden« (dies entsprach nicht der Wahrheit, allerdings hatte sich Grey in diesem Sinn am Mittwoch in seinem Gespräch mit Lichnowsky geäußert). Als Cambon eine feste Zusage verlangte, antwortete Grey ausweichend, dass »er zum gegenwärtigen Zeitpunkt keine Zusicherung leisten könnte«. Der französische Botschafter »drückte seine tiefe Enttäuschung« über diese Antwort aus und versuchte Grey festzunageln, »ob man Frankreich helfen werde, wenn es von Deutschland angegriffen würde«. Greys Antwort lautete wiederum ähnlich ausweichend: »So wie die Dinge zum jetzigen Zeitpunkt stehen, können wir keine Verpflichtung eingehen.«

Anschließend brachte Grey eine erstaunliche Neuigkeit in das Gespräch ein. Als ob er das Thema wechseln wollte, informierte Grey Cambon, er habe soeben erfahren, dass »Russland die vollständige Mobilmachung für Flotte und Heer angeordnet habe«.*

Die russische Vorgehensweise, informierte Grey Cambon in einem seltenen Moment, in dem er sich klar ausdrückte, »würde eine Krise herbeiführen *und es so aussehen lassen, als ob die deutsche Mobilmachung von Russland erzwungen worden sei.* Anschließend kehrte Grey zu seiner üblichen Verschleierungstaktik zurück, ließ das Thema wieder fallen und verabschiedete Cambon mit dem Versprechen, dass »das Kabinett sicherlich sofort zusammentreten werde, sobald es eine neue Entwicklung gäbe, doch zum gegenwärtigen Zeitpunkt ist die einzige Antwort, die ich Ihnen geben kann, das wir keine eindeutige Verpflichtung eingehen können«.[17] Die russische Generalmobilmachung gegen Österreich-Ungarn und das Deutsche Reich galt offensichtlich nicht als »eine neue Entwicklung«.

Cambon war erzürnt über die Ausflüchte des Außenministers. Er verließ Grey und lud seine Wut bei Unterstaatssekretär Sir Arthur Nicolson ab, mit dem er auf besserem Fuß stand. Nicolson war beunruhigt darüber, dass Großbritannien Frankreich nichts angeboten hatte, und suchte daraufhin den Außenminister auf, um zu sehen, was er für Cambon tun konnte. Grey erinnerte Nicolson daran, dass er ein Telegramm an Paris und Berlin geschickt und darin von den beiden Mächten eine Zusicherung verlangt hatte, dass »sie bereit wären, die Neutralität Belgiens so lange zu respektieren, wie keine andere Macht diese verletzt«. Wenn die Deutschen diese Zusicherung verweigern, dann könnte Grey dies im Kabinett als Grund für eine Intervention anführen.[18] Die Idee, dass Russlands grundlose Generalmobilmachung gegen das Deutsche Reich von britischen Politikern als Grund gegen eine Intervention vorgebracht werden könnte, kam ihm gar nicht.

---

* Grey erwähnte seine Quelle nicht, aber wir können durch Gewährsleute aus dem Außenministerium bestätigen, dass es sich um den deutschen Botschaftssekretär handelte, der um 17 Uhr anrief und Bethmann Hollwegs telegrafische Nachricht aus Berlin über die russische Generalmobilmachung weiterleitete. Sicherlich hatte Grey dies weder von Cambon noch von Benckendorff erfahren; keiner von beiden hatte es bis dahin zugegeben.

In der Zwischenzeit fuhr Churchill damit fort, die britische Flotte auf den Krieg vorzubereiten, ganz gleich, wie die Stimmung im Kabinett aussah. Am Freitag übertraf er sich sogar selbst, indem er die beiden Schlachtschiffe *Sultan Osman I.* und *Reshad V.* beschlagnahmte, die für die türkische Flotte gebaut worden waren, und britische Schiffsbesatzungen an Bord schickte. Aufgrund des zeitlichen Ablaufs – Sasonow hatte Großbritannien am Donnerstag gebeten, diese hochmodernen Schlachtschiffe zurückzuhalten –, ist man versucht, zu folgern, dass Churchill bereits die russische Generalmobilmachung vorausahnte, noch ehe er davon erfahren hatte. Und dennoch gibt es keinen Beweis dafür, dass Churchill, als er diese provozierende Aktion ausführte (und für die schon seit Mittwoch die Planung lief), von der russischen Generalmobilmachung wusste oder dass Sasonow ihn gebeten hatte, die Schiffe im Hafen zurückzuhalten. Jedenfalls war eine Beschlagnahme nicht Churchills eigentliches Ziel, und über die russisch-türkische Rivalität bezüglich der Seestreitkräfte im Schwarzen Meer machte er sich noch weniger Gedanken. Er requirierte diese modernsten Schlachtschiffe für die britische Flotte als zusätzliche strategische Versicherung gegen die deutsche Hochseeflotte.[19]

IN PARIS GINGEN die Dinge schneller voran. In Erwartung des deutschen Hauptangriffs konnte Frankreich es sich nicht erlauben, wie Sir Edward Grey eine Haltung »des Abwartens und Beobachtens« einzunehmen. Der Mobilmachungsplan XVI sah vor, dass Frankreich die Konzentration seiner aktiven Armeekorps am 10. oder 11. Tag nach der Mobilmachung abschloss; dies ließ kaum Spielraum für Fehler, da man erwartete, dass die Deutschen die Konzentration ihrer Truppen am 12. Tag nach der Mobilmachung abgeschlossen hätten und am nächsten Tag zum Angriff übergehen würden. Nach Plan XVII, der im Mai 1913 verabschiedet worden war, gewann man einen vollen Tag; dies würde den französischen Armeen theoretisch erlauben, ihre

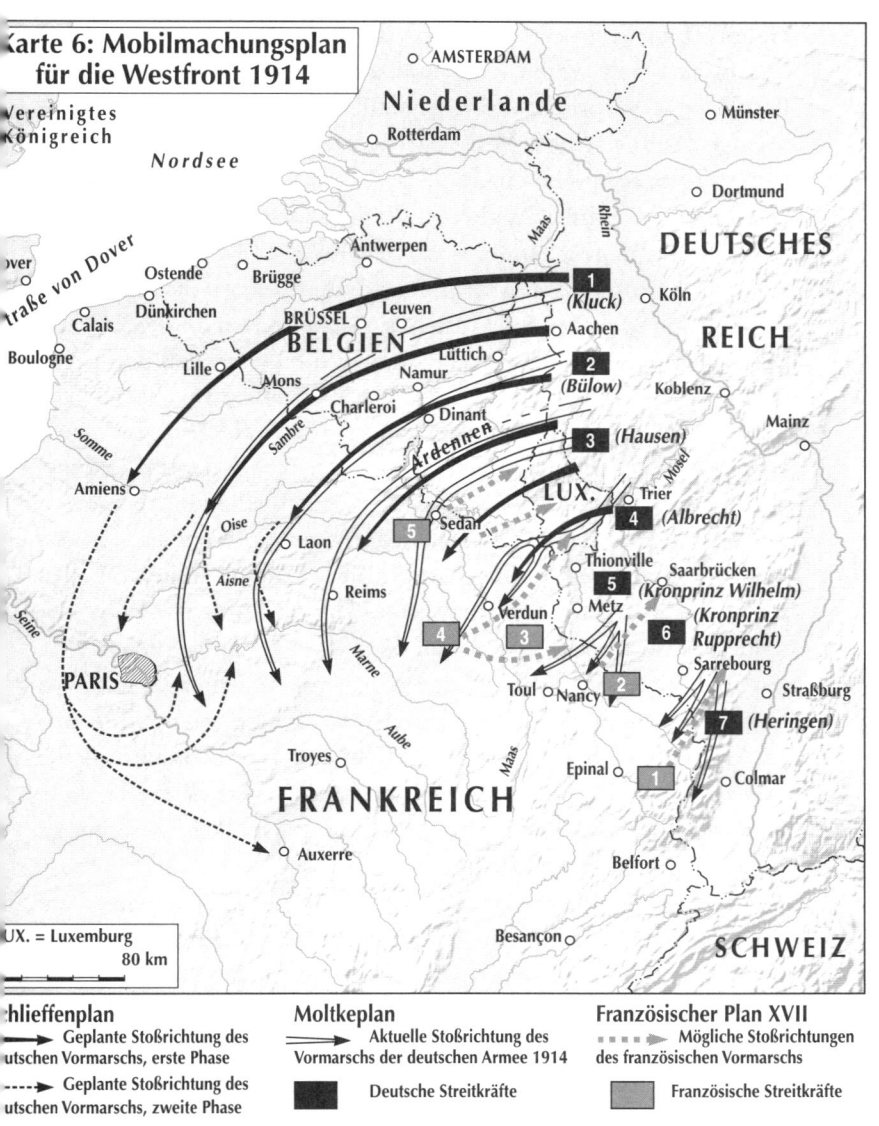

Karte 6: Mobilmachungsplan für die Westfront 1914

Vereinigtes Königreich

Nordsee

Niederlande

AMSTERDAM
Rotterdam

Münster

Dortmund

DEUTSCHES REICH

Straße von Dover

Dover
Ostende
Brügge
Dünkirchen
Calais
Boulogne
Lille
Mons

BELGIEN

Antwerpen

1 (Kluck)
Köln

Leuven
BRÜSSEL
Aachen
Lüttich
Namur
Charleroi
Dinant

Ardennen

2 (Bülow)
Koblenz

Mainz

3 (Hausen)

LUX.
Sedan
Trier
4 (Albrecht)

Amiens
Somme
Oise
Laon
Aisne
Reims

5

Thionville
5 (Kronprinz Wilhelm)
Saarbrücken
(Kronprinz Rupprecht)
Metz
6

Verdun
4
3

Marne

Toul
Nancy
2

Sarrebourg

Straßburg

7 (Heringen)

PARIS

Seine

Aube
Troyes

Maas
Epinal
1
Colmar

FRANKREICH

Auxerre

Belfort

LUX. = Luxemburg
80 km

Besançon

SCHWEIZ

Schlieffenplan
→ Geplante Stoßrichtung des deutschen Vormarschs, erste Phase
----→ Geplante Stoßrichtung des deutschen Vormarschs, zweite Phase

Moltkeplan
⇒ Aktuelle Stoßrichtung des Vormarschs der deutschen Armee 1914
■ Deutsche Streitkräfte

Französischer Plan XVII
▪▪▪▪→ Mögliche Stoßrichtungen des französischen Vormarschs
▢ Französische Streitkräfte

Die allerletzte Chance | 397

Hauptoffensive zwei Tage bevor die Deutschen für ihre eigene Offensive bereit waren (und fünf Tage Einsparung hinsichtlich Frankreichs Verpflichtungen gegenüber Russland), zu starten – solange Moltke seinem Widerpart Joffre nicht mit der Mobilmachung zuvorkommen würde.*

In mancher Hinsicht glichen die französischen und die deutschen Kriegspläne einander wie Spiegelbilder. Plan XVII sah Vorstöße in das »besetzte« Lothringen vor, und zwar links und rechts der Festung Metz (es blieb offen, welcher Seite man den Vorzug geben wollte, also abhängig davon, was die Deutschen unternehmen würden). Wenn die Franzosen wie erhofft den schwächeren linken Flügel der deutschen Armeen durchbrechen und nach Norden einschwenken könnten, wäre der rechte deutsche Flügel abgeschnitten. Moltke erhoffte sich dasselbe, indem er seinen rechten Flügel durch Belgien schickte, um den französischen Armeen in einem gigantischen Umgehungsmanöver in den Rücken zu fallen. Obwohl der französische Aufmarschplan weniger detailliert ausgearbeitet war als der deutsche und auch einen breiteren Spielraum aufwies, beruhte er doch auf derselben Grundidee. Unter der dynamischen, auf Offensive ausgerichteten Konzeption, die sich in beiden Generalstäben durchgesetzt hatte – die Franzosen nannten sie offensive à outrance –, war es unerlässlich, als Erster die Flanken des Feindes zu erreichen. Geschwindigkeit war alles. Jeder Tag zählte.[20]

Aus diesem Grund hatte Frankreich, wie bereits dargelegt, am Dienstag in aller Stille mit den Kriegsvorbereitungen begonnen, als man Truppenverbände aus Algerien und Marokko zurückbe-

---

* Frankreichs Reservekorps würden immer noch ungefähr fünf Tage hinterherhinken (allerdings sollte ein Teil bereits am 11. Tag nach der Mobilmachung bereit sein). Die Deutschen hatten beschlossen, ihre aus Reservisten gebildeten Divisionen an vorderster Front einzusetzen; dadurch konnten sie schneller verschoben werden und die Franzosen noch weiter nördlich umgehen, als diese vermuteten. Das war eine ernste Schwachstelle in Plan XVII. Und obwohl Joffre zuverlässige Berichte des Nachrichtendienstes über die deutschen Pläne zum Einsatz der Reservisten erhielt, glaubte er sie nicht.

orderte. Mit einem Auge auf Großbritannien schielend, wollte Frankreich sich nicht allzu früh in die Karten schauen lassen. Trotzdem blieben Joffre in jedem Stadium immer noch ein bis zwei Tage Vorsprung vor Moltke, von der Erhöhung der Sicherheitsstufe für Eisenbahnen bis zur »Rückkehr der im Manöver befindlichen Truppen in die Garnisonen«, dem Aussetzen von Urlauben und der couverture, die am Donnerstagnachmittag angeordnet worden war – bedingt durch den mythischen »10-Kilometer-Rückzug«.[21]

Jetzt, am Freitag, wollte Joffre noch weiter gehen. Ungeachtet der mehr oder weniger informativen Meldungen, die Paléologue und Sasonow nach Paris geschickt hatten, gab es keinen Grund, daran zu zweifeln, dass Poincaré, Messimy und Joffre nicht die schwerwiegende Bedeutung dieser kryptischen Botschaften verstanden hätten. Ganz gleich, ob Russland entschieden hatte, zur Generalmobilmachung in einer öffentlichen Ankündigung oder (wie es Paléologue getan hatte) im Geheimen überzugehen, es hatte augenscheinlich *die Generalmobilmachung eingeleitet,* wie es dem Quai d'Orsay um 15.30 Uhr am Freitagnachmittag bestätigt wurde, und zwar vom französischen Botschafter in Berlin Jules Cambon mit einem um 2.17 Uhr aufgegebenen Telegramm. (Sasonow und Paléologue hatten die Wahrheit verfälscht, und so war es wiederum den Deutschen überlassen, zu vermelden, was die Russen unternommen hatten).

Da das Deutsche Reich, wie Cambon selbst aus Berlin am vergangenen Wochenende gemeldet hatte, die Verpflichtung eingegangen war, darauf mit der Mobilmachung gegen Frankreich und Russland zu antworten, brauchte es keine besondere Vorstellungskraft dafür, dass ein europäischer Krieg unmittelbar vor dem Ausbruch stand. Cambon selbst zog den Schluss, dass »wir unter diesen Umständen die sofortige Ankündigung des Befehls zur deutschen Mobilmachung erwarten dürfen«.[22]

Der Kern dieser Meldung wurde bald vom deutschen Botschafter in Paris, Baron Schoen, bestätigt, der gegen 18.30 Uhr am

Joseph Joffre, Generalstabschef der französischen Armee, richtete Frankreichs Mobilmachungsplan XVII stärker auf die Offensive aus. Während sich Frankreichs Präsident noch auf See befand, befürwortete er stillschweigend Russlands geheime, frühzeitige Mobilmachung und drängte darauf, sie noch schneller voranzutreiben.

Quai d'Orsay anrief, als das Kabinett gerade im Elysée-Palast zusammengekommen war, um über Cambons Telegramm zu beraten. Nachdem Viviani sich mit Poincaré beraten hatte, welche Linie sie einschlagen sollten, entließ er das Kabinett und eilte hinüber zum Quai d'Orsay, um den Botschafter zu empfangen. Schoen sprach gerade heraus: Als Antwort auf Russlands »vollständige Mobilmachung seiner Land- und Seestreitkräfte«, informierte er den französischen Premierminister, hatte das Deutsche Reich am Freitag um 15 Uhr »den Zustand der drohenden Kriegsgefahr« ausgerufen. Die russische Regierung, fuhr er fort, war aufgefordert worden, sowohl an der deutschen wie auch an der österreichischen Grenze zu demobilisieren, mit einer zeitlichen Frist von 12 Stunden, die von Mitternacht bis Samstagmittag dauern sollte. Anderenfalls wäre das Deutsche Reich gezwungen, die Mobilmachung auszurufen, was Krieg bedeuten würde.[*23]

Viviani behauptete, dass er »überhaupt keine Informationen über eine angeblich vollständige Mobilmachung des russischen Heeres und der russischen Marine habe«. Diese fadenscheinige Lüge beeindruckte Schoen nicht im Geringsten. Er ging einfach darüber hinweg und fragte den Premierminister geradeheraus, welche »Haltung Frankreich im Fall eines Kriegs zwischen dem Deutschen Reich und Russland einnehmen werde«. Viviani blieb weiterhin ausweichend. Ähnlich wie Grey in seinem Umgang mit dem französischen Botschafter entgegnete Frankreichs Premierminister, dass er darauf noch keine Antwort geben könne. Schoen fragte beharrlich nach, wann er denn dazu in der Lage sei. Viviani antwortete, er würde um 13 Uhr Pariser Zeit antworten (14 Uhr deutsche Zeit oder zwei Stunden nachdem die Frist für Russlands Demobilisierung abgelaufen wäre). Schoen versuchte noch einen letzten Trick, um dem Premierminister zu entlocken, welche Absichten Frankreich hatte: Er fragte ihn, ob er seinen Pass bereithalten sollte. Viviani sagte ihm, er solle warten.[24]

---

[*] Kurioserweise behaupteten später sowohl Viviani als auch Poincaré, Schoen habe nicht explizit ausgeführt, dass die deutsche Mobilmachung zum Krieg führen werde. Schoen dagegen bestand darauf, dass er dies getan habe, als »einen letzten dringenden Appell zur Zusammenarbeit, um den Frieden zu retten, der in schrecklicher Gefahr war«. Ganz gleich, ob Schoen die Wahrheit sagte oder nicht, es bleibt unverständlich, was Viviani und Poincaré beweisen wollten: Der Botschafter hatte klar und deutlich eine ernsthafte Warnung ausgesprochen, ohne irgendetwas zu beschönigen. Viviani selbst bestätigte dies, als er später am Abend dem britischen Botschafter mitteilte, dass »die deutsche Botschaft gerade zusammenpackt«.

Die Abfolge der sich daran anschließenden Ereignisse ist reichlich verwirrend. Viviani kehrte im Anschluss an sein Treffen mit Schoen nach Hause zurück, um zu Abend zu essen. Auf dem Weg stieß er mit Joffre zusammen und informierte ihn in aller Kürze darüber, dass Schoen Frankreich quasi ein Ultimatum gestellt habe. Joffre drängte daraufhin Kriegsminister Messimy: »Erteilen Sie unverzüglich den Befehl für unsere Generalmobilmachung, denn ich halte dies für unerlässlich.« Messimy versprach ihm, auf dieser Maßnahme zu bestehen, wenn das Kabinett am Abend zusammentrat.[25] Während Viviani noch daheim zu Abend aß, traf um 20.30 Uhr ein Telegramm von Paléologue im Quai d'Orsay ein und kündigte an, dass »ein Befehl zur Generalmobilmachung der russischen Armee erteilt worden sei«.[*][26]

Obwohl er nicht mehr als Neuigkeit überraschen konnte, hatte dieser lakonische Einzeiler eine ernüchternde Wirkung, da er drohte, die glaubhafte Abstreitbarkeit zu untergraben. Als das Kabinett um 21 Uhr wieder zusammenkam, stand als erster Punkt auf der Tagesordnung, eine vorsichtige Nachricht an Paléologue aufzusetzen; darin sollte Viviani den Botschafter auffordern, »an ihn als dringliche Angelegenheit zu melden, dass die angebliche Generalmobilmachung Russlands der Realität entspreche«. Angenommen, Paléologue hatte Donnerstagnacht gemeldet, dass »Russland heimlich mit der Generalmobilmachung fortfahren wollte«, und dann am Freitagmorgen erneut telegrafiert, dass die

---

[*]   Das Telegramm wurde am Freitag um 10.43 Uhr in St. Petersburg aufgegeben; das bedeutet, dass es 12 Stunden gebraucht hatte, um Paris zu erreichen (nachdem es 18 Stunden nach der Anordnung der Generalmobilmachung des Zaren abgeschickt worden war!). Paléologue bastelte sich später eine komplexe Geschichte zusammen, um zu begründen, warum er 30 Stunden gebraucht hatte, um diese Nachricht von welthistorischer Bedeutung nach Paris zu melden: Er habe erst am Freitagmorgen die Plakate in den Straßen gesehen; seine Nachricht sei auf dem Weg zum Telegrafenamt verloren gegangen; und schließlich sei sein Telegramm über Skandinavien anstatt über Berlin gesendet worden. Selten wurde das Gebot der »glaubwürdigen Abstreitbarkeit« derart strapaziert.

Generalmobilmachung öffentlich bekannt gegeben worden sei, muss dieses Telegramm, das um 21.30 Uhr nach St. Petersburg abgeschickt wurde, Paléologue wie eine rhetorische Frage erschienen sein.[*27]

Die einzige logische Erklärung ist, dass es sich um ein diplomatisches Täuschungsmanöver gehandelt hat, da Frankreich versuchte, die glaubwürdige Abstreitbarkeit noch länger aufrechtzuerhalten.

Kaum hatte das Kabinett diese Schutzbehauptung aufgestellt, dass es von der russischen Generalmobilmachung nichts gewusst hätte, schlug von draußen eine weitere Nachricht wie eine Bombe ein. Jean Jaurès, der berühmte Pazifist und großartige Redner, war soeben von einem Antikriegskongress der Sozialistischen Internationale in Brüssel zurückgekehrt, auf dem er gesprochen und als Geste internationaler Solidarität einen Schulterschluss mit Hugo Haase, dem Vorsitzenden der Sozialdemokratischen Partei Deutschlands, vollzogen hatte. Vor Journalisten in der Abgeordnetenkammer ließ er seiner Wut über Russlands schädlichen Einfluss auf die französische Außenpolitik freien Lauf: »Sind wir gerade dabei, einen Weltkrieg auszulösen, weil Iswolski immer noch wütend über Aehrenthals Täuschung in der Bosnischen Annexionskrise (von 1908 bis 1909) ist?«[28] Um 21 Uhr begab sich Jaurès ins Café du Croissant in der Rue de Montmartre, um mit Freunden zu essen. Um 21.40 Uhr tauchte ein junger fanatischer Nationalist am Fenster auf, der den Mord der Madame Caillaux[**] an Gaston Calmette rächen wollte – er hieß Raoul Villain – und

---

[*] Paléologues Telegramm enthielt lediglich eine Zeile aus 13 Wörtern. Es kann nicht länger als fünf Minuten gedauert haben, es zu dechiffrieren. Wenn man sich seine Bedeutung vor Augen hält, dann übersteigt es die Vorstellungskraft, dass Viviani nicht sofort von seinem Inhalt in Kenntnis gesetzt worden war – dies würde die Dringlichkeit erklären, mit der das Kabinett die seltsame Botschaft an Paléologue verabschiedete.

[**] Villain beabsichtigte offensichtlich, als Nächsten Joseph Caillaux zu ermorden. Er hatte zwei Pistolen beschriftet, eine mit »J« für Jaurès und eine mit »C« für Caillaux.

feuerte zwei Schüsse ab, die Jaurès in den Rücken trafen. Fünf Minuten später war Jaurès tot.[29]

Die Kunde von Villains schrecklicher Tat verbreitete sich in Windeseile in ganz Paris. Das Kabinett wurde um 21.50 Uhr darüber informiert. Was man auch immer von dem bekanntesten Redner der Sozialisten halten mochte, jeder war über die Nachricht bestürzt, die wie ein unheilvolles Omen erschien. Selbst Poincaré, einer seiner erbittertsten Widersacher im Hinblick auf das Gesetz über die dreijährige Wehrdienstzeit, nahm sich Zeit, um sein tiefes Mitgefühl gegenüber Jaurès' Witwe und seine »große Bewunderung« für seinen Gegner auszudrücken.[30] Es gab jedoch nicht nur Umarmungen und Küsse. Die öffentliche Aufregung um den Prozess von Madame Caillaux hatte sich endlich gelegt, und jetzt drohte sie, neue Wellen zu schlagen. Der Polizeipräfekt von Paris gab telefonisch die Warnung durch, »dass es innerhalb der nächsten drei Stunden in Paris zu einer Revolution kommen werde«. Immerhin hatten die Sozialisten auf einer Reihe internationaler Kongresse geschworen, sie würden einen Generalstreik ausrufen, um einen europaweiten Krieg zu sabotieren. Jaurès selbst war ein begeisterter Anhänger dieser Idee; allerdings war er immer so vorsichtig gewesen, direkte Aufrufe zur Volksaufhetzung zu vermeiden. Plötzlich erschien es unerlässlich, das berüchtigte *Carnet B* ins Feld zu führen. Dabei handelte es sich um eine lange Liste mit Kriegsgegnern, Antikriegsagitatoren, Anarchisten, Pazifisten und Spionen, die die französische Regierung am Tag der Mobilmachung in Haft nehmen wollte. Wie vorauszusehen war, betrachtete der frühere Sozialist Viviani, der einige der darin aufgelisteten Männer persönlich kannte, das *Carnet B* als ein Instrument der Schande. Zuletzt stimmte das Kabinett, um die Spannungen im Gefolge von Jaurès' Ermordung abzubauen und die nationale Einheit zu bewahren, darin überein, das *Carnet B* nicht gegen französische Bürger einzusetzen (allerdings konnten Ausländer, die im Verdacht standen, Spione zu sein, durchaus verhaftet werden). Als zusätzliche Vorsichtsmaßnahme ordnete Joffre an, dass zwei Kavallerieregimenter, die gerade an die Grenze verlegt werden sollten, in der Hauptstadt verblieben.

Es gab dringende Aufgaben zu erledigen. Trotz Joffres Ungeduld weigerte sich Viviani bislang, die Generalmobilmachung zu bewilligen, und bestand darauf, dass jeder noch eine weitere Nacht darüber schlafen sollte. In einem gewissen Sinn kam es darauf nicht an: Es war bereits zu spät, um Befehle zu erteilen, die Freitag um Mitternacht noch Wirkung gezeigt hätten. Und um den Termin Samstag Mitternacht zu schaffen, blieb den Franzosen noch Zeit bis 16 Uhr am nächsten Tag. In der Zwischenzeit telegrafierte Joffre an seine Korpskommandeure, sie sollten sich für den Krieg vorbereiten.[31]

Um 22.30 Uhr traf der britische Botschafter Sir Francis Bertie im Elysée-Palast ein und verlangte eine Antwort auf Greys Frage, ob man die belgische Neutralität respektieren würde. Viviani zögerte und antwortete mit einer Gegenfrage: Was würde Großbritannien tun? Um Bertie einen Wink zu geben, wie die Dinge stünden, erzählte er ihm, dass »die deutsche Botschaft gerade zusammenpackt« (das war gelogen; allerdings traf es zu, dass Schoen ihn gefragt hatte, ob er mit dem Packen beginnen sollte).[32] Nachdem er sich mit seinen Kabinettskollegen beraten hatte, entsandte Viviani seinen politischen Direktor Bruno de Margerie, um Bertie eine Antwort zu geben. Die Botschaft für Grey war eindeutig: »Die französische Regierung ist entschlossen, die Neutralität Belgiens zu respektieren, und nur in dem Fall, dass eine andere Macht diese Neutralität verletzt, könnte sich für Frankreich die Notwendigkeit ergeben … anders zu handeln.« Poincaré hatte versprochen, diese Zusicherung gegenüber König Albert von Belgien persönlich zu wiederholen.[33]

Von ähnlicher Bedeutung war, was die französische Regierung in der Freitagnacht *nicht* besprochen hatte. Abgesehen von der seltsamen rhetorischen »Frage« über die russische Mobilmachung, die man an Paléologue gestellt hatte, wurde keine wie auch immer geartete Nachricht an Iswolski oder Sasonow gesendet, dass Russland provozierende militärische Maßnahmen an der deutschen Grenze vermeiden solle – nicht einmal als vorsichtige Warnung in der Art, wie sie Viviani am Donnerstagmorgen verschickt hatte. Dabei war jedermann um 3 Uhr nachts aufgeweckt worden, um auf Sasonows kryptische Nachricht zu antworten, dass Russland, da »es Deutschlands Wunsch (die Mobilmachung zu beenden) nicht nachkommen könne«, nichts anderes »übrigbleibe, als seine Aufrüstung noch schneller voranzutreiben und den Krieg als unmittelbar bevorstehend zu betrachten«. Jetzt, da die Deutschen selbst als Antwort auf die russische Mobilmachung den Zustand der drohenden Kriegsgefahr ausgerufen hatten, bestand keine Notwendigkeit für dramatische nächtliche Beratungen zwischen Russland und Frankreich. Frankreich würde die Mobilmachung anordnen, wenn es (das heißt Viviani als Letzter, der sich noch weigerte) dazu bereit war – wahrscheinlich am Samstag um 16 Uhr. In der Zwischenzeit wurde Messimy geschickt, um dem russischen Botschafter »in feierlichen, tief empfundenen Worten die inoffizielle Zusicherung der [französischen] Regierung zu geben, dass man fest zum Kampf entschlossen sei«. Im Gegenzug »bat« der französische Kriegsminister Iswolski, »die Hoffnung des französischen Generalstabs zu bestätigen, dass sich alle [russischen] Anstrengungen gegen Deutschland richten werden und dass man Österreich-Ungarn als vernachlässigbare Größe betrachte«.[34] Das war noch keine Garantie für die gemeinsame Kriegsführung, aber es war nicht weit davon entfernt.

Es gab auch keine Diskussion im Kabinett über eine mögliche Vermittlung in Wien. Der österreichische Botschafter in Paris, Nikolaus Graf Szécsen, besuchte kurz nach 22 Uhr den Quai d'Orsay, etwa zur selben Zeit, als das Kabinett auf die Ermordung von Jean Jaurès reagierte. Sein Auftrag lautete, die französische Regierung über Österreich-Ungarns offizielle Zusicherung gegenüber Russland zu informieren, dass man nicht beabsichtige, serbisches Territorium zu annektieren oder die serbische Souveränität zu beeinträchtigen. Szécsen versicherte Philippe Berthelot, Direktor im Außenministerium, der ihn an Vivianis Stelle empfing, dass »es nach wie vor möglich sein sollte, »die Frage zu klären, schließlich bedeute die [österreichische] Mobilmachung noch nicht den Krieg, und einige Tage mehr für Gespräche zu gewinnen«. Serbien, schlug er vor, könne Österreich nach Bedingungen fragen. Es war keine Überraschung, dass Berthelot den Vorschlag mit der Begründung zurückwies, dass es dafür mittlerweile »extrem spät« und er »bereits von den Ereignissen überholt« sei. Szécsen erhob keinen allzu großen Protest. In seinem Bericht über die Unterredung an Berchtold räumte er ein, dass angesichts der deutschen Erklärung des *Zustands der drohenden Kriegsgefahr* als Antwort auf die russische Generalmobilmachung »die serbische Frage vollkommen in den Hintergrund getreten sei«. Sicherlich sah die französische Regierung die Dinge in der gleichen Weise, denn es gab keine Diskussion über Serbien Freitagnacht. Obwohl Berchtold eine Woche zuvor die gesamte Krise mit dem Ultimatum an Belgrad beschleunigt hatte, war Wien bei den entscheidenden Ereignissen am Freitag in St. Petersburg, Berlin und Paris nur noch ein Anhängsel.

Trotzdem hatte Österreich für alle noch eine weitere Überraschung auf Lager. Am Freitagmorgen war erneut der Kriegsrat zusammengetreten, diesmal unter dem Vorsitz von Kaiser Franz Joseph persönlich. Wie gewöhnlich war Conrad bereit, die Generalmobilmachung auszurufen. Berchtold dagegen wollte noch warten, um Bethmann Hollweg bei Laune zu halten, doch die widersprüchlichen Signale, die vom deutschen Kanzler ausgesandt wurden, hatten sein Missfallen erregt. Schließlich war es der von Moltke ausgeübte Druck – er schickte Conrad während des Tages zwei weitere Nachrichten mit der dringenden Bitte, gegen Russland zu mobilisieren –, der Tiszas, Berchtolds und des Kaisers Widerstand brach: Franz Joseph stimmte zu, kurz nach 12 Uhr die Generalmobilmachung anzuordnen. Merkwürdigerweise – obwohl in völliger Übereinstimmung mit Österreichs bisherigem Verhalten – sollte die Mobilmachung tatsächlich nicht vor dem 4. August beginnen, und es war immer noch nicht zu Moltkes Zufriedenheit geklärt, ob Conrad Plan B (für den Balkan mit Konzentration auf Serbien) oder Plan R (für Russland) folgen würde.[36]

Dies war ein weiterer grober österreichischer Schnitzer, der sich zum Nachteil Deutschlands auswirkte. Dadurch, dass Wien die Generalmobilmachung für Freitag, den 31. Juli, ankündigte – fünf Tage bevor sie tatsächlich anlaufen würde –, lieferte man Russland und Frankreich ein weiteres Argument in ihrem Bemühen, Großbritannien zum Kriegseintritt zu bewegen. In Wirklichkeit war die Entscheidung von so geringer Bedeutung, dass anfangs fast niemand in St. Petersburg, Berlin, London und Paris davon Notiz genommen hatte – mit der erstaunlichen Ausnahme in Gestalt von Jules Cambon, dem französischen Botschafter in Berlin, der etwa zur gleichen Zeit von der russischen Generalmobilmachung erfuhr. In der Tat hatte Cambon fälschlicherweise im selben Telegramm, in dem er Viviani offiziell über die russische Generalmobilmachung in Kenntnis setzte, berichtet, dass »sich Russland gerade als Antwort auf die österreichische Generalmobilmachung ebenfalls für die Generalmobilmachung entschieden habe« – dabei war Russlands Entscheidung 20 Stunden vor der österreichischen gefallen.[37]

Die Tatsache, dass in Paris niemand diese Nachricht vom Freitag beachtete – die österreichische Generalmobilmachung wurde in dem Telegramm an Paléologue um 21.30 Uhr, in dem Viviani Klarheit über die russische Mobilmachung forderte, überhaupt nicht erwähnt –, macht deutlich, wie wenig man sich an diesem Tag mit Österreich beschäftigte. Das Wochenende sollte eine heftige Auseinandersetzung über Kriegseinsatz oder Neutralität Großbritanniens erleben, in der jede neue Entwicklung – ob wahrheitsgetreu oder nicht – das Gleichgewicht zu kippen drohte.

22. »Nun können Sie machen, was Sie wollen«

Samstag, 1. August

UM 8 UHR übergab Joffre eine Note an Messimy, in der er »die unerlässliche Notwendigkeit, unsere Mobilmachung anzuordnen«, skizzierte. Er führte Berichte über die deutschen Mobilmachungsmaßnahmen (in Wirklichkeit handelte es sich um Maßnahmen, die einer Mobilmachung vorausgingen) an – die Einberufung von Reservistenjahrgängen, Requirierungen und Einkäufe von Pferden. Und er behauptete steif und fest – um Moltke keinen Vorsprung zu geben –, dass »die letzte mögliche Frist für die Bekanntgabe des Befehls um 16 Uhr ablaufen würde«. Um das Ganze zu untermauern, drohte Joffre seinen Rücktritt an, sollte Frankreich am Samstag nicht mobilmachen. Falls die Regierung weiterhin zögert, sagte er zu Messimy, »kann ich möglicherweise nicht länger die erdrückende Verantwortung für dieses hohe Amt tragen, das mir anvertraut worden ist«. Messimy hatte dafür Verständnis, war aber nicht in der Lage, irgendetwas zu versprechen. Deshalb schlug er Joffre vor, er solle selbst mit zum Elysée-Palast kommen und seinen Fall darlegen. Joffre stimmte zu.

Um 9 Uhr trat das französische Kabinett zusammen. Joffre brachte seine Argumente für eine sofortige Mobilmachung vor. Gemäß Messimys Erinnerungen »gab es weder Proteste noch

Kommentare«.[1] Es gab aber auch keine besondere Dringlichkeit, da das deutsche Ultimatum an Russland erst in einigen Stunden ablaufen würde und, wie Joffre selbst einräumte, die Regierung bis 16 Uhr Zeit für eine Entscheidung hatte. Inzwischen trafen wichtige Neuigkeiten aus Rom ein. Camille Barrère, der französische Botschafter, berichtete, was ihm Italiens Außenminister Antonio di San Giuliano »unter dem Siegel strengster Verschwiegenheit« mitgeteilt habe: »Die italienische Regierung tendiere dazu, den österreichischen Angriff auf Serbien als einen aggressiven Akt zu betrachten, und zwar in einer Weise, der Italien davon befreie, zugunsten Österreichs einzugreifen.« Darüber hinaus waren die Artikel des Dreibundes so abgefasst, dass sie »Italien ermöglichten ... sich aus jedem Konflikt herauszuhalten – das heißt auch zugunsten des Deutschen Reichs. Die einzige Bedingung, die San Giuliano an sein Neutralitätsversprechen knüpfte, bestand darin, dass Frankreich und Russland »Zurückhaltung« zeigen sollten.[2] Ohne weitere Verzögerung wurde Joffre daraufhin ermächtigt, der Armee »zusätzliche Instruktionen zu erteilen ... in denen angeordnet wird, dass im Fall der Mobilmachung die für die südöstlichen Grenzen vorgesehenen Schutztruppen in ihren Mobilmachungszentren bleiben und sich bereithalten sollten, in Richtung Nordosten in Marsch gesetzt zu werden«. Die Regierung setzte so hohes Vertrauen in San Giulianos Neutralitätsversprechen, dass sie sogar ihre Grenze zu Italien unverteidigt lassen wollte.[3]

Zur gleichen Zeit traf sich die britische Regierung in London. Gewissermaßen war die Tatsache, dass man an einem Samstagmorgen zusammenkam, historisch zu nennen. Für echte Briten gab es am Wochenende nur eins, nämlich aufs Land zu fahren. Premierminister Asquith spielte gern Golf, Grey liebte es, fischen zu gehen, und Churchill bevorzugte es, mit seinen Kindern zu spielen. Andere, wie die konservativen Abgeordneten Arthur Balfour und Andrew Bonar Law, begeisterten sich für Rasentennis. Was niemand mochte, war, in der Stadt zu bleiben. Doch dieser Samstag war anders. Der klaffende Riss im Kabinett, der in den letzten Tagen immer stärker zutage trat, drohte schließlich, es zu sprengen.

Über Nacht waren weitere beunruhigende Nachrichten aus Paris und Berlin eingetroffen, die Greys festgesetzte Position des »Abwartens und Beobachtens« ad absurdum führten. Das französische Kommuniqué war eigentlich am Freitag um 12.30 Uhr aufgesetzt worden; trotzdem wurde es erst um Mitternacht an die Downing Street geschickt. Darin berichtete Viviani, dass »deutsche Patrouillen zwei Mal auf unser Gebiet vorgedrungen sind«, und behauptete (wiederum fälschlicherweise), dass »unsere vorgezogenen Einheiten sich 10 Kilometer hinter unserer Grenze zurückgezogen haben«. »Die Bevölkerung, die dadurch feindlichen Angriffen ausgesetzt ist, protestiert«, fuhr er fort, »aber die [französische] Regierung ist entschlossen, der öffent-lichen Meinung in Großbritannien und der [britischen] Regierung zu zeigen, dass der Aggressor auf keinen Fall Frankreich sein wird.«[4] Diese Nachricht war bedenklich genug, um Sir Arthur Nicolson zu wecken. Dieser wiederum weckte Asquith – sonderbarerweise nicht Sir Edward Grey.[5]

Die Nachricht aus Deutschland traf nur wenige Minuten später ein, und sie war noch weit bestürzender. Nachdem er die Ereignisse der letzten Tage zusammengefasst hatte, einschließlich der Willy-Nicky-Telegramme und der Bemühungen des Kaisers, in Wien zu vermitteln, berichtete Bethmann Hollweg: Angesichts der russischen Generalmobilmachung, die am Freitag begonnen hatte, »sind wir gezwungen, wenn wir nicht die Sicherheit unseres Vaterlandes preisgeben wollen, diese Aktion, die nur als feindlich angesehen werden kann, mit ernsten Gegenmaßnahmen zu beantworten. Wir haben deshalb Russland mitgeteilt, dass wir, wenn es nicht seine Kriegsvorbereitungen gegen das Deutsche Reich und Österreich-Ungarn innerhalb der nächsten zwölf Stunden einstellt, die Mobilmachung ausrufen werden und *dass dies Krieg bedeutet*. Wir haben Frankreich gefragt, ob es in einem russisch-deutschen Krieg neutral bleiben würde.«[6]

Unabhängig davon, ob Vivianis Behauptung, dass Deutschland bereits in Frankreich einmarschiert sei, der Wahrheit entsprach (tat sie nicht), ließ die eigene Botschaft der Deutschen darauf schließen, dass ein russisch-deutscher Krieg am Samstag beginnen würde. Es würde schwierig werden, hierüber eine heftige Auseinandersetzung im Kabinett zu vermeiden.

Trotzdem taten Nicolson und Asquith, was sie konnten. Da Grey noch schlief, bestellten sie seinen Privatsekretär Sir William Tyrrell an seiner Stelle ein. Sie beschlossen, sich zuerst mit der deutschen Frage zu beschäftigen, da sie ihnen dringlicher erschien. Tyrrell, Nicolson und Asquith zeigten, dass sie Bethmann Hollwegs Nachricht über die russische Generalmobilmachung für glaubwürdig hielten (auch wenn es reichlich spät war, bis man sie endlich zur Kenntnis genommen hatte – immerhin anderthalb Tage nachdem der Befehl dafür erteilt worden war), und verfassten einen Appell für König Georg an Zar Nikolaus II., der sich auf Bethmann Hollwegs Nachricht über die russische Mobilmachung bezog und die unklare Bitte äußerte, der Zar »möge den Irrtum aufklären, der sich hier nach meinem Gefühl ergeben haben muss«.[7] Um 1 Uhr nahmen sie ein Taxi zum Buckingham-Palast und weckten den König. Asquith, der so etwas noch nie gemacht hatte, war ziemlich überrascht, als er seinen Souverän »in einem braunen Morgenrock über seinem Nachthemd und mit deutlichen Anzeichen, dass man ihn in seinem ersten ›Schönheitsschlaf‹ gestört hatte, sah«.[8] Trotzdem tat der König, worum er gebeten wurde, und unterzeichnete das Telegramm. Um 2 Uhr, nachdem alle wieder nach Hause gegangen waren, rief Asquiths Sekretär in der deutschen Botschaft an und informierte Lichnowsky, dass ein direkter Aufruf an den Zaren geschickt worden sei mit der Bitte, »die Mobilmachung zu stoppen« (obwohl das Telegramm in Wirklichkeit nicht vor 3.30 Uhr aufgegeben und auch nicht direkt nach Zarskoje Selo, sondern an Buchanan in St. Petersburg geschickt wurde; und, was noch viel entscheidender war, es enthielt absolut nichts darüber, die russische Mobilmachung zu stoppen).[9]

Am Samstagmorgen um 7 Uhr suchte Nicolson endlich Grey auf, der sich bei Lord Haldane aufhielt, dem ehemaligen Kriegsminister (und jetzigem Lordkanzler). In seiner Begleitung befand sich General Sir Henry Wilson, Direktor Militärische Operationen im Kriegsministerium, der für die Verbindung zur französischen Armee zuständig war (es war Wilson, der für den Kriegsfall die Pläne zur Entsendung des britischen Expeditionsheers nach Frankreich entworfen hatte). Nicolsons Vorstellung war, dass Wilson, ein aus naheliegenden Gründen begeisterter Interventionist, Grey zu etwas mehr Härte führen könnte. Doch Grey, schwerfällig wie immer, lag noch im Bett. Nicolson lehnte es ab, ihn wecken zu lassen.[10] Stattdessen kehrte er ins Außenministerium zurück und arbeitete einen weiteren allerhöchsten Appell aus, den der König unterzeichnen sollte und der für Frankreich bestimmt war. Dieser war nicht weniger ausweichend; darin wurde Präsident Poincaré lediglich zugesagt, dass »Sie sicher sein können, meine Regierung wird weiterhin offen und frei mit M. Cambon alle Punkte besprechen, die im Interesse unserer beiden Länder liegen«.[11]

Nachdem Grey endlich aufgewacht war, galt seine oberste Priorität dem deutschen Botschafter, den er noch vor der Kabinettssitzung um 11 Uhr befragen wollte. Da er sich selbst nicht aufmachen wollte, schickte er seinen Sekretär Sir Tyrrell zur Botschaft. Greys Vorstellung, den Krieg zu begrenzen (wenn nicht sogar ganz zu verhindern), lautete einer Bemerkung von Sir W. Tyrrell zufolge, die Lichnowsky um 11.14 Uhr nach Berlin meldete, »im Fall, dass wir Frankreich nicht angreifen, würde auch England neutral bleiben und Frankreichs Passivität garantieren«. Weitere Details, sagte Tyrrell dem Botschafter, würden nach der Kabinettssitzung folgen. Noch während Lichnowsky diesen erstaunlichen Vorschlag überdachte, rief Grey an und fragte ihn, wie Lichnowsky später an Staatssekretär Jagow berichtete, »ob ich ihm wohl eine Zusicherung geben könnte, dass wir die Franzosen nicht angreifen, falls Frankreich in einem Krieg zwischen

Russland und dem Deutschen Reich neutral bleiben würde«. Lichnowsky nahm an, dass Greys verblüffender Vorschlag in Berlin auf begeisternde Zustimmung stoßen würde, und versicherte ihm, dass »er die Verantwortung für eine derartige Garantie übernehmen könne« und dass der Außenminister diese deutsche Garantie im Kabinett verwenden könne. Anschließend wandte sich Tyrell »mit der dringenden Bitte« an Lichnowsky, seinen Einfluss geltend zu machen, um zu verhindern, dass [deutsche] Truppen die französische Grenze überschreiten. Davon hinge alles ab.«[12]

Mit diesen dringenden Aufrufen zur Zurückhaltung an St. Petersburg, Paris und Berlin hatten sich Grey und Asquith gegen Angriffe der Gegner der britischen Weltreichspolitik (Little Englanders) geschützt, ehe die Kabinettssitzung begann. Allerdings mussten sie auch die Interventionisten zufriedenstellen, allen voran Churchill. In den vergangenen Tagen hatte der kriegsbegeisterte Erste Lord der Admiralität den Oppositionsführern der Konservativen (Conservative and Unionist Party)* verschiedene Angebote gemacht für den Fall, dass die liberale Regierung über die Kriegsfrage geteilter Meinung sein sollte.

Churchill gehörte ehemals den Konservativen an und hatte nach wie vor gute Kontakte innerhalb der Partei. Beispielsweise zu F. E. Smith (der spätere Lord Birkenhead), der ihm Freitagnacht versicherte, dass er »rückhaltlos dafür sei, Frankreich und Belgien zur Seite zu stehen«. Nachdem er sich mit dem Führer der konservativen Opposition Andrew Bonar Law besprochen hatte, übergab Smith an Churchill eine schriftliche Bestätigung, dass »unter der Voraussetzung (die so gut wie sicher sein dürfte),

---

* Die ursprüngliche Konservative Partei (Tory Party oder auch Tories genannt) und die Liberal Unionist Party, eine Abspaltung der Liberalen, die wegen der Home Rule 1886 eine gemeinsame Koalition gegen Gladstones Liberale gebildet hatten, schlossen sich 1912 zusammen und bildeten die Conservative and Unionist Party, eine politische Partei mit zwei Namen. Vereinfachend werden sie in diesem Buch mal als Konservative oder mal als Unionisten bezeichnet.

dass das Deutsche Reich eine Verletzung der belgischen Neutralität in Betracht zieht – die Regierung auf die Unterstützung
der Unionisten zählen kann, und zwar auf die wirkungvollste
Art und Weise«.[13] Anschließend zeigte Churchill diese Note Asquith.

Während der Kabinettssitzung gab Churchill heimlich Noten
an Schatzkanzler (Finanzminister) David Lloyd George weiter,
der unter den Liberalen für ihn eine Art Mentor war. Einer Intervention stand er zwar eher abneigend gegenüber, dennoch hatte
sich Lloyd George bis zu diesem Zeitpunkt noch nicht festgelegt. Churchill »beschwor« ihn, »uns mit seinem großen Einfluss
bei der Erfüllung unserer Pflicht zur Seite zu stehen«. Die Frage
nach Krieg oder Frieden, sagte er zu Lloyd George, »betrifft unser aller Zukunft – ganz gleich, ob Kameraden oder Gegner«.
Nachdem er auf diese Weise seine Haltung offengelegt und (wie
er hoffte) den Premierminister wie den Schatzkanzler auf seine
Seite gebracht hatte, nahm Churchill all seine »dämonische Energie« zusammen und beantragte, »sofort die Reservisten für die
Flotte einzuberufen und die Vorbereitungen der Marine anzuschließen«. Die Regierung lehnte ab. Daraufhin zündete Churchill ein »rhetorisches Feuerwerk«, das nach Asquiths Einschätzung über eine Stunde dauerte. Die Regierung lehnte immer
noch ab.[14]

Um Churchill und den Interventionisten zu Hilfe zu kommen, warnte Grey jeden, dass er zurücktreten werde, wenn, wie
es Lord Morley und die von ihm geführte Fraktion der Little
Englanders wünschte, »eine durch und durch kompromisslose
Politik des Nichtintervenierens um jeden Preis beschlossen würde«. Die Konsequenzen lagen auf der Hand: Da Asquith und
Churchill sicherlich nachziehen würden, musste man davon ausgehen, dass Greys Rücktritt die Regierung zu Fall brächte. Nicht
einmal Morley wollte dies zum jetzigen Zeitpunkt riskieren.
Dennoch hatte sich das Kabinett vollkommen festgefahren. Es
gab keine Unterstützung für Churchills zum Krieg tendierende

Haltung, aber eine Abstimmung für eine vorbehaltlose Neutralität war ebenfalls nicht zu erreichen.[15]

Der entscheidende Punkt, so schien es zumindest, betraf die Neutralität Belgiens. Während ein harter Kern aus liberalen Abgeordneten an diesem Nachmittag im Parlament einen Antrag durchbringen wollte, dass sich England aus einem Krieg heraushalten sollte, »was auch immer in Belgien passiert«, waren sich die Interventionsgegner im Kabinett nicht so sicher. Morley behagte die Vorstellung nicht, zugunsten Belgiens zu intervenieren, aber er räumte ein, dass die Angelegenheit verzwickt sei. »Es herrschte«, erinnerte er sich später an diese historische Kabinettssitzung, »ein allgemeines, wenn auch sehr vages Einverständnis über unsere Verpflichtungen im Hinblick auf den 1839 geschlossenen Vertrag, aber es gab keine Übereinstimmung über den Einsatz von Landstreitkräften.« Als die Diskussion über Belgien an einem bestimmten Punkt angelangt war, witterte Grey seine Chance. Er bat um die Zustimmung, an Lichnowsky eine Warnung zu schicken, dass es, falls das Deutsche Reich nicht dieselbe Garantie für Belgien abgeben würde wie für Frankreich, »sehr schwierig sein würde, das Volksempfinden in diesem Land zu bändigen«.[16] Das war eine ziemlich befremdliche Warnung: Grey bedrohte Deutschland mit dem Zorn der öffentlichen Meinung in Großbritannien. Dies bot ihm allerdings einen Weg aus der Sackgasse, in der die Regierung gelandet war. Er ergriff die Chance beim Schopf.

Zurück in Paris: Hier wurde die Kabinettssitzung um 11 Uhr unterbrochen, als Botschafter Schoen am Quai d'Orsay eintraf und eine Antwort auf die Frage nach der französischen Neutralität in einem deutsch-russischen Krieg verlangte. Viviani wurde geschickt, um die Antwort zu überbringen, die bereits am Freitagabend von der Regierung verfasst worden war: »Frankreich werde das tun, was seine Interessen ihm geböten.« Schoen dürfte kaum darüber im Zweifel gewesen sein, was das bedeutete, aber er musste dennoch nachfragen. »Ich gebe zu«, sagte er, »dass meine Frage ziemlich naiv klingt, aber haben Sie nicht einen Bündnisvertrag [mit Russland]?« Viviani antwortete wiederum zweideutig: »So scheint es (évidemment).« Schoen versuchte, eine Antwort zu bekommen, die in Berlin unmissverständlich ausgelegt werden konnte, und hakte erneut nach; doch alles, was ihm Viviani entgegnete, war, dass »er die Lage seit gestern als verändert betrachte«. Auf die Frage, was sich geändert habe, informierte er Schoen, dass »Sir Edward Greys Vorschlag, alle Seiten sollten ihre militärischen Vorbereitungen einstellen, im Prinzip von Russland akzeptiert worden sei und dass Österreich-Ungarn angekündigt habe, die serbische Integrität und Souveränität nicht zu beeinträchtigen«.[17] Die letztere Behauptung entsprach der Wahrheit, die erste »Enthüllung« – dass Russland zugestimmt habe, seine militärischen Vorbereitungen einzustellen – war ganz und gar falsch, Schoen konnte dies allerdings nicht wissen.

Es war eine beeindruckende Vorstellung Vivianis, der sich zum ersten Mal für seine Rolle als Außenminister zu begeistern schien. Er hatte nichts preisgegeben, während er eine ganze Menge diplomatischen Rauch in die Luft abgelassen hatte. Wie Viviani in seinem Bericht über diese Unterredung festhielt, den er an die französischen Botschafter verschickte, antwortete Baron Schoen, »dass er über die Entwicklungen der letzten 24 Stunden nicht auf dem Laufenden sei und dass darin vielleicht ein ›Hoffnungsschimmer‹ auf eine Einigung liege … und dass er sich sofort informieren werde«.[18] Auf jeden Fall war der deutsche Botschafter dermaßen verblüfft von Vivianis doppeldeutigen Antworten, dass er es unterließ, nach seinem Pass zu fragen. Vivianis irreführende Bemerkungen, die von Schoen nach Berlin weitergeleitet wurden, ließen die Deutschen noch etwas länger im Unklaren über die Absichten der Franzosen.

Vielleicht hegte Viviani selbst noch Zweifel. Aus dem Protokoll geht nicht eindeutig hervor, wann der eher pazifistisch eingestellte Premierminister seine Kriegsbegeisterung entdeckte. Wenn man bedenkt, dass er sich am Freitag, den 31. Juli, weigerte, zumindest eine halbherzige Warnung wegen der russischen Mobilmachung auszusprechen oder stärkeren Druck auszuüben, doch noch eine Vermittlung mit Österreich anzustreben, dann dürfte er zu diesem Zeitpunkt seine Hoffnung auf Frieden aufgegeben haben. Dieser Wechsel könnte allerdings eher einer Resignation als einer plötzlichen Hinwendung zur Begeisterung für den Krieg geschuldet sein. Viviani hatte immer noch nicht zugestimmt, Freitagnacht die Mobilmachung anzuordnen. Genauso wenig wie am Samstagmorgen während der Kabinettssitzung, und das trotz der erfreulichen Nachrichten aus Italien.

Ganz gleich, ob er seine Meinung bereits geändert hatte, Vivianis letzter Widerstand brach im Anschluss an seine Unterredung mit Schoen. Vielleicht hatte die feindselige Stimmung, die dabei herrschte, sein Blut in Wallung gebracht; vielleicht hatte die Audienz auch nur die Verdachtsmomente bestätigt, die er schon immer über die deutschen Absichten hegte. Jedenfalls erinnert sich Joffre, dass Viviani, »als er zu seinem Sitz in der Kabinettsrunde zurückkehrte, vollkommen überzeugt war, dass ich recht hätte; angesichts der gefährlichen Vorbereitungen, welche die Deutschen bereits getroffen hatten, war er bereit, den Befehl zur Generalmobilmachung zu unterzeichnen«.[19] Viviani stellte nur eine einzige Bedingung, nämlich dass Poincaré und er ein Manifest für das französische Volk aufsetzen. Darin wollten sie erklären, warum man diese Entscheidung getroffen habe (das heißt, rein zu Verteidigungszwecken), auf der nationalen Einheit und dem Ausklammern von parteilichen Differenzen bestehen und darlegen – dabei schielten sie mit einem Auge auf die britische Öffentlichkeit und die britische Regierung –, dass »*Mobilmachung noch nicht mit Krieg gleichzusetzen sei*«. Der französische Befehl zur Generalmobilmachung wurde von Poincaré, Viviani, Messimy und dem Marineminister unterzeichnet.[20]

Um 15 Uhr traf Messimys Berater General Ebener zusammen mit zwei Offizieren in der Rue Saint-Domingue ein, um seine Aufgabe zu erfüllen, nämlich den Befehl ins Telegrafenamt zu bringen. Messimy händigte ihm den Mobilmachungsbefehl »schweigend und mit trockener Kehle« aus. »Jeder«, erinnerte er sich, »war sich der gewaltigen und ungeheuren Folgen bewusst, die dieses kleine Stück Papier nach sich ziehen würde ... und fühlte, wie sich unsere Herzen zusammenkrampften«.[21] Um 15.45 Uhr wurde der Befehl an das zentrale Telegrafenamt in Paris weitergeleitet und eiligst an alle militärischen Befehlshaber verschickt.

Um 16 Uhr tauchten die ersten Mobilmachungsplakate in Paris auf. In der ganzen Stadt spielten Kapellen die Marseillaise zusammen mit der russischen und, in vorauseilender Hoffnung, der britischen Nationalhymne. Zur freudigen Stimmung trug außerdem bei, dass die großen Boulevards frei von Fahrzeugen waren – Messimy hatte sie bereits für die Armee sperren lassen. Massen von patriotischen Franzosen drängten sich in den Straßen. Man sah Reservisten, die zur Gare de l'Est marschierten, von wo aus sie an die Grenze gebracht werden sollten, während französische Zivilisten Fahnen schwenkten und Beifall klatschten. Englische und andere ausländische Touristen belagerten die Gare du Nord in der Hoffnung, aus Frankreich herauszukommen, bevor der Krieg begann. Die Züge, berichtete ein Brite, waren »dermaßen vollgestopft, dass man zu ersticken drohte«. Raymond Recouly erinnert sich an den Augenblick, als ein »kleines blaues Papier« mit der Ankündigung der Mobilmachung angeschlagen wurde: » Eine riesige Menge wogte hin und her.« »Mobilmachung ist nicht gleich Krieg«, verkündete Poincaré in seiner Botschaft an das Volk. Um die Wahrheit zu sagen, niemand glaubte ihm. Wenn sie nicht gleich Krieg war, dann kam sie ihm doch schrecklich nahe.[22]

Viviani empfand dies wohl ähnlich. Kurz vor 16 Uhr rief er Messimy an, um ihn zu fragen, ob man die Mobilmachung noch etwas hinauszögern könnte. Die einzige Nachricht, die er seit der Mittagszeit bekommen hatte, war ein Telegramm von Paléologue, in dem dieser behauptete, das Deutsch Reich werde am Sonntag die Mobilmachung anordnen. Die Bestätigung, dass ein schreck-

Beurlaubte Soldaten kehren in ihre Standorte in Paris zurück, als Frankreich 1914 mobilmachte.

licher Krieg kurz vor seinem Ausbruch stand, könnte Vivianis Gewissen aufgewühlt haben.*

Zu seinem Bedauern entgegnete Messimy, dass »der Befehl bereits erteilt worden sei und die ersten Maßnahmen schon ausgeführt würden.« Es war zu spät, der Mechanismus war in vollem Gang.

---

* Viviani sagte zu Messimy, dass er soeben eine zweite Unterredung mit dem deutschen Botschafter hatte, die bei ihm »den Hoffnungsschimmer eines Übereinkommens aufglimmen ließ«. Das kann allerdings nicht stimmen, da er Schoen nicht vor 17.30 Uhr wiedertraf. Es ist möglich, dass sich Messimy nicht mehr an die korrekte Zeit des Treffens erinnerte – dass es am Samstagabend stattfand, und zwar nicht vor 16 Uhr. Das scheint jedoch unwahrscheinlich, da Joffre und Messimy wiederholt Viviani mitgeteilt hatten, dass der Befehl zur Mobilmachung um 16 Uhr ausgegeben werde. Bei Einbruch der Dunkelheit, das musste Viviani wissen, konnte der Befehl nicht mehr zurückgenommen werden.

IN BERLIN KLAMMERTE sich Bethmann Hollweg an Hoffnungen, die ebenso aussichtslos wie die von Viviani waren. Die Frist für das deutsche Ultimatum an Russland sollte zwar erst um 12 Uhr ablaufen, dennoch hatte Bethmann Hollweg, als er am Morgen aufwachte, bereits eine vorläufige Antwort erhalten, die nicht ermutigend war. Nachdem Botschafter Pourtalès das Ultimatum um 23.10 Uhr erhalten hatte, legte er es um Mitternacht Sasonow vor. Der russische Außenminister wiederholte seine Ermahnung aus dem Gespräch zwei Nächte zuvor, dass »es aus technischen Gründen unmöglich sei, die [russischen] Kriegsvorbereitungen zu stoppen«. Sasonow versuchte, Zeit zu gewinnen. Daher betonte er, dass »die Bedeutung der russischen Mobilmachung nicht mit der [des Deutschen Reichs] vergleichbar sei, was den Schluss nahelegt, dass sie kurz vor dem Krieg noch gestoppt werden könnte.[24]

Bethmann Hollweg war über Sasonows Spitzfindigkeiten, dass eine Generalmobilmachung nicht unbedingt Krieg bedeuten müsse, wenig erbaut. Deshalb wandte sich der Kanzler am Samstagmorgen an den Bundesrat – die Reichsvertretung der Bundesstaaten, eine höhere parlamentarische Institution, deren Zustimmung, im Gegensatz zum Reichstag, laut Verfassung für eine Kriegserklärung notwendig war – und informierte die Abgeordneten, dass »Russland vorzugeben versucht, dass seine Mobilmachung nicht als ein feindseliger Akt gegen uns anzusehen sei«. In der Zwischenzeit, erklärte er weiter, betreibe auch Frankreich ernsthafte Vorbereitungen für einen Krieg. Wenn Deutschland Sasonows Zusicherung für bare Münze nimmt, warnte Bethmann Hollweg, würde es »den Vorteil der größeren Geschwindigkeit seiner Mobilmachung verlieren, was uns in naher Zukunft der Gefahr aussetzen würde, das wir uns zwei voll mobilisierten, kampfbereiten Armeen an unserer östlichen und an unserer westlichen Grenze gegenübersehen, bereit, ganze Provinzen von Ostpreußen einzunehmen, während im Westen sogar das Rheinland gefährdet wäre«. Aus diesem Grund, informierte der Kanzler den

Bundesrat weiter, hatte er ein auf zwölf Stunden befristetes Ultimatum an Russland geschickt und eine Note an Paris, in der er Klarheit über die französischen Absichten verlangte. »Wenn die russische Antwort ungenügend ausfällt«, erklärte er, »und keine unmissverständliche Neutralitätserklärung von Frankreich erfolgt,

> »dann wird der Kaiser die russische Regierung in Kenntnis setzen lassen, er müsse sich in einem von Russland selbst provozierten Kriegszustand mit Russland betrachten, und an Frankreich wird er erklären lassen, dass wir mit Russland im Kriege stehen und, da Frankreich seine Neutralität nicht garantiere, annehmen müssen, dass wir uns auch mit Frankreich im Kriegszustand befinden … Wir haben den Krieg nicht gewollt, er wird uns aufgezwungen.«

Der Bundesrat beschloss einstimmig, den Kanzler zu unterstützen. »Wenn nun die eisernen Würfel rollen«, schloss Bethmann Hollweg seine Ausführungen, »wolle Gott uns helfen.«[25]

Die auf 12 Uhr festgelegte Frist verstrich, ohne dass eine weitere Antwort von Russland erfolgt wäre. Der deutsche Staatssekretär im Außenministerium Jagow setzte deshalb eine Kriegserklärung (auf Französisch) an Russland auf, die er um 12.52 Uhr telegrafisch an Pourtalès übermittelte. Abgesehen von einer kurzen Einleitung, in der das Scheitern jeglicher Vermittlungsversuche angeführt wird, war dieses Dokument ziemlich geradeheraus abgefasst und führte Russlands Generalmobilmachung und den vergeblichen Versuch, sie zu stoppen, als Casus belli an. Es gab nur eine überraschende Wendung: Da man nicht wusste, ob Sasonow noch eine formale Antwort geben (seine Entgegnung um Mitternacht war mehrdeutig) oder einfach schweigen würde, wurde noch eine Klausel in Form einer »Wahlmöglichkeit« eingefügt. Pourtalès konnte entweder »Antwort verweigert« oder »Antwort nicht für notwendig befunden« als Grund für den Abbruch der diplomatischen Beziehungen ankreuzen. In beiden Fällen musste der Botschafter jedoch Sasonow informieren, dass »Seine Majestät der Kaiser, mein erhabener Souverän, im Namen des Deutschen Reichs den Krieg annimmt, der ihm aufgezwungen wurde«. Um ihm Zeit für die Übermittlung und Dechiffrierung und – immerhin möglich – eine Meinungsänderung Sasonows oder des Zaren zu geben, wurde Pourtalès instruiert, die Note der russischen Regierung um 17 Uhr mitteleuropäischer Zeit (18.30 Uhr russischer Zeit) auszuhändigen. Dadurch wurde die Frist noch etwas verlängert.[26]

Die Frist für das französische Ultimatum, die auf 13 Uhr mitteleuropäischer Zeit (14 Uhr Berliner Zeit) festgesetzt war, verstrich ebenfalls ohne Antwort, abgesehen von Vivianis diffuser Erklärung, dass »Frankreich das tun werde, was seine Interessen ihm geböten«. Obwohl Bethmann Hollweg und Jagow weder darin noch in Sasonows Erklärung einen Grund zur Hoffnung sahen, stimmten sie dennoch zu, sich zurückzuhalten. Frankreich, telegrafierte Bethmann Hollweg an Schoen, könne weitere zwei Stunden für eine Antwort haben: bis 15 Uhr mitteleuropäischer Zeit (16 Uhr Berliner Zeit).[27]

Die Deutschen hatten gute Gründe, noch zu warten. Während sowohl Frankreich als auch Russland gegen Deutschland mobilmachen und dabei wenigstens *behaupten* konnten, dass dies noch »keinen Krieg bedeute«, verriet der Zeitplan von Moltkes Aufmarsch, dass die deutsche Generalmobilmachung von wesentlich ernsthafterer Natur war. Wenn das Deutsche Reich am Samstagnachmittag mit der Mobilmachung begann, sollten Truppen der 16. in Trier stationierten Division über Nacht ins neutrale Luxemburg (immerhin noch nicht Belgien) vordringen und die Kontrolle über die Eisenbahn des Landes übernehmen (die bereits durch einen Vertrag unter deutscher Leitung stand), damit die Franzosen keinen Zugriff darauf hatten. Außerdem war bereits ein Ultimatum an den deutschen Botschafter in Brüssel geschickt worden mit der Forderung an die belgische Regierung, den deutschen

Truppen freien Durchmarsch durch Belgien zu gewähren. Allerdings sollte es der Regierung in Brüssel nicht vor der kommenden Nacht überreicht werden; dadurch verblieb ihnen genügend Zeit für eine Antwort, ehe die deutschen Truppen die belgische Grenze am dritten Tag nach der Mobilmachung (M + 3) überschritten. Während kein deutscher Soldat in den nächsten drei Tagen belgisches Gebiet betreten würde – und französisches Staatsgebiet sogar frühestens in zwei Wochen –, würde man den Einmarsch nach Luxemburg eindeutig als kriegerischen Akt (wenn auch nicht im ersten Moment gegen Frankreich oder Luxemburg) ansehen. Deshalb war die Mobilmachung für das Deutsche Reich eine Entscheidung von enormer Tragweite. Vielleicht hoffte Bethmann Hollweg, es bliebe immer noch genügend Zeit, sodass jemand in St. Petersburg oder Paris kalte Füße bekommen konnte.

Natürlich war Bethmann Hollweg der Verursacher seines eigenen Dilemmas. Allerdings ging es dabei nicht einfach nur darum, dass seine Fait-accompli-Politik gegenüber Wien die Dinge überhaupt erst in diese Richtung gelenkt hatte. Es lag auch an der Beharrlichkeit des Kanzlers, dass die deutsche Mobilmachung von Kriegserklärungen begleitet werden müsse. Das Paradoxe an Moltkes Mobilisierungsplan war jedoch, dass er sofortiges Handeln gegen Frankreich und den Rückzug in Defensivstellungen entlang der russischen Grenze vorsah. Da es jedoch Russland war, das für den Casus belli gesorgt hatte, musste man ihm zuerst den Krieg erklären, noch vor Frankreich, obwohl es in der deutschen Armee keine Pläne für einen unmittelbaren Angriff auf Russland gab. Anschließend musste Deutschland Frankreich den Krieg erklären, bevor man mit den Feindseligkeiten beginnen konnte. Als Erster den Krieg zu erklären bedeutete, diplomatischen Selbstmord zu begehen, wie Bethmann Hollweg nach dem Krieg selbst feststellte: »Dadurch erschienen wir als die Aggressoren, vor allem für Großbritannien.«[28]

In Wirklichkeit war es noch viel schlimmer. Tirpitz, der Staatssekretär des Reichsmarineamtes, erinnert sich, Bethmann Hollweg erklärt zu haben, dass sowohl Italien als auch Rumänien Verträge mit dem Deutschen Reich hatten, die noch aus der Zeit Bismarcks stammten und sie verpflichteten, ihm im Fall eines Angriffs zu Hilfe zu kommen. »Durch unsere Kriegserklärung an Russland«, brachte es Tirpitz auf den Punkt, »haben wir den Rumänen das Recht zugestanden, uns im Krieg allein zu lassen.« In der gleichen Weise würde es die Kriegserklärung an Frankreich Italien gestatten, seinen eigenen Weg zu gehen. Dazu kam noch, dass, selbst wenn der Krieg mit Russland unvermeidlich war, eine zuerst durch Deutschland erfolgte Kriegserklärung »beim [russischen] Muschik die Überzeugung wecken würde, dass der Kaiser beabsichtigte, den Zaren anzugreifen.« Tirpitz fragte, »warum die Kriegserklärung mit unserer Mobilmachung zusammenfallen müsse«. Darauf antwortete Bethmann Hollweg, dass die Mobilmachung erfordere, »Truppen über die Grenze zu schicken«, was per Definition als kriegerischer Akt anzusehen sei. In einer Art Reductio ad absurdum deutscher Korrektheit, bei der die Diplomatie zum Dienstboten militärischer Notwendigkeiten degradiert wurde, reduzierte der Kanzler die Frage der Kriegserklärung auf eine Tautologie: Es muss getan werden, weil es getan werden muss. Bethmann Hollweg war sich dessen bewusst, dass es den strategischen Untergang bedeutete, doch diese Logik blieb unantastbar. Er würde sich nicht verbiegen lassen.[29]

Als der Tag voranschritt, ohne dass von St. Petersburg oder Paris etwas zu hören war, nahmen die Spannungen in Berlin zu. Massen strömten durch die Innenstadt. Die Luft, beobachtete ein Journalist, »vibrierte vor Gerüchten. Die Leute erzählten einander, Russland habe um eine Fristverlängerung gebeten. Die Börse geriet in Panik. Der Nachmittag verging in einer fast unerträglichen Unruhe.«[30]

Auch die Unruhe im Generalstab nahm zu, als die neuesten Informationen des Nachrichtendienstes von der östlichen Front eintrafen. Am Samstag war Russlands Mobilmachung so weit fortgeschritten, dass die deutsche Aufklärung spezielle russische

Einheiten in Schlachtordnung ausmachen konnte.[31] Um 16 Uhr suchte Falkenhayn, der preußische Kriegsminister, Bethmann Hollweg auf, weil er unsicher war, warum man die Mobilmachung immer noch nicht angeordnet hatte, obwohl die Frist für das Ultimatum an Russland seit vier Stunden abgelaufen war. Er verlangte vom Kanzler, er solle den Kaiser überreden, unverzüglich die Mobilmachung zu befehlen. »Nach erheblichem Widerstand«, erinnerte sich Falkenhayn, »stimmte er zu, und wir riefen Moltke und Tirpitz an.« Der Kaiser bestellte daraufhin alle nach Schloss Charlottenburg ein. Am Sonntag, den 1. August, um 17 Uhr unterzeichnete der deutsche Kaiser den Befehl für die Generalmobilmachung – als letzte der vier hauptsächlich am Krieg beteiligten Nationen. Er tauschte mit Falkenhayn einen langen Händedruck. »Wir hatten beide«, erinnerte sich Falkenhayn, »Tränen in den Augen«.[32]

Kaum war diese folgenschwere Entscheidung gefallen, erschien Jagow, der von der Wilhelmstraße herübergeeilt war, und verkündete, dass »eine äußerst wichtige Nachricht aus England eingetroffen sei. Man werde sie in Kürze entschlüsseln und herbringen«.[33] Er bezog sich auf ein Telegramm von Lichnowsky, das um 11.14 Uhr abgeschickt worden war und um 16.23 Uhr eintraf. Da er Bethmann Hollweg und dem Kaiser keine Gelegenheit geben wollte, wiederum einzulenken, verließ Moltke, »das Gesicht völlig schweißgebadet«, zusammen mit Falkenhayn das Schloss, um den Mobilmachungsbefehl an die Armee weiterzuleiten, ohne Jagows neue Meldungen aus London abzuwarten.[34]

Zehn Minuten später wurden die beiden zurückgerufen. Zum allgemeinen Erstaunen informierte Jagow alle Anwesenden, dass Sir Edward Grey versprochen habe, »für den Fall, dass wir Frankreich nicht angreifen, würde auch England neutral bleiben und Frankreichs Passivität garantieren«. Diese Nachricht, erinnerte sich General Lyncker, der Chef des Militärkabinetts, »traf jeden wie eine Bombe«. Plötzlich schien es so, als müsste das

Ankündigung der deutschen Mobilmachung im Juli 1914

Deutsche Reich, in Lynckers Worten, »nur noch gegen einen Feind kämpfen anstelle von dreien«.[35] Daher erstaunte es nicht, dass Moltke bei seiner Rückkehr ins Schloss jedermann »in freudiger Stimmung« antraf. Der Kaiser, überwältigt vor Erleichterung, rief mit lauter Stimme: »Jetzt haben wir es nur noch mit Russland zu tun. Wir marschieren einfach mit unserer gesamten Armee nach Osten.«[36]

Moltke war sprachlos. In seinem Plan war es nicht vorgesehen, die Richtung der deutschen Mobilmachung um 180 Grad von Westen nach Osten zu verlagern. Sein komplexer Zeitplan, den ein Historiker elegant beschrieb als »genauestens berechnet bis hin zu der Zahl von Zugachsen, die in einer festgelegten Zeit über eine bestimmte Brücke rollen«, war damit hinfällig. »Euer Majestät«, protestierte Moltke, nachdem er sich wieder gefasst hatte, »der Aufmarsch einer Armee aus einer Million Soldaten kann nicht improvisiert werden ... Wenn Eure Majestät darauf bestehen, die gesamte Armee nach Osten zu führen, dann wird es keine kampfbereite Armee sein, sondern ein unorganisierter Haufen von Männern ohne geregelten Nachschub.« Dazu kam noch, dass Frankreich voll mobilisiert an der deutschen West-grenze stand. Es würde das Deutsche Reich nach einem Sieg über Russland bestimmt nicht unbehelligt lassen.»Ihr Onkel«, ent-gegnete Kaiser Wilhelm wütend,»hätte mir eine andere Antwort gegeben!« Diese Bemerkung»verletzte mich tief«, erinnerte sich Moltke später. Zum Kaiser sagte er kleinlaut, er habe sich nie-mals»auf Augenhöhe mit dem Feldmarschall gesehen«. Über Moltkes hartnäckige Einwände hinweg bestand der Kaiser dar-auf, dass sein Generalstabschef einen Befehl an den Komman-deur der 16. Division in Trier unterzeichne, um den bevorstehen-den Einmarsch in das neutrale Luxemburg zu stoppen. Moltke weigerte sich, den Befehl zu unterzeichnen, doch eine inoffizielle Order wurde um 18.40 Uhr per Telefon von Adjutanten weiter-gegeben.[38]

In der Zwischenzeit ging die hitzige Diskussion über den bri-tischen Vorschlag weiter. Falkenhayn nahm Moltke beiseite, um ihn zu beruhigen und aus der Schusslinie zu ziehen. Er stimmte dem Generalstabschef zu, dass es keine Möglichkeit gab, die Mo-bilmachung gegen Frankreich einfach umzudrehen, aber er be-stand darauf, dem Kaiser so lange seinen Willen zu lassen, wie Englands Angebot auf dem Tisch lag. Moltke, immer noch total niedergedrückt, sagte zu, es in Erwägung zu ziehen. Tirpitz wies jeden auf eines hin: Ganz gleich, ob es sich bei Greys Vorschlag »um einen Bluff oder nicht handelte«, wenn die Deutschen Ver-handlungen ablehnten, würde ihre Weigerung in London veröf-fentlicht,»und wir würden uns offenkundig ins Unrecht setzen«. Der Kaiser gab ihm recht. Ob Greys Vorschlag ernst gemeint war oder nicht, jedenfalls schien es unerlässlich, darauf zu antworten, um guten Willen zu zeigen.[39]

Daher begannen Bethmann Hollweg und Jagow, unterstützt von Moltke und Falkenhayn, dringende Schreiben an London auf der Basis von Greys Angebot zu entwerfen. Das erste war ein Appell von Herrscher zu Herrscher, in dem Kaiser Wilhelm II. König Georg V. informierte: »Ich habe soeben die Mitteilung Deiner Regierung erhalten mit dem Angebot, dass Frankreich unter Garantie Großbritanniens neutral bleiben werde. An dieses Angebot«, ging die Nachricht weiter, »war die Frage geknüpft, ob das Deutsche Reich unter dieser Voraussetzung von einem Angriff auf Frankreich absehen werde.« Der Kaiser gestand ein, dass die Mobilmachung gegen Frankreich und Russland »aus technischen Gründen« nicht länger ausgesetzt werden könnte, aber er versprach, dass »wenn Frankreich mir Neutralität anbietet, die durch die britische Flotte und Armee garantiert wird, werde ich es selbstverständlich unterlassen, Frankreich anzugreifen, und meine Truppen anderswo einsetzen.« Als Bürgschaft für die guten deutschen Absichten versicherte der Kaiser König Georg, dass »die Truppen an meiner Grenze soeben telegrafisch und telefonisch davon abgehalten werden, nach Frankreich einzumarschieren«.[40]

Das stimmte nicht. Es war nicht vorgesehen, dass die deutschen Truppen die französische Grenze schon in den nächsten beiden Wochen überschritten; deshalb bestand auch keine Notwendigkeit, sie davor »zurückzuhalten«. Bethmann Hollweg gestand dies stillschweigend in seinem Telegramm an Grey ein; darin versprach er, um England Zeit für die Verhandlungen mit Frankreich einzuräumen, dass die deutschen Truppen davon absehen würden, die französische Grenze zu überschreiten, und zwar bis Montag, den 3. August, um 19 Uhr.[41] (Auch das war irreführend – es handelte sich um die *belgische* Grenze, die man am Montagmorgen überschreiten wollte, nicht um die französische.) Da dieses Telegramm fast gleichzeitig wie das des Kaisers abgeschickt wurde, lag dessen Absicht auf der Hand: Man wollte die Vorstellung, dass die deutschen Truppen »mittels Telegraph gestoppt wurden«, mit dem Versprechen verknüpfen, dass sie nicht in Frankreich einmarschieren würden. In Wirklichkeit bedeutete diese Zusage gar nichts, da sie lediglich die Vorgaben von Moltkes Mobilmachungsplan widerspiegelte.

Natürlich hatte der Kaiser bereits Schritte unternommen, die »Truppen am Überschreiten der Grenze zu hindern« – die 16. Division, die für den Einmarsch in Luxemburg vorgesehen war –, aber er konnte dies schlecht vor den Briten offenlegen, da es die deutschen Absichten verraten würde, neutrales Gebiet zu verletzen. Genauso wenig konnte er seinen Generalstabschef dazu bewegen, den Befehl zu unterzeichnen (obwohl die Anweisungen bereits per Telefon durchgegeben worden waren). Nachdem es ihm nicht gelungen war, mit Moltke zu einer zufriedenstellenden Übereinkunft zu kommen, entließ ihn der Kaiser kurz vor 20 Uhr. Der Generalstabschef war »am Boden zerstört«, als er das Schloss verließ; er »weinte bittere Tränen der Verzweiflung«. Moltke ging nach Hause, setzte sich auf sein Bett und schmollte.[42]

Vielleicht hätte es ihn getröstet, wenn er im Schloss geblieben wäre, um die nächste Wendung mitzubekommen. Nur Minuten nachdem der Generalstabschef gegangen war, traf ein zweites Telegramm von Lichnowsky ein, das noch verblüffender war als das erste. Am frühen Samstagnachmittag hatte Sir William Tyrrell die Botschaft aufgesucht, angeblich, um über die Kabinettssitzung zu berichten. Dabei informierte er den deutschen Botschafter, dass »Sir E. Grey an diesem Nachmittag ein Angebot für die englische Neutralität unterbreitet habe *selbst für den Fall, dass wir gegen Russland und ebenso gegen Frankreich Krieg führen*«. Als der Kaiser das hörte, ließ er für alle Champagner kommen. Großbritannien wollte neutral bleiben, ganz gleich, was das Deutsche Reich tat![43]

Allerdings blieben immer noch Frankreich und Russland, um die man sich sorgen musste. Um 20.45 Uhr telegrafierte Jagow an Schoen in Paris und teilte ihm Greys Angebot mit, »dass England Frankreichs Neutralität garantieren will, wenn wir Frankreich nicht angreifen«. Jagow versprach, dass »von unserer Seite aus keine feindliche Aktion gegen Frankreich in Erwägung gezogen werde, abgesehen von der Mobilmachung«, und er bat Schoen, diese Zusicherung an Viviani weiterzuleiten, um »die Franzosen fürs Erste zu beruhigen«.[44]

Was Russland anging, war die Lage noch merkwürdiger. Nachdem die auf zwölf Stunden festgelegte Frist für das Ultimatum abgelaufen war, hatte man die deutsche Kriegserklärung um 12.52 Uhr an Pourtalès übermittelt mit der Anweisung, diese nicht vor 17 Uhr mitteleuropäischer Zeit (18.30 Uhr St. Petersburger Zeit) zu überbringen. Deshalb war mit hoher Wahrscheinlichkeit davon auszugehen, dass zwischen Russland und dem Deutschen Reich der Kriegszustand herrschte, als man sich in Charlottenburg über Greys Neutralitätsangebote den Kopf zerbrach – allerdings konnte man es nicht mit Sicherheit sagen, weil bis dahin keine neuen Meldungen von Pourtalès eingetroffen waren. Die jüngste Nachricht aus Russland betraf das letzte Nicky-Willy-Telegramm, das kurz nach 14 Uhr in Berlin eingetroffen war. Darin äußerte der Zar Verständnis dafür, dass der Kaiser »gezwungen ist, mobilzumachen«, bat allerdings »von Dir dieselbe Garantie zu erhalten, die ich auch Dir gegeben habe, dass diese Maßnahmen nicht Krieg bedeuten und dass wir mit den Verhandlungen fortfahren«.[45] Der deutsche Herrscher hatte diese Frage praktisch schon abschlägig beantwortet, indem er die Kriegserklärung nach St. Petersburg geschickt hatte, obwohl er nicht sicher sein konnte, ob diese bereits überbracht worden war. Um sich alle Möglichkeiten offenzuhalten, hatte Bethmann Hollweg eine Antwort im Namen des Kaisers aufgesetzt, die um 21.45 Uhr an Pourtalès telegrafiert wurde.

»Obwohl ich bis heute Mittag auf eine Antwort gewartet habe«, begann Willys Note, »hat mich bis jetzt noch kein Telegramm meines Botschafters mit einer Antwort Deiner Regierung erreicht. Ich bin deshalb gezwungen, meine Armee mobilzumachen.« Ohne eine zufriedenstellende Antwort über die russische Demobilisierung sei er »nicht in der Lage, das Anliegen Deines

Telegramms zu diskutieren (das heißt, ob die deutsche Mobilmachung Krieg bedeute). Eine sofortige, bejahende, klare und nicht misszuverstehende Antwort Deiner Regierung«, schloss Willy, »ist die einzige Möglichkeit, endloses Leid zu vermeiden.«[46] Es war eine peinliche und unnötige Mitteilung. Außerdem muss sich Bethmann Hollweg darüber im Klaren gewesen sein, dass zu der Zeit, da das Telegramm in St. Petersburg eintreffen würde, die Frage nach Krieg oder Frieden schon längst durch seinen Botschafter geklärt sein würde. Obwohl es normalerweise mehrere Stunden dauerte, bis seine Anweisungen aus Berlin übermittelt und dechiffriert waren, hatte Botschafter Pourtalès um 17.45 Uhr russische Zeit die Kriegserklärung in der Hand. Etwa eine Stunde später machte er sich auf den Weg zur Sängerbrücke, nur 15 Minuten später als im Zeitplan vorgesehen. Sasonow empfing ihn um 19 Uhr (17.30 Uhr deutsche Zeit), etwa um dieselbe Zeit, da Moltke und Falkenhayn aufgrund der überraschenden Nachricht aus London zurück nach Schloss Charlottenburg gerufen worden waren. Pourtalès wusste von diesen Ereignissen nichts. Er fragte ruhig ein weiteres Mal, ob »die zaristische Regierung einverstanden sei, ihm eine befriedigende Antwort auf seine gestrige Note zu geben (das heißt auf das 12-stündige Ultimatum, in dem Russland aufgefordert wird, die Mobilmachung zurückzunehmen). Sasonow verneinte, er könne nicht auf die deutschen Forderungen eingehen. Pourtalès zog die Kriegserklärung aus seiner Tasche und wiederholte seine Frage ein zweites Mal, wobei er auf die »ernsthaften Konsequenzen« verwies, die eine Ablehnung nach sich ziehen würde. Sasonow blieb weiterhin bei seiner Weigerung. »Mit zunehmender Gemütsbewegung« wiederholte Pourtalès seine Frage ein drittes Mal. Sasonow, wie um den Deutschen von seinen Qualen zu befreien, räumte ein, »ich kann Ihnen keine andere Antwort geben«. Der Botschafter, »tief bewegt und mit einem langen Atemzug«, reichte Sasonow »mit zitternden Händen« die Kriegserklärung. Die beiden Männer, von ihren Gefühlen überwältigt, umarmten einander (allerdings unterscheiden sich ihre Schilderungen darin, wer wen umarmte).[47]

Laut Pourtalès folgte ein kurzer Gedankenaustausch; dabei versuchte jeder, dem anderen Land die Schuld für den Beginn des Kriegs zuzuschieben. Sasonow lastete es Tschirschky an, dem deutschen Botschafter in Wien, dass er Österreich zum Angriff auf Serbien gedrängt habe. Pourtalès erwiderte, dass jene Männer verantwortlich wären, die »den Zaren dazu ermutigt hätten, gegen uns mobilzumachen«. Auf diesen Vorwurf antwortete Sasonow mit einer Frage: »Was hätte ich als Außenminister tun können, wenn der Kriegsminister [Suchomlinow] dem Zaren erklärt, dass die Mobilmachung notwendig sei?« Pourtalès antwortete, dass es exakt Sasonows Aufgabe als Außenminister entspräche, »aus [unseren] früheren Verhandlungen zu wissen, welche Konsequenzen eine Mobilmachung notwendigerweise nach sich zieht … um den Zaren von diesem fatalen Schritt abzuhalten.« Wenn Pourtalès gewusst hätte, dass es Sasonow selbst war, der mit Unterstützung von Suchomlinow und Januschkewitsch den Zaren zur Mobilmachung überredet hatte, wäre er sicher noch viel zorniger gewesen.

Wie auch immer dieser historische Gedankenaustausch an der Sängerbrücke wirklich endete, Pourtalès fragte unmittelbar im Anschluss nach seinem Pass. Er wollte St. Petersburg um 11 Uhr verlassen.[48] Sasonow telegrafierte die Nachricht über die Kriegserklärung sofort an seine Botschafter und begab sich dann zum Abendessen mit Buchanan und Paléologue. Sobald alle wussten, dass das Deutsche Reich den Krieg erklärt hatte, konnte das letzte Telegramm des Kaisers nur noch als bewusste Provokation aufgefasst werden. Bethmann Hollweg hatte Frankreich und Russland ein weiteres diplomatisches Geschenk gemacht.

IN CHARLOTTENBURG BEMERKTE niemand, was in St. Petersburg vor sich ging; selbst Kaiser Wilhelm war in euphorischer Stimmung. Nachdem er eine Weile mit seiner Familie im

Garten entspannt hatte, ging er zu Bett. Kaum war er eingenickt, als er wieder geweckt wurde. König Georg V. (der eigentliche Verfasser war Grey) hatte ein dringendes Telegramm geschickt. »Als Antwort auf Dein Telegramm, das ich soeben erhalten habe«, lautete es:

> *Ich glaube, dass ein Missverständnis vorliegen muss hinsichtlich eines Vorschlags, der in einer freundschaftlichen Unterredung zwischen Fürst Lichnowsky und Sir Edward Grey an diesem Nachmittag erfolgte, als sie darüber sprachen, wie man ein Aufeinandertreffen der deutschen und französischen Armeen vermeiden könnte, solange noch die Chance einer Verständigung zwischen Österreich und Russland besteht.*[49]

Ein Missverständnis hatte es sicher gegeben – allerdings nicht auf Lichnowskys Seite. Tatsächlich hatte Sir Edward Grey an diesem Tag zwei Mal ein Neutralitätsangebot gemacht. Bemerkenswerterweise hatte er sogar den französischen Botschafter über das erste informiert und es an Sir Francis Bertie in Paris weitergeleitet, wo der Vorschlag, dass (zumindest interpretierte Bertie Greys Vorschlag so, nachdem er die Nachricht sorgfältig studiert hatte) Großbritannien »neutral bleiben werde, solange deutsche Truppen defensiv bleiben und die französische Grenze nicht überschreiten und die Franzosen davon absehen, die deutsche Grenze zu verletzen«, mit noch größerer Verwunderung aufgenommen wurde als in Berlin (allerdings war es keine freudige Verwunderung).[50] Grey war selbst erstaunt, als er um 20 Uhr in den Buckingham-Palast einbestellt wurde und das Telegramm des Kaisers aus Berlin las. Er hatte überhaupt nicht richtig durchdacht, was es bedeutete, die »Passivität Frankreichs zu garantieren« – nämlich die britische Armee und Marine zu verpfänden, um die französische Neutralität aufrechtzuerhalten, auch während sich das Deutsche Reich im Krieg mit Frankreichs engstem Verbündeten befand. »Da muss ein Missverständnis vorliegen« war Greys Art und Weise, seine eigenen Vorschläge zu dementieren, nachdem er realisiert hatte, wie närrisch sie waren.*

Dieses lapidare Telegramm seines Vetters hat das Herz des Kaisers gebrochen. Das heiß ersehnte britische Friedensangebot war zurückgezogen worden. Obwohl er extra aufgestanden war, um Moltke einzubestellen, hatte er sich nicht angekleidet, sondern nur einen Morgenmantel über seinen Schlafanzug geworfen. In diesem Zustand empfing der oberste Kriegsherr seinen Generalstabschef kurz nach 23 Uhr. Moltke erwartete einen weiteren unmöglichen Befehl, die Mobilmachung zu stoppen; stattdessen reichte Wilhelm ihm das Telegramm aus dem Buckingham-Palast. »Nun können Sie machen, was Sie wollen«, war alles, was der Kaiser hervorbrachte. Moltke war erleichtert. »Er fuhr sofort nach Hause und telegrafierte an die 16. Division, mit dem Einmarsch in Luxemburg zu beginnen.«[51] Das Deutsche Reich hatte Russland zuerst den Krieg erklärt, aber es war sein Krieg gegen Frankreich, der jetzt beginnen sollte.

---

* Lichnowsky, der Sir Edward Grey sehr verbunden war, verteidigte später den Ruf seines Freundes, indem er dessen Argumentation aufgriff und einräumte, er habe ihn missverstanden. Doch die zwei Meldungen, die Grey am 1. August an Sir Francis Bertie in Paris geschickt hatte, straften die beiden Lügen. Grey mag an diesem Samstag vielleicht nicht ganz bei Verstand gewesen sein, aber er hat diese Vorschläge gemacht.

23. Großbritannien wird sich der Gefahr bewusst

Sonntag, 2. August

NACHDEM DER KAISER zu Bett gegangen war, kamen seine Berater zusammen, um die nächsten Schritte zu besprechen. Über das abendliche Drama, das durch Greys Neutralitätsangebot ausgelöst worden war, hatte man Russland fast vergessen. Pourtalès war angewiesen worden, die deutsche Kriegserklärung um 17 Uhr zu überbringen. Neun Stunden später gab es immer noch keine Nachrichten aus St. Petersburg. Befand sich das Deutsche Reich im Krieg mit Russland oder nicht? Niemand wusste es. Bethmann Hollweg wandte ein, dass man, wenn man sich nicht im Krieg mit Russland befand, einen Angriff auf Frankreich kaum rechtfertigen konnte. Falkenhayn tat das als dummes Geschwätz ab und behauptete, dass »trotz allem der Krieg da und die Frage einer Kriegserklärung an Frankreich ohne Bedeutung sei«: Moltke pflichtete ihm bei: »Der Krieg ist da, und damit hat es sich.« Dennoch wollte Bethmann Hollweg nicht nachgeben. Er würde keinen Krieg gegen Frankreich zulassen, ob erklärt oder nicht, ehe er nicht »eine völkerrechtliche Bestätigung habe«, dass sich das Deutsche Reich im Krieg mit Russland befand.

Daraufhin wurde Moltke wütend. Die Russen hatten als Erste mobilgemacht, erinnerte er Bethmann Hollweg; an der ostpreu-

ßischen Grenze seien Schüsse gefallen; es herrschte augenscheinlich Krieg, ob das Deutsche Reich ihn erklärt hatte oder nicht.
»Daraufhin kam es zu einer Szene der Gewalt«, erinnerte sich
Tirpitz, »gefolgt von gegenseitiger Entschuldigung dafür, dass
man die Beherrschung verloren habe«. Der Kanzler räumte
schließlich ein, dass, wenn die Russen wirklich das Feuer eröffnet
hatten, der Fall »klar sei; das bedeutete, die Russen hatten als Erste angefangen, und ich werde die Kriegserklärung [an Russland]
durch den nächsten General über die Grenze aushändigen lassen«. Vielleicht dachte mancher, dass dies unnötig war in Anbetracht der Tatsache, dass man die Kriegserklärung bereits nach St.
Petersburg geschickt hatte. Doch Bethmann Hollweg wusste immer noch nicht, ob Pourtalès sie auch an Sasonow übergeben hatte. Er benötigte einen eindeutigen Nachweis.[1]

Dieses – oberflächlich betrachtet – seltsame Argument war jedoch von grundlegender Bedeutung. Mit beharrlicher deutscher
Logik bestand Bethmann Hollweg darauf, dass der Krieg erst
dann beginnen konnte, wenn zuvor eine Kriegserklärung gemacht worden war. Immerhin stand es so in der Genfer Konven-
tion von 1907. Mochten Frankreich und Russland in hinterhälti-
ger Weise den Krieg ohne Erklärung beginnen, für Deutschland
jedoch kam das aus Gründen der Ehre nicht infrage. Moltke und
Falkenhayn dagegen sorgten sich ausschließlich darum, den Krieg
so reibungslos wie möglich zu beginnen. Krieg war Krieg; Erklärungen waren da überflüssig, ja vielleicht sogar kontraproduktiv.
Keinem der drei Männer kam es in den Sinn, dass die entscheidende diplomatisch-strategische Frage der Stunde – und der
nachfolgenden Geschichte – lautete: Welche Seite hat den Krieg
begonnen?

Der Einzige, der noch klar denken konnte, war Tirpitz. Dies
lag zum großen Teil an der Natur seines Amtes. Moltke und Falkenhayn betrachteten England als ein Land, das lediglich eine
Handvoll Divisionen nach Frankreich schicken konnte – jedenfalls kaum ausreichend, um die deutschen Armeen aufzuhalten.

Im Gegensatz dazu war der Großadmiral und Staatssekretär des Reichsmarineamtes von der Frage, inwieweit die Briten zum Krieg bereit waren, regelrecht besessen, da die britische Flotte strategisch für ihn den Hauptgegner darstellte. Selbst jetzt, als es viel zu spät war, warf Tirpitz ein, dass er nicht verstanden habe, »warum die Kriegserklärung an Russland vor der [deutschen] Mobilmachung bekannt gegeben worden war«. Er konnte auch »keinen Sinn darin erkennen, die Kriegserklärung an Frankreich voranzutreiben, ehe wir tatsächlich in Frankreich einmarschieren«. Und was er überhaupt nicht verstand, war die Tatsache, dass der Kriegsplan den Einmarsch der deutschen Armee in das neutrale Belgien vorsah. Moltke entgegnete, »dass kein anderer Weg offenstünde, wir müssen das jetzt durchziehen«. In diesem Fall, machte Tirpitz allen gegenüber deutlich, »müssen wir sofort mit dem Krieg gegen England rechnen«. Darum plädierte er dafür, dass Deutschland wenigstens die Kriegserklärung an Belgien aufschieben müsse, um die britische Mobilmachung zu verzögern.

An dieser Stelle verlor Bethmann Hollweg anscheinend den Überblick. Tirpitz, der den Beratungen mit zunehmender Verwunderung lauschte, erinnerte sich an eine Szene, die fast an eine Farce grenzte. Johannes Kriege, Leiter der Rechtsabteilung des Auswärtigen Amtes, brachte wütend Einwände gegen eine Invasion Belgiens vor, wurde aber von Moltke »scharf zurechtgewiesen«. Bethmann Hollweg schien dem Gespräch kaum noch zu folgen, sodass Tirpitz glaubte, »der Reichskanzler habe die Zügel gänzlich aus der Hand gegeben«. Er blickte Bethmann Hollweg ins Gesicht und zog den Schluss, »der Kanzler müsse entweder keine Kenntnis vom Durchmarsch durch Belgien gehabt oder [vergeblich] versucht haben, diesen zu verhindern«.*

---

* Obwohl Bethmann Hollweg ganz allgemein von dem geplanten Vormarsch durch Belgien wusste, ist es richtig, dass er erst am Freitag, dem 31. Juli, von dem drei Tage nach der Mobilmachung (M + 3) vorgesehenen Angriff auf Lüttich erfuhr.

Anschließend führte jemand wie nebenbei aus, dass Österreich-Ungarn bis jetzt noch nicht zugesichert hatte, »mit uns gegen Russland zu Felde zu ziehen« – ein ziemlich großes Übersehen. Und auch Italien, immerhin seit 1882 ein militärischer Verbündeter, war nicht informiert worden, dass das Deutsche Reich Russland den Krieg erklärt hatte. Genauso wenig wie Rumänien, ein weiteres Land, mit dem das Deutsche Reich ein gegenseitiges Verteidigungsbündnis unterhielt. Als sie davon erfuhren, waren Moltke und Falkenhayn »entsetzt«. Tirpitz' bleibender Eindruck von dieser historischen Nacht war, dass »Deutschlands politische Führung vollkommen den Kopf verloren hatte«.[2]

Zumindest in einem Punkt dachten die Deutschen voraus. Nachdem sie aus den um 16 und 18 Uhr eingegangenen Meldungen wussten, dass russische Truppen die Grenze zu Ostpreußen überschritten hatten, konnte Bethmann Hollweg dem Kaiser Folgendes bestätigen: Die deutsche Öffentlichkeit (über ein Pressekommuniqué) war ebenso wie Wien und Rom darüber informiert worden, dass »tatsächlich ein Kriegszustand« mit Russland besteht. Österreich dazu zu bewegen, sich hinter Deutschland zu stellen und den Krieg zu erklären, sollte nicht allzu schwierig sein (allerdings benötigte Österreich aufgrund von Conrads Widerstand, Plan B mit der Ausrichtung auf Serbien aufzugeben, dafür noch weitere vier Tage). In Berlin wusste noch niemand, dass Italien bereits als Verbündeter verloren war, noch bevor Bethmann Hollweg und Jagow ihm den nötigen Spielraum geliefert hatten, um sich herauszuwinden, indem sie als Erste Russland den Krieg erklärten. Und auch dass sich Rumänien dem Dreibund anschließen würde, war mehr als unwahrscheinlich.

Aber in Bezug auf das Osmanische Reich gab es einigen Grund zur Hoffnung. Am 22. Juli, kurz bevor das österreichische Ultimatum an Serbien in Belgrad überreicht worden war, hatte der türkische Kriegsminister Enver Pascha dem deutschen Botschafter Hans von Wangenheim den Vorschlag eines weitreichenden Militärbündnisses gemacht – mit dem Ergebnis, dass Wangenheim abgelehnt hatte. Als Kaiser Wilhelm II. davon erfuhr, hatte er Wangenheim heftig zurechtgewiesen und ihm befohlen, die Gespräche über ein Bündnis sofort wiederaufzunehmen. Freitagnacht, 31. Juli, waren die Verhandlungen bis zu dem Punkt fortgeschritten, als Bethmann Hollweg von Wangenheim wissen wollte, ob die Türkei bereit sei, »gegen Russland Aktionen zu unternehmen, die diesen Namen auch verdient haben«. Am Samstag um 14.30 Uhr, nachdem das Ultimatum an Russland mit der Forderung nach Demobilisierung abgelaufen war, hatte ein verzweifelter Bethmann Hollweg seine letzten Bedenken gegen ein Bündnis mit der Türkei aufgegeben. Er telegrafierte Wangenheim, dass er dazu ermächtigt sei, einen Bündnisvertrag zu unterzeichnen, solange der deutsche Militärattaché Liman von Sanders ihm versicherte, dass die türkische Armee kampfbereit sei.[3] Wangenheim dachte ebenfalls in diese Richtung und schlug zur selben Zeit vor – in einem Telegramm, dass sich mit dem des Kanzlers kreuzte –, dass Deutschland seinen einzigen Schlachtkreuzer der Moltkeklasse im Mittelmeer, die SMS *Goeben*, nach Konstantinopel schicken sollte. Sobald dieser die Meerengen passiert hatte, informierte er Bethmann Hollweg, könnte er einerseits Bulgarien und den Bosporus vor russischen Angriffen mit amphibischen Streitkräften schützen und andererseits das Unterwasserkabel, das Deutschland und Österreich mit Konstantinopel (über Rumänien) verband, gegen russische Sabotage sichern. Außerdem könnte diese Aktion helfen, die Türkei zum Kriegseintritt zu bewegen.[4]

Nun, da der Krieg gegen Russland begonnen hatte, benötigte das Deutsche Reich jede Hilfe, die es bekommen konnte, und die Türkei – die sowohl mit Russland als auch mit dem britischen Ägypten gemeinsame Grenzen hatte – war in dieser Hinsicht ein idealer Partner. Am Sonntag, den 2. August, um 16 Uhr unterzeichneten Wangenheim und der osmanische Großwesir Said Halim Pascha einen geheimen Bündnisvertrag, der bis Ende 1918 gültig war. Darin sicherte Deutschland zu, türkisches Gebiet zu verteidigen, während die Türkei im Gegenzug zustimmte, Russland den Krieg zu erklären, wenn dieses Deutschland angreifen sollte, gemäß demselben Casus foederis, der auch auf Österreich-Ungarn zutraf. Es war kein solcher Coup, wie ihn die Neutralität Großbritanniens dargestellt hätte, aber es war immerhin etwas.*

IN DER ZWISCHENZEIT lief die deutsche Mobilmachung planmäßig an. Am Sonntag, den 2. August, waren deutsche Truppen kurz nach Mitternacht über die Brücken bei Wasserbillig und Remich in Luxemburg einmarschiert. Rasch hatten sie die wichtigsten Eisenbahnlinien gesichert, die vertraglich unter deutscher Leitung standen. Es gab keinen Widerstand, allerdings schickte der luxemburgische Staatsminister Paul Eyschen am Sonntag um 8 Uhr einen formellen Protest nach Berlin. Daraufhin wurde eine ganze Reihe Telegramme von der Wilhelmstraße nach Paris, London und Den Haag gesendet, in denen man die Aktion als Vorsichtsmaßnahme bezeichnete, »um die unter unserer Leitung stehenden Eisenbahnen vor einem französischen Angriff zu schützen«. Gegenüber Eyschen behaupteten die Deutschen ferner, dass sie Berichte von feindlichen französischen Manövern auf luxemburgischen Boden erhalten hätten (er verneinte schnell, dass dies der Wahrheit entspräche.). Berlin verlangte sogar, dass der französische Gesandte aus Luxemburg ausgewiesen werde. Eyschen entsprach dieser Forderung, wenn auch eindeutig unter Zwang.[5]

An der französisch-deutschen Grenze zwischen Straßburg und Metz war die Lage unklar. Sowohl Joffre als auch Moltke hatten mit Blick auf London Befehle erteilt, dass die Truppen

---

* Die deutsche Diplomatie war so unfähig, dass dieser Vertrag bereits ungültig war, noch ehe Wangenheim ihn unterzeichnete. Da das Deutsche Reich Russland den Krieg erklärt hatte (und nicht andersherum), konnte der Casus foederis, rein technisch gesehen, auf keinen einzigen seiner Verbündeten, nicht einmal auf Österreich-Ungarn, angewendet werden. Es scheint, dass der kluge osmanische Großwesir dies wusste: Die Türkei erklärte Russland erst Monate später den Krieg, trotz wütender Proteste aus Berlin.

nicht als Erste das Feuer eröffnen oder die Grenze überschreiten sollten, aber schon bald kursierten jede Menge Gerüchte über Grenzzwischenfälle. So protestierte beispielsweise die französische Botschaft in London bei Grey, dass »20 000 deutsche Soldaten bei Nancy nach Frankreich vorgestoßen seien«.[6] Die Deutschen dagegen berichteten, dass französische Flugzeuge »die Umgebung von Nürnberg« bombardiert hätten, dass eine französische Kavalleriepatrouille die Grenze überschritten habe, dass man zwei französische Saboteure gefangen genommen habe, die einen Tunnel sprengen wollten, und dass man einen französischen Piloten über deutschem Gebiet abgeschossen habe.[7] So gut wie keine dieser Meldungen entsprach der Wahrheit.

Selbst wenn sie wahr gewesen wären, hätten sie mit ziemlicher Sicherheit die britische Meinung nicht entscheidend beeinflusst. Im Kabinett waren alle Augen auf die belgische Grenze gerichtet, welche die deutschen Truppen auf ihrem Vormarsch nach Frankreich überschreiten würden – oder nicht.*

Belgiens Armee hatte bereits drei Tage zuvor mit der Mobilmachung begonnen, um gegenüber allen Mächten verteidigungsbereit zu sein. Am Freitag wurden die Brücken über die Maas mit Sprengsätzen versehen; am Samstag wurde die stark befestigte Stadt Lüttich bewaffnet, und man bereitete die im Osten den deutschen Städten Trier und Aachen gegenüberliegenden Viadukte und Tunnels zur Sprengung vor. Während es sich bei der belgischen Mobilmachung theoretisch um »einen Aufruf ohne Aufmarschplan« handelte, der weder Frankreich noch Deutschland als Gegner definierte, erreichten alarmierende Nachrichten, dass die Deutschen in Luxemburg eingefallen seien, den belgischen

---

* In gewisser Hinsicht war es seltsam, dass sich niemand in London um die Verletzung von Luxemburgs Neutralität scherte, die ebenfalls durch einen in London 1867 unterzeichneten Vertrag garantiert war. Andererseits war Luxemburg winzig und von Land umschlossen, während Belgien den für Großbritannien wichtigsten Puffer auf dem Kontinent entlang des Ärmelkanals bildete. Wahrscheinlich gab es Mitgefühl und Sympathie für den luxemburgischen Großherzog, aber es bestand kein nationales Interesse.

Außenminister am Sonntag um 18 Uhr. Der deutsche Gesandte in Brüssel, Claus von Below-Selaske, wurde um eine Erklärung gebeten. Seine Antwort war nicht besonders beruhigend: »Das Dach Ihres Nachbarn mag Feuer gefangen haben, aber Ihr Haus wird sicher sein.«[8]

Die Gegner der Intervention in Großbritannien hofften inständig, dass sich dies bewahrheiten werde. Trotz der dramatischen Ereignisse in den vergangenen Tagen sonnten sich die meisten britischen Politiker am Sonntagmorgen in Selbstgefälligkeit und Ahnungslosigkeit. Aufgrund von Sir George Buchanans knapper Meldung aus St. Petersburg war das Bild von den Ereignissen in Europa sogar für die Insider des Kabinetts verschwommen und unvollständig. Es stimmte zwar, dass Buchanan keine Zeit verloren hatte, als es darum ging, die deutsche Kriegserklärung Sonntagnacht weiterzuleiten; allerdings hatte er es versäumt zu erwähnen, dass Russland diese provoziert hatte, indem am Donnerstag die Generalmobilmachung (und fünf Tage vorher die Kriegsvorbereitungsperiode) befohlen wurde. Auch die Franzosen hatten London bewusst falsch informiert, beispielsweise in der Sache mit dem Rückzug auf 10 Kilometer hinter der Grenze. Am Samstag war Poincaré sogar so weit gegangen, Sir Francis Bertie mitzuteilen – und das war mit größter Sicherheit eine bewusste Lüge –, dass »der Zar die Mobilmachung von Russland nicht eher angeordnet habe, als bis der Erlass der Generalmobilmachung in Österreich bekannt gegeben worden sei« (in Wirklichkeit hatte Russland 20 Stunden vor Österreich mobilgemacht; seine Teilmobilmachung gegen Österreich war Österreichs Generalmobilmachung um *drei Tage* vorausgegangen).[9] Bei einem derart verzerrten Bild der Ereignisse ist es verständlich, dass man in London keine verbindliche Politik mit nachdrücklichen Entscheidungen betrieben hat.

Daher ist es angesichts der erfolgreichen französischen und russischen Manipulationen der britischen Meinung erstaunlich, dass die britische Regierung immer noch gegen eine Intervention war. Wie Premierminister Asquith am Sonntagmorgen schrieb, »gut drei Viertel unserer Partei sind für eine absolute Nichteinmischung, ganz gleich, zu welchem Preis«. Grey trat einem Parlamentarier der Liberalen gegenüber und fragte, was er tun würde, wenn die Deutschen in Belgien einfallen. »Sie werden es nicht tun«, lautete die Antwort. Darauf Grey: »Ich glaube auch nicht, dass sie es tun werden, aber nehmen wir mal an, sie tun es doch.« »Sie werden es nicht tun«, kam die gleiche Antwort ein zweites Mal. Gänzlich mit Irland beschäftigt und ungenügend über die Ereignisse auf dem Kontinent informiert, wollten die meisten Liberalen nichts hören über Verpflichtungen gegenüber Frankreich, und erst recht nicht gegenüber Russland. Selbst Asquith versicherte trotz seiner Sympathien für Frankreich dem deutschen Botschafter am Sonntagmorgen, dass, obwohl viel davon abhängt, was in Belgien passiert, »wir keinen Wunsch verspüren, zu intervenieren«.[10]

Zur selben Zeit traf sich Paul Cambon mit Sir Edward Grey. Er wies einen Bericht Vivianis über den deutschen Einmarsch in Luxemburg vor und bat Grey, er möge diesen im Kabinett als Rechtfertigung für ein militärisches Eingreifen anführen. Zu seiner Enttäuschung konnte nicht einmal diese Neuigkeit den Außenminister seiner Majestät beeindrucken. Die Integrität Luxemburgs, argumentierte Grey, werde »gemeinsam« von den Staaten garantiert, die 1867 den Vertrag von London unterzeichnet hatten, während England die Integrität Belgiens »einzeln und allein« im Vertrag aus dem Jahr 1839 garantiert hatte. Aus diesem Grund lagen hier unterschiedliche Fälle vor. Nachdem sich Cambon Greys letzte Spitzfindigkeit hatte anhören müssen, beklagte er sich bei Henry Wickham Steed, dem Leiter der Abteilung Außenpolitik der *Times* in London: »Ich weiß nicht, ob an diesem Abend das Wort ›Ehre‹ nicht aus dem englischen Vokabular gestrichen werden müsste.«[11]

Als ob sie dem französischen Botschafter nacheifern wollte, stachelte die konservative Opposition die liberale Regierung am

Sonntagmorgen in ähnlicher Weise auf. Bonar Law, der Führer der Unionisten im House of Commons, und Lord Landsdowne, der konservative Oppositionsführer im House of Lords, gaben eine Erklärung ab, dass es »für die Ehre und die Sicherheit des Vereinigten Königreichs verhängnisvoll wäre, zu diesem Zeitpunkt die Unterstützung Frankreichs und Russlands noch weiter zu verzögern«. Wie ein Hilfsangebot formuliert, aber eher einer offenen Drohung gleich, fügten sie in Richtung der schwankenden liberalen Regierung hinzu, dass »wir der Regierung unsere bedingungslose Unterstützung bei allen Maßnahmen anbieten, die sie in dieser Hinsicht für notwendig erachtet«.[12]

Das Kabinett war ganz und gar uneinig, als es um 11 Uhr erneut zusammentrat. Es herrschte das unerschütterliche Gefühl, dass sich etwas Bedeutendes ereignen werde. Waren Kabinettssitzungen an einem Samstag schon selten, so hatte noch nie eine Zusammenkunft an einem Sonntag stattgefunden; zumindest konnte sich niemand erinnern, wann dies zuletzt vorgekommen war. Da sich Deutschland und Russland im Krieg befanden, und es zwischen Frankreich und Deutschland auf des Messers Schneide stand, schien es unerlässlich, sich in irgendeiner Richtung politisch zu erklären. Dabei wusste Asquith, dass es eine starke Gruppierung »gegen jede Art von Intervention in jedem Fall gab, angeführt von Lord Morleys Gegner der britischen Weltreichspolitik (Little Englanders) und dem ehrenwerten John Burns, dem britischen Handelsminister. Finanzminister Lloyd George schwankte noch, obwohl er eher Morleys Fraktion zugeneigt schien. Auf der anderen Seite war Churchill zum Rücktritt entschlossen, falls das Kabinett seine Entscheidung noch länger hinausschieben würde, wobei ihn Bonar Law und die Konservativen aus dem Hintergrund unterstützten, bereit, eine neue Regierung zu bilden, wenn die jetzige stürzen sollte. ›Wir stehen kurz vor einer Spaltung‹, sollte Asquith nach der mittäglichen Sitzung notieren.«[13] Churchill war selbst vom Sturz der Regierung überzeugt, da die Mehrheit zurücktreten würde, sollte es zu einem Anstoß in Richtung

Intervention kommen. »Zeuge des Kummers und Entsetzens so vieler fähiger Kollegen zu werden«, erinnerte er sich, »war schmerzlich.«[14]

Um einen offenen Bruch zu verhindern, brachte Grey sein Anliegen so behutsam wie möglich vor. Er prangerte die Heuchelei der Mittelmächte an, die alle seine Vermittlungsversuche zunichtegemacht hätten (das Fehlen einer positiven Antwort aus Frankreich oder Russland wurde nicht erwähnt) und »beständig auf den Krieg zumarschiert wären«. Grey vermied, wie er es bereits die ganze Woche getan hatte, jede Diskussion über Russlands geheime vorzeitige militärische Vorbereitungen wie auch über die Tatsache, dass St. Petersburg als Erste der beteiligten Mächte die Mobilmachung angeordnet hatte (wenn er Berties Bericht vom Samstag Glauben geschenkt hatte, mag Grey irrtümlich angenommen haben, die Österreicher hätten zuerst mobilgemacht). Er erinnerte seine Kollegen daran, dass aufgrund der gegenseitigen Vereinbarungen mit Paris die französische Flotte im Mittelmeer zusammengezogen wurde, während die britische Flotte den Ärmelkanal abdecken sollte. Die Franzosen hatten in der Tat ihre gesamte Nordwestküste gegenüber den Deutschen unverteidigt gelassen. Als diese Vereinbarungen 1912 zwischen Grey und Cambon getroffen wurden, hatten Morley und die Gegner der britischen Weltreichspolitik darauf bestanden, dass diese Verpflichtung nicht auf »irgendeiner Vereinbarung beruhte, im Krieg zu kooperieren«. Jetzt realisierten sie – was sie sicher schon die ganze Zeit gewusst hatten –, dass der Fall eingetreten war, für den diese Vereinbarungen getroffen worden waren und was sie nun zu tun hatten. Wofür sonst hätte man die Meere in Bereiche, die von unterschiedlichen Seestreitkräften abgedeckt wurden, einteilen sollen, wenn nicht um eine Zusammenarbeit in Kriegszeiten zu gewährleisten? Damit hatte Grey das Thema gefunden, das über das Schicksal der Regierung entscheiden sollte. »Wenn der Kanal für Deutschland geschlossen wird«, führte er aus, »dann *geschieht dies* zugunsten von Frankreich, und wir können keine halben Sachen machen – entweder erklären wir, neutral zu bleiben, oder wir intervenieren.« Wenn die Entscheidung für die Neutralität ausfallen sollte, dann wollte Grey zurücktreten; wenn nicht, dann erwartete er, dass andere zurücktraten. Deshalb »bat er um eine klare Entscheidung«.[15]

Er bekam sie nicht ganz. Gegen 14 Uhr, als schon jedermann Hunger verspürte, einigte sich das Kabinett auf einen Kompromiss, der es ihm ermöglichte, die Entscheidung auf nach dem Essen zu verschieben. Selbst Morley war gezwungen einzuräumen, dass »wir es Frankreich schuldig sind«, den Kanal zu verteidigen. Daher wurde Grey ermächtigt, Paul Cambon mitzuteilen, »falls die deutsche Flotte in den Kanal eindringt oder durch die Nordsee kommt und feindliche Aktionen gegen französische Küsten oder Schiffe unternimmt, werde die britische Flotte allen Schutz gewähren, der in ihrer Macht steht«. Dieses Statement war immerhin an eine bestimmte Voraussetzung gebunden, sodass die Regierung darüber nicht auseinanderbrach; allerdings gab es einen sofortigen Rücktritt. Mit – wie es Morley beschreibt – »bemerkenswerter Energie, Kraft und Auffassungsgabe« bestand Handelsminister Burns darauf, dass eine Garantie für die Verteidigung der französischen Küsten »nicht mehr und nicht weniger als eine Kampfansage an Deutschland sei, gleichbedeutend mit einer Kriegserklärung«.[16] Tatsächlich legte auch der französische Botschafter Greys Statement in diese Richtung aus. Dementsprechend telegrafierte Cambon nach Paris: »In Wirklichkeit führt ein großes Land keinen halben Krieg. Wenn es sich einmal für den Krieg zur See entschieden hat, wird es ihn zwangsweise auch auf dem Land führen müssen.«[17]

Die konkreten Auswirkungen wurden den letzten Interventionsgegnern beim Mittagessen klar. Lord Morley speiste mit Lloyd George und Sir John Simon, dem Generalstaatsanwalt. Die allgemeine Stimmung, erinnerte sich Morley, war, dass »Burns recht hatte«: Das Kabinett »war auf raffinierte Weise Schritt für Schritt zum Kriegseintritt zugunsten Frankreichs und Russlands gedrängt worden«. Die drei Männer einigten sich darauf, entschlosseneren Widerstand zu leisten, wenn die Regierung um 18.30 Uhr wieder zusammenkommen sollte. Burns, der auf Asquiths Drängen zugestimmt hatte, trotz seines Rücktritts daran teilzunehmen, würde ihre Position stärken.[18] Obwohl die Opposition zunahm, gaben Asquith und Grey nicht klein bei. Nachdem sie alle außer Burns für eine Zusage gewonnen hatten, die französischen Küsten mithilfe der britischen Marine zu verteidigen, drängten sie jetzt auf eine bewaffnete Intervention, falls die Deutschen die belgische Neutralität verletzen sollten. Um auch die Unentschlossenen dafür zu gewinnen, stimmte Grey zu, am Montag im House of Commons nur dann für den Kriegseintritt zu plädieren, wenn die Deutschen eine »substanzielle Verletzung« der belgischen Neutralität begingen, und nicht nur den Durchmarsch durch die kleine Ecke belgischen Territoriums, das an Luxemburg grenzt. Damit wurde vorausgesetzt, wenn auch noch nicht direkt erklärt, dass Großbritannien nur dann intervenieren würde, wenn die Belgier selbst gegen einen deutschen Einmarsch Widerstand leisteten. Wie Asquith es treffend formulierte, könne Großbritannien nicht »belgischer als die Belgier sein« und Krieg gegen das Deutsche Reich führen, wenn Brüssel es nicht tut.[19]

Die Meinung war bei Weitem nicht einhellig. Morley drohte, Burns zu folgen und ebenfalls zurückzutreten. Sir John Simon beklagte sich, dass »die Triple Entente ein schrecklicher Fehler gewesen sei. Warum sollten wir ein Land wie Russland unterstützen?« Auf Greys Warnung, dass Frankreich überwältigt würde, wenn sich Großbritannien heraushielte, entgegnete Lloyd George: »Wie werden sie sich fühlen, wenn Deutschland von den Russen überrannt und ausgelöscht wird?«[20] Als das Kabinett am Abend auseinanderging, schien es, als ob der Sturz der Regierung nur noch eine Frage der Zeit sei. Die britische Kriegsbeteiligung hing an einem seidenen Faden.

WÄHREND DIE BRITISCHE Regierung noch darüber debattierte, was man in dem Fall tun solle, wenn die Deutschen die belgische Neutralität verletzten, war Claus von Below-Selaske auf dem Weg zum belgischen Außenministerium, um genau dies einzuleiten. Um 14.05 Uhr hatte Jagow telegrafiert und ihn angewiesen, den versiegelten Umschlag zu öffnen, der einige Tage vorher an ihn geschickt worden war. Darin befand sich eine Note, die aufgrund von fadenscheinigen Warnungen, dass die Franzosen einen Angriff auf Deutschland durch das Tal der Maas planten, von Belgien innerhalb von zwölf Stunden – bis 8 Uhr am Montag – eine Antwort verlangte, ob man gegen den Durchmarsch deutscher Truppen durch belgisches Gebiet Widerstand leisten werde. Obwohl »keine feindseligen Aktionen gegen Belgien beabsichtigt seien« und zugesichert wurde, belgisches Gebiet »zu verlassen, sobald Frieden geschlossen wird«, war in der Note klar festgelegt, dass man jeglichen Widerstand mit Gewalt brechen werde. Die List war offensichtlich, so zu tun, als handelte es sich dabei um ein Ultimatum.

Die belgische Regierung kam um 21 Uhr zusammen; König Albert übernahm selbst den Vorsitz. Sie sah sich einer schrecklichen Zwangslage gegenüber. Dem deutschen Ultimatum Folge zu leisten würde bedeuten, die nationale Ehre zu verlieren. Dabei konnte Belgien gerade mal sechs Infanteriedivisionen und eine Kavalleriedivision der deutschen Armee entgegenstellen – die möglicherweise mit mehreren Dutzend Divisionen angreifen würde. Natürlich könnte Belgien nach dem Einmarsch der Deutschen auf französische und vielleicht auch britische Unterstützung zählen, aber diese würde höchstwahrscheinlich zu spät kommen, um den Ausgang zu beeinflussen. König Albert war überzeugt davon, dass »unsere Antwort nur ›nein‹ lauten kann, ganz gleich, was die Konsequenzen sind. Es ist unsere Pflicht, unsere territoriale Integrität zu verteidigen.« Allerdings war er sich dessen bewusst, dass ein feindlicher deutscher Einmarsch schreckliche Folgen für die belgische Bevölkerung haben würde. Es war keine Entscheidung, die man übereilt treffen wollte. Um 22 Uhr wurden die meisten Kabinettsmitglieder entlassen und die militärischen Führer einbestellt, um ihre Meinung zu äußern. Zwar gab es noch heftige Debatten um den Aufmarschplan, aber die Haltung gegenüber dem Ultimatum war einhellig: Die Antwort konnte nur nein lauten.[22] Um Mitternacht gingen die Minister auseinander, und ein Sonderausschuss machte sich an die Arbeit, eine Antwort aufzusetzen. Below-Selaske, der verzweifelt auf Nachricht wartete, schaute um 1.30 Uhr im Außenministerium vorbei und berichtete, dass die französische Armee die deutsche Grenze »in einem Bruch internationalen Rechts« (das heißt, bevor eine Kriegserklärung erfolgt ist; die Deutschen waren in diesem Punkt Fanatiker) überschritten habe.[23] Da die französischen Truppen angeblich deutsches und nicht belgisches Gebiet verletzt hatten, wurde Below-Selaskes Beschwerde als unerheblich zurückgewiesen. Es war offensichtlich, dass der deutsche Gesandte lediglich wissen wollte, wie sich die Belgier entscheiden würden. Um 2.30 Uhr wurde der endgültige Text der Antwort freigegeben.»Die Verletzung der [belgischen] Unabhängigkeit, mit der die deutsche Regierung droht«, wurde in der Note dargelegt, »würde eine ungeheuerliche Verletzung internationalen Rechts darstellen. Kein strategisches Interesse könne einen solchen Gesetzesbruch rechtfertigen. Wenn die belgische Regierung die ihr unterbreiteten Vorschläge annähme, würde sie die Ehre der Nation opfern und ihre Pflichten gegenüber Europa verletzen.« Anschließend wurde die Hoffnung ausgedrückt, dass die Deutschen ihre Meinung noch ändern würden, und die Note schloss damit, »wenn sich diese Hoffnung nicht erfüllen sollte, sei die belgische Regierung aufs Äußerste entschlossen, jede Verletzung ihrer Rechte mit allen ihr zur Verfügung stehenden Mitteln abzuwehren«.[24]

Während Sonntagnacht jedermann schlafen ging, warteten die Politiker in Berlin, London und Paris mit fast unerträglicher Sorge auf Nachricht aus Belgien. Am Morgen sollten sie diese erhalten.

24. Sir Edward Greys großer Moment

Montag, 3. August

.

AM MONTAGMORGEN HATTE die Nachricht vom deutschen Ultimatum an Brüssel London erreicht; allerdings war noch nicht ganz klar, wie die belgische Antwort lauten würde. Bonar Law und Lord Landsdowne trafen sich mit Asquith, um ihm erneut die Unterstützung der Konservativen in der Frage der Intervention zuzusichern. Auch die öffentliche Meinung schien sich in diese Richtung zu bewegen. Lloyd George erinnerte sich, dass »der Krieg zwischen Sonntag und Montag an Popularität gewonnen hatte ... die Belgien drohende Invasion hatte die Nation von der West- bis zur Ostküste in Brand gesetzt«. Der Finanzminister, der äußerst erfahren darin war, Veränderungen in der öffentlichen Meinung zu erspüren, trat damit auf die Seite der Kriegspartei über.[1]

Nicht jeder schloss sich seiner Meinung an. Am Montagmorgen schickten sowohl Morley als auch Simon Rücktrittsschreiben an Asquith (obwohl sie beide versprachen, der Kabinettssitzung an diesem Tag beizuwohnen). Sogar Sir Edward Grey hatte anscheinend kalte Füße bekommen. Da er an diesem Nachmittag vor dem House of Commons sprechen sollte, war er bis spät in der Nacht aufgeblieben, um sich Notizen für seine Rede zu machen. Als er gegen 10 Uhr im Außenministerium eintraf, wartete bereits der deutsche Botschafter auf ihn und hoffte auf Neuigkeiten, für welchen Weg sich Großbritannien entscheiden würde. Grey klang beinahe versöhnlich und hinterließ bei Lichnowsky den Eindruck, dass er persönlich, »obwohl Großbritannien einer Verletzung der belgischen Neutralität nicht ruhig zusehen könnte, am liebsten, wenn es irgendwie möglich wäre, neutral bleiben würde«. Lichnowsky hoffte, Grey dafür Argumente liefern zu können, und versicherte ihm, dass Deutschland »selbst im Falle eines Konflikts mit Belgien ... die Integrität belgischen Territoriums aufrechterhalten werde« und dass die deutsche Flotte, vorausgesetzt, England bliebe neutral, Frankreichs Nordküste nicht angreifen werde. Grey hörte höflich zu, machte aber keine Versprechungen.[2]

Als das Kabinett um 11 Uhr zusammenkam, trug die Bedeutung dieses Moments viel dazu bei, die Verbitterung des Wochenendes aufzulösen. Jeder wusste, dass Grey um 15 Uhr vor dem House of Commons sprechen sollte, und jeder war sich auch mehr oder weniger sicher, was er über die britischen Verpflichtungen gegenüber Belgien anführen würde. Burns war bereits zurückgetreten; Morley und Simon sollten ihm folgen. Da kündigte auch der First Commissioner of Works Lord William Beauchamp – der von Asquith nur »Sweetheart« genannt wurde – an, dass er ebenfalls zurücktreten werde.[*]

Lloyd George, der die Seiten gewechselt hatte, richtete einen »entschiedenen Aufruf« an die Zögernden, »nicht zurückzutreten oder ihren Rücktritt wenigstens noch aufzuschieben«. Es war, wie Asquith nach der Sitzung notierte, »eine sehr bewegende Szene, in der sich jedermann in der Runde äußerte.«

---

[*] Lord Beauchamps Homosexualität war ein offenes Geheimnis. Man nimmt an, dass er die Vorlage für Lord Marchmain in Evelyn Waughs Roman *Wiedersehen mit Brideshead* bildete.

Normalerweise hätte eine derartige Rücktrittswelle ausgereicht, um eine Regierung zu Fall zu bringen, aber die bedrohliche Aussicht, dass in kürzester Zeit ein europäischer Krieg ausbrechen werde, hatte den gegenteiligen Effekt: Sie überzeugte die verbliebenen Minister standzuhalten. Nachdem ein Großteil der lautstarken Interventionsgegner die Bühne verlassen hatte, billigte das Kabinett schließlich im Nachhinein Churchills kürzlich ohne Autorisierung durchgeführte Mobilmachung der britischen Flotte. Als neue Nachrichten eintrafen, dass Belgien das deutsche Ultimatum »kategorisch zurückgewiesen hat«, ordnete Asquith (in seiner aktuellen Rolle als Kriegsminister) auch die Mobilmachung des Heeres an. Von größter Bedeutung war es, dass Grey autorisiert wurde, am Nachmittag im House of Commons anzukündigen, dass Großbritannien die Verteidigung der französischen Küste gegen deutsche Angriffe übernehmen und dass es eingreifen werde, falls die Deutschen in Belgien einmarschierten. Simon und Beauchamp, überwältigt von ihren Gefühlen, zogen ihre Rücktrittsgesuche zurück (Morley allerdings nicht). Sogar Morley erklärte sich einverstanden, »an diesem Tag nichts zu sagen« und an der Debatte im Unterhaus teilzunehmen, anstatt aus Protest den Saal zu verlassen, wenn Seiner Majestät der Außenminister sein Anliegen vortrug. Um 14 Uhr ging das Kabinett auseinander, damit jeder genügend Zeit für das Mittagessen hatte und Grey noch einmal Energie für seine Rede tanken konnte.[4]

Den ganzen Tag über herrschte gespannte Erwartung auf das große Ereignis. Seit 1871 war der 1. August ein gesetzlicher Feiertag in England. In den Jahren zuvor hatten viele meist die Stadt verlassen und das verlängerte Wochenende für einen Kurzurlaub genutzt. Da jedoch das Kabinett wegen der Krise ständig Sitzung hielt, ergoss sich der Menschenstrom in umgekehrter Richtung. Die Massen, begierig auf neueste Informationen, strömten nach London herein. Das Wetter blieb fantastisch, und auch in der Innenstadt genossen es die Menschen, sich im Freien aufzuhalten. Am Nachmittag, erinnerte sich Lloyd George, war die Masse von

Fußgängern in Westminster »so dicht, dass kein Auto mehr durchkam«. »Wenn wir keine Polizeieskorte gehabt hätten«, notierte er, hätten wir nicht einen Yard unseres Weges zurücklegen können.«[5]

Gegen 15 Uhr war das House of Commons »bis unters Dach gefüllt und angespannt in Zweifel und schrecklicher Erwartung«, erinnerte sich der Historiker G. M. Trevelyan. Zum ersten Mal seit 1893 waren wieder alle Mitglieder anwesend. Auf der Galerie drängten sich die ausländischen Diplomaten (allerdings war Lichnowsky nicht darunter). So viele Besucher wollten Zeuge dieses geschichtsträchtigen Ereignisses sein, dass im Gang noch zusätzliche Stühle aufgestellt werden mussten. Alle Augen richteten sich auf Sir Edward Grey, als er sich erhob und ans Rednerpult trat – besonders beobachtet von Botschafter Benckendorff und Cambon, die endlich zu erfahren hofften, ob sich Großbritannien auf die Seite Russlands und Frankreichs stellen würde. Die endlosen Krisensitzungen hatten ihren Tribut von Grey gefordert, der es gewohnt war, seine Energiereserven jedes Wochenende auf dem Land wieder aufzufrischen. Für diejenigen, die nah genug an ihn herankamen, um sein Gesicht zu erkennen, sah er »bleich, ausgezehrt und verbraucht aus«.[6] Als Grey sich in seinen Memoiren an diesen Moment erinnert, schlägt er einen seltsam lakonischen Ton an, als ob er sich eher dem Schicksal gebeugt anstatt welthistorische Ereignisse mitgestaltet hätte: »Ich kann mich nicht erinnern, nervös gewesen zu sein. In einem solchen Augenblick gibt es weder die Hoffnung auf persönlichen Erfolg noch die Angst vor dem eigenen Scheitern. In einer großen Krise ist ein Mann, der sprechen oder handeln muss, auf sich selbst gestellt. Er muss das tun, was ihm sein Innerstes zu tun vorgibt; nur das, und er kann nichts anderes tun.«[7] Greys verschlungene Redeweise, seine Unfähigkeit, einfach das zu sagen, was er meinte, hatte schon viele Botschafter zur Weißglut gebracht, die versuchten, die britische Politik zu verstehen. Diese Rede sollte keine Ausnahme sein.

»Es war nicht möglich, den Frieden in Europa zu sichern«, begann er, wobei er in charakteristischer Weise die indirekte Form verwendete, aber er »wolle sich nicht mit der Vergangenheit aufhalten«. Um alle Verdächtigungen zu zerstreuen, er habe insgeheim Großbritannien zum Kampf verpflichtet, stellte Grey fest, dass er »kein anderes Versprechen gegeben habe als die Zusicherung diplomatischer Hilfe« (*wem* er dieses Versprechen gegeben hatte, erwähnte Grey nicht). Dann berichtete er von einem Brief, den er im November 1912 an Botschafter Cambon geschrieben habe und der sich auf den Einsatz der britischen und französischen Flotte bezieht, aber er beharrte darauf, dass dies – wörtlich gesprochen – »keine Verpflichtung darstelle, in einem Krieg zusammenzuarbeiten«. Was das französisch-russische Bündnis betraf, brachte Grey vor, dass »wir kein Teil davon sind« und »dass wir nicht einmal die Bedingungen dieser Allianz kennen«. Nachdem er sich eine halbe Stunde auf diese Weise mäandernd und wenig informativ durchgewunden hatte, hätte man es den Mitgliedern des Unterhauses nachsehen müssen, wenn sie sich gefragt hätten, warum Grey überhaupt zu ihnen sprach.

Endlich kam Grey auf den Punkt – oder es schien zumindest so. »Wir unterhalten«, führte er aus, als würde es sich dabei um einen offenen Tatbestand handeln, »eine langjährige Freundschaft mit Frankreich« (»und auch mit Deutschland« hörte man eine Stimme aus dem Saal). Als ob er durch diesen Einwurf von den Hinterbänken eingeschüchtert worden wäre, begann Grey erneut, zu relativieren. »Doch inwieweit diese Freundschaft auch Verpflichtungen mit sich bringt«, fuhr er fort, »das muss jeder mit seinem Herzen und den eigenen Gefühlen ausmachen … Für mich selbst kann ich feststellen, dass ich es fühle, aber ich möchte nicht jemand anderen stärker bedrängen, als das seine Gefühle tun, und ihm vorschreiben, was er von dieser Verpflichtung halten soll.«

Anschließend legt Grey die »eigenen Gefühle« dar in Bezug auf das, was Großbritannien Frankreich schuldete. Aufgrund der

Konzentration der französischen Flotte im Mittelmeer – eine Konzentration, die Grey wiederum so verschlungen wie möglich erklärte mit »einem Gefühl von Vertrauen und Freundschaft, das zwischen unseren beiden Ländern existiert – »sind die französischen Küsten absolut unverteidigt«. Als ob er eine Hypothese aufstellte, erklärte Grey weiter, »sein Gefühl sage ihm, dass England, falls eine ausländische Flotte, die sich im Krieg mit Frankreich befindet – einem Krieg, den Frankreich nicht gesucht hat und in dem es nicht der Angreifer ist –, den Ärmelkanal hinabfahren und die ungeschützten Küsten Frankreichs bombardieren würde, nicht beiseite stehen kann.« Dann weitete er die Hypothese aus und behauptete, falls England doch *beiseite stünde*, wäre Frankreich gezwungen, seine Flotte aus dem Mittelmeer abzuziehen, wodurch das schwache britische Geschwader Angriffen Italiens ausgesetzt sei für den Fall, dass dieses seine neutrale Haltung aufgibt und sich den Mittelmächten anschließt. Dies würde, so informierte er das Haus mit großer Überzeugungskraft, »unsere Handelsrouten im Mittelmeer« erheblich beeinträchtigen. Um seine Argumentation noch zu unterstreichen, enthüllte Grey anschließend, dass der deutsche Botschafter ihm versichert habe: »wenn wir uns zur Neutralität verpflichten, würde das [Deutsche Reich] zustimmen, dass seine Flotte die Nordküste Frankreichs nicht angreifen werde«. Zu diesem Zeitpunkt beschränkte sich Greys Plädoyer für eine Intervention auf einen Angriff zur See auf Frankreichs Kanalküste, den die Deutschen auf ihr ausdrückliches Versprechen hin unterlassen würden, wenn England neutral bliebe, und auf eine weitergeholte Hypothese, dass von Italien eine Gefahr für die britischen Schifffahrtslinien im Mittelmeer ausgehen könnte. Da war es nicht weiter verwunderlich, dass man Lord Derby, einen für die Intervention eintretenden Tory, wütend flüstern hörte: »Mein Gott, sie werden Belgien im Stich lassen.«

Gerade als man den Eindruck gewinnen konnte, Grey habe den Faden verloren, sammelte er seine Kräfte für den letzten

Coup. Er hatte es über eine Stunde lang vermieden, Belgien zu erwähnen. Jetzt tat er es und spielte damit seinen Trumpf aus. Nachdem er Frankreichs positive Antwort auf seine Frage, ob es Belgiens Neutralität respektieren würde, zusammen mit Deutschlands ausweichender Antwort vorgelesen hatte, ließ Grey die Bombe platzen: Das Deutsche Reich hatte Brüssel in der vergangenen Nacht ein Ultimatum gestellt. Allerdings war diese Nachricht noch nicht bestätigt, wie er zugeben musste (»Ich bin im Moment noch nicht sicher, inwieweit mich das in der richtigen Form erreicht hat«). »Wir haben ein großes und vitales Interesse«, raffte sich Grey zu einer Erklärung auf, »an der Unabhängigkeit Belgiens – und Integrität ist ein wichtiger Teil davon«. Nachdem er seine Stimme wiedergefunden hatte, eiferte Grey Gladstone nach, dem großen Moralisten, der angesichts einer Verletzung Belgiens durch eine europäische Macht die Frage gestellt hatte, ob Großbritannien »ruhig dabeistehen und bei einem der schrecklichsten Verbrechen, das jemals die Seiten der Geschichtsbücher beschmutzen würde, zusehen und sich damit mitschuldig machen würde«. Natürlich hatte Gladstone nur eine Hypothese diskutiert, doch jetzt schien es so, als ob sie Realität werden sollte. Und wenn Belgien gefallen und »Frankreich in die Knie gezwungen sei«, sah Grey voraus, »würde die Unabhängigkeit Hollands folgen«, und anschließend Dänemark: In kürzester Zeit würde das Deutsche Reich die gesamte Kanalküste beherrschen, und England wäre ihm ausgeliefert. In einer kaum überlegten Prophezeiung behauptete Grey, dass »wir in diesem Krieg, wie ich fürchte, schrecklich leiden werden, ganz gleich, ob wir uns beteiligen oder abseits stehen«. Wenn Großbritannien jedoch abseits steht und »seinen vertraglichen Verpflichtungen gegenüber Belgien« nicht nachkommt, dann würde es »den Respekt, unseren guten Namen und unseren guten Ruf in der Welt opfern«.

Nachdem die Abgeordneten Grey in »schmerzlicher Versunkenheit« fast anderthalb Stunden zugehört hatten, erinnerte sich ein Augenzeuge, »brach ein überwältigender Beifall aus, der ihre Antwort ausdrückte«.[8] Grey hatte den Sieg davongetragen. Allerdings hatte er nicht jeden überzeugt. Der enttäuschte Trevelyan beklagte sich, dass »Grey nicht ein einziges Argument geliefert habe, warum wir Frankreich unterstützen sollten« – was er tatsächlich nicht getan hatte. Es hatte auch keine Erwähnung von Russlands geheimen Kriegsvorbereitungen gegeben, und auch nicht davon, dass es als erste Nation die Mobilmachung angeordnet hatte – diese Enthüllungen hatten Grey selbst gar nicht erreicht, was an der französischen und russischen Täuschung wie an seiner persönlichen Unbedarftheit lag. Wenn man das Ziel seiner Rede bedenkt, so war eine Sache besonders befremdlich: Obwohl Grey auf das deutsche Ultimatum an Brüssel anspielte, das in der letzten Nacht gestellt worden war, ging er nicht darauf ein, dass Belgien es bereits abgelehnt und geschworen hatte zu kämpfen – dies hatte der britische Gesandte in Belgien in einem Telegramm gemeldet, das um 10.55 Uhr im Außenministerium eingetroffen war.*

Wenn man in Betracht zieht, wie sehr seine Rede improvisiert war – und dass seine abschweifenden Ausführungen 90 Minuten beanspruchten –, ist es erstaunlich, wie viel Grey *nicht erwähnte*. Kein Wunder, dass die Labour Party Greys Anliegen zur Intervention nicht zustimmte. Greys eigene Partei hatte ähnliche Bedenken. Nicht weniger als 28 anders denkende Liberale kamen in der Lobby zusammen und verabschiedeten eine Resolution, in der sie festhielten, dass Grey keine Argumente für eine Kriegserklärung geliefert habe.[9]

Grey gelang es auch nicht, Deutschland zu überzeugen, dass Großbritannien zum Krieg entschlossen war. Da Lichnowsky

---

* In seinen Memoiren behauptet Grey, dass ihn die Nachricht erst erreicht hätte, nachdem er seine Rede gehalten hatte. Sollte dies zutreffen, wäre es ein Verweis von erschreckender Inkompetenz im Außenministerium. Wenn Grey für die Intervention eintrat, hätte der jüngste Bericht aus Brüssel das Hauptthema seiner Rede bilden müssen.

den Interventionisten keinen Anlass liefern wollte, war er dem House of Commons ferngeblieben. So hatte er nur die Höhepunkte von Greys Ausführungen durchforstet und Montagnacht an Jagow berichtet:»Obwohl die Rede von einem tiefen Misstrauen gegenüber unseren politischen Absichten gekennzeichnet war, kann man dennoch daraus entnehmen, dass die britische Regierung aller Wahrscheinlichkeit nach keine unmittelbaren Absichten hegt, in dem Konflikt Partei zu ergreifen oder die Neutralität aufzugeben, die sie bis jetzt eingehalten hat.« Lichnowsky notierte, dass er bereits Greys Befürchtungen über einen deutschen Angriff auf die französische Kanalküste entschärft habe und dass selbst in Bezug auf Belgien alles, worauf Grey bestanden habe, war, dass»sich Großbritannien jeglicher Beeinträchtigung von belgischem Territorium oder Souveränität entgegenstellen werde«.»Insgesamt können wir die Rede als zufriedenstellend betrachten ... Ich bin überzeugt, dass die britische Regierung bestrebt ist, neutral zu bleiben.«[10] Wenn sich Lichnowskys optimistische Einschätzung als wahr herausstellen sollte, wären dies willkommene Neuigkeiten in Berlin gewesen. Doch bei Grey konnte man das nie wirklich wissen. Bevor er es nicht klar und deutlich ausgesprochen hatte, würde die britische Politik ein Rätsel bleiben.

NACHDEM ER ZWEI Tage lang Berichte über Grenzverletzungen französischer Truppen erhalten hatte – von denen die meisten, wenn auch nicht alle übertrieben oder falsch waren –, wies Bethmann Hollweg Baron Schoen an, Viviani um 18 Uhr die Kriegserklärung auszuhändigen. Schoen kam jedoch fast eine Stunde später am Quai d'Orsay an, weil er einerseits Probleme mit der Dechiffrierung der Nachricht aus Berlin hatte und andererseits sein Auto auf dem Weg von zwei französischen Patrioten angegriffen wurde (woraufhin man ihm eine Eskorte der Pariser Polizei anbot). Am Montag, den 3. August, um 19 Uhr übergab Schoen feierlich eine Note an Viviani, in der erklärt wurde, dass als Antwort auf zahlreiche Verletzungen der deutschen Grenze von französischen Truppen »das Deutsche Reich sich selbst in einem Kriegszustand mit Frankreich betrachtet«.[*11] Anschließend bat er um seinen Pass und verließ Paris mit dem Zug. In Berlin händigte man Jules Cambon später in der Nacht ebenfalls seinen Pass aus und schickte ihn über Dänemark nach Hause (dabei ließ man ihn unverschämterweise auch noch die Fahrkarte für den Sonderzug selbst bezahlen; erst später ließen ihm die Deutschen das Geld über die spanische Botschaft zurückerstatten). Frankreich und das Deutsche Reich befanden sich im Krieg.

Abgesehen von den umstrittenen Grenzverletzungen lag der wahre Grund für den Zeitplan der deutschen Kriegserklärung darin, dass deutsche Truppen am Dienstagmorgen zunächst in Belgien einmarschieren sollten, um den Eisenbahnknotenpunkt Lüttich zu sichern. Es war der letzte deutsche Fehler, bedingt durch die starre Struktur von Moltkes Mobilmachungsplan, in dem, wie ein Militärhistoriker ausführte, vorgesehen war, »mehr als 600 000 Soldaten durch den Engpass bei Lüttich zu schleusen«.[**12]

Obwohl Frankreichs Truppenkonzentration an der Grenze viel weiter fortgeschritten war als die der Deutschen – die ersten Gefechte an der elsässischen Front sollten alle auf deutschem, nicht auf französischem Boden stattfinden –, hatte Bethmann Hollweg wiederum als Erster den Krieg erklärt. Dies war nicht der geeignete Weg, um die Briten zu beeindrucken.

---

* Laut Jagows Anweisungen sollte Schoen erwähnen, dass ein französischer Pilot über Deutschland abgeschossen worden war, was der Wahrheit entsprach. Aufgrund von Problemen bei der Übermittlung (oder französischen Störsendern?) kam dieser Teil der Nachricht nicht durch, und die von Schoen angeführten Vorfälle waren größtenteils falsch.

** Der Handstreich gegen Lüttich am dritten Tag nach der Mobilmachung (M + 3) war Moltkes Idee. Dadurch sollte der Weg für den rechten Flügel freigemacht und verhindert werden, dass man holländisches Gebiet betreten musste, wie es noch im Schlieffenplan vorgesehen war. Wenn man die Folgen betrachtet, war es wohl Moltkes größter Fehler.

In London waren die Aussichten alles andere als geklärt, obwohl die Öffentlichkeit wohl überwiegend den Krieg befürwortete. Allgemein wurde berichtet, dass durch Greys Rede am Montag im House of Commons eine dramatische Entscheidung gefallen sei, obwohl es schwerfiel, genau zu benennen, um was es sich dabei handelte. Als Churchill Grey nach dessen Rede begegnete, fragte er ihn: »Was geschieht jetzt?« Grey antwortete ihm, dass man Berlin ein Ultimatum stellen und die Deutschen davor warnen werde, die belgische Neutralität zu verletzen (das war etwas, das er augenfällig vergessen hatte, im Parlament zu erwähnen).[13] Dem französischen Botschafter gab Grey dieselbe Zusicherung, zusammen mit dem Versprechen, dass die britische Flotte die französische Küste gegen Angriffe der Deutschen verteidigen werde. Und dennoch hatte er, als das Kabinett um 18 Uhr wieder zusammenkam, noch kein Ultimatum an Berlin geschickt. Genauso wenig hatte Grey Lichnowsky einbestellt, um ihn zu instruieren. Die »einzige Warnung«, die das Kabinett verabschiedete, war ein Telegramm an Sir Edward Goschen. Er sollte Berlin davon in Kenntnis setzen, dass »die Regierung Seiner Majestät dazu verpflichtet sei, gegen diese Verletzung eines Vertrages zu protestieren, an dem Deutschland genauso beteiligt ist wie man selbst. Man müsse die Versicherung berücksichtigen, dass die an Belgien gestellte Forderung *nicht weiter aufrechterhalten* und seine Neutralität von Deutschland respektiert werde.« Selbst dieser harmlose Protest, der nicht einmal die Andeutung eines bewaffneten Eingreifens enthielt, wurde erst am Dienstagmorgen verschickt.[14] Wenn Grey angeblich am Montag die Abgeordneten für den Krieg gewinnen konnte, so hatte er das bei sich selbst noch nicht geschafft.

Schon immer neigte Sir Edward Grey eher zum Nachdenken als zur Tat. Da es ihm die ganze Woche hindurch nicht gelungen war, auch nur den kleinsten Einfluss auf die Ereignisse in Europa zu nehmen, hatte er auch keine Eile, es jetzt zu tun. So kehrte er gedankenverloren in sein Büro in Whitehall zurück. Mit seinen schwächer werdenden Augen beobachtete er, wie die Lampen im St. James Park angezündet wurden, und er ließ die Bemerkung fallen: »Die Lampen gehen in ganz Europa aus, wir werden sie in unserem Leben nie wieder leuchten sehen.«[15]

25. Weltkrieg:
Es gibt kein Zurück

Dienstag, 4. August

UM 8.02 UHR rollten die ersten deutschen Einheiten in Feldgrau über die belgische Grenze bei Gemmenich. In Berlin hoffte Moltke noch immer, die Belgier würden sich für eine symbolische Verteidigung ihrer Ehre entscheiden und auf die Bedingungen des Ultimatums eingehen. Stattdessen stieg König Albert, sobald er vom Einmarsch deutscher Truppen erfahren hatte, auf sein Pferd, ritt zum Parlament und eröffnete um 11 Uhr eine historische Sitzung, bei der er nicht seinen vollen Ornat, sondern eine einfache Felduniform trug. Er fragte die Abgeordneten, ob sie »das heilige Geschenk unserer Vorfahren unversehrt zu erhalten wünschten«. Die Antwort erfolgte einstimmig. Belgien würde kämpfen.[1] Die deutsche Invasionsarmee, bestehend aus sechs Infanteriebrigaden und drei Kavalleriedivisionen, hatte die Aufgabe, das etwa 50 Kilometer entfernt liegende Lüttich im Handstreich einzunehmen. Wenn man bedenkt, dass der deutsche Nachrichtendienst am Samstag erfahren hat, dass Lüttich mobilisiert und kampfbereit war, und man am Montag daraufhin eine neue Einschätzung aufgestellt hat, die davon ausging, die belgische Armee habe Verstärkungen in die Stadt verlegt, überrascht es, dass Moltke den Angriff nicht abgeblasen hat. Ähnlich wie Reichskanzler Bethmann

Hollweg seine Fait-accompli-Politik verfolgte, ohne die diplomatischen Gegebenheiten zu beachten, ignorierte der Generalstabschef alle Warnungen und sprang ins kalte Wasser. Der Angriff auf Lüttich endete in einer Katastrophe. Obwohl die mobilen Belagerungsgeschütze der deutschen Artillerie schwere Treffer an den Hauptbefestigungsanlagen landeten, ergab sich kein einziges Fort. Die Belgier führten alle zuvor geplanten Zerstörungen aus, darunter auch die Sprengung der Brücken über die Maas, welche die Deutschen unversehrt unter ihre Kontrolle bekommen wollten. Da sie nicht mit solch heftigem Widerstand gerechnet hatten, führten die Deutschen keine Pontons für die Überquerung des Flusses mit sich und mussten umkehren. Eine Infanteriebrigade kämpfte sich bis in die Stadt vor, wurde aber rasch zum Rückzug gezwungen.[2] In einer Art strategischem Harakiri hatte Moltke darauf bestanden – ohne Rücksicht auf die britische Meinung –, das erste Gefecht des Kriegs im neutralen Belgien auszutragen, zwei Wochen bevor die Konzentration der deutschen Kräfte gegen Frankreich abgeschlossen war; und die Belgier hatten die Deutschen in die Flucht geschlagen.

Die Quittung für Moltkes Verrücktheit erhielt man fast unmittelbar darauf. Kurz nachdem die Nachricht von der Verletzung der belgischen Neutralität durch die Deutschen London erreicht hatte, kam die britische Regierung zu einer – wie Asquith sie nannte – »interessanten Sitzung« zusammen. Wir wissen nicht genau, was auf dieser Kabinettssitzung am Dienstagmorgen besprochen wurde – erstaunlicherweise wurde dem König davon kein Protokoll geschickt wie sonst üblich –, aber laut Asquith »vereinfachten die Neuigkeiten aus Belgien die Lage«.[3] Alle stimmten zu, Berlin ein Ultimatum zu schicken, wobei man es Grey überließ, den genauen Wortlaut zu formulieren. Angesichts des deutschen Ultimatums an Brüssel vom Sonntag, der Tatsache, dass Deutschland »es abgelehnt habe, die selbe Zusicherung für Belgiens Neutralität zu leisten wie Frankreich letzte Woche«, und nicht zuletzt der Meldung, dass »belgisches Territorium bei Gemmenich verletzt worden sei«, informierte Grey Sir Edward Goschen, solle er der deutschen Regierung bis Mitternacht Zeit geben, ihren bisherigen Kurs zu ändern und die Neutralität Belgiens zu garantieren. Wenn keine zufriedenstellende Antwort erfolgen würde, solle sich Goschen seinen Pass aushändigen lassen. Greys Ultimatum wurde um 14 Uhr nach Berlin telegrafiert, was bedeutete, dass – wenn man die Zeit für die Übermittlung, Dechiffrierung und Zustellung durch Goschen in der Wilhelmstraße abzieht – den Deutschen fünf oder sechs Stunden Zeit blieben, um es zu erfüllen.[4]

In der Zwischenzeit wartete man darauf, dass der Krieg zwischen Frankreich und dem Deutschen Reich, der sich bereits durch die Abreise der beiden Botschafter Schoen und Cambon angekündigt hatte, von den Parlamenten beider Länder ratifiziert würde. In Paris fand am Dienstagmorgen das öffentliche Begräbnis von Jean Jaurès statt. Obwohl es ein Landsmann war, der den großen sozialistischen Redner ermordet hatte, diente der Gedenkgottesdienst dazu, die Linke auf die Seite der Regierung zu bringen: Es schien fast, als wäre Jaurès das erste Opfer des Kriegs. Léon Jouhaux, Generalsekretär des zentralen Gewerkschaftsbundes Confédération Générale du Travail (CGT), sprach »für alle Arbeiter« und erklärte, »wir betreten das Schlachtfeld voller Entschlossenheit, den Angreifer zurückzuschlagen«.[5]

Um 15 Uhr kamen die beiden Kammern des französischen Parlaments in einer gemeinsamen Sitzung zusammen, um über den Krieg zu beraten – das heißt, darüber abzustimmen, ob man ihn »durch Kriegskredite« finanzieren sollte. Als Erster sprach Präsident Poincaré zu den Abgeordneten. Er legte dar, dass »Frankreich das Opfer eines brutalen, vorsätzlich geplanten Angriffs« sei. Das entsprach vielleicht nicht buchstäblich der Wahrheit, da der deutsche Angriff bis dahin lediglich aus *Kriegserklärungen* an Frankreich und Russland und einer Verletzung von Luxemburg und Belgien bestand – nicht aber von Frankreich. Dennoch war die »Selbstverteidigung« angesichts der Tatsache, dass das Deutsche Reich Paris den Krieg erklärt hatte, leicht zu vermitteln. Auf den Präsidenten folgte Viviani; er behauptete, die deutsche Armee hätte an drei Stellen die französische Grenze überschritten, und wies alle deutschen Anschuldigungen zurück, dass Frankreich das Gleiche getan habe. Nützlicher war es, dass er die Abgeordneten über die Beteuerung Italiens informierte, neutral bleiben zu wollen; dadurch konnten vier französische Divisionen gegen die Deutschen eingesetzt werden, die andernfalls für den Schutz der südlichen Grenzen vorgesehen waren. Diese Ankündigung erhielt den größten Beifall auf der gesamten Sitzung. Weder Viviani noch Poincaré verloren ein Wort über die russische Mobilmachung oder über ihren Zeitplan, sondern sie legten vielmehr dar, dass Russland die Verhandlungen bis zur letzten Minute fortgesetzt habe. Zum Schluss seiner Rede versuchte Viviani, die Unterstützung der Linken zu bekommen, und untermauerte sein Anliegen mit moralischen Begriffen, als eine Frage von »Recht und Freiheit«. Er beschwor die Abgeordneten und das französische Volk, »uns zu helfen, die Last unserer schweren Verantwortung zu tragen, den Trost eines reinen Gewissens und die Überzeugung, dass wir unsere Pflicht getan haben«.[6]

Ohrenbetäubender Beifall setzte daraufhin ein. Sowohl der Senat als auch die Nationalversammlung befürworteten einstimmig die Kriegskredite – sogar die Sozialisten, die dabei ihre Vorkriegsankündigungen zurücknahmen, dass sie einen Krieg durch Ausrufen des Generalstreiks sabotieren oder verhindern würden (eine Idee, die der verstorbene Jaurès mit aller Kraft vertreten hatte). Auf diese Weise schmiedete Frankreich die »union sacrée« (geheiligter Bund), den Zusammenschluss aller Parteien, wobei alle innenpolitischen Streitigkeiten zugunsten der Kriegsanstrengungen ausgesetzt wurden. Poincaré erinnerte sich später: »Niemals hat es ein solch großartiges Schauspiel gegeben wie jenes, an dem sie gerade teilgenommen hatten … In der Erinnerung der Menschen hat niemals etwas Schöneres in Frankreich stattgefunden.«[7]

Die Szenen, die sich im Reichstag in Berlin abspielten, waren ebenso dramatisch. Um 15.30 Uhr betrat Bethmann Hollweg das Podium und bat um die Zustimmung für die Kriegskredite.* Anders als seine Widerparts in Paris begann der Kanzler seine Rede in lyrischen Worten und erklärte: »Nur zur Verteidigung einer gerechten Sache soll unser Schwert aus der Scheide fahren … Russland hat das Haus in Brand gesteckt. Wir befinden uns im Krieg mit Russland und Frankreich – in einem Krieg, der uns aufgezwungen wurde.« Dann legte er den deutschen Standpunkt dar und sagte, die ganze Zeit hätte man das Ziel verfolgt, den österreichisch-serbischen Konflikt zu lokalisieren, woraufhin Russland mobilgemacht habe. Wie Viviani und Poincaré ließ er einfach alle Fakten weg, die seine Sache verkomplizert hätten – Österreichs einseitige Kriegserklärung an Serbien, Deutschlands heuchlerische Vorstöße für eine Vermittlung, bis es zu spät war, um Österreich-Ungarn zu einer Kursänderung zu zwingen. Da man Russland einen Vorsprung gelassen hatte, was die Mobilmachung sowohl gegen Österreich-Ungarn als auch gegen das Deutsche Reich betraf, war es nicht schwierig, den Reichstag zu überzeugen, dass »Russland das Haus in Brand gesteckt hat«. Das Gleiche galt für Frankreich, dem man ebenfalls einen Vorsprung (wenn auch weniger dramatisch) gelassen hatte. Auch hier waren die Abgeordneten weitgehend einig, als Bethmann Hollweg sie fragte: »Sollen wir jetzt noch länger geduldig warten, bis die Nationen auf unseren beiden Seiten den Moment zum Angriff gewählt haben?« (Daraufhin ertönten laute Rufe »Nein, Nein«, und Beifall brandete auf). Um den Krieg gegen Frankreich zum Beschluss zu bringen, berief sich Bethmann Hollweg zuletzt noch auf den »10-Kilometer-Mythos« und führte aus, dass trotz dieses Rückzugsversprechens französische Truppen, Kavalleriepatrouillen

---

* Da Bethmann Hollweg Greys Ultimatum noch nicht erhalten hatte, hegte er immer noch die Hoffnung, für einen gerechten Verteidigungskrieg plädieren und damit London beeindrucken zu können.

und Piloten die deutsche Grenze überschritten hätten, und zwar ohne Kriegserklärung und in einem »Bruch internationalen Rechts«.

Der heikelste Teil von Bethmann Hollwegs Rede betraf Belgien. Hier war alles an der fadenscheinigen Behauptung aufgehängt, dass »Frankreich zu einer Invasion bereitstünde«; da für Deutschland die Gefahr der Einkreisung bestünde, »könne Frankreich warten, wir können es jedoch nicht«. Aus diesem Grund, erläuterte Bethmann Hollweg umständlich, »sind wir gezwungen, die rechtmäßigen Proteste der Regierungen von Luxemburg und Belgien zu ignorieren«. Dann gestand der deutsche Kanzler erstaunlicherweise ein, dass die Verletzung belgischen Territoriums »einen Bruch internationalen Rechts« darstelle – desselben »internationalen Rechts«, das er soeben bemüht hatte, um Frankreichs Verhalten zu verurteilen. Bethmann Hollweg ging jedoch noch weiter und versprach, dass »wir dieses Unrecht – ich sage es offen – das Unrecht, das wir damit begehen, wiedergutzumachen versuchen werden, sobald unser militärisches Ziel erreicht ist«. Um zu erklären, warum das Deutsche Reich »gezwungen war«, ein Unrecht zu begehen, führte Bethmann Hollweg an, »wer sich solchen Bedrohungen ausgesetzt sieht wie wir und wer für die höchsten Werte kämpft, darf nur daran denken, wie er sich durchhaut«. Obwohl beispielsweise Tirpitz der Meinung war, dass die dreiste Aufrichtigkeit, mit der dieses Verbrechen eingestanden wurde, den »größten Fehler markiert, den je ein deutscher Staatsmann begangen hat«, teilten die Reichstagsabgeordneten seine Ansicht nicht: Sie brachen in »lang anhaltenden Beifall« aus.

Nachdem er den schwierigsten Punkt gemeistert hatte, widmete sich der Kanzler der britischen Neutralität. Dazu zitierte Bethmann Hollweg Sir Edward Greys Rede vor dem House of Commons und wiederholte Lichnowskys Versprechen, dass die deutsche Flotte »die Nordküste Frankreichs nicht angreifen werde und dass wir die territoriale Integrität und Unabhängigkeit Belgiens nicht verletzen werden« – das heißt, in einem Vergleich nach Ende des Kriegs. Diese Zusicherungen, fuhr der Kanzler fort, »werde ich jetzt vor der Welt wiederholen«. Er schloss seine Ausführungen:

»Nun hat die große Stunde der Bewährung für unser Volk geschlagen. Doch mit fester Überzeugung gehen wir voran, um uns ihr zu stellen. Unsere Armee steht im Feld, unsere Marine ist kampfbereit – dahinter steht die gesamte deutsche Nation – ganz Deutschland vereint bis zum letzten Mann.«

Der Beifall war ohrenbetäubend. Unter »frenetischem Applaus und höchster Begeisterung« erhoben sich die Führer der im Reichstag vertretenen Parteien wie ein Mann, um die Kriegskredite zu bewilligen – sogar Hugo Haase im Namen der Sozialdemokraten.[8] Genau wie in Frankreich löste sich der sozialistische Internationalismus in patriotischer Raserei auf.

Auf Bethmann Hollwegs Anweisung hin wurde die Passage in seiner Rede, die sich an Großbritannien richtete, unmittelbar im Anschluss an Lichnowsky in London übermittelt – unverschlüsselt, damit die Briten sie selbst lesen konnten.[9] Selbst jetzt hatte der Kanzler seinen Traum von einer Aussöhnung mit England nicht aufgegeben. Freilich mag Bethmann Hollweg nicht mehr ganz bei Verstand gewesen sein, wie seine verzweifelten und selbstanklagenden Enthüllungen vor dem Reichstag vermuten lassen. Nachdem man eine Woche zuvor auf ihn eingestürmt hatte, als der Wahnsinn seiner Fait-accompli-Politik zum ersten Mal offensichtlich wurde, machte der Kanzler auf Tirpitz den Eindruck »eines Ertrinkenden«.[10]

Die Selbsttäuschung war jedoch nicht allein Bethmann Hollwegs Fehler. Seine Hoffnungen, dass Großbritannien neutral bleiben könnte, wurden die ganze Zeit über von Grey genährt, der am Samstag zwei Mal Neutralität versprochen und am Montagmorgen zu Lichnowsky gesagt hatte, dass Großbritannien,

»wenn es irgend möglich wäre, neutral bleiben möchte«. Selbst nach seiner vermutlich entscheidenden Rede vor dem House of Commons am Montagnachmittag enthielt Greys Telegramm, das er am Dienstagmorgen an Goschen schickte, nur einen Pro-forma-Protest gegen die Verletzung der belgischen Neutralität durch das Deutsche Reich, aber keine Andeutung einer bewaffneten Intervention. Man kann Bethmann Hollweg nur schwer dafür tadeln, dass er angenommen hatte, die Briten würden sich vielleicht heraushalten.

Nachdem er sich tagelang nicht entscheiden konnte, bekam Sir Edward Grey seine Sache doch noch auf die Reihe. Im Gegensatz zu seinen früheren, meist vage oder missverständlich formulierten Mitteilungen an die Deutschen enthielt das Ultimatum, das er am Dienstag um 14 Uhr an Berlin telegrafierte, nicht die geringste Doppeldeutigkeit. Als Sir Edward Goschen um 19 Uhr in der Wilhelmstraße eintraf, informierte er Jagow in ruhigem und sachlichem Ton, dass er seine Pässe einfordern müsse, wenn bis Mitternacht keine deutsche Zusicherung vorläge, sich aus Belgien zurückzuziehen. Der Staatssekretär entgegnete, dass er eine derartige Zusicherung leider nicht geben könne, selbst wenn man Deutschland 24 (anstatt der genannten fünf) Stunden Zeit für eine Antwort einräumen würde. Dann drückte Jagow, wie Goschen an Grey berichtete, »sein tiefstes Bedauern darüber aus, dass seine gesamte Politik und die des Kanzlers gerade zerbröselte, die darauf ausgerichtet war, Großbritannien zum Freund zu gewinnen«. Anschließend »bat« er Goschen, noch bei Bethmann Hollweg vorzusprechen, dem Mann, der wegen der Illusion britischer Neutralität so viel gewagt – und verloren – hatte.

Sir Edward Goschen war Gentleman durch und durch und kam Jagows Wunsch nach, obwohl er diese Entscheidung fast im gleichen Augenblick bedauerte. Der Botschafter fand Bethmann Hollweg »in äußerster Erregung« vor. Goschen wusste, dass der Kanzler seine Politik – und seinen guten Ruf – auf eine Annäherung mit England ausgerichtet hatte, eine Politik, die nun »wie ein Kartenhaus in sich zusammengefallen war«. Goschens Ultimatum, wiederholte Bethmann Hollweg ständig, sei »schrecklich, schrecklich«. Für das einfache Wort »Neutralität«, beklagte er sich – »ein Wort, das in Kriegszeiten schon so oft missachtet wurde –, für einen Fetzen Papier, wolle Großbritannien gegen eine verwandte Nation Krieg führen, die nichts anderes wünschte, als mit ihm in Freundschaft zu leben«. Dass Großbritannien in dem gegenwärtigen Krieg die Waffen gegen Deutschland erhebt, schäumte er, »sei, wie wenn man jemanden, der gegen zwei Angreifer um sein Leben kämpft, von hinten anfällt«. Goschen konterte, dass Großbritanniens »feierliche Verpflichtung«, Belgiens Neutralität zu verteidigen, ebenso eine Frage von »Leben und Tod« für die Ehre Großbritanniens sei wie es wahrscheinlich »eine Frage von Leben oder Tod für Deutschland war, durch Belgien vorzustoßen«. Bethmann Hollweg wiederum fragte, zu welchem Preis dieser Vertrag aufrechterhalten werde. »Hatte die britische Regierung dies auch bedacht?« An diesem Punkt war Bethmann Hollweg so erregt und offensichtlich so überwältigt von den neuen Nachrichten und so wenig geneigt, die Gründe dafür zu hören, dass Goschen beschloss, die Unterredung zu beenden, »um nicht durch weitere Argumente noch Öl ins Feuer zu gießen«. Laut Bethmann Hollweg war es Goschen, der überwältigt war und »in Tränen ausbrach«. Vielleicht traf es auf beide zu.[11] In vier Stunden sollten sich die zwei stärksten Militärmächte der Welt, Großbritannien und das Deutsche Reich, im Krieg befinden.

ZUR GLEICHEN ZEIT, als sich dies ereignete, ergab sich ein faszinierendes Drama im Mittelmeer. Es betraf das Schicksal der SMS *Goeben*, des Schlachtkreuzers, der auf Anfrage des deutschen Botschafters Wangenheim zur Überstellung an die türkische Marine nach Konstantinopel beordert worden war. Wangenheims Ziel war es, die Kriegspartei innerhalb der türkischen Regierung zu stärken; diese hatte zwar am Sonntag einen Bündnisvertrag mit Berlin unterzeichnet, aber bis dahin Russland noch nicht den Krieg erklärt. Am Dienstag gegen 9.30 Uhr, während Grey soeben vom Kabinett beauftragt wurde, ein Ultimatum an Berlin zu richten, kamen die *Goeben*, die unter dem Kommando von Konteradmiral Wilhelm Souchon stand, und ihr Begleitkreuzer SMS *Breslau* in die Reichweite der überlegenen britischen Schlachtschiffe *Indomitable* und *Indefatigable*. Da sich Großbritannien noch nicht im Krieg befand, durften seine Schiffe das Feuer nicht eröffnen. Den ganzen Tag über, während Grey auf eine Antwort aus Berlin wartete, versuchte Souchon mit Höchstfahrt in Richtung auf das neutrale Sizilien zu entkommen, wobei er seine Heizer in der Augusthitze so hart forderte, dass vier Männer an Erschöpfung starben. Um 17 Uhr, gerade als Botschafter Goschen seine Anweisungen aus London erhielt, schlüpfte Souchon aus dem Feuerbereich der britischen Kriegsschiffe. Um 19 Uhr – Goschen traf gerade in der Wilhelmstraße ein, um Greys Ultimatum zu übergeben – senkte sich Nebel über die sizilianische Küste. Um 21 Uhr, als die tränenreiche Unterredung mit dem deutschen Kanzler beendet war, gerade mal drei Stunden vor der britischen Kriegserklärung, entschwanden die *Goeben* und die *Breslau* im dichten Nebel aus dem Blickfeld der britischen Schiffe.[12]

Obwohl das damals noch keiner ahnen konnte, ermöglichte Souchons glückliches Entkommen, dass der Schlachtkreuzer *Goeben* bald darauf Konstantinopel erreichte. Damit war Churchills Requirierung der *Sultan Osman I.* für Großbritannien fast wieder ausgeglichen und der Eintritt des Osmanischen Reichs in den Krieg als Verbündeter der Mittelmächte praktisch sichergestellt – wodurch der Krieg bis in den Nahen Osten ausgedehnt wurde mit entsprechenden Folgen, die heute noch zu spüren sind.

Epilog: Die Frage nach der Verantwortung

WENN DER AUSBRUCH des Ersten Weltkriegs ein, wie Winston Churchill es bezeichnete, »noch nie dagewesenes Drama« darstellte, dann war daran vor allem der erste Monat dramatisch.[1] Nach der anfänglichen Katastrophe von Lüttich formierten sich die Deutschen neu und drangen gewaltsam durch Belgien nach Nordfrankreich vor. Beinahe hätten sie Paris erreicht, ehe sie von der französischen Armee (mit Hilfe der Briten) in der Schlacht an der Marne Anfang September zurückgeworfen wurden. An der Ostfront brachen die russischen Offensiven früher als erwartet los und waren sowohl auf das österreichische Galizien als auch auf das deutsche Ostpreußen gerichtet; sie gestatteten es Moltke endlich, Conrad zu überreden, Plan B aufzugeben und Österreichs 2. Armee in einer entscheidenden Phase des serbischen Feldzugs in Richtung Norden nach Galizien in Marsch zu setzen. Russland erlitt eine empfindliche Niederlage bei Tannenberg in Ostpreußen Ende August, als Samsonows 2. Armee von den Deutschen eingekesselt und zerschlagen wurde. Trotz der Möglichkeiten, die ein Bewegungskrieg in den ersten Monaten des Konflikts eröffnete, konnte keiner der beiden Bündnisblöcke einen entscheidenden Vorteil erzielen. Im Westen nahmen die zahlenmäßig unterlegenen Deutschen die Höhenzüge ein und verschanzten sich in befestigten Stellungen; im Osten bewiesen die Russen mehrfach, dass sie die Österreicher, jedoch nicht die Deutschen besiegen konnten. Da beide Seiten vom Sieg überzeugt waren, führten immer wieder aufkeimende Friedensverhandlungen zu nichts. Die kriegführenden Bündnisse waren einander so ebenbürtig, dass auch die Verstärkung durch neue Verbündete – Türkei und Bulgarien aufseiten der Mittelmächte; Italien, Rumänien und Griechenland aufseiten der Triple Entente – die Pattsituation kaum veränderten. Erst als 1917 die USA in den Krieg eintraten und Russland ausschied, zeichnete sich allmählich ein Sieg für eine der beiden Parteien ab – und sogar diese beiden Ereignisse glichen einander zunächst aus, sodass das Gemetzel noch ein weiteres Jahr andauerte. 1918 betrug die furchtbare Bilanz des Kriegs fast 9 Millionen Tote und ebenso viele Verwundete, außerdem bedeutete er das schreckliche Ende von Reichen, die Jahrhunderte überdauert hatten. Millionen Menschen starben während der Russischen Revolution und im Bürgerkrieg oder fielen dem Aderlass beim Zusammenbruch des Habsburger und des Osmanischen Reichs zum Opfer, gar nicht zu reden von den Millionen Toten des Zweiten Weltkriegs, der Hitlers Ehrgeiz geschuldet war, die Niederlage im Ersten Weltkrieg zu vergelten.

Wie konnte dies alles geschehen? Wie man aus herkömmlichen Geschichtsbüchern ersehen kann, machte eine Reihe von langfristigen strukturellen Faktoren die Katastrophe von 1914 erst möglich. Der tödliche Konflikt erforderte Massenaushebungen für die Armee zusammen mit der industriellen Produktion und Verbesserung von tödlichen Waffen, der zu einer seltsamen Diskrepanz zwischen »Gewicht und Beweglichkeit« führte. Dadurch wurde es der Armee erschwert, schnell genug zu manövrieren, um aus der modernen Feuerkraft Nutzen zu ziehen – was den Verteidigern, die sich verschanzt hatten, einen entscheidenden Vorteil verschaffte. Wenn man die Diplomatie betrachtet, so muss man bis zum Bruch in den österreichisch-russischen Beziehungen während des Krimkriegs zurückgehen, um den Kausalstrang zu entwirren, der Anfang des 19. Jahrhunderts zur Errichtung zweier Bündnisblöcke von annähernd gleicher Stärke geführt hatte. Dabei näherte sich Großbritannien der einen Seite an (ohne sich ganz anzuschließen), was dem törichten Flottenaufbau des Deutschen Reichs geschuldet war.

Dieser strukturelle Hintergrund reicht jedoch nicht aus, um die Ereignisse von 1914 zu erklären. Massenaushebungen und Wettrüsten waren während der Bosnischen Annexionskrise 1908–1909 und der Balkankriege 1912–1913 bereits ähnlich weit fortgeschritten. Frankreich und Russland waren in ihren Entscheidungen für oder gegen den Krieg im Jahr 1914 genauso frei wie in all den vorangegangenen Jahren ihres Militärbündnisses, das bis ins Jahr 1894 zurückreicht. Österreich hatte 1912 und 1913 mindestens dasselbe Interesse, Serbien zu zerschlagen, wie im Jahr 1914; die Deutschen verfolgten keine speziellen Interessen auf dem Balkan, und zwar in keinem dieser Jahre. Russland hätte ausreichend Gründe gehabt, wegen Serbien – oder den türkischen Meerengen – 1908, 1909, 1912–1913 einen Krieg zu beginnen, oder sogar im Winter 1913–1914 während der Liman-von-Sanders-Krise. Großbritannien hatte 1914 im Flottenwettrüsten mit dem Deutschen Reich den entscheidenden Sieg davongetragen und hätte sich aus den Verwicklungen auf dem Balkan heraushalten können, was es in all den früheren Fällen auch getan hatte.

Vielleicht wäre ein Krieg zwischen den Großmächten auch ohne den Zwischenfall in Sarajevo im Jahr 1914 oder kurze Zeit später ausgebrochen. Dennoch gibt es gute Gründe, die dagegen sprechen. Ohne die diplomatische Krise, die das Attentat von Sarajevo nach sich zog, wäre Frankreich im Juli 1914 weiterhin mit der Caillaux-Affäre beschäftigt gewesen – bis zum Freispruch von Madame Caillaux, was dem siegreichen Kabinett Caillaux-Jaurès den Weg geebnet hätte. Um den Präsidenten zu schwächen, hätten Caillaux und Jaurès eventuell Russlands geheime Zuschüsse für Poincarés Wahlkampagne aufgedeckt. Ganz gleich, ob es ihnen gelungen wäre, das französisch-russische Bündnis zugunsten einer Entspannung mit Deutschland aufzukündigen, ihr Machtgerangel mit dem Präsidenten hätte den politischen Himmel erhellt. Die politische Landschaft und die strategische Lage Frankreichs hätten im Jahr 1915 jedenfalls ganz anders ausgesehen als im Juli–August 1914.

Das Gleiche lässt sich für Großbritannien behaupten. Bevor sich die Julikrise an Sarajevo entzündete, war die britische Diplomatie eher auf eine Annäherung an Deutschland ausgerichtet, während die Spannungen mit Russland wegen Persien zunahmen. Ohne das Attentat von Sarajevo hätte sich diese Tendenz verstärkt. Noch wichtiger war, dass die Krise aufgrund der Home Rule im Sommer 1914 auf ihren Höhepunkt zusteuerte. Man kann nicht sagen, wie es ausgegangen wäre. Vielleicht hätte das katholische Irland gegen die protestantischen Ulstermen zu den Waffen gegriffen – oder umgekehrt. Die Drohung eines irischen Bürgerkriegs hätte die britische Armee vermutlich in zwei feindliche Lager gespalten, wie es beinahe nach dem Curragh-Vorfall schon passiert wäre. Oder Churchill hätte erneut Kriegsschiffe geschickt, dieses Mal mit der entsprechenden Wut (im März hatte er vertraulich geschworen, so viele Bomben und Granaten auf Belfast zu werfen, bis es in Schutt und Asche läge), um die Home Rule durchzusetzen. In jedem Fall hätte die irische Angelegenheit ohne das Attentat von Sarajevo und den Krieg, der sich daran entzündete, die britischen Politiker noch auf Jahre hinaus beschäftigt.

Ohne den Mord am Habsburger Thronfolger 1914 wäre Österreich-Ungarn zwar immer noch von ethnischen Spannungen belastet gewesen, aber es hätte nicht gegen Serbien Krieg geführt, und zwar aus einem ganz einfachen Grund: Wenn Franz Ferdinand, der Conrads Drängen auf Krieg – und das war allein im Jahr 1913 25 Mal! – stets abgeblockt hatte, am Leben geblieben wäre. Der Erzherzog war ein sturer Kopf und scherte sich wenig um die Meinung anderer. Man kann sich sehr gut seinen Wutausbruch vorstellen, hätte er den Mordanschlag in Sarajevo überlebt – falls zum Beispiel sein Wagen nicht fälschlicherweise in die Franz-Joseph-Straße abgebogen wäre. Mit ziemlicher Sicherheit hätte er Serbien und die Serben verflucht, sobald man ihm berichtet hätte, wer die Drahtzieher dieses Anschlags waren. Auf der anderen Seite hasste er die Serben bereits, doch das hatte ihn bisher nicht davon abgehalten, eine fast religiös begründete Abneigung gegen die Vorstellung eines Kriegs mit Serbien zu entwickeln. Wenn überhaupt, dann hätte ihn die Tatsache, einen Mordanschlag überlebt zu haben, eher in seiner Überzeugung bestärkt, dass man Ungarn die Schuld an den Missständen geben müsse. Die Ungarn machten in diesen Zeiten der Doppelmonarchie zu schaffen, und zwar aufgrund der Verfolgung ihrer völkischen Minderheiten. Vielleicht hätte der Erzherzog die langersehnte Aussöhnung mit Rumänien zustande gebracht und dadurch die Lage auf dem Balkan etwas beruhigt. Denkbar wäre auch, dass seine ständigen Querelen mit Tisza die Doppelmonarchie in eine Krise zwischen Österreich und Ungarn gestürzt hätten. Oder man hätte mit einer Kombination dieser beiden Möglichkeiten rechnen können. Eines jedenfalls hätte Österreich-Ungarn bestimmt nicht getan: Krieg gegen Serbien geführt.[2]

Was die Deutschen angeht, so bliebe ohne Sarajevo nur die starke Vermutung, dass Moltke weiterhin für einen Präventivkrieg gegen Russland plädiert hätte, bevor dessen gewaltiges Rüstungsprogramm 1917 verwirklicht worden wäre. Doch hatte er, wie auch andere Falken im Generalstab und in der Wilhelmstraße, schon vor 1914 vergeblich auf einen solchen Krieg gedrängt. Moltke war nicht der Souverän des Deutschen Reichs, er war noch nicht einmal dessen Kanzler. Es gibt kein Anzeichen dafür, nicht ein einziges, dass Bethmann Hollweg oder Kaiser Wilhelm II. – »die beiden alten Frauen«, wie sie von den deutschen Falken genannt wurden – einen Präventivkrieg befürwortet hätten, weder vor dem Attentat von Sarajevo noch danach.

Die Vorstellung, dass Berlins strategische Position 1914 für einen Krieg einmalig günstig gewesen sei, ist absurd. 1912 hatte das Deutsche Reich im Flottenwettrüsten mit Großbritannien entscheidend an Boden verloren. 1911 konnte es gegenüber Frankreich und Russland noch halbwegs eine Position der Stärke behaupten, doch die dreijährige Wehrdienstzeit in Frankreich und die kurz zuvor auf Druck der Franzosen erfolgte Verbesserung im Zeitplan der russischen Mobilmachung hatten jeglichen Vorteil ausgeglichen, den das Deutsche Reich eventuell aus einem schnelleren Aufmarsch hätte ziehen können, noch bevor Russlands Aufrüstungsprogramm 1917 wirksam würde. 1914 näherte sich die deutsch-österreichische strategische Position, um es mit den Worten des Militärhistorikers Terence Zuber auszudrücken, »dem Worst-Case-Szenario an«. Tatsächlich hofften die deutschen Planungsstrategen, als ihnen klar wurde, dass sie an beiden Fronten deutlich in der Unterzahl waren, die Armeestärke in Friedenszeiten 1915 um weitere sechs Korps ergänzen zu können (für den Fall, dass der Reichstag die entsprechenden Gelder bewilligen würde). Damit sollte das Gleichgewicht wiederhergestellt sein, da Frankreich fast 90 Prozent seiner verfügbaren Männer zum Wehrdienst eingezogen und damit den Boden des Rekrutierungsfasses erreicht hatte. Eine Erweiterung der Armee hätte den Deutschen eine entscheidende Überlegenheit an der Westfront verleihen können, wobei im Osten genügend Schutztruppen zurückbleiben mussten, um die russischen Angriffe aufzuhalten.[3] Dies hätte sogar Poincaré am strategischen Sinn einer Allianz mit Russland verzweifeln lassen. Eventuell hätte auch eine echte Entspannungspolitik unter einer Regierung Caillaux-Jaurès in Paris das Wettrüsten zwischen Frankreich und dem Deutschen Reich gänzlich beendet. Wenn irgendeines – oder alle, oder keines – dieser Szenarien tatsächlich eingetreten wäre, hätte Moltke – oder auch der kriegstreibende preußische Kriegsminister Falkenhayn – dem Kaiser mit noch so vielen Appellen für einen *Präventivkrieg* in den Ohren liegen können. Er wäre nicht gehört worden. Wenn unter deutschen Generälen vom Präventivkrieg gesprochen wurde, so unterschied sich das qualitativ nicht von den französischen Rufen nach Revanche für Elsass-Lothringen, von Conrads Beschwörungen, Österreich müsse Serbien vernichten, oder von den russischen Sitzungen, auf denen die Eroberung von Konstantinopel geplant wurde. Es war alles nur Gerede. Es war kein Krieg.

Was St. Petersburg angeht, fällt es leichter, sich bestimmte Szenarien vorzustellen, die Russland 1914 in einen Krieg hätten führen können. Mit der *Sultan Osman I.*, die laut Zeitplan im Juli am Bosporus eintreffen sollte, begann die Uhr unüberhörbar zu ticken – sobald die Türkei auch nur ein großes Kriegsschiff der Dreadnoughtklasse in ihrer Flotte hätte, wäre es mit Russlands freier Fahrt durch die Meerengen in absehbarer Zeit vorbei. Diese Befürchtungen veranlassten die im Februar 1914 abgehaltene Strategieplanungskonferenz, mehr noch als die Liman-von-Sanders-Affäre, ihren Fokus auf das Osmanische Reich zu richten; und sie sind auch mit ein Grund für Sasonows Forderung, die auf das Attentat von Sarajevo folgte, über den Zeitplan eines Handstreichs gegen Konstantinopel mit amphibischen Streitkräften ständig auf dem Laufenden gehalten zu werden. Auch ohne die Ermordung des österreichischen Thronfolgers hätte sich die Krise aufgrund der türkischen Schlachtschiffe im Sommer 1914 für Russland zugespitzt.

Das bedeutet jedoch noch lange nicht, dass eine Krise zwischen Russland und der Türkei zu einem europäischen Flächenbrand hätte führen müssen. Die osteuropäische Frage hatte schon zuvor Krisen und Kriege hervorgebracht, aber sie folgten alle den Umständen entsprechend ihrer eigenen Logik. Der Russisch-Türkische Krieg von 1877–1878 hätte vielleicht – tat es aber nicht – einen größeren Krieg nach sich ziehen können; doch die diplomatische Isolierung Russlands und die Erschöpfung seiner Truppen, als sie sich Konstantinopel näherten, veranlasste beide Seiten, Verhandlungen aufzunehmen. Die Bosnische Annexionskrise von 1908–1909 hätte fast einen österreichisch-russischen Zusammenstoß verursacht, der nur dadurch abgewendet werden konnte, dass Russland aufgrund seiner aus der Revolution von 1905 resultierenden Schwäche klein beigeben musste. Die beiden Balkankriege von 1912–1913 stellten sicher eine ernsthaftere Bedrohung für das europäische Gleichgewicht dar. Wenn es dem damaligen Vorsitzenden des russischen Ministerrats Kokowzow nicht gelungen wäre, die Kriegspartei in Schranken zu halten, hätte die russische Mobilmachung im November 1912 sicherlich zu einer Gegenreaktion des Deutschen Reichs geführt. Dennoch wäre es St. Petersburg ohne die Provokation eines österreichischen Angriffs auf Serbien, wozu es im Anschluss an das Attentat von Sarajevo kam (jedoch nicht während der Balkankriege), vermutlich schwergefallen, die französische – und noch weniger die britische – Unterstützung für einen Krieg gegen die Mittelmächte zu gewinnen.

Eine Krise wegen der Ankunft des ersten türkischen Schlachtkreuzers im Juli 1914 hätte sich zu einem Krieg aufschaukeln können. Dennoch drehten sich vor Sarajevo die meisten diplomatischen Gerüchte in Europa über die Möglichkeit eines neuen Kriegs zwischen der Türkei und Griechenland, aber nicht mit Russland. Die Griechen betrieben die Aufrüstung ihrer Flotte und hätten vielleicht einen Präventivschlag gewagt, bevor die Sultan *Osman I.* vom Stapel laufen sollte. Ein griechisch-türkischer Zusammenstoß hätte eventuell zu einem dritten Balkankrieg geführt, da Bulgarien wahrscheinlich die Krise ausgenutzt hätte, um seine Gebietsverluste aus dem Zweiten Balkankrieg wieder wettzumachen. Dennoch hätte sich dieser Krieg nicht auf Europa ausdehnen müssen. Worin sich der Juli 1914 von diesem Szenario unterschied, war die direkte Einbeziehung einer Großmacht – Österreich-Ungarn – in die ersten Auseinandersetzungen, was wiederum Russland in den Konflikt hineinzog.

Hätte Russland im Sommer 1914 selbst einen Schlag mit amphibischen Streitkräften gegen Konstantinopel geführt, wäre daraus möglicherweise ein Krieg unter den Großmächten entstanden. Aber selbst wenn die Operationspläne für solch einen Angriff weit fortgeschritten waren, ist dennoch nicht zu erkennen, welchen Vorwand Sasonow hätte anführen können, um ein Unternehmen dieser Art zu rechtfertigen. Ein griechisch-türkischer Krieg hätte vielleicht den Funken entzünden können, aber unter dem Anschein, Russland würde sich die türkische Not zunutze machen, um die Meerengen zu erobern, hätte es sicher nicht auf die Unterstützung Frankreichs, geschweige denn Großbritanniens zählen können. Wie Sasonow in seinen Memoiren ausführte, herrschte auf der Planungskonferenz im Februar 1914 allgemeines Einverständnis darüber, dass »die russische Führung einen Angriff auf Konstantinopel für unvermeidlich halte, sollte ein europäischer Krieg ausbrechen«. Das heißt, zuerst musste es zu einem europäischen Krieg kommen. Solch ein Krieg hätte Russland den entsprechenden Vorwand liefern können, Konstantinopel zu erobern, aber es hätte ihn niemals vom Zaun brechen können, sonst würde es sich in derselben isolierten Position wiederfinden wie im Jahr 1878 – oder noch schlimmer 1853, als Frankreich und England sich im Krimkrieg gegen Russland verbündeten. Lediglich der spezielle Ablauf der Ereignisse, die auf Sarajevo folgten – und die Österreich dazu brachten, mit deutscher Rückendeckung gegen Serbien vorzugehen –, konnte einen europäischen Krieg verursachen, in dem sowohl Frankreich als auch Großbritannien Russland unterstützten. Obwohl es zwischen London und den beiden anderen Hauptstädten bilaterale Abkommen gab, hatte es diese ungewöhnliche dreiteilige militärische Allianz so noch nie gegeben – und es sollte sie auch anschließend nie wieder geben.*

---

* Nicht einmal im Zweiten Weltkrieg. Als Frankreich 1940 nach seiner Niederlage ausschied, war die Sowjetunion mit Nazideutschland verbündet. Nur wenn man de Gaulles »Komitee Freies Frankreich« als einen souveränen Verbündeten betrachtet, könnte man erneut von einer britisch-französisch-russischen Militärallianz sprechen.

Und dennoch, so zufällig und vermeidbar das Attentat von Sarajevo auch war, passierte es; die Julikrise folgte; im August brach der Weltkrieg aus, mit all den bereits erwähnten schrecklichen und lang andauernden Konsequenzen. Alle diese welterschütternden Ereignisse waren von Menschen verschuldet. Deshalb unterliegen sie völlig zu Recht der Beurteilung nach menschlichen Maßstäben.

WENN WIR UNS mit der moralischen Schlüsselfrage zu 1914 beschäftigen – der Frage nach der Verantwortung für den Ausbruch des europäischen und späteren Weltkriegs –, ist es wichtig, *verschiedene Grade* der Verantwortung im Kopf zu behalten. Unterlassungssünden sind weniger schwer einzustufen als Sünden, die aus aktiven Handlungen resultieren; in ähnlicher Weise kann man Aktionen nicht mit den Reaktionen gleichsetzen, die sie hervorrufen. Zuallererst sind die Absichten wichtig, allerdings sind sie auch am schwierigsten zu durchschauen, da wir nicht in das Innere der Menschen blicken können. Aber lassen Sie mich am Anfang beginnen: Gavrilo Princip und seine Mitverschwörer tragen letztendlich die Verantwortung dafür, die Julikrise heraufbeschworen zu haben, und zwar durch die Ermordung von Erzherzog Franz Ferdinand. Sicherlich war es nicht Princips Absicht, oder die der Organisatoren der Schwarzen Hand in Belgrad, einen Weltkrieg zu verursachen*; trotzdem trachteten einige von ihnen danach, eine Auseinandersetzung mit Österreich zu provozieren.

Die Historiker werden nicht müde, sich über die unterschiedlichen Beweggründe der serbischen Führer zu streiten. Vielleicht wollte Apis eine Krise mit Wien provozieren, um dadurch die Voraussetzungen für einen Staatsstreich zu schaffen, vielleicht woll-

---

* Als er auf dem Totenbett von einem Gefängnispsychiater gefragt wurde, ob er seine Tat bedauere, antwortete Princip: »Wenn ich es nicht getan hätte, hätten die Deutschen eine andere Entschuldigung gefunden.«

te er einfach nur Premierminister Pašić so weit in Verlegenheit bringen, dass seine Partei die Wahlen im Juli verlieren würde. So gut wie sicher ist eins: Premierminister Pašić billigte die Verschwörung nicht, als er davon erfuhr, allerdings unternahm er bloß einen ineffizienten, halbherzigen Versuch, den Mord zu verhindern, vielleicht weil er einen Putsch oder die Reaktion aus Wien fürchtete, wenn er die Pläne der Schwarzen Hand verriet. Das Einzige, was wir sicher wissen, ist die Tatsache, dass hohe serbische Beamte an dem Verbrechen mitschuldig waren und dass Pašić es weder verhindert noch den Österreichern aufrichtige Unterstützung bei der Aufklärung angeboten hat.[4]

Als Nächste müssen die Österreicher auf der Anklagebank Platz nehmen. Es war ganz klar die Absicht von Conrad, Berchtold und allen anderen Reichsministern mit Ausnahme von Tisza, das Attentat von Sarajevo als Vorwand zu nutzen, um gegen Serbien einen Vergeltungskrieg vom Zaun zu brechen. Kaiser Franz Joseph I. trägt als höchste Instanz und Unterzeichner aller wichtigen Entscheidungen eine schwere Verantwortung, obwohl er nicht für die Gestaltung der Politik zuständig war – er bestätigte sie lediglich. Natürlich könnte man ohne Weiteres behaupten, dass das in Sarajevo begangene Verbrechen ein ausreichender, legaler Casus belli für den Krieg gegen Serbien war: Der Krieg, den die USA und ihre Verbündeten 2001 gegen Afghanistan begannen (das Gleiche könnte auch für den Krieg gegen den Irak 2003 angeführt werden), wurde mit sehr ähnlichen Argumenten gerechtfertigt (man biete Terroristen Unterschlupf). Trotzdem gibt es signifikante Unterschiede zwischen diesen beiden Fällen. Im Gegensatz zu Osama bin Laden hatte die serbische Regierung nicht eingestanden (geschweige denn sich öffentlich gerühmt), an dem Verbrechen beteiligt gewesen zu sein, und sie hatte zugestimmt, wenigstens einige der Verschwörer zu verhaften und einzusperren, wie beispielsweise Major Tankosić, wohingegen die Taliban sich strikt weigerten, bin Laden auszuliefern (in ähnlicher Weise schützte Serbien allerdings auch Apis).

Besonders auffällig ist, dass die USA eine breite (wenn nicht sogar generelle) internationale Unterstützung für ihre Aktion in Afghanistan erhielten. Keine andere Großmacht erhob 2001 einen ernsthaften Einspruch gegen die Strafaktion der USA, so wie es zumindest Russland 1914 gegen einen österreichischen Vergeltungsschlag getan hatte. Zwar wussten Berchtold und Conrad Anfang Juli nicht, wie Russland reagieren würde. Doch am Ende des Monats wussten sie es, und trotzdem gingen sie weiterhin gegen Serbien vor. Die österreichische Schuld lag deshalb sowohl in der Unterlassung als auch in der Ausführung, allerdings mit dem Vorbehalt, dass Wien auf einen lokalen Konflikt mit Serbien abzielte, nicht auf einen europäischen Krieg, in den Russland, geschweige denn Frankreich, Großbritannien und alle anderen letztendlich Beteiligten hineingezogen würden. Dies wurde auf dramatische Weise deutlich, als Österreich, obwohl es an erster Stelle für eine Beschleunigung der Julikrise gesorgt hatte, sich bis zum 6. August weigerte, Russland den Krieg zu erklären – zwei Tage lang, nachdem Großbritannien dem Deutschen Reich den Krieg erklärt hatte. Während diese späte Kriegserklärung manchmal dafür hergenommen wurde, Deutschland in die »Kriegsschuld« zu verwickeln – offensichtlich waren es die Deutschen, die Österreich dazu zwangen –, zeigt es in Wirklichkeit, wie gering der Wunsch in Wien war, gegen Russland zu kämpfen. Angesichts der österreichischen Niederlagen gegen die russischen Truppen in Galizien zu Beginn des Kriegs wird einem der Grund dafür schnell klar.

Tisza trägt die Verantwortung für die endgültige Gestalt der Julikrise, das heißt, ihren letztendlichen Ablauf. Aufgrund des Problems mit dem Ernteurlaub mögen die zwei Wochen, die Österreich nach dem Ministerrat vom 7. Juli verloren hatte, nicht so wichtig gewesen sein, wie die Historiker immer behauptet haben. Conrad hätte wahrscheinlich trotzdem mit der Mobilmachung noch warten müssen. Entscheidend war vielmehr Tiszas Opposition ganz am Anfang der Krise. Hätte Österreich-Ungarn am 1.

Juli (wie es Conrad gewünscht hatte) oder höchstens nach ein paar weiteren Tagen diplomatischer Vorarbeit (was Berchtold und der Kaiser vorgezogen hätten) mobilgemacht, wäre es noch möglich gewesen, dass die Österreicher Europa mit vollendeten Tatsachen (Fait accompli) überrascht hätten – wenigstens mit der Besetzung Belgrads, da die Hauptstadt auch nur wenige Kilometer hinter der österreichischen Grenze lag.

Natürlich ist diese kontrafaktische Situation mit Skepsis zu betrachten, vor allem angesichts der österreichischen Unentschlossenheit während der zwei Balkankriege und seiner bekanntermaßen unqualifizierten Leistung 1914. Und dennoch ist ein Grund, warum die Kämpfe in Galizien für Conrad so schlecht liefen, dass es sein eigentliches Ziel war – von jedermann in Wien geteilt –, Serbien zu zerschlagen, und nicht gegen Russland zu kämpfen. Hätte Österreich seine Mobilmachung gegen Serbien in der ersten Juliwoche begonnen anstatt in der letzten und Plan B ohne Unterbrechung umgesetzt, ist nicht absehbar, wie sich die Krise weiterentwickelt hätte. Sie hätte sich immer noch zu einem europäischen Krieg auswachsen oder aber zu einem Kompromiss führen können, bei dem keine Seite ihr Gesicht verlor, beispielsweise nach dem Modell »Halt-in-Belgrad«. Es war zum großen Teil Tiszas Werk, dass Österreich sein Ultimatum erst vier Wochen nach dem Attentat von Sarajevo gestellt hat. Natürlich kann man seine Absicht, Conrad aufzuhalten, als ehrenvoll betrachten: Er wollte, zumindest bis zum 14. Juli, den Krieg verhindern, nicht ihn verursachen. Wenn an Tiszas Verhalten irgendetwas zu tadeln ist, dann seine Unterlassungssünden, die zu ungewollten Konsequenzen führten.

Die Schuld der Deutschen zur Zeit der Hoyos-Mission am 5. und 6. Juli wog wesentlich schwerer. Indem sie Österreich-Ungarn einen Blankoscheck für das Vorgehen gegen Serbien ausstellten, machten Kaiser Wilhelm II. und Bethmann Hollweg die weitere Eskalation der Balkankrise überhaupt erst möglich. In Anbetracht von Tiszas Opposition gibt es keinen Grund für die

Annahme, dass Conrad ohne deutsche Rückendeckung überhaupt seinen Krieg gegen Serbien bekommen hätte. Es war nicht allein die deutsche Unterstützung, die Tiszas Einstellung änderte – seine Abscheu vor Serbien nahm in den ersten beiden Juliwochen beständig zu, als er mehr und mehr Einzelheiten über Sarajevo erfuhr –, aber ohne sie hätte Berchtold einen sehr schweren Stand gehabt, den Kaiser zu überzeugen, dass man gegen Serbien losschlagen sollte, wie auch immer Tiszas Ansichten waren. Österreichs diplomatische Isolierung und seine militärische Schwäche bedeuteten, dass man auf die Unterstützung der Deutschen nicht verzichten konnte. Und die Deutschen sagten sie uneingeschränkt zu. Obwohl es stimmt, dass Unterstaatssekretär Arthur Zimmermann und viele Militärchefs in Berlin eifrig die Idee eines »Präventivkriegs« verfolgten, ist eines ebenso klar: Kaiser Wilhelm II. und Bethmann Hollweg erwarteten nicht, dass sich Russland auf einen Kampf einlassen würde. Obwohl sie die Risiken kannten und bereit waren, sie einzugehen, beabsichtigten sie nicht, einen europäischen Krieg zu provozieren. Ihre wirkliche Schuld zu diesem Zeitpunkt der Krise lag darin, dass sie es unterließen, den Österreichern eine bestimmte Handlungsweise vorzugeben oder zumindest strengere Richtlinien zu etablieren, auf welche Weise Wien seine Strategie mit Berlin abstimmen sollte. Der Blankoscheck war töricht und unsinnig. Dadurch wurde Berchtold ermutigt, sich so rücksichtslos und risikobereit wie möglich zu verhalten in der irrigen Annahme, dass die Deutschen genau das von ihm erwarteten.

Berchtold muss die größte Schuld auf sich nehmen, schließlich hatte er die Krise bis zu ihrem Kulminationspunkt am 23. Juli vorangetrieben. Nachdem er die Gelegenheit für ein militärisches Fait accompli verstreichen ließ, fand er sich mit einem diplomatischen ab und zündete die Bombe in Form seines Ultimatums, dessen Text er vorab nicht einmal mit seinen deutschen Verbündeten abstimmte. Es trifft zwar zu, dass es teilweise auch Bethmann Hollwegs Fehler war, weil er Berchtold machen ließ, was dieser wollte, und weil er nicht mehr Druck auf Wien ausgeübt hat, um mehr Informationen zu erhalten, bis es dann zu spät war. Und nicht einmal Jagow verlangte, den Text des Ultimatums zu sehen; er fragte auch nicht nach, ob Berchtold seine »Hausaufgaben« erledigt und ein Dossier mit den Beweisen für Serbiens Schuld zusammengestellt hat, bevor er das Ultimatum abschickte, und ob er sich der Unterstützung Italiens versichert hatte. Berchtold hatte nichts dergleichen getan. Nachdem er das versiegelte Ultimatum an Belgrad geschickt hatte, belog er sogar den deutschen Botschafter und behauptete, es wäre noch nicht fertig. Dahinter stand die bewusste Absicht, nicht nur eine feindliche Macht wie beispielsweise Russland zu täuschen, sondern auch Österreich-Ungarns engsten Verbündeten. Von allen Was-wäre-wenn-Fragen bezüglich der Julikrise ist dies eine der entscheidendsten. Wenn Berchtold den deutschen Wünschen entsprochen und Europa von Serbiens Niedertracht überzeugt hätte, hätte er damit die diplomatische Beweislast auf Russland abwälzen und ihm die Bürde auferlegen können, seinen schuldigen Klienten zu verteidigen. Angesichts dessen, was wir heute über die Verstrickung Serbiens in das Verbrechen von Sarajevo wissen, ist es erstaunlich, dass die österreichischen Untersuchungsbeamten nicht fähig waren, selbst einen Monat nach dem Attentat von Sarajevo den Fall überzeugend darzulegen.

So gravierend Berchtolds Irrtümer auch waren, muss man dennoch sagen, dass nicht er es war, der den Countdown zum europäischen Krieg eingeleitet hat. Seine groben Fehler trugen dazu bei, Österreich-Ungarn zu isolieren und Deutschland in die Verlegenheit zu bringen, seinen Verbündeten unterstützen zu müssen, aber seine Handlungen zwangen Russland nicht zur Mobilmachung, geschweige denn Frankreich oder Deutschland. Dabei ist die Zeitschiene von entscheidender Bedeutung. Aufgrund von Schillings Tagebuch über die laufenden Geschäfte im russischen Außenministerium wissen wir, dass Sasonow sich zu einer militärischen Antwort entschlossen hatte, bevor Serbien am

Samstag, dem 25. Juli, auf das Ultimatum antwortete – und zwar bevor er selbst das Ultimatum am Freitag überhaupt gelesen hatte. Natürlich musste seine Entscheidung noch vom Ministerrat am Freitagnachmittag und von Zar Nikolaus II. am nächsten Tag gebilligt werden. Und in gewissem Sinn musste sie auch von Frankreich ratifiziert werden. Aber noch bevor seine Entscheidung von irgendjemand anderem bestätigt worden war, hatte Sasonow am Freitag, den 24. Juli, um 11 Uhr den russischen Finanzminister beauftragt, alle Geldanlagen aus Deutschland nach Russland zu transferieren, und den Generalstabschef angewiesen, die Mobilmachung vorzubereiten. Sasonow wusste von dem drohenden österreichischen Ultimatum (wenn er auch nicht den endgültigen Text kannte) seit dem vorhergehenden Samstag. Nachdem er, der Zar, der französische Präsident und der französische Premierminister in den vier Tagen von Sonntag bis Mittwoch verschiedene Male zusammengekommen waren, konnte Sasonow sicher sein, dass er ihre volle Unterstützung für seine Vorgehensweise hatte. Die neuesten Forschungen legen nahe (obwohl es noch keinen Beweis dafür gibt), dass Poincaré und Paléologue auf dem Gipfeltreffen in St. Petersburg Sasonow mündlich ihre Unterstützung zusagten, wenn er gegenüber Wien eine harte Linie vertreten würde. Der schriftliche Beweis liegt vor, dass Paléologue diese Unterstützung hinterher bestätigt hat, sei es mit oder ohne Ermächtigung von Poincaré. Ebenso wie General Laguiche (der französische Verbindungsoffizier zum russischen Generalstab) sowie Joffre und Messimy in Paris.

Zar Nikolaus II. unterzeichnete das Inkrafttreten der Kriegsvorbereitungsperiode am Samstagmittag, 25. Juli – noch bevor er Serbiens Antwort auf das Ultimatum gelesen hatte und bevor Serbien oder Österreich-Ungarn mobilgemacht hatten. Die Kriegsvorbereitungsperiode begann um Mitternacht zwischen dem 25. und 26. Juli. Da sie im Gegensatz zur deutschen Variante (Zustand der drohenden Kriegsgefahr) im Geheimen erlassen und ausgeführt worden war, konnten die Historiker eine Kriegsabsicht aufseiten der Russen immer verneinen, wobei der Gedanke maßgeblich ist, wie es Sasonow selbst Botschafter Pourtalès gegenüber formulierte, dass vorbereitende Mobilmachungsmaßnahmen »noch keinen Krieg bedeuteten«. Manche gingen noch weiter und meinten, dass selbst die russische Generalmobilmachung, die am 30. Juli um 16 Uhr angeordnet wurde, »noch keinen Krieg bedeutete«.[5] In beiden Fällen ist die Behauptung zweifelhaft, obwohl sie oberflächlich betrachtet eher noch auf die Kriegsvorbereitungsperiode zutrifft.

Die Maßnahmen, die am Sonntag, dem 26. Juli, in die Wege geleitet wurden, machten für sich betrachtet deutlich vor einem Krieg halt. Doch ebenso deutlich stellten sie Kriegsvorbereitungen dar. Tatsächlich war dies auch der Grund, warum die geheime Kriegsvorbereitungsperiode 1912–1913 entwickelt worden war: Sie ermöglichte Russland einen Vorsprung bei der Mobilmachung gegen Österreicher und Deutsche. Das Statut vom 2. März 1913 besagt eindeutig, dass die Kriegsvorbereitungsperiode »die Periode diplomatischer Verwicklungen bezeichnet, die dem Beginn von Feindseligkeiten vorausgeht«. Oder, wie in der Richtlinie des Zaren vom November 1912 festgelegt wurde, »es wäre günstig, die Truppenkonzentration abzuschließen, ohne Feindseligkeiten zu beginnen, um den Feind nicht endgültig seiner Hoffnung zu berauben, dass der Krieg noch verhindert werden könnte«. »Unsere diesbezüglichen Vorbereitungen *müssen unter der Maske geschickter diplomatischer Verhandlungen verborgen werden, um die Ängste des Feindes so weit wie möglich einzuschläfern.*« Dobrorolsky, der Chef der russischen Abteilung für Mobilmachung, verstand darunter, dass dies Krieg bedeutete, ebenso wie Kriegsminister Suchomlinow und Generalstabschef Januschkewitsch. Sasonow tat so, als glaube er es nicht, aber das war schließlich seine Aufgabe: mit den »diplomatischen Schwierigkeiten« fertigzuwerden. In diesem Sinn, und ausschließlich in diesem Sinn, bedeutete die Kriegsvorbereitungsperiode keinen Krieg. Wie heuchlerisch auch immer, jedenfalls konnten die diplomatischen Verhandlungen noch fortgesetzt werden.

Quasi spiegelverkehrt zu Sasonows Vorgehensweise erklärte Österreichs Außenminister, der heuchlerischen »diplomatischen Komplikationen« müde, Serbien – mittels Telegramm – am 28. Juli den Krieg. In Anbetracht der Tatsache, dass Conrad die Armee erst am 12. August für kampfbereit hielt, war Berchtolds Manöver widersinnig, denn es lieferte Russland und Frankreich die notwendige Munition für ihren diplomatischen Kampf, England und weitere neutrale Staaten auf ihre Seite zu ziehen. Berchtolds Beweggründe jedoch sind aufschlussreich: Er wollte allen weiteren Vermittlungsversuchen von außen den Boden unter den Füßen entziehen. Dennoch bewies Berchtolds Schritt, abgesehen von seinen nachteiligen strategischen Konsequenzen besonders für Deutschland, nur eines, dass die österreichischen Führer einen Krieg mit Serbien wollten – eine Tatsache, die bereits bekannt war.

Die österreichische Kriegserklärung an Serbien wurde für gewöhnlich als der Punkt auf dem Weg zum Ausbruch des Ersten Weltkriegs angesehen, an dem eine Umkehr nicht mehr möglich war, als der Moment, da die Julikrise zu einem wirklichen Konflikt eskalierte. Auch dafür gibt es eine oberflächliche Begründung. Und einmal mehr müssen wir auf die Chronologie achtgeben. Obwohl es richtig ist, dass Berchtolds rasche Aktion Russland einen Vorwand lieferte, seine Kriegsvorbereitungen drastisch zu verstärken, so waren diese doch bereits seit drei Tagen im Gang, als die österreichische Kriegserklärung an Serbien erfolgte. Indem er über die Kriegsvorbereitungsperiode Stillschweigen bewahrte und dann die Ankündigungen der Teil- und der Generalmobilmachung verzögerte, gelang es Sasonow, Sir Edward Grey zusammen mit Generationen von Historikern zu überzeugen, dass Russland mit seiner Mobilmachung erst nach der österreichischen Kriegserklärung an Serbien begonnen habe. Das ist nicht richtig: Österreichische, deutsche, französische und die meisten aller russischen

Quellen bestätigen, dass die russischen Mobilmachungsmaßnahmen sowohl gegen Österreich-Ungarn als auch gegen das Deutsche Reich am 28. Juli weit fortgeschritten waren, und noch weiter am 29. Juli. Alles, was Berchtolds Telegramm bewirkte, war, dass es Russland einen öffentlichen Casus belli für seine Kriegsvorbereitungen lieferte, die es schon vorher begonnen hatte. Der lang anhaltende Streit über Russlands Teil- oder Generalmobilmachung beruht letztendlich auf einer Fiktion. Wie Kokowzow im November 1912 und Dobrorolsky im Juli 1914 klargemacht hatten, war eine Teilmobilmachung allein gegen Österreich-Ungarn, ohne den Eisenbahnknotenpunkt Warschau zu nutzen und Russisch-Polen miteinzubeziehen, technisch unmöglich. Und sie war zuvor noch nie vollständig umgesetzt worden. »Teilmobilmachung« war ein diplomatischer Akt, um Frankreich – und mehr noch Großbritannien – zu demonstrieren, dass Russland dem Deutschen Reich keinen Vorwand für einen Krieg lieferte.

Die Entscheidung für einen europäischen Krieg wurde von Russland in der Nacht des 29. Juli getroffen, als Zar Nikolaus II., von seinen Beratern einstimmig dazu angehalten, den Befehl für die Generalmobilmachung unterzeichnete. Generalmobilmachung bedeutete Krieg – das wusste er, das wussten Sasonow und Schilling, das wussten Kriwoschein, Rodsjanko und die Führer der Duma, ebenso wie Suchomlinow, Januschkewitsch und Dobrorolsky. Der Zar war sich dessen so sehr bewusst, dass er, innerlich bewegt von einem Telegramm Kaiser Wilhelm II., *seine Meinung änderte.* »Ich möchte nicht für ein gewaltiges Blutbad verantwortlich sein« ist der entscheidende Schlüssel für die gesamte Julikrise, denn es zeigt, dass der Zar trotz seiner Schlichtheit – oder vielleicht gerade deshalb – genau wusste, was er tat. Und er wusste es auch genau, als er es 17 Stunden später erneut tat, nachdem er sich den ganzen Tag damit herumgequält hatte. Sasonow wusste es auch; deshalb sagte er zu Januschkewitsch, er solle »sein Telefon zerschmettern«, damit, falls der Zar noch einmal seine Meinung ändern sollte, dies folgenlos blieb.

Auch die Franzosen wussten es. Obwohl die endgültige Entscheidung und entsprechend der zeitliche Verlauf für die Briten geschönt werden mussten, wussten Poincaré, Joffre und Messimy, dass Russland den Krieg beschlossen hatte, und zwar lange bevor die Generalmobilmachung durch Paléologues 30-Stunden-Telegramm Freitagnacht bestätigt worden war. In ihrem Klassiker *The Guns of August* gelingt es Barbara Tuchman, auf faszinierende Weise darzustellen, welche Bedeutung die Chronologie hatte: Sie erzählt von einem mitten in der Macht stattfindenden Drama, wobei Präsident Poincaré vom russischen Botschafter Iswolski aufgeweckt wird, der ihn fragt: »Was wird Frankreich tun?« Messimy weckt daraufhin Viviani, der ruft: »Guter Gott! Die Schlaflosigkeit ist bei diesen Russen noch schlimmer als die Trinkerei.« Es ist eine wundervolle Szene, allerdings irrt sich Tuchman im Datum um zwei Tage.

Diese Szene ereignete sich nicht Freitagnacht, das heißt vom 31. Juli auf den 1. August, nachdem das Deutsche Reich den Zustand der drohenden Kriegsgefahr ausgerufen und jeweils ein Ultimatum an Russland und Frankreich gestellt hatte, sondern bereits Mittwochnacht, also vom 29. auf den 30. Juli. Der Auslöser für dieses nächtliche Drama war nicht, wie Tuchman vermutete, Druck aus Berlin – am Mittwoch und am Donnerstag hatte Deutschland noch überhaupt keine ernsthaften Kriegsvorbereitungen getroffen –, sondern das kryptische Telegramm, das Iswolski von Sasonow aus St. Petersburg erhalten hatte. Darin kündigte der russische Außenminister an, dass Russland, da es den deutschen Forderungen nach einer Einstellung der Mobilmachung nicht nachkommen könne, »nichts anderes übrig bleibt, als die Aufrüstung voranzutreiben und den Krieg als unmittelbar bevorstehend zu betrachten«. Mittwochnacht teilte Sasonow auch dem deutschen Botschafter mit, dass »Russlands Mobilmachungsmaßnahmen nicht mehr rückgängig gemacht werden könnten«. Vielleicht hegte Viviani seinerseits noch Illusionen, dass Russland die Maschinerie kurz vor dem Krieg noch stoppen könnte; das würde auch erklären, warum er länger als alle anderen zögerte, ehe er am Samstag für Frankreich die Generalmobilmachung anordnete. Doch Poincaré und Messimy waren sich vollkommen darüber im Klaren, was Sasonow mit seinem Telegramm Mittwochnacht meinte; deshalb beriefen sie auch eine Krisensitzung von 4 bis 7 Uhr ein, um eine Antwort aufzusetzen.

Wie wir gesehen haben, war die französische Antwort sorgsam zurechtgetrimmt, um die britische Meinung zu manipulieren. In keiner der Nachrichten, die Viviani am 30. und 31. Juli an Paléologue in St. Petersburg schickte, kam irgendeine Erwähnung von Russlands Mobilmachung vor, auf die man sich nur indirekt bezog, und es gab auch keine Forderung, sie zu stoppen. Joffre, Messimy, Laguiche und Paléologue hatten bereits Russlands Kriegsvorbereitungen gebilligt und die Russen ermutigt, sie schneller voranzutreiben. Da sich Poincaré und Viviani zwischen dem 24. und dem 29. Juli auf See befanden, konnten sie das alles glaubhaft abstreiten – und sie mussten die glaubhafte Abstreitbarkeit auch nach ihrer Rückkehr nach Paris aufrechterhalten, um London von ihrer Unschuld zu überzeugen.

Doch die dramatische Szene, die sich Mittwochnacht (nicht Freitagnacht) abspielte, gab den Vorteil aus der Hand. Ganz gleich, ob sie vorher gewusst hatten, dass Russland mobilmachte – jetzt wussten sie es. Und sie wussten, was es bedeutete. Es bedeutete, dass Frankreich ebenfalls mobilmachen musste. Und Mobilmachung bedeutete Krieg.

Frankreich behauptete dagegen öffentlich, und zwar noch eindringlicher als Russland, dass die Mobilmachung noch nicht Krieg bedeutete. Der »10-Kilometer-Rückzug«, mit dem man den Deutschen die Initiative zuschob, war eine brillante werbewirksame Aktion, von der sich Historiker immer noch täuschen lassen. Abgesehen von Joffres vernünftigen Befehlen, Zwischenfälle an den Grenzen zu vermeiden, bis die Konzentration der Truppen abgeschlossen war (diese Befehle waren fast mit denen Moltkes identisch), war das Unsinn. Artikel 2 des französisch-russischen Militärbündnisses führt aus, dass, sobald der Casus foederis eingetreten war, »Frankreich und Russland ... ohne dass eine vorausgehende Abstimmung nötig sei, sofort und gleichzeitig all ihre Truppen mobilmachen und sie so nahe wie möglich an die Grenze transportieren«. Wie der russische Unterzeichner des Abkommens General Nikolai N. Obrutschew ausführte, »sollten auf diese Mobilmachung Frankreichs und Russlands unmittelbar positive Ergebnisse, das heißt Kriegshandlungen folgen, mit einem Wort, sie sind untrennbar mit einer ›Aggression‹ verbunden«. Oder wie es Obrutschews französischer Widerpart, General Raoul de Boisdeffre, ausdrückte, nachdem er das Abkommen unterzeichnet hatte: »Die Mobilmachung ist die Kriegserklärung.« In ähnlicher Weise äußerte sich Dobrorolsky, der Architekt der russischen Mobilmachung 1914: »Sobald der Moment gewählt worden ist, ist alles entschieden; es gibt kein Zurück; automatisch wird der Beginn des Kriegs bestimmt.«[6] Nach diesem Moment – Mitternacht vom 30. auf den 31. Juli, als Russlands Generalmobilmachung wirksam wurde – erwartete man von Frankreich und Russland, am 15. Tag nach der Mobilmachung (M + 15) mit dem Angriff auf das Deutsche Reich zu beginnen. Genau wie Dobrorolsky gesagt hatte, lief die Mobilmachung wie ein Uhrwerk ab. Die ersten Gefechte zwischen den Großmächten fanden auf deutschem Boden statt. Was Frankreich betrifft, so ging es mit dem Einmarsch ins Elsass am 14. August los, genau 15 Tage nach Beginn der russischen Mobilmachung. Auch Russland gewann seine erste Schlacht auf deutschem Boden bei Stallupönen/Gumbinnen; sie dauerte vom 17. bis zum 20. August.

Man kann natürlich dennoch argumentieren, dass Österreich-Ungarn als Erste die Kampfhandlungen aufgenommen hat, und zwar mit dem Beschuss serbischen Gebietes am 29. Juli. Zudem erklärte Österreich als erste Nation den Krieg, und zwar am 28. Juli (wenn auch nur gegen Belgrad). Wir müssen jedoch berücksichtigen, dass Österreich-Ungarn trotz seiner Kriegslust gegen Serbien nicht den Wunsch hatte, gegen Russland zu kämpfen, was so weit ging, dass Moltke Conrad wiederholt darum bitten musste, endlich auf den Mobilmachungsplan R einzuschwenken. Trotz des Unheils, das Berchtold mit dem Ultimatum und der Kriegserklärung angerichtet hatte, lag seine Absicht immer offen zutage, den Krieg allein gegen Serbien zu führen. Es stimmt zwar, dass man ein mögliches Eingreifen Russlands in Erwägung gezogen hatte, allerdings nur insofern, dass man von den Deutschen erwartete, sie würden die Angelegenheit mit Russland schon regeln. Die Unterlagen beweisen, dass es tatsächlich nur wenig Abstimmung zwischen Berlin und Wien gab, stattdessen aber eine große Diskrepanz im Verständnis davon, was die andere Seite gerade plante. Die Deutschen waren geradezu geschockt, als sie von Berchtolds Kriegserklärung an Serbien am 28. Juli erfuhren – die, wie man ihnen versichert hatte, nicht vor dem 12. August erfolgen sollte. Und ebenso erging es den Österreichern, als man ihnen mitteilte, dass Deutschland den Einmarsch in Belgien plante, anstatt seine Truppen gegen Russland zu konzentrieren. Nichts davon nimmt Berlin und Wien aus der Verantwortung für ihre gewaltigen politischen Irrtümer und Fehler, aber es lässt den Vorwurf einer eiskalten, gemeinsamen Vorausberechnung lächerlich erscheinen.

Natürlich sind allein die Deutschen für die strategische Dummheit verantwortlich, dass sie den Angriff auf Frankreich über Belgien ausführen wollten. Auch wenn neuere Forschungen die Auffassung infrage stellen, dass es jemals einen unveränderbaren Schlieffenplan gab, bedeutet das lediglich, dass Moltke allein für die Entscheidung verantwortlich gemacht werden muss – und darüber hinaus für den Handstreich gegen Lüttich am dritten Tag nach der Mobilmachung (M + 3).[8] Wie fragwürdig der deutsche Einmarsch in Luxemburg auch gewesen sein mag, so mildert doch die Tatsache, dass seine Eisenbahnen durch vertragliche Regelung unter deutscher Leitung standen, seine Bedeutung ein wenig ab, zusammen mit der Tatsache, dass Großbritannien die Besetzung nicht als einen Casus belli gegen das Deutsche

Reich ansah. Belgien dagegen war für externe Mächte, insbesondere für Großbritannien, von entscheidender Bedeutung; die Franzosen hatten dies sehr wohl verstanden, und Poincaré intervenierte schon 1912 bei Joffre, um sicherzustellen, dass Frankreichs anfänglicher Aufmarsch belgisches Territorium nicht berühren würde. Die deutsche Entscheidung, Belgiens Neutralität zu verletzen – am dritten Tag nach der Mobilmachung (M + 3), zwei Wochen bevor die Truppenkonzentration abgeschlossen sein sollte –, war ein politischer, diplomatischer, strategischer und moralischer Fehler ersten Ranges. Die Schuld dafür musste man Moltke direkt zuweisen, obwohl Bethmann Hollweg, Jagow und der Kaiser sich von ihm darüber hätten berichten lassen sollen.

So bedeutsam Deutschlands Verletzung der belgischen Neutralität auch war, sie hat nicht den Ersten Weltkrieg verursacht. Sie hat vielleicht nicht einmal Großbritannien hineingezogen. Bis ihm die Deutschen das Geschenk von Lüttich am 4. August in die Hand gaben, bestand Greys Munition gegen die Gegner der Intervention im Kabinett lediglich aus dem formlosen Flottenabkommen mit Frankreich, das er persönlich im November 1912 mit Cambon abgeschlossen hatte und über das die Mitglieder des Unterhauses (wenn auch nicht die Regierung) im Unklaren blieben. Es ging um dieses Thema – nicht um Belgien –, als Morley und Burns zurücktraten. Zusammen mit einigen Historikern ließen Morley und Burns Grey in einem skrupellosen Licht erscheinen, als einen gerissenen Manipulator, der die eigene Partei gegen ihren Willen zu einem Bündnis mit Frankreich (indem er Frankreich ermutigte, seine Flotte ins Mittelmeer zu verlegen und seine Kanalküste unverteidigt zu lassen) und anschließend zu einer gemeinsamen Kriegsführung mit Frankreich und Russland brachte.[9] Obwohl darin insofern ein Stück Wahrheit enthalten ist, als das halb geheime Flottenabkommen mit Frankreich die französischen Falken ermutigte und Großbritannien im Fall eines Kriegs zwischen Frankreich und Deutschland die Hände band, dürfte

Grey kaum die Absicht gehegt haben, einen derartigen Krieg anzustiften.

Sir Edward Greys Schuld während der Julikrise bestand ebenfalls in der Unterlassung, nicht im aktiven Handeln. Indem er es versäumte, eine klare Politik zu entwickeln (zwar hatte er keinen Auftrag der Regierung bzw. des Parlaments, trotzdem hätte er Mut zeigen und sich über sie hinwegsetzen können), verpasste Grey auch seine Chance, Berlin genügend Angst vor einer Intervention Großbritanniens einzujagen, bis es für die Deutschen zu spät war, um Wien noch vom Abgrund wegzuziehen. Greys irreführende positive Signale einschließlich seiner bizarren Neutralitätsangebote vom 1. August und seine doppeldeutige Rede im House of Commons am 3. August ließen die Deutschen im Unklaren, bis er am 4. August Berlin sein Ultimatum stellte. Indem er Neutralität vortäuschte und sich dennoch unmissverständlich auf die Seite Frankreichs und Russlands stellte, indem er Russlands vorzeitige geheime Mobilmachung nicht zur Kenntnis nehmen wollte und dennoch Deutschland und Österreich beschuldigte, »den Krieg anzustreben«, ermutigte Grey Russland und später Frankreich zu ihrem draufgängerischen Verhalten, da seine Haltung Sasonow und Poincaré davon überzeugte, sie könnten seiner sicher sein. Obwohl man ihm Irreführung der Regierung und des Parlaments vorwerfen muss und wohl auch, dass er es versäumte, den Krieg zu verhindern, weil er sich nicht früher zu einer konsequenten Politik durchgerungen hat, war trotzdem ein Krieg zwischen den Großmächten das Letzte, was in Greys Absicht lag – und noch viel weniger in der einiger anderer Kabinettsmitglieder (sogar Churchill, der für die Kampfbereitschaft der Flotte sorgte und im Allgemeinen selbst eher zu den Kriegstreibern zählte, wollte nicht wirklich, dass ein europäischer Krieg ausbrach). Die Rolle, die Großbritannien bei der Entfesselung des Ersten Weltkriegs spielte, beruhte auf Blindheit und Fehlern, nicht auf Niedertracht und Heimtücke.

Man kann Ähnliches über die Rolle des Deutschen Reichs sagen, obwohl in diesem Fall die wesentlich höhere Schuld für den Überfall auf Belgien hinzukommt. Für diese kolossale Fehleinschätzung hatte die deutsche Führung in hohem Maß die Schande verdient, mit der sie nach 1914 überschüttet wurde. Genau wie beim Ausstellen des Blankoschecks beruht die Schuld auf einer aktiven Handlung, nicht auf einer Unterlassung. Und auch was Belgien betrifft, lag die deutsche Schuld nicht darin, dass man einen Weltkrieg auslösen wollte – eine Kriegsbeteiligung der Briten war das Letzte, was man in Berlin wollte –, sondern dass man es auf diplomatischem Weg vermasselte, den Ausbruch eines europäischen Kriegs zu verhindern. Russland hatte seine Mobilmachung zwei Tage vor Deutschland abgeschlossen; und es hatte seine geheimen Kriegsvorbereitungen gegen Österreich und Deutschland weitere fünf Tage vorher begonnen. Frankreich hatte ebenfalls vor Deutschland mobilgemacht (allerdings nur Minuten). Österreich hatte gegen Russland überhaupt nicht mobilgemacht. Und dennoch war die am 3. und 4. August in London vorherrschende Meinung, dass Österreich und Deutschland den Krieg gegen Frankreich und Russland begonnen hätten. Der Angriff auf Lüttich war nicht der Auslöser für diese falsche britische Auffassung, sondern es lag vielmehr an den französisch-russischen Täuschungsmanövern, an den untauglichen Berichten von Sir George Buchanan und an Greys irreführenden Darstellungen. Allerdings trug Lüttich dazu bei, die britischen Vorurteile gegenüber Deutschland zu bestätigen. Es gab außerdem den Diplomaten der Entente und den für die Entente eintretenden Historikern das passende Argument für Deutschlands Schuld am Krieg – die Idee, dass Deutschland den Ersten Weltkrieg »verursacht« oder »beabsichtigt« oder »gewollt« hatte.

Dieses Argument ist nicht durch entsprechende Nachweise belegt. Wie sich anhand der früheren Mobilmachungen (besonders Russlands) aufzeigen lässt, waren Frankreich und Russland 1914 viel eher zum Kampf entschlossen als Deutschland – und noch viel eher als Österreich-Ungarn, wenn wir in diesem Fall von einem Kampf gegen Russland, nicht gegen Serbien ausgehen. Das Deutsche Reich erklärte Frankreich und Russland zuerst den Krieg, und zwar aufgrund von Bethmann Hollwegs fehlgeleitetem Sinn für Rechtmäßigkeit, aber es machte als letzte Nation mobil, und auch dann nur zögerlich, weil seine Führung (mit Ausnahme von Moltke und Falkenhayn, die völlig vom Zeitplan der Mobilmachung gefangen waren) verzweifelt nach Auswegen suchte; das lässt sich unter anderem daran sehen, wie bereitwillig der Kaiser, Bethmann Hollweg und Jagow auf Greys in letzter Minute gemachte Neutralitätsangebote eingingen.

Der Grund für Deutschlands Abneigung gegen einen Krieg wird offensichtlich, wenn man sich die Aufstellung der jeweiligen Armeen ansieht. Da die deutschen Truppen an beiden Fronten hinsichtlich Zahl und Waffen unterlegen waren und Großbritannien sich anschickte, ein Expeditionsheer zu entsenden und eine Seeblockade zu errichten, rechneten die französischen und russischen Generäle fest mit einem Sieg, solange die russische Mobilmachung nur früh genug einsetzte. Das wird vollkommen klar aus den Ankündigungen, die bei Kriegsausbruch gemacht wurden und die von einer weitverbreiteten (wenn auch nicht einheitlichen) optimistischen Stimmung innerhalb des französischen und russischen Generalstabs zeugten. So schrieb Suchomlinow am 9. August in sein Tagebuch, als die Aufstellung der Armeen fast vollendet war: »Es scheint, dass der deutsche Wolf bald gestellt sein wird: Alle sind gegen ihn.«[10]

Im Gegensatz dazu zogen die Deutschen in den Krieg mit der Erwartung, dass sie ihn verlieren werden; deshalb waren sie auch bis zum letzten Moment noch erpicht darauf, sich irgendwie herauszuwinden. Moltkes unrealistischer und letztendlich selbstmörderischer Kriegsplan, der einen Vormarsch durch Belgien vorsah, spiegelte die deutsche Schwäche wider, nicht die deutsche Stärke. Daher wird schnell verständlich, warum Sir Edward Grey die Abgeordneten des House of Commons (oder zumindest die meisten von ihnen) überzeugen konnte, das 1914 das Deutsche

Reich der Aggressor war: Es war die Großmacht, die als Erste neutrales Gebiet verletzte und zunächst in Luxemburg, später in Belgien einfiel. Man tat es aus Verzweiflung, man folgte Moltkes Ansicht, dass nur ein schneller K.o.-Schlag gegen Frankreich eine kleine Chance bot, den Sieg davonzutragen. Die Deutschen, weit davon entfernt, »den Krieg zu wollen«, stürzten sich dennoch wild um sich schlagend hinein, als sich die österreichische Schlinge um ihren Hals zuzog.

Anmerkungen

Prolog: Sarajevo, Sonntag, 28. Juni 1914

1. Nikitsch-Boulles, 214.
2. »Allein und ohne Begleitung«: Fay, Band 2, 31–39.
   »Tischrede«: Morton, *Thunder at Twilight*, 241.
3. Zitiert in Albertini, Band 2, 8.
4. Nikitsch-Boulles, 212.
5. Pharos, 7 (Aussage Čabrinović), und 23 (Princip).
6. Fay, Band 2, 88–89.
7. Ebenda, Band 2, 117.
8. Pharos, 27–29 (Aussage Princip) und 51–52 (Grabež).
9. Fay, Band 2, 121; Pharos, 21 (Aussage Čabrinović), 63–64, 68 (Ilić), und 105–106 (Jovanović).
10. Nikitsch-Boulles, 213.
11. Morton: *Thunder at Twilight*, 243.
12. Fay, Band 2, 121–124, 138–140.
13. »Rotgelbe maurische Loggias«: Morton, *Thunder at Twilight*, 245. »Das ist empörend ... Würthle, 13.
14. Potiorek Abschrift, 28. Juni 1914, in HHSA, P.A.I. Liasse Krieg, Karton 810.
15. Pharos, 53 (Aussage Grabež).
16. Ebenda, 40 (Aussage Princip).
17. Würthle, 15–16.

Kapitel 1: Wien: Wut statt Trauer

1. Zweig: *The World of Yesterday*, 215.
2. Conrad, Band 4, 17–18.
3. »Die serbische Frage ein für alle Mal zu lösen«: zitiert in Albertini, Band 1, 538. Conrad forderte allein im Jahr 1913 etwa 25 Mal zum Krieg auf: siehe Strachan: *First World War*, 69. Zu Conrads Geliebter und ihrem Ehemann, einem Bierproduzenten (siehe Fußnote) siehe Beatty, 5, 199.

4. Berchtold, »ungeheure Unruhe«: zitiert in Hantsch, 551. Über die Atmospäre in Wien siehe auch Rauchensteiner, *Der Tod des Doppeladlers*, 66.
5. Ritter an Berchtold, 29. Juni 1914, HHSA Liasse Krieg, Karton 810.
6. Zitat und Kommentar (die wahrscheinlichste Formulierung der Anmerkungen des Kaisers) in Albertini, Band 2, 116, 116n2.
7. »Bestürzung und Empörung«: zitiert in Morton, *Thunder at Twilight*, 267. »Fäden der Verschwörung«: Tschirschky an Bethmann aus Wien, 30. Juni 1914, PAAA R19865.
8. »Krieg in jedermanns Munde«: zitiert in Hantsch, 551.
9. Tisza an Franz Joseph I., 1. Juli 1914, zitiert in Erenyi, 245–246.
10. Conrad, Band 4, 33–34. »Krieg. Krieg. Krieg«: zitiert in Hantsch, 558.
11. Fragen zu Gemeinsame Armee, Sprache und Nationalitäten siehe besonders Rauchensteiner: *Der Tod des Doppeladlers*, 45, und Stone: *Europe Transformed*, 315. Conrad beherrschte sieben Sprachen: Strachan: *First World War*, 282.
12. Conrad, Band 4, 30–31.
13. Zitate in Hantsch, 559–560.
14. »Göttliches Mandat ... steifes spanisches Hofzeremoniell«: Stone: *Europe Transformed*, 304–305. »Maschine unter Dampf ... unbändiges Verlangen, seinen Neffen zu ärgern«: zitiert in Beatty, 201.
15. Tschirschky an Bethmann, 2. Juli 1914, in PAAA R19865.
16. Conrad, Band 4, 34.
17. Zitiert in Fay, Band 2, 191.
18. »Ballplatz insiders«: siehe Diskussion ebenda, 205–206.
19. Tuchman, 15.
20. Details über Ferdinands Begräbnis: Morton, *Thunder at Twilight*, 269. Über Sophie: Albertini, Band 2, 117. »Provinznest«: Zweig, *World of Yesterday*, 217.
21. Bethmann an Franz Joseph I. (über Tschirschky), 2. Juli 1914, in DD, Band 1, Nr. 6b, 9–10.

Kapitel 2: St. Petersburg: Kein Pardon

1. Keine Beileidsbekundungen: Österreichischer Konsulatsreport aus Belgrad (29. Juni 1914) und Sinaia (5. Juli 1914). Russische Botschaft in Rom setzt Flagge nicht auf Halbmast: Ritter aus Belgrad, 6. Juli 1914. Russische Gesandtschaft in Belgrad weigert sich, Flagge während der offiziellen Totenmesse zu senken: Giesl aus Belgrad, 13. Juli 1914. Alles in HHSA, P.A.I. Liasse Krieg, Karton 810.

2. Ritter an Berchtold, 29. Juni 1914, und noch einmal 13. Juli 1914, in HHSA, P.A.I. Liasse Krieg, Karton 810.

3. Über Pašić und Hartwig, siehe besonders Turner, 81.

4. Albertini, Band 2, 85.

5. Über Pašićs Wissen über die Verschwörung, siehe Fay, Band 2, 152; Albertini, Band 2, 98 und passim.

6. Zitiert in Turner, 38.

7. Über Russlands Schwarzmeerexporte, siehe Studie des British Foreign Office über die »Finanzlage Russlands«, 25. Juli 1914, in PRO, FO 371/2094.

8. Über die fehlende russische und französische Korrespondenz, siehe McMeekin: *Russian Origins,* Kapitel 2.

9. »Trachtet [Frankreich] nach keinem anderen Ruhm, als den Hass des Herrn Iswolski zu befriedigen«, zitiert in Beatty, 238. Zu Iswolskis Korrspondenz, siehe LN.

10. Buchanan an Nicolson, 9. Juli 1914, in BD, Band 11, Nr. 49, 39.

11. Czernin an Berchtold, 3. Juli 1914, Nr. 10017 in Oe-U, Band 8.

12. Paléologue an Viviani, 6. Juli 1914, Nr. 477 in DDF, 3, Band 10.

13. Pourtalès an Bethmann aus St. Petersburg, 13. Juli 1914, wiedergegeben in Pourtalès, 81–83.

14. Memorandum des russischen Generalstabs an Sasonow, 3. Juli 1914, Nr. 74 in IBZI, Band 4. Für »Telegrafen, Telefone und vier Funkstationen« und den »fieberhaften Ton der Forderung«: Dokumente und Anmerkungen in Gooch: *Recent Revelations,* 173, 176.

15. Konferenzprotokoll in Pokrovskij: *Drei Konferenzen,* 40–42.

16. Originalniederschrift der Konferenz vom 21. Februar 1914, in AVPRI, fond 138, opis' 467, del' 462.

17. Sasonow an Grigorowitsch, 30. Juni 1914, Nr. 24 in IBZI, Band 4. »Sie hielten einen Angriff auf Konstantinopel für unvermeidlich«: Sasonow, 126–127.

Kapitel 3: Paris und London: Unliebsame Störung

1. Messimy: *Souvenirs*, 125–126.
2. Ahamed: *Lords of Finance*, 63. »1000 Küsse«: zitiert in Beatty, 212.
3. Zitate in Beatty, 234, 237–238.
4. Aufgeführt ebenda, 235. Über russische Bestechungsgelder: Fay, Band 1, 270 und 270, Anmerkung 79.
5. Keiger: *Poincaré*, 102. »Möglichkeit, unsere verlorenen Provinzen wiederzubekommen«: zitiert in Beatty, 232.
6. Iswolski an Sasonow, 21. Mai 1914, in LN, 267.
7. Zitiert in Keiger: *Poincaré*, 164.
8. *Times*, zitiert in Neiberg, 29, 31; Fromkin, 140.
9. Zitiert in Marcus, 93.
10. Zitiert in Marcus, 192–193.
11. Grey an Goschen, 24. Juni 1914, wiedergegeben in Grey, Band 1, 294. »Eine Frage von Leben und Tod für Deutschland«: Jarausch, 156.
12. Tuchman, 74.
13. Benckendorff an Sasonow, 30. Mai/12. Juni 1914, in AVPRI, fond 138, opis' 467, del' 462. Das zaristische Russland verwendete den Julianischen Kalender, der im Jahr 1914 13 Tage hinter dem Gregorianischen Kalender zurücklag, der heutzutage benutzt wird. Für alle russischen Dokumente, die nach dem Julianischen Kalender datiert sind, habe ich wie in diesem Fall das gregorianische Datum nach einem Schrägstrich angehängt.
14. »Höchstwahrscheinlich irreversibel«: Jannen Jr., 51. »Meister der schwierigen Kunst«: Marcus, 70.
15. Churchill: *The World Crisis*, 65.

Kapitel 4: Berlin: Verständnis und Ungeduld

1. Zitiert in Fay, Band 2, 39.
2. Zitiert in Balfour: *Kaiser and His Times*, 125.
3. Stone: *World War One*, 11.
4. Bülow: *Memoirs*, Band 3, 148–149.
5. Zitiert in McMeekin: *Berlin-Baghdad Express*, 102. »Freund für alle Zeit«: Wilhelm II., »Tischrede in Damaskus (8. November 1898),« in Johann (Hrsg.): *Reden des Kaisers*, 81.
6. Zitiert in Hull: *Entourage*, 263.
7. Zitiert in Fay, Band 2, 207.
8. Tschirschky an Bethmann, 30. Juni 1914, mit Randnotizen des Kaisers, Nr. 7 in DD, Band 1.

Kapitel 5: Mission Hoyos in Berlin

1. Hoyos' Bericht über sein Gespräch mit Naumann, Nr. 3 in Geiss: *Juli 1914*.
2. Zitiert in Smith: *One Morning in Sarajevo*, 206.
3. Zitate in Hantsch, 566. Siehe auch Albertini Band 2, 132.
4. Zitiert in Hantsch, 562.
5. Memorandum der österreichisch-ungarischen Regierung, übermittelt an die deutsche Regierung am 5. Juli 1914, in DD, Nr. 14, 30.
6. Franz Joseph I. an Kaiser Wilhelm II., handgeschriebene Note übergeben am 5. Juli 1914, in DD, Nr. 13, 19–20.
7. Zitiert in Hantsch, 573.
8. Erenyi, 247.
9. Szögyény an Berchtold, 5. Juli 1914, Nr. 6 in Geiss: *July* 1914.
10. Ebenda.
11. Plessen Tagebuch, zitiert in Albertini, Band 2, 142.
12. Falkenhayn an Moltke, 5. Juli 1914, Nr. 7 in Geiss: *July* 1914.
13. Zitiert in Jannen Jr., 32. »überraschender Angriff ohne größere Vorbereitung ... Aufteilung seines Gebiets: Zitiert in Albertini, Band 2, 143.
14. Zitiert in Beatty, 227.
15. Szögyény an Berchtold, 6. Juli 1914, Nr. 27 in Geiss, Band 1.
16. Zitate in Albertini, Band 2, 142.

Kapitel 6: Kriegsrat in Wien (I)

1. Conrad, Band 4, 36–37.
2. Potiorek an Biliński, 5. Juli 1914, HHSA, P.A.I. Liasse Krieg, Karton 811.
3. Zitate in Hantsch, 572.
4. Conrad, Band 4, 42.
5. Ebenda.
6. Zitiert in Hantsch, 575.
7. Tisza machte sein Geständnis, dass er im Irrtum war, eigentlich Berchtold unter vier Augen kurz vor dem Treffen des Ministerrats, obwohl er das Wesentliche auch in größerer Runde wiederholte. Zitiert in Hantsch, 575.
8. Niederschrift des Kriegsrats vom 7. Juli 1914 in Wien, wiedergegeben als Nr. 39 in Geiss, Band 1.

Kapitel 7: Funkstille

1. Szögyény an Berchtold, 9. Juli 1914, Nr. 58 in Geiss, Band 1. »jeder hier wartet ungeduldig auf unsere Entscheidung ... werde so bald nicht wiederkommen«: Szögyény an Berchtold, 8. Juli 1914, Nr. 46 in Geiss, Band 1. »gar nicht ausreichend betonen ... einen einzigen Schlag auszuführen«: Berchtold an Tisza, 8. Juli 1914, zitiert in Hantsch, 583.
2. Williamson Jr.: *Austria-Hungary*, 199–200; Sondhaus: *Franz Conrad von Hötzendorf*, 142–143.
3. Conrad, Band. 4, 61.
4. Zitiert in Hantsch, 583.
5. Tisza Memorandum, 8. Juli 1914, zitiert in Albertini, Band 2, 169.
6. Zitiert in Hantsch, 588. »Konkrete Forderungen an Serbien«: Tschirschky an Jagow, 10. Juli 1914, in PAAA, R 19865.
7. Tschirschky an Jagow, 10. Juli 1914, in PAAA, R 19865.
8. Giesl an Berchtold, 11. Juli 1914, Nr. 10193 in Oe-U, Band 8.
9. Zitiert in Albertini, Band 2, 277.
10. Giesl an Berchtold, 13. Juli 1914, in HHSA, P.A.I. Liasse Krieg, Karton 810.

11. Zitiert in Albertini, Band 2, 175.
12. Wiesner Bericht 13. Juli 1914, wiedergegeben in Conrad, Band 4, 81.
13. Tschirschky an Jagow, 13. Juli 1914, in PAAA, R 19865.
14. Tschirschky an Bethmann Hollweg, 14. Juli 1914, Nr. 91 in Geiss, Band 1.
15. Tschirschky an Bethmann Hollweg, 14. Juli 1914, Nr. 92 in Geiss, Band 1.

Kapitel 8: Auftritt Sasonows

1. Schebeko an Sasonow, 16. Juli 1914, zitiert in Albertini, Band 2, 185.
2. Tisza an das ungarischen Parlament, 15. Juli 1914, zitiert in Erenyi, 253.
3. Zitiert in Hantsch, 595.
4. de Bunsen an Sir Arthur Nicolson, 17. Juli 1914, Nr. 56 in BD, Band 11.
5. de Bunsen an Sir Edward Grey, 16. Juli 1914, Nr. 50 in BD, Band 11.
6. de Bunsen an Grey, 18. Juli 1914, Nr. 59 in BD, Band 11, Nr. 59. »Eine scharfe Note … soll nächste Woche verschickt werden, das wahrscheinlich für Serbien nicht annehmbar ist«: Berta de Bunsen Tagebuch, 18. Juli 1914, zitiert in Schmidt, 72.
7. Schebeko Memoiren, zitiert in Albertini, Band 2, 185.
8. Schebeko an Sasonow, 3./16. Juli 1914, Nr. 247 in IBZI, Band 4.
9. Albertini, Band 2, 185.
10. Eintrag für 3./16. Juli 1914, in Schilling, 25–26.
11. Eintrag für 4./17. Juli 1914, in Schilling, 26.
12. Eintrag für 5./18. Juli 1914, in Schilling, 26–27.
13. Szapáry an Berchtold, 18. Juli 1914, Nr. 10365 in Oe-U, Band 8. »Sanft wie ein Lamm«: Logbuch des russischen Außenministeriums für 5./18. Juli 1914, Nr. 272 in IBZI, Band 4.
14. Buchanan an Grey, 18. Juli 1914, Nr. 60 in BD, Band 11.

15. Zar Nikolaus II., Randnotiz am 16. Juli 1914 auf Schebekos Telegramm aus Wien, Peterhof 6./19. Juli 1914, Nr. 247 in IBZI, Band 4.

Kapitel 9: Kriegsrat in Wien (II)

1. Fay, Band 2, 249.
2. Alle Zitate aus dem Treffen des Ministerrats stammen aus der entsprechenden Niederschrift vom Ministerrat vom 19. Juli, der unter dem Vorsitz Berchtolds stand, Nr. 10393 in Oe-U, Band 8.
3. Conrad, Band 4, 92.
4. Österreichisch-ungarisches Ultimatum an Serbien, überreicht am 23. Juli 1914, wiedergegeben als Nr. 155 in Geiss, Band 1.
5. Berchtold an Macchio, 21. Juli 1914, zitiert in Fay, Band 2, 253.
6. Jagow an Tschirschky, 11. Juli 1914, und Jagow an Tschirschky, 15. Juli 1914, Nr. 31 und 46 in DD, Band 1.
7. Berchtold Rundschreiben an die Diplomaten, 20. Juli 1914, Nr. 10400 in Oe-U, Band 8.

Kapitel 10: Poincarés Treffen mit dem Zar

1. Zitate in Jannen Jr., 66–67; »Mörderische Hitze« und »tropisches Afrika«: Viviani: *As We See It,* 90–91.
2. Zitiert in Turner, 89.
3. Paléologue, Band 1, 13.
4. Zitiert in Turner, 89.
5. Poincaré, Band 2, 165–166. »Glanz der Uniformen … Anzug eine düstere Note«: Paléologue, Band 1, 14.
6. Trinkspruch von Nikolaus II., Zar von Russland, Nr. 293 in IBZI, Band 4.
7. Trinkspruch Poincarés, französischer Präsident, Nr. 294 in IBZI, Band 4. Zu Vivianis sichtbarem Unwohlsein während dieser und anderer Feierlichkeiten in St. Petersburg siehe Poincaré, Band 2, 165 und passim.

Kapitel 11: Sasonows Drohung

1. Poincaré, Band 2, 168–169.
2. Paléologue, Band 1, 16–17.
3. Poincaré, Band 2, 170. «Irgendeinen Vorfall inszenieren ... Grund für einen Angriff [auf Serbien]«: Buchanan an Grey, 22. Juli 1914, Nr. 76 in BD, Band 11.
4. Paléologue, Band 1, 18–19.
5. Szapáry an Berchtold, 21. Juli 1914, Nr. 10461 in Oe-U, Band 8.
6. Paléologue, Band 1, 19.
7. Zitate in Schmidt, 75, 78.
8. Pourtalès an Bethmann Hollweg per Kurier, 21. Juli 1914, in PAAA, R 19867 (Hervorhebung des Autors).

Kapitel 12: Champagnerlaune während des Gipfels

1. Poincaré, Band 2, 174–176.
2. Paléologue, Band 1, 21–22.»endlose Gasse aus Truppen ... traditionellen Ruf«: Poincaré, Band 2, 177.
3. Tuchman, 332.
4. Paléologue, Band 1, 22–23.
5. Barrere (aus Rom) an Bienvenu-Martin, 21. Juli 1914, weitergeleitet an Paléologue, 22. Juli 1914, zitiert in Schmidt, 77. »bombardierten sie [ihn] unablässig mit Fragen«...: Poincaré, Band 2, 178.
6. Poincaré Tagebuch, zitiert in Schmidt, 81.
7. Paléologue, Band 1, 23.
8. Ebenda, 24–26.

Kapitel 13: Gegen-Ultimatum und Ultimatum

1. Krupenski an Sasonow, 22. Juli 1914, Nr. 329 in IBZI, Band 4.
2. Sasonow an Schebeko, 16 Uhr am 23. Juli 1914, Nr. 322 in IBZI, Band 4.
3. Viviani an Dumaine, über Bienvenu-Martin, 24. Juli 1914, in QO Autriche-Hongrie, Band 32. » mit wenig Begeisterung«:

Poincaré Tagebucheintrag vom 23. Juli 1914, zitiert in Schmidt, 80.

4. Albertini, Band 2, 589.
5. Depesche vom diplomatischen Geschäftsträger in Wien, zitiert im Tagebucheintrag für den 13./26. Juli 1914, in Schilling, 38.
6. Jagow an Tschirschky, 22. Juli 1914, Nr. 201 in Geiss, Band 1.
7. Berchtold an Giesl, 23. Juli 1914, Nr. 10518 in Oe-U, Band 8.
8. Conrad, Band 4, 108. San Giulianos Quid pro quo: zitiert in Sondhaus: *Franz Conrad von Hötzendorf*, 144.
9. Crackanthorpe an Grey, 17. Juli 1914, Nr. 53 in BD, Band 11.
10. Berchtold an Giesl, 23. Juli 1914, Nr. 10519 in Oe-U, Band 8. »ihn an seiner Stelle zu empfangen«: zitiert in Albertini, Band 2, 285.
11. Giesl an Berchtold, 23. Juli 1914, Nr. 10526 in Oe-U, Band 8.
12. Giesl, Mitteilung an Albertini, in Albertini, Band 2, 285.
13. Tagesaufzeichnung des russischen Außenministeriums, 23. Juli 1914, Nr. 245 in Geiss, Band 1.

Kapitel 14: Sasonow schlägt zurück

1. Albertini, Band 2, 290; und Sasonow, 152.
2. Siehe Tagebucheintrag für den 11./24. Juli 1914, in Schilling, 28–29.
3. Szapáry aus St. Petersburg, 24. Juli 1914, Nr. 10619 in Oe-U, Band 8.
4. Dobrorolsky, 17–18.
5. PBM, 1, Kapitel 7, 5–7 (Hervorhebung des Autors).
6. Kokowzow, 346–347 (Hervorhebung des Autors).
7. Dobrorolsky, 17–19.
8. Buchanan an Grey, 24. Juli 1914, Nr. 101 in BD, Band 11.
9. PBM, 1, Kapitel 7, pp. 9–10 und passim.
10. Sonderjournal des russischen Ministerrats, 24. Juli 1914, Nr. 286 in Geiss, Band 1.
11. Prinzregent Alexander an Zar Nikolaus II., 24. Juli 1914, zitiert in Albertini, Band 2, 352.
12. Spalajković an Belgrad, 24. Juli 1914, zitiert (mit Kommentar) in Albertini, Band 2, 353–354.

13. Ebenda.
14. Szapáry aus St. Petersburg, 24. Juli 1914, Nr. 10620 in Oe-U, Band 8.
15. Pourtalès Kurierbrief an Bethmann Hollweg aus St. Petersburg, 25. Juli 1914, Nr. 19 (204) in Pourtalès, 104–105.
16. Pourtalès Telegramm an Jagow, 25. Juli 1914 (13:08 Uhr), Nr. 283 in Geiss, Band 1.
17. Eintrag für 11./24. Juli 1914, in Schilling, 31.
18. Pourtalès, 19; siehe auch Albertini, Band 2, 301.
19. Eintrag für 11./24. Juli 1914, in Schilling, 32. Unterredung von Paléologue berichtet, in Band 1, 33.

Kapitel 15:
Russland, Frankreich und Serbien geben nicht nach

1. Dobrorolsky Telegramm, 25. Juli 1914, zitiert in Hoeniger: *Russlands Vorbereitung zum Weltkrieg*, 80.
2. Protokolle des russischen Ministerrats vom 25. Juli 1914, zitiert in Fay, Band 2, 314 und passim.
3. Zitiert in Fay, Band 2, 308 (Hervorhebung des Autors).
4. Zitiert in Albertini, Band 2, 305.
5. Chelius nach Berlin aus Krasnoje Selo, 13./26. Juli 1914, in PAAA, R 19871 (Hervorhebung des Autors).
6. Buchanan an Grey, 25. Juli 1914 (20 Uhr), Nr. 125 in BD, Band 11.
7. Paléologue aus St. Petersburg, 25. Juli 1914, 18.22 Uhr, in QO Autriche-Hongrie, Band 32.
8. Dupont an Laguiche, 25. Juli 1914, zitiert in Schmidt, 330.
9. Poincaré Tagebucheinträge, 25. Juli 1914, zitiert in Schmidt, 81.
10. Crackanthorpe an Grey, 25. Juli 1914 (12.30 Uhr), Nr. 114 in BD, Band 11.
11. Boppe an Bienvenu-Martin, zitiert in Albertini Band 2, 359.
12. Serbische Antwort auf die österreichische »befristete Note«, 25. Juli 1914 (18 Uhr), wiedergegeben (mit begleitendem österreichischem Kommentar) in Albertini, Band 2, 364–371 (Hervorhebung des Autors).

13. Griesinger an Jagow, 24. Juli 1914, Nr. 158 und 159 in DD, Band 1.
14. Wie gegenüber Albertini erwähnt, in Band 2, 363.
15. Giesl aus Belgrad, 25. Juli 1914 (13 Uhr), Nr. 10645 in Oe-U, Band 8.
16. Giesl Erinnerung, zitiert in Albertini, Band 2, 373.
17. Fay, Band 2, 349.
18. Conrad, Band 4, 122.
19. Berchtold an Giesl, 23. Juli 1914 (23.20 Uhr), Nr. 10521 in Oe-U, Band 8.
20. Berchtold an Giesl, 26. Juli 1914, zitiert in Albertini, Band 2, 379.
21. Chelius an Berlin aus Krasnoje Selo, 13./26. Juli 1914, in PAAA, R 19871.
22. Paléologue, Band 1, 35 (Hervorhebung des Autors).
23. Grey Rundschreiben an die Botschafter, 24. Juli 1914 (13.30 Uhr), Nr. 91 in BD, Band 11.
24. Grey an Bertie, 24. Juli 1914, Nr. 98 in BD, Band 11.
25. Grey an Rumbold, 24. Juli 1914 (19.45 Uhr), in der Anlage »Mitteilung des deutschen Boschafters«, Nr. 99–100 in BD, Band 11.
26. Rumbold an Grey, 24. Juli 1914 (15.16 Uhr), Nr. 122 in BD, Band 11.
27. Grey an Buchanan, 25. Juli 1914, Nr. 132 in BD, Band 11.

Kapitel 16: Russland bereitet sich auf den Krieg vor

1. Journal of the Committee of the Russian General Staff, Nacht des 24./25. Juli 1914, Nr. 79 in IBZI, Band 5, und Anmerkung 1.
2. Hoeniger: *Russlands Vorbereitung zum Weltkrieg*, 19; und Stone: *Eastern Front*, 41.
3. Fay, Band 2, 317 und passim.
4. Pourtalès, 22–23.
5. Pourtalès an Jagow, 26. Juli 1914 (15.15 Uhr), Nr. 23 in Pourtalès, 107–108.

6. Szapáry an Berchtold, Bericht über ein Gespräch vom Nachmittag des 26. Juli 1914 (gesendet um 2.15 Uhr am 27. Juli 1914), Nr. 397 in Geiss, Band 2; siehe auch Fay, Band 2, 385–398, um den Zeitpunkt des Gesprächs und des Telegramms zu erhellen (das Original war fälschlicherweise mit 14.15 Uhr, 27. Juli bezeichnet; Geiss, Nr. 397, schreibt 14.15 Uhr, 26. Juli; tatsächlich wurde das Telegramm um 14.15 am 27. Juli aufgegeben).
7. Ebenda.
8. Pourtalès an Jagow, 26. Juli 1914 (22.10 Uhr), Nr. 29 in Pourtalès, 113.
9. Sasonow an Schebeko, Abend des 26. Juli 1914, zitiert in Albertini, Band 2, 406n1.
10. Paléologue, Band 1, 36.
11. Pourtalès an Jagow, weitergleitet an Eggeling, 26. Juli 1914 (15.25 Uhr), Nr. 22 in Pourtalès, 107.
12. Szapáry an Berchtold, Bericht über ein Gespräch am Nachmittag des 26. Juli 1914.
13. Nicolson an Grey (»Mitteilung des deutschen Botschafters«), 26. Juli 1914, Nr. 146 in BD, Band 11 (Hervorhebung des Autors).
14. Lichnowsky an Jagow, 26. Juli 1914 (20.25 Uhr), Nr. 236 in DD, Band 1.
15. Lichnowsky an Grey (Nachtrag zur Note), 26. Juli 1914, Nr. 145 in BD, Band 11.
16. Szögyény an Berchtold, 25. Juli 1914 (14.15 Uhr), Nr. 10656 in Oe-U, Band 8.
17. Conrad, Band 4, 131–132; Zusammenfassung der Unterredung auch in Tschirschky an Jagow, 26. Juli 1914 (16.50 Uhr), Nr. 213 in DD, Band 1.
18. Ebenda.
19. Tschirschky an Jagow, 26. Juli 1914 (16.50 Uhr), Nr. 213 in DD, Band 1.
20. Sasonow an Schebeko, Abend des 26. Juli 1914.
21. Schebeko an Sasonow, 26. Juli 1914, Nr. 451 in Geiss, Band 2.
22. Paléologue aus St. Petersburg, weitergeleitet an Laguiche, 26. Juli 1914, 13.55 Uhr (Ankunft in Paris 16 Uhr) in QO Autriche-Hongrie, Band 32.

23. Pourtalès aus St. Petersburg, 21.30 Uhr, 26. Juli 1914, in PAAA, R 19871.

24. Eggeling an Berlin, 26. Juli 1914, zitiert in Turner, 101.

Kapitel 17: Der Kaiser kehrt zurück

1. Bethmann Hollweg an Kaiser Wilhelm II., 25. Juli 1914 (22.45 Uhr), Nr. 191 in DD, Band 1.

2. Bethmann Hollweg an Kaiser Wilhelm II, 26. Juli 1914 (13 Uhr), Nr. 197 in DD, Band 1.

3. Bethmann Hollweg an Kaiser Wilhelm II, 26. Juli 1914 (20 Uhr), Nr. 221 in DD, Band 1.

4. Kaiser Wilhelm II. Randbemerkungen auf Bethmann Hollweg an Kaiser Wilhelm II., Nr. 221 in DD.

5. Ebenda.

6. Bethmann Hollweg an Kaiser Wilhelm II., 27. Juli 1914 (11.20 Uhr), Nr. 245 in DD, Band 1.

7. Bülow: *Memoirs*, Band 3, 161 (Hervorhebung des Autors).

8. Randbemerkungen des Kaisers auf Baron von Schoen an Jagow, 24. Juli 1914 (20.05 Uhr), Nr. 154 in DD, Band 1.

9. Schoen an Jagow, 26. Juli 1914 (21.50 Uhr, dechiffriert in Berlin 1.55 Uhr am 27. Juli). Interpretation, siehe Jannen Jr., 115.

10. Bethmann an Kaiser Wilhelm II., 27. Juli 1914 (11.20 Uhr), Nr. 245 in DD, Band 1.

11. Moltke an seine Frau, 27. Juli 1914, zitiert in Turner, 102.

12. Plessen Tagebuch, 27. Juli 1914, zitiert in Albertini, Band 2, 438.

13. Müller Tagebuch, 27. Juli 1914, zitiert in Turner, 102.

14. Grey an Buchanan, 27. Juli 1914 (15.30 Uhr), Nr. 177 in BD, Band 11.

15. Brück an Jagow aus Warschau, 27. Juli 1914 (15.45 Uhr), Nr. 276 in DD, Band 1. Verminung der Dwina/Requirierung von Schienenfahrzeugen: Pourtalès an Jagow, weitergeleitet an Chelius, weitergeleitet an den schwedischen Konsul in Riga, 27. Juli 1914 (19.17 Uhr), Nr. 274 in DD, Band 1. Zu Kiew: Pourtalès an Jagow, weitergeleitet an den Konsul in Kiew, 27. Juli 1914 (19.43 Uhr), Nr. 275 in DD, Band 1.

16. Tschirschky an Jagow, 27. Juli 1914 (15.20 Uhr, eingetroffen in Berlin um 16.37 Uhr), Nr. 257 in DD, Band 1.

17. Goschen an Grey, 27. Juli 1914 (18.17 Uhr), Nr. 185 in BD, Band 11.

18. Jagow an Kaiser Wilhelm II., 27. Juli 1914 (21.30 Uhr), zuerst gekennzeichnet vom Kaiser am 28. Juli 1914, Nr. 270 und 271 in DD, Band 1, 2 und 3.

19. Siehe Lichnowsky an Jagow, 27. Juli 1914 (eingetroffen in Berlin 16.37, 20.40 und 20.40 Uhr), Nr. 258, 265 und 266 in DD, Band 1. Die beiden Telegramme vom deutschen Marineattaché in London vom 28. Juli wiedergegeben in Churchill, Band 1, 222–223.

20. Lichnowsky an Jagow, 27. Juli 1914 (13.31 Uhr, eingetroffen in Berlin 16.37 Uhr), Nr. 258 in DD, Band 1.

21. Lichnowsky an Jagow, 27. Juli 1914 (18.17 Uhr, eingetroffen in Berlin 20.40 Uhr), Nr. 266 in DD, Band 1.

22. Lichnowsky an Jagow, 27. Juli 1914 (17.08 Uhr, eingetroffen in Berlin 20.40 Uhr), Nr. 265 in DD, Band 1, 255.

23. Riezler Tagebuch, zitiert in Jarausch, 159.

24. Riezler Tagebucheinträge, 25.–26. Juli 1914, zitiert in Jarausch, 165–166. (Hervorhebung des Autors).

25. Riezler Tagebucheintrag für den 27. Juli 1914, zitiert in Jarausch, 167.

26. Bethmann Hollweg an Tschirschky, weitergeleitet von Lichnowsky aus London (überarbeitet und kommentiert), 27. Juli 1914 (23.50 Uhr, eingetroffen in Wien um 5.30 Uhr am 28. Juli), Nr. 277 in DD, Band 1.

27. Szögyény an Berchtold, 27. Juli 1914 (21.15 Uhr), Nr. 10793 in Oe-U, Band 8.

28. Albertini führt beispielsweise auf beinahe 20 Seiten aus, was er Bethmann Hollwegs »doppeltes Spiel« nennt, in Band 2, 443–460.

29. Bertie an Grey, 27. Juli 1914 (14.45 Uhr), Nr. 183 in BD, Band 11.

30. Lichnowsky an Jagow, 27. Juli 1914 (18.17 Uhr, eingetroffen in Berlin 20.40 Uhr), Nr. 266 in DD, Band 1.

31. Buchanan an Grey, 26. Juli 1914, 20.00 Uhr (erhalten 23 Uhr), Nr. 155 in BD, Band 11.

32. Buchanan an Grey, 27. Juli 1914 (20.40 Uhr), Nr. 198 in BD, Band 11.
33. Zitiert in Churchill, Band 1, 218.
34. Viviani an Paléologue, 27. Juli 1914, zitiert in Schmidt, 93.

Kapitel 18: »Sie haben mich ins Chaos gezogen«

1. Plessen Tagebuch, 28. Juli 1914, zitiert in Albertini, Band 2, 467.
2. Kaiser Wilhelm II., Randnotizen zu Serbiens Antwort auf das österreichische Ultimatum, geschrieben um 10 Uhr am Dienstag, 28. Juli, Nr. 271 in DD, Band 1.
3. Kaiser Wilhelm II. an Jagow, 10 Uhr am Dienstag, 28. Juli, Erhalt bestätigt am Nachmittag des 29. Juli, Nr. 293 in DD, Band 1 (Hervorhebung im Original).
4. Wie von Jannen Jr. notiert, 148.
5. Das Telegramm mit der österreichischen Kriegserklärung ist eine Reproduktion (in Französisch originalgetreues Faksimile) in Fay, Band 2, 419.
6. Albertini, Band 2, 461.
7. Januschkewitsch an Judenitsch, Militärkommando Tiflis, 14./27. Juli 1914, in RGVIA, fond 2000, opis' 1, del' 3796, list' 13.
8. Konsularischer Bericht aus Odessa, weitergeleitet von Pourtalès nach Berlin, 28. Juli 1914 (13.21 Uhr, eingetroffen in Berlin 14.25 Uhr), Nr. 296 in DD, Band 2.
9. Konsul Brück aus Warschau, 28. Juli 1914 (erhalten 29. Juli), Nr. 49 in Pourtalès, 132.
10. Zitiert in Zuber, 157.
11. Zitiert in Turner: »The Russian Mobilisation in 1914«, 77.
12. Buchanan an Grey, 28. Juli 1914, 20.45 Uhr (erhalten 22.45 Uhr), Nr. 234 in BD, Band 11.
13. Buchanan an Grey, 28. Juli 1914 (20.45 Uhr), Nr. 247 in BD, Band 11.
14. Buchanan: *My Mission to Russia*, 197.
15. Paléologue, Band 1, 39 (Hervorhebung des Autors). Buchanan gibt das Gespräch beinahe eins zu eins wieder, in *My Mission to Russia*, 199.

16. Sasonow an Bronewski mit Anweisungen zur geheimen Verteilung, 15./28. Juli 1914, Nr. 168 in IBZI, Band 5.
17. Sasonow an Benckendorff, 15./28. Juli 1914, Nr. 167 in IBZI, Band 5.
18. Fromkin, 222. *London Times* Zitat: Neiberg, 75. »Menge Steine werfender Dubliner«: Beatty, 119.
19. Grey an Goschen, 28. Juli 1914 (16 Uhr), Nr. 218 in BD, Band 11.
20. Fromkin, 227.
21. Zitate in Jannen Jr., 165. »wildes Geschrei«: Beatty, 242.
22. Zitiert in Jannen Jr., 149.
23. Lichnowsky an Jagow, 28. Juli 1914 (12.58 Uhr, eingetroffen in Berlin 15.45 Uhr), mit Randnotizen von Bethmann Hollweg, Nr. 301 und Fußnoten in DD, Band 2, 23.
24. Bethmann Hollweg an Tschirschky, 28. Juli 1914 (22.15 Uhr, eingetroffen in Wien am 29. Juli um 4.30 Uhr), Nr. 323 in DD, Band 2 (Hervorhebung des Autors).
25. Bethmann Hollweg an Tschirschky, 28. Juli 1914 (15.20 Uhr, eingetroffen in Wien 18.00 Uhr), Nr. 299 in DD, Band 2. Zu Berchtolds Anfrage, dass Bethmann Hollweg Russland warnen solle: Tschirschky an Jagow, 27. Juli 1914, zitiert in Albertini, Band 2, 483.
26. Bethmann an Pourtalès, Kopien an Wien, Paris und London, 28. Juli 1914 (21 Uhr), Nr. 315 in DD, Band 2.
27. Willy an Nicky Telegramm, 28. Juli 1914 (22.45 Uhr), gesendet am 29. Juli 1914 (1.45 Uhr), mit begleitenden Notizen zu den Sätzen, die der Kaiser aus dem Originalentwurf umschrieb, Nr. 335 in DD, Band 2, und Fußnoten.
28. Nicky an Willy, 29. Juli 1914 (1 Uhr), eingetroffen im Neuen Palais Potsdam um 7.30 Uhr am 29. Juli 1914, Nr. 332 in DD, Band 2, und Fußnoten.
29. Zitate in Turner, 104. Doumergue: zitiert in Turner, 89.
30. Eintrag für 15./28. Juli 1914, in Schilling, 43.
31. Sasonow an Iswolski, Kopien an London, Wien, Rom und Berlin, 29. Juli 1914, Nr. 221 in IBZI, Band 5.
32. Albertini, Band 2, 544.
33. Paléologue an Paris, 28. Juli 1914 (19.35 Uhr, erhalten 23.10 Uhr), Nr. 216 in DDF, ser. 3, Band 11.

34. Januschkewitsch an die Kommandeure aller russischen Militärdistrikte, 28. Juli 1914, Nr. 210 in IBZI, Band 5. Übrigens sind die russischen Quellen über diese Nacht nicht auf die Stunde genau – auch nicht in Schillings Logbuch des Außenministeriums (Schilling, 16, 43–45), das mehr Informationen zu anderen Daten liefert –, dennoch ist eine genaue Rekonstruktion des zeitlichen Ablaufs noch möglich, indem man die Meldungen des französischen und deutschen Botschafters vergleicht mit den Berichten, die von Sasonow, Suchomlinow, Dobrorolsky und Danilov hinterlassen wurden. Ich bin dabei Albertinis hervorragender Rekonstruktion der wahrscheinlichsten Abfolge der Ereignisse gefolgt, in Band 2, 539–545.

Kapitel 19: »Ich möchte nicht für ein gewaltiges Blutbad verantwortlich sein«

1. Churchill, Band 1, 225.
2. Viviani: *As We See It,* 98.
3. Poincaré Tagebuch, zitiert in Jannen Jr., 177. »viele Menschen hier rechnen anscheinend fest mit einem Krieg«: Poincaré, *Au service de la France,* Band 4, 361–362.
4. Analyse siehe Albertini, Band 2, 590–591.
5. Eintrag für 15./28. Juli 1914, in Schilling, 43. »Sie können mir keine Instruktionen senden«: Paléologue, Band 1, 41.
6. Viviani an Bienvenu-Martin, Nr. 190 in DDF, ser. 3, Band 11.
7. Bienvenu-Martin an Viviani, 26. Juli 1914 (16.30 Uhr), Nr. 90 in DDF, ser. 3, Band 11.
8. Viviani an Paléologue, 27. Juli 1914 (Mittag), Nr. 138 in DDF, ser. 3, Band 11, und Anmerkung; Analyse siehe Albertini, Band 2, 593.
9. Zitate in Jannen Jr., 177, und in Albertini, Band 2, 597; für »riesiger Stapel Telegramme«: Poincaré, Band 2, 215.
10. Poincaré: *Au service de la France,* Band 4, 368–369.
11. Logbucheintrag, 11.15 Uhr am 29. Juli 1914, in QO Autriche-Hongrie (›Conflit austro-serbe‹), Band 31; und Sasonow an Benckendorff (weitergeleitet an Viviani durch Iswolski), 28. Juli 1914, Nr. 167 in IBZI, Band 5.

12. Siehe Artikel 2 des französisch-russischen Miitärabkommens, erneuert 1913, wiedergegeben (mit Kommentar) in Albertini, Band 2, 585.
13. Konsul Brück aus Warschau an Bethmann Hollweg, 29. Juli 1914 (eingetroffen am Nachmittag des 30. Juli), in PAAA, R 19873.
14. Viviani an Paul Cambon, 29. Juli 1914, Nr. 260 in DDF, ser. 3, Band 11.
15. Moltke Memorandum an Bethmann Hollweg, »Zur Beurteilung der politischen Lage«, 29. Juli 1914 (mit »erhalten« versehen am selben Tag), Nr. 349 in DD, Band 2.
16. Zitiert in Albertini, Band 2, 491.
17. Moltke Memorandum an Bethmann Hollweg, »Zur Beurteilung der politischen Lage«.
18. Bethmann Hollweg an Schoen, 29. Juli 1914 (12.50 Uhr), Nr. 341 in DD, Band 2.
19. Bethmann an Pourtalès, 29. Juli 1914 (12.50 Uhr), Nr. 342 in DD, Band 2.
20. Szápáry an Berchtold, 29. Juli 1914 (23 Uhr), Bericht eines Gesprächs mit Sasonow, in dem Sasonow (telefonisch) von dem Bombardement erfuhr, Nr. 11003 in OeE-U, Band 8. Für den genauen Ablauf der Ereignisse siehe Logbuch Außenministerium Eintrag für 16./29. Juli 1914, in Schilling, 47–48.
21. Pourtalès an Jagow, 29. Juli 1914 (20 Uhr), Nr. 378 in DD, Band 2.
22. Schilling, 48–49 (Ich habe die Zitate in Anführungszeichen übersetzt, die Schilling in original Französisch wiedergibt).
23. Eintrag für 16./29. Juli, in Schilling, 49; und für den zeitlichen Ablauf (hier liegt Schilling falsch) siehe Nicky-Willy-Telegramm von 20.20 Uhr, zitiert im Anschluss unter Punkt 24.
24. Nicky an Willy von Schloss Peterhof, 29. Juli 1914 (20.20 Uhr), eingetroffen in Potsdam 20.42 Uhr, Nr. 366 in DD, Band 2.
25. »Erlaubnis für S. D. Sasonow…«: Eintrag für 16./29. Juli, in Schilling, 49–50. »Ein Koalitionskrieg«: Januschkewitsch an Judenitsch, 16./29. Juli 1914, in RGVIA, fond 2000, opis' 1, del' 3796, list' 19. Über den Mobilmachungsbefehl, der in

dessen Taschen herumgetragen wurde: zitiert in Albertini, Band 2, 547.

26. Eintrag für 16./29. Juli, in Schilling, 49–50.
27. Dobrorolsky, 25 und passim.
28. Willy an Nicky, 29. Juli 1914 (18.30 Uhr): dechiffriert um 21.20 Uhr und an Schloss Peterhof weitergeleitet um 21.40 Uhr, gemäß Schilling, 55.
29. Zitate in Albertini, Band 2, 558–559.
30. Dobrorolsky, 25 und passim. Dobrorolsky behauptet, dies alles sei um 21.30 Uhr geschehen, aber da der Zar Willys Telegramm nicht von 21.40 Uhr gelesen haben konnte, ist dies zu früh; 22 Uhr ist eine realistischere Schätzung.
31. Tirpitz, 287–288.
32. Zitiert in Albertini, Band 2, 500.
33. Chelius an Jagow, 29. Juli 1914 (14.30 Uhr, eingetroffen in Berlin 15.15 Uhr), Nr. 344 in DD, Band 2.
34. Zitiert in Zuber, 157.
35. Deutscher Generalstab an die Wilhelmstrasse, 29. Juli 1914 (16 Uhr), Nr. 372 in DD, Band 2, 91–94.
36. Lichnowsky an Jagow, 29. Juli 1914 (14.10 Uhr, eingetroffen in Berlin 16.34 Uhr), Nr. 355 in DD, Band 2.
37. Lichnowsky an Jagow, 29. Juli 1914 (14.08 Uhr, eingetroffen in Berlin 17.07 Uhr), Nr. 357 in DD, Band 2.
38. Falkenhayn Anmerkungen zur Sitzung vom 29. Juli 1914, zitiert in Albertini, 502.
39. Prinz Heinrich von Preußen an Kaiser Wilhelm II., 28. Juli 1914, Nr. 374 in DD, Band 2, 96–97. Zur Ankunftszeit des Prinzen in Potsdam, siehe Fay, Band 2, 500.
40. Goschen an Grey, 30. Juli 1914 (1.20 Uhr), Bericht über das um 22.30 Uhr geführte Gespräch mit Bethmann Hollweg, Nr. 293 in BD, Band 11.
41. Sir Eyre Crowe, Protokoll über Goschen an Grey, 30. Juli 1914 (1.20 Uhr).
42. Asquith, 30. Juli 1914, 136.
43. Lichnowsky an Jagow, 29. Juli 1914 (18.39 Uhr, eingetroffen in Berlin 21.12 Uhr), Nr. 368 in DD, Band 2.
44. Buchanan an Grey, 24. Juli 1914 (17.40 Uhr), Nr. 101 in BD, Band 11.

45. Zitiert in Jannen Jr., 198.
46. Churchill, Band 1, 216.
47. Bethmann Hollweg an Tschirschky, Weiterleitung von Lichnowskys Telegramm von 18.39 Uhr mit Kommentar, 30. Juli 1914 (2.55 Uhr), Nr. 395 in DD, Band 2.
48. Bethmann Hollweg an Tschirschky, 30. Juli 1914 (3 Uhr), Nr. 396 in DD, Band 2.
49. Pourtalès an Bethmann Hollweg, 30. Juli 1914, 4.39 Uhr (eingetroffen in Berlin 7.10 Uhr), in PAAA, R 19873.
50. Nicky an Willy von Schloss Peterhof, 30. Juli 1914 (1.20 Uhr, eingetroffen in Potsdam 1.45 Uhr), Nr. 390 in DD, Band 2.

Kapitel 20: »Es ist ein Blutbad«

1. Randnotizen des Kaisers auf dem Nicky-Willy-Telegramm von Schloss Peterhof, 30. Juli 1914 (1.20 Uhr, eingetroffen in Potsdam 1.45 Uhr), Nr. 390 in DD, Band 2.
2. Randnotizen des Kaisers auf dem Telegramm Bethmann Hollwegs an Kaiser Wilhelm II., geschrieben am 29. Juli 1914 und an das Neue Palais um 6 Uhr am 30. Juli 1914 geschickt, weitergeleitet von Pourtalès vom vorhergehenden Tag, als gelesen markiert vom Kaiser um 7 Uhr, 30. Juli, Nr. 399 in DD, Band 2.
3. Willy an Nicky, 30. Juli 1914 (15.30 Uhr), Nr. 420 in DD, Band 2; und, für den unmittelbaren Hintergrund, Bethmann Hollweg an Kaiser Wilhelm II., weitergeleitet von Grey/Lichnowsky von der vorgehenden Nacht, 30. Juli 1914 (geschickt an Potsdam um 11.15 Uhr per Automobil), Nr. 407 in DD, Band 2.
4. Zitiert in Conrad, Band 4, 151–152; siehe auch Fay, Band 2, 506–507 und 507, Anmerkung 62.
5. Albertini, Band 3, 6.
6. Turner, 108–109. »Weit vorangeschritten«: Zuber, 157.
7. Conrad, Band 4, 152 (Hervorhebung des Autors). Anmerkungen zu den Seiten 276–290.
8. Zitiert in Turner, 109.
9. Danilov: *La Russie dans la guerre mondiale*, 39.

10. Zitiert in Albertini, Band 2, 586–587.
11. Eintrag für 15./28. Juli 1914, in Schilling, 43.
12. Siehe Schmidt, 334.
13. Sasonow an Iswolski, 17./30. Juli 1914, in LN, 289 (Hervorhebung des Autors).
14. Die beste Dokumentation des zeitlichen Ablaufs dieses Abends siehe Schmidt, 231–232. »Guter Gott! …«, siehe Zitate in Jannen Jr., 182–183, und Tuchman, 109 (ihre Übersetzung aus dem Französischen ist farbenprächtiger). Allerdings irrt sich Tuchman im Datum dieser Treffen beträchtlich, und zwar um zwei Tage. Siehe auch Epilog.
15. Jules Cambon an Bienvenu-Martin, 25. Juli 1914, 1.15 Uhr, eingetroffen in Paris 2.50 Uhr, in QO Autriche-Hongrie, Band 32.
16. Viviani an Paléologue, 30. Juli 1914 (7 Uhr), Nr. 305 in DDF, ser. 3, Band 11; auch Nr. 294 in BD, Band 11 (Hervorhebung des Autors). Weitere Analysen dieses kritischen Telegramms, siehe Albertini, Band 2, 604, Anmerkung 1; Schmidt, 319.
17. Poincaré Tagebucheintrag, 30. Juli 1914, zitiert in Schmidt, 322.
18. Iswolski an Sasonow, 30. Juli 1914, in LN, 290.
19. Zar Nikolaus II., Tagebucheintrag für 16./29. und 17./30. Juli 1914, in GARF, fond 601, opis' 1, del' 261, list' 158–160.
20. Eintrag für 17./30. Juli 1914, in Schilling, 62–63.
21. Ebenda, 63–64. »Die Franzosen umschmeicheln und ihnen das Versprechen, neutral zu bleiben, abschwatzen … auf meinen Telefonanruf am Nachmittag hin«: zitiert in Fay, Band 2, 469–470.
22. Wie von Buchanan an Grey berichtet, 30. Juli 1914 (13.15 Uhr), Nr. 302 in BD, Band 11.
23. Pourtalès an Jagow, 30. Juli 1914 (13.01 Uhr), Nr. 421 in DD, Band 2.
24. Buchanan an Grey, 30. Juli 1914 (13.15 Uhr), Nr. 302 in BD, Band 11. Dass die Unterredung zwischen Sasonow und Pourtalès, über die in Buchanans Anwesenheit gesprochen wurde, zwischen 11 Uhr und Mittag am 30. Juli 1914 stattgefunden hat, wird bestätigt durch die Nummerierung von Pourtalès' Telegrammen nach Berlin (verglichen mit Sasonows mittäg-

lichem Treffen mit Paléologue/Buchanan und seinem Mittagessen um 12.30 Uhr mit Kriwoschein): Pourtalès' Telegramm vom 30. Juli 1914 (13.01 Uhr) war Nr. 192 und folgte direkt auf Nr. 191, das um 11 Uhr gesendet wurde; das Telegramm, das über die Auseinandersetzung mit Sasonow in der vorangegangenen Nacht berichtete, war dagegen Nr. 189, gesendet um 4.30 Uhr. Weitere Informationen über den zeitlichen Ablauf dieser Treffen siehe Pourtalès, 46–47.

25. Eintrag für 17./30. Juli 1914, in Schilling, 64.
26. Zitiert in Albertini, Band 2, 570.
27. Eintrag für 17./30. Juli 1914, in Schilling, 64–65.
28. Paléologue, Band 1, 45.
29. Eintrag für 17./30. Juli 1914, in Schilling, 65–66.
30. Dobrorolsky, 28.
31. Eintrag für 18./31. Juli 1914, in Schilling, 69.
32. Mobilmachungsanordnung des Zaren, 30. Juli 1914, die um Mitternacht in Kraft treten sollte, zitiert in Schmitt, Band 2, 245.
33. Sasonow an Iswolski, 17./30. Juli 1914, in LN, 292.
34. Paléologue an Viviani, 30. Juli 1914 (21.15 Uhr), Nr. 359 in DDF, ser. 3, Band 111. Über die Bereinigung des Schlüsselsatzes dieser Meldung im Gelbbuch siehe Albertini, Band 2, 620.
35. Sasonow an Benckendorff, 17./30. Juli 1914, Nr. 281 in IBZI, Band 5.
36. Dobrorolsky, 28 und passim.
37. Zitiert in Fay, Band 2, 491.
38. Viviani (mittels Abel Ferry) an Cambon, 30. Juli 1914: wiedergegeben als Nr. 319 in BD, Band 11. Zur Analyse der »couverture« und ihrer wahren Natur, siehe Schmidt, 344–345.

Kapitel 21: Die allerletzte Chance

1. Bethmann Hollwegs erste dringende Anweisungen an Wien: Bethmann Hollweg an Tschirschky, 30. Juli 1914 (21 Uhr), eingetroffen in Wien um 3 Uhr am 31. Juli, Nr. 441 in DD, Band 2. Wiederum telegrafiert mit dem Hinweis der Nichtbeachtung: Bethmann Hollweg an Tschirschky, 30. Juli 1914 (23.20 Uhr), Nr. 450 in DD, Band 2. Erneuter Wechsel der

Anweisungen: Bethmann Hollweg an Tschirschky, 31. Juli 1914 (2.45 Uhr), eingetroffen in Wien um 9 Uhr, Nr. 464 in DD, Band 2.

2. Zitiert in Albertini, Band 3, 33 (Hervorhebung des Autors).

3. Goschen an Grey (privater Brief), nicht datiert, aber vermutlich 31. Juli 1914, Nr. 677 in BD, Band 11.

4. Goschen an Grey, 31. Juli 1914 (11.55 Uhr), Nr. 337 in BD, Band 11. Dieses genau datierte Telegramm bestätigt den wesentlichen Teil der Unterredung, die in einem längeren Brief geschildert wird, allerdings mit weniger Details.

5. Pourtalès an Jagow, 31. Juli 1914 (10.20 Uhr), eingetroffen in Berlin 11.40 Uhr, Nr. 473 in DD, Band 2.

6. Details über den *Zustand drohender Kriegsgefahr* in Albertini, Band 3, 38; zum zeitlichen Ablauf siehe Fay, Band 2, 523.

7. Kaiser Wilhelm II., Randnotizen auf dem Telegramm von Pourtalès an Jagow, 30. Juli 1914 (4.30 Uhr), eingetroffen in Berlin 7.10 Uhr, vom Kaiser gelesen um 19 Uhr am 30. Juli 1914, Nr. 401 in DD, Band 2.

8. Willy an Nicky, 31. Juli 1914 (14.04 Uhr), Nr. 480 in DD, Band 3.

9. Willy an König Georg V., 31. Juli 1914 (12.55 Uhr), Nr. 477 in DD, Band 2.

10. Protokoll der Sitzung des Preußischen Staatsministeriums am 30. Juli 1914, Nr. 456 in DD, Band 2. Anmerkungen zu Seite 301–312.

11. Bethmann Hollwegs Telegramme vom 31. Juli 1914 an seine Botschafter bestehend aus Nr. 479, 488, 490–492 in DD, Band 2 und Band 3. Dasjenige an Schoen ist Nr. 491, gesendet um 15.30 Uhr. Diejenigen an St. Petersburg, Rom und London wurden zwischen 15.10 und 15.30 Uhr gesendet. Nr. 479 an Tschirschky in Wien wurde etwas früher verschickt (13.40 Uhr), sodass es alles enthielt bis auf die 12-stündige Frist, die Russland für die Erfüllung des Ultimatums erhalten hatte.

12. Details in Marcus, 244, und Liaquat Ahamed: *Lords of Finance*, 29–30.

13. Asquith, 31. Juli 1914, 138.

14. Zitiert in Jannen Jr., 252.

15. Grey an Bertie, 31. Juli 1914 (19.30 Uhr), Nr. 352 in BD,

Band 11. »tippte auf die Schulter ... letzten Endes doch geschlagen«: zitiert in Marcus, 235–236.

16. Notiert von Jannen Jr., 253.

17. Grey an Bertie, 31. Juli 1914, Nr. 367 in BD, Band 11, 226–227. Zu Greys Quelle über die russische Mobilmachung siehe Albertini, Band 3, 373.

18. Grey an Bertie, 31. Juli 1914 (17.30 Uhr), Nr. 348 in BD, Band 11. »Sich selbst entlasten«: zitiert in Jannen Jr., 254.

19. McMeekin: *Berlin-Baghdad Express,* 107 und passim.

20. Zum französischen Mobilmachungsplan und wie er sich mit dem deutschen überschnitt, siehe Schmidt, 343–344.

21. Albertini, Band 3, 67.

22. Jules Cambon an Viviani, 31. Juli 1914 (14.17 Uhr, eingetroffen 15.30 Uhr), Nr. 402 in DDF, ser. 3, Band 11.

23. Über den Streit, ob Schoen ausgeführt hat, dass die deutsche Mobilmachung gleichbedeutend mit Krieg war, siehe Albertini, Band 3, 76–80.

24. Viviani an Paléologue, 31. Juli 1914 (21.30 Uhr), Nr. 438 in DDF, ser. 3, Band 11; und, zu Vivianis Versprechen, um 13 Uhr am Samstag zu antworten, Schoen an Jagow, 31. Juli 1914 (20.17 Uhr, eingetroffen am 1. August 0.30 Uhr), Nr. 528 in DD, Band 3.

25. Zitiert in Albertini, Band 3, 91.

26. Paléologue an Viviani, 31. Juli 1914 (10.43 Uhr, eingetroffen in 20.30 Uhr), in QO Autriche-Hongrie, Band 32.

27. Viviani an Paléologue, 31. Juli 1914 (21:30 Uhr), Nr. 438 in DDF, ser. 3, Band 11. Zu dem Punkt, dass die Dechiffrierung höchstens ein paar Minuten gedauert haben durfte: Albertini, Band 3, 89.

28. Zitiert in Beatty, 244.

29. Tuchman: *Proud Tower,* 461; Details zu den Pistolen siehe Berenson: *Trial of Madame Caillaux,* 242.

30. Zitiert in Albertini, Band 3, 87–88.

31. Jannen Jr., 274. On the *Carnet B:* Tuchman, 108.

32. Bertie an Grey, 1. August 1914 (1.10 Uhr), Nr. 380 in BD, Band 11. Anmerkungen zu Seite 312–321.

33. Bertie an Grey, 1. August 1914 (1.12 Uhr), Nr. 382 in BD, Band 11.

34. Iswvolski an Sasonow, 1. August 1914 (1.00 Uhr), zitiert in Albertini, Band 2, 85.
35. Zitiert in Albertini, Band 3, 94–95.
36. Fay, Band 2, 518–519.
37. Jules Cambon an Viviani, 31. Juli 1914 (14.17 Uhr, eingetroffen 15.30 Uhr).

Kapitel 22: »Nun können Sie machen, was Sie wollen«

1. Zitiert in Albertini, Band 3, 99–100.
2. Barrère an Viviani, 31. August 1914, Nr. 411 in DDF, ser. 3, Band 11.
3. Zitiert in Albertini, Band 3, 100.
4. Viviani an Cambon, 31. Juli 1914, Nr. 338 in BD, Band 11.
5. Albertini, Band 3, 379.
6. Bethmann Hollweg »Mitteilungen«, übersetzt und weitergeleitet an das britische Außenministerium, 31. Juli 1914, Nr. 372 in BD, Band 11 (Hervorhebung des Autors).
7. König Georg V. an Zar Nikolaus II., weitergeleitet von Grey an Buchanan, 1. August 1914 (3.30 Uhr), Nr. 384 in BD, Band 11.
8. Asquith, 1. August 1914, 140.
9. Lichnowsky: *Heading for the Abyss*, 13, König Georg V. an Zar Nikolaus II., 1. August 1914 (3.30 Uhr).
10. Albertini, Band 3, 379.
11. König Georg V. an Präsident Poincaré, Nr. 550 in DDF, ser. 3, Band 11.
12. Lichnowsky an Jagow, 1. August 1914 (11.14 Uhr, eingetroffen um 16.23 Uhr), Nr. 562 in DD, Band 3, 66.
13. Churchill, Band 1, 229–230.
14. Zitiert in Fromkin, 237–238. »Dämonische Energie«: Morley über Churchill, zitiert in Tuchman, 113.
15. Asquith, 1. August 1914, 140.
16. Zitiert in Albertini, Band 3, 388. »Was auch immer in Belgien passiert«: zitiert in Tuchman, 113.
17. Schoen an Jagow, 1. August 1914 (13.05 Uhr, eingetroffen um 18.10 Uhr), Nr. 571 in DD, Band 3. »Évidemment«: zitiert in Tuchman, 110.

18. Viviani an die Botschafter, 1. August 1914, Nr. 505 in DDF, ser. 3, Band 11.
19. Zitiert in Albertini, Band 3, 103.
20. Zitate ebenda, Band 3, 105.
21. Zitiert in Tuchman, 110–111.
22. Recouly, zitiert in Albertini, Band 3, 107. »dermaßen vollgestopft, dass man zu ersticken drohte«: zitiert in Marcus, 253. Weitere Details: Tuchman, 110–111.
23. Recouly/Messimy, zitiert in Albertini, Band 3, 103.
24. Pourtalès an Jagow, 1. August 1914, Nr. 536 in DD, Band 3.
25. Protokoll des Bundesrats, 1. August 1914 (Morgen), Nr. 553 in DD, Band 3.
26. Jagow an Pourtalès, 1. August 1914 (12.52 Uhr), Nr. 542 in DD, Band 3.
27. Bethmann Hollweg an Schoen, 1. August 1914 (13.05 Uhr), Nr. 543 in DD, Band 3.
28. Bethmann, Band 1, 165.
29. Tirpitz, 290–291.
30. Zitiert in Tuchman, 94.
31. Zuber, 157.
32. Aufzeichnung Falkenhayns, Nr. 1000a in Geiss, Band 2.
33. Aufzeichnung Tirpitz, Nr. 1000d in Geiss, Band 2.
34. Jannen Jr., 297.
35. Tagebucheintragung Lynckers, Nr. 1000b in Geiss, Band 2.
36. Aufzeichnung Moltkes, Nr. 1000c in Geiss, Band 2.
37. Tuchman, 95.
38. Aufzeichnung Moltkes; zu telefonisch erteilter Befehl siehe Aufzeichnung Falkenhayns, Nr. 1000a in Geiss, Band 2, 556n4.
39. Aufzeichnung Tirpitz, in Geiss, Band 2.
40. Kaiser Wilhelm II. an König Georg V., Nr. 575 in DD, Band 2.
41. Bethmann an Lichnowsky, 1. August 1914 (19.15 Uhr), Nr. 578 in DD, Band 3.
42. Aufzeichnung Moltkes.
43. Lichnowsky an Jagow, 1. August 1914 (14.10 Uhr, eingetroffen in Berlin 18.04 Uhr, als gelesen markiert von Kaiser Wilhelm II. 20.30 Uhr), Nr. 570 in DD, Band 3. Champagner für alle: Jannen Jr., 299.

44. Jagow an Schoen, 1. August 1914 (20.45 Uhr), Nr. 587 in DD, Band 3.
45. Nicky an Willy, 1. August 1914 (14.06 Uhr, eingetroffen in Berlin 14.05 Uhr), Nr. 546 in DD, Band 3.
46. Willy an Nicky, 1. August 1914 (21.45 Uhr), Nr. 600 in DD, Band 3.
47. Schilling, 76–77; vergleiche Sasonow, 212–213, und Pourtalès, 73–74.
48. Pourtalès, 73–74.
49. König Georg V. an Kaiser Wilhelm II., 1. August 1914, Nr. 612 in DD, Band 3.
50. Bertie an Grey, 2. August 1914 (14.15 Uhr), Nr. 453 in BD, Band 11, Antwort auf Grey an Bertie, 1. August 1914 (17.25 Uhr), Nr. 419 in BD, Band 11. Grey erwähnt das Angebot gegenüber einem ungläubigen Paul Cambon: Grey an Bertie, 1. August 1914 (20.20 Uhr), Nr. 426 in BD, Band 11.
51. »Aufzeichnung Moltkes.«

Kapitel 23:
Großbritannien wird sich der Gefahr bewusst

1. Tirpitz Protokoll, zitiert in Albertini, Band 2, 195.
2. Ebenda. Bethmann Hollweg erfährt vom Handstreich auf Lüttich erst am 31. Juli: Turner, »Schlieffen Plan«, 213.
3. Bethmann Hollweg an Wangenheim, 1. August 1914 (14.30 Uhr), Nr. 547 in DD, Band 3.
4. Wangenheim an Bethmann, 1. August 1914 (12.20 Uhr), Nr. 652 in DD, Band 3.
5. Bethmann Hollweg an den deutschen Konsul in Luxemburg, 11.30 Uhr, Nr. 640 in DD, Band 3, und Eyschens Antwort an Bethmann Hollweg und Jagow, 3. August 1914 (10.14 Uhr), Nr. 730 in DD, Band 3.
6. Protest der französischen Botschaft, 2. August 1914 (16.40 Uhr), Nr. 486 in BD, Band 11.
7. Jagow an Flotow, 2. August 1914 (16.35 Uhr), Nr. 664 in DD, Band 3, und über den abgeschossenen französischen Piloten: Lichnowsky an Tyrrell, 3. August 1914 (12.25 Uhr), Nr. 539 (und Anlagen) in BD, Band 11.

8. Zitiert in Tuchman, 121.
9. Bertie an Grey, 1. August 1914 (12.30 Uhr), Nr. 403 in BD, Band 11. Analyse, was Poincaré gewusst haben musste, als er Bertie belog, siehe Albertini, Band 3, 112–117.
10. Asquith, 2. August 1914, 146. »Sie werden es nicht tun …« Grey, Band 1, 327–328.
11. Zitate in Albertini, Band 3, 401–402.
12. Zitiert in Albertini, Band 3, 399.
13. Asquith, 2. August 1914, 146.
14. Churchill, Band 1, 232.
15. Zitate in Jannen Jr., 327–328.
16. Morley: *Memorandum on Resignation,* 12–15.
17. Cambon, zitiert in Albertini, Band 3, 406–407.
18. Morley: *Memorandum on Resignation.*
19. Zitiert in Albertini, Band 3, 410.
20. Zitiert in Jannen Jr., 332.
21. Jagow an Below-Selaske, 29. Juli 1914 (später zu öffnen), Nr. 376 in DD, Band 2.
22. Zitate in Tuchman, 130.
23. Jagow an Below-Selaske, 2. August 1914 (18.55 Uhr), und Below- Selaske zurück an Jagow, 3. August 1914 (3.05 Uhr), Nr. 677 und 709 in DD, Band 3.
24. Belgische Antwortnote in: Below-Selaske an Jagow, 3. August 1914 (12.55 Uhr), Nr. 779 in DD, Band 4.

Kapitel 24: Sir Edward Greys großer Moment

1. Lloyd George, Band 1, 61.
2. Lichnowsky an Jagow, 3. August 1914 (13.02 Uhr), Nr. 764 in DD, Band 4.
3. Asquith, 3. August 1914, 148.
4. Ebenda. Nachrichten, die das deutsche Ultimatum bestätigen, und Belgiens Weigerung: Sir F. Villers an Sir Edward Grey (aus Brüssel), 3. August 1914 (9.31 Uhr, erhalten 10.55 Uhr), Nr. 521 in BD, Band 11.
5. Lloyd George, Band 1, 60.
6. Tuchman, 137–139. Trevelyan: zitiert in Jannen Jr., 344.
7. Grey, Band 2, 14.

8. Diese Erinnerung (und das Zitat von Lord Derby) ist zitiert in Tuchman, 140–141. Den vollen Text von Greys Rede (einschließlich der Zwischenrufe von den Bänken): Grey, *Speeches on Foreign Affairs*, 297–315.
9. Trevelyan und abweichende Meinungen aus dem Lager der Liberalen: zitiert in Jannen Jr., 348.
10. Lichnowsky an Jagow, 3. August 1914 (23 Uhr), Nr. 801 in DD, Band 4.
11. Schoen, »In Paris überreichter Text der Kriegserklärung«, 3. August 1914, Nr. 734b in DD, Band 3; vergleiche mit Bethmann Hollwegs Orginalen, Nr. 734 und 734a.
12. Turner, »Schlieffen Plan«, 213.
13. Churchill, Band 1, 235.
14. Grey an Goschen, 4. August 1914 (9.30 Uhr), Nr. 573 in BD, Band 11 (Hervorhebung des Autors).
15. Weitgehend zitiert, wie in Jannen Jr., 348.

Kapitel 25: Weltkrieg: Es gibt kein Zurück

1. Zitiert in Tuchman, 148. Über den zeitlichen Verlauf der Sitzung: Schmitt, Band 2, 391.
2. Zuber, 158.
3. Asquith, 4. August 1914, 150.
4. Grey an Goschen, 4. August 1914 (14 Uhr), Nr. 594 in BD, Band 11.
5. Jouhaux, zitiert in Albertini, Band 3, 225.
6. Poincaré und Viviani an das französische Parlament, 4. August 1914, zitiert in Albertini, Band 3, 225–228.
7. Zitiert in Jannen Jr., 355.
8. Bethmann Hollweg an den Reichstag, 4. August 1914 (15.30 Uhr), Nr. 1146 in Geiss, Band 2. Tirpitz über »den größten Fehler«: zitiert in Tuchman, 152. »frenetischer Applaus und höchste Begeisterung«: zitiert in Albertini, Band 3, 224.
9. Deutsches Auswärtiges Amt an den deutschen Botschafter, London, 4. August 1914 (16.38 Uhr), Nr. 612 in BD, Band 11.
10. Zitiert in Albertini, Band 3, 225.
11. Goschen an Grey, 6. August 1914, Nr. 671 in BD, Band 11.

Zu Bethmanns Erinnerung, dass Goschen in Tränen ausgebrochen ist: Bethmann, Band 1, 180.
12. Tuchman, 176.

Epilog: Die Frage nach der Verantwortung

1. Churchill, Vorwort für Edward Spears: *Liaison 1914*.
2. Diese österreichische kontrafaktische Geschichte gründet sich zusammen mit der über Frankreich und Großbritannien auf jene in Beatty, Kapitel 3, 5 und 6.
3. Zuber, 177.
4. Eine Zusammenfassung über den neuesten Stand der Forschung über eine serbische Beteiligung, siehe Williamson und May, »Identity of Opinion«, 351–353. Princip Zitat Fußnote: in Stone, *World War One,* 19.
5. Zu dieser Frage siehe die Diskussion in McMeekin: *Russian Origins,* Kapitel 2 (und Anmerkungen).
6. Zitiert in Schmitt, Band 2, 250–251.
7. Zuber, 159.
8. Siehe Zuber im Allgemeinen, zusammen mit der Diskussion über sein Werk in, unter vielen anderen Stellen, Strachan: *First World War,* und Williamson und May: »Identity of Opinion«.
9. Wiederum die beste Zusammenfassung von Argumenten in Bezug auf Grey findet man in Williamson und May, »Identity of Opinion«.
10. Zitiert in Fuller: *Strategy and Power,* 450. Suchomlinows Optimismus war nicht unbegründet. Die anfängliche russische Aufklärung, die am 10. August abgeschlossen war, brachte zutage, dass die Deutschen lediglich vier Infanteriekorps in Ostpreußen stationiert hatten, sowie einige Reservedivisionen. Dagegen konnten die Russen neun Armeekorps aufbieten. Da jede russische Division aus 16 Bataillonen bestand – gegenüber 12 bei den Deutschen –, betrug der Vorteil an Bataillonen auf russischer Seite 480 zu 130. In Bezug auf die Artillerie war die Aufstellung besonders einseitig: 5 800 russische gegen 774 deutsche Kanonen. Für eine weitergehende Diskussion, siehe McMeekin: *Russian Origins,* Kapitel 3.

Bibliografie

Der beste Ausgangspunkt, um sich mit der Julikrise zu beschäftigen, bleibt Luigi Albertinis exzellentes dreibändiges Geschichtswerk *Le origini della guerra del 1914* (Mailand 1942–1943), das in der englischen Übersetzung *The Origins of the War of 1914* von Isabella M. Massey (Oxford University Press, 1952) erhältlich ist. Albertinis Wissensdurst war grenzenlos, ebenso wie seine Energie: Er stöberte nicht nur Tausende von Dokumenten auf, sondern führte auch Interviews mit vielen federführenden Personen. Seine Geschichte, die zum Teil auf der engen Zusammenarbeit mit Professor Luciano Magrini (er vollendete die Zusammenstellung der Bände nach Albertinis Tod) beruht, ist gründlich und akribisch; sie umfasst, kommentiert und exzerpiert so gut wie den gesamten relevanten diplomatischen Schriftverkehr vom Österreichisch-Ungarischen Ausgleich 1867 bis zum August 1914. Die Historiker von heute sind außerdem Professor Samuel R. Williamson Jr. zutiefst verpflichtet, der im Jahr 2005 eine neue Ausgabe bei Enigma Books herausbrachte (diese Ausgabe habe ich verwendet). Wie Williamson in seinem Vorwort schreibt: »Wann immer ich ein Datum oder einen Namen überprüfen muss oder mich einfach an der Qualität eines großen historischen Werkes erfreuen möchte, greife ich zum Albertini.« Ich mache es genauso.

Das Einzige, wobei man mit dem Albertini ein bisschen vorsichtig sein sollte, ist die Übersetzung. Das ist nicht die Schuld von Albertini, Magrini oder Massey; es macht vielmehr die unvermeidlichen Schwierigkeiten deutlich, die beim Übertragen von Dokumenten, die in vielen verschiedenen Sprachen abgefasst sind (Englisch, Französisch, Deutsch, Russisch, Serbokroatisch), in Albertinis Italienisch und dann ins Englische auftreten. Massey hat dennoch eine vorzügliche Arbeit geleistet. Wenn ich in den Anmerkungen Albertini zitiere, dann verwende ich Masseys Übersetzung.

Die Bücher von Sidney Fay und Bernadotte Schmitt, die noch vor Albertinis Werk veröffentlicht wurden und deshalb nicht alles an Material enthalten, das in den 1930er-Jahren verfügbar wurde, gehören trotzdem zur Pflichtlektüre. Fay schildert in The *Origins of the World War,* 2 Volumes (Macmillan, 1928) besonders eindrücklich die Schwarze Hand, das Milieu in Sarajevo und auch die russische Mobilmachung. Schmitts Buch *The Coming of the War, 1914,* 2 Volumes (Charles Scribner's Sons, 1930) ist sehr überzeugend, was die letzten Juli- und die ersten Augusttage betrifft, und besonders die Ereignisse in Bezug auf Belgien, die in Fays Buch eher zurückhaltend behandelt werden.

Natürlich sind seit Fay, Schmitt und Albertini jede Menge ausgezeichneter Studien erschienen. Auf den Spuren Albertinis brachte Imanuel Geiss eine Art kommentierte Dokumentensammlung in zwei Bänden heraus (*Julikrise und Kriegsausbruch 1914,* 1963–1964), die eine große Zahl von Dokumenten – darunter auch solche, die von den Bolschewiki veröffentlicht wurden – denjenigen hinzufügt, die ursprünglich in den nach dem Krieg herausgegebenen »Kautsky-Bänden« mit deutschen Dokumenten zum Kriegsausbruch zusammengefasst waren. Eine gekürzte englische Übersetzung wurde ebenfalls unter dem Titel *July 1914* veröffentlicht. Dennoch steht Geiss in seiner Interpretation und Selektion der ausgewählten (oder nicht berücksichtigten) Dokumente zusammen mit Fritz Fischer (*Griff nach der Weltmacht,* 1961; *Krieg der Illusionen,* 1969) und Holger Herwig (der kürzlich zusammen mit Richard Hamilton den Titel *The Origins of World War I,* 2003 herausgebracht hat) für eine gewisse germanozentrische Weltsicht unter den orthodoxen Historikern, die ich letztendlich für unbefriedigend halte. In den letzten Jahren wurde unter vielen Historikern des Ersten Weltkriegs die Behauptung zur Gewohnheit, dass die »Enthüllungen« von Fischer, Geiss und Herwig über Deutschlands langfristige Zielsetzungen und ihre kurzfristige Umsetzung im Juli 1914 (»Präventivkrieg«) die wesentlich ausgewogeneren Darstellungen von Fay, Albertini und

Schmitt ersetzt hätten. Sehen Sie dazu besonders David Fromkin: *Europe's Last Summer: Who Started the Great War in 1914?* (Knopf, 2004).

Wie ich bereits in meinem Buch *The Russian Origins of the First World War* (Harvard, 2011) deutlich gemacht habe, stimme ich mit der These vom »deutschen Präventivkrieg« nicht überein. Selbst zum »Höhepunkt der Fritz-Fischer-Ära« (das heißt in den 1960er- und 1970er-Jahren) brachten gemäßigtere Historiker, die sich der aufkommenden Orthodoxie nicht unterordnen wollten, weiterhin viel nuanciertere Interpretationen der Julikrise heraus. Unter diesen hat sich meiner Meinung nach die Arbeit von L. C. F. Turner am besten bewährt. Turner lieferte ausgezeichnete Studien sowohl über Deutschlands Rolle beim Ausbruch des Kriegs (zum Beispiel in seiner kritischen Studie über den Schlieffenplan im 1979 erschienenen Titel von Paul Kennedy *War Plans of the Great Powers*) als auch über die Bedeutung von Russlands frühzeitiger Mobilmachung (*The Russian Mobilisation in 1914*, veröffentlicht 1968). Turners elegante und prägnante Studie, *Origins of the First World War* (1970), ist wunderbar ausgewogen und einer der nützlichsten Berichte in erzählerischer Form seit Albertini.

Wie Samuel R. Williamson Jr. und Ernest R. May in ihrem neuesten, etwas unlogisch mit *An Identity of Opinion: Historians and July 1914* (2007) betitelten Essay ausführten, verbleibt eine Vielzahl an Interpretationsmöglichkeiten über die Entstehung des Kriegs, auch wenn mittlerweile über bestimmte Aspekte weitgehend Einigkeit herrscht – zum Beispiel über Apis und die Schwarze Hand; dass Österreich viele Aktionen unabhängig davon unternommen hat (oder sogar entgegengesetzt), was die Deutschen rieten; über die Bedeutung des französisch-britischen Flottenabkommens, das die Argumentation hinsichtlich Belgien stützte und möglicherweise ausschlaggebend war für Großbritanniens Weg in den Krieg. Weit davon entfernt, eine »Meinungsgleichheit« zu bestätigen, machen Williamson und May geltend, dass im Gegensatz zur Fischer-Geiss-Schule »kein überzeugender Beweis dafür aufgetaucht sei, um die Behauptung zu unterstützen, dass die deutschen Generäle 1914 tatsächlich einen Präventivkrieg in Gang gesetzt hätten«. Es scheint, dass nicht einmal die Fischer-Kontroverse – die jahrzehntelang das Feld beherrschte, nämlich dass viele Historiker in ihrem Eifer, den Nachweis der Verschwörung in Berlin zutage zu fördern, die anderen Großmächte fast vergaßen – die Fragen nach der Verantwortlichkeit, die von Fay, Schmitt und Albertini erörtert worden waren, zufriedenstellend beantwortet hat. Obwohl wir heute unheimlich viel über die Denkweise der Politiker in Wien und Berlin wissen, bin ich mir nicht sicher, ob wir wirklich mehr wissen als Albertini.

Sicherlich haben wir heute weit mehr Kenntnisse über die soziale, ökonomische und militärtechnologische Seite des Kriegs und über seinen Ausbruch als Albertini. In diesen Bereichen sind die kürzlich erschienenen allgemeinen Geschichtswerke von Hew Strachan (*The First World War, Volume 1: To Arms*, 2001) und David Stevenson (*Cataclysm: The First World War as Political Tragedy,* 2004) von wesentlicher Bedeutung. Stevenson behandelt die ökonomische Seite ausgezeichnet, Strachan hat die bis 2001 erschienene Literatur über Kriegsplanungen und Ausführungen der hauptsächlich am Krieg beteiligten Nationen ausgewertet. Wenn man sich über die neuesten Forschungen zu den britischen Planungen hinsichtlich Flotte und Expeditionsheer, über die französischen und russischen Mobilmachungsszenarien sowie über die Debatten im Umfeld von Terence Zubers kritischer Abhandlung über die vorherrschende Lehrmeinung zum deutschen Schlieffenplan informieren möchte oder wenn man die bestmöglichen Informationen über die anfänglichen Gefechte des Ersten Weltkriegs (darunter auch außereuropäische Schauplätze) bekommen möchte, beginnt man am besten mit Strachan.

Die Gebiete, auf denen unser Wissen über den Ausbruch des Kriegs noch unvollständig ist, sind heute wie damals die gleichen: die Rolle der französischen Offiziellen, die Russlands frühzeitige

Mobilmachung gebilligt oder sogar dazu aufgefordert haben; die genaue Natur dieser Mobilmachung und ob sie »bereits Krieg bedeutete«; die Frage, ob Paléologue in St. Petersburg auf eigene Faust handelte, ob er seine Anweisungen vom französischen Generalstab erhielt oder ob er aufgrund einer früher erteilten Ermächtigung des Präsidenten handelte; und schließlich die geheimnisvolle Rolle, die Poincaré auf dem Gipfeltreffen und auf See gespielt hat – was wusste er und wann wusste er es.

Aus diesem Grund zählt das kürzlich von Stefan Schmidt publizierte Buch *Frankreichs Außenpolitik in der Julikrise 1914* (Oldenbourg, 2009) zu den wichtigsten revisionistischen Werken. Da keine englische Übersetzung vorliegt, ist seine Bedeutung von den Historikern des Ersten Weltkriegs noch gar nicht richtig erfasst worden, aber das wird noch kommen. Schmidts nähere Betrachtung von Poincarés Denkweise und seinen Absichten – besonders anhand seiner Tagebücher und diplomatischen Korrespondenz, einschließlich der in Russland veröffentlichten Quellen – hat die weniger kritische Interpretation John Kriegers (*Raymond Poincaré*, 1997 erschienen) in hohem Maß untergraben. In Ergänzung zu meinen russischen Quellen, die sich der Archive bedienen, um zu erforschen, welche Voraussetzungen, Interessen und Absichten hinter der Politik St. Petersburgs zwischen 1914 und 1917 standen, vervollständigt Schmidts Buch die lange vernachlässigte französisch-russische Seite der Julikrise.

Unter den neueren Geschichtswerken fand ich *The Lions of July* (Presidio, 1996) von William Jannen Jr., *Dance of the Furies* (Harvard, 2011) von Michael Neiberg und *The Lost History of 1914* (Bloomsbury, 2012) von Jack Beatty sehr anregend. Unter diesen ist, was die weltpolitischen Fragen betrifft, Jannens Buch am besten, während Neiberg und Beatty sich eher mit dem sozialen Hintergrund des Kriegsausbruchs beschäftigen. Obwohl sich Beattys Werk im Gegensatz zu Jannen Jr. und Neiberg fast ausschließlich auf sekundäre Quellen stützt, hat Beatty diese mit Begeisterung verschlungen. Beatty und Neiberg zeigen eine tiefe

Sympathie für die einfachen Frauen und Männer, über die ein verheerender Krieg hereingebrochen ist, mit dem sie nichts zu tun und den sie nicht gewollt hatten. Beatty schrieb eine faszinierende alternative Geschichte, in der er plausible Szenarien entwickelt, in denen Europa 1914 *nicht* in einen Krieg geriet. Er kennt sich besonders gut mit der irischen Home-Rule-Krise, der Caillaux-Affäre und ihrem positiven Echo und den zufälligen Ereignissen aus, die mit der Ermordung Franz Ferdinands in Verbindung stehen. Während ich Beattys Einstellung gegenüber der deutschen und russischen Seite nicht überzeugend finde, bewundere ich den Geist, der seinen Studien und denen von Neiberg zugrunde liegt; die beiden stellen sich Geschichte vor, wie sie hätte sein können. Wie Niall Ferguson, der ausführlich über dieses Thema geschrieben hat, sehe ich kontrafaktisches Denken als zentral für historische Untersuchungen an – und halte es für weitaus konstruktiver als auf »Konsens« angelegte Interpretationen, die sich gegen jedes weitere Argument abschotten. Albertinis klassische Bände sind reichlich mit »Was-wäre-wenn-Szenarien« angefüllt. Sie sind wesentlich für seine Beurteilung von Staatsmännern und ihrer Verantwortung für die Katastrophe, und sie laden zu weiterer Argumentation ein, anstatt sie abzuwürgen.

Zu guter Letzt müssen sich Historiker eine eigene Meinung über kontrovers diskutierte Sachverhalte bilden wie beispielsweise die Frage nach der Verantwortung für den Ausbruch des Ersten Weltkriegs. Ein derart explosives Thema, das noch dazu für das Verständnis moderner Geschichte von zentraler Bedeutung ist, kann niemals in völliger Übereinstimmung abgehandelt werden. Ich lade alle Leserinnen und Leser, die mehr darüber erfahren möchten, dazu ein, selbst die Quellen zu studieren und eigene Schlüsse daraus zu ziehen.

Häufig zitierte Quellen

Hier folgt eine Liste mit häufig zitierten Quellen, alphabetisch geordnet nach den in den Anmerkungen verwendeten Abkürzungen.

ALBERTINI Albertini, Luigi: *The Origins of the War of 1914.* 3 Bände. Ins Englische übersetzt von Isabella M. Massey. Überarbeitete Neuauflage mit einer Einführung von Samuel R. Williamson Jr. Enigma Books, New York 2005. Zuerst veröffentlicht von Oxford University Press, 1952–1957. Seitenverweise nach der 2005er-Auflage.

ASQUITH Asquith, H. H.: *Letters to Venetia Stanley.* Herausgegeben von Michael and Eleanor Brock. Oxford University Press, Oxford 1982.

AVPRI Arkhiv vneshnei politiki Rossiiskoi Imperii (Archiv der Außenpolitik des Russischen Reichs). Moskau, Russland.

BD *British Documents on the Origins of the War, 1898–1914.* Herausgegeben von G. P. Gooch und Harold Temperley. 13 Bände. H. M. S. O., London 1926–1938.

BEATTY Beatty, Jack: *The Lost History of 1914: How the Great War Was Not Inevitable.* Bloomsbury, London 2012.

BETHMANN Bethmann Hollweg, Theobald von: *Betrachtungen zum Weltkriege.* Herausgegeben von Jost Dülffer. 2 Bände. Reimar Hobbing, Essen 1989.

CHURCHILL Churchill, Winston: *The World Crisis.* 6 Bände. Charles Scribner's Sons, New York 1951–1959.

CONRAD Conrad von Hötzendorf, Franz: *Aus meiner Dienstzeit.* 4 Bände. Rikola Verlag, Wien 1921–1925.

DD *Die deutschen Dokumente zum Kriegsausbruch.* Herausgegeben von Karl Kautsky, Max Montgelas und Walter Schücking. 4 Bände. Deutsche Verlagsgesellschaft für Politik und Geschichte, Charlottenburg/Berlin 1919.

DDF *Documents diplomatiques français (1871–1914).* 41 Bände. Imprimerie Nationale, Paris 1929–1959.

DOBROROLSKY Dobrorolsky, Sergei: *Die Mobilmachung der russischen Armee 1914.* Deutsche Verlagsgesellschaft für Politik und Geschichte, Berlin 1922.

ERENYI Erenyi, Gustav: *Graf Stephan Tisza. Ein Staatsmann und Märtyrer.* E. P. Tal, Wien 1935.

FAY Fay, Sidney Bradshaw: *The Origins of the World War.* 2 Bände. Macmillan, New York 1935. Wenn nicht anders notiert, übersetzt von Fay.

FROMKIN Fromkin, David: *Europe's Last Summer: Who Started the Great War in 1914?* Alfred A. Knopf, New York 2004.

GARF Gosudarstvennyi Arkhiv Rossiiskoi Federatsii (Staatsarchiv der Russischen Föderation). Moskau, Russland.

GEISS *Julikrise und Kriegsausbruch 1914.* 2 Bände. 2. Aufl. Verlag Neue Gesellschaft GmbH, Bonn-Bad Godesberg 1976.

GREY Grey, Edward, Viscount (»of Fallodon«). *Twenty-Five Years, 1892–1916.* 2 Bände. Frederick A. Stokes, New York 1925.

HANTSCH Hantsch, Hugo: *Leopold Graf Berchtold, Grandseigneur und Staatsmann.* Verlag Styria, Graz 1963.

HHSA Haus-, Hof- und Staatsarchiv. Wien.

IBZI *Internationale Beziehungen im Zeitalter des Imperialismus.* M. N. Pokrovskii (Hrsg.). 8+ Bände. R. Hobbing, Berlin 1931–.

JANNEN JR. Jannen Jr., William: *The Lions of July: Prelude to War, 1914.* Presidio, Novato, CA 1996.

JARAUSCH Jarausch, Konrad: *The Enigmatic Chancellor: Bethmann Hollweg and the Hubris of Imperial Germany.* Yale University Press, New Haven, CT 1973.

KOKOWZOW *Out of My Past: The Memoirs of Count Kokovtsov, Russian Minister of Finance, 1904–1914, Chairman of the Council of Ministers.* H. H. Fisher (Hrsg.). Übersetzt von Laura Matveev. Stanford University Press, Stanford, CA 1935.

LLOYD GEORGE Lloyd George, David: *War Memoirs of David Lloyd George.* 6 Bände. Little, Brown, Boston 1933–1937.

LN *Un livre noir: Diplomatie d'avant-guerre d'après les documents des archives russes, Novembre 1910-Juillet 1914.* Preface by René Marchard. Librairie du travail, Paris 1922.

MARCUS Marcus, Geoffrey Jules: *Before the Lamps Went Out.* Allen & Unwin, London 1965.

NEIBERG Neiberg, Michael: *Dance of the Furies: Europe and the Outbreak of World War I.* Harvard University Press / Belknap, Cambridge, MA 2011.

NIKITSCH-BOULLES Nikitsch-Boulles, Paul: *Vor dem Sturm: Erinnerungen an Erzherzog Thronfolger Franz Ferdinand.* Verlag für Kulturpolitik, Berlin 1925.

OE-U *Österreich-Ungarns Aussenpolitik von der bosnischen Krise 1908 bis zum Kriegsausbruch 1914.* Ludwig Bitter et al. (Hrsg.) 9 Bände. Österreichischer Bundesverlag für Unterricht, Wissenschaft und Kunst, Wien 1930.

PAAA Politisches Archiv des Auswärtigen Amtes. Berlin.

PALÉOLOGUE Paléologue, Maurice: *An Ambassador's Memoirs.* Übersetzt von F. A. Holt. 3 Bände. Hutchinson, London 1923–1925.

PBM Peter Bark Memoirs. Rare Book and Manuscript Library, Columbia University, New York.

PHAROS *Der Prozeß gegen die Attentäter von Sarajewo.* Professor Pharos (Hrsg.). R. v. Decker's Verlag, Berlin 1918.

POINCARÉ Poincaré, Raymond: *Memoirs of Raymond Poincaré.* Übersetzt von Sir George Arthur. 3 Bände. William Heinemann, London 1930.

POURTALÈS Pourtalès, Friedrich: *Meine Letzten Verhandlungen in St. Petersburg, Ende Juli 1914: Tagesaufzeichnung und Dokumente.* Deutsche Verlagsgesellschaft für Politik und Geschichte, Berlin 1927.

PRO National Archives of the United Kingdom. Kew Gardens, London.

QO Quai d'Orsay Archives. Correspondence politique et commerciale dite »nouvelle série«, Paris 1896–1918.

RGVIA Rossiiskii Gosudarstvennyi Voenno-Istoricheskii Arkhiv (Russisches Militärhistorisches Staatsarchiv). Moskau.

SASONOW Sasonov, S. D.: *Fateful Years, 1909–1916: The Reminiscences of Serge Sazonov, Russia's Minister for Foreign Affairs.* J. Cape, London 1928.

SCHILLING Schilling, M. F., Baron, (Hrsg.). *How the War Began in 1914: Being the Diary of the Russian Foreign Office from the 3rd to the 20th (Old Style) of July,* Bibliography 1914. Übersetzt von Major W. Cyprian Bridge. G. Allen & Unwin, London 1925.

SCHMIDT Schmidt, Stefan: *Frankreichs Außenpolitik in der Julikrise 1914: Ein Beitrag zur Geschichte des Ausbruchs des Ersten Weltkrieges.* Oldenbourg, München 2009.

SCHMITT Schmitt, Bernadotte E. *The Coming of the War, 1914.* 2 Bände. Charles Scribner's Sons, New York 1930.

TIRPITZ Tirpitz, Alfred Peter Friedrich von: *Mémoires du Grand-Amiral von Tirpitz.* Payot, Paris 1930.

TUCHMAN Tuchman, Barbara Wertheim: *The Guns of August.* Macmillan, New York 1962.

TURNER Turner, L. C. F: *Origins of the First World War.* Edward
Arnold, London 1970.
WÜRTHLE Würthle, Fritz: *Die Spur führt nach Belgrad: Die Hinter-
gründe des Dramas von Sarajevo 1914.* Molden, Wien 1975.
ZUBER Zuber, Terence: *The Real German War Plan 1904–1914.*
History Press, Gloucestershire 2011.

Weitere zitierte Werke

Ahamed, Liaquat: *Lords of Finance: 1929, The Great Depression, and
the Bankers Who Broke the World.* Windmill/Random House,
London 2009.
Aksakal, Mustafa: *The Ottoman Road to War in 1914: The Ottoman
Empire and the First World War.* Cambridge University Press,
Cambridge 2008.
Balfour, Michael: *The Kaiser and His Times.* Cresset, London 1964.
Berenson, Edward: *The Trial of Madame Caillaux.* University of
California Press, Berkeley 1992.
Buchanan, Sir George William: *My Mission to Russia and Other
Diplomatic Memories.* 2 Bände. Cassell, London 1923.
Bülow, Bernhard von: *Memoirs.* 4 Bände. Putnam, London 1932.
Churchill, Winston: *The World Crisis: The Eastern Front.* Thornton
Butterworth, London 1931.
Danilov, Yuri: *La Russie dans la guerre mondiale, 1914–1917.* Übersetzt
von Alexandre Kaznakov. Payot, Paris 1927.
Erdmann, Karl Dietrich (Hrsg.): *Kurt Riezler: Tagebücher, Aufsätze,
Dokumente.* Vandenhoeck & Ruprecht, Göttingen 1972.
Ferguson, Niall: *The Pity of War.* Basic Books, New York 1999.
Fischer, Fritz: *Griff nach der Weltmacht. Die Kriegszielpolitik des
Kaiserlichen Deutschland, 1914–1918.* Droste Verlag, Düsseldorf
1961.
– *Krieg der Illusionen: Die deutsche Politik von 1911 bis 1914.*
Droste Verlag, Düsseldorf 1969.
Fromkin, David: *Europe's Last Summer: Who Started the Great War
in 1914?* Alfred A. Knopf, New York 2004.
– *A Peace to End All Peace: Creating the Modern Middle East,
1914–1922.* H. Holt, New York 1989.
Fuller, William C., Jr.: *Civil-Military Conflict in Imperial Russia
1880–1914.* Princeton University Press, Princeton, NJ 1985.

- *Strategy and Power in Russia, 1600–1914.* Free Press, New York 1992.
Geiss, Imanuel: *Der lange Weg in die Katastrophe: die Vorgeschichte des Ersten Weltkrieges, 1815–1914.* Piper, München 1990.
- *July 1914: The Outbreak of the First World War; Selected Documents.* Scribner, New York 1967.
Geyer, Dietrich: *Russian Imperialism: The Interaction of Domestic and Foreign Policy, 1860–1914.* Yale University Press, New Haven, CT 1987.
Gilliard, Pierre: *Thirteen Years at the Russian Court.* Übersetzt von F. Appleby Holt, O.B.E. Hutchinson, London 1921.
Gooch, G. P.: *Recent Revelations of European Diplomacy.* Longmans, Green, London 1940.
Grey, Edward, Viscount (»of Fallodon«): *Speeches on Foreign Affairs, 1904–1914.* G. Allen & Unwin Ltd., London 1931.
Hamilton, Richard / Herwig, Holger (Hrsg.): *Decisions for War, 1914–1917.* Cambridge University Press, New York 2004.
- *The Origins of World War I.* Cambridge University Press, New York 2003.
Hayne, M. B.: *The French Foreign Office and the Origins of the First World War 1898–1914.* Clarendon, Oxford 1993.
Hoeniger, Robert: *Russlands Vorbereitung zum Weltkrieg auf Grund unveröffentlicher russischer Urkunden.* E. S. Mittler, Berlin 1919.
Hull, Isabel: *The Entourage of Kaiser Wilhelm II.* Cambridge University Press, New York 1982.
Jarausch, Konrad: »The Illusion of Limited War: Chancellor Bethmann Hollweg's Calculated Risk, July 1914.« *Central European History* 2, 1 (März1969): 48–76.
Keiger, John F. V.: »France.« *In Decisions for War, 1914,* Keith Wilson (Hrsg.). St Martin's, New York 1995.
- *France and the Origins of the First World War.* St Martin's, New York 1983.
- *Raymond Poincaré.* Cambridge University Press, Cambridge 1997.
Kennan, George: *Fateful Alliance: France, Russia, and the Coming of the First World War.* Pantheon Books, New York 1984.
Kennedy, Paul (Hrsg.): *The War Plans of the Great Powers, 1880–1914.* Allen & Unwin, London, 1979.
Krasnyi Arkhiv: *Istoricheskii zhurnal.* 106 Bände. Gospolitizdat, Moskau 1922–1941.
Kriwoschein, K. A.: *A. V. Krivoshein (1857–1921 g.) Ego znachenie vistorii Rossii nachala XX veka.* Paris: s.n., 1973.

Lichnowsky, Karl Max: *Heading for the Abyss: Reminiscences.* Constable, London 1928.

Lieven, D. C. B.: *Nicholas II: Emperor of All the Russias.* J. Murray, London 1993.

– *Russia and the Origins of the First World War.* St Martin's, New York 1983.

Linke, Horst Günther: *Das Zaristische Russland und der Erste Weltkrieg: Diplomatie und Kriegsziele 1914–1917.* Wilhelm Fink Verlag, München 1982.

Massie, Robert K.: *Nicholas and Alexandra.* Atheneum, New York 1967.

McDonald, David MacLaren: *United Government and Foreign Policy in Russia, 1900–1914.* Harvard University Press, Cambridge, MA 1992.

McMeekin, Sean: *The Berlin-Baghdad Express: The Ottoman Empire and Germany's Bid for World Power, 1898–1918.* Penguin/Allen Lane, London 2010.

– *The Russian Origins of the First World War.* Harvard University Press / Belknap, Cambridge, MA 2011.

Menning, Bruce: *Bayonets Before Bullets: The Imperial Russian Army, 1861–1914.* Indiana University Press, Bloomington 1992.

– The Offensive Revisited: Russian Preparation for Future War, 1906–1914. In *Reforming the Tsar's Army: Military Innovation in Imperial Russia from Peter the Great to the Revolution,* Bruce Menning und David Schimmelpenninck van der Oye (Hrsg.). Cambridge University Press, New York 2004.

Messimy, Adolphe: *Mes Souvenirs.* Plon, Paris 1937.

Moltke, Helmuth Johann Ludwig von: *Erinnerungen, Briefe, Dokumee 1877–1916: Ein Bild vom Kriegsausbruch, erster Kriegsführung und Persönlichkeit des ersten militärischen Führers des Krieges.* Der kommende Tag, Stuttgart 1922.

Mombauer, Annika: *The Origins of the First World War: Controversies and Consensus.* Longman, New York 2002.

Morley, John, Viscount: *Memorandum on Resignation, 1914.* Macmillan, New York 1928.

Morton, Frederick: *Thunder at Twilight: Vienna 1913/1914.* Peter Owen, London 1989.

Neilson, Keith, mit Roy Arnold Prete: »Russia.« In *Decisions for War, 1914,* Keith Wilson (Hrsg.). St Martin's, New York 1995.

Poincaré, Raymond: *Au service de la France: Neuf années de souvenirs.* 10 Bände. Plon, Paris 1926–1933.

Pokrovskii, M. N. (Hrsg.): *Drei Konferenzen (zur Vorgeschichte des Krieges)*. Arbeiterbuchhandlung, Berlin 1920.

– *Tsarskaia Rossiia v mirovoi voine*. Band 1. Leningrad, 1926.

Rauchensteiner, Manfred: *Der Tod des Doppeladlers: Österreich-Ungarn und der Erste Weltkrieg*. Verlag Styria, Wien 1993.

Reynolds, Michael A: *Shattering Empires: The Clash and Collapse of the Ottoman and Russian Empires*. Cambridge University Press, New York 2011.

Siegel, Jennifer: *Endgame: Britain, Russia, and the Final Struggle for Central Asia*. I. B. Tauris, London 2002.

Smith, C. Jay, Jr.: *The Russian Struggle for Power, 1914–1917: A Study of Russian Foreign Policy During the First World War*. Philosophical Library, New York 1956.

Smith, David James: *One Morning in Sarajevo: 28. June 1914*. Phoenix, London 2009.

Sondhaus, Lawrence: *Franz Conrad von Hötzendorf: Architect of the Apocalypse*. Humanities, Boston 2000.

– *Naval Warfare, 1815–1914*. Routledge, New York 2001.

Spears, Sir Edward: *Liaison 1914: A Narrative of the Great Retreat*. W. Heinemann, London 1930.

Spring, Derek: »Russia and the Coming of War.« In *The Coming of the First World War*, R. J. W. Evans und Hartmut Pogge von Strandmann (Hrsg.). Clarendon / Oxford University Press, Oxford 1983.

Steinberg, John W.: *All the Tsar's Men: Russia's General Staff and the Fate of Empire, 1898–1914*. Johns Hopkins University Press, Baltimore, MD 2010.

Steiner, Zara: *Britain and the Origins of the First World War*. St. Martin's, New York 1977.

Stevenson, David: *Cataclysm: The First World War as Political Tragedy*. Basic Books, New York 2004.

– *The First World War and International Politics*. Oxford University Press, New York 1988.

Stone, Norman: *The Eastern Front 1914–1917*. Charles Scribner's Sons, New York 1975.

– *Europe Transformed, 1878–1919*. Fontana, Glasgow 1983.

– *World War One: A Short History*. Allan Lane, London 2007.

Strachan, Hew: *The First World War*. Viking, New York 2004.

Suchomlinow, W. A.: *Erinnerungen*. R. Hobbing, Berlin 1924.

Tuchman, Barbara W.: *The Proud Tower: A Portrait of the World Before the War, 1890–1914*. Macmillan, New York 1966.

Turner, L. C. F.: »The Russian Mobilisation in 1914.« *Journal of Contemporary History* 3, 1 (Januar 1968): 65–88.

– »The Significance of the Schlieffen Plan.« In *The War Plans of the Great Powers, 1880–1914,* Paul Kennedy (Hrsg.). Allen & Unwin, London 1979.

Viviani, René: *As We See It.* Übersetzt von Thomas R. Ybarra. Harper & Brothers, New York 1923.

Wilhelm II. (Deutscher Kaiser): *Reden des Kaisers: Ansprachen, Predigten, und Trinksprüche.* Ernst Johann (Hrsg.). Deutscher Taschenbuch-Verlag, München 1966.

Williamson, Samuel R., Jr.: *Austria-Hungary and the Origins of the First World War.* Macmillan, London 1991.

–, mit Ernest R. May: »An Identity of Opinion: Historians and July 1914.« *Journal of Modern History* 79 (Juni 2007): 335–387.

Yasamee, F. A. K.: »Ottoman Empire«. In *Decisions for War, 1914,* Keith Wilson (Hrsg.). St Martin's, New York 1995.

Zweig, Stefan: *Die Welt von Gestern. Erinnerungen eines Europäers.* Stockholm 1944.

Register

A

Aehrenthal, Freiherr Alois Lexa von 24, 403
Albanien 120, 140, 187, 319
Albert I., König von Belgien 11, 405, 449, 450, 463
Alexander III. 202
Alexander, serb. Prinzregent 238, 239
Alexej (Zarewitsch) 208, 209
Amselfeld, Schlacht auf dem 55
Anastasia Nikolajewa 212, 214, 215
Apis 29, 54, 79, 253, siehe auch Dragutin Dimitrijević
Appelkai (Sarajevo) 33, 35, 36, 37, 38, 41
Artamonow, Wiktor 16, 79
Asquith, Herbert Henry 13, 104, 317, 352, 392, 411, 413, 444, 451
Attentat von Sarajevo 34–44
– Aufklärung 130, 131
Ausgleich, Österreichisch-Ungarischer 58

B

Balfour, Arthur 410
Balkanbund 51, 73
Balkankrieg, erster 28, 51, 78, 81, 118, 119 120, 152
Balkankriege 50, 54, 61, 76, 79 480
Bark, Peter 16, 230, 231, 237, 238
Barrère, Camille 12, 410
Basili, Nikolai 365

Beauchamp, William 452, 453
Belgien 390, 463, 468, 470
– Ablehnung des deutschen Ultimatums 450, 458
– Kriegsvorbereitungen 346
– Mobilmachung 442
– Neutralität 350, 395, 405, 415, 416, 452, 457, 459, 496
Below-Selaske, Claus von 11, 443, 449, 450
Benckendorff, Graf Alexander K. 16, 108, 109, 263, 272, 380, 454
Berchtold, Graf Leopold 14, 51, 54, 56, 57, 58, 62, 69, 75, 77, 82, 121, 129, 132, 133, 138, 147, 148, 149, 152, 154, 159, 160, 164, 166, 167, 170, 175, 182, 183, 186, 187, 188, 190, 207, 218, 222, 223, 253, 260, 310, 311, 312
Berliner Vertrag 240
Berthelot, Philippe 407
Bertie, Sir Francis 13, 405, 443
Bertrab, Hermann von 144
Bethmann Hollweg, Theobald von 11, 74, 105, 114, 119, 120, 122, 137–143, 191, 283, 285, 286, 288, 293, 297, 300, 302, 308, 309, 319, 336, 338, 339, 345, 347, 361, 387, 388, 422, 424, 437, 438, 468, 469, 471, 485
Bienerth, Karl Freiherr von 14
Bienvenu-Martin, Jean-Baptiste 12, 251, 301, 331
Biliński, Leon von 14, 25, 57, 149, 183
Bismarck, Fürst Otto von 58, 68, 425

Blankoscheck 144, 154, 163, 191, 285, 296, 320, 321, 485
Boisdeffre, Raoul de 494
Bolschewiki 85
Bonar Law, Andrew 410, 414, 445
Boppe, Jules August 13, 254, 256
Bosnien-Herzegowina 23, 24, 61, 88
– Annexion durch Österreich 23, 24, 55, 76, 85, 126, 241
Bosnische Annexionskrise 24, 50, 51, 403, 475
Brest-Litowsk 292, 313
Buchanan, Sir George 14, 86, 181, 203, 234, 235, 250, 251, 303, 313, 375
Bülow, Fürst Bernhard von 11, 116, 118
Bützow, K. E. 227
Bulgarien 51, 69, 139, 140, 150, 152, 187, 296, 319, 440, 474
Buol-Schauenstein, Karl Ferdinand von 65
Burns, John 445, 496

C
Čabrinović, Nedjelko 17, 27, 28, 29, 30, 32, 36, 37, 39, 40, 41129, 130, 147, 163
Caillaux, Henriette 94, 95, 97, 333
– Prozess 95
Caillaux, Joseph 13, 94, 95, 96, 97, 100, 478
– deutsche Bestechungsgelder 98
Caillaux-Affäre 94, 100, 168, 318, 333, 403, 475

Calmette, Gaston 94, 95, 98, 403
Cambon, Jules 13, 369, 399, 408, 460
Cambon, Paul 13, 106, 262, 263, 335, 382, 394, 395, 413, 444, 447, 454
Cambrun, Charles de 365
Capelle, Eduard von 144, 145
Cato der Ältere 49, 60
Chelius, Oskar von 11, 249, 261, 267, 285, 286, 346
Chlumetz 25
Churchill, Winston 14, 102, 104, 108, 109, 110, 111, 264, 303, 304, 318, 329, 352, 396, 415, 473
Ciganović, Milan 17, 29
»Comitaji« (bosnische Freischärler) 28
Conrad von Hötzendorf, Franz 14, 25, 48, 51, 53, 54, 59, 60, 61, 62, 69, 70, 75, 77, 128, 144, 146, 148, 154, 170, 185, 188, 260, 278, 300, 320, 341, 408, 473
Crackanthorpe, Dayrell 14, 253, 256
Crowe, Sir Eyre 14, 350
Čubrilović, Vaso 36
Čubrilović, Veljko 30
Cumurija-Brücke (Sarajevo) 36, 37, 38
Čurčić, Fehim Effendi 20, 33, 38
Curragh-Vorfall (Irland-Konflikt) 101, 102, 103, 476
Czernin, Otto 14, 86

D
Daily-Telegraph-Affäre 117, 118, 137

Dänemark 457
Dardanellen, Öffnung 24
De Bunsen, Sir Maurice 14, 172, 173, 174
Delcassé, Théophile 90
Den Haag, Ständiger Schiedshof 324, 342, 344
Descos, León 205
Deutsches Reich
– Annäherung an England 119, 127, 141, 295, 348
– Annexion französischer Kolonien 349, 350
– Audienz in Potsdam 138, 139
– Aufmarschplan gegen Frankreich 350, 423
– Balkanpolitik 11, 120, 127
– Bruch mit Großbritannien 290, 298
– Bundesrat 115, 422
– Bündnisvertrag mit dem Osmanischen Reich 440, 441
– Fait-accompli-Politik 191, 284, 298, 301, 424
– Frage von Krieg und Frieden 302
– Generalmobilmachung 388, 423, 426, 441
– »Halt in Belgrad«-Initiative 321, 322, 324, 338, 340, 345, 365, 384, 484
– Hochseeflotte 117, 118
– Kriegspartei 119
– Kriegserklärung an Belgien 438
– Kriegserklärung an Frankreich 424, 459
– Kriegserklärung an Russland 422, 424, 431, 432, 436
– Lokalisierung des Konflikts 240, 263, 277, 290, 295, 296, 298
– Marokkokrise 73, 98, 117, 118
– Memorandum Moltkes 336, 337
– Mobilmachungsplan 338, 358
– Nachrichtendienst 330, 363
– Potsdamer Konferenz 290, 291, 308
– Präventivkrieg 127, 477, 478
– Reichstag 115, 467
– Risiko einer russischen Intervention 321
– Risiko eines europäischen Kriegs 144
– Strategische Position 478
– Übergabe der Flotte an Großbritannien 346
– Ultimatum an Belgien 423, 449, 450
– Ultimatum an Frankreich 423
– Ultimatum an Russland 391, 410, 421, 431, 440
– Vermittlung in Wien 264, 301, 303, 353
– Zustand der drohenden Kriegsgefahr 339, 345, 347, 364, 383, 385, 386, 401, 406, 407
Dimitrijević, Dragutin (genannt Apis) 17, 26
Doboj 32
Dobrorolsky, Sergei 16, 232, 248, 343, 345, 374, 489, 491, 494
Doumergue, Gaston 194, 197, 325
Dreibund 410
Drei-Kaiser-Abkommen 68
Dreikaiserbund 68
Drina 30

Duma 194
Dumaine, Alfred 13, 220
Dwina, Verminung 292

E
Edward VII., König von England
    72
Eggeling, Bernhard von 267, 273,
    286, 322
Elsass-Lothringen 338, 479
Entente cordiale 105, 117, 197,
    236, 298
Enver Pascha, Ismail 439
Ernteurlaub 164, 166, 168, 170,
    191
Eyschen, Paul 441

F
Falkenhayn, Erich von 11, 138,
    139, 338, 345, 362, 388, 426,
    437
Fay, Sidney 258
Ferry, Abel 332
Forgách, Johann von 172, 175
France (Kriegsschiff) 192, 196,
    214, 216, 218, 222, 228, 252,
    264, 304, 329, 331
Frankreich
– Alliance démocratique (AD)
    97
– Aufmarschplan 398
– Beeinflussung der britischen
    Haltung 368, 370, 371, 382,
    443, 493
– Bündnisverpflichtung mit
    Russland 99, 192, 193, 334,
    367, 406
– *Carnet B* 404

– Confédération Générale du
    Travail (CGT) 465
– Dreijähriger Wehrdienst 96,
    98, 404, 477
– Gegen-Ultimatum 220
– Generalmobilmachung 402,
    418, 419, 420
– Kriegsbereitschaft 213
– Kriegsgegner 192
– Kriegskredite 465, 466
– Manifest zur Mobilmachung
    418
– Mobilmachungsplan 396, 398
– Offensive gegen Deutschland
    379
– Radikale Partei 94, 96
– Schutztruppen 381, 382
– union sacrée 466
– Vereinigung sozialistischer
    Gruppen (SFIO) 96
– Vermittlung in Wien 406
– vorbereitende militärische
    Maßnahmen 332, 337, 357
– 10-Kilometer-Rückzug 382,
    411, 443, 467, 493
– Zusicherung an Russland 326
Franz Ferdinand von Österreich-
    Este, Erzherzog 15, 20, 21, 22,
    25, 26, 33, 34, 37, 38, 41, 43, 44,
    49, 51, 54, 56, 61, 63, 70, 71, 72,
    78, 87, 100, 113, 114, 477
– Begräbnis 56 70, 71, 72
– morganatische Ehe 22
Franz Joseph I., Kaiser von Ös-
    terreich-Ungarn 15, 22, 24,
    49, 56, 57, 59, 62, 63, 70, 81,
    113, 132, 133, 146, 175, 189,
    310, 408
– Ansichten über Serbien 64, 65

Franz-Joseph-Straße (Sarajevo) 38, 41, 43
Französisch-Algerien 332
Französisch-Marokko 332
Freischärler, bosnische, siehe Comitaji
French, Sir John 102
Friedrich von Österreich-Teschen, Erzherzog 15, 148

G
Galizien 233, 265, 484, 485
Geheimgesellschaften, serb. 57
Gemeinsame Armee Österreich-Ungarns 60, 61, 62
Gemmenich 463, 465
Georg V., König von England 14, 348, 351, 390, 412, 429, 433
Giesl von Gieslingen, Wladimir Freiherr 15, 160, 161, 162, 222, 223, 258, 259, 260
Gipfeltreffen in St. Petersburg 99, 164, 192ff.
Gladstone, William 103, 104
Gogol, Nikolai 82
Goremykin, Iwan L. 16, 91
Goschen, Sir W. Edward 14, 293, 348, 349, 387, 465, 470
Gough, Hubert 102
Grabež, Trifko 17, 30, 32, 36, 37, 39, 42, 130, 147, 163
Grenzzwischenfälle zwischen Deutschland und Frankreich 442
Grey, Sir Edward 14, 104, 107, 108, 110, 111, 173, 250, 251, 262, 263, 264, 276, 296, 301, 303, 317, 352, 361, 393, 394, 395, 411, 413, 416, 428, 446,

447, 448, 451ff., 497
Griechenland 187, 474, 480
Griesinger, Freiherr Julius Adolph von 11, 256
Grigorowitsch, Iwan Konstantinowitsch 16, 89, 91, 92, 230
Großbritannien
– Conservative and Unionist Party 102, 103, 414
– Expeditionsheer 106, 107, 413
– Flottenabkommen mit Frankreich 106, 446, 447, 448, 455, 456, 461
– Gegner der Weltreichspolitik 352, 393, 414, 443
– Haltung gegenüber Russland 251
– House of Commons 104, 392, 448, 454, 455, 460
– House of Lords 104
– Intervention 353, 415, 448, 458
– irische Selbstverwaltung (Home Rule) 102, 103, 104
– Liberal Unionist Party 414
– liberale Imperialisten 353
– Kriegsbereitschaft 201
– Kriegshysterie 392, 393
– Mobilmachung der Flotte 292, 453
– Neutralitätshaltung, falsche 303, 304, 346, 347, 349, 351, 357, 389, 390
– Neutralitätsversprechen 413, 426
– Realisierung der Balkankrise 317
– Täuschung, französische und russische 458
– Ultimatum an Deutschland

461, 464, 465, 470
– Vermittlungsvorschlag durch
   die vier Mächte 262, 263
– Warnung an Deutschland 351
Gruić, Slavko 226, 257

H
Haase, Hugo 469
Halim Pascha, Said 440
Harrach, Franz Maria Alfred,
   Graf 41, 43, 44
Hartwig, Nikolai 16, 51, 65, 77,
   78, 79, 81, 160, 161, 162
Heilige Allianz 65
Heiliges Römisches Reich Deut-
   scher Nation 63
Heinrich, Prinz von Preußen
   (Bruder Wilhelms II.) 348
Hell, Ernst-Eberhard General
   385
HMS *Attentive* 102
HMS *Pathfinder* 102
Hohenstein, Friedrich von 118
Holland 349, 350, 457
Home Rule 101, 103, 316, 476
Hoyos, Alexander, Graf 15, 126,
   127, 128, 134, 135, 140, 143,
   147, 148, 154

I
Ignatjew, Alexei Alexejewitsch
   Graf 368, 369
Ilić, Danilo 17, 32, 36, 39, 130,
   146
Ilidža 20, 23, 34
Indefatigable (brit. Schlachtschiff)
   472
Indomitable (brit. Schlachtschiff)
   472

Irkutsk 312
Irredentismus 27, 50, 75
Isabella von Österreich-Teschen
   22
Iswolski, Alexander 16, 24, 85,
   86, 97, 326, 334, 335, 368, 369,
   403
Italien 68, 159, 177, 186, 190, 191,
   223, 276, 347, 410, 425, 439,
   456, 466, 474
Italienisch-Türkischer Krieg 83

J
Jagow, Gottlieb von 11, 114, 156,
   190, 263, 277, 278, 283, 289,
   293, 299, 308, 309, 321, 422,
   423, 426, 470
Januschkewitsch, Nikolai 16, 230,
   232, 238, 248, 312, 327, 343,
   345, 373, 374, 378, 489
Jaurès, Jean 95, 96, 98, 192, 403,
   404, 465, 475, 478
Joffre, Joseph 13, 325, 334, 367,
   381, 398, 399, 400, 409
Jouhaux, Léon 465
Jovanović, Miško 30, 32
»Junges Bosnien« 27

K
Kaiserbrücke (Sarajevo) 36, 38,
   39, 42
Karadjordjewitsćh, serb. Dynastie
   271
Karl, Erzherzog 78
Kasan 247, 281
Kaukasus 312
Kieler Woche 110
Kiew 247, 273, 281
Koalition, slawisch-orthodoxe 78

Kokowzow, Wladimir 90, 91,
  231, 480
Konak 21, 38, 39, 44
Konopischt 53, 70, 71
Kosovo Polje, siehe Amselfeld
Krasnoje Selo 209, 210, 214, 246,
  249, 261, 267
Krieg, kontinentaler 296
Kriege, Johannes 438
Kriegspartei, österreichische 54,
  57
Kriegsschuld 361, 473ff.
Krimkrieg 65, 481
Kriwoschein, A. W. 16, 82, 83, 90,
  91, 195, 236, 237, 371
Krobatin, Alexander Freiherr von
  15, 57, 149, 152, 154, 170, 183,
  187
Kudaschtschew, Fürst 259

L
Laguiche, Pierre de 13, 195, 252,
  281, 367
Landsdowne, Henry Petty-Fitz
  Maurice, Lord 445
Lateinerbrücke (Sarajevo) 36, 39,
  42
Lichnowsky, Karl Max Fürst von
  12, 105, 107, 263, 274, 275, 294,
  351, 412, 413, 434, 435, 458, 459
Liman von Sanders 108, 440
Liman-von-Sanders-Krise 84, 90,
  193, 231, 475, 479
Limpus, Sir Arthur 108
Lješnica 30
Lloyd George, David 415, 447,
  451, 452
Lopare 30
Lothringen 398

Lüttich 442, 460, 463, 464
Lützow, Heinrich von 172, 173,
  174, 175, 182
Luxemburg 423, 428, 441
Lyncker, Moritz von 138, 426,
  427

M
Marineabkommen, englisch-
  russisches 200
Marokkokrise 73, 98, 118
Mazedonien 120
Meerengen, türkische 83, 84
Mehmedbašić, Mohammed 36,
  130
Mensdorff-Pouilly-Dietrichstein,
  Albert, Graf 15, 262, 319
Messimy, Adolphe 13, 325, 333,
  334, 367, 402, 409, 418, 419
Metzger, Josef 148
Miljacka 33
Mission Hoyos 126ff.
Mittelmächte 196, 236, 316, 354,
  446
Mlada Bosna (Junges Bosnien)
  27
Moltke, Helmuth von 12, 114,
  119, 121, 128, 139, 141, 144,
  283, 289, 291, 293, 336, 345,
  362, 363, 388, 426, 427, 428,
  435, 437, 473
Monarchisches Prinzip 73, 74, 88,
  129, 136, 179, 230, 241, 270
Montenegro 51
Morley, Lord John 14, 415, 416,
  445, 447, 448, 451, 496
Moskau 247, 281
Müller, Georg Alexander von
  12, 112

Murad I., osman. Sultan 26, 55
Musulin, Alexander von 188

N
Narodna Odbrana (Nationale
 Verteidigung) 28, 30, 50, 60,
 189, 229, 253
Naumann, Victor 126, 127, 128,
 129
Neutralität Belgiens 106
Nicolson, Sir Arthur 14, 273, 274,
 275, 276, 277, 395, 396, 411,
 412
Nikitsch-Boulles, Paul 34
Nikolai Nikolajewitsch
 (Romanow) 16, 211, 214,
 252
Nikolaus I. (Romanow) 211
Nikolaus II. (Romanow), Zar von
 Russland 16, 89, 165, 181, 194,
 195, 196, 199, 200, 201, 209,
 214, 246, 344, 324, 327, 342,
 355, 372, 373, 377, 378

O
Obilić, Miloš 26
Obrutschew, Nikolai 494
Odessa 247, 273, 312
Omsk 312
Osmanisches Reich 51, 73, 439
Österreich
– Balkanpolitik 135
– Beschuss Belgrads 340, 341
– Dreifrontenkrieg 151, 223
– Fait-accompli-Strategie 279,
 310, 340
– Forderungen an Serbien 159
– Generalmobilmachung 408
– Haltung im Krimkrieg 65

– Kriegserklärung an Serbien
 159, 309, 490
– Kriegsrat in Wien 146ff.,
 182ff., 407
– Kriegsziele 152, 186
– Kriegsvorbereitungsmaßnahmen 280
– lokale Begrenzung des Konflikts mit Serbien 172
– Mobilmachung gegen Serbien
 148, 184, 259, 260, 279, 315,
 407
– Mobilmachungsplan B 408
– Mobilmachungsplan R 408
– Neutralität Italiens 223
– Reaktionen auf das Attentat
 48ff.
– Strafaktion gegen Serbien 134,
 135, 136, 140, 150, 296
– Teilmobilmachung 260, 315
– Übergabe des Ultimatums
 224ff.
– Ultimatum an Serbien 151,
 159, 160, 164, 165, 167, 179,
 181, 187, 188, 189, 190, 197,
 201, 221, 223, 227, 253, 272,
 306
– Unterstützung durch Deutsch-
 land 144, 146, 147, 150
– Vergeltungskrieg 483
– Verhandlungen mit Russland
 311, 320, 354
– Waffenehre der Armee 308
Ostpreußen 265, 283, 325, 363

P
Paar, Graf von 56
Pašu, Dr. Lazar 17, 225, 226, 227
Paléologue, Maurice 13, 85, 193,

194, 195, 202, 205, 210, 212,
234, 244, 250, 251, 325, 331,
365, 375, 380, 402, 403,
Palmerston, Henry John Temple,
Lord 106
Pašić, Nikola 17, 78, 79, 80, 89,
189, 223, 225, 246, 254, 256,
257, 258, 310, 321, 483
Peterhof, Zarenschloss 181, 197,
209, 210, 326, 377
Plessen, Hans Georg von 12, 138,
139, 306
Poincaré, Raymond 13, 93, 96,
97, 98, 99, 100, 165, 168, 181,
192, 193, 196, 198, 200, 201,
202, 204, 205, 212, 220, 221,
222, 246, 330, 332, 333, 367,
369, 381, 401, 404, 443
Popović, Cvetko 36
Portland Harbour 303, 329
Potiorek, Oskar 15, 25, 28, 34,
38, 41, 42, 57, 146
Pourtalès, Friedrich 12, 87, 88,
202, 206, 207, 219, 239, 241,
242, 243, 267, 268, 272, 322,
341, 346, 354, 355, 431, 432,
433
Preußen 65
Priboj 30
Princip, Gavrilo 17, 27, 28, 29,
30, 32, 36, 37, 39, 40, 41, 43,
129, 130, 147, 163, 482

R
Rasputin 208, 209, 212
Reininghaus, Gina von 50
Reshad V. 380, 396
Rhemen, Freiherr von 49
Riezler, Kurt 12, 296, 297, 298

Riga 292
Riparbella, Andrea Carlotti di
177
Ritter von Storck, Wilhelm 15
Robien, Louis de 13, 206
Rodsjanko, Michail W. 371, 376,
377
Rudolf, Erzherzog, Österreichi-
scher Kronprinz 54
Rumänien 51, 59, 151, 152, 159,
184, 233, 296, 425, 439, 474
Russisch-Japanischer Krieg 50,
82
Russisch-Polen 231, 381, 491
Russland
– Allianz mit Frankreich 84,
194, 334
– Alarmierung der Flotten 238,
247
– Angriff auf Konstantinopel 91,
92, 108, 381, 481
– Armeeplan Nummer 19 232,
260
– Aufrüstungsprogramm 127
– Countdown zum europäischen
Krieg 325
– Europäisierung des österreichi-
schen Ultimatums 242
– Fünf-Punkte-Resolution 237
– Gegen-Ultimatum 220
– geheime militärische Vorberei-
tungen 252
– Generalmobilmachung 302,
315, 327, 332, 343, 354, 355,
358, 360, 371, 375, 376, 377,
380, 392, 399, 407
– Getreideexporte 83, 84
– Industrialisierung 83
– Intervention 242

- Kriegspartei 85
- Kriegsplanungskonferenz Februar 1914 90, 91
- Kriegsvorbereitungsperiode 248, 251, 265, 266, 273, 274, 282, 312, 314, 332, 335, 359
- Kriegszustand 248
- Landreform 83
- Logbuch des Außenministeriums 326
- militärische Antwort auf Österreichs Ultimatum 181
- mögliche Intervention 76
- Offensive gegen Deutschland 379
- Reaktion auf das Attentat 77, 78
- Schwarzmeerflotte 92
- Sondersitzung des Ministerrats 247ff.
- Spannungen mit Großbritannien 195, 200, 203
- Teilmobilmachung 230, 231, 233, 238, 247, 252, 274, 315, 327, 332, 340, 358
- Transfer von Staatsgeldern 231
- Truppenkonzentrationen 346, 348
- Verhandlungen mit Österreich 280
- Waffenlieferungen an Serbien 89
- Zugang zum Mittelmeer 83, 84, 90, 92

S
Salisbury, Lord 106
San Giuliano, Antonio di 223, 410

Sarajevo
- Fahrtroute 34, 35
- Positionen der Attentäter 35
Sardinien 65
Sasonow, Sergei 16, 81, 82, 84, 85, 87, 88, 90, 91, 92, 97, 168, 170ff., 177, 179, 180, 194, 195, 201, 221, 222, 201, 206, 207, 219, 220, 228, 229, 231, 234, 235, 236–244, 250, 270, 271, 268, 269, 280, 304, 327, 331, 341, 354, 355, 368, 372, 373, 374, 375, 422, 433, 490
Scapa Flow 318
Schebeko, Nikolai 16, 175, 176, 219, 272, 280
Schiller, Moritz 41
Schilling, Baron Moritz F. 16, 177, 179, 228, 230, 376
Schlacht auf dem Amselfeld 26
Schlieffen, Alfred, Graf von 12, 338
Schlieffen-Plan 338, 495
Schoen, Wilhelm Freiherr von 12, 290, 304, 339, 399, 400, 401, 416, 417, 423, 431, 460
Schwarze Hand 28, 29, 40, 50, 60, 79, 81, 270, 483
- Aufnahmeritus 29
- Tunnelsystem 29, 30
Seely, John 102
Semlin (Zemun) 259
Serbien 51, 73, 76, 120
- antiösterreichische Angriffe 166
- Antwort auf das Ultimatum 254, 255, 256, 257
- Beteiligung am Attentat von Sarajevo 75, 190

- Kriegserklärung an Österreich-
  Ungarn 49
- Kriegsvorbereitungen 257
- Landgewinn 50
- Militärputsch 256
- Mobilmachung gegen Öster-
  reich-Ungarn 257, 271, 315
- panserbische Bewegung 176
- Unterstützung durch Russland
  244
- Verletzung der Souveränität
  239, 374, 417
Serbische Frage 50
Siebenbürgen 185
Simon, John 447, 448, 451, 453
Smith, F. E. 414
SMS *Goeben* 440, 471, 472
Sophie, Gräfin Chotek, Fürstin
  von Hohenberg 20, 22, 34,
  37, 43, 44, 51, 56, 70, 73, 100,
  113
Souchon, Wilhelm 472
Spalajković, M. 17, 238, 239, 256
Srbobran 27
St.-Veits-Tag 26, 34
Stolypin, Pjotrr 16, 83
Storck, Ritter von 55, 78
Stürgkh, Karl Graf 15, 57, 148,
  149, 152, 183, 187
Stumm, Wilhelm von 12, 127
Suchomlinow, Wladimir 17, 89,
  90, 91, 231, 252, 266, 267, 343,
  344, 489
Südslawen 23
Südtirol 68, 186
Sultan Osman I. (Schlachtschiff)
  108, 380, 396, 472, 478, 480
Szápáry, Friedrich Graf 15, 176,
  178, 179, 180, 204, 205, 206,

218, 269, 270, 271, 272
Szécsen, Nikolaus, Graf 406
Szögyény-Marich, Ladislaus, Graf
  15, 133, 134, 136, 137, 138, 140,
  143, 147, 148, 163, 300

T
Tankosić, Vojislav 17, 28, 29, 30,
  147, 163, 253, 483
Tannenberg 473
Tatischtschew, General 377, 378
Tirpitz, Alfred von 12, 114, 119,
  283, 345, 425, 426, 437, 438
Tisza, Stephan, Graf 15, 54, 57,
  58, 59, 62, 69, 70, 71, 75, 77,
  113, 114, 120, 129, 132, 135,
  147, 149, 150, 152, 153, 154,
  156, 159, 164, 166, 167, 171,
  182, 187, 191, 259, 477, 484,
  485
Tolstoi, Iwan 202
Transsilvanien 184, 185
Triest 68, 186
Triple Entente 203, 304, 353, 448,
  481
Tschirschky, Heinrich von 12, 57,
  65, 120, 121, 122, 131, 148, 156,
  164, 167, 172, 182, 189, 190,
  278, 279, 280, 294, 320, 321
Tuchman, Barbara 9, 72, 492
Türkei 69, 82, 83, 474
Turkestan 312
Tuzla 30, 32
Tyrrell, William 412, 413

U
Ujedinjenje ili Smrt, siehe
  Schwarze Hand
Ulstermen 101, 102, 476

Ungarn 58, 60, 61, 75
USA, Kriegseintritt 474

V
Verantwortung für den Krieg
  473ff.
Vertrag von London 444
Victoria, Königin von England
  118
Vidov Dan 55, siehe auch St.-
  Veits-Tag
Vier-Mächte-Konferenz 276, 290,
  299, 311, 351, 357
Villain, Raoul 403, 404
Viviani, René 13, 96, 97, 99, 100,
  181, 192, 193, 202, 210, 216,
  304, 330, 331, 332, 367, 369,
  381, 401, 402, 405, 416, 417,
  418

W
Wangenheim, Hans von 439, 440
Warschau 233, 265, 281, 292, 312,
  335, 348, 381
Weltkrieg 297, 463ff.
Wickham Steed, Henry 444

Wiesner, Dr. Friedrich 163, 164
Wilhelm II., Deutscher Kaiser
  12, 65, 70, 71, 74, 112, 113, 114,
  116, 117, 118, 120, 121, 129,
  133, 136, 137, 144, 191, 207,
  284ff., 306, 319, 321, 323, 324,
  358, 359, 428, 429, 433, 435,
  485
Willy-Nicky-Telegramme 323,
  324, 328, 340, 342, 343, 344,
  355, 359, 360, 361, 390, 411,
  432
Wilson, Sir Henry 14, 193, 107,
  413
Witte, Sergei 84

Z
Zarskoje Selo 245, 247, 267
Žerajić, Bogdan 40
Zimmermann, Arthur 12, 140,
  141, 143, 156, 157
Zosza 185
Zuber, Terence 477
Zvornik 30
Zweig, Stefan 48

Die bewegende Autobiografie eines jungen Soldaten im Zweiten Weltkrieg

Deutschland, 1944. Der siebzehnjährige Hans Ulrich Abshagen tauscht Schulmappe gegen Maschinengewehr und meldet sich freiwillig an die Ostfront. Ahnungslos, wie er ist, glaubt er an den Endsieg, will Offizier werden und kämpfen für Führer, Volk und Vaterland. Abseits von der Wirklichkeit des Kriegs absolviert er in Westpreußen die Grundausbildung.

Doch dann muss er miterleben, wie sein Vater, der Leiter der militärischen Abwehr unter Admiral Canaris, als Verschwörer des 20. Juli verhaftet wird. Und als der Schüler endlich an die Front darf, weichen seine Illusionen der mörderischen Realität. Nur die Hoffnung auf ein Wiedersehen mit seiner großen Liebe Rose hilft ihm, am Leben zu bleiben.

Selten hat man die Gedanken- und Gefühlswelt eines Zeitzeugen des Zweiten Weltkriegs authentischer und spannender gelesen als in Hans Ulrich Abshagens Erinnerungen, die er aus Briefen und Notizen rekonstruierte.

Mehr über unsere Bücher
www.europa-verlag.com

Hans Ulrich Abshagen

Generation Ahnungslos

Wie ich auszog, um für Hitler
den Krieg zu gewinnen

EUROPAVERLAGBERLIN

168 Seiten, gebunden
ISBN 978-3-944305-36-3